SpringerWienNewYork

Die Grundrechte in der Judikatur des Obersten Gerichtshofs

Lamiss Khakzadeh-Leiler

SpringerWienNewYork

Forschungen aus Staat und Recht 161
Herausgeber: Univ.-Prof. Dr. Bernhard Raschauer,
im Zusammenwirken mit Univ.-Prof. Dr. DDr. h.c. Günther Winkler
und Univ.-Prof. DDr. Christoph Grabenwarter

Verfasserin: ao. Univ.-Prof. Dr. Lamiss Khakzadeh-Leiler
Institut für Öffentliches Recht, Staats- und Verwaltungslehre
Universität Innsbruck, Innrain 52d, 6020 Innsbruck

Printed in Germany

SpringerWienNewYork ist ein Unternehmen
von Springer Science + Business Media
springer.at

Reproduktionsfertige Vorlage des Herausgebers

Druck: Strauss GmbH, 69509 Mörlenbach, Deutschland
Gedruckt auf säurefreiem, chlorfrei gebleichtem Papier
SPIN: 80011903

Bibliografische Information der Deutschen Bibliothek
Die Deutsche Nationalbibliothek verzeichnet diese Publikation
in der Deutschen Nationalbibliografie; detaillierte bibliografische
Daten sind im Internet über http://dnb.d-nb.de abrufbar.

ISSN 0071-7657
ISBN 978-3-7091-0269-5 SpringerWienNewYork

Für Dragan

Vorwort

Die vorliegende Arbeit ist die überarbeitete Fassung meiner Habilitationsschrift, die im SS 2010 an der Rechtswissenschaftlichen Fakultät der Universität Innsbruck angenommen wurde. Sie befindet sich auf dem Stand von Dezember 2010.

Die Veröffentlichung ist mir ein willkommener Anlass, einer Reihe von Personen Dank zu sagen, allen voran meinem Lehrer, o. Univ.-Prof. Dr. KARL WEBER: Er hat mich in meiner wissenschaftlichen Arbeit stets gefördert und ermutigt und stand mir jederzeit als Gesprächspartner zur Verfügung. Dank gebührt auch em.o.Univ.-Prof. Dr. NORBERT WIMMER, der das Habilitationsverfahren mit größter Umsicht geleitet hat und stets aufmunternde Worte bereit hielt.

Univ.-Prof. Dr. MAGDALENA PÖSCHL war mir vor Drucklegung dieser Arbeit eine kritische Diskussionspartnerin und hat mir zahlreiche wertvolle Anregungen und Denkanstöße gegeben, wofür ich aufrichtig Dank sage. Danken möchte ich auch Univ.-Prof. Dr. ARNO KAHL für seine stete Gesprächsbereitschaft, sein Interesse und seinen vielfältigen Zuspruch.

Der FWF hat mich durch die Aufnahme in das Elise-Richter-Programm großzügig gefördert. Dafür danke ich ebenso wie o. Univ.-Prof. Dr. BERNHARD RASCHAUER, der bereit war, meine Arbeit in die Reihe „Forschungen aus Staat und Recht“ aufzunehmen.

Ein besonderes Bedürfnis ist es mir schließlich, meinem Mann DRAGAN zu danken: Mit seinem Da-Sein und seinem So-Sein hat er mich in vielfältiger und kaum zu beschreibender Weise unterstützt. Ihm ist diese Arbeit gewidmet.

Innsbruck, im Jänner 2011

LAMISS KHAKZADEH-LEILER

Inhaltsverzeichnis

Seite

Vorwort VII
Inhaltsverzeichnis IX
Abkürzungsverzeichnis XVII

Erster Teil:
Problemstellung und Gang der Untersuchung 1

Zweiter Teil:
Rechtsschutz durch den OGH 5
A. Historischer Abriss: Entstehung und Entwicklung des OGH 5
B. (Verfassungs-)Gesetzliche Grundlagen und Aufgaben des OGH 9
I. (Verfassungs-)Gesetzliche Grundlagen 9
II. Aufgaben des OGH 11
1. Zivilsachen 12
a. Revision 12
b. Rekurs 13
c. Revisionsrekurs 13
d. Feststellungsverfahren gem § 54 ASGG 14
2. Strafsachen 14
a. Nichtigkeitsbeschwerde 14
b. Berufung gegen Urteile der Geschworenen- und Schöffengerichte 15
c. Nichtigkeitsbeschwerde zur Wahrung des Gesetzes 15
d. Erneuerung des Strafverfahrens 15
e. Grundrechtsbeschwerde 15
3. Gesetzesprüfungsanträge an den VfGH 16
C. Das Verhältnis der drei Höchstgerichte zueinander: VfGH, VwGH, OGH 16

Dritter Teil:
Die Grundrechte in der zivilrechtlichen Judikatur 19
Erster Abschnitt: Grundlagen 19
A. Problemstellung 19
B. Grundrechtsbindung von Privatrechtssubjekten 20
I. Allgemeine Drittwirkung 20
II. Fiskalgeltung 23
C. Schutzpflichten 26
I. Anerkennung staatlicher Schutzpflichten 26
II. Dogmatische Grundlage 29
III. Zusammenfassende Bewertung 32
D. Das Verhältnis zwischen Drittwirkung und Schutzpflichten 33

Seite

E. Privatautonomie und Grundrechte ... 34
I. Privatautonomie ... 35
II. Privatautonomie und grundrechtliche Drittwirkung ... 36
III. Privatautonomes Handeln als Grundrechtsverzicht? ... 37
F. Die verfassungskonforme Interpretation ... 39
I. Allgemeines zur Interpretation ... 40
II. Die verfassungskonforme Interpretation ... 41
III. Die Bedeutung der verfassungskonformen Interpretation im Zivilrecht ... 43
G. Zusammenfassung ... 44

Zweiter Abschnitt: Die Judikatur des OGH ... 44
A. Vorbemerkung ... 44
B. Generalklauseln und Grundrechte ... 45
I. § 16 ABGB ... 46
1. Entstehung und Entwicklung ... 46
2. Persönlichkeit und Persönlichkeitsrechte ... 48
3. Ein allgemeines Persönlichkeitsrecht? ... 51
4. Persönlichkeitsrechte und Menschenwürde ... 52
5. Anwendungsfälle aus der Judikatur ... 53
a. Das Recht auf Achtung des Privatbereichs und der Geheimsphäre ... 54
aa. Rechtslage ... 54
bb. Judikatur ... 55
cc. Würdigung ... 59
b. Das Recht auf körperliche Unversehrtheit ... 65
aa. Judikatur ... 65
bb. Würdigung ... 66
c. Die Kunstfreiheit ... 67
6. Grundrechte und Persönlichkeitsrechte als postmortale Rechte? ... 67
a. Postmortaler Persönlichkeitsschutz ... 68
b. Postmortaler Grundrechtsschutz: Meinungsstand und Judikatur ... 70
c. Würdigung ... 71
7. Zusammenfassung ... 71
II. Die Gute-Sitten-Klauseln ... 73
1. Gute Sitten und ihre Rechtsgrundlagen ... 73
2. Anwendungsfälle aus der Judikatur ... 76
a. Autonom gestaltete Rechtsverhältnisse ... 77
aa. Persönlichkeitsrechte ... 77
(1) Judikatur ... 77
(2) Würdigung ... 78
bb. (Grund-)Rechtliche Institutionen: Familienrecht ... 83
(1) Judikatur ... 83
(2) Würdigung ... 84
cc. Verfahrensgarantien: Art 6 EMRK – am Beispiel des pactum de non petendo ... 85
(1) Problemstellung ... 85
(2) Rechtsnatur des pactum de non petendo ... 86
(3) Judikatur ... 86
(4) Würdigung ... 87

Seite

(5) Strukturelle Unterschiede zwischen pactum de non petendo und Schiedsgericht ... 89
b. Schutz vor Missbrauch einer Übermachtstellung: Bruchstelle zwischen Autonomie und Heteronomie ... 91
aa. Arbeitsrecht ... 91
(1) Individualarbeitsrecht ... 92
(a) Konkurrenzklauseln ... 93
(b) Rückersatz von Ausbildungskosten ... 94
(c) Zusammenfassung ... 96
(2) Kollektives Arbeitsrecht ... 97
(a) Kollektivverträge und Betriebsvereinbarungen ... 97
(b) Grundrechtsbindung ... 99
(c) Eingriffe in Rechte oder Anwartschaften durch KV bzw BV ... 100
(aa) Problemstellung ... 100
(bb) Judikatur des VfGH ... 101
(cc) Judikatur des OGH ... 102
(d) (Un-)Gleichbehandlung durch KV bzw BV ... 107
(aa) Arbeitsrechtliches Gleichbehandlungsgebot ... 107
(bb) Judikatur des OGH ... 109
(e) Würdigung ... 112
(f) Prozessuales: Feststellungsverfahren nach § 54 ASGG als „Normenkontrolle"? ... 117
(g) Zusammenfassung ... 120
bb. Vereinsrecht ... 120
(1) Problemstellung ... 120
(2) Judikatur ... 122
(3) Würdigung ... 123
cc. Kontrahierungszwang ... 126
(1) Problemstellung ... 126
(2) Judikatur ... 127
(a) Voraussetzungen für den Kontrahierungszwang ... 127
(b) Ausgestaltung des Kontrahierungszwangs ... 129
(3) Würdigung ... 131
(a) Gründe für den Kontrahierungszwang ... 131
(b) Ausgestaltung des Kontrahierungszwangs ... 136
(c) Kontrahierungszwang für Unternehmen der öffentlichen Hand ... 137
(4) Gleichbehandlung abseits des Kontrahierungszwangs ... 138
(5) Zusammenfassung ... 140
dd. Privatwirtschaftsverwaltung ... 140
(1) Judikatur ... 142
(2) Würdigung ... 145
ee. Schutz vor Missbrauch einer Übermacht als überzeugendes Kriterium für eine verstärkte Grundrechtsbindung? ... 146
3. Zusammenfassung ... 148
III. Zusammenfassung: Generalklauseln und Grundrechte ... 150

C. Grundrechte als Rechtfertigungsgründe ... 151
I. Vorbemerkung ... 151
II. Kommunikationsfreiheit ... 151
1. Die verfassungsrechtliche Garantie der Kommunikationsfreiheit ... 151
2. Ehrenbeleidigung und Bildnisschutz ... 153
a. Ehrenbeleidigung (§ 1330 ABGB) ... 153

Seite
aa. Die Bedeutung von Art 10 EMRK für § 1330 ABGB ... 154
bb. Tatsachenbehauptung oder Werturteil? ... 155
cc. Interessenabwägung ... 159
dd. Einzelprobleme ... 162
(1) Zu extensives Verständnis von Tatsachenbehauptungen? ... 163
(2) Persönlichkeitsschutz von Politikern ... 166
(3) Ehrenbeleidigung durch wahre Tatsachen ... 168
(4) Ehrenbeleidigung juristischer Personen ... 172
b. Bildnisschutz ... 174
c. Würdigung ... 179
3. Urheberrecht ... 182
a. Rechtslage ... 182
b. Judikatur ... 183
c. Würdigung ... 185
III. Kunstfreiheit ... 189
1. Die verfassungsrechtliche Garantie der Kunstfreiheit ... 190
2. Judikatur ... 190
3. Würdigung ... 192
IV. Versammlungsfreiheit ... 193
1. Die verfassungsrechtliche Garantie der Versammlungsfreiheit ... 193
2. Judikatur ... 194
3. Würdigung ... 196
V. Zusammenfassung ... 203
D. Zusammenfassung: Grundrechte in der zivilrechtlichen Judikatur des OGH ... 204

Vierter Teil:
Die Grundrechte in der strafrechtlichen Judikatur ... 209

Erster Abschnitt: Grundlagen ... 209

A. Zweck von Strafrecht und Strafe ... 209

B. Bedeutung der Grundrechte im Strafrecht ... 210

Zweiter Abschnitt: Die Judikatur des OGH ... 212

A. Vorbemerkung ... 212

B. Zu den Verfahren vor dem OGH ... 213

C. Art 6 EMRK ... 215
I. Inhalt und Gliederung ... 215
II. Allgemeine Verfahrensgarantien des Art 6 Abs 1 EMRK ... 216
1. Selbstbezichtigungsverbot ... 216
a. Verfassungsrechtliche Grundlage ... 216
b. Geltung von nemo tenetur für Zeugen eines Verfahrens ... 218
aa. Judikatur des OGH ... 218
(1) Entwicklung der Rechtslage und der Judikatur ... 218
(2) Geltende Rechtslage ... 221
bb. Judikatur des EGMR ... 221
cc. Judikatur des VfGH ... 224
dd. Würdigung ... 225
c. Verwertung selbstbelastender Aussagen ... 229

Seite
aa. Problemstellung ... 229
bb. Judikatur und Meinungsstand ... 230
cc. Würdigung ... 232
2. Waffengleichheit ... 233
a. Vorbemerkung ... 233
b. Inhalt und Problembereiche ... 235
aa. Die Judikatur des EGMR und ihre Auswirkungen auf die österreichische StPO ... 235
bb. Judikatur des OGH ... 238
cc. Judikatur des VfGH ... 240
c. Würdigung ... 240
3. Verbot staatlicher Tatprovokation ... 242
a. Problemstellung ... 242
b. Judikatur des OGH ... 243
c. Judikatur des EGMR ... 244
d. Würdigung ... 246
4. Exkurs: Der Anspruch auf ein unabhängiges und unparteiisches Gericht ... 251
a. Unabhängigkeit und Unparteilichkeit ... 251
b. Die einfachgesetzlichen Bestimmungen ... 252
c. Rügepflicht und Verzicht auf die Geltendmachung der Unparteilichkeit ... 254
aa. Judikatur des OGH ... 254
bb. Judikatur des EGMR ... 255
cc. Würdigung ... 256
III. Unschuldsvermutung ... 257
1. Allgemeines ... 257
2. Strafbemessung iwS und bedingte Entlassung ... 259
a. Judikatur des OGH ... 259
b. Judikatur von EGMR und VfGH ... 260
c. Würdigung ... 261
3. Unschuldsvermutung und strafrechtliche Entschädigung ... 262
a. Problemstellung ... 262
b. Rückblick auf die Judikatur ... 263
c. Aktuelle Rechtslage ... 265
d. Würdigung ... 266
4. Unschuldsvermutung und Mediengesetz ... 269
IV. Garantien für einen strafprozessualen Mindeststandard ... 271
1. Inhalt und Gliederung ... 271
2. Ausreichende Kenntnis über die Beschuldigung und Vorbereitung für den Angeklagten bei Anklageüberschreitung ... 272
a. Problemstellung ... 272
b. Judikatur des OGH ... 273
c. Judikatur des EGMR ... 275
d. Judikatur des VfGH ... 276
e. Würdigung ... 276
3. Fragerecht des Angeklagten ... 278
a. Problemstellung ... 278
b. Rechtslage ... 280
c. Judikatur des OGH ... 281
d. Judikatur des EGMR ... 285

Seite
e. Judikatur des VfGH ... 289
f. Würdigung ... 290
D. Ne bis in idem ... 294
I. Allgemeines ... 294
II. Ne bis in idem im Verhältnis zwischen strafgerichtlichem und verwaltungsstrafrechtlichem Verfahren ... 297
1. Die „strafbare Handlung“ ... 297
a. Problemstellung ... 297
b. Die „strafbare Handlung“ in der Judikatur ... 298
aa. Judikatur des EGMR ... 298
bb. Judikatur des VfGH ... 302
cc. Judikatur des OGH ... 306
dd. Würdigung ... 309
2. Sperrwirkung verwaltungsbehördlicher Entscheidungen für das gerichtliche Verfahren ... 312
a. Problemstellung ... 312
b. Judikatur des OGH ... 313
c. Würdigung ... 314
E. Das Recht auf den gesetzlichen Richter ... 317
I. Allgemeines ... 317
II. Judikatur des OGH ... 318
1. Nicht gehörige Besetzung und Unzuständigkeit ... 318
2. Feste Geschäftsverteilung und Dienstlisten ... 319
III. Judikatur des VfGH ... 321
IV. Würdigung ... 322
F. Grundrechtsrelevante Besonderheiten einzelner Verfahrensarten ... 324
I. Grundrechtsbeschwerde ... 324
1. Vorbemerkung ... 324
2. Die gesetzlichen Grundlagen ... 327
a. Grundrechtsbeschwerde-Gesetz ... 327
b. Rechtsgrundlagen der U-Haft ... 328
3. Fallgruppen ... 329
a. Unrichtige Beurteilung der Haftvoraussetzungen ... 329
aa. Haftvoraussetzungen ... 329
bb. Judikatur des OGH ... 330
cc. Würdigung ... 334
b. Verhältnismäßigkeit ... 339
aa. Gebot der Verhältnismäßigkeit ... 339
bb. Judikatur des OGH ... 339
cc. Judikatur des EGMR ... 342
dd. Würdigung ... 343
c. Sonstige unrichtige Anwendung des Gesetzes ... 345
aa. Problemstellung ... 345
bb. Judikatur des OGH ... 345
cc. Judikatur des EGMR ... 348
dd. Judikatur des VfGH ... 349
ee. Würdigung ... 350

Seite
4. Zur Aufhebung grundrechtswidriger Beschlüsse 354
5. Conclusio 358
II. Erneuerung des Strafverfahrens (§ 363a StPO) 359
1. Problemstellung 359
2. Judikatur des OGH 360
3. Würdigung 362
III. Auslieferungsverfahren 367
1. Die Rechtslage 367
a. Grundsätzliches 367
b. ARHG 368
c. EU-JZG 369
2. Bedeutung der Grundrechte im Auslieferungsrecht 370
3. Rechtsschutz durch den OGH 373
4. Judikatur des OGH 375
a. Vorbemerkung 375
b. Die „alte" Judikatur des OGH: Der Fall Sholam W. 376
aa. Sachverhalt und Entscheidung 376
bb. Würdigung 378
c. Die „neue" Judikatur des OGH: Der Fall Marko L 381
aa. Sachverhalt und Entscheidung 381
bb. Würdigung 382
5. Conclusio 385
IV. Die Nichtigkeitsbeschwerde als taugliches Instrument zur Geltendmachung von Grundrechtsverletzungen? 386
1. Problemstellung 386
2. Formalanforderungen an eine Nichtigkeitsbeschwerde 387
3. Die Begründung von Zurückweisungsbeschlüssen 391
4. Strukturelle Eignung der Nichtigkeitsbeschwerde 393
G. Zusammenfassung: Grundrechte in der strafrechtlichen Judikatur des OGH 396

Fünfter Teil:
Reformbedarf und Reformmöglichkeiten 399
A. Reformbedarf 399
I. Antrag auf Normprüfung als Aspekt des gerichtlichen Rechtsschutzes 399
1. Die Antragsbefugnis des OGH 399
2. Die Antragstellung durch den OGH 401
3. Zusammenfassung 404
II. Reformbedarf? 404
B. Reformmöglichkeiten 405
I. Grundsätzliche Überlegungen: Verfassungsgerichtsbarkeit als Remedur? 405
1. Zwei idealtypische Modelle: Österreichisches und amerikanisches Modell der Verfassungsgerichtsbarkeit 406
2. Bedeutung der Verfassungsgerichtsbarkeit für die Durchsetzung von Grundrechten 407
3. Verfassungsgerichte und Grundrechte im Rechtsvergleich 408
a. Deutschland 408
b. Vereinigte Staaten von Amerika 411

Seite
c. Schweiz ... 412
d. Zusammenfassung ... 414
II. Die Reformvorschläge im Einzelnen ... 415
1. Urteilsbeschwerde ... 415
2. Subsidiarantrag ... 418
3. Ausbau der Grundrechtsbeschwerde ... 419
III. Zusammenfassende Würdigung ... 420

Sechster Teil:
Resümee ... 423

Literaturverzeichnis ... 427
Stichwortverzeichnis ... 449

Abkürzungsverzeichnis

aA	anderer Ansicht
AB	Ausschussbericht
ABGB	Allgemeines bürgerliches Gesetzbuch
ABl	Amtsblatt der Europäischen Union
Abs	Absatz
AcP	Archiv für die civilistische Praxis
aF	alte Fassung
AG	Arbeitgeber(in)
AN	Arbeitnehmer(in)
Angekl	Angeklagte(r)
AngG	Bundesgesetz über den Dienstvertrag der Privatangestellten (Angestelltengesetz)
AnwBl	Österreichisches Anwaltsblatt
AöR	Archiv des öffentlichen Rechts
ArbVerfG	Bundesgesetz betreffend die Arbeitsverfassung (Arbeitsverfassungsgesetz)
ARHG	Bundesgesetz über die Auslieferung und die Rechtshilfe in Strafsachen (Auslieferungs- und Rechtshilfegesetz)
Art	Artikel
ASGG	Bundesgesetz über die Arbeits- und Sozialgerichtsbarkeit (Arbeits- und Sozialgerichtsgesetz)
ASoK	Arbeits- und Sozialrechtskartei
AÜG	Bundesgesetz, mit dem die Überlassung von Arbeitskräften geregelt wird (Arbeitskräfteüberlassungsgesetz)
AVG	Allgemeines Verwaltungsverfahrensgesetz
AVRAG	Bundesgesetz, mit dem arbeitsvertragsrechtliche Bestimmungen an das EG-Recht angepasst werden (Arbeitsvertragsrechts-Anpassungsgesetz)
Beh	Behörde
Bekl	Beklagte(r)
Besch	Beschuldigte(r), -n, -m
Bf	Beschwerdeführer(in)
BG	Bezirksgericht
BGBl	Bundesgesetzblatt
BGG	Schweizerisches Bundesgesetz über das Bundesgericht (Bundesgerichtsgesetz)
BGH	(deutscher) Bundesgerichtshof
BlgNR	Beilage(n) zu den stenographischen Protokollen des Nationalrats
BPG	Bundesgesetz, mit dem betriebliche Leistungszusagen gesichert werden (Betriebspensionsgesetz)
BReg	Bundesregierung
BV	Betriebsvereinbarung(en)
BVerf	Schweizerische Bundesverfassung
BVerfG	(deutsches) Bundesverfassungsgericht
BVerfGE	Entscheidungen des Bundesverfassungsgerichts
B-VG	Bundes-Verfassungsgesetz

bzw	beziehungsweise
ders	derselbe
dh	das heißt
dies	dieselbe(n)
DNotZ	Deutsche Notar-Zeitschrift
DÖV	Die öffentliche Verwaltung
DSG	Bundesgesetz über den Schutz personenbezogener Daten (Datenschutzgesetz)
DSt	Bundesgesetz über das Disziplinarrecht der Rechtsanwälte und Rechtsanwaltsanwärter (Disziplinarstatut für Rechtsanwälte und Rechtsanwaltsanwärter)
dt	deutsche, -r, -es
E	Entscheidung
EGMR	Europäischer Gerichtshof für Menschenrechte
EKMR	Europäische Kommission für Menschenrechte
EMRK	Europäische Menschenrechtskonvention
EO	Gesetz über das Exekutions- und Sicherungsverfahren (Exekutionsordnung)
Erk	Erkenntnis
EuGH	Gerichtshof der Europäischen Union
EuGRZ	Europäische Grundrechtezeitschrift
EU-JZG	Bundesgesetz über die justizielle Zusammenarbeit in Strafsachen mit den Mitgliedstaaten der Europäischen Union
dh	das heißt
DRdA	Das Recht der Arbeit
DVBl	Deutsches Verwaltungsblatt
f	und der (die) folgende
ff	und die fortfolgenden
FN	Fußnote
FS	Festschrift
FSG	Bundesgesetz über den Führerschein (Führerscheingesetz)
gem	gemäß
GesRZ	Zeitschrift für Gesellschafts- und Unternehmensrecht
GG	Grundgesetz für die Bundesrepublik Deutschland
GOG	Gesetz, womit Vorschriften über die Besetzung, innere Einrichtung und Geschäftsordnung der Gerichte erlassen werden (Gerichtsorganisationsgesetz)
GP	Gesetzgebungsperiode
GRBG	Bundesgesetz über die Beschwerde an den Obersten Gerichtshof wegen Verletzung des Grundrechtes auf persönliche Freiheit (Grundrechtsbeschwerde-Gesetz)
grds	grundsätzlich
GRUR	Geberblicher Rechtsschutz und Urheberrecht
GRURInt	Gewerblicher Rechtsschutz und Urheberrecht, Internationaler Teil
GSpG	Bundesgesetz zur Regelung des Glücksspielwesens (Glücksspielgesetz)
hA	herrschende(r) Auffassung
HGRÖ	Handbuch der Grundrechte – Grundrechte in Österreich
hL	herrschende(r) Lehre
Hrsg	Herausgeber
HStR	Handbuch des Staatsrechts der Bundesrepublik Deutschland
HV	Hauptverhandlung

idF	in der Fassung
idR	in der Regel
idS	in diesem Sinne
ieS	im engeren Sinn
insbes	insbesondere
iSe	im Sinne eines, -r
iVm	in Verbindung mit
iwS	im weiteren Sinne
JA	Justizausschuss
JAP	Juristische Ausbildung und Praxisvorbereitung
JBl	Juristische Blätter
JGG	Bundesgesetz über die Rechtspflege bei Jugendstraftaten (Jugendgerichtsgesetz)
JN	Gesetz über die Ausübung der Gerichtsbarkeit und die Zuständigkeit der ordentlichen Gerichte in bürgerlichen Rechtssachen (Jurisdiktionsnorm)
JöR	Jahrbuch des öffentlichen Rechts der Gegenwart
JRP	Journal für Rechtspolitik
JSt	Journal für Strafrecht
Jud	Judikatur
JuS	Juristische Schulung
JZ	Juristenzeitung
KindRÄG	Kindschaftsrechts-Änderungsgesetz
Kl	Kläger(in)
krit	kritisch
KSchG	Bundesgesetz, mit dem Bestimmungen zum Schutz der Verbraucher getroffen werden (Konsumentenschutzgesetz)
KV	Kollektivvertrag
leg cit	legis citatae
LG	Landesgericht
lit	litera(e)
LReg	Landesregierung
Mat	Materialien
maW	mit anderen Worten
mE	meines Erachtens
MedG	Bundesgesetz über die Presse und andere publizistische Medien (Mediengesetz)
MR	Medien und Recht
MRG	Bundesgesetz über das Mietrecht (Mietrechtsgesetz)
mwN	mit weiteren Nachweisen
NetV	Nova & Varia – Zeitschrift des Juristenverbandes
NJW	Neue Juristische Wochenschrift
Nov	Novelle
NR	Nationalrat
NStZ	Neue Zeitschrift für Strafrecht
NVwZ	Neue Zeitschrift für Verwaltungsrecht
NZM	Neue Zeitschrift für Miet- und Wohnungsrecht
OGH	Oberster Gerichtshof
OGHG	Bundesgesetz über den Obersten Gerichtshof
OLG	Oberlandesgericht
ÖBl	Österreichische Blätter für gewerblichen Rechtsschutz und Urheberrecht

ÖJK	Österreichische Juristenkommission
ÖJT	Österreichischer Juristentag
ÖJZ	Österreichische Juristen-Zeitung
ÖZW	Österreichische Zeitschrift für Wirtschaftsrecht
PersFrG	Bundesverfassungsgesetz über den Schutz der persönlichen Freiheit
RB-HB	Rahmenbeschluss über den europäischen Haftbefehl und die Übergabeverfahren zwischen den Mitgliedstaaten
RdA	(deutsches) Recht der Arbeit
RdM	Recht der Medizin
RdW	Österreichisches Recht der Wirtschaft
RGBl	Reichsgesetzblatt
Rs	Rechtssache
Rsp	Rechtsprechung
RV	Regierungsvorlage
Rz	Randzahl
RZ	Österreichische Richterzeitung
s	siehe
SDÜ	Schengener Durchführungsübereinkommen
SMG	Bundesgesetz über Suchtgifte, psychotrope Stoffe und Drogenausgangsstoffe (Suchtmittelgesetz)
sog	sogenannte, -r, -s
StEG	Bundesgesetz über den Ersatz von Schäden aufgrund einer strafgerichtlichen Anhaltung oder Verurteilung (Strafrechtliches Entschädigungsgesetz)
StGB	Bundesgesetz über die mit gerichtlicher Strafe bedrohten Handlungen (Strafgesetzbuch)
StGBl	Staatsgesetzblatt für die Republik Österreich
StGG	Staatsgrundgesetz über die allgemeinen Rechte der Staatsbürger
st Jud	ständige Judikatur
StPÄG	Strafprozessänderungsgesetz
StPO	Strafprozessordnung
StPRG	Strafprozessreformgesetz
StVO	Bundesgesetz, mit dem Vorschriften über die Straßenpolizei erlassen werden (Straßenverkehrsordnung)
ua	und andere
U-Haft	Untersuchungshaft
UrhG	Bundesgesetz über das Urheberrecht an Werken der Literatur und der Kunst und über verwandte Schutzrechte (Urheberrechtsgesetz)
U-Richter	Untersuchungsrichter
uU	unter Umständen
UVS	Unabhängiger Verwaltungssenat
UWG	Bundesgesetz gegen den unlauteren Wettbewerb
va	vor allem
VersG	Versammlungsgesetz
VfGG	Verfassungsgerichtshofgesetz
VfGH	Verfassungsgerichtshof
VfSlg	Sammlung der Erkenntnisse und wichtigsten Beschlüsse des Verfassungsgerichtshofes
vgl	vergleiche
VStG	Verwaltungsstrafgesetz

VVDStRL	Veröffentlichungen der Vereinigung der Deutschen Staatsrechtslehrer
VwGH	Verwaltungsgerichtshof
VwSlg	Erkenntnisse und Beschlüsse des Verwaltungsgerichtshofes
WBl	Wirtschaftsrechtliche Blätter
WK	Wiener Kommentar
WoBl	Wohnrechtliche Blätter
Z	Zahl, Ziffer
ZAS	Zeitschrift für Arbeits- und Sozialrecht
zB	zum Beispiel
ZfP	Zeitschrift für Politik
ZfRV	Zeitschrift für Rechtsvergleichung, Internationales Privatrecht und Europarecht
ZfV	Zeitschrift für Verwaltung
ZivRÄG	Zivilrechtsänderungsgesetz
ZÖR	Zeitschrift für öffentliches Recht
ZP EMRK	Zusatzprotokoll zur Europäischen Menschenrechtskonvention
ZPO	Gesetz über das gerichtliche Verfahren in bürgerlichen Rechtsstreitigkeiten (Zivilprozessordnung)
ZRP	Zeitschrift für Rechtspolitik
zust	zustimmend
ZVR	Zeitschrift für Verkehrsrecht

Erster Teil:

Problemstellung und Gang der Untersuchung

In Verfassungsfragen herrscht in Österreich ein eigentümliches Nebeneinander zweier Höchstgerichte: Für Verfassungswidrigkeiten verwaltungsbehördlicher Akte ist der VfGH (Art 144 Abs 1 B-VG), für solche im Bereich der Justiz grds der OGH (Art 92 Abs 1 B-VG) oberste Instanz.

Schon seit längerem wird eine radikale Umstellung dieses Systems diskutiert: Gefordert wird, für alle Verfassungsfragen – also auch jene aus dem Bereich der ordentlichen Gerichtsbarkeit – letztlich den VfGH zuständig zu machen. Begründet wird dies einmal damit, dass eine Konzentration verfassungsrechtlicher Fragestellungen beim spezialisierten *Verfassungs*gerichtshof aus systematischen Überlegungen konsequent wäre. Argumentiert wird außerdem, dass verfassungsrechtliche Problemstellungen – und zwar konkret: die Grundrechte – bei den ordentlichen Gerichten nicht gut genug aufgehoben sind. Damit wird freilich eine höchst umstrittene Feststellung getroffen: Die Gegner einer solchen Konstruktion bestreiten nämlich, dass derartige Missstände überhaupt bestehen.

Angesichts der Brisanz des Themas ist es bemerkenswert, dass es bislang keiner umfassenden verfassungsrechtlichen Analyse unterzogen wurde: Während die Jud des VfGH dicht durchdrungen und gründlich aufgearbeitet ist, führt die – sich ebenfalls mit Verfassungsfragen beschäftigende – Jud des OGH im verfassungsrechtlichen Schrifttum eher ein Schattendasein. Die vorliegende Arbeit will diese Thematik aufgreifen und aus verfassungsrechtlicher Sicht näher beleuchten: Untersuchungsgegenstand ist die Grundrechtsjudikatur des OGH, die einer verfassungsrechtlichen Analyse unterzogen werden soll. Auf dieser Grundlage soll dann die Frage beantwortet werden, ob bzw inwieweit in der höchstgerichtlichen Jud tatsächlich grundrechtliche Schwachstellen oder Missstände auszumachen sind.

Im zweiten Teil der Arbeit wird ein kurzer Überblick über die historische Entwicklung des OGH, seine heutige Bedeutung und seine Stellung zu den beiden anderen Höchstgerichten gegeben.

In den darauf folgenden Kapiteln, die als Kernbereiche der Arbeit gelten können, wird die Grundrechtsjudikatur des OGH einer umfassenden Analyse unterzogen. Dabei werden zivil- und strafrechtliche Rsp getrennt voneinander untersucht: Beide Rechtsbereiche unterscheiden sich nämlich hinsichtlich Wirkung und Anwendung der Grundrechte aus dogmatischer und methodischer Sicht grundlegend voneinander.

Zunächst wird auf die zivilgerichtliche Jud des OGH eingegangen (dritter Teil). Dabei gilt es eingangs in einem theoretischen Teil abzuklären, welche dogmatische Struktur die Grundrechte hier – im Vergleich zum öffentlichen Recht – aufweisen. Damit sind im Wesentlichen die Themenbereiche der Drittwirkung und der Gewährleistungspflichten angesprochen.

Nach dieser methodischen Abklärung soll anhand typischer Beispiele die Grundrechtsjudikatur des OGH analysiert werden. Da die Grundrechte im Zivilrecht nicht unmittelbar wirken, erweist es sich nicht als zielführend, die Analyse nach den unterschiedlichen Grundrechten zu gliedern. Sinnvoller ist eine Gliederung nach grundrechtlichen Funktionsbereichen, also nach den verschiedenen Funktionen, die die Grundrechte im Zivilrecht erfüllen. Damit kann zugleich eine weitere bemerkenswerte Fragestellung aufgegriffen werden: Versucht man nämlich, den Umgang des OGH mit den Grundrechten qualitativ zu bewerten, so ist die Frage nach ihrer Rolle, also ihrer Funktion im Zivilrecht, untrennbar damit verbunden. Methodisch wird zunächst jeweils die einschlägige Jud des OGH dargestellt und dann bewertet. Wegen der besonderen Wirkungsweise der Grundrechte zwischen Privaten ist eine Gegenüberstellung zur Jud von EGMR und VfGH nur beschränkt möglich. Wo dies sinnvoll ist, soll aber auch deren Rsp in die Betrachtung mit einfließen.

Daran anschließend wird die strafrechtliche Grundrechtsjudikatur des OGH analysiert (vierter Teil). Hier bedarf es keiner gesonderten dogmatischen Vorbemerkung: Im – dem öffentlichen Recht zugehörigen – Strafrecht entfalten die Grundrechte nämlich ihre typische Abwehrwirkung. Anders als im zivilrechtlichen Teil ist hier darum eine Gliederung nach den verschiedenen Grundrechten auch durchaus zweckmäßig. Darüber hinaus soll aber auch – gegliedert nach einzelnen strafrechtlichen Verfahrensarten – untersucht werden, welche grundrechtliche Problemstellungen damit typischerweise einhergehen. Wiederum soll zunächst die einschlägige Jud des OGH dargestellt und anschließend bewertet werden. Eine Gegenüberstellung zur entsprechenden Jud von EGMR und VfGH ist hier weitestgehend möglich und sinnvoll.

In einem gesonderten (fünften) Teil (werden schließlich Fragen nach Reformbedarf und Reformmöglichkeiten behandelt. Dabei ist zunächst auf das Antragsrecht des OGH gem Art 89 Abs 2 B-VG einzugehen. Dieses kann nämlich ebenfalls als Aspekt des Grundrechtsschutzes betrachtet werden: Es soll sicherstellen, dass Normen, gegen die verfassungsrechtliche Bedenken bestehen, einer Prüfung durch den VfGH unterzogen werden. Hier gilt es herauszuarbeiten, ob bzw welche Problembereiche dieses Antragsrecht mit sich bringt.

Im Anschluss daran soll die Frage beantwortet werden, ob – auf Grundlage der Ergebnisse der Judikaturanalyse – tatsächlich ein grundrechtlicher Missstand in der Rsp auszumachen ist, dem möglicherweise mit einer Reform des Rechtsschutzesystems abgeholfen werden könnte. Dazu sollen die bestehenden Reformüberlegungen diskutiert und hinsichtlich ihrer Zweckmäßigkeit gewürdigt werden.

Die Fülle an Jud, die einen grundrechtlichen Zusammenhang aufweisen kann, macht eine Begrenzung des Untersuchungsgegenstandes unabdingbar. Aus diesem Grund kann die Arbeit einem Anspruch auf Vollständigkeit nicht gerecht werden. Dies ist freilich auch nicht vorrangiges Ziel dieser Untersuchung: Es soll vielmehr – anhand ausgewählter Beispiele – ein repräsentativer Einblick in den Umgang des OGH mit den Grundrechten gegeben werden. Demnach erfolgt die Auswahl der Beispiele auch danach, inwieweit sie als typisch für eine Fallgruppe gelten können und geeignet sind, Grundlinien und -positionen der Jud zu veranschaulichen. Zugunsten eines durchgehenden systematischen Überblicks wird auf die Diskussion von Einzelproblemen bei spezifischen Fallkonstellationen weitestgehend verzichtet: Auf diese Weise kann die Gefahr eines bloßen Sammelsuriums grundrechtlicher Einzelproblemstellungen vermieden werden.

Aus den genannten Gründen sind auch die Schwerpunkte im zivil- und strafrechtlichen Teil jeweils unterschiedlich gesetzt. Im zivilrechtlichen Teil ergeben sich die markanten Besonderheiten durch die mittelbare Drittwirkung: Deswegen stehen hier auch die materiellen Grundrechtsgarantien im Vordergrund.[1] Sie illustrieren deutlich die besondere Wirkungsweise, die die Grundrechte in Privatrechtsbeziehungen entfalten. Demgegenüber stehen in der strafrechtlichen Betrachtung die verfahrensrechtlichen Garantien im Zentrum: Hier liegen die typischen Problemstellungen nämlich gerade in der Ausgestaltung des strafprozessualen Verfahrens. Kein Erkenntnisinteresse ist es, die (neue) StPO grds auf ihre Verfassungskonformität hin zu untersuchen: Im Zentrum der Überlegungen steht auch hier das Grundrechtsverständnis des OGH bei der Anwendung der Normen.

1 Da sich die privatrechtstypische Problematik der mittelbaren Drittwirkung beim Grundrecht auf Datenschutz nicht stellt, bleibt etwa auch diese Thematik weitestgehend ausgespart.

Zweiter Teil:

Rechtsschutz durch den OGH

A. Historischer Abriss: Entstehung und Entwicklung des OGH

Der Oberste Gerichtshof ist das älteste der drei österreichischen Höchstgerichte. Dass sich der Gedanke einer Höchstgerichtsbarkeit zunächst im Zivil- und Strafrecht durchsetzen konnte, ist wenig verwunderlich. Gerade in diesen Rechtsbereichen hat sich bereits früh die Überzeugung durchgesetzt, dass die Pflichten der Bürger und das Vorgehen der Behörden genau zu regeln sind.[2] Das Verhältnis zwischen Bürger und Monarchen hielt man hingegen – ganz iS der absolutistischen Machtauffassung – für einer Reglung nicht zugänglich.[3] Freilich waren auch die „Gerichte", die zur Vollziehung der zivil- und strafrechtlichen Angelegenheiten eingerichtet worden waren, zunächst nicht unabhängig, sondern unterlagen den Machtbefugnissen des Monarchen. Erst im Rahmen der Aufklärung begann sich der Gedanke einer unabhängigen Justiz durchzusetzen, der von MONTESQUIEUS Idee der Gewaltentrennung[4] maßgeblich beeinflusst wurde.[5]

Der österreichische Oberste Gerichtshof ist aus der Obersten Justizstelle hervorgegangen.[6] Sie wurde 1749 von Maria Theresia gegründet und erfüllte Aufgaben der Justizverwaltung und erledigte legislative Arbeiten iSe Justizministeriums; außerdem fungierte sie als höchste Gerichtsinstanz in Zivil- und Strafsachen. Die Oberste Justizstelle war errichtet worden, um das Justizwesen iSd Staatseinheit zu zentralisieren und durch eine Vereinheitlichung der Gerichtsstruktur die Verfahren zu straffen.[7] Außerdem sollten Justiz und Verwaltung voneinander getrennt werden – eine grundlegende Neuerung, denn die zuvor bestehende Hofkanzlei war als oberste Behörde für Verwaltungs- und Justizangelegenheiten zuständig.[8]

2 Ausdruck dessen sind auch die zivil- und strafrechtlichen Kodifikationen: ABGB (1811), allgemeine Gerichtsordnung (1781), Strafgesetzbuch (1803).

3 Vgl dazu etwa WALTER, RZ 1999, 58.

4 MONTESQUIEU, L'Esprit, Livre XI, Chapitre VI: „Il n'y a point encore de liberté si la puissance de juger n'est pas séparée de la puissance législative et de l'exécutrice."

5 OLECHOWSKI, RZ 2000, 132 (133); WALTER, RZ 1999, 58 f.

6 Vgl dazu auch LEONHARD, FS-OGH 163 f.

7 SCHAUER, Justizministerium, in: Mischler/Ulbrich (Hrsg), Staatswörterbuch[2] 640. Vgl auch DINGHOFER, Gerichtshof 5.

8 Dazu etwa BALTL/KOCHER, Rechtsgeschichte[11] 167; DINGHOFER, Gerichtshof 5.

Im Jahr 1848 erfolgte dann die völlige Umstrukturierung der Obersten Justizstelle: Zunächst wurde für die Angelegenheiten der Justizverwaltung ein eigenes Justizministerium eingerichtet[9]. Die Oberste Justizstelle wurde in der Folge zum Obersten „Gerichts- und Cassationshof[10]“ umgestaltet[11]. Die Organisation der Gerichtsbehörden und ihre Stellung zum Justizministerium sollte durch Gesetz geregelt werden, das erst 1850, also zwei Jahre später erlassen wurde.

Zwischenzeitlich erfolgte mit der Märzverfassung 1849 ein grundlegender Umbau der Reichsorganisation[12]: Die Länder der Monarchie wurden zu einem konstitutionellen Einheitsstaat mit zentraler Verwaltung zusammengefasst. Im selben Jahr legte eine kaiserliche Entschließung die Grundzüge einer neuen Gerichtsverfassung fest, auf der im Wesentlichen unsere heutige Gerichtsverfassung beruht.[13] Sie sollte va die Rechtseinheit in der Monarchie sicherstellen. Diesem Ziel der „Wahrung und Heranbildung eines einheitlichen Rechts für alle Kronländer“[14] sollte auch der oberste Gerichts- und Cassationshof dienen.

Ein Jahr später, im Jahr 1850, wurde das „organische Gesetz über die Gerichtsstellen“[15] erlassen, das wiederum die Organisation des obersten Gerichts- und Cassationshofes einer besonderen gesetzlichen Regelung vorbehielt,[16] die kurz darauf erlassen wurde: Das Kaiserliche Patent, mit

9 Leonhard, FS-OGH 163 (164 f); Maasburg, Geschichte 51 f.

10 Die Bezeichnung Cassationshof rührt daher, dass mit der StPO 1850 das französische System der Kassation übernommen wurde: St Korinek, in: Korinek/Holoubek (Hrsg), Bundesverfassungsrecht, Art 92 B-VG, Rz 2 (mwN); Leonhard, FS-OGH 163 (167).

11 Justiz-Ministerial-Erlass vom 21. August 1848, JGS 1848, Nr 1176, 652. Vgl § 3 leg cit: „Die oberste Justizstelle hat von nun an nur mehr als Gerichtsbehörde ihr Amt zu handeln, sie erhält daher die Benennung ‚Oberster Gerichtshof‘, sowie ihre Räthe und Secretäre in ihren ämtlichen Functionen den Titel: ‚Räthe und Secretäre des obersten Gerichtshofes‘ zu führen haben. – Auch in den an den obersten Gerichtshof gelangenden Eingaben hat die bisherige Aufschrift ‚Eure Majestät‘ in jene ‚oberster Gerichtshof‘ überzugehen.“

12 RGBl 1849/150.

13 RGBl 1849/278, Kaiserliche Entschließung vom 14. Juni 1849, womit die Grundzüge der neuen Gerichtsverfassung genehmigt werden.

14 So der damalige Justizminister Schmerling: „Der große Gedanke, die Staatseinheit aller Länder und Stämme der Monarchie herzustellen, muß, wenn er in das Leben des Volkes übergehen soll, auch in Bezug auf die Rechtspflege seinen entsprechenden Ausdruck in der Schaffung eines Obersten Gerichtshofes für alle Kronländer des Reiches erhalten. Das in der Reichsverfassung vom 4. März 1849 angedeutete hohe Ziel der Rechtseinheit zwischen allen Teilen des Kaiserstaates kann nur dann erreicht werden, wenn im Zentrum des Staates am Sitze aller hohen Staatsgewalten auch ein oberster Gerichtshof zur Wahrung und Heranbildung eines einheitlichen Rechtes für alle Kronländer besteht.“ (Zitiert bei Dinghofer, Gerichtshof 9.)

15 RGBl 1850/258.

16 § 1 Organisches Gesetz über die Gerichtsstellen.

dem „die Organisation des obersten Gerichts- und Cassationshofes in Wien festgesetzt“ wird, sollte in seinen Grundzügen bis in die Zweite Republik herauf gelten.[17] Es setzte für das ganze Reich den Obersten Gerichts- und Cassationshof als oberste Instanz in Zivil- und Strafrechtssachen ein.[18]

In Zivilsachen war er dritte und letzte Instanz, wenn in zweiter Instanz die Oberlandesgerichte entschieden hatten und der Rechtszug gesetzlich zulässig war.[19] In Strafsachen entschied der Gerichtshof als Cassationshof über Nichtigkeitsbeschwerden gegen Erkenntnisse der Anklagekammer des Oberlandesgerichtes, gegen Endurteile der Schwurgerichtshöfe und gegen die von den Landesgerichten als Berufungsbehörden gefällten Endurteile.[20]

Darüber hinaus hatte der Gerichtshof auch über Kompetenzkonflikte zwischen Gerichts- und Verwaltungsbehörden zu entscheiden oder – auf Verlangen des Justizministers – im Zuge der Erlassung oder Abänderung von Gesetzen Gutachten zu erstatten. Außerdem hatte der Gerichthof das Recht, Anträge auf Erlassung oder Abänderung von Gesetzen an den Justizminister zu richten.[21]

Der Gerichtshof entschied idR in Senaten von sechs Räten und einem Vorsitzenden.[22] Für bestimmte Angelegenheiten war die Einberufung der Ratsversammlung bzw des Plenarsenats vorgesehen.[23] Außerdem war eine Disziplinarkammer einzurichten.[24]

Das Silvesterpatent von 1851 ließ den Bestand und den Aufgabenbereich des Obersten Gerichtshofs als Höchstgericht im Wesentlichen un-

17 RGBl 1850/325.

18 Die königlich ungarische Septemviraltafel war zuvor bereits aufgehoben worden. Steininger, RZ 1998, 262 f.

19 § 3 Kaiserliches Patent über die Organisation des Obersten Gerichts- und Cassationshofs.

20 § 5 des Kaiserlichen Patents unterscheidet freilich hinsichtlich der Aufgaben des Gerichtshofes zwischen den einzelnen Kronländern.

21 § 10 des Kaiserlichen Patents.

22 Bei der Zusammensetzung der Senate war darauf zu achten, dass die Räte mit der Rechtslage im betreffenden Kronland vertraut waren (§ 20 des Kaiserlichen Patents). Vgl auch die Sonderbestimmung für Angelegenheiten aus Siebenbürgen in § 21 leg cit.

23 Vgl § 15 des Kaiserlichen Patents. Die Ratsversammlung umfasste sämtliche Mitglieder des Gerichtshofes und fand nur dann statt, wenn der erste Präsident oder dessen Stellvertreter ihre Einberufung für nötig erachtete. Der Plenarsenat bestand aus mindestens 15 Mitgliedern des Gerichtshofes und wurde vom ersten Präsidenten oder seinem Stellvertreter zusammengesetzt. Der Plenarsenat befasste sich va mit dienstlichen und organisatorischen Angelegenheiten, erstattete aber etwa auch Gutachten zu legislativen Vorhaben, wenn davon alle Kronländer betroffen waren. Zu den Aufgaben vgl § 16 leg cit. Weitere Sonderbestimmungen über die Bildung eines Senates vgl etwa § 17 leg cit.

24 Zur Disziplinarkammer vgl § 26 des Kaiserlichen Patents.

verändert. Die Gerichtsinstruktion von 1853 sah jedoch vor, dass auch das höchstgerichtliche Verfahren schriftlich war.[25]

1867 wurde der oberste Gerichts- und Cassationshof im StGG über die richterliche Gewalt verfassungsrechtlich verankert.[26] Der territoriale Wirkungsbereich erstreckte sich in Folge des Ausgleichs mit Ungarn nur mehr auf die im Reichsrat vertretenen Königreiche und Länder, also die cisleithanische Reichshälfte. Außerdem wurde endgültig die Trennung von Justiz und Verwaltung umfassend verwirklicht und die Mündlichkeit und Öffentlichkeit des Verfahrens garantiert.[27]

Nach dem Ende des Ersten Weltkrieges und dem Zerfall der österreichisch-ungarischen Monarchie wurde bereits 1918 mit dem Gesetz über die richterliche Gewalt der Oberste Gerichtshof als oberste Instanz in Zivil- und Strafrechtssachen eingesetzt[28] und zwei Monate später ein Gesetz betreffend die Einrichtung eines Obersten Gerichtshofes erlassen[29]. Demnach hatte der OGH die Aufgaben des ehemaligen Obersten Gerichts- und Cassationshofes zu erfüllen.[30] Die diesen betreffenden Vorschriften galten weiter, soweit nichts anderes bestimmt wurde.[31]

Schließlich wurde der OGH auch verfassungsrechtlich verankert: Gem Art 92 B-VG ist „[o]berste Instanz in Zivil- und Strafrechtssachen [...] der Oberste Gerichtshof in Wien".[32] Unter Weglassung der Worte „in Wien" wurde dieser Bestimmung mit der B-VGNov 1929 zum Abs 1[33]; zugleich wurde in Abs 2 die Inkompatibilitätsbestimmung hinzugefügt.[34]

Eine nächste Zäsur brachte das Jahr 1939. Nach dem Anschluss im März 1938 blieb der Oberste Gerichtshof zunächst weiterhin oberste Instanz in Zivil- und Strafrechtsangelegenheiten. Ein Jahr darauf, im März 1939 gingen jedoch die Zuständigkeiten des OGH auf das Reichsgericht

25 RGBl 1853/81. Dazu auch Leonhard, FS-OGH 175; Steininger, RZ 1998, 262 (263).

26 RGBl 1867/144, Art 12: „Für die im Reichsrathe vertretenen Königreiche und Länder besteht der oberste Gerichts- und Cassationshof in Wien."

27 Art 14 StGG über die richterliche Gewalt: „Die Rechtspflege wird von der Verwaltung in allen Instanzen getrennt." Art 10 leg cit: „Die Verhandlungen vor dem erkennenden Richter sind in Civil- und Strafrechts-Angelegenheiten mündlich und öffentlich."

28 Grundgesetz vom 22. November 1918 über die richterliche Gewalt, StGBl 1918/38; vgl § 15.

29 StGBl 1919/41.

30 § 1 des Gesetzes betreffend die Einrichtung eines Obersten Gerichtshofes.

31 § 2 Abs 1 des Gesetzes betreffend die Einrichtung eines Obersten Gerichtshofes.

32 BGBl 1920/1.

33 BGBl 1929/392.

34 Mitglieder der BReg, einer LReg oder eines allgemeinen Vertretungskörpers können dem OGH nicht angehören. Für die Bestellung zum Präsidenten oder Vizepräsidenten des OGH gilt diese Inkompatibilität auch für die letzten vier Jahre vor dem Zeitpunkt der Bestellung.

in Leipzig über.[35] Zugleich wurden die Zivil-, Straf- und Disziplinarakten nach Leipzig transferiert, wo sie später verloren gingen. Damit wurde eine bestehende Lücke im Aktenbestand noch vergrößert: Da bereits der Brand des Justizpalastes am 15. Juni 1927 nahezu alle Akten vernichtet hatte, fehlen nunmehr auch die Gerichtsakten der Jahre 1848 bis 1939.[36]

Nach dem Ende des Zweite Weltkrieges wurde die Organisationsstruktur der Gerichte, die am 13. März 1938 bestanden hatte, wieder hergestellt.[37] Damit war auch der Oberste Gerichtshof wieder errichtet, die zuvor geltenden Vorschriften für den Gerichtshof wurden großteils wieder in Geltung gesetzt.[38]

Im Jahr 1968 wurde schließlich das Bundesgesetz über den Obersten Gerichtshof erlassen.[39] Es trat an die Stelle der zersplitterten und großteils noch aus der Monarchie stammenden Organisationsvorschriften, gegen die teilweise verfassungsrechtliche Bedenken bestanden hatten.[40]

B. (Verfassungs-)Gesetzliche Grundlagen und Aufgaben des OGH

I. (Verfassungs-)Gesetzliche Grundlagen

Die verfassungsrechtliche Grundlage des OGH findet sich – wie bereits erwähnt – in Art 92 Abs 1 B-VG. Damit wird nach hA eine Bestandsgarantie normiert[41]: Unzulässig wäre es, den OGH überhaupt abzuschaffen oder neben dem OGH ein weiteres Höchstgericht in Zivil- und Strafsachen einzurichten.[42] Dies bedeutet jedoch nicht, dass in jedem Fall

35 Verordnung vom 28. Februar 1939, DRGBl I S 358.

36 Felzmann/Danzl/Hopf, Oberster Gerichtshof 21.

37 Gesetz über die Wiederherstellung der österreichischen Gerichtsorganisation (GOG), StGBl 1945/47.

38 Vgl § 3 GOG.

39 BGBl 1968/328.

40 Felzmann/Danzl/Hopf, Oberster Gerichtshof 40. Bedenklich war etwa das Sistierungsrecht des Präsidenten des OGH oder die Bindung der Senate an die in das Judikatenbuch eingetragenen Entscheidungen.

41 Zweifel darüber, ob diese Bestimmung tatsächlich „nur“ eine Bestandsgarantie normiert, entstanden ua deswegen, weil im Gegensatz zu den Bestimmungen der Monarchie, wonach der OGH zu „bestehen“ hat, in der Verfassungsbestimmung der Republik nunmehr der OGH oberste Instanz „ist“. Es war aber offenbar nie beabsichtigt, die Rechtslage zu ändern. Es handelt sich also nur um eine sprachliche Anpassung, die keine sachlichen Auswirkungen hat. Vgl zu dieser Frage ausführlicher Walter, Verfassung 171 f. AA Hellbling, JBl 1956, 301, 332 (333).

42 MwN St Korinek, in: Korinek/Holoubek (Hrsg), Bundesverfassungsrecht, Art 92 B-VG, Rz 14. Walter, Gerichtsbarkeit, in: Schambeck (Hrsg), Bundes-Verfassungsgesetz 443 (459).

der Rechtszug an den OGH möglich sein muss.[43] Der Instanzenzug muss allerdings so ausgestaltet sein, dass die Kompetenzen des OGH als Höchstgericht nicht ausgehöhlt werden.[44]

Nicht per se unzulässig ist es im Übrigen auch, den OGH als erste und letzte Instanz einzurichten; dies ist in „Ausnahmefällen von besonderer Wichtigkeit“ möglich.[45]

Die einfachgesetzlichen Organisationsvorschriften des OGH finden sich im ebenfalls bereits erwähnten Gesetz über den Obersten Gerichtshof (OGHG)[46]. Der innere Geschäftsbetrieb wird durch eine Verwaltungsverordnung des Präsidenten des OGH geregelt.[47]

Im OGHG sind auch die Spruchkörper des OGH festgelegt: Er entscheidet grds in Senaten.[48] Derzeit gibt es zwölf Zivil-[49] und fünf Strafsenate[50]. Von den Zivilsenaten entscheidet einer über Rechtsmittel gegen Beschlüsse des Kartellgerichts[51] und einer über Markensachen[52]. Zwei weitere Senate fungieren als Disziplinar- bzw Dienstgericht[53] für Richter.[54] Ein Disziplinarsenat ist für Disziplinarverfahren gegen Notare und Notariatskandidaten eingerichtet. Außerdem bestehen derzeit fünf fachspezifisch zusammengesetzte Begutachtungssenate.[55]

---

43 MwN St Korinek, in: Korinek/Holoubek (Hrsg), Bundesverfassungsrecht, Art 92 B-VG, Rz 16.

44 Felzmann, JRP 2001, 2; Mayer, B-VG[4] Art 92 B-VG I; Öhlinger, Verfassungsrecht[8] Rz 619; Walter, Gerichtsbarkeit, in: Schambeck (Hrsg), Bundes-Verfassungsgesetz 443 (460); Walter/Mayer/Kucsko-Stadlmayer, Grundriss[10] Rz 766. Vgl auch und mwN OGH 23.4.1996, 1 Ob 502/96.

45 VfSlg 14 709/1996. Eine solche begründete Ausnahme, die diese Frage auch erstmalig aufgeworfen hatte, ist § 54 Abs 2 und 4 ASGG. Normiert wird ein kontradiktorisch ausgestaltetes Feststellungsverfahren für bestimmte arbeitsrechtliche Streitigkeiten, für das der OGH in erster und letzter Instanz zuständig ist. Die damit verfolgten Ziele – Verfahrenskonzentration und -beschleunigung, verstärkte Rechtssicherheit, Sicherung des Arbeitsfriedens ua vermochten den VfGH von der spezifischen Rechtfertigung dieser Bestimmungen zu überzeugen. Vgl dazu auch Felzmann, JRP 2001, 1 (2); Rill, RdW 1995, 345.

46 Bundesgesetz über den Obersten Gerichtshof, BGBl 1968/328 idF BGBl I 2001/95. OGHG ist keine gesetzliche aber eine gebräuchliche Abkürzung. So mwN Felzmann/Danzl/Hopf, Oberster Gerichtshof 53.

47 Vgl § 22 OGHG.

48 § 5 Abs 1 OGHG.

49 Das sind die Senate 1 bis 10 und 16 bis 17.

50 Das sind die Senate 11 bis 15.

51 16. Senat.

52 17. Senat.

53 Vgl §§ 111 Z 5 und 90 Z 2 RDG.

54 Senate I und II.

55 § 11 OGHG.

Der OGH entscheidet, soweit nichts anderes bestimmt ist,[56] in Fünfersenaten (sog einfache Senate).[57] Für bestimmte Angelegenheiten – etwa für Grundrechtsbeschwerden – ist ein Dreiersenat zuständig.[58] Ein einfacher Senat kann mit Beschluss aussprechen, dass die Voraussetzungen für die Befassung eines verstärkten Senats vorliegen. Dann ist der einfache Senat durch sechs weitere Mitglieder zu verstärken.[59] Verstärkte Senate sollen in besonderem Maße die Einheitlichkeit der Rsp gewährleisten[60] und sind daher dann einzurichten, wenn die Entscheidung einer Rechtsfrage von grundsätzlicher Bedeutung ein Abgehen von der bisherigen Rsp bedeuten würde oder wenn eine solche Rechtsfrage bislang nicht einheitlich beantwortet worden ist. Eine besondere Regelung gilt auch für Begutachtungssenate:[61] Sie bestehen aus dem Präsidenten und sechs weiteren Mitgliedern des Gerichtshofes.[62] Der Vollversammlung obliegt schließlich nur die Beschlussfassung über den Tätigkeitsbericht.[63]

II. Aufgaben des OGH

Wie bereits erwähnt, ist es verfassungsrechtlich nicht gefordert, in jedem Fall die Anrufung des OGH zu ermöglichen. Tatsächlich ist der Zugang zum OGH – wie auch zu den beiden anderen Höchstgerichten – nicht gänzlich unbeschränkt. Dies ist im Lichte der wesentlichen Aufgaben des OGH auch zulässig[64]: Der OGH soll nämlich, so wie die anderen Höchstgerichte, va eine Leitfunktion erfüllen. Durch die Klärung wesentlicher Rechtsfragen soll er die Einheitlichkeit der Rsp fördern und damit für Rechtssicherheit sorgen.[65] Dazu kann es sogar geradezu geboten

56 S etwa § 11 Abs 1 ASGG, § 59 Abs 1 Z 1 und 2 KartG oder auch § 11 OGHG.

57 § 6 OGHG.

58 § 7 OGHG.

59 § 8 OGHG.

60 RV 470 BlgNR 11. GP 8.

61 Vgl § 11 OGHG.

62 Die Zusammensetzung der Begutachtungssenate wurde mit BGBl I 2001/95 neu geregelt. Bis dahin bestanden die Senate aus 15 Mitgliedern, womit sich die Senate aber für die Praxis als zu groß, weil zu unbeweglich erwiesen. Vgl auch Felzmann/Danzl/Hopf, Oberster Gerichtshof 79.

63 § 9 OGHG.

64 Felzmann/Danzl/Hopf, Oberster Gerichtshof 55; St Korinek, in: Korinek/Holoubek (Hrsg), Bundesverfassungsrecht, Art 92 B-V, Rz 16 ff. Vgl zur Diskussion bei den Gerichtshöfen des öffentlichen Rechts etwa Heller, ÖJZ 1987, 577; Jabloner, ÖJZ 1994, 329 (333); ders, ÖJZ 1998,161 (162); Loebenstein, ÖJZ 1986, 161, 199 (203 ff).

65 MwN St Korinek, in: Korinek/Holoubek (Hrsg), Bundesverfassungsrecht, Art 92 B-VG, Rz 5. Allgemein zur Funktion der Höchstgerichtsbarkeit Khakzadeh-Leiler, JRP 2007, 298 (299).

sein, Rechtsmittelbeschränkungen vorzusehen. Würde nämlich ein Höchstgericht mit Beschwerden überhäuft, denen keine wesentliche Rechtsfrage zugrunde liegt, dann widerspräche dies einem effektiven Rechtsschutz: Das Gericht könnte seine Leitfunktion nicht mehr wahrnehmen[66] und die Verfahrensdauer wäre unerträglich lange.[67]

Zwar werden einige der Verfahrensarten vor dem OGH später noch genauer ausgeführt, dennoch soll zum besseren Verständnis bereits vorab ein knapper Überblick über die verschiedenen Zuständigkeiten gegeben werden.

1. Zivilsachen

In Zivilsachen entscheidet der OGH über Revisionen gegen Urteile der Berufungsgerichte, über Rekurse gegen Beschlüsse der Berufungsgerichte sowie über Revisionsrekurse gegen Beschlüsse der Rekursgerichte.[68]

Der Zugang zum OGH ist in allen Fällen durch ein sog Zulassungsmodell ausgestaltet: Das Berufungsgericht muss das jeweilige Rechtsmittel an den OGH ausdrücklich zulassen[69]; bei Rekursen ist der OGH an diesen Ausspruch nicht gebunden[70]. Kriterien der Zulässigkeit sind im Wesentlichen die Bedeutung der Rechtsfrage für die Wahrung der Rechtseinheit, Rechtssicherheit oder Rechtsentwicklung sowie der Streitwert.

a. Revision

Bei der Revision gilt es die ordentliche und die außerordentliche Revision zu unterscheiden.

Die **ordentliche Revision** kann eingebracht werden, wenn sie vom Berufungsgericht zugelassen wurde. Zulässig ist eine Revision zunächst grds dann, wenn die Entscheidung von der Lösung einer Rechtsfrage des materiellen Rechts oder des Verfahrensrechts abhängt, der zur Wahrung der Rechtseinheit, -sicherheit oder -entwicklung erhebliche Bedeutung zukommt. Dies ist etwa dann der Fall, wenn das Berufungsgericht von der Rsp des OGH abweicht, eine solche überhaupt fehlt oder die Rsp uneinheitlich ist (§ 502 Abs 1 ZPO).

Dieser Grundsatz wird jedoch insoweit modifiziert, als der Entscheidungsgegenstand auch bestimmte Wertgrenzen erreichen muss: Jedenfalls

66 Wie Jabloner, ÖJZ 1994, 329 (333) pointiert formuliert, kann der VwGH „nicht zugleich juristische Basis- und Spitzenversorgung leisten".

67 Allgemein dazu Heller, ÖJZ 1987, 577 (578). Allgemein zur Problematik, Khakzadeh-Leiler, JRP 2007, 298 (299).

68 Näher dazu Rechberger/Simotta, Zivilprozessrecht[8] Rz 1037 ff.

69 § 502 Abs 2 ZPO (Revision); § 519 Abs 2 ZPO (Rekurs).

70 § 526 Abs 2 ZPO.

unzulässig ist die Revision nämlich, wenn der Wert des Entscheidungsgegenstands 5 000 Euro nicht übersteigt. Unzulässig ist sie weiters, wenn der Wert zwar 5 000, nicht aber 30 000 Euro übersteigt und das Berufungsgericht die ordentliche Revision nicht für zulässig erklärt hat.[71]

Für einzelne Angelegenheiten gelten jedoch überhaupt keine Wertgrenzen. Dies betrifft etwa bestimmte familienrechtliche Streitigkeiten, Verbandsstreitigkeiten gem § 29 KSchG oder Streitigkeiten in Arbeits- und Sozialrechtssachen (§ 502 Abs 5 ZPO).

Hat das Berufungsgericht die ordentliche Revision nicht zugelassen, dann kann **außerordentliche Revision** eingebracht werden, wenn der Wert des Entscheidungsgegenstands 30 000 Euro übersteigt oder eine Angelegenheit vorliegt, für die gem § 502 Abs 5 keine Wertgrenze gilt (§ 505 Abs 4 ZPO).

b. Rekurs

Der Rekurs (§ 519 ZPO) richtet sich gegen Beschlüsse des Berufungsgerichts, mit denen die Klage oder Berufung aus formellen Gründen zurückgewiesen wird. Auch gegen Beschlüsse, mit denen das Ersturteil aufgehoben und die Sache an die erste Instanz zur neuerlichen Entscheidung und Verhandlung zurückverwiesen wird, kann Rekurs eingebracht werden, wenn ihn das Berufungsgericht ausdrücklich zugelassen hat. Für die Zulässigkeit gelten dieselben Voraussetzungen wie für die Revision gem § 502 ZPO.

c. Revisionsrekurs

Der Revisionsrekurs (§ 528 ZPO) wendet sich gegen einen nicht voll bestätigenden Beschluss des Rekursgerichts. Die Zulässigkeit des Revisionsrekurses richtet sich weitgehend nach den für die Revision geltenden Voraussetzungen: Er ist nur dann zuzulassen, wenn die Entscheidung von der Lösung einer bedeutenden Rechtsfrage abhängt. Es gelten im Wesentlichen auch die für die Revision geltenden Wertgrenzen mit folgenden Modifikationen: Für bestimmte familienrechtliche Streitigkeiten[72] gelten besondere Wertgrenzen. In diesen Fällen ist der Revisionsrekurs unzuläs-

71 Hat das Berufungsgericht in Entscheidungsgegenständen mit einem derartigen Wert in seinem Urteil entschieden, dass die Revision nicht zulässig ist, dann kann die Partei einen Antrag an das Berufungsgericht stellen, seinen Ausspruch dahingehend abzuändern, dass die ordentliche Revision doch zulässig ist (§ 508 Abs 1 ZPO).

72 Das sind jene nach § 49 Abs 2 Z 1 und 2 JN: Streitigkeiten über die dem Vater eines unehelichen Kindes gegenüber der Mutter obliegenden Pflichten sowie Streitigkeiten über den aus dem Gesetz gebührenden Unterhalt, mit Ausnahme des gesetzlichen Unterhalts zwischen in gerader Linie verwandten Personen.

sig, wenn der Entscheidungsgegenstand 30 000 Euro nicht übersteigt und das Berufungsgericht die Revision nicht für zulässig erklärt hat.

Daneben findet sich noch eine Reihe von anderen Gründen, die einen Rekurs unzulässig machen, so über den Kostenpunkt, die Verfahrenshilfe, die Gebühren der Sachverständigen, in Streitigkeiten wegen Besitzstörung oder wenn der angefochtene erstrichterliche Beschluss zur Gänze bestätigt worden ist und die Klage nicht aus formellen Gründen zurückgewiesen worden ist.

d. Feststellungsverfahren gem § 54 ASGG

§ 54 Abs 2 iVm Abs 4 ASGG sieht ein kontradiktorisches Feststellungsverfahren für bestimmte arbeitsrechtliche Streitigkeiten vor, für das der OGH in erster und letzter Instanz zuständig ist.[73]

Der Antrag ist auf Feststellung des Bestehens oder Nichtbestehens von Rechten oder Rechtsverhältnissen gerichtet.[74] Er muss eine Rechtsfrage des materiellen Rechts in Arbeitsrechtssachen betreffen[75], die für mindestens drei AG oder AN bedeutend ist. Antragsberechtigt sind die kollektivvertragsfähigen Körperschaften der AG bzw AN.

Dieser sog Verbandsantrag erfüllt ua eine Schutzfunktion sowohl gegenüber Arbeitgebern als auch gegenüber Arbeitnehmern: Arbeitsrechtliche Streitfragen, die im individuellen Rechtsweg vermutlich nicht hinreichend geklärt werden können, – etwa weil das Prozessrisiko gescheut oder eine Klimaverschlechterung am Arbeitsplatz gefürchtet wird – können im Wege eines Verbandsantrages gerichtlich geklärt werden.[76]

2. Strafsachen

In Strafsachen entscheidet der OGH ua über Nichtigkeitsbeschwerden, Nichtigkeitsbeschwerden zur Wahrung des Gesetzes, Grundrechtsbeschwerden, Anträge auf Erneuerung des Strafverfahrens sowie – unter bestimmten Voraussetzungen – über Berufung gegen Urteile der Geschworenen- und Schöffengerichte (§ 34 StPO).

a. Nichtigkeitsbeschwerde

Die Nichtigkeitsbeschwerde an den OGH richtet sich gegen Urteile der Gerichtshöfe erster Instanz (§ 280 StPO) sowie gegen Urteile der Ge-

[73] S dazu FN 45.

[74] Die Entscheidung des OGH ergeht hier mit Beschluss: Es handelt sich dabei nämlich um ein außerstreitiges Verfahren.

[75] Das sind Arbeitsrechtssachen nach § 50 ASGG.

[76] Rill, RdW 1995, 345 (346). Näher dazu im dritten Teil, zweiter Abschnitt B.II.2. b.aa.(f).

schworenengerichte (§ 344 StPO). Die Beschwerde ist an die gesetzlich erschöpfend aufgezählten – prozessualen oder materiellen – Nichtigkeitsgründe gebunden. Releviert werden kann großteils die Gesetzmäßigkeit des Verfahrens und des Urteils. Außerdem können aber auch gewisse Ermessens- und Beweiswürdigungsfragen sowie Fragen der Strafzumessung geltend gemacht werden (näher dazu im vierten Teil, zweiter Abschnitt B.).

b. Berufung gegen Urteile der Geschworenen- und Schöffengerichte

Wird gegen ein Urteil Nichtigkeitsbeschwerde und Berufung erhoben und kommt es zu einem Prozesstag über die Nichtigkeitsbeschwerde, so entscheidet der OGH in diesem Fall auch über die Berufung (§ 296 Abs 1 StPO und § 344 StPO). Er kann die – zulässige – Berufung aber an das OLG abtreten, wenn er die Nichtigkeitsbeschwerde in nichtöffentlicher Sitzung zurückweist (§ 285i StPO).

c. Nichtigkeitsbeschwerde zur Wahrung des Gesetzes

Die Nichtigkeitsbeschwerde zur Wahrung des Gesetzes ist kein Rechtsmittel, sondern ein Rechtsbehelf, den nur die Generalprokuratur erheben kann (§ 23 StPO). Sie richtet sich gegen Urteile, die auf einer Verletzung oder unrichtigen Anwendung des Gesetzes beruhen, sowie gegen „jeden gesetzwidrigen Beschluss oder Vorgang eines Strafgerichts". Die Wahrungsbeschwerde dient somit der Überprüfung der Gesetzmäßigkeit der Strafrechtspflege und soll die Wahrung der Einheit der Rsp sicherstellen.[77]

d. Erneuerung des Strafverfahrens

Stellt der EGMR in einem Urteil fest, dass eine Entscheidung oder Verfügung eines Strafgerichts die EMRK verletzt hat, so können sowohl der Betroffene als auch der Generalprokurator beim OGH einen Antrag auf Erneuerung des Strafverfahrens stellen (§ 363a StPO). Voraussetzung ist, dass sich die Konventionsverletzung negativ auf die gerichtliche Entscheidung ausgewirkt hat. Gibt der OGH dem Antrag statt, dann hebt er die strafgerichtliche Entscheidung auf und verweist die Sache erforderlichenfalls an das LG oder das OLG (näher dazu im vierten Teil, zweiter Abschnitt F.II.).

e. Grundrechtsbeschwerde

Die Grundrechtsbeschwerde wurde 1993 als außerordentliches Rechtsmittel eingeführt. Ziel war es, die Entwicklung einer einheitlichen Rsp in

77 Fabrizy, StPO[10] § 23 Rz 1.

Haftsachen sowie materielle Individualgerechtigkeit in Haftragen zu garantieren.[78] Erachtet sich ein Betroffener durch eine strafgerichtliche Entscheidung oder Verfügung in seinem Grundrecht auf persönliche Freiheit verletzt, so kann er – nach Erschöpfung des Instanzenzuges – Grundrechtsbeschwerde an den OGH erheben (§ 1 Abs 1 GRBG). Dieses Beschwerderecht gilt aber nicht für die Verhängung und den Vollzug von Freiheitsstrafen und vorbeugenden Maßnahmen wegen gerichtlich strafbarer Handlungen (näher dazu im vierten Teil, zweiter Abschnitt unter F.I.).

3. Gesetzesprüfungsanträge an den VfGH

Hat der OGH Bedenken gegen die Gesetzmäßigkeit einer präjudiziellen Verordnung oder gegen die Verfassungsmäßigkeit eines präjudiziellen Gesetzes[79], so hat er beim VfGH einen Antrag auf Aufhebung zu stellen.[80] Während ein Antrag auf Aufhebung einer Verordnung von allen ordentlichen Gerichten gestellt werden kann, kann die Aufhebung eines Gesetzes nur von einem in zweiter Instanz zuständigen Gericht sowie vom OGH, VwGH, AsylGH, von den UVS und dem Bundesvergabeamt beantragt werden.

Liegen die entsprechenden Voraussetzungen vor, dann ist der OGH nicht nur berechtigt, sondern sogar verpflichtet, einen entsprechenden Antrag zu stellen.[81] Ein subjektives Recht darauf, dass von der Anfechtungsbefugnis Gebrauch gemacht wird, besteht freilich nicht (näher dazu fünfter Teil A.I.).[82]

C. Das Verhältnis der drei Höchstgerichte zueinander: VfGH, VwGH, OGH

Wie bereits erwähnt, ist der OGH das älteste der drei österreichischen Höchstgerichte. Unter dem Einfluss liberaler Strömungen wurden freilich schon bald Forderungen erhoben, auch das staatliche Handeln einer gerichtsförmigen Kontrolle zu unterwerfen. Dem wurde erstmals mit der Dezemberverfassung von 1867 entsprochen, in der zugleich auch die Grundsteine für den heutigen VfGH und den VwGH gelegt wurden.

---

78 AB 852 BlgNR 18. GP 2.

79 Bei der Beurteilung der Präjudizialität, also der Frage, ob die Norm im Verfahren anzuwenden ist, ist der VfGH großzügig. Er verneint dies, wenn sie „ganz offenbar" fehlt oder wenn ihre Anwendung „denkunmöglich" ist. Vgl für viele VfSlg 9906/1983 und mwN 10 066/1984. S auch Hiesel, ÖJZ 1997, 841 (845); Mayer, B-VG^4 Art 89 B-VG II.2.a.

80 Art 89 Abs 2 B-VG, Art 139 Abs 1 B-VG, Art 140 Abs 1 B-VG.

81 Hiesel, ÖJZ 1997, 841 (842).

82 Mayer, B-VG^4 Art 89 B-VG III.2.

Das StGG 1867 über die richterliche Gewalt sieht erstmals eine Beschwerdemöglichkeit an einen „Verwaltungs-Gerichtshof" vor:[83] Wer sich durch die Entscheidung einer Verwaltungsbehörde in seinen Rechten verletzt erachtet, kann dies vor dem Gerichtshof geltend machen. Ein entsprechendes Gesetz zur Errichtung des Gerichtshofes wird allerdings erst 1875 erlassen.[84]

Eine weitere grundlegende Neuerung ist 1867 die Einrichtung eines Reichsgerichts.[85] Es entscheidet über bestimmte Kompetenzkonflikte und bestimmte vermögensrechtliche Ansprüche sowie Beschwerden der Staatsbürger wegen Verletzung ihrer politischen Rechte. Der im selben Jahr eingerichtete Staatsgerichtshof entscheidet über Anklagen von Abgeordneten zum Reichsrat gegen Minister und über strafrechtliche Anklagen gegen Minister.[86]

Aus diesen historischen Grundstrukturen haben sich im Laufe der geschichtlichen Entwicklung der VfGH und der VwGH in ihrer heutigen Form herausgebildet.[87] Der VwGH ist zur Sicherung der Gesetzmäßigkeit der öffentlichen Verwaltung berufen (Art 129 B-VG). Er erkennt nach Erschöpfung des Instanzenzugs ua über Beschwerden, welche die Rechtswidrigkeit von Bescheiden der Verwaltungsbehörden behaupten.[88] Auch der VfGH erkennt – neben seinen zahlreichen anderen Kompetenzen[89] – nach Erschöpfung des Instanzenzugs über Beschwerden gegen Bescheide von Verwaltungsbehörden. Im Gegensatz zum VwGH prüft der VfGH aber bekanntermaßen, ob der Beschwerdeführer durch einen Bescheid in einem verfassungsgesetzlich gewährleisteten Recht oder wegen Anwendung einer rechtswidrigen Norm in seinen Rechten verletzt ist.[90]

In Österreich besteht somit eine Trias der Höchstgerichtsbarkeit, die – so könnte man sehr vereinfacht sagen – Zivil- und Strafrecht, Verfassungsrecht und Verwaltungsrecht abdeckt.[91] Vereinfacht ist diese Be-

---

83 Art 15 StGG über die richterliche Gewalt: „Wenn außerdem Jemand behauptet, durch eine Entscheidung oder Verfügung einer Verwaltungsbehörde in seinen Rechten verletzt zu sein, so steht ihm frei, seine Ansprüche vor dem Verwaltungs-Gerichtshofe im öffentlichen mündlichen Verfahren wider einen Vertreter der Verwaltungsbehörde geltend zu machen."

84 Gesetz vom 22. October 1875, betreffend die Errichtung eines Verwaltungsgerichtshofes, RGBl 1867/36.

85 StGG vom 21. December 1867, über die Einsetzung eines Reichsgerichtes, RGBl 1867/143.

86 Faktisch wurde dieser Staatsgerichtshof freilich nie tätig.

87 Ausführlich zur historischen Entwicklung etwa Walter, RZ 1999, 58.

88 Art 130 Abs 1 lit b und Art 131 Abs 1 Z 1 B-VG.

89 S dazu Art 137 ff B-VG.

90 Art 144 Abs 1 B-VG.

91 Vgl auch Walter, RZ 1999, 58 (60).

schreibung ua darum, weil sie Prüfungsgegenstände und Prüfungsmaßstäbe vermengt. Prüfungsgegenstände des VfGH und VwGH – Bescheide von Verwaltungsbehörden – entsprechen einander in etwa; sie unterscheiden sich jedoch im Prüfungsmaßstab: einfaches Gesetz das eine, Verfassungsrecht das andere Mal. Das Zivil- und Strafrecht fällt demgegenüber ausschließlich in die Zuständigkeit des OGH. Der Prüfungsmaßstab ist dabei unerheblich, zentral ist vielmehr die Qualifikation einer Sache als zivil- oder strafrechtlich. Der OGH hat in diesem Bereich auch verfassungsrechtliche Gesichtspunkte mit zu berücksichtigen.[92] Der VfGH hat somit nicht – wie die Bezeichnung als „Verfassungs"-Gerichtshof nahe legen könnte – die exklusive Befugnis, Rechtsakte unter verfassungsrechtlichen Aspekten zu prüfen.[93]

Aus den dargestellten Strukturen ergibt sich weiters, dass oberstgerichtliche – wie auch verwaltungsgerichtliche – Entscheidungen nicht beim VfGH angefochten werden können.[94] Das österreichische Konzept der Höchstgerichtsbarkeit verwirklicht also eine völlige Gleichrangigkeit von VfGH, VwGH und OGH.[95]

---

92 Vgl dazu auch BYDLINSKI, RZ 1965, 4 (5): „Jeder Rechtsschutz gegenüber Grundrechtsverletzungen kann nur darauf hinausgehen, daß eine Instanz angerufen werden kann, die zumindest von direkten Einflüssen der Machtträger im Staate auf die Entscheidung des Einzelfalles unabhängig ist. Mehr läßt sich nicht erreichen. Diese Unabhängigkeit aber besitzt jedes Gericht; in dieser Beziehung ist es ebenso sehr Garant des Rechtes wie ein Verfassungsgericht." Auch Argumente der Spezialisierung lässt BYDLINSKI zu Recht nicht gelten: Grundrechtsfragen sind „meist untrennbar in solche des Zivilrechts und Prozeßrechts eingebettet, so daß sich das Argument der fachlichen Nähe selbst aufheben wird."

93 Dieses komplexe Gefüge verdeutlicht im Übrigen auch die Diskussion, die es bei der Einführung der Grundrechtsbeschwerde gab. Strittig war nämlich, ob der VfGH oder der OGH zuständig zu machen sei. Während die eine Seite für eine Zuständigkeit des VfGH plädierte, weil es sich in der Sache um grund- und damit verfassungsrechtliche Entscheidungen handle, befürwortete die andere Seite eine Zuständigkeit des OGH. Nur sie sei systemkonform, weil es sich dabei eben um einen strafrechtlichen und damit dem OGH zugewiesenen Beschwerdegegenstand handle. Zur Diskussion ADAMOVICH, ÖJZ 1993, 272; ERMACORA, ÖJZ 1993, 73; GRAFF, ÖJZ 1993, 273. S auch ST KORINEK, in: Korinek/Holoubek (Hrsg), Bundesverfassungsrecht, Art 92 B-VG, Rz 27 f. Näher dazu im vierten Teil, zweiter Abschnitt F.I.

94 Wie WALTER, RZ 1999, 58 (62) darlegt, gab es in der historischen Entwicklung keine Notwendigkeit, gerichtliche Akte auf Grundrechtsverletzungen zu prüfen: Gerichtliche Akte wurde nicht als Bedrohung der verfassungsrechtlichen Position des Einzelnen gesehen, da hier im Gegensatz zur Verwaltung nicht zentrale politische Organe entscheiden.

95 Dazu etwa BALLON, ÖJZ 1983, 225.

Dritter Teil:

Die Grundrechte in der zivilrechtlichen Judikatur

Erster Abschnitt: Grundlagen

A. Problemstellung

Unternimmt man es, die Grundrechte in der zivilrechtlichen Jud des OGH zu untersuchen, so stellt sich gleich eingangs die Frage, welche Rolle sie im Zivilrecht denn überhaupt spielen. Ihre typische Wirkung entfalten die Grundrechte im Verhältnis zwischen Staat und Bürger. So war es auch, als sie im 19. Jahrhundert in Österreich kodifiziert wurden, ein vorrangiges Anliegen, dem Einzelnen einen Freiheitsraum vor willkürlichen Eingriffen des Staates zu sichern. Mag diese Bedeutung der Grundrechte im Verhältnis zwischen Staat und Privaten auch zweifellos im Vordergrund stehen, so bedeutet dies freilich noch nicht, dass ihre Rolle auf das öffentliche Recht beschränkt ist. Tatsächlich steht nach heute hA außer Zweifel, dass die Grundrechte auch in privaten Rechtsbeziehungen wirken. Unklar ist jedoch, wie weit diese Wirkungen reichen und wie sie sich dogmatisch begründen lassen. Damit in engem Zusammenhang steht die gleichfalls umstrittene Frage, inwieweit die Grundrechte den Staat nicht nur zu einem Unterlassen iSe Nicht-Eingriffs, sondern auch zu positiven Handlungen verpflichten.

Mit diesen beiden Fragestellungen sind nicht nur die grundlegenden Schnittstellen zwischen Grundrechten und Privatrecht, sondern zugleich auch die zentralen Themen der Grundrechtsdiskussion angesprochen, die sich mit den Schlagworten „Drittwirkung“ und „Gewährleistungspflichten“ beschreiben lassen. Zu beidem kann das Schrifttum eine Vielzahl von Beiträgen aufweisen, die die Problematik aus den verschiedensten Blickwinkeln beleuchten und ihr die unterschiedlichsten Nuancierungen geben.[96] Für die gegenständliche Thematik erscheint es jedoch nicht gewinnbringend, diese Debatte mit allen ihren Facetten neu aufzurollen. Die folgenden Ausführungen wollen sich vielmehr darauf beschränken,

---

96 S nur für viele Berka, ÖJZ 1979, 365, 424 (374, 429 ff); Griller, ZfV 1983, 1, 109 ff; ders, JBl 1992, 505 ff; Mayer, JBl 1990, 768 ff; Novak, EuGRZ 1984, 133 ff. Für Deutschland etwa Classen, AöR 1997, 65 ff; Diederichsen, AcP 1998, 171 ff; Guckelberger, JuS 2003, 1151; Klein, NJW 1989, 1633; Ladeur, Kritik 58 ff; Poscher, Grundrechte 228 ff.

die Grundprobleme dieser Fragestellungen sowie die groben Argumentationslinien und den Status quo der Diskussion darzustellen und kurz zu bewerten.

B. Grundrechtsbindung von Privatrechtssubjekten

Die Frage nach der Wirkung der Grundrechte stellt sich nicht nur im klassischen privatrechtlichen Verhältnis der Bürger untereinander, sondern auch dann, wenn der Staat im Rahmen der Privatwirtschaftsverwaltung handelt. Diese beiden privatrechtlichen Geltungsbereiche der Grundrechte, die bisweilen mit dem treffenden Oberbegriff der Grundrechtsbindung von Privatrechtssubjekten zusammengefasst werden[97], sollen zunächst getrennt voneinander behandelt werden.

I. Allgemeine Drittwirkung

Die Frage, ob und wie die Grundrechte in Rechtsbeziehungen zwischen Privatrechtssubjekten wirken, also Drittwirkung[98] entfalten, hat im Schrifttum zu einer ausgedehnten und geradezu leidenschaftlichen Diskussion[99] geführt. Während eine Zeitlang strittig war, ob die Grundrechte überhaupt in Privatrechtsverhältnissen wirken, wird die Drittwirkung heute nicht mehr ernsthaft angezweifelt. Auch die Frage, ob die Grundrechte mittelbar oder unmittelbar wirken – diese Gegenüberstellung hat die Debatte lange Zeit hindurch beherrscht[100] –, ist heute im Wesentlichen entschieden.

Die **unmittelbare Drittwirkungslehre** propagierte – der Begriff legt es bereits nahe – eine unmittelbare Geltung der Grundrechte in Rechtsverhältnissen zwischen Privatrechtssubjekten.[101] Sie hat in der Lehre prak-

97 Vgl etwa Korinek/Holoubek, ÖZW 1995, 108 (109).

98 Der Begriff wurde geprägt von Ipsen, Gleichheit, in: Neumann/Nipperdey/Scheuner (Hrsg), Grundrechte 2, 111 (143): „Damit ist die Frage gestellt, ob die Gleichberechtigung nur von der öffentlichen Gewalt oder auch auf der Ebene des Privatrechts von Dritten verlangt werden kann, und dies etwa mit der Folge, daß die öffentliche Gewalt zur Durchsetzung des drittgerichteten Anspruchs mitzuwirken verpflichtet sei." Zum Begriff s auch etwa Bydlinski, Thesen, in: Rack (Hrsg), Grundrechtsreform 173 (174); Griller, ZfV 1983, 3; Schäffer, Verfassungsinterpretation 170. Auch wenn immer wieder versucht wurde, andere Begriffe, wie etwa „Horizontalwirkung" zu verwenden, so hat sich dennoch der Begriff der Drittwirkung gehalten und gefestigt.

99 So auch Rüfner, in: Isensee/Kirchhof (Hrsg), $HStR^2$ V, § 117 Rz 54.

100 Dazu Diederichsen, AcP 1998, 171 (205 f).

101 Sie wurde in Deutschland va von Leisner, Grundrechte 356 ff und Nipperdey, Grundrechte 18 f vertreten. Vgl dazu Bydlinski, RZ 1965, 67 (68 f); Stern, Staatsrecht III/1 § 76 II.

tisch keine Gefolgschaft gefunden und wurde auch von der Jud niemals vertreten.[102] Eine ihrer Schwächen ist, dass sie den Wechsel des Grundrechtsadressaten nicht plausibel zu erklären vermag.[103] Träger grundrechtlicher Verpflichtungen ist nämlich der Staat; weshalb aber auch der Einzelne Grundrechtsverpflichteter sein soll – nach dieser Konstruktion richten sich die Grundrechte ja direkt an ihn –, bleibt völlig unklar. Zwar ist eine unmittelbare Drittwirkung der Grundrechte nicht von vornherein ausgeschlossen, sie müsste aber ausdrücklich angeordnet sein, wie dies auch beim einzigen österreichischen Beispiel einer unmittelbaren Drittwirkung, nämlich § 1 Abs 5 DSG der Fall ist.

Die hA vertritt heute eine **mittelbare Drittwirkung** der Grundrechte[104]: Sie wirken nicht direkt, sondern über die Auslegung der (zivilen) Rechtsnormen auf die privaten Rechtsverhältnisse ein, werden also durch das Privatrecht – und selbstverständlich die übrige Rechtsordnung – mediatisiert. Dies entspricht auch der Jud der Höchstgerichte.[105] Während freilich etwa in Deutschland auf verfassungsgerichtlicher Ebene eine breite Auseinandersetzung mit der Drittwirkung stattfand[106], kann sie sich in Österreich schon aus prozessualen Gründen nicht ganz so dicht ausnehmen: Da unsere Rechtsordnung keine Urteilsbeschwerde kennt und der VfGH darum auch nicht zur Überprüfung zivil- oder strafgesetzlicher Ur-

102 Machacek, EuGRZ 1983, 453 (462).

103 Bydlinski, ZÖR 1962/63, 423 (438). S dazu auch Berka, Medienfreiheit 86.

104 Für viele und mwN Berka, in: Rill/Schäffer (Hrsg), Bundesverfassungsrecht, Vorbem StGG, Rz 78 ff. Zur EMRK im Besonderen etwa Grabenwarter, EMRK[4] § 19 Rz 14. Für Deutschland etwa Guckelberger, JuS 2003, 1151.

105 ZB OGH 11.10.1988, 1 Ob 26/88; 15.4.1998, 3 Ob 2440/96m; 23.1.2001, 7 Ob 312/00h. VfSlg 15 625/1999.

106 So gingen in Deutschland etwa wesentliche Impulse für die Drittwirkungsdiskussion vom BVerfG aus. Grundlegende Bedeutung hat dabei das Lüth-Urteil, in dem die Drittwirkung der Grundrechte erstmals offen dargelegt wurde, BVerfGE 7, 198: Erich Lüth rief damals zum Boykott eines Kinofilms auf, der von Veit Harlan gedreht worden war. Harlan hatte unter dem NS-Regime ua den antisemitischen Film „Jud Süß" gedreht. Das letztinstanzliche Gericht untersagte Lüth den Boykottaufruf als vorsätzliche sittenwidrige Schädigung. Dagegen erhob Lüth Verfassungsbeschwerde und berief sich auf sein Grundrecht auf freie Meinungsäußerung. Das BVerfG führte aus, dass die Grundrechte „ohne Zweifel" (204) in erster Linie Abwehrrechte des Bürgers gegen den Staat seien. Ebenso aber habe das GG in seinem Grundrechtsabschnitt auch eine „objektive Wertordnung aufgerichtet". Gerade darin komme eine „prinzipielle Verstärkung der Geltungskraft der Grundrechte zum Ausdruck". Dieses Wertsystem müsse als verfassungsrechtliche Grundentscheidung für alle Bereiche des Rechts gelten. Damit beeinflusse das grundrechtliche Wertsystem „selbstverständlich" auch das bürgerliche Recht. Ein Streit zwischen Privaten über Rechte und Pflichten aus „solchen grundrechtlich beeinflußten Verhaltensnormen des bürgerlichen Rechts bleibt materiell und prozessual ein bürgerlicher Rechtsstreit. Ausgelegt und angewendet wird bürgerliches Recht, wenn auch seine Auslegung dem öffentlichen Recht, der Verfassung zu folgen hat" (205 f). Das BVerfG kam zum Schluss, dass das Urteil des LG auf einem „Verfehlen grundrechtlicher Maßstäbe" (230) beruhte und hob das Urteil deswegen auf. S auch die Entscheidung Blinkfüer, BVerfGE 25, 256.

teile zuständig ist, hat er sich mit Drittwirkungsfragen allenfalls dann auseinanderzusetzen, wenn die Verfassungsmäßigkeit eines Gesetzes zu beurteilen ist.[107]

Die Einigkeit über das Bestehen einer mittelbaren Drittwirkung vermag freilich noch nicht alle offenen Fragen zu beantworten: Unklar ist etwa, wie sich die mittelbare Drittwirkung dogmatisch begründen lässt; weiters ist fraglich, wie weit die Grundrechte inhaltlich ins Privatrecht einwirken dürfen bzw müssen, also von welchem Schutzniveau auszugehen ist.

In Deutschland hat SCHWABE versucht, die mittelbare Drittwirkung dogmatisch mit der Lehre vom formalen Delegationszusammenhang zu begründen.[108] Sie wird auch in Österreich – und hier va von GRILLER – vertreten.[109]

Ansatzpunkt ist zunächst die umfassende Bindung des Gesetzgebers an die Grundrechte und weiter die Einsicht, dass auch privates Handeln stets staatsabgeleitet ist, weil es im Rahmen gesetzlicher Ermächtigungen stattfindet. Aus diesem Zusammenhang folgert GRILLER, dass auch private Rechtssetzung prinzipiell nur unter Beachtung der Grundrechte zulässig ist: Grundrechtswidriger privater Rechtssetzung liege entweder eine verfassungswidrige gesetzliche Ermächtigung zugrunde oder sie sei gesetzwidrig.[110] Im Ergebnis schließt GRILLER also von der umfassenden Bindung des Privatrechtsgesetzgebers auf die (mittelbare) Bindung privaten Handelns.[111]

Diese Auffassung hat in Österreich sowohl Zustimmung als auch Ablehnung erfahren.[112] Entgegengetreten ist ihr besonders MAYER: Aus einer Staatsabgeleitetheit von Rechtsakten folge noch nichts für die Beantwortung der Frage nach dem „Wie" dieses Ableitungszusammenhangs.[113] Vielmehr sei die Frage, ob und wie eine Grundrechtsnorm den einfachen Gesetzgeber determiniert, durch die Interpretation dieser Grundrechtsnorm zu ermitteln.[114]

Betrachtet man die beiden unterschiedlichen Auffassungen näher, so zeigt sich freilich, dass sie gar nicht so konträr sind, wie es zunächst scheinen mag. Grds sind sie nämlich beide zutreffend, sie beantworten jedoch – wie auch HOLOUBEK hervorhebt – unterschiedliche Fragestellun-

107 S dazu auch ROSENZWEIG, EuGRZ 1978, 467 (472).

108 SCHWABE, Drittwirkung 26 ff.

109 GRILLER, ZfV 1983, 1, 109; DERS, JBl 1992, 205, 289.

110 GRILLER, JBl 1992, 205, 289 (217).

111 GRILLER, ZfV 1983, 1, 109 (4 ff); DERS, JBl 1992, 205, 289 (211).

112 Zustimmend U DAVY, Streik 41 ff; RILL, FS-Wenger 57 (81).

113 MAYER, JBl 1990, 768 (772).

114 BERKA, Grundrechte, Rz 228; MAYER, JBl 1990, 768 (769 f).

gen.[115] Der formale Delegationszusammenhang zeigt auf, *wie* die Grundrechte im Privatrecht wirken, nämlich durch die (grundrechtskonforme) Gestaltung der (Privat-)Rechtsnormen, die wiederum aus der Grundrechtsgebundenheit des Gesetzgebers folgt.[116] Die Frage, *wie weit* die Grundrechte inhaltlich wirken, lässt sie hingegen offen – was freilich auch GRILLER gar nicht bestreitet.[117] Tatsächlich ist die inhaltliche Reichweite der Grundrechte ein rechtsinhaltliches Problem[118], das nur über eine Interpretation der einzelnen Grundrechte gelöst werden kann.[119] Pointiert formuliert: Der Delegationszusammenhang ist das Transportmittel für die Grundrechte, der Inhalt der transportierten Ladung ergibt sich daraus noch nicht.[120]

II. Fiskalgeltung

Besondere Fragen hinsichtlich der Grundrechtsgeltung ergeben sich dann, wenn nicht (nur) „echte" Private betroffen sind, sondern wenn der Staat sich selbst der privatrechtlichen Gestaltungsmittel bedient.

Nach heute hA und st Jud ist anerkannt, dass der Staat grds auch dann an die Grundrechte gebunden ist, wenn er nicht hoheitlich handelt, sondern im Rahmen der Privatwirtschaftsverwaltung tätig wird.[121] Die Grundrechte entfalten also sog Fiskalgeltung.

---

115 HOLOUBEK, Gewährleistungspflichten 253 f.

116 BERKA, in: Rill/Schäffer (Hrsg), Bundesverfassungsrecht, Vorbem StGG, Rz 80 stellt zutreffend fest, dass sich die Grundrechte primär an den Gesetzgeber richten. Aufbauend auf dieser Prämisse wird dann auch klar, dass die Wirkung der Grundrechte im Privatrecht stets durch das Gesetz mediatisiert wird.

117 GRILLER, JBl 1992, 205 (211): „Rechtsdogmatisch ist es daher geboten, von einer differenzierten Grundrechtsbindung des einfachen Gesetzgebers zu sprechen – die freilich anhand des positiven Rechts zu begründen ist (!) [...]".

118 So auch BERKA, Grundrechte, Rz 227.

119 Vgl zu dieser Problematik auch LAURER, FS-Rill 487 (509).

120 IdS auch HOLOUBEK, Gewährleistungspflichten 253.

121 Vgl etwa VfSlg 13 975/1994 zur Satzung einer Agrargemeinschaft, die die Mitgliedschaft von Frauen ausschloss. Hier galten „dieselben grundrechtlichen Schranken [...] wie sonst für generelle staatliche Normen", weil die Agrargemeinschaft öffentliche Aufgaben erfüllte. Im Ergebnis wurde die Satzung als gleichheitswidrig und darum nichtig gem § 879 Abs 1 ABGB qualifiziert. Grundlegend OGH 10.1.1968, 1 Ob 292/67; 16. 9. 1971, 1 Ob 227/71. S auch OGH 18.12.1992, 6 Ob 563/92; 26.1.1995, 6 Ob 514/95; 23.1.2001, 7 Ob 312/ 00h und jüngst 9.5.2007, 7 Ob 269/06v. Für den EGMR hat die Unterscheidung zwischen Privatwirtschaftsverwaltung und Hoheitsverwaltung keine maßgebliche Bedeutung für die Wirkungen der Konventionsrechte. Vgl nur EGMR 19.12.1994, 15 153/89, Vereinigung Demokratischer Soldaten Österreichs und Gubi gegen Österreich = ÖJZ 1995, 314: Eine Weigerung des Bundesministers für Landesverteidigung, die von Soldaten herausgebrachte Zeitschrift „Der Igel" unter die vom Bundesheer zur Verteilung gebrachten Zeitschriften aufzunehmen, stützte sich etwa auf das ABGB, sie griff aber dennoch in die Freiheit der Meinungsäußerung ein.

Die Argumente für die Fiskalgeltung sind überzeugend: Der Staat bleibt Staat, daran ändert sich nichts, wenn er sich privatrechtlicher Handlungsformen bedient.[122] MaW: Der Einzelne kann auch dann schutzbedürftig sein, wenn der Staat privatwirtschaftlich handelt.[123] Es wäre in der Tat unbefriedigend, könnte sich der Staat seiner Grundrechtsbindung einfach durch die Wahl seiner rechtlichen Handlungsinstrumente entziehen. Zudem lassen sich den Grundrechten keine Anhaltspunkte dafür entnehmen, dass sie nur dann wirken sollen, wenn der Staat hoheitlich handelt.[124]

Was die Intensität der staatlichen Grundrechtsbindung angeht, so wird nach einer Auffassung vertreten, dass die Grundrechte in allen Bereichen staatlicher Privatwirtschaftsverwaltung „voll"[125] wirken.[126] Nach anderer – wohl mittlerweile herrschender – Auffassung wiederum ist nach Funktionsbereichen zu differenzieren.[127] Handelt der Staat in Erfüllung typischer öffentlicher Aufgaben bzw wird er nicht rein erwerbswirtschaftlich tätig, dann gelten dieselben grundrechtlichen Schranken wie beim Hoheitshandeln.[128]

Für diese Auffassung wird ua ins Treffen geführt, dass der Staat zwar am privatautonomen Rechtsverkehr teilnimmt, ihm aber keine Privatautonomie eingeräumt ist.[129] Er nimmt am Privatrechtsverkehr teil, um Staatsaufgaben zu erledigen und nicht – wie der Einzelne – zum Zwecke der Selbstverwirklichung und Selbstentfaltung. Daraus folgt, dass die Intensität seiner Grundrechtsbindung zwar nicht stets die gleiche ist wie im hoheitlichen Handeln, dass aber ein erhöhtes Schutzbedürfnis im Rahmen der Skala staatlicher Wirtschaftstätigkeit durchaus denkbar ist.[130] So überzeu-

---

122 Kopp, FS-Wilburg 152; Korinek/Holoubek, ÖZW 1995, 108 (113); Saladin, Grundrechtsprobleme, in: Funk (Hrsg), Besorgung 59 (72).

123 Klecatsky hat – recht drastisch – darauf hingewiesen, dass zwischen öffentlicher Hand und Privatem ein dauerndes und nie ausgleichbares Machtgefälle bestehe: Klecatsky, JBl 1954, 473, 507 (479); ders, JBl 1957, 333 ff.

124 Korinek/Holoubek, ÖZW 1995, 108 (113).

125 Bydlinski, RZ 1965, 69 (88).

126 Etwa Bydlinski, RZ 1965, 69 (87 f); Saladin, Grundrechtsprobleme, in: Funk (Hrsg), Besorgung 59 (73).

127 Dazu Kopp, FS-Wilburg 153 ff. Mit ausführlichen weiteren Nachweisen, Aicher, Probleme, in: Funk (Hrsg), Besorgung 191 (198 ff); Wenger, Grundriß I, Rz 428 ff; Griller, ZfV 1983, 121 differenziert zwischen administrativen Hilfsgeschäften und der Leistungsverwaltung. Dem folgt Rill, FS-Wenger 81. Für Deutschland etwa Püttner, Unternehmen 147 f.

128 Öhlinger, Verfassungsrecht[8] Rz 737.

129 Griller, ZfV 1983, 1, 109 (120); Korinek/Holoubek, ÖZW 1995, 108 (114), mwN; Rill, FS-Wenger 82; Rüffler, JBl 2005, 409 (411 f).

130 Griller, ZfV 1983, 1, 109 (120); Rill, FS-Wenger 83, differenziert nach der autonomen Teilhabe des Staates am Privatrechtsverkehr, die in der administrativen Hilfstätigkeit am stärksten sei.

gend dieses Konzept sein mag: In der Jud des OGH gibt es dafür jedoch keine Anhaltspunkte. Der OGH anerkennt zwar – soweit ersichtlich nur – in einer kartellgerichtlichen Entscheidung dem Grundsatz nach die differenzierte Fiskalgeltung, ihre inhaltliche Ausgestaltung bleibt aber offen.[131]

Freilich, unabhängig davon, ob man eine allgemeine oder eine nach Handlungsbereichen differenzierende Fiskalgeltung vertritt, so ist das Ergebnis doch in beiden Fällen ähnlich: Auch wenn man von einer allgemeinen Fiskalgeltung ausgeht, ist damit – ähnlich wie sich dies bei der mittelbaren Drittwirkung im Folgenden zeigen wird – noch nichts über die Wirkungsstärke der Grundrechte gesagt.[132]

Nach wie vor umstritten ist der Zusammenhang zwischen Fiskalgeltung und Drittwirkung. Während Raschauer meint, dass beide nichts miteinander zu tun haben[133], sind sie für Berka „in mancher Beziehung" verwandt[134]. Korinek/Holoubek und Pernthaler wiederum sehen die Fiskalgeltung als Unterfall der Drittwirkung.[135]

Zu weitgehend wäre es mE, jede Verbindung zwischen Fiskalgeltung und Drittwirkung zu verneinen, denn beide betreffen die Grundrechtsbindung von Privatrechtssubjekten[136]. Freilich sind im Privatrechtsverkehr

131 OGH 15.12.2003, 16 Ok 12/03: Die Versicherungsträger seien im Funktionsbereich spezifisch organisierter Staatsverwaltung wie staatliche Verwaltungsbehörden an die Grundrechte gebunden. Wo die Versicherungsträger „ohne Einsatz von Befehls- und Zwangsgewalt (‚imperium') tätig werden", entfalten die Grundrechte „eine als ‚Fiskalgeltung iwS' zu bezeichnende Wirkung, deren Intensität dort geringer wird, wo die Tätigkeit jener privater Rechtsträger ähnlich wird". Keinesfalls dürfen hier aber die Aufgabenbereiche einer Körperschaft öffentlichen Rechts vermengt werden: Ist sie in staatliche Aufgaben eingebunden, dann unterliegt sie dabei zweifellos der Fiskalgeltung. Dort, wo sie andere Aufgaben erfüllt, ist die Frage der Grundrechtsbindung aber nicht mehr eine der Fiskalgeltung, sondern es besteht – wie im übrigen Privatrecht auch – mittelbare Drittwirkung. S auch Holoubek, ÖZW 2000, 33 (40 f). Kein Indiz für eine differenzierte Fiskalgeltung ist es im Übrigen, wenn die Grundrechtsbindung nach der Jud des OGH „jedenfalls dort [besteht], wo der Staat in Ausübung seiner faktischen oder rechtlichen Monopolstellung handelt" (für viele 9.5.2007, 7 Ob 269/06v). Dies weist mE eher auf eine undifferenzierte Geltung hin, denn gegenüber dem Staat ist der Einzelne praktisch immer zumindest in einer faktischen Unterlegenheitssituation.

132 Korinek/Holoubek, Grundlagen 148; Saladin, Grundrechtsprobleme, in: Funk (Hrsg), Besorgung 59 (73, 78). S auch Wenger, Unternehmung 368: Die Grundrechtsbindung könne im Rahmen der Privatwirtschaftsverwaltung nicht so weit gehen, dass die Realisierung der wirtschaftlichen Zwecksetzung in Frage gestellt würde. Es gelte vielmehr, eine Kompromisslösung zu finden.

133 Raschauer, Verwaltungsrecht, Rz 629.

134 Berka, Grundrechte, Rz 214.

135 Pernthaler, Raumordnung 2, 262. Für Korinek/Holoubek, ÖZW 1995, 108 (108 f) ist die Fiskalgeltung ein Unterfall der Grundrechtsbindung von Privatrechtssubjekten überhaupt, die man mit der „Drittwirkung von Grundrechten" umschreibt.

136 Vgl etwa Korinek/Holoubek, ÖZW 1995, 108 (108 f). Griller, ZfV 1983, 1, 109 (3) trennt die Begriffe Drittwirkung und Fiskalgeltung und fasst beide Begriffe unter der Bezeichnung „Grundrechtsbindung von Privatrechtssubjekten" zusammen.

mit dem Staat einige Besonderheiten gegenüber dem übrigen Rechtsverkehr auszumachen: Zunächst stellt sich nämlich das Problem des Wechsels des Grundrechtsadressaten nicht, wie dies etwa bei der unmittelbaren Drittwirkung der Fall ist: Grundrechtsverpflichteter ist und bleibt hier der Staat.[137] Weiters ist dem Staat, mag er auch mit den Mitteln des Privatrechts handeln, wie bereits erwähnt keine Privatautonomie eingeräumt.[138] Ob dieser Besonderheiten wird mitunter auch zwischen einem weiten und einem engen Drittwirkungsbegriff differenziert.

Effektuiert wird die Fiskalwirkung über die privatrechtlichen Normen. Ein entsprechendes „Umsetzungsbewusstsein"[139] des Gesetzgebers ist freilich nicht gefordert. Die Fiskalwirkung kann sich nämlich sowohl durch spezielle Gesetze, wie etwa die Vergabegesetze, entfalten, als auch durch alle übrigen privatrechtlichen Normen, die Störungen und Schieflagen des privaten Rechtsverkehrs entgegen wirken wollen, wie etwa §§ 879 und 1295 ABGB.

Grundlegende Bedeutung hat im Rahmen staatlicher Privatwirtschaftsverwaltung naturgemäß der Gleichheitssatz mit dem ihm immanenten Diskriminierungsverbot.[140] Rechtsgebiete, in denen die Fiskalwirkung der Grundrechte besonders deutlich wird, sind beispielsweise die Subventionsverwaltung oder die Daseinsvorsorge.[141]

C. Schutzpflichten

I. Anerkennung staatlicher Schutzpflichten

Neben der Drittwirkungsdebatte dreht sich, wie bereits angesprochen, ein weiterer Punkt der Grundrechtsdiskussion um die staatlichen Gewährleistungspflichten, also darum, ob sich die grundrechtlichen Verpflichtungen des Staates in einem nicht-Eingriff erschöpfen oder ob der Staat auch positive Handlungspflichten, nämlich sog Gewährleistungspflichten hat.[142]

---

137 Insofern folgert Raschauer, Verwaltungsrecht, Rz 629 auch, dass sich die grundrechtliche Bindung des privatrechtlich handelnden Staates aus dem staatsgerichteten Anwendungsbereich der Grundrechtsbestimmungen ergibt. Dies ist freilich zutreffend. Dennoch ist es mE nicht notwendig, die Verbindung zur Drittwirkungsproblematik völlig abzuschlagen, denn da wie dort ist Ausgangspunkt privatrechtsförmiges Handeln.

138 MwN Korinek/Holoubek, ÖZW 1995, 108 (114); Rill, FS-Wenger 82.

139 So Korinek/Holoubek, ÖZW 1995, 108 (114).

140 Dazu etwa Aicher, Haftungsfragen, in: Krejci/Ruppe (Hrsg), Rechtsfragen 149 (155).

141 Dazu etwa Wenger, Grundriß I, Rz 436 ff; Wilhelm, Probleme, in: Wenger (Gesamtred), Förderungsverwaltung 195 (besonders 206 ff).

142 Jellinek, System[2] hat in seiner berühmten Statuslehre die Auffassung vertreten, dass die möglichen Beziehungen, in denen der Einzelne „zum Staate stehen kann", ihn in eine

Mittlerweile zählt es zum gesicherten Bestand, dass die Grundrechte neben ihrem abwehrrechtlichen Gehalt auch Gewährleistungspflichten beinhalten. Solche sind die staatlichen Schutzpflichten, die Einrichtungsgarantien, die Grundrechtssicherung durch Organisation und Verfahren und die Teilhaberechte.[143] Für die gegenständliche Thematik besonders bedeutsam sind die staatlichen Schutzpflichten. Sie verpflichten den Staat dazu, gewisse Freiheiten vor jeglichen Eingriffen also auch vor solchen von nicht-staatlicher Seite zu schützen.[144]

Die Existenz staatlicher Schutzpflichten war freilich nicht immer unstrittig. Gegen die Ableitung positiver grundrechtlicher Handlungspflichten wurde etwa eingewendet, dass die Rechte des StGG nach historischem Verständnis Abwehrrechte seien und sich darum positives staatliches Handeln nicht begründen lasse.[145] Diese Auffassung wird nach dem heutigen Stand der Grundrechtsdogmatik jedoch nicht mehr geteilt:[146] Betrachtet man die Grundrechte nämlich in ihrem ideengeschichtlichen Kontext, so zeigt sich, dass sie auch umfassend geschützte Rechtsbereiche garantieren sollten und auf eine freiheitliche Ausgestaltung der (Privat-) Rechtsordnung abzielten.[147]

„Reihe rechtlicher Zustände" versetzen. Er kategorisiert diese Zustände bekanntermaßen als passiven, negativen, positiven und aktiven Status. In der heutigen Grundrechtsdogmatik wird, trotz aller Kritik an der Jellinekschen Statuslehre, immer wieder auf diese Kategorien zurückgegriffen. Der abwehrrechtliche Gehalt der Grundrechte etwa wird mit dem negativen Status (status libertatis) beschrieben. Tatsächlich beschreibt JELLINEK damit eine „staatsfreie, das Imperium verneinende Sphäre" (87). Diese Freiheit ist identisch „mit den für den Staat rechtlich irrelevanten Handlungen der Subjizierten". Nach JELLINEK ist dann auch ein großer Teil der verwaltungsrechtlichen Urteile auf die Entscheidung einer Frage zurückzuführen, nämlich ob der Kläger sich im passiven oder negativen Status befindet, dh ob ein Recht des Staates zur Geltendmachung seiner Herrschaft gegeben war oder nicht (104). Etwaige staatliche Gewährleistungspflichten werden heute meist im Zusammenhang mit dem positiven Status (status civitatis) gebracht: Er zuerkennt dem Einzelnen die rechtliche Fähigkeit, die Staatsmacht für sich in Anspruch zu nehmen. Ob die Statuslehre die heutige Bedeutung der Grundrechte tatsächlich angemessen erfassen kann, wird jedoch zurecht bezweifelt. Vgl dazu etwa ALEXY, Theorie 229 ff; BERKA, Grundrechte, Rz 88 (mwN).

143 BERKA, in: Rill/Schäffer (Hrsg), Bundesverfassungsrecht, Vorbem StGG, Rz 29 ff; GRABENWARTER, EMRK[4] § 19; HOLOUBEK, Gewährleistungspflichten 73.

144 BERKA, in: Rill/Schäffer (Hrsg), Bundesverfassungsrecht, Vorbem StGG, Rz 29. Zur Bedeutung der Schutzpflichten für das Zivilrecht s auch BERGER, JBl 1985, 142 ff.

145 VfSlg 7400/1974. Vgl aber bereits KAFKA, 2.ÖJT 1964, II/2, 6 (12), wonach die Grundrechte durch ihre Einfügung in das System einer repräsentativen Demokratie ihre ursprüngliche historische Bedingtheit verloren haben.

146 Grundlegend LEHNE, JBl 1985, 129, 216 (passim); vgl auch BERKA, in: Rill/Schäffer (Hrsg), Bundesverfassungsrecht, Vorbem StGG, Rz 25 und 79; DERS, Medienfreiheit 39 f; BRAUNEDER, Gesetzgebungsgeschichte, in: Machacek/Pahr/Stadler (Hrsg), Grund- und Menschenrechte 1, 189 (302); NOVAK, EuGRZ 1984, 133 (145 f); RASCHAUER, ZfV 1999, 506 (508).

147 Auch formale Gründe sprechen dagegen, Grundrechte ausschließlich als Abwehrrechte zu qualifizieren. KORINEK/HOLOUBEK, ÖZW 1995, 108 (109) orientieren sich et-

Der Wandel des Grundrechtsverständnisses manifestiert sich auch in der Jud. Der VfGH stand der Anerkennung positiver staatlicher Verpflichtungen lange Zeit ablehnend gegenüber. Seine Jud beruhte auf einem formalen Verständnis der Grundrechte und war ihrem klassischen abwehrrechtlichen Konzept verhaftet. Besonders deutlich kommt dies etwa im Fristenlösungs-Erk aus dem Jahr 1974 zum Ausdruck, in dem der VfGH die Natur der Grundrechte als staatsgerichtete Abwehrrechte betonte[148]. Mitte der 1980er Jahre setzte ein Wandel der Jud hin zu einem materiellen Grundrechtsverständnis ein[149], im Rahmen dessen erstmals auch staatliche Gewährleistungspflichten anerkannt wurden.[150]

Zweifellos war diese Änderung der Rsp maßgeblich vom EGMR beeinflusst. Dieser hat nämlich keinen Zweifel daran gelassen, dass sich die grundrechtlichen Verpflichtungen der Konventionsrechte nicht in einem staatlichen Eingriffsverbot erschöpfen, sondern dass aus ihnen auch „positive obligations" des Staates abzuleiten sind.[151] Der EGMR verlangt von den Mitgliedstaaten die Gewährleistung eines effektiven Grundrechts-

wa am Zweck der Gesetzesvorbehalte: Die Gesetzesvorbehalte des StGG hatten va den Zweck, Eingriffe in grundrechtliche geschützte Bereiche an eine gesetzliche Grundlage zu binden. Diese Wirkung wurde im Wesentlichen durch das Legalitätsprinzip in Art 18 B-VG ersetzt. Dass dennoch der Grundrechtskatalog des StGG übernommen wurde, könne nur so gedeutet werden, dass den Grundrechten in der geänderten Verfassungssituation eine über das allgemeine Legalitätsprinzip hinausgehende Bedeutung zuerkannt werde und zwar die, den Gesetzgeber in den geschützten Bereichen auch inhaltlich auf die in den Grundrechtsverbürgungen positivierten Schutzwirkungen festzulegen. In diese Richtung auch Novak, EuGRZ 1984, 133 (145 f). Vgl auch Funk, JRP 1994, 68 (72), wonach die Schutzpflicht nichts anderes ist als ein konsequent zu Ende gedachtes Eingriffsverbot.

148 VfSlg 7400/1974: Der VfGH führte aus, dass der Grundrechtskatalog des StGG „– aus der Entstehungszeit erklärlich – von der klassischen liberalen Vorstellung getragen ist, dem Einzelnen Schutz gegenüber Akten der Staatsgewalt zu gewähren". Es könne „dahin gestellt bleiben, ob und gegebenenfalls unter welchen Voraussetzungen der Bestand eines nicht ausdrücklich normierten Grund- und Freiheitsrechtes auf Leben im Weg der Auslegung aus im StGG ausdrücklich normierten Rechten abgeleitet werden kann. Ein solches Recht auf Leben könnte nach der dem System des StGG entsprechenden Schutzrichtung der darin enthaltenen Rechte nur den Inhalt haben, den Einzelnen vor einem Eingriff in sein Leben seitens des Staates zu schützen." Auf die Frage, ob derartige Schutzpflichten aus Art 2 EMRK abgeleitet werden können, geht der VfGH nicht näher ein: Er geht davon aus, dass sich diese Bestimmung nur auf bereits geborene Menschen, nicht aber auch auf das keimende Leben erstreckt. Vgl auch VfSlg 8136/1977 zur Universitätsreform.

149 Vgl dazu etwa Berka, FS-Schambeck 339 ff; Holoubek, Interpretation, in: Machacek/Pahr/Stadler (Hrsg), Grund- und Menschenrechte 1, 43; Schambeck, Theorie, in: Machacek/Pahr/Stadler (Hrsg), Grund und Menschenrechte 1, 83 (89 ff).

150 VfSlg 13 725/1994; 14 260/1995; mwN Berka, Grundrechte, Rz 107.

151 Vgl etwa EGMR 26.3.1985, 8978/80, X und Y gegen die Niederlande = EuGRZ 1985, 297 (298); 28.5.1985, 9214/80 ua, Abdulaziz ua gegen Vereinigtes Königreich = EuGRZ 1985, 567 (569 f); 21.6.1988, 10 126/82, Plattform „Ärzte für das Leben" gegen Österreich = EuGRZ 1989, 522 (524). Grabenwarter, EMRK[4] § 19 Rz 1 bezeichnet die positive obligations als jene Verpflichtungen des Staates, die vom Unterlassen von Eingriffen in Abwehrrechte verschieden sind.

schutzes und die Umsetzung der grundlegenden Zielsetzungen der Konvention, was auch positive Handlungspflichten beinhalten kann. Auf diese Weise ergänzen und stützen die Gewährleistungspflichten die abwehrrechtliche Funktion der Grund- und Menschenrechte.[152]

Neben der Straßburger Jud kamen aber auch aus Deutschland maßgebliche Impulse für die Diskussion um die staatlichen Schutzpflichten. Nur wenige Monate nach dem Fristenlösungs-Erk des VfGH hatte sich das dt BVerfG ebenfalls mit dieser Problematik zu befassen: Es argumentierte in seinem Abtreibungs-Urteil – anders als der österreichisch VfGH – mit der umfassenden „Schutzpflicht" des Staates. Diese verbiete nicht nur „unmittelbare staatliche Eingriffe in das sich entwickelnde Leben, sondern gebiete dem Staat auch, sich schützend und fördernd vor dieses Leben zu stellen".[153] Damit legte das BVerfG den Grundstein für die Anerkennung derartiger Schutzpflichten in seiner Jud.[154] In der Sache fand diese Auffassung im Wesentlichen Zustimmung[155], strittig war jedoch eine tragfähige dogmatische Begründung dieser Schutzpflichten.

II. Dogmatische Grundlage

Va in Deutschland wird die staatliche Schutzpflicht aus dem **objektivrechtlichen Gehalt** der Grundrechte heraus begründet.[156] Dieser richtet sich an den Gesetzgeber und ist vom abwehrrechtlichen Gehalt zu unterscheiden, der sich an die Vollziehung richtet. Inhaltlich sind dem objektiv-rechtlichen Gehalt konkrete Direktiven zu entnehmen, die den Gesetzgeber bei der Ausgestaltung der Rechtsordnung binden. Die Grundrechte konstituieren demnach eine Grundordnung, die Leitlinien für die Gestaltung des Rechts beinhalten.[157]

Auch in Österreich wurde diese Theorie rezipiert, ihr wurde aber auch dezidiert entgegengetreten.[158] Besonders Holoubek hat – mE zutreffend

152 Berka, Grundrechte, Rz 99.

153 BVerfGE 39, 1 (42 ff) = EuGRZ 1975 126.

154 S weiters BVerfGE 46, 160; BVerfGE 56, 54. MwN Holoubek, Gewährleistungspflichten 248. Näher zur Jud des BVerfG Isensee, in: Isensee/Kirchhof (Hrsg), HStR[2] V § 111 Rz 80. S außerdem Klein, in: Merten/Papier (Hrsg), HGR I § 6 Rz 66 ff.

155 S mWn Calliess, JZ 2006, 322.

156 Ein ebenfalls in Deutschland vertretener Begründungsansatz ist das staatliche Gewaltmonopol. Der Bürger akzeptiert das staatliche Gewaltmonopol, woraus zugleich die Verpflichtung des Staates zur Gewährleistung von Sicherheit folgt: Calliess, JZ 2006, 321; Isensee, in: Isensee/Kirchhof (Hrsg), HStR[2] V, § 111 Rz 83 ff. Vgl allgemein zu deutschen Grundrechtstheorien etwa Stern, FS-Schambeck 381 (398 ff); ders, Staatsrecht III/1, besonders §§ 65 ff.

157 Hesse, Grundzüge[20] Rz 279. Dazu auch Kahl, AöR 2006, 579 (592 f); Martins, DÖV 2007, 456 (461 f).

158 Vgl etwa Berka, Medienfreiheit 74 ff.

– deutlich gemacht, dass in Österreich strukturelle Unterschiede einer Rezeption dieser Lehre entgegenstehen. Da die dt Rechtsordnung im Gegensatz zur österreichischen kein explizites Legalitätsprinzip kenne, seien es va die Grundrechte, durch die hoheitliches Handeln „rechtsstaatlich diszipliniert“[159] werde. Demgegenüber richte sich der objektiv-rechtliche Gehalt der Grundrechte an den Gesetzgeber, er drücke also eine besondere Bindung des Gesetzgebers aus, die vom – an die Vollziehung gerichteten – abwehrrechtlichen Gehalt verschieden sei. Eine Trennung von abwehrrechtlichem und objektiv-rechtlichem Gehalt sei in Österreich aber schon deshalb nicht zweckmäßig, weil sich die Grundrechte stets primär an den Gesetzgeber richten: Er müsse das Verwaltungshandeln ausgestalten. Dass auch er an die Grundrechte gebunden ist, ist in Österreich eine Selbstverständlichkeit, die sich bereits aus dem Stufenbau der Rechtsordnung ergibt.[160]

Eine weitere Möglichkeit, staatliche Schutzpflichten zu begründen, basiert auf einem Verständnis der Grundrechte als Rahmenordnung oder als Werteordnung. Beide Positionen bezeichnen idealtypische grundrechtstheoretische Vorstellungen innerhalb derer freilich auch zahlreiche Schattierungen möglich sind.[161]

Im **Schranken- oder Rahmenmodell** geben die Grundrechte einen Rahmen vor, den der Gesetzgeber bei der Ausgestaltung der Rechtsordnung nicht verlassen darf. Innerhalb dieses grundrechtlichen Rahmens ist er in seinen Wertentscheidungen frei.[162]

In dieser Reinform verstanden, lassen sich aus dem Schrankenmodell freilich keine positiven Handlungspflichten des Staates begründen, denn der Gesetzgeber bleibt ja schon immer dann innerhalb des (abwehrrechtlichen) Rahmens, wenn er nicht in die grundrechtliche Freiheit eingreift, also gar nicht handelt. So wird nach der modifizierten Auffassung auch innerhalb dieses Rahmens nicht die völlige Freiheit des Gesetzgebers vertreten. Nach Holoubek etwa herrscht nicht „rechtspolitische Beliebigkeit“, sondern die grundrechtliche Rahmenordnung ist – iSd Stufenbaulehre Merkls – als Verhältnis von heteronomer Determinante und autonomem Gestaltungsspielraum zu verstehen.[163] Derart können die Grundrechte den Gesetzgeber inhaltlich determinieren und positiv verpflichten[164], es bleibt ihm aber innerhalb der grundrechtlichen Schranken ein rechtspolitischer Gestaltungsspielraum.[165]

159 Holoubek, Gewährleistungspflichten 89.
160 Holoubek, Gewährleistungspflichten 97.
161 Holoubek, Gewährleistungspflichten 114; Öhlinger, EuGRZ 1982, 216 (224).
162 Öhlinger, EuGRZ 1982, 216 (223).
163 Holoubek, Gewährleistungspflichten 124.
164 Korinek/Dujmovits, Grundrechtsdurchsetzung, in: Merten/Papier (Hrsg) Handbuch 1, § 23 Rz 59 sprechen von einer „leitbildgerechten“ Ausführung.
165 Holoubek, Gewährleistungspflichten 124.

Begreift man hingegen die Grundrechte als **Wertordnung**, so geben sie dem Gesetzgeber auch die Ziele vor, die er zu verwirklichen hat: Der Gesetzgeber hat dann die in den Grundrechten zum Ausdruck kommenden Wertentscheidungen so weit wie möglich zu realisieren. Er hat also nicht mehr nur darauf zu achten, dass er die grundrechtlichen Schranken nicht überschreitet, sondern auch darauf, dass er den grundrechtlichen Wertvorgaben – iSe Optimierungsgebotes – so nahe wie möglich kommt.[166] Die Grundrechte enthalten hier also auch inhaltliche Entscheidungslinien, der Gesetzgeber ist lediglich zur Konkretisierung der grundrechtlichen Wertvorstellungen verpflichtet.[167] Dadurch ist der rechtspolitische Gestaltungsspielraum im Vergleich zum Rahmenmodell auch maßgeblich beschränkt. Freilich – und dies kann als grundlegender Einwand gegen die Wertetheorie in Österreich begriffen werden – bestehen erhebliche Unklarheiten darüber, welche Werte die Grundrechte denn normieren, also welchen materiellen Gehalt diese Werte denn haben, die der Gesetzgeber zu konkretisieren hat. Das ist nämlich, wie Öhlinger zutreffend formuliert, „selbst ein Wertungsprozeß"[168]. Zudem wird durch eine Wertetheorie die Funktion des demokratisch legitimierten Parlaments in Richtung der Verfassungsgerichtsbarkeit verlagert: Diese hätte nämlich darüber zu entscheiden, ob der Gesetzgeber diesen Wertungen auch tatsächlich entsprochen hat.[169]

Gewissermaßen zwischen diesen beiden Positionen steht jene Auffassung, die Grundrechte als **Prinzipien** begreift.

Prinzipien sind, nach Dworkin und Alexy, den Regeln gegenüberzustellen.[170] Beides sind Normen, sie unterscheiden sich aber strukturell voneinander: Prinzipien gebieten, etwas in einem möglichst hohem Maße zu realisieren.[171] Sie beinhalten also ein Optimierungsgebot, das Maß ihrer Erfüllung ist variabel und hängt von den tatsächlichen und rechtlichen Möglichkeiten ab.[172] Demgegenüber kann eine Regel nur entweder erfüllt werden oder nicht. Abstufungen gibt es hier keine.[173]

Grundrechte sind nach dieser Unterscheidung als Prinzipien zu verstehen: Sie enthalten eine Zielvorgabe, die der Gesetzgeber so optimal wie

166 Vgl auch Öhlinger, EuGRZ 1982, 216 (223).

167 Öhlinger, EuGRZ 1982, 216 (224).

168 Öhlinger, EuGRZ 1982, 216 (224).

169 Öhlinger, EuGRZ 1982, 216 (224) mit Hinweis auf Oberndorfer, ÖJZ 1969, 449 (456).

170 Alexy, Theorie 71 ff; Dworkin, Bürgerrechte 55 ff: Er verwendet außerdem die Kategorie der Zielsetzungen.

171 Alexy, Theorie 75.

172 Alexy, Theorie 75 f.

173 Alexy, Theorie 76.

möglich zu realisieren hat.[174] Insofern steht die Prinzipientheorie zunächst auch der Werttheorie näher. [175]

Modifiziert man hingegen die Schrankentheorie, wie dies etwa HOLOUBEK getan hat, dann sind freilich auch die Unterschiede zur Prinzipientheorie nur mehr marginal.[176] Dies verdeutlicht bereits, wie fließend die Übergänge zwischen den zahlreichen Schattierungen der grundrechtstheoretischen Modelle sein können.

Ein Vorteil der Prinzipienlehre liegt darin, dass sich das Abwägungsgebot – und konkret: die Verhältnismäßigkeit – plausibel erklären lässt[177]: Prinzipien sind nämlich abwägungsfähige Normen.[178] Daraus kann freilich nicht im Umkehrschluss gefolgert werden, dass etwa nach der Schrankentheorie eine Abwägung unzulässig wäre. Auch ein Verständnis der Grundrechte als Schranken ermöglicht und erfordert innerhalb des grundrechtlichen Rahmens eine Berücksichtigung aller betroffenen Positionen und damit eine Abwägung.[179] So übertragen es die Grundrechte nämlich, innerhalb des grundrechtlichen Rahmens und damit bestimmter Determinanten, dem rechtspolitischen Gestaltungsspielraum des Gesetzgebers, einen Ausgleich zwischen kollidierenden Grundrechtspositionen zu finden.[180]

III. Zusammenfassende Bewertung

So unbestritten die Existenz staatlicher Schutzpflichten ist, so unklar ist ihre dogmatische Herleitung. Erschwert wird die Auseinandersetzung auch durch eine unscharfe Abgrenzung der Begriffe und die Vielzahl möglicher Schattierungen zwischen den idealtypischen Positionen. Stellt man jedoch außer Streit, dass der Gesetzgeber für eine „effektive" Umsetzung der Grundrechte zu sorgen hat, dabei aber nicht zur optimalsten Lösung verpflichtet ist, sondern einen rechtspolitischen Gestaltungsspielraum hat[181], dann wird deutlich, dass tatsächlich der Schrankentheorie der Vorzug zu geben ist.[182] Dieses Verständnis entspricht auch der Auffassung des

174 ÖHLINGER, Verfassungsrecht[8] Rz 693.

175 Dazu auch ALEXY, Theorie 125 und 133. Der Unterschied zwischen Prinzipien und Werten liegt demzufolge darin, dass das, was im Wertemodell prima facie das Beste ist, im Prinzipienmodell prima facie gesollt und was im Wertemodell das Beste ist, im Prinzipienmodell definitiv gesollt ist.

176 So auch ÖHLINGER, ZfV 2000, 30 (30 f).

177 ALEXY, Theorie 78 f, 100 ff; STELZER, Wesensgehaltsargument 229 ff; s aber zurecht krit HOLOUBEK, Gewährleistungspflichten 136.

178 ALEXY, Theorie 78.

179 HOLOUBEK, Gewährleistungspflichten 125; vgl auch KOPP, FS-Wilburg 160 f.

180 HOLOUBEK, Gewährleistungspflichten 274.

181 Vgl etwa VfSlg 12 094/1989.

182 HINTEREGGER, ÖJZ 1999, 741 (752 in FN 151); KORINEK, FS-Wenger 250; KORINEK/DUJMOVITS, in: Merten/Papier (Hrsg), Handbuch 1, § 23 Rz 59; SCHAMBECK, The-

EGMR am besten: Nach dessen st Jud sind die Mitgliedstaaten bei der Umsetzung der Konvention nicht an konkrete Vorgaben gebunden[183], sondern sie haben einen „margin of appreciation"[184]; einen gemeinsamen Mindeststandard dürfen sie dabei freilich nicht unterschreiten.[185]

In der Hitze der theoretischen Kontroversen darf indes nicht übersehen werden, dass sich die Problematik mit der dogmatischen Herleitung der Schutzpflicht noch nicht erschöpft. Auch eine tragfähige dogmatische Grundlage dieser Rechtsfigur vermag nämlich noch nichts über den Inhalt dieser Verpflichtungen auszusagen. Diese Frage lässt sich nach einhelliger Auffassung gerade nicht allgemein gültig beantworten. Wie weit die Schutzpflichten materiell reichen, also was der Gesetzgeber in welcher Intensität zu schützen hat, lässt sich tatsächlich nur durch konkrete Auslegung des Grundrechts feststellen.[186] Auch ergibt sich bereits aus der Abwägungsfähigkeit und -notwendigkeit involvierter Interessenspositionen, dass die Schutzpflicht keine fixe Größe sein kann: Stehen einander nämlich, wie dies gerade im Privatrecht typischerweise der Fall ist, widerstreitende Grundrechtspositionen gegenüber, dann wird man den Konflikt nur dann zufrieden stellend lösen können, wenn man in der Abwägung alle beteiligten Positionen, also sowohl jene des Opfers als auch des Störers hinreichend berücksichtigt.[187]

D. Das Verhältnis zwischen Drittwirkung und Schutzpflichten

Die Drittwirkung der Grundrechte und das Bestehen staatlicher Schutzpflichten sind nach dem bisher Gesagten nicht zweifelhaft. Umstritten ist jedoch nach wie vor, in welchem Verhältnis Drittwirkung und Schutzpflichten zueinander stehen.[188] Fraglich ist dabei in concreto, ob und bejahendenfalls, inwieweit beide Themen zusammenhängen.[189]

---

orie, in: Machacek/Pahr/Stadler (Hrsg), Grund- und Menschenrechte 1, 83 (91). Dass eine so verstandene Schrankentheorie auch mit einem Verständnis der Grundrechte als Prinzipien vereinbart werden kann, wurde oben bereits gezeigt.

183 Holoubek, Gewährleistungspflichten 139.

184 Vgl nur für viele EGMR 10.4.2007, 6339/05, Evans gegen Vereinigtes Königreich.

185 Kneihs, JBl 1999, 76 (80).

186 Berka, Grundrechte, Rz 101; Holoubek, Gewährleistungspflichten 254; Mayer, JBl 1990, 768 (770 f).

187 Holoubek, Gewährleistungspflichten 276.

188 Dazu etwa Rüfner, in: Isensee/Kirchhof (Hrsg), HStR^2 V § 117 Fn 180.

189 B Davy, Gefahrenabwehr 235 in FN 107 legt dar, dass die Schutzpflichten – abgesehen von strukturellen Ähnlichkeiten – nichts mit dem Problem der Drittwirkung zu tun haben. Freilich geht Davy hier von einem engen Drittwirkungsbegriff aus, der nur den rechtsgeschäftlichen, nicht auch den deliktischen Verkehr erfasst. Für Grabenwar-

Anerkennt man jedoch, dass der Staat zum Schutz gegen „drittgerichtete" Eingriffe[190] Schutzpflichten haben kann und akzeptiert man weiters, dass sich diese Schutzpflicht ua über die – grundrechtskonforme – Ausgestaltung der Privatrechtsordnung effektuiert[191], dann kann mE ein enger Zusammenhang zwischen Schutzpflicht und Drittwirkung nur schwer geleugnet werden.[192] Wäre der Staat nämlich nicht zum Schutz gegen drittgerichtete Eingriffe verpflichtet, dann müssten die Grundrechte tatsächlich im Privatrecht auch keine Wirkung beanspruchen.[193] In diesem Sinn hat bereits NOVAK treffsicher erkannt, dass „Drittwirkung" der Ausschnitt aus dem weiter gesteckten Fragenkreis staatlicher Schutzpflichten ist, der sich bei der Anwendung des Privatrechts und insbes bei der Beurteilung privatautonomer Rechtsgestaltung auftut.[194]

E. Privatautonomie und Grundrechte

Ein Einwand, der häufig gegen eine Wirkung der Grundrechte in Privatrechtsverhältnissen ins Treffen geführt wird, betrifft die Privatautonomie. Wirken nämlich die Grundrechte auch auf Privatrechtsverhältnisse ein, dann gefährdet dies – so die dagegen geäußerten Bedenken – die privatautonome Freiheit zur willkürlichen Rechtsgestaltung.

TER, EMRK[4] § 19 Rz 15, ist hingegen das Verhältnis zwischen Schutzpflichten und Drittwirkung nahe liegend: Dort wo sich die Schutzpflicht auf das Rechtsverhältnis zwischen Privaten beziehe, werde der mittelbaren Drittwirkung durch die Erfüllung von Schutzpflichten Rechnung getragen. Die Probleme der Drittwirkung gehen somit in der Schutzpflichtendogmatik auf. Für HINTEREGGER, ÖJZ 1999, 741 (752) stellen die privatrechtlichen Normen ein Instrument zur Verwirklichung des von den Grundrechten der Rechtsordnung abverlangten Individualrechtsschutzes dar. ISENSEE, in: Isensee/Kirchhof (Hrsg), HStR[2] V § 111 Rz 134 f anerkennt zwar einen Berührungspunkt, weil sich beide auf die Relevanz der Grundrechte für die Beziehungen der Privaten untereinander beziehen. Die Schutzpflichten gründen auf der Drittwirkungsprämisse, dass die Grundrechte das Verbot für jedermann enthalten, die von ihnen geschützten Güter zu verletzen. Damit sei die Gemeinsamkeit auch schon erschöpft. Vgl auch PAPIER, Drittwirkung, in: Merten/Papier (Hrsg), Handbuch 2, § 55 Rz 10: Die Schutzpflichten des Staates bilden gewissermaßen ein verfahrensmäßiges Dach über der materiellen Grundrechtsbindung des Zivilrechtsgesetzgebers und der mittelbaren Drittwirkung, die beide davon umfasst sind, es aber nicht vollständig ausfüllen.

190 BERKA, ÖJZ 1979, 365 (370).

191 Vgl auch ISENSEE, in: Isensee/Kirchhof (Hrsg), HStR[2] V § 111 Rz 13, wonach das Grundrecht in Funktion als Schutzpflicht der Umsetzung durch Gesetz bedarf.

192 S auch HOLOUBEK, Gewährleistungspflichten 271.

193 Damit folgt gewissermaßen aus der Schutzpflicht eine Drittwirkung der Grundrechte. Vgl dazu BERKA, ÖJZ 1979, 365 (370).

194 NOVAK, EuGRZ 1984, 133 (139). S auch KORINEK/HOLOUBEK, ÖZW 1995, 108 (111), wonach die Frage der grundrechtlichen Schutzpflicht gleichsam die Kehrseite der Drittwirkungsproblematik ist.

I. Privatautonomie

Die Privatautonomie ist ein tragendes Prinzip des Privatrechts und gilt als wesentliches Element der menschlichen Selbstbestimmung.[195] Es gestattet dem Einzelnen, seine Rechtsverhältnisse nach freiem Willen, also selbstbestimmt und selbstverantwortlich zu gestalten.[196] Die Privatautonomie beinhaltet Abschluss-, Gestaltungs-, Form- und Endigungsfreiheit.[197] Trotz ihres Facettenreichtums wird sie begrifflich sehr häufig mit der Vertragsfreiheit gleichgesetzt.[198] Der Grund dafür liegt in der überragenden Bedeutung des Vertrags als Hauptform der autonomen Rechtsgestaltung[199]: Demnach kann jeder selbst entscheiden, ob er einen Vertrag abschließen möchte, mit wem er kontrahieren will, aber auch aus welchen Gründen er nicht kontrahieren will. Für die Entscheidung und die dahinter stehenden Motive muss sich grds niemand rechtfertigen: stat pro ratione voluntas.[200] Die im Privatrecht typischerweise bestehende Gleichrangigkeit der Akteure gewährleistet die Funktionsfähigkeit des privatautonomen Gestaltungsrechts.[201]

Freilich gewährleistet die Privatautonomie keine schrankenlose Freiheit[202]: Auch privatautonome Betätigung bewegt sich nicht im rechtsfreien Raum – sie beruht ja gerade auf der Anerkennung durch die Rechtsordnung –, sondern muss sich im Rahmen der Gesetze halten. In diesem Rahmen hat der Gesetzgeber die Privatautonomie verschiedentlich auch explizit beschränkt, wie beispielsweise im Miet- oder Konsumentenschutzrecht.

Bei derartigen Beschränkungen der Privatautonomie sind indes stets die verfassungsrechtlichen Vorgaben zu beachten. Die Privatautonomie fällt nämlich als vermögenswertes Privatrecht in den Schutzbereich der verfassungsrechtlichen Eigentumsgarantie in Art 5 StGG.[203] Damit unter-

195 Flume, AT 2^3, 1. S auch Schantl, FS-Korinek 129 (146).

196 Vgl etwa Gschnitzer, AT 454. S auch Korinek, JBl 1982, 29: „Privatautonomie meint Zuerkennung von selbständiger rechtlicher Gestaltungsmacht an Rechtssubjekte". Für Deutschland ausführlich Isensee, in: Isensee/Kirchhof (Hrsg), $HStR^3$ VII § 150 Rz 6 ff.

197 Dazu Barta, Zivilrecht Kap 5, C I.2.

198 So auch Busche, Privatautonomie 13.

199 Barta, Zivilrecht Kap 5, C I.2; Flume, AT 2^3, 12. IdS auch Mayer-Maly, FS-Korinek 151 (153).

200 So auch Flume AT 2^3, 6: „Die privatautonome Gestaltung von Rechtsverhältnissen bedarf, soweit sie vom Recht anerkannt wird, keiner anderen Rechtfertigung, als daß der einzelne sie will."

201 Vgl auch Bydlinski, FS-Klecatsky 138.

202 Vgl auch Korinek, FS-Wenger, 243 (259); Rill, FS-Wenger 57 (82). Für Deutschland etwa Paulus/Zenker, JuS 2001, 1.

203 VfSlg 12 227/1989.

liegen Eingriffe in die Privatautonomie denselben Regeln, die für die Zulässigkeit von Eigentumsbeschränkungen gelten.[204]

II. Privatautonomie und grundrechtliche Drittwirkung

Das Argument, die Wirkung der Grundrechte im Privatrecht gefährde die Privatautonomie, wird naturgemäß besonders häufig gegen die unmittelbare Drittwirkung vorgebracht. Die Bedenken lassen sich in der Tat nicht von der Hand weisen: Gälten die Grundrechte nämlich unmittelbar und in gleicher Intensität wie gegenüber dem Staat, dann würde dies zweifellos die Privatautonomie in ihrem Kern betreffen.[205] Aber auch die Vereinbarkeit von mittelbarer Drittwirkung und Privatautonomie wird mitunter in Frage gestellt. Allenfalls dürfe sich – so wird argumentiert – die mittelbare Drittwirkung nur auf den deliktischen Bereich des Privatrechts beziehen.[206]

Berücksichtigt man jedoch, dass Wirkungsintensität der Grundrechte und dogmatische Rechtfertigung der Drittwirkung zwei zu trennende Fragen darstellen, dann wird deutlich, dass die Privatautonomie einer mittelbaren Drittwirkung der Grundrechte nicht entgegensteht. Privatautonomie und Drittwirkung sind nach diesem Verständnis für die Frage nach der grundsätzlichen *Wirkung* der Grundrechte kein Widerspruch. Gleiches gilt für die Wirkungs*intensität*. Zwar wäre es in der Tat nicht zu begründen, wenn der Einzelne im privatautonomen Bereich den gleichen Bindungen unterläge wie der Staat beim hoheitlichen Handeln, dies bedeutet aber noch nicht, dass die Grundrechte überhaupt nicht in diese Bereiche einwirken dürfen. So enthalten etwa die Grundrechte Determinanten für die gesetzliche Ausgestaltung der rechtsgeschäftlichen Beziehungen der Einzelnen untereinander.[207] Da der Schutzmaßstab durch konkrete Auslegung zu ermitteln ist, muss daraus nicht ein allgemein gültiges Schutzniveau folgen.[208] Dann ist es auch nur stringent, dass für den privatauto-

204 S zB VfSlg 18 018/2006. Dazu auch Korinek, WoBl 1991, 181 (183).

205 Bydlinski, ZÖR 1962/63, 423 (438); Guckelberger, JuS 2003, 1151 (1153). Unter besonderer Berücksichtigung des Gleichheitssatzes: Berger, JBl 1985, 142 (152 f); Laurer, FS-Rill 487 (510 ff).

206 Korinek/Holoubek, ÖZW 1995, 1, 108 (110 f). IdS wohl auch Bydlinski, ZÖR 1962/63, 423 (438), wenn er meint, es sei nicht einzusehen, warum die Grenzen, die gegenüber einem Eingriff des Staates gezogen seien, gerade dieselben sein sollen, die einen „Eingriff" abwehren, der mit vollem und freiem Einverständnis des Betroffenen selbst erfolge.

207 Holoubek, Gewährleistungspflichten 271 f; Korinek/Holoubek, Privatwirtschaftsverwaltung 133.

208 Griller, ZfV 1983, 1, 109 (116 ff); Korinek/Holoubek, ÖZW 1995, 108 (111).

nomen und den deliktischen Bereich unterschiedliche Schutzmaßstäbe gelten können.[209]

Entsprechendes gilt für die Schutzpflichten: Hier wird ebenso mitunter gefragt, inwieweit sich die Schutzpflichten nur auf den deliktischen oder auch auf den privatautonom geprägten Bereich beziehen.[210] Auch diese Frage ist durch die Auslegung des konkreten Grundrechts zu beantworten, ein einheitliches Schutzniveau kann es nicht geben.

III. Privatautonomes Handeln als Grundrechtsverzicht?

Die Figur des Grundrechtsverzichts taucht gerade im zivilen Vertragsrecht immer wieder auf: Verfügt jemand rechtsgeschäftlich über Güter, die in einen grundrechtlichen Schutzbereich fallen, dann wird mitunter die Frage gestellt, ob dies als Grundrechtsverzicht zu qualifizieren ist und ob bzw inwieweit ein solcher Grundrechtsverzicht überhaupt zulässig ist.

Dazu gilt es zunächst allgemein zu klären, was unter einem Grundrechtsverzicht überhaupt zu verstehen ist. Nicht gemeint ist damit, dass jemand von einer Freiheit keinen Gebrauch macht, also etwa einem Verein gar nicht beitritt oder keine Familie gründet. Vielmehr geht es darum, dass er ausdrücklich bestimmten Beschränkungen bei der Ausübung seiner grundrechtlichen Freiheit zustimmt.[211]

Die Frage nach der Zulässigkeit eines Grundrechtsverzichts stellt sich zunächst im Verhältnis zwischen dem Einzelnen und dem – hoheitlich oder privatwirtschaftlich handelnden – Staat.[212] Grds ist ein Grundrechtverzicht sowohl nach dem Schrifttum als auch nach der Jud zulässig; unzulässig wäre lediglich ein grundrechtlicher „Totalverzicht".[213] Unklar ist jedoch, wo die Grenzen eines zulässigen Grundrechtsverzichts zu ziehen sind.

Eine durchaus differenzierte Auffassung vertreten in Anlehnung an Merten Korinek/Holoubek: Ein Grundrechtsverzicht sei möglich, wenn die Grundrechtsposition überwiegend privatnützig sei, der Verzicht freiwillig erfolge und nicht unverhältnismäßig sei.[214]

---

209 Vgl auch Ladeur, Kritik 69.

210 Dazu etwa Isensee, in: Isensee/Kirchhof (Hrsg), HStR^2 V § 111 Rz 131.

211 Berka, in: Rill/Schäffer (Hrsg), Bundesverfassungsrecht, Vorbem StGG, Rz 60. Zum Begriff auch Kneihs, Grundrechte 163.

212 Dazu etwa Grabenwarter, Verfahrensgarantien 507 ff; Pietzcker, Der Staat 1978, 527 ff; allgemein zur Verzichtbarkeit von Rechten Kucsko-Stadlmayer, FS-Koja 569 ff.

213 Grabenwarter, Verfahrensgarantien 508.

214 Korinek/Holoubek, ÖZW 1995, 108 (112) mit Hinweisen auf einen Seminarvortrag von Merten. Ähnlich auch Berka, in: Rill/Schäffer, (Hrsg), Bundesverfassungsrecht, Vorbem StGG, Rz 60 wonach der Grundrechtsverzicht möglich ist, wenn er ohne

Tatsächlich ist dieser Ansatz mE zweckmäßig: Das Kriterium der Privatnützigkeit verdeutlicht, dass ein Grundrechtsverzicht nur dann möglich ist, wenn er – nach dem Grundsatz des neminem laedere – die eigene Rechtssphäre betrifft. Auch die Freiwilligkeit ist ein einleuchtendes Kriterium; andernfalls liegt ja schon ex definitione kein Grundrechts*verzicht* mehr vor.[215] Die Verhältnismäßigkeit schließlich ermöglicht es, die Umstände des Einzelfalls hinreichend zu berücksichtigen. Wesentliches Kriterium ist hier zweifellos die Intensität des „Verzichts" bzw die Schwere des Nachteils[216]. Ebenso wird zu berücksichtigen sein, inwieweit sich der Einzelne durch den Verzicht seines Rechts auf Selbstbestimmung begibt.[217] Insofern ist mE von einem unverzichtbaren Grundrechtskern auszugehen.[218]

Wenn im Privatrecht von einem Grundrechtsverzicht gesprochen wird, so gilt es dabei freilich die grundrechtliche Schutzrichtung im Blick zu behalten: Ein Verzicht auf ein Recht kann nämlich nur dort möglich sein, wo dieses Recht auch gilt.[219] Da der Schutz der Grundrechte unmittelbar zwischen Staat und Privatem wirkt, kann ein Grundrechtsverzicht nur in diesem Verhältnis, nicht aber zwischen Privaten abgegeben werden.[220] Dass sich der Einzelne rechtsgeschäftlich verpflichten kann, führt nämlich nicht auch automatisch zum Verzicht auf staatlichen Schutz.[221]

Davon zu unterscheiden ist vielmehr die Frage, inwieweit der Einzelne über grundrechtlich geschützte Güter rechtsgeschäftlich disponieren darf.[222] Pointiert formuliert geht es hier darum, ob und inwieweit sich der Einzelne verpflichten darf, niemals zu heiraten, einen bestimmten Beruf niemals auszuüben oder sich auspeitschen zu lassen. Hier geht es also um die Frage, ob der Staat im Rahmen seiner Schutzpflichten derartigen Vereinbarungen, mit denen über Grundrechte disponiert wird, entgegentreten muss. Auch diese Frage ist aber nur mittelbar eine Frage der Zuläs-

Zwang und frei von sonstigen Willensmängeln zu Stande kommt und der Betreffende die Fähigkeit zu freiem Willensentschluss hat. Zu weitgehend mE Hillgruber, Schutz 153f, wonach Verträge zwischen Privaten inhaltlich „stets" mit den Grundrechten vereinbar sind, wenn beide Vertragsparteien bei Vertragsschluss tatsächlich von ihrer Vertragsfreiheit Gebrauch gemacht haben. Dies berücksichtigt zu wenig, dass es auch einen Kernbereich unverzichtbarer Grundrechte gibt.

215 S auch Stern, Staatsrecht III/2, § 86 II.6.b.

216 Korinek/Holoubek, ÖZW 1995, 108 (112). S auch dies, Grundlagen 161.

217 Zur Selbstgestaltung im Privatrecht s etwa Coing, Rechtsphilosophie 194 ff.

218 Vgl dazu auch Berka, Grundrechte, Rz 179.

219 Hillgruber, Schutz 137.

220 S auch Ruffert, Vorrang 245.

221 Ruffert, Vorrang 247.

222 Wie der OGH in 20.3.1968, 6 Ob 83/68 feststellte, könne grds auf jedes Recht verzichtet werden, soweit es nicht nach seiner Zweckbestimmung unverzichtbar sein müsse oder der Verzicht durch positive Anordnung des Gesetzes ausgeschlossen sei.

sigkeit des „Verzichts"; es geht vielmehr um die privatautonome Disponibilität bestimmter Güter. Dabei ist freilich zu beachten, dass die Gestaltung der Rechtsverhältnisse, also die Inanspruchnahme der Privatautonomie, Grundrechtsgebrauch ist,[223] und der Staat nur unter bestimmten Voraussetzungen in die grundrechtlich geschützte Privatautonomie eingreifen darf.

Von der Frage nach einem Grundrechtverzicht ist – die hier nicht weiter zu behandelnde – Frage zu unterscheiden, inwieweit der Staat den Einzelnen auch vor sich selbst, also vor Selbstgefährdung oder Selbstschädigung schützen darf bzw muss. Da die Grundrechte gegen den Staat wirken und ein Verzicht auf ein Recht gegenüber sich selbst naturgemäß nicht möglich ist[224], kann hier auch nicht von einem Grundrechtverzicht gesprochen werden. Ohne näher auf die Problematik einzugehen[225], lässt sich doch festhalten, dass eine grundrechtliche – und va auf den Schutzpflichten basierende – Argumentation hier versagen muss: Da nämlich weder ein Eingriff des Staates noch ein drittgerichteter Eingriff vorliegt, fehlt dem Staat die Berechtigung zum Eingriff in die grundrechtlich geschützte Privatautonomie.[226]

Sowohl wenn es um die Frage nach der Disponibilität über bestimmte Güter geht, als auch beim Schutz vor Selbstgefährdung wird – va im dt Schrifttum – bisweilen auch vom „aufgedrängten Grundrechtsschutz" gesprochen. Es handelt sich dabei mE aber nicht um einen eigenständigen grundrechtstheoretischen Typus, zumal die darunter fallenden Fallgestaltungen sehr inhomogen sind.[227] Aus diesem Grund soll dieser „aufgedrängte Grundrechtsschutz" auch nicht explizit aus den folgenden Problemkonstellationen herausgegriffen werden.

F. Die verfassungskonforme Interpretation

Die bisherigen Ausführungen haben verdeutlicht, dass die Grundrechte mittelbar auf die Rechtsverhältnisse zwischen Privatrechtssubjekten einwirken. Diese mittelbare Wirkung effektuiert sich naturgemäß über die einfachgesetzlichen Normen und hier häufig über eine entsprechende, dh grundrechtskonforme Auslegung bzw Konkretisierung der Zivilrechtsnormen. Schon für KRÜGER war die Verfassung für das Zivilrecht „die vornehmste Quelle, aus der es seine wertausfüllungsbedürftigen Begriffe und

223 So KLEEWEIN, Vertragsraumordnung 175.

224 Dazu HILLGRUBER, Schutz 137; KNEIHS, Grundrechte 190.

225 Näher dazu HILLGRUBER, Schutz, passim.

226 HILLGRUBER, Schutz 147; KNEIHS, Grundrechte 192.

227 S LINDNER, Theorie 370 f.

Generalklauseln auszufüllen hat."[228] Wegen dieser Bedeutung der verfassungskonformen Interpretation für die Drittwirkung, erscheint es angebracht, einige grundsätzliche Bemerkungen über diese Interpretationsmethode vorauszuschicken.[229]

I. Allgemeines zur Interpretation

Das ABGB enthält in seinen §§ 6 und 7 explizite Bestimmungen über die Auslegung von Gesetzen sowie die Schließung von Gesetzeslücken.[230] Sie sind – auch wenn im öffentlichen Recht vergleichbare Bestimmungen fehlen – im Wesentlichen auf alle Rechtsnormen anzuwenden.[231]

Ausgangspunkt jeglicher Interpretation ist der Wortlaut einer Bestimmung[232]: Gefragt wird nach der Bedeutung eines Wortes (Wortinterpretation) sowie nach der Bedeutung der Wörter im sprachlichen Zusammenhang nach den Regeln der Grammatik (grammatikalische Interpretation). Daran schließt meist eine systematische Interpretation an, die nach der Bedeutung der Sätze im Zusammenhang eines Gesetzes sowie der gesamten Rechtsordnung fragt.[233] Die subjektiv-historische Interpretation stellt auf den Willen des historischen Gesetzgebers ab, mit der teleologischen Interpretation wird nach dem objektiven Zweck der Norm geforscht.

Grundsätzlich stehen die Interpretationsmethoden zwar in keinem Rangverhältnis zueinander, der Wortsinn hat aber dennoch eine besondere Bedeutung: Er ist nicht nur interpretatorischer Ausgangspunkt, sondern markiert auch die Grenze[234] zwischen Interpretation[235] und Umdeutung[236]. Da Sprache notwendig unscharf ist, lässt sich diese Grenze aber nicht in jedem Fall präzise festmachen, sie muss gerade in ihren Randbereichen vage bleiben.

228 S schon Krüger, NJW 1949, 163.

229 Ausführlich zur verfassungskonformen Interpretation und mwN Khakzadeh, ZÖR 2006, 201.

230 S dazu und zum Folgenden auch schon Khakzadeh, ZÖR 2006, 201 (203 f).

231 Vgl dazu Walter, ÖJZ 1966, 1 (6).

232 Larenz, Methodenlehre 307 führt dazu aus, es könne angenommen werden, dass derjenige, der etwas sagen will, die Worte in dem Sinne gebraucht, in dem sie gemeinhin verstanden werden.

233 Öhlinger, Verfassungsrecht[8] Rz 20.

234 Fikentscher, Methoden IV, 293 bezeichnet als Wortsinngrenze den Sprachsinn eines Rechtstextes, durch den in wenigstens unvollkommener Weise ein Verständnis rechtserheblicher Aussagen vermittelt werden kann. Sie soll dann überschritten sein, wenn Sprachsinn und Verständnismöglichkeit schon durch die Wahl der textlichen Ausdrucksmittel auseinanderfallen.

235 MwN Schäffer, Verfassungsinterpretation 196.

236 Larenz, Methodenlehre 309.

Nicht mehr Interpretation, sondern bereits Rechtsfortbildung ist die Schließung von Gesetzeslücken.[237] Freilich ist die Feststellung einer Lücke – es muss sich dabei um eine „echte", also planwidrige Lücke handeln[238] – ihrerseits wiederum das Ergebnis einer Auslegung. Wird derart interpretativ eine Lücke festgestellt, dann wird sie häufig durch Analogie geschlossen. Freilich ist im öffentlichen Recht bezüglich der Analogie Zurückhaltung geboten und grds von einer nicht-lückenhaften Norm auszugehen. Demgegenüber ist das Zivilrecht diesbezüglich weit weniger zurückhaltend.[239]

II. Die verfassungskonforme Interpretation

Die verfassungskonforme Interpretation – sie gilt nach hA[240] als Spielart der systematischen Interpretation – nimmt innerhalb dieser Interpretationsmethoden eine besondere Stellung ein.[241] Lässt eine Norm verschiedene Auslegungsmöglichkeiten zu, so ist im Zweifelsfall verfassungskonform zu interpretieren, also jenes Ergebnis zu wählen, das mit der Verfassung in Einklang steht und die Norm nicht verfassungswidrig erscheinen lässt.[242] Die verfassungskonforme Interpretation ist damit gewissermaßen ein den bislang dargestellten Interpretationsmethoden nachgeschalteter Interpretationsvorgang: Sie kommt erst dann zur Anwendung, wenn die herkömmlichen Methoden der Auslegung kein eindeutiges Ergebnis erzielen.[243] Das in verfassungskonformer Interpretation erzielte Resultat ist somit stets auch eine im herkömmlichen Interpretationsverfahren erzielte Auslegungsvariante.[244] Die verfassungskonforme Interpretation erfüllt also eine Aus-

237 Zur Bedeutung der verfassungskonformen Interpretation für die Lückenschließung Khakzadeh, ZÖR 2006, 201 (210).

238 S dazu Canaris, Feststellung[2] 39; Walter, GS-Ringhofer 197 (213).

239 S dazu Rüffler, JRP 2002, 60.

240 Bogs, Auslegung 25; Jabloner, ÖJZ 1998, 161 (166); ders, ZÖR 2005, 163 (175); Korinek, FS-Walter 363 (382); Öhlinger, Verfassungsrecht[8] Rz 36; Walter/Mayer/Kucsko-Stadlmayer, Grundriss[10] Rz 135.

241 Dazu und zum Folgenden Khakzadeh, ZÖR 2006, 201 (203 f).

242 Vgl beispielhaft VfSlg 11 466/1987; 12 776/1991; 15 110/1998; 15 293/1998; 16 350/2001. Vgl auch Berka, Lehrbuch, Rz 94; Öhlinger, Verfassungsrecht[8] Rz 36; Walter/Mayer/Kucsko-Stadlmayer, Grundriss[10] Rz 135.

243 Wie Jabloner, ÖJZ, 1998, 161 (166) formuliert, kommt die verfassungskonforme Interpretation quasi im „zweiten Durchgang" der Auslegung zur Anwendung. Bringt die Auslegung zwei oder mehrere Auslegungsergebnisse, so fällt die Wahl „im Zweifel" auf das verfassungskonforme Ergebnis. Vgl auch Jabloner, ZÖR 2005, 163 (175). Anders Bogs, Auslegung 26: Er spricht von einer „Einheit des Auslegungsvorganges"; es gebe kein Verhältnis zwischen herkömmlicher und verfassungskonformer Gesetzesinterpretation, der Auslegungsvorgang sei eine Einheit und die Verfassungsinhalte stets Leitpunkte für die Gesetzesinterpretation.

244 Vgl dazu Jabloner, ÖJZ 1998, 161 (166): Um zu beurteilen, ob die Ausübung der verfassungskonformen Interpretation zu extensiv ist, müsse gefragt werden, ob ein Inter-

wahlfunktion; für die Gewinnung von Normhypothesen ist sie nicht geeignet. Außerdem kann die verfassungskonforme Interpretation eine Stützfunktion erfüllen, also ein schon mit ziemlicher Sicherheit gewonnenes Auslegungsergebnis untermauern.[245] Der hauptsächliche Wert und die grundsätzliche Bedeutung der verfassungskonformen Interpretation liegen aber in ihrer Auswahlfunktion. Auf diese Weise kann im Zweifelsfall aus mehreren möglichen das verfassungskonforme Ergebnis gewählt werden. Ein solcher Zweifelsfall liegt dann vor, wenn die Interpretationsmethoden zu mehreren möglichen Auslegungen führen und keine davon zwingend ist.[246]

Die Legitimation der verfassungskonformen Interpretation wird in der Lehre sowohl in der Einheit der Rechtsordnung[247] als auch im Stufenbau der Rechtsordnung[248] gesehen. RILL begründet die verfassungskonforme Interpretation überdies damit, dass iSd „favor legis" dem Normsetzer im Zweifel keine unrechtmäßige Willensbildung zuzusinnen ist; dies wäre „nach den Regeln zwischenmenschlicher Kommunikation schlicht Unterstellung".[249] Demgegenüber meint JABLONER, dass es für eine entsprechende verfassungskonforme oder auch verfassungswidrige Absicht des Gesetzgebers Hinweise in der Entstehungsgeschichte der Norm geben müsse. Fehlen diese, so könne dem Gesetz der verfassungsmäßige Sinn nur zugesonnen werden, wenn es eine entsprechende Kommunikationsnorm gäbe.[250] Aber auch gegen die Fundierung der verfassungskonformen Interpretation im Stufenbau der Rechtsordnung gibt JABLONER zu Recht zu bedenken, dass die Rechtsordnung ja selbst Vorkehrungen für die Bereinigung bereitstellt. Daraus folge eine Prävalenz der Rechtsbereinigung.[251]

---

pretationsergebnis auch ohne die verfassungskonforme Interpretation erzielbar wäre. Dementsprechend scheidet etwa bei der Frage nach der hinreichenden Determinierung eines Gesetzes die Anwendung der verfassungskonformen Interpretation dann aus, wenn mit keiner der Interpretationsmethoden der Inhalt der Norm ermittelt werden kann; vgl dazu VfSlg 11 499/1987.

245 BOGS, Auslegung 34.

246 KHAKZADEH, ZÖR 2006, 201 (205).

247 KORINEK, FS-Walter 382; SIMON, EuGRZ 1974, 85 (86).

248 Dieser Stufenbau der Rechtsordnung erfasst Recht als stufenförmiges Erzeugungssystem, wobei die im Stufenbau höhere Stufe die folgende determiniert. Vgl dazu etwa GRILLER, JRP 2000, 273; KOCH, ZfV 1992, 1; MORITZ, ÖJZ 1999, 781 (782); WALTER/MAYER/KUCSKO-STADLMAYER, Grundriss[10] Rz 29. Konkret zum Zusammenhang zwischen Stufenbau der Rechtsordnung und Interpretation vgl BOGS, Auslegung 23 mwN: Der „allgemeine Rechtserzeugungszusammenhang lässt auch das Verfassungsgesetz zur Determinante des Inhalts einfacher Gesetze werden." Vgl auch HANDSTANGER, ÖJZ 2004, 621 (623 f). KELSEN, Rechtslehre[2] 346 bezeichnet Interpretation als ein „geistiges Verfahren, das den Prozess des Rechtserzeugers in seinem Fortgang von einer höheren zu einer – von der höheren bestimmten – niedrigeren Stufe begleitet."

249 RILL, ZfV 1985, 461 (581).

250 Vgl dazu JABLONER, ZÖR 2005, 163 (177).

251 JABLONER, ZÖR 2005, 163 (178). Im Verwaltungsrecht sprechen dafür auch gute Gründe. Zu weitgehend ist dagegen mE die Position von KNEIHS, für den ganz allgemein

III. Die Bedeutung der verfassungskonformen Interpretation im Zivilrecht

Grundsätzlich gilt für die Auslegung der zivilrechtlichen Normen naturgemäß nichts anderes wie für alle übrigen Rechtsnormen: Auch eine privatrechtliche Norm ist im Zweifelsfall so auszulegen, dass sie verfassungsrechtlichen und damit auch grundrechtlichen Anforderungen entspricht. Dieser Grundsatz findet im Zivilrecht naturgemäß ein besonderes Anwendungsfeld, gibt es doch gerade hier zahlreiche Generalklauseln und offene Formulierungen. Aber auch bei der Frage, ob ein Gesetz wegen Verfassungswidrigkeit an den VfGH heranzutragen ist, prüft der OGH zunächst, ob sich die zunächst bestehenden Bedenken gegen die Norm durch eine verfassungskonforme Interpretation zerstreuen lassen.[252]

Freilich birgt in der Praxis die Pflicht zur verfassungskonformen Interpretation mitunter auch die Gefahr einer zu weitgehenden Anwendung: Geht eine verfassungskonforme Interpretation nämlich über ihre Grenzen hinaus – dies ist meist dann der Fall, wenn sie nicht als Zweifelsregel, sondern zur Gewinnung von Normhypothesen eingesetzt wird –, dann ist die Anwendungsmöglichkeit der verfassungskonformen Interpretation für den Rechtsunterworfenen gar nicht mehr erkennbar und nachvollziehbar. Dies geht zu Lasten der Rechtssicherheit: Einer Normbereinigung wäre hier der Vorzug zu geben.[253] Inwieweit der OGH im Rahmen der Gren-

jede verfassungswidrig deutbare Norm vor dem VfGH angefochten werden muss: Jeder Zweifelsfall müsse zu einer Normprüfung führen, womit sich die verfassungskonforme Interpretation erübrigen solle (Kneihs, ZfV 2009, 354 ff). Dass diese Position in Bezug auf die zivilrechtlichen Generalklauseln Fragen aufwirft, räumt freilich auch Kneihs ein: Es sei aber zur berücksichtigen, dass das Ausfüllen von Spielräumen mit Wertungen des Verfassungsrechts methodisch verschieden sei von einer verfassungskonformen Interpretation. Nun steht außer Zweifel, dass bei der Konkretisierung von Generalklauseln nicht aus mehreren Interpretationsergebnissen ausgewählt wird, es müssen freilich auch Generalklauseln verfassungskonform konkretisiert werden. Dieser Unterschied vermag aber im Hinblick auf die von Kneihs gezogenen Konsequenzen nicht zu überzeugen: Unklar ist nämlich mE, weshalb eine Norm im Zweifel nicht verfassungskonform ausgelegt werden darf, bei einer Generalklausel hingegen davon ausgeganen werden darf, dass sie vom Gesetzgeber verfassungskonform intendiert war.

251 ZB OGH 24.2.2009, 10 Ob 112/08f.

252 ZB OGH 24.2.2009, 10 Ob 112/08f.

253 Dazu etwa OGH 15.10.1985, 4 Ob 513/84: „Es ist nicht nur ein Gebot der Rechtssicherheit, sondern auch ein Erfordernis des Verständnisses der Rechtsordnung als umfassende Einheit, daß bei Legalenteignungen Bedenken, ob bei der Erlassung des betreffenden Gesetzes verfassungsmäßige Grundrechte verletzt wurden, nicht von den ordentlichen Gerichten als Vorfrage bei der Entscheidung über ein Entschädigungsbegehren, sondern durch den Verfassungsgerichtshof geprüft und beurteilt werden. […] Auch eine ‚verfassungskonforme Auslegung' eines Gesetzes muß ihre Grundlage im Gesetz selbst haben. Die Auslegung kann die fehlende gesetzliche Grundlage – also ‚das' oder ‚das andere' (fehlende) Gesetz – nicht ersetzen."

zen einer zulässigen verfassungskonformen Interpretation bleibt, wird sich im Rahmen der Judikaturanalyse zeigen.[254]

G. Zusammenfassung

Die bisherigen Ausführungen haben deutlich gemacht, dass Grundrechte und Privatrecht keineswegs beziehungslos nebeneinander stehen, sondern dass sie vielmehr zahlreiche Berührungspunkte haben. Deutlich wurde etwa, dass die Grundrechte Schutz gegen drittgerichtete Eingriffe bieten können und weiter, dass die grundrechtlichen Pflichten des Staates nicht nur in negativen, sondern auch in positiven Handlungsaufträgen bestehen. Die praktisch bedeutsame Frage nach der jeweiligen Intensität der Drittwirkung sowie des Schutzniveaus staatlicher Handlungspflichten lässt sich jedoch gerade nicht allgemein beantworten, sondern ist nur interpretativ zu gewinnen.

Zweiter Abschnitt: Die Judikatur des OGH

A. Vorbemerkung

Die Grundrechte entfalten im Zivilrecht zwar „nur" mittelbare Wirkung, nichtsdestoweniger kommen sie in einem breit gefächerten Feld zur Anwendung. Dies bestätigt auch die Jud des OGH, in der die Grundrechte – explizit oder implizit – in den verschiedensten Bereichen angewendet werden. Dabei zeigt sich bei näherer Betrachtung, dass die Grundrechte im Privatrecht offenbar unterschiedliche Funktionen erfüllen: Sie konkretisieren Generalklauseln, sie fungieren als Rechtfertigungsgrund, dh sie rechtfertigen die Beeinträchtigung einer rechtlich geschützten Sphäre durch einen anderen Privaten und sie sind Maßstab für die Verfassungskonformität einer Norm. Dementsprechend orientiert sich die Gliederung dieses Abschnitts auch an diesen Funktionsbereichen: Zunächst soll untersucht werden, welche Rolle die Grundrechte bei der Konkretisierung von Generalklauseln spielen und dann, wie sie Rechtfertigungsgründe konstituieren. Einzig die Maßstabsfunktion der Grundrechte für die Verfassungskonformität einer Norm soll nicht gesondert herausgegriffen werden: Sie ist nämlich als Querschnittsfunktion den beiden anderen Funktionen immanent und lässt sich nur schwer von diesen isolieren.

254 Zur Anwendung der verfassungskonformen Interpretation durch den VfGH: KHAKZADEH, ZÖR 2006, 201.

Freilich interessiert nicht allein, welche Funktionen die Grundrechte im Zivilrecht erfüllen, sondern auch, welche Wirkungsweise bzw -intensität sie haben. Dies tritt erst dann deutlich hervor, wenn man (auch) auf die Art der Rechtsverhältnisse abstellt, in denen sie eine Rolle spielen. Zwar wird gemeinhin festgestellt, dass sich das Zivilrecht durch die grundsätzliche Gleichrangigkeit der Privatrechtssubjekte auszeichnet, das bedeutet freilich nicht, dass die Privatrechtsbeziehungen stets autonom gestaltet, also durch den Willen aller Beteiligter legitimiert sind. Dies trifft auf das Vertragsrecht zu, in dem der Bürger Beeinträchtigungen seiner Rechte autonom übernimmt, nicht aber im Deliktsrecht: Beeinträchtigungen treffen den Einzelnen hier heteronom. Darüber hinaus lassen sich aber auch Rechtsverhältnisse ausmachen, die zwischen diesen beiden Polen an der Bruchstelle zwischen autonomer und heteronomer Rechtsgestaltung anzusiedeln sind. Diese Beobachtung ist deswegen so bedeutend, weil es somit auch im Privatrecht Konstellationen gibt, in denen der Einzelne einer Beeinträchtigung seiner Rechte nicht zustimmt. Das Verhältnis zwischen den Privaten ist hier ähnlich wie die Beziehung des Einzelnen zum Staat, weil auch hier der Bürger die Beeinträchtigung seiner Rechte nicht immer frei steuern und beeinflussen kann. Da hinter den Grundrechten gerade der Schutz vor willkürlichem staatlichen Eingriff in Rechtspositionen steht, könnte es möglich sein, dass – so eine erste These – die Bedeutung bzw Wirkungsintensität der Grundrechte im Zivilrecht auch tatsächlich eine unterschiedliche ist, je nachdem, ob es sich um ein autonom oder ein heteronom gestaltetetes Rechtsverhältnis handelt.

Hinter der Gliederung nach grundrechtlichen Funktionsbereichen steht bis zu einem gewissen Grad genau die Unterscheidung zwischen Vertrags- und Deliktsrecht, also zwischen autonomer und heteronomer Gestaltung. So entfalten die Grundrechte ihre rechtfertigende Kraft im Deliktsrecht. Etwas inhomogener sind dagegen – wie sich zeigen wird – jene Fallgruppen, die die Konkretisierung von Generalklauseln betreffen.

B. Generalklauseln und Grundrechte

Im Zivilrecht finden sich zahlreiche Bestimmungen, die als Generalklauseln formuliert sind. Sie zeichnen sich durch eine gewisse Vagheit ihres Richtliniengehalts aus.[255] Es handelt sich dabei nicht um unvollständige Normen – die Offenheit wurde ja vom Gesetzgeber bewusst gewählt –, es ist lediglich die „Dichte des Normtexts“[256] geringer. Durch dieses Charakteristikum kommen Generalklauseln gerade dort zum Einsatz, wo

255 Bydlinski, Methodenlehre² 582.

256 Müller/Christensen, Methodik 1 Rz 314.

sich – wie typischerweise durch die privatautonome Gestaltungsfreiheit – ein breites Spektrum an Handlungsmöglichkeiten eröffnet, das sich nur durch die offene Formulierung hinlänglich erfassen lässt. Zur Konkretisierung von Generalklauseln werden dann alle Normen und Rechtsgrundsätze herangezogen, die der Konkretisierung dienen können – und dazu zählen auch die Grundrechte.[257] Aus diesem Grund werden die Generalklauseln mitunter als „Einfallstor" der Grundrechte ins Privatrecht bezeichnet.[258] Die Nutzung und Durchlässigkeit dieser Tore durch den OGH soll im Folgenden anhand prominenter zivilrechtlicher Generalklauseln untersucht werden: Zunächst ist zu hinterfragen, welche Rolle die Grundrechte bei der Konkretisierung der persönlichkeitsrechtlichen Generalklausel (§ 16 ABGB) spielen und anschließend wird diese Bedeutung für die Gute-Sitten-Klauseln (§§ 879 Abs 1 und 1295 Abs 2 ABGB) geprüft.

§ 16 ABGB wird an die Spitze der Betrachtungen gestellt, weil sich der OGH auch in anderen hier relevanten Zusammenhängen immer wieder auf die Persönlichkeitsrechte beruft und somit das Wissen um deren Bedeutung das Verständnis für andere Problemstellungen erleichtern kann.

I. § 16 ABGB

1. Entstehung und Entwicklung

§ 16 ABGB normiert:

„Jeder Mensch hat angeborne, schon durch die Vernunft einleuchtende Rechte und ist daher als eine Person zu betrachten. Sklaverei oder Leibeigenschaft, und die Ausübung einer darauf sich beziehenden Macht wird in diesen Ländern nicht gestattet."

Diese Bestimmung gilt heute als Generalklausel des Persönlichkeitsschutzes. Ihre Existenzberechtigung und ihr normativer Gehalt waren freilich nicht immer unumstritten. Bereits bei der Schaffung des ABGB wurde über die gesetzliche Verankerung der angeborenen Rechte heftig diskutiert. Martini legte einen Katalog der „von dem Menschen untrennbaren Rechte" vor, der aber weitgehend abgelehnt wurde.[259] Nach breiter Auffassung

257 S etwa Bydlinski, FS-Wieacker 189 (204).

258 Für Deutschland s auch Stern, Staatsrecht III/1 § 76 II 2.a.

259 Dieser Katalog enthielt: Das Recht sein Leben zu erhalten und die dazu erforderlichen Mittel oder Sachen sich eigen zu machen, seine Geistes- und Leibeskräfte auszubilden und zu veredeln, sich und seine Sachen zu verteidigen, einen unbescholtenen Leumund zu behaupten und überhaupt mit dem, was ihm angehöret, nach freier Willkür schalten und walten zu können (1.T., 2. Hauptstück, § 2). Das Recht Verträge zu schließen und durch Sachen [...] zu erwerben, oder an einen anderen etwas zu übertragen (§ 3). Nach § 6 erfährt das natürliche Freiheitsrecht durch die vereinigte bürgerliche Gesellschaft eine geringe Beschränkung, die aber durch die Sicherstellung aller übrigen angeborenen

gehörten Aussprüche über angeborene Menschenrechte und natürliche Freiheit nämlich nicht in das bürgerliche Gesetzbuch.[260] Es ist einem Antrag ZEILLERS zu verdanken, dass das ABGB heute dennoch eine allgemeine Norm über die angeborenen Rechte enthält. Er meinte nämlich, man solle, um „allen Mißdeutungen, besonders der auswärtigen, vorzubeugen, an einem schicklichen Orte der Einleitung sagen, daß von der obersten Macht sowohl die angeborenen Rechte, die jedem durch die Vernunft bekannt sind, als auch die erwerblichen durch die Gesetze gesichert werden. Dadurch würde zugleich der Grund angegeben, warum man die angeborenen Rechte nicht aufzuzählen brauche".[261] Es ist also der „zarten Rücksichtnahme auf das Ausland" zu verdanken, dass die „angeborenen Menschenrechte" in § 16 ABGB anerkannt wurden.[262]

In der Folge blieb § 16 ABGB jedoch lange ohne normative Wirkung; er galt überwiegend „als ganz müßig und praktisch bedeutungslos"[263]. Einer der Gründe dafür lag in seiner naturrechtlichen Prägung.[264] Naturrechtliches Gedankengut wurde nämlich zunächst gegenüber der Historischen Rechtsschule und später gegenüber dem Rechtspositivismus traditionell sehr gering geschätzt.[265]

Erst zu Beginn des 20. Jahrhunderts setzte ein Umdenken ein. Als einer der ersten wies WELLESPACHER auf das Potential des § 16 ABGB hin: Er vertrat die Auffassung „daß wir diesen Paragraphen als Anknüpfungspunkt benützen dürfen für die Anerkennung privater Persönlichkeitsrechte und dadurch einer Idee in unserem Gesetze Unterkunft bieten können, die in der Zukunft zu immer größerer Bedeutung gelangen wird."[266]

Die Rsp brauchte hingegen noch etwas länger, um § 16 ABGB endlich grundsätzliche Bedeutung zuzuerkennen. Erst im Jahr 1978 beruft sich der OGH erstmals ausdrücklich auf diese Norm: Er anerkennt das Recht auf Achtung der Geheimsphäre als einen aus verschiedenen gesetzlichen Bestimmungen hervorgehenden Grundsatz und qualifiziert es als angeborenes Recht iSd § 16 ABGB.[267]

und erworbenen Rechte reichlich vergütet wird. Einem jeden Staatsbürger stehet der Gebrauch und die Benützung seiner durch das Gesetz nicht beschränkten Rechte frei und darin bestehet die bürgerliche Freiheit (§ 7). S dazu ADLER, FS-ABGB 2, 163 (177 f).

260 MwN WELLESPACHER, FS-ABGB 1, 173 (180).

261 MN WELLESPACHER, FS-ABGB 1, 173 (181).

262 WELLESPACHER, FS-ABGB 1, 173 (181).

263 Nachweise bei WELLESPACHER, FS-ABGB 1, 173 (187).

264 So auch WELLESPACHER, FS-ABGB 1, 173 (188).

265 BYDLINSKI, ZÖR 1962/62, 423 (444).

266 WELLESPACHER, FS-ABGB 1, 173 (187).

267 OGH 24.10.1978, 4 Ob 91/78.

Heute ist der normative Gehalt des § 16 ABGB unbestritten: Er gilt als privatrechtliche Zentralnorm zur Anerkennung und zum Schutz der Persönlichkeit[268].[269]

2. Persönlichkeit und Persönlichkeitsrechte

Auch wenn heute niemand mehr am Bestand der durch § 16 ABGB gewährleisteten Rechte zweifelt, so sind der konkrete Inhalt und der Umfang der Persönlichkeitsrechte nach wie vor nicht völlig geklärt.[270]

Zunächst ist es schon schwierig, abstrakt zu beschreiben, was denn unter Persönlichkeitsrechten zu verstehen ist: Sie sind einer Definition ebenso schwer zugänglich wie der ihnen zugrunde liegende Begriff der Persönlichkeit.[271]

Unbestritten wie banal ist die Aussage, dass die **Persönlichkeit** untrennbarer Teil des Menschen ist. In ihr bündeln sich gewissermaßen die Aspekte des Menschseins und der Individualität. Die Achtung der Persönlichkeit manifestiert sich in einer Anerkennung des Menschen als Individuum und der damit verbundenen Anerkennung des Menschen als Subjekt. Erst sie ermöglicht einen menschenwürdigen Umgang zwischen Individuen und ist somit unverzichtbare Voraussetzung für eine menschenwürdige Gesellschaft und Staatsorganisation. Welche Aspekte sich nun im Einzelnen zur Persönlichkeit zusammenfügen, kann ob der Vielschichtigkeit nicht definiert werden. Die Persönlichkeit entzieht sich einer abschließenden Beschreibung und erlaubt kaum mehr, als auf ihre grundlegende Bedeutung für das Individuum und die Gesellschaft hinzuweisen.

Diese definitorischen Unschärfen schlagen konsequenterweise auf die **Persönlichkeitsrechte** durch, die der fundamentalen Bedeutung der Per-

---

268 Aicher, in Rummel, ABGB § 16 Rz 11; mwN Bodner, ÖJZ 2003, 481 (485); Bydlinski, RZ 1965, 67 (70). OGH 27.2.1990, 10 Ob S 40/90; 24.11.1992, 4 Ob 98/92; 18.10.1994, 4 Ob 99/94; 14.5.1997, 7 Ob 89/97g; 23.7.1997, 7 Ob 150/97b; 14.3.2000, 4 Ob 64/00s; 14.3.2000, 4 Ob 59/00f; 25.5.2000, 1 Ob 341/99z; 19.12.2005, 8 Ob 108/05y; 25.5.2007, 6 Ob 103/07a; 16.12.2009, 4 Ob 186/09w ua.

269 Aicher, in Rummel, ABGB § 16 Rz 2 weist darauf hin, dass ihr naturrechtlicher Ursprung auf die heutige Anwendung und das heutige Verständnis keine Auswirkungen hat, weil die geschützten Güter durch § 16 ABGB zu einer „normativen Kategorie" geworden sind.

270 Vgl auch Adler, FS-ABGB 2, 163 (168).

271 Damit ist zugleich eine philosophische Fragestellung angesprochen. Für Kant, Kritik, I. Teil, 1. Buch, 3. Hauptstück, etwa ist die Persönlichkeit „die Freiheit und Unabhängigkeit von dem Mechanismus der ganzen Natur, doch zugleich als ein Vermögen eines Wesens betrachtet, welches eigenthümlichen, nämlich von seiner eigenen Vernunft gegebenen reinen praktischen Gesetzen die Person also, als zur Sinnenwelt gehörig, ihrer eigenen Persönlichkeit unterworfen ist, so fern sie zugleich zur intelligibelen Welt gehört" (zitiert nach Kehrbach [Hrsg], Kritik [1878] 105).

sönlichkeit Rechnung tragen: Wegen des Facettenreichtums der Persönlichkeit an sich können auch Definitionen der Persönlichkeitsrechte stets nur allgemein bleiben.[272] Nach st Jud des OGH sollen sie alle jene Rechte schützen, die die freie Entfaltung der Persönlichkeit gewährleisten[273] und sind damit die höchstrangigen Rechte überhaupt.[274] Sie sind Ausdruck all jener Rechte, die dem Menschen schon aufgrund seines Menschseins zukommen und beinhalten Schutz- und Abwehransprüche. Diese Rechtsfolgen sind zwar in § 16 ABGB nicht normiert, dennoch folgert sie der OGH aus dem Charakter der Persönlichkeitsrechte als absolute Rechte.[275] Da § 16 ABGB nach Auffassung des OGH hinsichtlich der Rechtsfolgen unvollständig ist, stellt er stets auf die Bedürfnisse des Einzelfalls ab: Er bejaht darum – bereits vor Inkrafttreten des § 382g EO[276] – Unterlassungsansprüche[277], aber auch Beseitigungs- sowie gegebenenfalls Schadenersatzansprüche[278] und prüft sogar die analoge Anwendung von Rechtsfolgebestimmungen in vergleichbaren Fällen[279].

Dass die definitorisch nur schwer erfassbaren Persönlichkeitsrechte in einer Generalklausel geregelt sind, ist nach dem bisher Gesagten nur konsequent: Die generalklauselartige Formulierung des § 16 ABGB lässt zwangsläufig Fragen offen, zugleich aber ist es gerade diese Offenheit, die dem Schutz der Persönlichkeit am besten gerecht wird. So wie sich die Persönlichkeit in ihrer physischen und psychischen Dimension nur schwer erfassen lässt, lassen sich auch die Bedrohungen der Persönlichkeit nicht

272 Vgl zu den zahlreichen Definitionsversuchen für viele und mwN Edlbacher, ÖJZ 1983, 423 (425): Durch die Persönlichkeitsrechte sind jene Rechte zu schützen, die den Menschen in seiner körperlichen, geistigen und seelischen Einmaligkeit bewahren sollen. Mauczka, FS-ABGB 2, 231 (247): „Die Persönlichkeitsrechte schützen sämtliche Interessen, die sich unmittelbar auf die Person beziehen und ohne weitere Voraussetzungen in Form eines Erwerbungsaktes des Rechtsschutzes würdig sind. Sie betreffen entweder den Körper oder die geistige Natur des Menschen." Adler, FS-ABGB 2, 163 (170): Als Persönlichkeitsrechte sind nur jene Rechte anzusehen, die „unmittelbar und ausschließlich dazu bestimmt sind, die Persönlichkeit zu schützen".

273 OGH 23.5.1984, 1 Ob 550/84; 14.4.1994, 10 Ob 501/94; 29.8.2002, 6 Ob 283/01p.

274 OGH 18.1.2000, 4 Ob 295/99g.

275 OGH 19.2.2004, 6 Ob 2/04v; 19.12.2005, 8 Ob 108/05y; 28.3.2007, 6 Ob 6/06k; 25.5.2007, 6 Ob 103/07a; 7.11.2007, 6 Ob 57/06k; 16.12.2009, 4 Ob 186/09w.

276 OGH 28.4.2008, 2 Ob 82/08k. S auch RV 1316 BlgNR 22. GP 7 f.

277 OGH 16.9.1999, 6 Ob 155/99h; 20.3.2003, 6 Ob 287/02b; 19.12.2005, 8 Ob 108/05y. S auch OGH 20.6.2000, 3 Ob 131/00m. Bei einem Verstoß gegen ein Persönlichkeitsrecht iSd § 16 ABGB ist nach st Rsp von einem Unterlassungsanspruch und einem „in diesem Anspruch begrifflich enthaltenen Beseitigung-(Vernichtungs)anspruch" auszugehen.

278 OGH 20.10.1992, 4 Ob 84/92.

279 OGH 20.3.2003, 6 Ob 287/02b zur Frage, ob die Verletzung eines Persönlichkeitsrechts auch eine Urteilsveröffentlichung nach sich ziehen kann.

abschließend beschreiben. Sie sind ua in ganz besonderem Maße von den sich stetig ändernden Lebensbedingungen abhängig – man denke etwa nur an die sich rasch entwickelnde Forschung im Bereich der Gentechnologie und ihre Auswirkungen auf den Menschen. Aus diesem Grund setzt effizienter Persönlichkeitsschutz ein gewisses Maß an Flexibilität geradezu voraus, um angemessen auf neue Gefährdungen reagieren zu können. Diesen Vorteil des § 16 ABGB hob auch WELLESPACHER hervor: Er sah darin die Möglichkeit, „den § 16 als Ausgangspunkt zu nehmen für die Ausbildung derjenigen Persönlichkeitsrechte, deren Anerkennung die fortschreitende Rechtsentwicklung erheischt und […] daß wir nicht genötigt sind, für jede einzelne neue Frage auf diesem Gebiete das Einschreiten der Gesetzgebung abzuwarten."[280]

Dennoch bleibt damit die Frage, wie § 16 ABGB mit Substanz gefüllt werden kann, woraus sich also die einzelnen Persönlichkeitsrechte ableiten lassen.

Zunächst normieren verschiedene einfachgesetzliche Normen den Schutz bestimmter Rechte, die man aufgrund ihres Schutzzwecks als Persönlichkeitsrechte iSd § 16 ABGB qualifizieren kann. Diese rechtliche Durchdringung ist heute zweifellos sehr dicht, die Großzahl der Persönlichkeitsrechte ist bereits explizit festgeschrieben; derartige ausdrücklich normierte Persönlichkeitsrecht sind: [281]

- das Recht auf Leben und körperliche Unversehrtheit (§§ 1325 ff ABGB),
- das Recht auf Freiheit (§ 1329 ABGB),
- das Recht auf Ehre (§ 1330 ABGB)[282],
- das Namensrecht (§ 43 ABGB)[283],
- das Recht am eigenen Bild (§ 78 UrhG)[284],
- das Urheberpersönlichkeitsrecht (§§ 19 ff UrhG),

280 WELLESPACHER, FS-ABGB 1, 173 (188).

281 AICHER, in: Rummel, ABGB § 16 Rz 16 ff; POSCH, in: Schwimann, ABGB § 16 Rz 17 ff. Vgl dazu im Übrigen schon ADLER, FS-ABGB 2, 163 (175): „Als Persönlichkeitsrechte verbleiben somit: das Recht der körperlichen Integrität (Recht an Leib, Leben, Gesundheit), die Rechte der Freiheit und Ehre, das Recht am Namen; dazu kommt eine weitere Reihe von Rechten, die einen Schutz der Persönlichkeit gegen gewisse Handlungen Dritter bezwecken, welche als Eingriffe in die Persönlichkeit empfunden werden, so das Recht an der ‚Geheimsphäre' (das vornehmlich den Geheimnisschutz, das Recht des Briefgeheimnisses, das Hausrecht umfaßt), das Recht am eigenen Bilde, an der eigenen Stimme u.a."

282 OGH 27.9.1990, 7 Ob 607/90; 29.8.2002, 6 Ob 283/01p.

283 OGH 17.12.1997, 7 Ob 329/97a; 29.8.2002, 6 Ob 283/01p; 25.3.2003, 4 Ob 14/03t.

284 OGH 10.11.1992, 4 Ob 89/92; 6.12.1994, 4 Ob 127/94.

– das Recht auf Datenschutz (§ 1 DSG).

Dieser Schutz durch positivierte Persönlichkeitsrechte ist aber naturgemäß nicht umfassend. Dort, wo er nicht greift, kann bzw muss uU ein entsprechendes Persönlichkeitsrecht interpretativ aus den „angebornen Rechten" gewonnen werden[285] – und genau hier ist ein Ansatzpunkt für die Grundrechte zu sehen. Nach st Jud des OGH sind nämlich die Grundrechte für die Anerkennung dieser Persönlichkeitsrechte ein wichtiger Parameter[286]: § 16 ABGB transportiere die verfassungsmäßig garantierten Rechte ins Privatrecht, soweit das nicht durch besondere einfachgesetzliche Normen geschehe.[287] Demzufolge konstituieren sich die Persönlichkeitsrechte über zwei Ebenen: Zum Ersten über einfachgesetzliche Normen zum Schutz der Persönlichkeit und zum Zweiten – gewissermaßen subsidiär – über die Grundrechte.[288] Diese entfalten ihre Bedeutung somit dann, wenn sich ein Schutzanspruch nicht auf eine spezielle persönlichkeitsrechtliche Bestimmung, also ein positiviertes Persönlichkeitsrecht stützen lässt, sondern aus einer Interpretation des § 16 ABGB gewonnen wird.

3. Ein allgemeines Persönlichkeitsrecht?

Wenn bisher davon ausgegangen wurde, dass sich die Persönlichkeitsrechte va aus einer Interpretation des § 16 ABGB ergeben, dann knüpft sich daran gleich eine alte Streitfrage: Umstritten ist nämlich, ob es neben den einfachgesetzlich normierten „besonderen" Persönlichkeitsrechten noch ein allgemeines Persönlichkeitsrecht gibt, das die Person nicht nur in bestimmter Richtung, sondern in ihrer Gesamtheit umfasst.[289]

Während in Deutschland ein solches allgemeines Persönlichkeitsrecht sowohl in Rsp als auch im Schrifttum mittlerweile weitestgehend anerkannt ist[290], ist man in Österreich geteilter Meinung.[291] Gegen ein allge-

285 Insofern wird hier also auch von der Existenz eines allgemeinen Persönlichkeitsrechts ausgegangen. Aber auch, wenn man ein Persönlichkeitsrecht aus den besonderen Persönlichkeitsrechten ableiten wollte, bräuchte man einen Maßstab, der sich wieder aus den Grundrechten gewinnen ließe. S zu dieser Frage im Folgenden unter 3.

286 OGH 18.1.2000, 4 Ob 295/99g.

287 OGH 19.12.2005, 8 Ob 108/05y.

288 Zum Verhältnis zwischen Grundrechten und Persönlichkeitsrechten Edlbacher, ÖJZ 1983, 423 (423, 426).

289 Aicher, in: Rummel, ABGB § 16 Rz 12.

290 Grundlagen des allgemeinen Persönlichkeitsrechts sind Art 1 Abs 1 GG und Art 2 Abs 1 GG. Vgl dazu mwN Helle, Persönlichkeitsrechte 31; Jarass, NJW 1989, 857 (858); Ossenbühl, NJW 2000, 2945.

291 Vgl bereits mwN Adler, FS-ABGB 2, 163 (166). Dazu und zum Meinungsstand Bodner, ÖJZ 2003, 481 (485).

meines Persönlichkeitsrecht, das auch als Rahmenrecht bezeichnet wird[292], wird häufig seine Uferlosigkeit ins Treffen geführt.[293]

Der OGH nimmt zu dieser Frage nicht ausdrücklich Stellung und lässt auch keine einheitliche Linie erkennen. Er beruft sich vereinzelt auf ein allgemeines Persönlichkeitsrecht[294], in anderen Fällen wiederum folgert er spezifische Rechte aus einfachgesetzlich normierten Persönlichkeitsrechten.[295]

Im Ergebnis hat die Haltung in dieser Frage freilich so gut wie keine Auswirkungen: Ob nämlich anknüpfend an § 16 ABGB und positive Persönlichkeitsrechte weitere Persönlichkeitsrechte herausgearbeitet werden oder ob von einem in § 16 ABGB verankerten allgemeinen Persönlichkeitsrecht ausgegangen wird, macht im Endeffekt keinen Unterschied.[296] Außerdem ergibt sich ja auch der Inhalt des allgemeinen Persönlichkeitsrechts nicht isoliert von den übrigen Normen der Rechtsordnung, sondern muss ebenso mit Blick auf andere einfachgesetzliche und verfassungsrechtlich gewährleistete Rechte gewonnen werden.[297] Dennoch sprechen letztlich mE die besseren Gründe für ein allgemeines Persönlichkeitsrecht. So wie die Persönlichkeit als Einheit verschiedene Facetten hat, wirkt sich dies naturgemäß auf die Persönlichkeitsrechte aus. Dem entspricht es aber eher, diese unterschiedlichen Facetten auch in einer Norm verankert zu sehen, denn – und darauf weist Aicher zutreffend hin – damit ist eine Entwicklung eines von Wertungswidersprüchen freien Systems eher gewährleistet als durch einen Schutz, der an den Facetten der besonderen Persönlichkeitsrechte anknüpft.[298] Keinesfalls überzeugend ist das Argument, ein allgemeines Persönlichkeitsrecht sei uferlos. So wie die Persönlichkeit, sind auch die Persönlichkeitsrechte nicht grenzen*los*, sondern nur unbestimmt und ohne trenn*scharfe* Grenzen. Ein allgemeines Persönlichkeitsrecht entspricht somit auch dem Konzept der Persönlichkeit besser.

4. Persönlichkeitsrechte und Menschenwürde

Dass § 16 ABGB einen Bezug zur Menschenwürde aufweist, ist weitestgehend unbestritten. In Österreich gibt es – im Gegensatz zu Deutsch-

292 S zB Aicher, in: Rummel, ABGB § 16 Rz 14.

293 Gegen ein allgemeines Persönlichkeitsrecht etwa Bydlinski, RZ 1965, 67 (69). Vgl zum Meinungsstand Edlbacher, ÖJZ 1983, 423 (425). S dazu auch Canaris, JBl 1991, 205 (206).

294 OGH 17.12.1997, 7 Ob 329/97a. Ob diese formale Bezeichnung in diesen Fällen auch materiell zutreffend ist, ist bei näherer Betrachtung fragwürdig. S auch Posch, in: Schwimann, ABGB § 16 Rz 15.

295 Aicher, in: Rummel, ABGB § 16 Rz 14.

296 Edlbacher, ÖJZ 1983, 423 (426). Vgl auch Aicher, in: Rummel, ABGB § 16 Rz 14.

297 Aicher, in: Rummel, ABGB § 16 Rz 14.

298 Aicher, in: Rummel, ABGB § 16 Rz 14.

land[299] – bekanntlich keine ausdrückliche verfassungsrechtliche oder einfachgesetzliche Garantie der Menschenwürde. Zwar knüpfen verschiedene Normen an die Menschenwürde an,[300] – nach Art 1 Abs 4 PersFrG hat eine Verhaftung etwa unter möglichster Schonung der Menschenwürde zu erfolgen – eine explizite Schutznorm gibt es jedoch nicht. Dennoch gilt sie als ein allgemeiner Wertungsgrundsatz der österreichischen Rechtsordnung.[301] Verfassungsrechtlich manifestiert er sich bereits in den Grundrechten: Die einzelnen Garantien beruhen ja geradezu auf der Vorstellung, dass der Mensch eine Würde hat.[302] Als verfassungsrechtlicher Ansatzpunkt für die Menschenwürde gilt va Art 3 EMRK, der Folter sowie unmenschliche oder erniedrigende Strafe oder Behandlung verbietet.[303] Eine Behandlung ist nach der Rsp des VfGH unmenschlich, wenn die Menschenwürde beeinträchtigt und der Betroffene als Person missachtet wird.[304] Kein Mensch darf „jemals als bloßes Mittel für welche Zwecke immer betrachtet und behandelt werden".[305]

Diese Prämisse, auf der die Grundrechte aufbauen, nämlich dass der Mensch eine Würde hat, die es zu schützen gilt, hat naturgemäß auch für § 16 ABGB Bedeutung. Der Persönlichkeitsschutz baut ja geradezu zwangsläufig auf der Wertschätzung des Menschen auf. In diesem Sinne können die Persönlichkeitsrechte durchaus als zivilrechtliche Seite der Grundrechte betrachtet werden. Zutreffend hat darum auch der OGH erkannt, dass § 16 ABGB in seinem „Kernbereich" die „Menschenwürde" schützt.[306]

5. Anwendungsfälle aus der Judikatur

Nach dem bislang Gesagten ist zwischen Grundrechten und Persönlichkeitsrechten offenbar ein Zusammenhang herzustellen: Beide beruhen auf der Anerkennung des Menschen als Subjekt und seiner grundsätzlichen Schutzwürdigkeit. Ob dieser Zusammenhang auch eine Rolle bei

299 Art 1 Abs 2 GG: „Die Würde des Menschen ist unantastbar. […]" S dazu etwa Hömig, EuGRZ 2007, 633 ff.

300 Vgl beispielhaft §§ 3 Abs 1, 4 Abs 1, 5a Abs 3 AnhO; § 96 Abs 1 Z 3 ArbVG; § 1 Abs 1 HeimaufenthaltsG; § 10 Abs 1 ORF-G; § 64 Abs 2 Z 1 ZDG.

301 VfSlg 13 635/1993. Vgl auch Berka, Grundrechte, Rz 37.

302 Zum Zusammenhang zwischen Würde und Menschenrechten Kampits, RZ 2008, 61 (64 f), der darauf hinweist, dass ein politisches Bekenntnis zur Menschenwürde im Zusammenhang mit den Menschenrechten erst relativ spät erfolgt ist.

303 Berka, Grundrechte, Rz 378; Öhlinger, Verfassungsrecht[8] Rz 748; Pernthaler, FS-Öhlinger, 447 (461); Zellenberg, Schutz, in: Machacek/Pahr/Stadler (Hrsg), Grund- und Menschenrechte 3, 441 (467 f).

304 MwN VfSlg 13 154/1992.

305 VfSlg 13 635/1993 mit Berufung auf Bydlinski, Rechtsgrundsätze 176.

306 OGH 27.2.1990, 10 Ob S 40/90; 20.12.2006, 9 Ob A 109/06d; 16.12.2009, 4 Ob 186/09w.

der Ableitung von Persönlichkeitsrechten spielt, also bei der Konkretisierung der persönlichkeitsrechtlichen Generalklausel, ist im Folgenden näher zu untersuchen. Wichtigstes Untersuchungsfeld dafür ist das Recht auf Achtung des Privatbereichs und der Geheimsphäre: Dieses war nämlich trotz seiner praktisch großen Bedeutung – Privatbereich und Geheimsphäre sind reich an Facetten, die geradezu grundlegend für die menschliche Persönlichkeit sind – lange Zeit nicht explizit normiert und musste darum aus § 16 ABGB abgeleitet werden. Einzelne grundrechtsrelevante Fragen eröffnet – trotz seiner expliziten gesetzlichen Normierung – auch das Recht auf körperliche Unversehrtheit.

a. Das Recht auf Achtung des Privatbereichs und der Geheimsphäre

aa. Rechtslage

Das Recht auf Achtung des Privatbereichs und der Geheimsphäre gilt schon seit jeher als Persönlichkeitsrecht.[307] Es ist auch in st Jud des OGH als solches anerkannt. Der OGH folgert es aus § 16 ABGB sowie aus anderen durch die Rechtsordnung geschützten „Grundwerten", wie Art 8 EMRK, § 7 MedG, § 1 DSG, § 77 UrhG und §§ 118 ff StGB.[308]

Der Bedeutung dieses Persönlichkeitsrechts wurde mit dem ZivRÄG 2004[309] Rechnung getragen. Nunmehr ist das Recht auf Wahrung der Privatsphäre explizit in § 1328a ABGB normiert: Wer rechtswidrig und schuldhaft in die Privatsphäre eines Menschen eingreift oder Umstände aus der Privatsphäre offenbart oder verbreitet, wird schadenersatzpflichtig. Ist die Verletzung erheblich, so ist auch der immaterielle Schaden zu ersetzen.

Diese explizite Normierung ändert freilich nichts am Gehalt des bereits zuvor bestehenden Persönlichkeitsrechts und konkretisiert das Recht auch nicht weiter. Vielmehr wollte der Gesetzgeber mit dieser Norm die Rechtsfolgen ausdrücklich normieren und Ansprüche für immaterielle Schäden begründen.[310] Außerdem ist die Anwendung des § 1328a ABGB

307 S schon FN 281, Adler, FS ABGB 2, 163 (175): „Als Persönlichkeitsrechte verbleiben somit: […] das Recht an der „Geheimsphäre" (das vornehmlich den Geheimschutz, das Recht des Briefgeheimnisses, das Hausrecht, umfaßt), das Recht am eigenen Bilde, an der eigenen Stimme u.a."

308 OGH 24.10.1978, 4 Ob 91/78; 23.5.1984, 1 Ob 550/84; 24.11.1992, 4 Ob 98/92; 18.10.1994, 4 Ob 99/94; 19.12.1995, 8 Ob 108/05y; 14.5.1997, 7 Ob 89/97g; 23.7.1997, 7 Ob 150/97b; 14.3.2000, 4 Ob 59/00f und 4 Ob 64/00s; 25.5.2000, 1 Ob 341/99z; 28.3.2007, 6 Ob 6/06k; 25.5.2007, 6 Ob 103/07a; 27.1.2010, 7 Ob 248/09k.

309 BGBl I 2003/91.

310 Mit § 1328a ABGB wird nur scheinbar eine lex specialis zu § 16 ABGB normiert, also ein angebornes Recht einfachgesetzlich weiter konkretisiert. Bei genauerer Betrachtung wurde nämlich lediglich eine Generalklausel durch eine andere ersetzt. Auffallend ist etwa, dass das Gesetz keine Anhaltspunkte für eine Begriffsbestimmung enthält. Wie die

im Gegensatz zu den auf § 16 ABGB gestützten Ansprüchen verschuldensabhängig.[311] Diese Bestimmung ist erst seit kurzem in Kraft und hat bislang in der Jud des OGH kaum eine tragende Rolle gespielt[312]: Nach wie vor beruft sich der OGH bei der Ableitung der Persönlichkeitsrechte va auf § 16 ABGB. Genau auf dessen möglichen Zusammenhang mit den Grundrechten konzentrieren sich auch die folgenden Ausführungen.

Ein Teilaspekt des Rechts auf Privatbereich und Geheimsphäre – nämlich der Schutz vor Videoüberwachung – wurde mittlerweile im DSG geregelt.[313] Auch diese Rechslage spiegelt sich aber in der Jud noch nicht wider.[314]

bb. Judikatur

In seiner Jud differenziert der OGH nicht konsequent zwischen Privatleben und Geheimsphäre und definiert die Begriffe soweit ersichtlich auch nicht.[315] Tatsächlich begegnet eine Definition erheblichen Schwierigkeiten: Wie bereits die Persönlichkeit, so sind auch Privatbereich und Geheimsphäre als Elemente der Persönlichkeit derart facettenreich, dass Definitionen zwangsläufig sehr allgemein bleiben.[316] Der Umfang dieses Rechts erschließt sich deshalb nicht über Definitionen, sondern setzt sich – gleich einem Mosaikbild – aus einzelnen Aspekten zusammen.

Meist unterscheidet der OGH vom Recht auf Privatbereich und Geheimsphäre das ebenfalls aus § 16 ABGB abgeleitete Recht auf Namensanonymität[317] sowie das Recht am gesprochenen Wort[318]. Das Recht auf

Erl dazu ausführen, birgt eine gesetzliche Definition die Gefahr, wichtige Umstände zu übersehen und auszuschließen, Anhaltspunkte könne jedoch die Auslegung des verwandten Begriffs des „Privatlebens" in Art 8 Abs 1 EMRK liefern (RV 173 BlgNR 22. GP 17). Vgl allgemein zu § 1328a ABGB Heissenberger, AnwBl 2006, 634 ff; Lukas, RZ 2004, 33 ff.

311 OGH 31.1.2007, 8 Ob 155/06m.

312 S etwa OGH 31.1.2007, 8 Ob 155/06m; 23.9.2008, 4 Ob 150/08z.

313 BGBl I 2009/133.

314 S jüngst die kurze Bezugnahme in OGH 27.1.2010, 7 Ob 248/09k.

315 Der OGH führt lediglich aus, dass vom Recht auf Achtung der Geheimsphäre sowohl der Schutz gegen das Eindringen in die Geheimsphäre einer Person als auch der Schutz gegen die Veröffentlichung von rechtmäßig erlangten Geheimnissen erfasst wird: OGH 24.10.1978, 4 Ob 91/78; 19.12.2005, 8 Ob 108/05y.

316 Vgl dazu und mwN Lukasser, ÖJZ 1994, 569; vgl auch Feil, GezRZ 2004, V, wonach zur Privatsphäre alle Umstände des Privatlebens gehören, die nicht für die Öffentlichkeit bestimmt sind, sei es, dass sie üblicherweise wie das Intimleben überhaupt geheim sind, sei es, dass sie wie Details des Familienlebens nur einem eingeschränkten Kreis bekannt sind.

317 OGH 19.2.2004, 6 Ob 2/04v; 19.2.2004, 6 Ob 318/03p; 8.11.2005, 4 Ob 170/05m; 14. 9. 2006, 6 Ob 167/06m; 15.2.2007, 6 Ob 266/06w; 24.2.2009, 17 Ob 2/09g; 29.9.2009, 4 Ob 155/09m.

318 OGH 27.9.2001, 6 Ob 190/01m; 9.11.2004, 4 Ob 227/04t; 29.1.2008, 1 Ob 172/07m.

Namensanonymität – es ist vom Namensrecht gem § 43 ABGB[319] zu unterscheiden – schützt vor einem unbefugten Namensgebrauch[320], das Recht am gesprochenen Wort[321] vor einer heimlichen Aufnahme von Gesprächen[322], aber auch vor unzutreffenden, verkürzten oder manipulierten Zitaten.[323] Beide Rechte schützen damit in der Sache Aspekte, die vom insofern allgemein gefassten Privatbereich und der Geheimsphäre umfasst sein können, weswegen sie im Folgenden auch unter einem behandelt werden.[324]

Untersucht man, welche Tatbestände nach Auffassung des OGH zum Recht auf Achtung der Privat- und Geheimsphäre gehören, dann ergibt sich ein buntes Bild: Als Eingriff qualifizierte der OGH etwa anonyme[325] oder unerbetene[326] Telefonanrufe, Videoüberwachung[327] des Wohnungs(eingangs)bereichs[328] – und zwar selbst dann, wenn die Kamera nicht eingeschaltet ist oder eine Kameraattrappe verwendet wird[329] –, das Abhören von Telefongesprächen[330], als Privatpost getarnte Werbung[331] oder Vorschriften über die Wahl der Kleidung am Arbeitsplatz[332].

319 Das Namensrecht schützt nicht nur den Namen einer Person, sondern auch die damit identifizierte Persönlichkeit. Bei einer Namensnennung geht es nicht um die Kennzeichenfunktion des Namens, sondern darum, dass der Namensträger selbst mit seinem Namen bezeichnet und über ihn etwas ausgesagt wird: OGH 17.12.1997, 7 Ob 329/97a.

320 Unbefugt ist der Gebrauch dann, wenn weder das Gesetz noch der Namensträger dazu ermächtigt und schutzwürdige Interessen des Namensträgers beeinträchtigt werden: OGH 8.11.2005, 4 Ob 170/05m. Geschützt wird auch die Verwendung eines Namens in Zusammenhängen, zu deren Erwähnung der Namensträger keinen sachlichen Anlass gegeben hat: OGH 22.10.1986, 1 Ob 36/86; 17.12.1997, 7 Ob 329/97a.

321 In der dt Jud ist dieses Recht schon seit längerem anerkannt; mN Korn, MR 2005, 49.

322 OGH 21.10.1992, 9 Ob A 215/92.

323 OGH 9.11.2004, 4 Ob 227/04t.

324 Ein Indiz für dieses weite Verständnis von Privatbereich und Geheimsphäre ist es dann auch, dass der Schutz vor Missdeutungen der Persönlichkeit auf verfassungsrechtlicher Ebene ebenso als Teil der Privatsphäre betrachtet wird. Berka, Grundrechte, Rz 465.

325 OGH 18.10.1994, 4 Ob 99/94; 23.7.1997, 7 Ob 150/97b.

326 OGH 28.4.1998, 10 Ob 342/97k.

327 Zu datenschutzrechtlichen Aspekten der Videoüberwachung Kunnert, juridikum 2006, 42 ff; Steiner/Andreewitch, MR 2006, 80 ff.

328 OGH 30.1.1997, 6 Ob 2401/96y; 14.5.1997, 7 Ob 89/97g; 19.12.2005, 8 Ob 108/05y. Mit Hinweisen auf die dt Rsp Horst, NZM 2000, 937.

329 Für den Betroffenen ist nämlich nicht erkennbar, ob das Gerät angeschlossen ist bzw ob es sich um eine Attrappe handelt, weswegen er auch in einem solchen Fall dem Überwachungsdruck ausgesetzt ist. Vgl dazu OGH 14.5.1997, 7 Ob 89/97g; 28.3.2007, 6 Ob 6/06k. Überwachungsdruck hängt aber nicht zwangsläufig von Beobachtung durch technische Hilfsmittel ab: S OGH 27.1.2010, 7 Ob 248/09k. Zum Überwachungsdruck und der dt Rsp Helle, JZ 2004, 340 (341 f).

330 OGH 27.9.2001, 6 Ob 190/01m, mit Berufung auf das Recht am gesprochenen Wort.

331 OGH 14.3.2000, 4 Ob 59/00f und 4 Ob 64/00s.

332 OGH 11.2.1999, 8 Ob A 195/98d. Allgemein zu diesen Fragen auch Lukasser, ÖJZ 1994, 569; Rauch, ASoK 2006, 327.

Ein Eingriff ist freilich noch nicht per se rechtswidrig,[333] sondern zunächst nur dann, wenn er keine schutzwürdigen Interessen verfolgt.[334] In den übrigen Fällen beurteilt sich die Rechtswidrigkeit durch eine Güter- und Interessenabwägung[335]: Dabei sind den Interessen am gefährdeten Gut die Interessen der Handelnden und die der Allgemeinheit gegenüberzustellen.[336]

Kein legitimes Interesse sah der OGH an der Versendung von als Privatpost getarnter Werbung.[337] Am geschützten Interesse fehlte es auch einer gekränkten Frau, die nach dem Ende ihrer außerehelichen Beziehung den Schwiegereltern ihres Geliebten einen Detektivbericht über die Affäre zukommen ließ.[338]

Soll mit dem Eingriff – rechtswidrig – ein Beweismittel für ein Gerichtsverfahren erlangt werden – dies betrifft meist Tonbandaufzeichnungen[339] –, dann beurteilt sich die Schutzwürdigkeit des Interesses nach dem Anspruch, der mit diesem Beweismittel durchgesetzt werden soll.[340] Kein legitimes Interesse wird für die Durchsetzung von Bagatellansprüchen anerkannt.[341] Nicht ausreichend ist auch das Interesse an einem möglichst beweiskräftigen Beweismittel. Vielmehr muss eine Notstands- oder Notwehrsituation vorliegen: Es ist also nachzuweisen, dass der Beweis ohne dieses Beweismittel nicht erbracht werden könnte.[342] Unter Beachtung dieser Kriterien war es im Einzelfall etwa ein zulässiges Ziel, mittels Videokamera den Eingangsbereich eines Hauses aufzuzeichnen, um Beweismittel für einen Zuständigkeitsstreit in einem Gerichtsverfahren zu erlangen.[343]

Wird das Recht auf Namensanonymität verletzt – typischerweise durch eine Namensnennung in den Medien –, und ist die Namensnennung nicht

---

333 OGH 24.10.1978, 4 Ob 91/78.

334 OGH 27.9.2001, 6 Ob 190/01m.

335 OGH 18.10.1994, 4 Ob 99/94; 30.1.1997, 6 Ob 2401/96y; 14.5.1997, 7 Ob 89/97g; 27.9.2001, 6 Ob 190/01m; 4.3.2004, 6 Ob 3/04s.

336 OGH 24.10.1978, 4 Ob 91/78; 22.10.1986, 1 Ob 36/86; 19.2.2004, 6 Ob 318/03p; 15.2.2007, 6 Ob 266/06w.

337 OGH 14.3.2000, 4 Ob 59/00f und 4 Ob 64/00s.

338 OGH 24.11.1992, 4 Ob 98/92.

339 Bei einer Verletzung des Rechts am gesprochenen Wort bestehen ein Unterlassungsanspruch und ein Anspruch auf Löschung der rechtswidrig erlangten Tonaufzeichnung; vgl OGH 27.9.2001, 6 Ob 190/01m.

340 Davon zu unterscheiden ist die Frage, ob die *Verwertung* rechtswidrig erlangter Beweismittel überhaupt zulässig ist: Vgl dazu OGH 27.9.2001, 6 Ob 190/01m. In der ZPO fehlen entsprechende Bestimmungen; die hM verneint das Vorliegen von Beweisverwertungsverboten im Zivilprozess. Vgl dazu Baurecht, NetV 2006, 97.

341 OGH 27.9.2001, 6 Ob 190/01m.

342 OGH 27.9.2001, 6 Ob 190/01m.

343 OGH 19.12.2005, 8 Ob 108/05y.

gesetzlich verboten, dann kann ein möglicherweise bestehendes Informationsinteresse ein legitimes Interesse darstellen.[344] Allgemein sind Informationsinteressen schutzwürdig, wenn die gewünschte Information einem legitimen Zweck dient.[345]

Schützenswert sind nach der Jud des OGH außerdem idR Maßnahmen, die Sicherungsinteressen verfolgen. In diesem Sinne verfolgte ein Hauseigentümer, der einige Wohnungen seines Hauses vermietet hatte und mehrere Videokameras zum Schutz vor Einbrüchen installierte, ein legitimes Interesse.[346] Unzulässig ist es aber, einen Nachbarn mit einer Videoüberwachung nur abschrecken zu wollen.[347] Ebenso zulässig können Bekleidungsvorschriften des Arbeitgebers sein, nämlich dann, wenn sie für die Erzielung des Arbeitsergebnisses erforderlich sind.[348]

Ist das Interesse als schützenswert zu qualifizieren, so nimmt der OGH eine Interessenabwägung vor. So meinte er etwa, dass das Schutzbedürfnis eines Mieters an seiner Privatsphäre nicht über das Bedürfnis des Eigentümers auf Schutz seines Hauses vor Sachbeschädigungen und Einbrüchen zu stellen sei.[349] Dieser Prüfschritt lässt sich freilich nicht immer scharf von anderen Überlegungen trennen: Abwägende Elemente finden sich bisweilen schon bei der Frage, ob das Interesse legitim ist. Sehr deutlich tritt in der Jud dabei indes ein anderes Element zutage: Der OGH prüft nämlich, ob die Maßnahme das schonendste Mittel zur Zielerreichung darstellt.[350]

Besagter Hauseigentümer, der sein Haus mit mehreren Videokameras überwachen ließ, verwendete nicht das gelindeste Mittel. Der OGH untersagte es, auch den unmittelbaren Eingangsbereich der Wohnung des klagenden Mieters aufzunehmen[351]; das Bedürfnis nach größtmöglicher Sicherheit erfahre dadurch keine Einbußen.[352]

---

344 OGH 17.12.1997, 7 Ob 329/97a; 19.2.2004, 6 Ob 2/04v.

345 Vgl OGH 19.12.2005, 8 Ob 108/05y.

346 OGH 30.1.1997, 6 Ob 2401/96y.

347 OGH 14.5.1997, 7 Ob 89/97g.

348 Vgl die Ausführungen des Berufungsgerichts in OGH 11.2.1999, 8 Ob A 195/98d: Eine Bank sei zur Erzielung ihres Betriebsergebnisses sehr wesentlich auf das ihr entgegengebrachte Vertrauen der Kunden angewiesen. Dieses werde unter anderem auch dadurch erworben und erhalten, dass im Betrieb der Bank im Kundenbereich von den Bankangestellten eine dem Verständnis der Bevölkerung von den „Bankbeamten“ entsprechende Kleidung getragen werde. Massiv davon abweichende Bekleidungsusancen könnten durch individuelle Arbeitgeberweisungen untersagt werden. Dazu gehöre das Tragen dicker goldener Halsketten über dem Hemd durch männliche Bankangestellte.

349 OGH 30.1.1997, 6 Ob 2401/96y.

350 OGH 30.1.1997, 6 Ob 2401/96y: Der OGH vertritt den Grundsatz „der Wahl des gelindesten Mittels bei Eingriffen in die Rechtsphäre des anderen“.

351 Allgemein zu dieser Thematik der Videoüberwachung Prader/Kuprian, immolex 2005, 230.

352 OGH 30.1.1997, 6 Ob 2401/96y.

Ebenso widersprach die Videoüberwachung des Eingangsbereichs zur Erlangung eines Beweismittels dem Grundsatz des gelindesten Mittels. Punktuelle Maßnahmen – etwa durch einen Detektiv – wären nach Ansicht des OGH schonender als eine systematische Videoüberwachung: Eine durchgehende Überwachung überzeuge nämlich einen permanenten Überwachungsdruck.[353]

Etwas anderes gilt freilich bei der Namensnennung. Ein gelinderes Mittel kann es hier naturgemäß nicht geben. Ziel der Namensnennung ist es ja gerade, die Identität einer Person preiszugeben, gelindere Alternativen gibt es nicht: Entweder wird der Name genannt oder er wird nicht genannt. Aus diesem Grund nimmt der OGH hier auch nur eine schlichte Interessenabwägung vor.[354] Sie schlägt immer dann zugunsten des Informationsbedürfnisses der Öffentlichkeit aus, wenn der Namensträger sachlichen Anlass zur Nennung seines Namens gegeben hat.[355]

cc. Würdigung

Bei der Ableitung eines Rechts auf Privatbereich und Geheimsphäre stellt der OGH einen grundsätzlichen Zusammenhang zwischen § 16 ABGB und Art 8 EMRK her: Aus beiden Bestimmungen sowie anderen einfachgesetzlichen Normen – in oberstgerichtlicher Terminologie: „Grundwerte" – folgert er geradezu formelartig das Grundrecht auf Privatbereich und Geheimsphäre. Worin dieser Zusammenhang konkret bestehen soll, lässt der OGH freilich offen. Dieser Frage wird im Folgenden nachgegangen: Zu prüfen ist, ob und gegebenenfalls worin tatsächlich ein Konnex zwischen Art 8 EMRK und der Ableitung eines Rechts auf Privatbereich und Geheimsphäre besteht.

Zunächst lässt sich jedenfalls ein inhaltlicher Konnex zwischen Art 8 EMRK und dem Recht auf Privatbereich und Geheimsphäre herstellen: Art 8 leg cit schützt das Privat- und Familienleben sowie die Wohnung

---

353 OGH 19.12.2005, 8 Ob 108/05y. Dafür, dass die Überwachung durch einen Detektiv wirtschaftlich nicht vertretbar und damit unzumutbar wäre, fehlen nach Ansicht des OGH Anhaltspunkte. Auch der Einwand, eine Videokamera irre im Unterschied zu einem menschlichen Beobachter nie, sei nicht stichhältig: Abgesehen davon, dass technische Gebrechen bei einer Videokamera nicht auszuschließen seien, hätte der menschliche Beobachter auch gezielt Aufnahmen bei konkreter Beobachtung beim Betreten oder Verlassen der Liegenschaft anfertigen können. Dass die punktuellen Maßnahmen jedenfalls schonender als eine systematische gewesen wären, ergebe sich aus dem permanenten Überwachungsdruck, den eine durchgehende Überwachung erzeugte. Zur dt Rsp HORST, NZM 2000, 937. S auch schon FN 329.

354 OGH 19.2.2004, 6 Ob 2/04v.

355 OGH 17.12.1997, 7 Ob 329/97a; 14.9.2006, 6 Ob 167/06m; 15.2.2007, 6 Ob 266/06w; 24.2.2009, 17 Ob 2/09g.

und den Briefverkehr. Hinter diesem Bündel verfassungsrechtlicher Schutzansprüche steht unverkennbar der Schutz eines Gutes, nämlich der menschlichen Privatsphäre.[356]

Dass jene Bereiche, die der OGH dem Privatbereich und der Geheimsphäre zuzählt, eine deutliche Kongruenz zum verfassungsrechtlichen Schutzbereich erkennen lassen, ist freilich schon aus grundsätzlichen Überlegungen nicht verwunderlich: Unter dem Privatbereich eines Menschen ist ein- und dasselbe zu verstehen, egal, ob zivil- oder verfassungsrechtliches Licht darauf geworfen wird. So wie die menschliche Persönlichkeit eine einheitliche Gegebenheit ist, muss auch die damit eng verbundene Privat- und Geheimsphäre zumindest im Kernbereich in der gesamten Rechtsordnung einheitlich sein.

Aufgrund der inhaltlichen Parallelen erscheint es zunächst naheliegend, den Zusammenhang zwischen § 16 ABGB und Art 8 EMRK über die staatlichen Gewährleistungspflichten herzustellen, die Art 8 EMRK unstrittig enthält: Um die Privatsphäre wirkungsvoll zu schützen, reicht es nicht aus, den Einzelnen vor staatlichen Eingriffen zu bewahren, sondern es muss auch Schutz vor drittgerichteten Übergriffen bestehen.[357] Der Staat hat „sinnvolle und angemessene Maßnahmen zu treffen, um die durch Art 8 EMRK gewährleisteten Rechte der Bürger zu sichern."[358]

Tatsächlich betreffen das Persönlichkeitsrecht und Art 8 EMRK ein Schutzgut, das einmal vor privaten und einmal vor staatlichen Übergriffen geschützt wird. Daraus könnte man schließen, aus § 16 ABGB folge auch ein Recht auf Privat- und Geheimsphäre, *weil* damit staatliche Schutzpflichten erfüllt werden können. Diese undifferenzierte Schlussfolgerung

---

356 Wiederin, in: Korinek/Holoubek (Hrsg), Bundesverfassungsrecht, Art 8 EMRK, Rz 6. S auch ders, HGRÖ, § 190 Rz 6. Auch der verfassungsrechtliche Blick auf die Privatsphäre vermag freilich den Sinngehalt nicht schärfer zu erfassen. Für die verfassungsrechtlich geschützte Privatsphäre kann nichts anderes gelten wie für die zivilrechtlich geschützte: Sie ist nach einhelliger Auffassung „einer erschöpfenden Definition nicht zugänglich" („is not susceptible to exhaustive definition"); s ZB EGMR 25.3.1993, 13 134/87 Costello-Roberts gegen Vereinigtes Königreich Z 36 = ÖJZ 1993, 707. Freilich lassen sich verschiedene Aspekte unzweifelhaft dem Schutzbereich des Art 8 EMRK zuzählen, wie etwa das menschliche Sexualverhalten, die physische und psychische Integrität oder die Identität des Menschen, die Grenzen dieses Schutzbereichs sind jedoch nicht klar umrissen, weshalb eine abschließende Beschreibung auch nicht möglich ist. S dazu Berka, Grundrechte, Rz 463 ff; Grabenwarter, EMRK[4] § 22 Rz 6. Zum Zusammenhang zwischen Art 8 EMRK und § 16 ABGB s auch Evers, EuGRZ 1984, 281.

357 ZB EGMR 13.6.1979, 6833/74, Marckx gegen Belgien; 19.2.1996, 23 218/94, Gül gegen die Schweiz; 28.11.1996, 21 702/93, Ahmut gegen die Niederlande; 24.2.1998, 21 439/93, Botta gegen Italien; 13.2.2003, 42 326/98 Odièvre gegen Frankreich. Berka, Grundrechte, Rz 461; Wiederin, in: Korinek/Holoubek (Hrsg), Bundesverfassungsrecht, Art 8 EMRK, Rz 11.

358 OGH 10.8.2006, 2 Ob 129/06v.

greift freilich zu kurz: Allein die Tatsache, dass den Gesetzgeber Schutzpflichten treffen, sagt noch nicht zwingend aus, dass § 16 in diesem Sinne zu interpretieren ist; dazu bedarf es weiterer Indizien. Das Bestehen einer Schutzpflicht präjudiziert nämlich noch nicht ihre konkrete Ausgestaltung, sondern der Gesetzgeber hat bei der Wahl der Mittel zur Erfüllung seiner Schutzpflichten – auch im Lichte der grundrechtlichen Rahmentheorie – einen Ermessensspielraum.[359] Konkrete Handlungsanleitungen, wie die Schutzpflichten auszugestalten sind, enthält Art 8 EMRK keine. Nur in Extremfällen, wenn also beispielsweise überhaupt kein Schutz gewährleistet wird, ergeben sich aus Art 8 EMRK entsprechende Anforderungen.[360]

Nun fällt auf, dass sich das Recht auf Privatbereich und Geheimsphäre bereits ohne Rückgriff auf die Verfassung aus § 16 ABGB folgern ließe. Es ergibt sich zunächst schon aus seiner allgemeinen Schutzrichtung: Privatbereich und Geheimsphäre sind, wie bereits erwähnt, zweifelsohne schützenswerte Aspekte der Persönlichkeit; diese grundsätzliche Schutzwürdigkeit ist auch in anderen einfachgesetzlichen Normen anerkannt. Außerdem gilt es seit jeher, also bereits präkonstitutionell als Persönlichkeitsrecht.[361]

Damit stellt sich freilich die Frage, wozu es dann bei der Begründung des Rechts überhaupt des Rückgriffs auf das Grundrecht bedarf. ME liegt der Begründungswert zunächst darin, das Schutzgut Privatbereich und Geheimsphäre als von der Rechtsordnung anerkannt zu untermauern und seine Existenz so zu legitimieren. Ähnliches gilt für die einfachgesetzlichen Normen, auf die sich der OGH neben Art 8 EMRK beruft: Sie alle schützen bestimmte Facetten der Privatsphäre vor drittgerichteten Beeinträchtigungen. Damit wird mE nichts anderes verdeutlicht als die Tatsache, dass Privatbereich und Geheimsphäre vom Gesetzgeber anerkannte Schutzgüter sind[362], die bei einer Verletzung mit verschiedenen Rechtsansprüchen verknüpft sind. Den Rückgriff auf die *Verfassung* bräuchte es dafür nicht zwangsläufig; dass diese Schutzrichtung auch auf verfassungsrechtlicher Ebene zum Ausdruck kommt, ist aber ein besonderer Aspekt, durch den der ursprünglich rein zivilrechtliche Gehalt des § 16 ABGB gewissermaßen ex post auch eine grundrechtliche Dimension bekommt. Diese kann nun wiederum ihrerseits für die Legitimation des zi-

---

359 MwN Wiederin, in: Korinek/Holoubek (Hrsg), Bundesverfassungsrecht, Art 8 EMRK, Rz 11.

360 S auch Holoubek, Gewährleistungspflichten 298.

361 S FN 307.

362 In diesem Sinne ist mE auch die oberstgerichtliche Bezugnahme auf die „Werte" der Rechtsordnung zu verstehen.

vilen Rechts nutzbar gemacht werden. Die inhaltliche Reichweite des verfassungsgesetzlich gewährleisteten Rechts kann auch für die Konkretisierung des „Schutzbereichs" des zivilen Persönlichkeitsrechts herangezogen werden. Auf diese Weise erfüllt § 16 ABGB nunmehr geradezu zwangsläufig auch staatliche Schutzpflichten: Schützt er nämlich den Privatbereich vor drittgerichteten Übergriffen, dann wird zugleich den aus Art 8 EMRK erfließenden positiven Verpflichtungen entsprochen. Dass § 16 ABGB einmal eine solche Funktion erfüllen würde, konnte 1811 zwar noch niemand ahnen, dies hindert aber nicht daran, § 16 ABGB nun diese Qualifikation zuzuerkennen. Die Grundsatzentscheidung des Gesetzgebers, nämlich die Persönlichkeit und damit auch die Privatsphäre schützen zu wollen, bekommt damit auch eine verfassungsrechtliche Facette.

Als Zwischenresümee ist festzuhalten: Eine Generalklausel ist nicht auto-interpretierend, sondern bedarf bestimmter Interpretationsmaßstäbe. Dazu zählt alles, was zur Sinnermittlung der Generalklausel beitragen kann, eben auch die Verfassung, die sogar in Art 8 EMRK die Schutzwürdigkeit des Privatbereichs und der Geheimsphäre explizit zum Ausdruck bringt. Dass § 16 ABGB materiell betrachtet aus Art 8 EMRK erfließende Schutzpflichten erfüllt, ist freilich nur ein Nebeneffekt der Auslegung, nicht aber der eigentliche *Grund* dafür. Zu argumentieren, dass § 16 ABGB Privatbereich und Geheimsphäre vor drittgerichteten Beeinträchtigungen schützt, *weil* Art 8 EMRK Gewährleistungspflichten enthält, würde – wie bereits angesprochen – den Zusammenhang nicht hinreichend erfassen. Gewährleistungspflichten sind nämlich per se nicht konkret genug, um eigenständig als Interpretationsmaßstab fungieren zu können. § 16 ABGB schützt vor derartigen Übergriffen deswegen, weil seine Entstehungsgeschichte und die Gesamtheit der Rechtsordnung die Schutzwürdigkeit des Privatbereichs erkennen lassen. Dass dieses Ergebnis von den Gewährleistungspflichten gewissermaßen grundrechtlich unterfangen wird, ergibt sich dann daraus ganz zwanglos. Werden nämlich auf verfassungsrechtlicher Ebene Rechte geschützt, die der Anerkennung des Menschen als Person entspringen, dann ist es nur nahe liegend, wenn sie zur Konkretisierung von Rechten herangezogen werden, die die Persönlichkeit des Menschen auf zivilrechtlicher Ebene anerkennen.

Schärfer werden die grundrechtlich gefärbten Konturen der Persönlichkeitsrechte erst dort, wo es um die konkrete *Ausgestaltung* des Schutzes geht. Schützt § 16 ABGB nämlich das Recht auf Privatbereich und Geheimsphäre, dann ist zu fragen, ob der dadurch vermittelte Schutz verfassungskonform ausgestaltet ist.

Allein die Tatsache, dass ein Privater einen anderen Privaten in seinem Recht auf Achtung des Privatbereichs und der Geheimsphäre beeinträchtigt, kann – wie gezeigt – noch keinen Schutz vermitteln. Entscheidend ist zunächst vielmehr, welchen Zweck der Störer verfolgt. Beeinträchtigungen, die grundlos sind oder einen sozial inadäquaten Zweck verfolgen, muss sich niemand gefallen lassen: Neugier des Nachbarn ist etwa kein anerkannter Grund, der die Störung der Privatsphäre rechtfertigen könnte. Anderes gilt freilich, wenn der Störer einen legitimen Zweck verfolgt: Das Interesse an der Achtung des Privatbereichs und der Geheimsphäre muss uU dahinter zurücktreten.

Freilich ist die Frage, ob das entsprechende Ziel denn legitim ist, eine Wertungsfrage, für deren Beurteilung sich dem § 16 ABGB keine Kriterien entnehmen lassen. Zur Bewertung können aber – wie dies offenbar auch der OGH tut – die in der Rechtsordnung zum Ausdruck kommenden Wertungen herangezogen werden. So lässt die Rechtsordnung etwa die grundsätzliche Schutzwürdigkeit des Eigentums erkennen, weswegen auch Überwachungsmaßnahmen, die das Eigentum sichern sollen, legitim sind.

Dass der Schutz des Privatbereichs und der Geheimsphäre nicht absolut gewährleistet wird, ist schließlich eine Konstruktion, die mit Art 8 EMRK konform ist. Abs 2 leg cit normiert, dass der Gesetzgeber zur Verfolgung bestimmter Ziele, also etwa zum „Schutz der Rechte und Freiheiten anderer" in das Grundrecht eingreifen darf – und ein solcher Eingriff ist es zweifellos, wenn ein gerichtliches Urteil Beschränkungen der Privatsphäre zulässt. Welche Rechte und Freiheiten anderer einen Eingriff rechtfertigen, diese Qualifikation obliegt freilich auch nach Art 8 Abs 2 EMRK dem Gesetzgeber[363].

Steht fest, dass die Beeinträchtigung legitime Zwecke verfolgt, dann nimmt der OGH eine Interessenabwägung vor; in deren Rahmen prüft er auch, ob zur Zielerreichung das gelindeste Mittel gewählt wurde.

Die Notwendigkeit und Zweckmäßigkeit einer Interessenabwägung ergibt sich zunächst ganz zwanglos aus der Konfliktsituation: Bewirkt nämlich die Verfolgung eines legitimen Interesses die Kollision mit einem anderen legitimen Interesse, kann diese Kollisionslage nur durch eine Abwägung aufgelöst werden. Auch das Kriterium des gelindesten Mittels ist plausibel: Wenn schon ein fremdes Recht beeinträchtigt wird, dann soll dies nur insoweit erfolgen, als dies tatsächlich erforderlich ist.

Zugleich sind aber auch die Parallelen dieser Prüfkriterien zur grundrechtlichen Verhältnismäßigkeitsprüfung unübersehbar.[364] Auch dort fehlt es staatlichen Eingriffsakten an der Zustimmung des Verkürzten. In diesem Fall sollen Beeinträchtigungen eines Dritten nur zur Verfolgung ei-

363 S dazu HUBMANN, Wertung 64.

364 S allgemein dazu RUFFERT, Vorrang 92 f; s auch HANAU, Grundsatz 70 ff.

nes legitimen Ziels zulässig sein und sie sollen weiter so gering wie möglich gehalten werden. Diesen Zusammenhang streicht im Übrigen auch der OGH heraus, wenn er den Konflikt zwischen widerstreitenden Persönlichkeitsrechten aus der Warte der Grundrechte betrachtet als Konflikt mit Drittwirkungseffekten bezeichnet, aus dem die grundrechtlich verankerte Pflicht zur umfassenden Interessenabwägung folgt.[365]

In der Tat ergeben sich diese Anforderungen auch aus Art 8 EMRK: Entscheidet sich der Gesetzgeber nämlich zum Schutz eines Rechtes und ermöglicht er dadurch Eingriffe in das Recht auf Privatsphäre – der Eingriff erfolgt hier durch die staatliche *Durchsetzung* –, dann darf dies gem Art 8 Abs 2 EMRK nur in verhältnismäßigem Maße erfolgen.[366] In diesem Punkt enthält Art 8 EMRK somit durchaus inhaltliche Determinanten für Normen, die vor drittgerichteten Eingriffen schützen: Verlangt ist nämlich die Verhältnismäßigkeit der vom Gesetzgeber gewählten Maßnahmen.[367] Auch der EGMR fordert sowohl hinsichtlich der negativen als auch der positiven aus Art 8 EMRK erfließenden Verpflichtungen des Staates die Bedachtnahme auf ein „faires Gleichgewicht [...], das zwischen den widerstreitenden Interessen des einzelnen und der Gemeinschaft insgesamt hergestellt werden muß".[368]

Nun wird gegen die Verhältnismäßigkeitsprüfung im Zivilrecht mitunter vorgebracht, sie könne den zivilrechtlichen Strukturen nicht gerecht werden. Der hoheitliche Eingriff durch den Staat sei nämlich nicht vergleichbar mit einem für das Zivilrecht typischen Fall, in dem einander zwei gleichrangige Rechte gegenüberstehen. Würde man einem dieser Rechte absoluten Schutz einräumen, so würde man die Freiheit des anderen damit über Gebühr beschränken.[369]

Gerade für den deliktischen Bereich vermögen diese Argumente jedoch nicht zu überzeugen: Zunächst macht es für den Einzelnen nämlich keinen Unterschied, ob die Beeinträchtigung von staatlicher oder von privater Seite erfolgt. In beiden Fällen ist er – ohne seine Zustimmung – in seiner Privat- oder Geheimsphäre beeinträchtigt. Um bei der eingangs verwendeten Terminologie zu bleiben: Die Rechtsgestaltung erfolgt nicht autonom, sondern der Eingriff in Rechtspositionen erfolgt heteronom. So wie staatliche Eingriffe, ist auch eine deliktische Beeinträchtigung nicht

---

365 OGH 13.6.2002, 8 Ob A 288/01p.

366 Auch ist § 16 ABGB ja „nur" eine Ermächtigungsnorm zur Konkretisierung von Persönlichkeitsrechten; die konkrete Reichweite des Rechts kann sich hier nur aus einer Abwägung der betroffenen Rechte ergeben: Aicher, in Rummel, ABGB § 16 Rz 27.

367 So zB Holoubek, Gewährleistungspflichten 298; Verschraegen, ÖJZ 2004, 1 (9).

368 EGMR 19.2.1996, 23 218/94, Gül gegen die Schweiz; 28.11.1996, 21 702/93, Ahmut gegen die Niederlande; 24.2.1998, 21 439/93, Botta gegen Italien.

369 Vgl etwa OGH 24.10.1978, 4 Ob 91/78.

per se unzulässig; andernfalls würde ja die Ausübung bestimmter Rechte uU unmöglich gemacht. Gefordert ist freilich, dass die Beeinträchtigung ein schutzwürdiges Interesse oder Recht verfolgt. Dass eine derart motivierte Beeinträchtigung so gering wie möglich zu halten ist, ist dann nur konsequent: All das, was nämlich über das zur Zielverfolgung Notwendige hinausgeht, dient ja auch nicht mehr der Verfolgung schutzwürdiger Interessen und kann den Eingriff nicht rechtfertigen.[370]

Zusammenfassend ist festzuhalten: Es besteht tatsächlich ein Zusammenhang zwischen Art 8 EMRK und dem aus § 16 ABGB abgeleiteten Persönlichkeitsrecht auf Achtung der Privat- und Geheimsphäre. Zunächst hat Art 8 EMRK in der Jud offenbar die Funktion, die von der Rechtsordnung anerkannte Schutzwürdigkeit dieses Rechts zu illustrieren. Dies ließe sich freilich bereits ohne Rückgriff auf die Verfassung ermitteln, denn schon einfachgesetzliche Normen lassen den Schutz der Privatsphäre als Grundwert erkennen. Freilich: Auch wenn sich die *Existenz* des Rechts bereits ohne expliziten Rückgriff auf die Verfassung ermitteln lässt, so erhält es nunmehr durch Art 8 EMRK weitere Impulse und Vorgaben, die sich gerade für die Reichweite des Rechts (also in grundrechtlicher Terminologie: den Schutzbereich) nutzbar machen lassen. In jedem Fall ist Art 8 EMRK Maßstab für eine verfassungskonforme *Ausgestaltung* des Schutzes.

b. Das Recht auf körperliche Unversehrtheit

aa. Judikatur

Als Persönlichkeitsrecht anerkannt ist das Recht auf körperliche Unversehrtheit[371], das sowohl vor physischen[372] als auch vor psychischen Schäden[373] schützt. Es zählt, wie bereits oben unter 2. dargelegt, zu den positivierten Persönlichkeitsrechten: Es ergibt sich nämlich, wie der OGH auch in seiner Jud ausführt, bereits aus den §§ 1325 ff ABGB sowie den §§ 75 ff StGB. Ein Rückgriff auf verfassungsrechtliche Normen ist hier zunächst nicht notwendig, weil der Gesetzgeber den Schutz der körperlichen Unversehrtheit hinreichend ausgestaltet hat und damit seiner gesetzgeberischen Gewährleistungspflicht nachgekommen ist. Bedeutung hat die Qualifikation als Persönlichkeitsrecht iSd § 16 ABGB freilich deswe-

370 Zur Verhältnismäßigkeitsprüfung im Zivilrecht vgl etwa Hager, JuS 2006, 769 (771).

371 OGH 7.9.1978, 7 Ob 650/78; 22.9.1987, 5 Ob 578/87; 11.11.1987, 3 Ob 513/87; 27.2.1990, 10 Ob S 40/90; 6.12.1990, 7 Ob 674/90; 16.9.1999, 6 Ob 155/99h; 22.12.1999, 3 Ob 190/99h; 5.10.2000, 6 Ob 240/00p; 23.10.2000, 6 Ob 238/00v; 20.2.2003, 6 Ob 124/02g; 1.9.2009, 5 Ob 162/09y; 27.1.2010, 3 Ob 235/09v.

372 OGH 27.2.1990, 10 Ob S 40/90.

373 OGH 18.10.1994, 4 Ob 99/94.

gen, weil bei einer Verletzung des Rechts nicht nur die explizit vorgesehenen Schadenersatz-, sondern außerdem die aus § 16 ABGB abgeleiteten Unterlassungsansprüche gewährleistet werden.[374]

Obwohl der Schutz der körperlichen Unversehrtheit nach dem bislang Gesagten einfachgesetzlich hinreichend ausgestaltet ist und darum für grundrechtliche Betrachtungen kaum Raum bleibt, beruft sich der OGH bei der Geltendmachung dieses Persönlichkeitsrechts dennoch mitunter auf Art 2 EMRK iVm § 16 ABGB: Eines der angeborenen Rechte sei das Recht auf körperliche Unversehrtheit, dessen Schutz auch durch Art 2 EMRK im Verfassungsrang gewährleistet werde.[375] Er tut dies meist in Fällen, in denen der Eingriff in die körperliche Integrität durch eine Operation erfolgen soll. Wiederholt war nämlich strittig, inwieweit ein Einzelner im Interesse einer Versicherungsgemeinschaft zu operativen Eingriffen verpflichtet werden kann: Muss sich also etwa jemand, der krankheitsbedingt arbeitsunfähig ist, einer Operation unterziehen, wenn er dadurch möglicherweise wieder arbeitsfähig wird? Auch bei Beurteilung dieser Frage nimmt der OGH letztlich eine Abwägung vor: Je gravierender der Eingriff durch eine Operation oder Heilbehandlung sei, umso mehr werde dabei das Recht des Versicherten auf körperliche Integrität vor den Interessen der Sozialversicherungsträger in den Vordergrund treten.[376]

bb. Würdigung

Der Zusammenhang, den der OGH nun zwischen dem Recht auf körperliche Unversehrtheit und Art 2 EMRK herstellt, ist bemerkenswert und bedarf einer kurzen Erörterung. In dieser Allgemeinheit unzutreffend ist es nämlich, wenn der OGH meint, dass das Recht auf körperliche Unversehrtheit „auch durch Art 2 MRK im Verfassungsrang gewährleistet ist".[377]

Art 2 EMRK schützt zunächst das Recht auf Leben; die körperliche Unversehrtheit ist davon nur insoweit erfasst, als mit dem Eingriff eine po-

---

374 OGH 16.9.1999, 6 Ob 155/99h; 23.10.2000, 6 Ob 238/00v: Das Recht auf körperliche Unversehrtheit sei fraglos ein Persönlichkeitsrecht iSd § 16 ABGB, das Abwehrschutz genieße, der auch sicherungsweise nach den Bestimmungen der EO gewährt werden könne.

375 OGH 27.2.1990, 10 Ob S 40/90.

376 OGH 27.2.1990, 10 Ob S 40/90. Strittig war hier, ob ein Anspruch auf krankheitsbedingte Frühpensionierung bestand. Der Sozialversicherungsträger verneinte diesen Anspruch, weil der Betroffene nach einer Operation wieder für leichtere Arbeiten, etwa als Portier, eingesetzt werden könnte. Da die Operation aber die ein Öffnen des Bauchraums und Eingriffe im Darmbereich erforderte und anschließend möglicherweise ein künstlicher Darmausgang sowie eine längere postoperative Behandlung mit Infusionstherapie notwendig waren, war dieser Eingriff nach Auffassung des OGH unzumutbar.

377 OGH 27.2.1990, 10 Ob S 40/90.

tentielle Lebensbedrohung verbunden ist.[378] Schutz vor sonstigen Eingriffen in die physische oder psychische Integrität vermittelt Art 8 EMRK.[379]

Der OGH stellt jedoch einen Zusammenhang zwischen Art 2 EMRK und dem Persönlichkeitsrecht her, ohne darauf abzustellen, ob die Umstände des Eingriffs tatsächlich lebensbedrohend sind: Soll eine Operation durchgeführt werden, so kommt es ihm allein darauf an, dass der Eingriff die körperliche Integrität beeinträchtigt. In diesem Zusammenhang hat Art 2 EMRK aber streng genommen gar keinen eigenständigen Wert für die Konkretisierung dieses Persönlichkeitsrechts. Freilich: Eine solche Funktion soll er in diesem Zusammenhang wohl auch gar nicht erfüllen. Es geht dem OGH offenbar vielmehr darum, seine – an sich bereits tragfähige – Argumentation auch noch grundrechtlich zu untermauern und zwar selbst dann, wenn Art 2 EMRK im konkreten Fall gar nicht einschlägig ist. Der Rückgriff auf die Verfassung soll der Argumentation eine besondere Legitimation verleihen. Er soll als Beleg dafür dienen, dass Leben und Unversehrtheit allgemein in der Rechtsordnung als Schutzgut anerkannt sind und die körperliche Unversehrtheit – auch – aus diesem Grund als Persönlichkeitsrecht zu qualifizieren ist.

c. *Die Kunstfreiheit*

Ebenfalls als Persönlichkeitsrecht bezeichnet der OGH die Freiheit der Kunst.[380] Sie ist, so wie die anderen Persönlichkeitsrechte, im Falle eines Interessenkonfliktes mit anderen Rechten abzuwägen.[381] Eine nähere Betrachtung zeigt freilich einen bemerkenswerten Unterschied zu den bisher genannten Persönlichkeitsrechten: Die Kunstfreiheit wird nämlich materiell betrachtet als Rechtfertigungsgrund verwendet. Es werden nicht aus der Beeinträchtigung der Kunstfreiheit Ansprüche iSe Schadenersatz- oder Unterlassungsanspruchs gestellt, sondern es wird vielmehr ihre Ausübung gerechtfertigt. Aus diesem Grund wird die Freiheit der Kunst auch erst unter den Rechtfertigungsgründen (C.III.) behandelt.

6. Grundrechte und Persönlichkeitsrechte als postmortale Rechte?

Wenn man einen grundsätzlichen Zusammenhang zwischen Grundrechten und Persönlichkeitsrechten anerkennt – beide beruhen auf der Anerkennung des Menschen als Subjekt und vermitteln entsprechenden

378 Kopetzki, in: Korinek/Holoubek (Hrsg), B-VG, Art 2 EMRK, Rz 26.

379 Berka, Grundrechte, Rz 367 und 464.

380 OGH 11.10.1988, 1 Ob 26/88; 18.7.2000, 4 Ob 175/00i.

381 OGH 11.10.1988, 1 Ob 26/88; 4.5.1993, 4 Ob 52/93; 18.7.2000, 4 Ob 175/00i.

Schutz –, so stellt sich die Frage, ob Grundrechte und Persönlichkeitsrechte auch die gleiche zeitliche Reichweite haben. Konkret: Wirken sie über den Tod eines Menschen hinaus?

Im Zivilrecht wurde diese Problematik der Persönlichkeitsrechte bereits ausführlich diskutiert, im Verfassungsrecht führt sie bislang hingegen eher ein Schattendasein.

a. *Postmortaler Persönlichkeitsschutz*

Die hA und st Jud anerkennen mittlerweile, dass die Persönlichkeitsrechte über den Tod hinaus wirken können:[382] Die freie Entfaltung der Persönlichkeit könne nämlich – so die Begründung – nur dann weitestgehend gewährleistet werden, wenn auch nach dem Tod ein Schutz bestehen bleibe.[383]

Freilich eignen sich nicht alle Persönlichkeitsrechte für eine postmortale Geltung. Logische Voraussetzung ist, dass das entsprechende Recht vom Leben unabhängig ist[384]: Das Recht auf Leben und auf körperliche Unversehrtheit kommt somit schon per se nicht als postmortales Persönlichkeitsrecht in Frage. Das Recht auf Geheimsphäre oder auf Ehre kann hingegen durchaus nach dem Tod Geltung beanspruchen. Dies hat auch der Gesetzgeber anerkannt: Strafbar ist etwa die Störung der Totenruhe[385].

Dass gewisse Persönlichkeitsrechte postmortal gelten können anerkennt auch der OGH: Er geht sogar in gesetzlich nicht explizit geregelten Fällen davon aus, dass bestimmte Persönlichkeitsrechte über den Tod hinaus fortwirken können. Praktisch bedeutsam ist dies, wenn nach dem Tod eines Patienten die Hinterbliebenen in die Krankenakte Einsicht nehmen wollen. Das Einsichtsrecht[386] ist nach hA ein höchstpersönliches Recht, das nicht auf die Erben übergeht.[387] Dies ist durchaus plausibel, denn der

---

382 Vgl mwN auch Prietl, RdM 1995, 6. S außerdem etwa Aicher, in: Rummel, ABGB § 16 Rz 28; Bydlinski, JBl 1999, 553 ff; Koch, in: Koziol/Bydlinski/Bollenberger, ABGB § 16 Rz 5; Koziol, Haftpflichtrecht 2^2, 17; Posch, in: Schwimann, ABGB, § 16 Rz 48; Raschauer, Namensrecht 272.Vgl zu Deutschland Götting, GRUR 2004, 801; Pabst, NJW 2002, 999; Seifert, NJW 1999, 1889.

383 Mit Hinweisen auf Lit und Rsp: OGH 29.8.2002, 6 Ob 283/01p. Vgl auch OGH 27.10.1999, 7 Ob 225/99k.

384 Dazu Bydlinski, JBl 1999, 553 (555).

385 § 190 Abs 1 StGB.

386 Vor der Einführung einer ausdrücklichen Bestimmung im ÄrzteG (nun § 51 Abs 1) war das Einsichtsrecht des Patienten gesetzlich nicht ausdrücklich geregelt, die Existenz eines Rechts wurde aber dennoch grds bejaht. Dazu etwa OGH 23.5.1984, 1 Ob 550/84.

387 Krückl, ÖJZ 1983, 281. OGH 25.5.2000, 1 Ob 341/99z: Die verweigerte Entbindung durch die von der ärztlichen Verschwiegenheit geschützte Person könne vom Gericht nicht ersetzt werden, weil eine solche Entscheidung nur von der geschützten Person selbst ausgehen könne. Differenziert Bydlinski, JBl 1999, 553 (556): Das Einsichtsrecht

Verstorbene könnte ja etwa seinem Arzt Umstände anvertraut haben, die er gerade seinen Erben nicht offenbart wissen wollte.[388] Dennoch darf eine Einsichtnahme durch die Hinterbliebenen nach der Jud des OGH nicht generell verweigert werden[389]: Bestehe nämlich ein berechtigtes Interesse an einer Einsicht[390], dann sei zu prüfen, ob die Verweigerung der Einsicht aufgrund des fortwirkenden Persönlichkeitsrechts des Verstorbenen zulässig sei.[391] Dies sei dann der Fall, wenn der Einsichtnahme der Persönlichkeitsschutz nicht entgegenstehe bzw wenn die – idR mutmaßliche – Einwilligung des Verstorbenen anzunehmen sei.[392]

Entsprechendes gilt für Fragen der Bestattungsmodalitäten und der Totenpflege. Auch hier entscheidet auf Grund seines über den Tod hinaus fortwirkenden[393] Persönlichkeitsrechts der – explizite oder hypothetische – Wille des Verstorbenen.[394] Kann dieser Wille nicht mit entsprechender Wahrscheinlichkeit ermittelt werden, dann entscheiden die nächsten Angehörigen.[395]

Anerkannt hat der OGH außerdem einen postmortalen Ehrenschutz: Die Tochter eines Verstorbenen – es ging um den Aufsehen erregenden Fall Marcus Omofuma – konnte sich gegen die Behauptung, ihr Vater sei Drogendealer gewesen und habe seine Kinder ruiniert, zur Wehr setzen: Das Lebensbild des Verstorbenen wurde dadurch nämlich nachhaltig gestört.[396]

sei mangels strikter Höchstpersönlichkeit grundsätzlich dann vererblich, wenn nicht das postmortale Geheimhaltungsrecht des Verstorbenen entgegenstehe. Insoweit als das Geheimhaltungsrecht auch wirtschaftlichen Belangen diene, komme auch ein Übergang auf die Erben in Betracht. Vgl zu Deutschland auch Götting, GRUR 2004, 801 (806): Das Persönlichkeitsrecht sei nur in seinem vermögensrechtlichen Gehalt vererblich. S auch Müller, GRUR 2003, 31.

388 OGH 23.5.1984, 1 Ob 550/84.

389 Vgl zu dieser Problematik auch Aicher, in: Rummel, ABGB § 16 Rz 28.

390 OGH 23.5.1984, 1 Ob 550/84; 25.5.2000, 1 Ob 341/99z; vgl dazu auch OGH 29.8.2002, 6 Ob 283/01p.

391 OGH 23.5.1984, 1 Ob 550/84.

392 OGH 25.5.2000, 1 Ob 341/99z. Bydlinski, JBl 1999, 553 (556 f); Götting, GRUR 2004, 801 (807); Prietl, RdM 1995, 6 (7). Vgl dazu auch BGH 31.5.1983, VI ZR 259/81 = NJW 1983, 2627 = JZ 1984, 281.

393 Aicher, in Rummel, ABGB § 16 Rz 28; Koziol, Haftpflichtrecht^2 2, 17; Raschauer, Namensrecht 272.

394 OGH 27.10.1999, 7 Ob 225/99k: Eine Verstorbene hatte mehrfach den Wunsch nach einer Feuerbestattung geäußert. Nach ihrem plötzlichen Unfalltod wurde eine Erdbestattung vorgenommen. Gut 1 ½ Jahre später beantragte die Mutter die Exhumierung, um dem Wunsch der Tochter nach einer Feuerbestattung noch entsprechen zu können. Zu prüfen war hier auch, ob die Exhumierung dem hypothetischen Willen der Tochter entsprach.

395 OGH 27.10.1999, 7 Ob 225/99k.

396 OGH 29.8.2002, 6 Ob 283/01p.

b. Postmortaler Grundrechtsschutz: Meinungsstand und Judikatur

Der Grundrechtsschutz ist zunächst eng mit der Grundrechtsfähigkeit verknüpft: Da diese mit dem Leben beginnt und mit dem Tod endet, lehnt ein Großteil der Lehre einen postmortalen Grundrechtsschutz ab.[397] BERKA löst dieses Dilemma, indem er ein „Fortwirken" der Grundrechte über den Tod hinaus ablehnt, er anerkennt aber einen Anspruch des Lebenden, dass seine Würde auch nach dem Tod nicht missachtet wird.[398]

Nun ist das Argument, Grundrechtsschutz und Grundrechtsfähigkeit zu verknüpfen, zunächst zweifellos zutreffend: Grundrechtsfähigkeit und damit verbundener Grundrechtsschutz besteht nur für Menschen. Allerdings: Dass die Grundrechtsträgerschaft mit der Geburt entsteht, bedeutet nicht schon automatisch, dass der Tod zwangsläufig einen Verlust der Grundrechtsfähigkeit bewirkt, dass also der Tod alle im Leben bestehenden Rechte auslöscht.[399]

Das dt BVerfG vertritt etwa die Auffassung, dass es „mit dem verfassungsverbürgten Gebot der Unverletzlichkeit der Menschenwürde, das allen Grundrechten zugrunde liegt, unvereinbar [...] [wäre], wenn der Mensch, dem Würde kraft seines Personseins zukommt, in diesem allgemeinen Achtungsanspruch auch nach seinem Tode herabgewürdigt oder erniedrigt werden dürfte."[400]

Der VfGH hat sich bislang weder zu dieser allgemeinen Frage, noch zu jener des postmortalen Grundrechtsschutzes im Besonderen geäußert. Zwar räumt er etwa den Hinterbliebenen eines Verstorbenen eine Beschwerdelegitimation ein, um das Recht auf Leben geltend zu machen – anders „könnte eine Verletzung des Rechts auf Leben im Falle des Ablebens überhaupt nicht releviert werden"[401] –, für einen etwaigen postmortalen Grundrechtsschutz ist daraus jedoch nichts zu gewinnen. Im konkreten Fall erfolgte die Rechtsverletzung nämlich noch zu Lebzeiten des nunmehr Verstorbenen. Somit liegt das zentrale Problem hier in der Geltendmachung dieser Verletzung, also der Prozesslegitimation, nicht aber in der postmortalen Wirkung des Rechts. Davon zu unterscheiden ist die Frage, ob auch nach dem Tod noch in ein Grundrecht eingegriffen werden kann und darum entsprechender Schutz vermittelt werden muss.[402]

---

397 GRABENWARTER EMRK[4] § 17 Rz 4; KOPETZKI, Organgewinnung 51 ff.

398 BERKA, Grundrechte, Rz 154.

399 So zutreffend EISENBERGER, FS-Funk 175 (178).

400 BVerfGE 30, 173 (194).

401 VfSlg 16 109/2001. Dazu KNEIHS, ZfV 2002, 338 ff.

402 S auch EISENBERGER, FS-Funk 176 (178).

c. *Würdigung*

Dass gewisse Persönlichkeitsrechte über den Tod hinaus wirken, ist zwar nicht zwingend, sehr wohl aber plausibel: Diese grundsätzliche Wertung lässt sich schon aus einzelnen Normen ableiten, die erkennen lassen, dass dem Gesetzgeber einzelne persönlichkeitsrechtliche Aspekte auch nach dem Tod schützenswert erscheinen. Nicht so eindeutig ist freilich, ob bereits die Grundrechte einen entsprechenden postmortalen Schutz vermitteln.

Ähnlich wie bei den Persönlichkeitsrechten, so ist auch im grundrechtlichen Bereich nicht jedes Recht für eine postmortale Geltung grundsätzlich geeignet. Ein postmortaler Lebensschutz ist ebenso ausgeschlossen wie etwa ein nach dem Tod wirkendes Recht auf Versammlungsfreiheit. Durchaus möglich ist dagegen ein postmortaler Grundrechtsschutz bei Art 8 EMRK. Die Privatsphäre kann auch nach dem Tod als schützenswertes Gut bestehen bleiben.[403]

Einzuwenden ist jedoch, dass die Grundrechte dem Einzelnen vorrangig eine Freiheitssphäre vor Eingriffen des Staates sichern und die Geltendmachung der Rechte sicherstellen. Dieser Schutz bleibt auch dann gewahrt, wenn er nicht über den Tod hinaus ausgedehnt wird. Oder anders gewendet: Effizienter Grundrechtsschutz setzt nicht zwangsläufig einen postmortalen Schutz voraus. Daraus folgt aber weiter, dass den Grundrechten keine *Pflicht* zu einem solchen postmortalen Schutz entnommen werden kann. Auch die Konstruktion, das postmortale Recht als Ausfluss des Anspruchs des Lebenden zu qualifizieren, vermag hier nicht weiterzuhelfen. Denn dies setzt ebenso voraus, dass die grundsätzliche Schutzwürdigkeit und Schutzbedürftigkeit sogar nach dem Tod gegeben ist.

Freilich: Dass sich aus den Grundrechten keine Pflicht zum postmortalen Schutz ableiten lässt, bedeutet nicht zugleich, dass er nicht vermittelt werden dürfte. Es ist vielmehr so, dass den Grundrechten weder überzeugende Argumente für noch gegen eine postmortale Geltung entnommen werden können. Es ist damit dem Gesetzgeber überlassen, zu beurteilen, ob gewisse Rechte des Menschen auch nach seinem Tod schutzwürdig sind. Eine positive grundrechtliche Pflicht dazu gibt es nicht.[404]

7. Zusammenfassung

Der enge Zusammenhang zwischen Grundrechten und Persönlichkeitsrechten ist augenscheinlich. Zwar unterscheiden sie sich im Adressatenkreis – Grundrechte sind als Abwehrrechte gegen den Staat konzipiert,

---

403 Eisenberger, FS-Funk 176 (181 f); Weber, ÖJZ 1992, 673 (675).

404 IdS auch Eisenberger, FS-Funk 176 (182).

Persönlichkeitsrechte gelten im gleichrangigen Verhältnis Privater untereinander –, beiden liegt jedoch dieselbe Prämisse zugrunde: Die Anerkennung und der Schutz des Individuums.[405] Aus diesem Grund kann man die Grundrechte auch als öffentlich-rechtliche Seite der privatrechtlichen Persönlichkeitsrechte bezeichnen.

Nur konsequent ist es darum, wenn der OGH die Grundrechte zur Konkretisierung der persönlichkeitsrechtlichen Generalklausel nutzbar macht. Dies kann freilich nicht als verfassungskonforme Interpretation bezeichnet werden – es wird hier nicht aus mehreren Normhypothesen ausgewählt –, sondern es wird die Generalklausel (auch) durch grundrechtliche Überlegungen *konkretisiert*. Der tatsächliche Nutzen dieses Rückgriffs auf die Grundrechte ist freilich beschränkt. Dies liegt zunächst daran, dass sich ein Großteil der Persönlichkeitsrechte mittlerweile aus expliziten Bestimmungen – also persönlichkeitsrechtlichen leges speciales – ergeben. Obwohl zur Begründung methodisch gar nicht notwendig, beruft sich der OGH – wie unter 5.b. gezeigt – mitunter auf die Grundrechte: Diese dienen dann lediglich dazu, die Existenz des Persönlichkeitsrechts auch verfassungsrechtlich zu rechtfertigen und zu legitimieren. Möglicherweise versucht der OGH auf diese Weise aufzuzeigen, dass er den Spielraum, den ihm der Gesetzgeber mit der Generalklausel eingeräumt hat, mit der von ihm gewählten Konkretisierung „richtig" genutzt hat.

Da aber naturgemäß nicht alle Bereiche des Persönlichkeitsschutzes von ausdrücklichen Bestimmungen erfasst sein können, hat auch die generalklauselartige Verankerung der Persönlichkeitsrechte in § 16 ABGB ihre Bedeutung nicht verloren: Die Norm wird immer dort angewendet, wo ein ausdrücklicher Schutz der Persönlichkeit fehlt. Der Rückgriff auf die Grundrechte hat hier schon größere Bedeutung. Er soll zunächst wiederum die von der Rechtsordnung grds anerkannte Schutzwürdigkeit des Rechts zum Ausdruck bringen. Dies ist naheliegend: Gilt es nämlich die Grundsatzentscheidung des Gesetzgebers, die Persönlichkeit des Menschen zu schützen, zu konkretisieren, dann ist auf all das zurückzugreifen, was dem dienlich sein kann. Da auch den Grundrechten va der Schutz der Persönlichkeit im Blick liegt, ist es naheliegend, sie als Konkretisierungsmaßstäbe heranzuziehen.[406] Freilich ist einzugestehen, dass sich die Existenz des Rechts – wie beim Recht auf Privatbereich und Geheimsphäre deutlich wurde – ebenso ohne verfassungsrechtliche Argumente ermitteln lässt, nichtsdestoweniger aber können von Art 8 EMRK weitere Impulse

405 Zu den Grundrechten vgl Berka, Grundrechte, Rz 1.

406 So auch Berger, JBl 1985, 142 (148). S auch Bydlinski, RZ 1965, 65 (85): „Das Privatrecht ist im ganzen auf die Wahrung und Beförderung jener Grundfreiheiten und Persönlichkeitsrechte angelegt, die auch die Grundrechte sichern wollen."

ausgehen: Die Grundrechte fallen auf den – älteren – Bestand der Persönlichkeitsrechte und entwickeln und konkretisieren ihn nun weiter. Allgemein könnte man sagen, dass § 16 ABGB durch die Grundrechte – und hier va durch die Garantien der EMRK – einen Motor für seine inhaltliche Gestaltung und Entwicklung erhalten hat.[407] Konkreter wird die verfassungsrechtliche Dimension eines Persönlichkeitsrechts freilich dort, wo es um die – verfassungskonforme – *Ausgestaltung* des Rechts geht. Sie ist an den grundrechtlichen Vorgaben zu messen.

II. Die Gute-Sitten-Klauseln

1. Gute Sitten und ihre Rechtsgrundlagen

Die Gute-Sitten-Klauseln sind die typische Erscheinungsform zivilrechtlicher Generalklauseln schlechthin. Sie waren bereits im Römischen Privatrecht anerkannt: War ein Verhalten „contra bonos mores", dann wurde keine actio gewährt oder es war gegen die actio eine exceptio doli eingeräumt.[408] Die guten Sitten mögen zunächst „tantenhaft und betulich"[409] erscheinen, ihre Bedeutung ist aber nicht zu unterschätzen.

Der Rekurs auf die guten Sitten findet sich im Zivilrecht in zahlreichen Normen der unterschiedlichsten Rechtsbereiche.[410] Sie erfüllen dabei verschiedene Funktionen: Ein Verstoß gegen die guten Sitten bewirkt die Beseitigung einer rechtsgeschäftliche Regelung (§ 879 Abs 1 ABGB) oder begründet Schadenersatzansprüche (§ 1295 Abs 2 ABGB); bis zur UWG-Nov 2007[411] zog er auch die Grenze zwischen im Wettbewerb noch zugelassenem Verhalten und unlauterem Wettbewerb (§ 1 UWG aF).[412] Die guten Sitten ziehen derart eine Grenze, die – wie es Mayer-Maly treffend formuliert – „das positive Recht selbst unterläßt, aber anordnet".[413]

---

407 S dazu auch Klecatsky, FS-Kohlegger 275 ff.

408 MwN Flume, AT 2³, 363 f.

409 Diese Wendung gebraucht Mayer-Maly, JBl 1991, 681 (685), er anerkennt aber ganz besonders die Bedeutung der guten Sitten.

410 Vgl beispielsweise §§ 26, 879 und 1295 Abs 2 ABGB; §§ 199 Abs 1 Z 4 und 202 Abs 1 Z 3 AktienG; §§ 129 Abs 1 Z 8 und 269 Abs 1 Z 6 BVergG; § 80 EheG; §§ 16 Abs 1 Z 3 und 40 Abs 6 EnergieliberalisierungsG; § 2 Z 1 GebrauchsmusterG; § 28 Abs 1 KSchG; § 4 Abs 1 Z 7 MarkenschutzG; § 27 Abs 1 Z 5 MRG; §§ 90 Abs 1 und 2, 105 Abs 2, 111 Abs 1 und 144 Abs 2 StGB; § 7 VereinsG.

411 BGBl I 2007/79.

412 Zu diesen Fallgruppen Mayer-Maly, System in: Bydlinski/Krejci/Schilcher/Steininger (Gesamtred), System 117 ff.

413 Mayer-Maly, System, in: Bydlinski/Krejci/Schilcher/Steininger (Gesamtred), System, 117 (118).

Einigkeit besteht darüber, dass es Aufgabe der Rechtsanwendung ist, die guten Sitten zu konkretisieren.[414] Dabei kann sich freilich die Frage nach dem Sinngehalt der guten Sitten aufwerfen: Wodurch konstituieren sie sich? Ist dabei auf moralisches oder religiöses Verständnis zurückzugreifen? Spielen gesellschaftliche Wertvorstellungen eine grundsätzliche Rolle? Und – die eigentliche Frage für die gegenständliche Thematik –: Können bzw müssen auch die Grundrechte als Träger dessen, was als den guten Sitten entsprechend betrachtet wird, gelten?

Im Folgenden wird untersucht, welche Rolle der OGH den Grundrechten bei der Auslegung der guten Sitten zukommen lässt. Der Untersuchungsrahmen beschränkt sich dabei auf die Guten-Sitten-Klauseln des ABGB und zwar § 879 Abs 1 und § 1295 Abs 2 ABGB.[415]

§ 879 Abs 1 ABGB normiert die Nichtigkeit von Verträgen, die gegen ein gesetzliches Verbot oder die guten Sitten verstoßen. Die Nichtigkeit hat demnach zwei Ansatzpunkte: Entweder knüpft sie an einen Verstoß gegen positives oder gegen nicht gesatztes Recht, nämlich die guten Sitten an.[416] Diese fangen somit alle jene Fälle auf, die vom Gesetzgeber nicht ausdrücklich vorgesehen werden (können) aber dennoch von der Rechtsordnung derart missbilligt werden, dass sie mit einem Gesetzesverstoß auf eine Stufe zu stellen sind.

Auf diese Weise beschränkt die Gute-Sitten-Klausel auch die Privatautonomie, denn nicht alles, was die Vertragsparteien vereinbaren wollen, dürfen sie tatsächlich. Ein Verhalten, das den Grundlagen und Grundsätzen des gemeinschaftlichen Rechtsverständnisses widerspricht, soll nämlich nicht geduldet werden.[417]

Fest steht, dass die guten Sitten einer abschließenden Definition nicht zugänglich sind.[418] Schrifttum und Jud haben aber versucht, verschiedene Kriterien zur Konkretisierung der guten Sitten herauszubilden.[419] Diese hat auch der OGH übernommen und kombiniert die verschiedenen Ansätze meist miteinander:

414 Krejci, in: Rummel, ABGB § 879 Rz 48.

415 § 26 ABGB bleibt mangels Relevanz außer Betracht.

416 Die Nichtigkeit wegen eines Verstoßes gegen ein Gesetz kann entweder ausdrücklich angeordnet sein oder sich aus dem Normzweck ergeben. Ist sie ausdrücklich angeordnet, dann ist die Berufung auf § 879 Abs 1 ABGB freilich entbehrlich. Vgl dazu Krejci, in: Rummel, ABGB § 879 Rz 38 ff.

417 Vgl dazu auch Krejci, in: Rummel, ABGB § 879 Rz 1.

418 Im Schrifttum wird häufig versucht, die Facetten durch Fallgruppenbildungen der Sittenwidrigkeit einzufangen. Dazu etwa Apathy/Riedler, in: Schwimann, ABGB § 879 Rz 9 f; Krejci, in: Rummel, ABGB § 879 Rz 67 ff.

419 Vgl dazu Mayer-Maly, System, in: Bydlinski/Krejci/Schilcher/Steininger (Gesamtred), System 117 (121). Vgl auch Karollus, NZ 1988, 293 (294).

Nach einem weit verbreiteten – und zugleich häufig kritisierten – Verständnis ist sittenwidrig all das, was dem Rechtsgefühl der Rechtsgemeinschaft, das ist aller billig und gerecht Denkender widerspricht.[420] Zwar wird diese Formel immer wieder als nur wenig aussagekräftig bezeichnet[421], sie wird dennoch nach wie vor verwendet und bringt doch deutlich zum Ausdruck, dass sich die Sittenwidrigkeit nach allgemein anerkannten und nicht nach persönlichen Wertungsgesichtspunkten richtet.[422] Auch ist nicht alles, was als unmoralisch empfunden wird, zugleich sittenwidrig.[423]

Als sittenwidrig gilt weiters die offenbare Rechtswidrigkeit, also ein Verhalten, das zwar nicht ausdrücklich verboten ist, dessen Rechtswidrigkeit aber dennoch evident ist.[424] Indiz dafür sind Verstöße gegen natürliche Rechtsgrundsätze, wobei auch die Wertentscheidungen und Grundprinzipien der Rechtsordnung maßgeblich sind.[425]

Außerdem kann die Abwägung rechtlich geschützter Interessen Anhaltspunkte liefern: Besteht bei Kollisionen ein grobes Missverhältnis zwischen den Interessen der Beteiligten, dann liegt Sittenwidrigkeit vor.[426] Allgemein gilt schließlich, dass es für die Beurteilung der Sittenwidrigkeit nicht nur auf den Inhalt, sondern auf den Gesamtcharakter der Vereinbarung im Sinne einer zusammenfassenden Würdigung von Inhalt, Beweggrund und Zweck ankommt.[427]

§ 1295 Abs 2 ABGB unterscheidet sich von § 879 Abs 1 ABGB va im Ansatzpunkt: Er liegt hier nicht im vertraglichen, sondern im deliktischen Bereich. § 1295 Abs 2 leg cit normiert eine Schadenersatzpflicht für denjenigen, der „in einer gegen die guten Sitten verstoßenden Weise absichtlich Schaden zufügt“. Fraglich ist, ob sich dieser Unterschied auch in einer unterschiedlichen Sinnbedeutung der guten Sitten niederschlägt. Nach Harrer können nicht die gleichen Maßstäbe und Kriterien angewendet werden, weil die beiden Generalklauseln unterschiedliche Aufgaben und Funktionen erfüllen.[428] Für Reischauer hingegen ist der Begriff der Sittenwidrigkeit des § 1295 ident mit jenem des § 879 ABGB.[429]

420 Dazu Mayer-Maly, JBl 1991, 681 (688).

421 Für viele Apathy/Riedler, in: Schwimann, ABGB § 879 Rz 8.

422 So zutreffend Apathy/Riedler, in: Schwimann, ABGB § 879 Rz 8.

423 OGH 12.6.2003, 2 Ob 23/03a.

424 OGH 31.1.2007, 3 Ob 1/07d.

425 OGH 13.9.2000, 4 Ob 199/00v; 31.1.2007, 3 Ob 1/07d. Dazu Bydlinski, Methodenlehre² 495 f.

426 OGH 12.6.2003, 2 Ob 23/03a. MwN Koziol/Welser, Bürgerliches Recht I¹³, 179.

427 Aus der jüngeren Jud etwa OGH 31.1.2007, 3 Ob 1/07d; 26.2.2008, 1 Ob 208/07f; 3.9.2008, 3 Ob 111/08g; 30.9.2009, 9 Ob A 91/08k.

428 Harrer, in: Schwimann, ABGB § 1295 Rz 147.

429 Reischauer, in: Rummel, ABGB § 1295 Rz 56.

Für die gegenständliche Thematik kann diese Frage freilich dahingestellt bleiben: Es geht nicht darum, die einzelnen Fallgruppen und den Gehalt der Sittenwidrigkeit herauszuarbeiten – dies ist eine genuin zivilrechtliche Problematik –, sondern es soll die Bedeutung der *Grundrechte* für die Konkretisierung herausgestellt werden. Dabei zeigt sich freilich, dass für die gegenständliche Problematik § 879 Abs 1 ABGB zweifellos die größere Bedeutung hat. Der Grund für diese Gewichtung liegt darin, dass im deliktischen Bereich nur wenig Raum für – grundrechtlich untermauerte – Sittenwidrigkeit bleibt: Die Unzulässigkeit ergibt sich meist schon aus expliziten Verboten. Dennoch wird im Folgenden verschiedentlich auch § 1295 Abs 2 ABGB eine Rolle spielen, denn was die grundrechtlichen Berührungspunkte angeht, kommt es mitunter zu Überschneidungen zwischen beiden Normen.[430] Bisweilen macht sogar der OGH selbst nicht hinreichend deutlich, auf welche der Sittenwidrigkeitsklauseln er sich stützt.[431]

2. Anwendungsfälle aus der Judikatur

Die Grundrechte sind zweifellos positives Recht, sie wirken aber, wie bereits dargelegt, nur gegen den Staat unmittelbar.[432] Dennoch liegt der Zusammenhang mit den guten Sitten nahe: Die Grundrechte können nämlich als Ausdruck des Rechts- und Wertegefühls der Rechtsgemeinschaft betrachtet werden. Dementsprechend hat auch der VfGH betont, dass die Verfassung Auswirkungen auf die Auslegung der Sittenwidrigkeit hat.[433] Welche Bedeutung die Grundrechte bei der Sinnermittlung der guten Sitten tatsächlich spielen, soll im Folgenden geklärt werden.

Wie bereits erwähnt liegt der Schwerpunkt der Betrachtungen auf § 879 Abs 1 ABGB, also dem Vertragsrecht, das sich typischerweise durch eine autonome Rechtsgestaltung auszeichnet. Die Bedeutung der Grundrechte zur Konkretisierung der Sittenwidrigkeit lässt sich dabei nach Fallgruppen gliedern: Erstens besteht ein Zusammenhang zwischen Sittenwidrigkeit und Persönlichkeitsrechten. Zweitens sind Fälle betroffen, bei denen Vereinbarungen grundrechtliche Institutionen oder – drittens – Verfahrensgarantien berühren.

Darüber hinaus gibt es neben dieser Gruppe an autonom gestalteten Rechtsverhältnissen noch weitere Konstellationen, die allesamt von einer Übermachstellung eines Vertragspartners geprägt sind; dazu zählt etwa

430 S etwa im Folgenden 2.a.aa.

431 S im Folgenden 2.b.cc.

432 Vgl auch Apathy/Riedler, in Schwimann, ABGB § 879 Rz 8.

433 VfSlg 16 821/2003.

das Arbeitsrecht, aber auch der Themenbereich rund um den Kontrahierungszwang. Diese Übermachtstellung hat zur Folge, dass – wiewohl zwar im Bereich des Vertragsrechts agiert wird – die Rechtsgestaltung nicht rein autonom erfolgt. Ebensowenig ist sie freilich heteronom, sie liegt vielmehr an der Bruchstelle zwischen Autonomie und Heteronomie.

a. Autonom gestaltete Rechtsverhältnisse

aa. Persönlichkeitsrechte

(1) Judikatur

Der OGH folgert die Sittenwidrigkeit eines Vertrages mitunter aus seiner Unvereinbarkeit mit Persönlichkeitsrechten. Diese sind der privatautonomen Rechtsgestaltung nämlich teilweise entzogen. Die Grenzen der Disponibilität über Persönlichkeitsrechte werden – mangels expliziter Normen – aus der Sittenwidrigkeitsklausel abgeleitet.[434]

Das Gros der Fälle dreht sich hier um Vereinbarungen, die den menschlichen Intimbereich betreffen.

Im Jahr 1989 hatte sich der OGH erstmals mit der Frage zu befassen, ob Verträge abgeschlossen werden dürfen, mit denen die entgeltliche Erbringung sexueller Leistungen vereinbart wird. Der OGH qualifizierte dies als sittenwidrig ebenso wie Verträge, mit denen eine Teilnahme am Profit kommerzieller Ausbeutung der Sexualität vereinbart wird.[435] Für seine Position führt der OGH zahlreiche Gründe ins Treffen: Im Zusammenhang mit Prostitution werde häufig „der Leichtsinn, die Unerfahrenheit, die Triebhaftigkeit und die Trunkenheit von Personen“ ausgenützt. Ein solches Verhalten widerspreche dem Geist der Rechtsordnung. Als weitere Indizien für die Sittenwidrigkeit nennt er die zu missbilligende Kommerzialisierung an sich, die Beeinträchtigung des Persönlichkeitsschutzes und die Gefahr für familienrechtliche Institutionen. All dies treffe auf die Prostitution zu. Sie richte sich insbes „gegen die Institution der Ehe, weil sie oft zu Ehebruch führt […] der durch die Rechtsordnung auch außerhalb des Scheidungsrechts […] verpönt wird“.

Anderes galt hingegen für Telefonsex-Verträge: Sie waren nach Auffassung des OGH nicht sittenwidrig.[436] Entscheidend dafür waren der mangelnde körperliche Kontakt und „der Umstand, dass nicht der Intimbereich der Anbieterin zur Ware degradiert wird, sondern dass diese lediglich eine davon losgelöste stimmlich-darstellerische Leistung schuldet“.[437]

---

434 Krejci, in: Rummel, ABGB § 879 Rz 69.

435 OGH 28.6.1989, 3 Ob 516/89.

436 OGH 27.5.2003, 1 Ob 244/02t; 12.6.2003, 2 Ob 23/03a.

437 OGH 27.5.2003, 1 Ob 244/02t.

In anderen Fällen ging es um Verträge, die Partner einer intimen Beziehung miteinander abschlossen. Eine Vereinbarung, die eine Frau einseitig mit den Folgen einer – für den Mann ungewollten – Schwangerschaft belastete, qualifizierte der OGH als sittenwidrig: Vereinbarungen über Intimbeziehungen greifen nämlich, so der OGH, in den engsten persönlichen Freiheitsbereich ein und seien darum einer Vereinbarung im Rechtssinn gar nicht zugänglich. Die Entscheidung über die Einnahme empfängnisverhütender Mittel gehöre zur „personalen Würde und zur Willensfreiheit" der Frau.[438] Andernfalls würde die Frau zu einem Sexualobjekt degradiert. Außerdem bewirke die Vereinbarung eine extrem ungleiche Belastung der Frau, der – im konkreten Fall – nur die unter dem Druck der abzuschließenden Vereinbarung gewährte Aufrechterhaltung der Gemeinschaft gegenüberstand.[439]

Auch mit einer deliktischen Sittenwidrigkeit gem § 1295 Abs 2 ABGB ließ sich in ähnlich gelagerten Fällen nichts gewinnen: Selbst die wissentlich unrichtige Auskunft der Frau über die Empfängnismöglichkeit war nicht sittenwidrig. Der OGH stellte dabei auf die Interessen beider Partner an sexueller Befriedigung ab sowie die Bedeutung des letztlich nicht mit Sicherheit beeinflussbaren natürlichen Geschehensablaufes für die Frage des Entstehens neuen Lebens. Nicht zuletzt berücksichtigte er auch die Interessen des ungewollt entstandenen Kindes an der Erfüllung seiner familienrechtlichen Ansprüche. Die Frau hatte darum dem Mann den Unterhaltsschaden nicht zu ersetzen.[440]

(2) Würdigung

Den dargestellten Vereinbarungen ist gemeinsam, dass sie allesamt die menschliche Intimsphäre betreffen. Dies wirft zwei Fragen auf: Erstens gilt es zu klären, warum Vereinbarungen über die menschliche Intimsphäre sittenwidrig sind und zweitens, ob sich dafür grundrechtliche Argumente ausmachen lassen. Der OGH stellt zwar einen grundrechtlichen Bezug nicht explizit her[441], ein grundsätzlicher Zusammenhang zwischen Persönlichkeitsrechten und Grundrechten ist aber – wie oben unter I. deutlich wurde – nicht völlig von der Hand zu weisen.

---

438 OGH 14.4.1994, 10 Ob 501/94.

439 OGH 14.4.1994, 10 Ob 501/94. S auch OBDK 3. 6. 1991, Bkd 87/90 = AnwBl 1991, 905/3981: Sittenwidrig war die Vereinbarung, die eine Frau zur Einnahme empfängnisverhütender Mittel verpflichtete. Ebenfalls sittenwidrig war im Übrigen die vertragliche Verpflichtung zum Geschlechtsverkehr in einem Film oder Theaterstück: OGH 18.11. 1986, 14 Ob 192/86 (anzuwenden war hier freilich das dt BGB).

440 OGH 27.1.1994, 2 Ob 557/93.

441 Vgl aber die ausdrückliche Bezugnahme in OGH 14.4.1994, 10 Ob 501/94.

Für die Sittenwidrigkeit einer Prostitutionsvereinbarung führt der OGH, wie gezeigt, gleich mehrere Gründe ins Treffen. Nur bedingt tragfähig ist mE das Argument, es würden Leichtsinn, Unerfahrenheit und Trunkenheit ausgenutzt. Unbestritten ist, dass diese als Wertungsgesichtspunkte für die Sittenwidrigkeit anerkannt sind: Für den Fall, dass Leistung und Gegenleistung in grobem Missverhältnis stehen, ist dies sogar ausdrücklich in § 879 Abs 2 Z 4 ABGB normiert. Indes: Diese Bedenken treffen wohl auf zahlreiche ähnliche Konstellationen gleichermaßen zu. Der Wirt, der seinen Gästen unbegrenzt Alkohol verkauft, handelt nicht sittenwidrig, wiewohl auch er möglicherweise Trunkenheit und Leichtsinn seiner Gäste ausnutzt. Nicht überzeugend ist es weiters, hier die Gefährdung familienrechtlicher Institutionen als Indiz für die Sittenwidrigkeit zu nennen. Damit ist keine rechtliche, sondern eine moralische Kategorie angesprochen: Es wird nicht die Ehe als Rechtsinstitut aufgehoben, sondern der Bestand einzelner Ehen ist aufgrund der Untreue gefährdet. Dass den Staat hier eine Schutzpflicht trifft, kann nicht ernsthaft behauptet werden und lässt sich auch nirgendwo ableiten. Offen bleibt damit im Übrigen die Frage, ob ein lediger Nachfrager nicht sittenwidrig handelt, weil er ja auch keinen Ehebruch begeht.

Mit seinen weiteren Argumenten – und dies ist bemerkenswert – ändert der OGH dann gewissermaßen die Blickrichtung: Während die bisher genannten Gründe den Nachfragenden schützen sollen, liegt den weiteren Überlegungen der Schutz der Anbieterin zugrunde. Diese Argumente sind es auch, die letztlich die Sittenwidrigkeit überzeugend darlegen: Dass nämlich die Kommerzialisierung des Menschen und die damit verbundene Beeinträchtigung des Persönlichkeitsschutzes verwerflich sind und in unserer Rechtsordnung nicht geduldet werden sollen, ist in der Tat einleuchtend und plausibel. Nur wenn man diese Argumente als die eigentlich tragenden identifiziert, wird es im Weiteren verständlich, weshalb der OGH Telefonsex-Verträge als zulässig erachtet.[442] Auch hier könnte man einwenden, dass Trunkenheit und Triebhaftigkeit ausgenutzt und familienrechtliche Institutionen gefährdet werden. Der ausschlaggebende Unterschied ist aber – wie auch der OGH darlegt – der fehlende körperliche Kontakt. Dadurch wird der Intimbereich nicht in vergleichbarem Ausmaß zur Ware degradiert.

In den anderen Fällen spricht der OGH in seinen Begründungen vom engsten persönlichen Freiheitsbereich, von der personalen Würde und Willensfreiheit und von der Degradierung des Menschen zum Objekt. Zwar bezieht der OGH in seine Betrachtungen auch die konkreten Umstände der Vereinbarung und die involvierten Interessen ein, den-

442 OGH 12.6.2003, 2 Ob 23/03a.

noch ist das eigentlich tragende Argument mE stets die Verfügung über den Intimbereich. Denn selbst wenn eine Frau die Vereinbarung nicht unter dem Druck eines sonstigen Beziehungsendes abschließt, ist der Vertrag wohl gleichermaßen sittenwidrig. Insofern sind die Überlegungen zur Gewichtung der Interessen nur ein Zusatzargument für die Verwerflichkeit. Entscheidend ist auch hier, dass Vertragsgegenstand die Intimsphäre ist: Diese ist offenbar privatrechtlicher Disposition *überhaupt* entzogen.

Nur prima facie damit in Widerspruch steht es, dass der OGH seine Auffassung außerdem mit der Willensfreiheit begründet. Es ließe sich zunächst einwenden, dass die Disposition über den Intimbereich ja gerade Ausdruck dieser Willensfreiheit ist. Tatsächlich steht dahinter aber ein anderer Gedanke: In diesem Kernbereich menschlicher Persönlichkeit soll auch die Freiheit geschützt werden, sich immer wieder anders entscheiden zu können und nicht durch Vereinbarungen gebunden zu sein. IdS meint der OGH, dass es zur Willensfreiheit einer Frau gehöre, „sich immer wieder neu und frei für ein Kind entscheiden zu können“.[443]

Als Zwischenergebnis ist somit festzuhalten: Der Intimbereich eines Menschen ist jeglicher rechtsgeschäftlicher Disposition entzogen. Der Grund dafür liegt erstens darin, dass es verpönt ist, den menschlichen Körper zur Ware zu degradieren. Zweitens wird der Intimbereich als Kernbereich der Persönlichkeit als derart zentral betrachtet, dass die Autonomie darüber in jedem Fall erhalten bleiben muss: Der Einzelne darf sie nicht beschränken. Dass damit allgemeine Wertungsgrundsätze unserer Rechtsordnung angesprochen sind, liegt recht offen auf der Hand: Eine Kommerzialisierung des menschlichen Körpers kommt einer Degradierung des Menschen zum Objekt zumindest sehr nahe und widerspricht damit den Fundamenten unserer Rechtsordnung. Diese basiert nämlich auf einem Weltbild, das den Menschen in den Mittelpunkt des Interesses rückt und von der Würde des Menschen und seiner Selbstbestimmung ausgeht.

Damit verbleibt nun die Frage, ob sich für (oder gegen) dieses Ergebnis grundrechtliche Argumente vorbringen lassen.

Dass bestimmte Gewährleistungen eine ganz besondere, weil grundlegende und wertentscheidende Bedeutung haben, zeigt sich auch in den Grundrechten. Bestimmte Garantien werden nämlich als derart fundamental erachtet, dass Eingriffe absolut verboten, sie also jeglicher Disposition von staatlicher Seite entzogen sind. Eine solche Fundamentalgarantie vermittelt Art 3 EMRK, der Folter und unmenschliche Strafe oder Behandlung verbietet. Es ist in einer demokratischen Gesellschaft kein Grund denkbar, der einen Eingriff in ein solches Recht, das gewisserma-

443 OGH 14.4.1994, 10 Ob 501/94.

ßen den Kernbereich der menschlichen Persönlichkeit betrifft, rechtfertigen könnte. Andernfalls würden gewissermaßen die Grundlagen unserer Rechtsordnung und unseres Rechtsverständnisses angegriffen.

Dass dann aus Art 3 EMRK Gewährleistungspflichten abzuleiten sind, ist nur konsequent: Menschen sind auch dann vor Folter und unmenschlicher oder erniedrigender Behandlung bzw Strafe zu schützen, wenn dieser Eingriff von nicht-staatlicher Seite droht.[444]

Nun ist dieses Ergebnis unproblematisch, wenn es um deliktische Beeinträchtigungen geht. Fraglich ist freilich, inwieweit dem Einzelnen verboten werden kann, *freiwillig* über diesen Kernbereich seiner Persönlichkeit zu disponieren. MaW: Ist es grundrechtlich geboten bzw grundrechtlich zulässig, derartige Verträge für nichtig zu erklären und damit die Privatautonomie zu beschränken? Ist es zulässig, die Selbstbestimmung des Menschen zu beschränken mit dem Ziel, genau diese Selbstbestimmung schützen zu wollen?

Grundrechtlich geboten ist dieser Eingriff in die Privatautonomie isoliert betrachtet noch nicht: Gewährleistungspflichten schützen vor drittgerichteten Übergriffen. Willigt jemand freiwillig in ein bestimmtes Verhalten ein, dann bedarf es eines besonderen Grundes, weshalb diese Vereinbarung nichtig sein soll. Dass ein staatlicher Eingriff bzw eine deliktische Störung unzulässig wäre, reicht dafür nicht aus. Auch dass ein Vertragspartner später mit der Vereinbarung nicht mehr einverstanden ist, kann daran nichts ändern: Geht jemand einen Vertrag ein, so akzeptiert er die damit verbundene Bindungswirkung. Könnte er sich dann darauf berufen, dass der Inhalt der Vereinbarung eigentlich unzulässig ist, so müsste man erstens fragen, weshalb er dann eingewilligt hat und zweitens würde dies die Privatautonomie geradezu ad absurdum führen und einen April-April-Effekt[445] bewirken. Die Privatautonomie baut ja gerade auf der Einsicht auf, dass es dem Einzelnen zuzutrauen ist, die Konsequenzen seiner Handlungen einzuschätzen.[446] Dies anerkennt auch der OGH:

„Aus der Vertragsfreiheit folgt vielmehr, daß es grundsätzlich jedermann unbenommen bleiben muß, auch risikoreiche Geschäfte abzuschließen

---

444 ZB Grabenwarter, EMRK[4] § 20 Rz 36.

445 MwN Zöllner, AcP 1996, 1 (31 f).

446 S auch Korinek, JBl 1982, 29: Privatautonomie ist Ausfluss „eines Rechtsdenkens, das den Menschen als Träger von angeborenen und seiner Würde entsprechenden Rechten ansieht, ihm weitgehend die Fähigkeit zur selbstverantwortlichen Gestaltung seiner Lebensbeziehungen zuerkennt und dieser Gestaltungsmacht die Legitimation auch zur Gestaltung des Gemeinwesens zumißt“. In diese Richtung gehen auch die Überlegungen von Bydlinski, Privatautonomie 133: „Beschränkt man die Privatautonomie auf unwesentliche Bereiche, so bedeutet dies, daß man den Einzelmenschen im wesentlichen bloß als Objekt öffentlichen Befehles und hoheitlicher Fürsorge und nicht mehr als Selbstverantwortung tragende Persönlichkeit betrachtet.“

und sich zu Leistungen zu verpflichten, die er nur unter besonders günstigen Bedingungen erbringen kann."[447]

Wenn sich eine Pornodarstellerin für ein Theaterstück verpflichtet[448], dann ist davon auszugehen, dass sie die Bedeutung eines solchen Vertrages einschätzen kann. Auch einer Frau, die vertraglich die Einnahme empfängnisverhütender Mittel zusichert, ist nicht schon deswegen schutzbedürftig, weil sie über ihre Intimsphäre disponiert: Sie hat ja gerade in diese Beschränkung eingewilligt.[449]

Grundrechtliche Gewährleistungspflichten können erst dort ansetzen, wo die Vereinbarung schon nicht freiwillig zustandegekommen ist oder aber, wo gewisse Minimalgarantien unterschritten werden, wo sich also der Einzelne jenes Status des Menschseins, auf dem die Rechtsordnung aufbaut, zur Gänze begibt: Es wäre in einer demokratischen Gesellschaft unerträglich und würde die Basis unserer Rechtsordnung aushöhlen, könnte sich der Einzelne – etwa aus finanziellen Motiven – bestimmter Rechte begeben und beispielsweise freiwillig ein Sklaverei- oder Leibeigenschaftsverhältnis begründen. Einer solchen Vereinbarung stünde zwar schon Art 4 EMRK entgegen, aber auch abgesehen davon dürfte sie der Staat nicht durchsetzen, weil nicht nur über eine Facette der privatautonomen Selbstbestimmung, sondern über dieses Recht *zur Gänze* disponiert wird. Solche Extremfälle lagen aber in den vom OGH zu entscheidenden Fällen nicht vor.

Von der Frage, ob die Nichtigkeit einer Vereinbarung grundrechtlich *geboten* ist, ist freilich die Frage zu unterscheiden, ob sie grundrechtlich *zulässig* ist. Diese Frage gilt es mit Blick auf die Privatautonomie zu beurteilen, denn die Nichtigkeit einer Vereinbarung ist ein Eingriff in die grundrechtlich fundierte Privatautonomie. Ohne Zweifel ist die Intimsphäre des Menschen der engste Bereich und geradezu der Kern der menschlichen Persönlichkeit. Als legitim und im öffentlichen Interesse liegend kann es gewertet werden, wenn eine Rechtsordnung diesen Kernbereich der privatautonomen Verfügbarkeit generell entziehen will; aus grundrechtlicher Sicht kann einer Beschränkung der Privatautonomie somit nicht entgegengetreten werden. Mehr noch: Auch wenn dieses Ergebnis aus grundrechtlicher Sicht noch nicht geboten ist, so entspricht es doch den in den Grundrechten zum Ausdruck kommenden Wertungen. Dass nämlich Grundrechte und Persönlichkeitsrechte an sich einen ähnlichen Schutzgegenstand im Blick haben, wurde unter I. bereits deutlich.

---

447 OGH 27.3.1995, 1 Ob 544/95 (zu Bürgschaftsverpflichtungen).

448 OGH 18.11.1986, 14 Ob 192/86 zum dt BGB.

449 S dazu Reul, DNotZ 2007, 184 (196): „Die Freiheit, sich vertraglich zu binden, also auf einen Teil seiner eigenen Freiheit zu verzichten, ist originäre Grundrechtsausübung, nicht aber das Gegenteil, nämlich Grundrechtsbeschränkung."

Resümierend ist festzuhalten: Nach der Jud des OGH sind Verfügungen über den Intimbereich privatautonomer Disposition entzogen, sie sind sittenwidrig. Bei dieser Konkretisierung der Sittenwidrigkeit stellt der OGH einen grundrechtlichen Konnex nicht ausdrücklich her[450], er ist aber auch gar nicht notwendig. Die Sittenwidrigkeit ergibt sich nämlich bereits aus allgemeinen Wertungsgrundsätzen, wie sie in unserer Rechtsordnung und hier besonders den Persönlichkeitsrechten zum Ausdruck kommen. Ein Konnex zu dem Grundrechten lässt sich aber insoweit herstellen, als die den Persönlichkeitsrechten zugrunde liegenden Wertvorstellungen ja auch in den Grund- und Menschenrechten ihre – öffentlich-rechtliche – Erscheinungsform haben.

bb. (Grund-)Rechtliche Institutionen: Familienrecht

Weitaus deutlicher als im Kernbereich der Persönlichkeitsrechte wird der grundrechtliche Konnex der Sittenwidrigkeit bei Vereinbarungen, die bestimmte rechtlich abgesicherte Institutionen verändern oder ausschließen.

(1) Judikatur

Ein Bereich, der privatautonomer Rechtsgestaltung weitestgehend entzogen ist und darum – so der OGH – ein weites Feld für die Sittenwidrigkeit eröffnet ist das Familienrecht.[451] Auch wenn es auf den ersten Blick nahe liegen mag, sittenwidrige familienrechtliche Vereinbarungen grundrechtlich zu beleuchten, so lassen sich grundrechtliche Verknüpfungen tatsächlich nur in den wenigsten Fällen herstellen. Die Sittenwidrigkeit folgt nämlich meist nicht aus grundrechtlichen Überlegungen, sondern aus der Verknüpfung von Entgeltleistungen bzw wirtschaftlichen Nachteilen mit verwerflichen Motiven.[452]

Dennoch gibt es einzelne Fälle, in denen der OGH einen grundrechtlichen Zusammenhang herstellt. Dies war etwa der Fall bei einer Vereinbarung, die zwei ehemalige Liebhaber nach dem Ende ihrer – außerehelichen – Beziehung abschlossen: Die Frau behauptete, eines ihrer – mutmaßlichen – ehelichen Kinder stamme in Wahrheit aus der außerehelichen Beziehung. Der ehemalige Liebhaber, der selbst verheiratet und mehrfacher Vater war, schloss schließlich mit seiner ehemaligen Geliebten und deren Ehemann einen Vertrag ab: Das Ehepaar verpflichtete sich, Behauptungen, das Kind sei unehelich geboren, zu unterlassen. Im Gegenzug leistete der Mann eine erhebliche Geldsumme, die das Ehepaar in den Hausbau investierte.

450 S aber FN 441.
451 OGH 25.1.2001, 2 Ob 322/00t.
452 Krejci, in: Rummel, ABGB § 879 Rz 158.

Der OGH qualifizierte diese Vereinbarung als sittenwidrig. In seiner Begründung betonte er, dass ua auf Art 8 EMRK Rücksicht zu nehmen sei, der auch das „Grundrecht“ auf Feststellung der Vaterschaft einschließe. Der Staat müsse die rechtlichen Regelungen von Familienbeziehungen so gestalten, dass der Betroffene ein „normales Familienleben“ führen könne, was wiederum voraussetze, dass ein Kind im Streitfalle seine Mitgliedschaft zur Familie auch rechtlich klären und verbindlich feststellen lassen könne. Weiters hielt er fest, dass die rein entgeltverknüpfte Abbedingung des Rechts auf Feststellung der wahren Vaterschaft in diesem Fall nichtig sei.[453]

(2) Würdigung

Für den OGH folgt die Sittenwidrigkeit im konkreten Fall offenbar va aus Art 8 EMRK. Ob und welche Bedeutung diese Grundrechtsnorm hier aber tatsächlich entfaltet, ist nicht ganz offensichtlich.

Zwar ist unbestritten, dass – worauf der OGH zutreffend hinweist – die Gewährleistungspflichten des Art 8 EMRK den Staat nicht nur dazu verpflichten, die Führung eines Familienlebens zu gewährleisten[454]: Er muss auch ein Verfahren bereitstellen, das es ermöglicht, die Zugehörigkeit zu einer Familie feststellen zu lassen.[455] Um diese Frage ging es im entscheidungsgegenständlichen Fall jedoch gar nicht, denn es gab ja ein entsprechendes Verfahren zur Feststellung der Vaterschaft. Die Parteien vereinbarten nur, davon keinen Gebrauch zu machen. Die entscheidende Frage lautet somit vielmehr, ob Private untereinander auf die Inanspruchnahme dieses Verfahrens *verzichten* dürfen. Dass nämlich der Staat ein Feststellungsverfahren vorsehen muss, bedeutet nicht schon zugleich, dass der Einzelne davon Gebrauch machen muss oder die Inanspruchnahme nicht privatautonom abbedingen darf.

Mit dieser grundsätzlichen Problematik setzt sich der OGH jedoch nicht auseinander: Tatsächlich war für ihn nämlich nicht entscheidend, dass das Recht auf Feststellung der Vaterschaft abbedungen wird, sondern entscheidend waren die Motive und Umstände dieser Vereinbarung: Sie war erstens rein entgeltverknüpft, wobei das Entgelt zudem gar nicht dem Kind zugute kam, und zweitens war, wie der OGH meinte, der Zweck verwerflich, weil der Mann damit seine Verantwortung aus den Folgen einer

453 OGH 25.1.2001, 2 Ob 322/00t.

454 MwN Grabenwarter, EMRK^4 § 22 Rz 18.

455 S etwa VfGH 28.6.2003, G 78/00:Verfassungswidrig war eine Bestimmung, die den Staatsanwalt, nicht aber das Kind zur Einbringung einer Ehelichkeitsbestreitungsklage legitimierte. Wiederin, in: Korinek/Holoubek (Hrsg), Bundesverfassungsrecht, Art 8 EMRK, Rz 105. Zu den Schutzpflichten Pernthaler/Kathrein, Schutz, in: Machacek/Pahr/Stadler (Hrsg), Grund- und Menschenrechte 2, 245 (266).

intimen Partnerschaft abwälzt. Genau diese Kriterien waren aber offenbar ausschlaggebend für die Sittenwidrigkeit der Vereinbarung. Auch wenn sich der OGH in seiner Entscheidung somit auf Art 8 EMRK beruft, so hat dieser bei näherer Betrachtung keinen entscheidenden Begründungswert, denn die Sittenwidrigkeit ergibt sich aus der Verknüpfung von Entgelt und verwerflichen Motiven. Das Urteil ist im Ergebnis zutreffend, die grundrechtlich gefärbte Argumentation verstellt jedoch den Blick auf die Problemstellung und die eigentlich tragenden Gründe. Sie verzerrt zugleich die eigentliche Bedeutung des Grundrechts: Es fungiert im konkreten Fall lediglich als Argumentationshülse ohne Begründungsgehalt.

Inwieweit es hier auch eine Rolle spielte, dass das Kind – mangels Geschäftsfähigkeit – auf die Feststellung der Vaterschaft nicht selbst verzichten konnte, wird zwar nicht explizit deutlich, dennoch dürfte die Tatsache, dass die Eltern diese Vereinbarung zu Lasten ihrer Tochter abschlossen mit ein Grund für das Ergebnis gewesen sein: Das Kind selbst profitierte von dieser Vereinbarung nämlich gar nicht.[456]

Hinzuweisen ist in diesem Zusammenhang auf die eingenwillige Begriffswahl des OGH: Er geht von einem „Grundrecht" auf Feststellung der Vaterschaft[457] aus. Nun gibt es zwar ein solches Grundrecht auf Achtung des Familienlebens, aus dem eben auch das Recht auf Feststellung der Vaterschaft folgt, daraus aber ein *Grundrecht* auf Feststellung der Vaterschaft abzuleiten ist aus verfasssungsterminologischer Sicht unzutreffend. Zwar ändert dies nichts am bislang Gesagten, es verdeutlicht freilich, dass der OGH mit der Begrifflichkeit „Grundrecht" bisweilen – und dies wird sich noch an anderen Beispielen zeigen – recht großzügig hantiert.[458]

cc. *Verfahrensgarantien: Art 6 EMRK – am Beispiel des pactum de non petendo*

(1) Problemstellung

Art 6 ist wohl jene Bestimmung der EMRK, die die nachhaltigsten Auswirkungen auf die österreichische Rechtsordnung gezeitigt hat.[459]

Sie normiert zunächst eine Rechtswegegarantie[460]: Für zivilrechtliche Ansprüche und Verpflichtungen sowie für strafrechtliche Anklagen muss

456 Daran ändert es auch nichts, dass das Kind nun mit seinen Eltern in einem neuen Haus lebt: Das Haus steht im Eigentum der Eltern, im Erbschaftsfall muss es mit den anderen Geschwistern geteilt werden. Deutlich wird dieser Zusammenhang im Übrigen in OGH 11.11.2010, 2 Ob 74/10m.

457 Ebenso OGH 11.11.2010, 2 Ob 74/10m.

458 Dies kritisiert auch Berka, RZ 2008, 114 (121).

459 Berka, Grundrechte, Rz 788; Grabenwarter, EMRK^4 § 24 Rz 1; Kerschner, JBl 1999, 689 ff.

die Entscheidung durch ein Gericht offenstehen. Außerdem beinhaltet Art 6 EMRK eine Reihe von verfahrensrechtlichen Garantien, die ein „fair trial" gewährleisten sollen.

Der mögliche Zusammenhang zwischen Sittenwidrigkeit und Art 6 EMRK lässt sich mit einer Frage erfassen: Ist die Geltendmachung des – gegenüber dem Staat eingeräumten – Anspruchs auf ein faires Verfahren für den Privaten disponibel? Es ist also maW zu fragen, ob bzw inwieweit Private rechtswirksam vereinbaren können, von den Garantien des Art 6 EMRK abzusehen bzw diese zu modifizieren. Besonders deutlich lassen sich diese Fragen im Zusammenhang mit dem pactum de non petendo untersuchen. Zwar ließen sich auch Schlichtungsstellen unter diesem Aspekt näher betrachten, auf sie wird aber erst unter b.bb. näher eingegangen: Bei ihnen steht nämlich der Schutz vor Missbrauch einer Übermacht im Vordergrund.

(2) Rechtsnatur des pactum de non petendo

Eine Möglichkeit, auf die Geltendmachung der verfassungsrechtlich eingeräumten Rechtswegegarantie zu verzichten, ist das sog pactum de non petendo, also die Vereinbarung, einen bestimmten materiell-rechtlichen Anspruch nicht einzuklagen.

Die rechtsdogmatische Einordnung des pactum de non petendo ist unklar; es führt in der Tat eine „schillernde Existenz zwischen materiellem Recht und Prozessrecht".[461] Strittig ist unter Zivilprozessualisten, ob es materiell-rechtlicher oder prozessualer Natur ist. Im ersten Fall wäre das Klagebegehren wegen mangelnden Rechtsschutzbedürfnisses ab-, im zweiten Fall zurückzuweisen. Der OGH qualifiziert das pactum de non petendo als materiell-rechtliche Einwendung über die mit Sachentscheidung zu erkennen ist.[462] Darin unterscheidet es sich auch trotz gewisser Ähnlichkeiten von einem vertraglichen Ausschluss des Rechtsweges, wie er sich häufig in Zusammenhang mit Schiedsklauseln findet. Solche Vereinbarungen begründen als prozessuale Einrede die Unzuständigkeit des staatlichen Gerichts.

(3) Judikatur

Der OGH hat sich mit der Zulässigkeit eines pactum de non petendo meist im Eherecht zu befassen: Einigen sich Eheleute im Zuge einer Scheidung nämlich außerstreitig über die Aufteilung des Vermögens, dann verzichten sie häufig zugleich darauf, die Aufteilung künftig jemals gericht-

460 Berka, Grundrechte, Rz 787.

461 Wagner, Prozessverträge 396.

462 OGH 18.3.1976, 7 Ob 256/75.

lich beantragen zu lassen. Dies ist aber nach Auffassung des OGH sittenwidrig. Aus dem ersten Satz des Art 6 EMRK lasse sich nämlich eine generelle Unzulässigkeit von Rechtsschutzverzichtsverträgen ableiten.[463]

(4) Würdigung

Nach der knappen Formulierung des OGH folgt die Sittenwidrigkeit eines – privatautonom vereinbarten – pactum de non petendo aus dem ersten Satz des Art 6 Abs 1 EMRK. Ob es freilich tatsächlich zutrifft, dass die Geltendmachung der gem Art 6 EMRK gegenüber dem Staat bestehenden Rechtswegegarantie nicht abbedungen werden darf, ist so offensichtlich nicht.

Vorderhand spricht noch nichts gegen die grundsätzliche Disponibilität des Art 6 EMRK. Wie gezeigt, können Private auch über andere – grundrechtlich fundierte – Ansprüche bis zu einem gewissen Grad disponieren[464]; dass für Art 6 EMRK anderes gelten soll, lässt sich zunächst noch nicht begründen. Insofern ist es auch nicht überzeugend, wenn der OGH die Unzulässigkeit des pactum de non petendo aus dem ersten Satz des Art 6 EMRK ableitet: Allein dass ein Anspruch eingeräumt ist, bedeutet nicht automatisch, dass er unverzichtbar ist. Es ist zwar richtig, dass der Verzicht streng genommen nur gegenüber dem Staat abgegeben werden könnte, weil der Rechtsschutzanspruch auch nur gegenüber dem Staat besteht[465], es ist aber nicht einzusehen, weshalb Private nicht vereinbaren dürfen, den Anspruch nicht *geltend* zu machen, zumal der Einzelne ja nicht generell auf sein Recht verzichtet, Ansprüche vor staatlichen Gerichten einzuklagen.[466]

Argumentieren könnte man allenfalls, dass Art 6 EMRK nicht nur individuelle, sondern auch öffentliche Interessen verfolgt, nämlich jene an einer geordneten Rechtspflege. Dies allein kann aber freilich ein pactum de non petendo noch nicht jedenfalls unzulässig machen und die Staaten zu einem entsprechenden Verbot verpflichten. Vielmehr gilt es, die durch die Vereinbarung berührten subjektiven und öffentlichen Interessen zueinander in ein Verhältnis zu setzen[467]: Vereinbaren die Parteien freiwillig und in einer präzise bezeichneten Angelegenheit, auf die Geltendmachung ihres Anspruchs zu verzichten, dann ist nicht einzusehen, weshalb das Interesse an der Rechtspflege automatisch höher zu gewichten wäre als der

463 OGH 24.4.1992, 1 Ob 568/92; 11.3.1999, 2 Ob 73/99w; 13.7.2000, 8 Ob 93/00k. Anderes gilt, wenn bei einer sukzessiven Zuständigkeit der Gerichte auf die Erhebung der Bescheidklage verzichtet wird: OGH 26.7.2007, 10 Ob S 135/06k.

464 S schon Erster Abschnitt E.III.

465 S auch Fasching, ÖJZ 1975, 431 (432).

466 Wagner, Prozessverträge 413.

467 S auch Grabenwarter, EMRK[4] § 18 Rz 32.

privatautonome Wille. Eine solche Wertung ist zwar im Rahmen des gesetzgeberischen Gestaltungsspielraums zulässig, geboten ist sie aber nicht. Dass eine andere Gewichtung durchaus denkbar ist, zeigt sich etwa in Deutschland, wo – ganz im Sinne der dort herrschenden liberalistischen Prozessauffassung – ein Rechtsmittelverzicht grundsätzlich für zulässig erachtet wird.[468] Dies spannt den Boden zu den eigentlichen Gründen für die Sittenwidrigkeit. Folgt sie nämlich nicht aus Art 6 EMRK, so bleibt die Frage, woraus sie sich dann ergibt. Einmal mehr lassen sich dafür allgemeine Wertungsgrundsätze ins Treffen führen: Die österreichische ZPO orientiert sich nämlich ua am allgemeinen Interesse einer funktionierenden Rechtspflege.[469] Dem widerspricht es aber, wenn der Rechtsschutz durch den Einzelnen disponibel wird. Dieses Interesse vermag zugleich den Eingriff in die Privatautonomie – wie er durch ein Verbot des pactum de non petendo unstrittig erfolgt – zu rechtfertigen.

Zusammenfassend ist festzustellen, dass die vom OGH herangezogene Begründung der Sittenwidrigkeit von Rechtsschutzverzichtsverträgen so nicht tragfähig ist: Aus Art 6 Abs 1 EMRK *allein* lässt sich die Unzulässigkeit eines pactum de non petendo nämlich nicht ableiten. Ein solches Verbot ist innerhalb des rechtspolitischen Gestaltungsspielraums eine zulässige Wertung des Gesetzgebers, grundrechtlich *geboten* ist es aber noch nicht. Die grundrechtliche Argumentation ersetzt die – eigentlich tragfähige – Argumentation mit allgemeinen Rechtsgrundsätzen. Diese grundrechtslastigen Begründungen vermitteln zwar prima facie eine starke verfassungsrechtliche Legitimation der Entscheidung, der eigentliche grundrechtliche Bedeutungsgehalt verschwimmt dabei freilich; zu Recht konstatiert Kerschner die Gefahr einer hypertrophen Anwendung des Art 6 EMRK.[470] Die Rolle der allgemeinen Rechtsgrundsätze, die ja bei der Sinnermittlung der guten Sitten ebenso eine Rolle spielen, tritt demgegenüber in den Hintergrund, Art 6 EMRK entwickelt sich vielmehr zu einem Wertungsgrundsatz mit zunehmend unscharfen Konturen. Das Grundrecht wird zu einer Art „Trumpfkarte“[471] für die gerichtliche Argumentation. Auch wenn dies vordergründig als verfassungskonforme Interpretation scheinen mag, so hat es damit nichts zu tun: Es wird hier nicht aus mehreren Normhypothesen gewählt, sondern es wird lediglich eine gewählte Konkretisierung mit verfassungsrechtlichen Argumenten legitimiert.

---

468 S dazu Fasching, ÖJZ 1975, 431 (432): Nach dieser liberalistischen Prozessauffassung sei auch der staatliche Rechtsschutz in gleicher Weise ein verzichtbares Gut wie der subjektive Anspruch des materiellen Rechts.

469 Fasching, ÖJZ 1975, 431 (432).

470 S Kerschner, JBl 1999, 689 (691).

471 So Oeter, AöR 1994, 529 (546) zur grundrechtslastigen arbeitsgerichtlichen Rsp in Deutschland.

(5) Strukturelle Unterschiede zwischen pactum de non petendo und Schiedsgericht

Zwar steht – nach der hier vertretenen Auffassung – Art 6 EMRK der Zulässigkeit eines pactum de non petendo nicht entgegen, es gibt abseits davon aber Fälle, in denen einzelne Garantien des Art 6 EMRK tatsächlich schon aus grundrechtlichen Erwägungen unverzichtbar sind. Ein Beispiel dafür sind die vereinbarten Schiedsgerichte. Sie sind von den gesetzlichen Schiedsgerichten zu unterscheiden,[472] die hier außer Betracht bleiben können: Sind Schiedsgerichte nämlich gesetzlich vorgesehen und mit Zwangszuständigkeiten ausgestattet, dann sind im Lichte des Art 6 EMRK dieselben Maßstäbe anzulegen wie für die staatlichen Gerichte.[473] Dies ist plausibel: Wenn sich der Einzelne schon nicht durch eine eigene Willenserklärung dem Schiedsgericht unterwirft, dann darf er gegenüber dem regulären Verfahren auch keine Nachteile haben.

Es können aber auch Private selbst vereinbaren, Streitigkeiten in bestimmten Angelegenheiten von einem Schiedsgericht entscheiden zu lassen.[474] Das Verfahren vor dem Schiedsgericht tritt dann an die Stelle des staatlichen Rechtswegs: Eine Anrufung der ordentlichen Gerichte ist ausgeschlossen.

Dass die Einrichtung von Schiedsgerichten – auch nach der Jud des EGMR – grds zulässig ist, steht außer Streit.[475] Die Parteien dürfen dabei nach einhelliger Auffassung auf bestimmte Garantien verzichten, sie müssen aber rechtliche Mindeststandards einhalten,[476] wozu jedenfalls das Recht auf Gehör zählt.[477] Die Staaten trifft dann die Pflicht, „eine effektive Staatsaufsicht über die Schiedsgerichtsbarkeit einzurichten, die Fairness des Schiedsverfahrens zu überwachen und damit die Achtung des Kernbereichs des Art 6 EMRK sicherzustellen".[478]

---

472 S auch Hainz, ecolex 1995, 738 (739).

473 Grabenwarter, EMRK^4 § 24 Rz 31.

474 Bestimmte Angelegenheiten sind allerdings von der Unterwerfung unter einen Schiedsvertrag gesetzlich ausgeschlossen: ZB § 582 Abs 2 ZPO; § 9 Abs 2 ASGG.

475 EGMR 10.2.1983, 7299/75, 7496/76, Albert und Le Compte gegen Belgien Z 29.

476 Grabenwarter, in: Korinek/Holoubek (Hrsg), Bundesverfassungsrecht, Art 6 EMRK, Rz 49.

477 Reiner, ZfRV 2003, 52 (57). S auch EKMR 23.2.1999, 31 737/96, Suovaniemi gegen Finland.

478 EKMR 2.12.1991, 18 805/91, Schiebler KG gegen Deutschland: „This does not mean, however, that the respondent State's responsibility is completely excluded […] as the arbitration award had to be recognised by the German courts and be given executory effect by them. The courts thereby exercised a certain control and guarantee as to the fairness and correctness of the arbitration proceedings which they considered to have been carried out in conformity with fundamental rights and in particular with the right of the applicant company to be heard."

Diesen Anforderungen hat der österreichische Gesetzgeber mit den zwingenden Normen der ZPO entsprochen: Zwar gilt für die Einrichtung des Schiedsgerichts und die Durchführung des Schiedsverfahrens weitestgehende Privatautonomie, es sind dabei aber die Vorgaben der §§ 577 ff ZPO zu beachten. Einzelne Aspekte sind der privatautonomen Disposition völlig entzogen: Unabdingbar ist das Recht der Parteien auf eine faire Behandlung und auf rechtliches Gehör.[479] Auch das Recht, sich durch Personen nach eigener Wahl vertreten oder beraten zu lassen darf nicht beschränkt werden.[480]

Zwar ersetzen Schiedsgerichte den staatlichen Rechtsweg, sie unterliegen aber nach wie vor einer gewissen staatlichen Kontrolle: Aus bestimmten, in der ZPO genannten Gründen, kann gegen einen Schiedsspruch Klage auf gerichtliche Aufhebung erhoben werden. Dies etwa dann, wenn Verfahren oder Schiedsspruch ordre-public-widrig ist, also den Grundlagen unserer Rechtsordnung widerspricht[481].[482]

Dies wirft freilich die Frage auf, weshalb bei Schiedsgerichten andere Wertungen anzunehmen sind als beim pactum de non petendo: Weshalb folgt aus Art 6 EMRK, dass die Parteien im Zusammenhang mit Schiedsgerichten nur auf bestimmte verfahrensrechtliche Garantien verzichten dürfen, wohingegen die Klagbarkeit eines Anspruchs – zumindest rein konventionsrechtlich betrachtet – disponibel ist? Der Grund liegt hier mE in der umfassenden Wirkung der Schiedsvereinbarung: Es wird der staatliche Rechtsweg nahezu völlig abbedungen, wobei beim Abschluss der Vereinbarung – anders als beim pactum de non petendo – die strittige Angelegenheit noch gar nicht konkret feststeht. Der Ausschluss des staatlichen Rechtswegs bezieht sich somit nicht auf eine konkret bezeichnete Angelegenheit. Dass dann das in Art 6 EMRK zum Ausdruck kommende öffentliche Interesse (ordre public) an einer einheitlichen Rechtspflege die Freiheit zur privatautonomen Rechtsgestaltung überwiegt, ist mE plausibel. Andernfalls begibt sich der Private in nicht konkret bezeichneten Streitig-

479 §§ 594 Abs 2, 599 ZPO.

480 § 594 Abs 3 ZPO.

481 § 611 Abs 2 Z 5 und 8 ZPO. Weitere Anfechtungsgründe sind es, wenn eine Partei ihre Angriffs- oder Verteidigungsmittel nicht geltend machen konnte (Z 2 leg cit) oder die Bildung oder Zusammensetzung des Schiedsgerichts den gesetzlichen Bestimmungen oder der Parteienvereinbarung widerspricht (Z 4 leg cit).

482 Dieses in der ZPO grundgelegte Konzept betont auch der OGH: Auf die Garantien des Art 6 EMRK könne im Schiedsvertrag verzichtet werden, es seien aber die Mindestgarantien rechtlichen Gehörs im nationalen Recht festzulegen. Die Grundwertungen der österreichischen Rechtsordnung seien dann als Aufhebungsgrund äußerst sparsam einzusetzen (OGH 10.4.2008, 2 Ob 50/08d; 20.8.2008, 9 Ob 53/08x). Nur der gänzliche Ausschluss vom rechtlichen Gehör rechtfertige ein Begehren auf Aufhebung des Schiedsspruchs, nicht aber etwa bloß eine lückenhafte Sachverhaltsfeststellung oder mangelhafte Erörterung rechtlicher Tatsachen (OGH 1.4.2008, 5 Ob 272/07x, 20.8.2008, 9 Ob 53/08x).

keiten jeglichen Anspruchs auf rechtsstaatliche Klärung seiner Angelegenheit. Den Parteien bleibt freilich insoweit ein autonomer Gestaltungsspielraum, als sie lediglich die zentralen Grundsätze des Verfahrens beibehalten müssen. Außerhalb dieses Kernbereichs gilt das schon zuvor Gesagte: Im Rahmen der Privatautonomie dürfen die Parteien auch Vereinbarungen abschließen, die von den Garantien des Art 6 EMRK abweichen.[483]

b. Schutz vor Missbrauch einer Übermachtstellung: Bruchstelle zwischen Autonomie und Heteronomie

Das Privatrecht geht von einer grundsätzlichen Gleichrangigkeit der – selbstbestimmt handelnden – Rechtssubjekte aus, die wiederum das Funktionieren der Privatautonomie überhaupt gewährleistet. Mitunter ist das Verhältnis der Gleichrangigkeit aber so stark gestört, dass der Gesetzgeber korrigierend eingreift. Dieser Gedanke lässt sich auch auf die Sittenwidrigkeit ummünzen: Benachteiligt eine Vereinbarung einen Vertragspartner derart stark, dass überhaupt zweifelhaft erscheint, ob sie freiwillig abgeschlossen wurde, dann kann dies Sittenwidrigkeit indizieren; ein Missbrauch einer Übermachtposition soll nämlich nicht geduldet werden. Dies verdeutlicht bereits, weshalb diese Fälle an der Bruchstelle zwischen Autonomie und Heteronomie angesiedelt werden: Zwar liegt ihnen eine vertragliche Vereinbarung zugrunde, da aber die Freiwilligkeit des Vertragsabschlusses zweifelhaft ist, kann nicht von einer rein autonomen Rechtsgestaltung gesprochen werden. Freilich wäre auch die Qualifikation als heteronome Rechtsgestaltung unzutreffend, denn der Einzelne wirkt immerhin – wenn auch in unterschiedlicher Intensität – an der Gestaltung des Rechtsverhältnisses mit. Im Folgenden gilt es nun zu untersuchen, welche Rolle die Grundrechte in diesen Fällen bei der Konkretisierung der guten Sitten spielen.

aa. Arbeitsrecht

Das Arbeitsrecht eröffnet ein breites Spektrum an möglichen sittenwidrigen Vereinbarungen.[484] Grund dafür sind die auf diesem Rechtsgebiet vorherrschenden Ungleichgewichtslagen: Das Arbeitsrecht zeichnet sich nämlich typischerweise durch eine strukturelle und wirtschaftliche Drucksituation und eine daraus resultierende Über- und Unterordnung zwischen AG und AN aus.[485] Es verwundert darum nicht, dass es gerade hier zahlreiche Sonderbestimmungen gibt, die die Privatautonomie zum

483 S auch Grabenwarter, EMRK[4] § 24 Rz 31.

484 Vgl für einen Überblick über die ältere Jud Binder, DRdA 1985, 1 ff.

485 Mayer-Maly, AcP 1994, 105 (159).

Schutz der AN modifizieren. Geradezu exemplarisch verdeutlichen die Instrumente des kollektiven Arbeitsrechts das Bemühen, dieser Ungleichgewichtung abzuhelfen.

(1) Individualarbeitsrecht

Im Individualarbeitsrecht bleibt nur wenig Raum für grundrechtlich begründete Sittenwidrigkeit. Dies hat im Wesentlichen zwei Gründe: Zunächst ist die Unzulässigkeit bestimmter Vertragsinhalte bereits weitestgehend explizit normiert. Kommt die Sittenwidrigkeit dann doch zur Anwendung, dann ist zur Sinnermittlung idR gar kein Rückgriff auf grundrechtliche Argumente notwendig. Dies liegt in der Struktur des Arbeitsrechts begründet: Gestörte Parität zwischen den Vertragsparteien manifestiert sich sehr häufig in einem gestörten Verhältnis zwischen Leistung und Gegenleistung. Dass solche Vereinbarungen sittenwidrig sind, dazu bedarf es keiner grundrechtlichen Argumentation, sondern dies folgt schon aus allgemeinen Rechtsgrundsätzen: Ergibt eine Interessenabwägung nämlich ein grobes Missverhältnis zwischen den berührten Interessen, dann liegt nach st Jud des OGH eine Äquivalenzstörung vor, die die Vereinbarung sittenwidrig macht.[486] Vereinzelt ist dieser Grundsatz auch explizit normiert: Dann folgt die Nichtigkeit aus der Gesetzwidrigkeit.

Trotz des beschränkten Anwendungsbereichs der (grundrechtlich fundierten) Sittenwidrigkeit, finden sich dennoch einzelne arbeitsvertragliche Klauseln, die zumindest prima facie eine gewisse Grundrechtsaffinität aufweisen, wie die folgenden Beispiele veranschaulichen.[487]

486 ZB OGH 4.7.1985, 7 Ob 595/85; 14.4.1994, 10 Ob 501/94; 16.11.1994, 9 Ob A 197/94; 4.12.1996, 9 Ob A 2267/96i.

487 S etwa auch OGH 15.7.1997, 1 Ob 198/97t: Sittenwidrig ist ein Vertrag, mit dem ein Fußballverein einen Spieler an einen anderen Verein „verleiht", wenn der Sportler nicht ausdrücklich zugestimmt hat. Der OGH stellt hier einen Vergleich mit dem AÜG an, wonach die Arbeitskraft einer Überlassung ausdrücklich zustimmen muss. Außerdem meinte der OGH, dass andernfalls der Spieler zwangsweise Arbeit bei einem anderen Verein leisten müsste, was, so der OGH, schon nach Art 4 Abs 2 EMRK verboten sei. Der Verein durfte die Freizügigkeit des Spielers bei der Wahl dessen Arbeitsplatzes auch nicht von sich aus beschneiden, hätte das doch einen „Eingriff" in dessen Grundrechte dargestellt. S in diesem Zusammenhang auch EuGH 15.12.1995, C-415/93 = WBl 1996, 64. § 2 Abs 2 AÜG: „Für jede Überlassung von Arbeitskräften gilt, daß keine Arbeitskraft ohne ihre ausdrückliche Zustimmung überlassen werden darf". S weiters OGH 12.4.1995, 9 Ob A 31/95: Nicht sittenwidrig war die Kündigung eines an einer katholischen Schule angestellten Lehrers, die deshalb erfolgt war, weil er die Haltung der katholischen Kirche zur Empfängnisverhütung in einem offenen Brief kritisiert hatte. Art 15 StGG gewährleiste, so der OGH, nicht nur das Recht der gemeinsamen öffentlichen Religionsausübung, sondern auch die selbständige Ordnung und Verwaltung ihrer inneren Angelegenheiten. Dazu zähle insbes die Glaubens- und Sittenlehre und daher die Beurteilung der Frage, ob die Äußerung gegen die Grundsätze der Glaubens- und Sittenlehre verstoße und welches Gewicht diesem Verstoß beizumessen sei. Nach österreichischem Recht erstrecke sich die kirch-

(a) Konkurrenzklauseln

Arbeitsvertragliche Konkurrenzklauseln verbieten bzw beschränken die Erwerbstätigkeit des AN für eine bestimmte Zeit nach dem Ende des Arbeitsverhältnisses. Ergibt eine Interessenabwägung ein grobes Missverhältnis zwischen den Interessen des (ehemaligen) AG und jenen des AN, dann liegt eine Äquivalenzstörung vor und die Klausel ist sittenwidrig. Dieser Grundsatz ist auch ausdrücklich normiert, etwa in § 36 Abs 1 Z 3 AngG[488], § 2 c AVRAG[489] sowie in verschiedenen Sondergesetzen[490], weswegen sich in den meisten Fällen ein Rückgriff auf die guten Sitten erübrigt: Die Nichtigkeit folgt schon aus der Gesetzeswidrigkeit.

Dennoch stellte der OGH in einem einen Fußballer betreffenden Fall einen grundrechtlichen Konnex her. Zwar ging es dabei letztlich nicht um eine Konkurrenzklausel im eigentlichen Sinn – die rechtliche Qualifikation war tatsächlich im Verfahren strittig gewesen –, es stellten sich aber vergleichbare Fragestellungen:

Ein Profifußballer löste einvernehmlich den Spielervertrag mit seinem Fußballverein. Dabei verpflichtete er sich, dem Verein eine Transfersumme zu zahlen, wenn er jemals zu einem Bundesligaverein wechseln sollte. Als er über zwei Jahre später tatsächlich bei einem solchen spielte, beanspruchte sein ehemaliger Verein die vereinbarte Summe.

Der OGH hatte sich mit der Frage zu befassen, ob die Vereinbarung über die Transfersumme überhaupt zulässig war. Zunächst war schon unklar, wie diese Vereinbarung rechtlich zu qualifizieren war. Nach Auffassung des OGH handelte es sich dabei – anders als nach der Einschätzung der Unterinstanz – nicht um eine Konkurrenzklausel: Die Vereinbarung enthielt nämlich kein Erwerbsverbot, sondern nahm nur mittelbar auf die Erwerbstätigkeit Einfluss. Nichtsdestoweniger war sie aber nichtig: Sie bewirkte eine „sittenwidrige und daher unzulässige Knebelung des Beklag-

liche Autonomie auf die selbständige Beurteilung der Frage, ob der an einer konfessionellen Privatschule beschäftigte Lehrer aus religiösen Gründen tragbar sei, so dass die Kündigung eines an einer von der kirchlichen Institution betriebenen Schule beschäftigten Lehrers wegen einer kritischen Stellungnahme zu Fragen der Glaubens- und Sittenlehre von den staatlichen Gerichten weder darauf zu prüfen sei, ob dieses Auffassung vertretbar sei, noch darauf, ob dieses Verhalten so schwerwiegend ist, dass es die Auflösung des Dienstverhältnisses erfordere.

488 Eine Konkurrenzklausel ist demnach nur insoweit wirksam, als die Beschränkung nicht nach Gegenstand, Zeit oder Ort und im Verhältnis zum geschäftlichen Interesse, das der Dienstgeber an ihrer Einhaltung hat, eine unbillige Erschwerung des Fortkommens des Angestellten enthält.

489 BGBl I 2006/36. Diese Bestimmung entspricht im Wesentlichen § 26 Abs 1 Z 3 AngG. Bevor diese Bestimmung des AVRAG 2006 in Kraft trat, wendete der OGH § 36 Abs 1 Z 3 AngG analog auch auf Arbeiter an. S zB OGH 18.12.1996, 9 Ob A 2259/96p.

490 § 11 Abs 2 Z 6 AÜG; § 23 Abs 3 SchauspielerG.

ten unter Berücksichtigung der sich aus den Grundrechten (Art 6 Abs 1 StGG), internationalen Vereinbarungen (wie die Europäische Sozialcharta und der Internationale Pakt über wirtschaftliche, soziale und kulturelle Rechte) sowie aus den §§ 36 ff AngG – und nunmehr seit dem Beitritt Österreichs zur EG auch aus Art 48 EGV[491] – ergebenden Wertungen betreffend die Freiheit der Erwerbstätigkeit". Der Sportler war durch die Klausel in seinen Berufsmöglichkeiten erheblich eingeschränkt, weil die Beschäftigung in einem Verein der unteren Liga nur geringere Verdienstmöglichkeiten brachte. Da die Verpflichtung zur Zahlung der Ablösesumme zeitlich unbeschränkt galt, lag nach Auffassung des OGH eine grobe Äquivalenzstörung vor.[492]

Zwar erweckt die Begründung des OGH zunächst den Eindruck, als wäre die Sittenwidrigkeit (auch) von grundrechtlichen Überlegungen getragen – er beruft sich auf die sich aus den Grundrechten ergebenden „Wertungen" –, einer näheren Betrachtung hält diese erste Einschätzung aber nicht stand. Das ausschlaggebende Argument ist nämlich nicht, dass die Vereinbarung die – grundrechtlich geschützte – Erwerbsfreiheit betrifft, sondern entscheidend ist die Äquivalenzstörung: Die Klausel sollte zeitlich unbeschränkt gelten. Eigentlicher Anknüpfungspunkt ist also nicht die Erwerbsfreiheit, sondern der Grundsatz, dass rechtlich geschützte Interessen nicht unverhältnismäßig beschränkt werden sollen. Aus der Argumentation des OGH kann mE nichts anderes abgeleitet werden, als die Tatsache, dass die Erwerbsfreiheit ein in unserer Rechtsordnung grds anerkanntes Interesse ist.

(b) Rückersatz von Ausbildungskosten

Eine weitere typische arbeitsvertragliche Klausel betrifft den Ersatz von Ausbildungskosten: Übernimmt der AG – teilweise oder zur Gänze – die Ausbildungskosten des AN, dann verpflichtet sich der AN im Gegenzug, für einen bestimmten Zeitraum für den AG tätig zu sein. Löst der AN das Arbeitsverhältnis vor Ablauf der vereinbarten Frist, dann hat er dem AG die Kosten der Ausbildung (anteilig) zu erstatten.

Der hinter solchen Vereinbarungen stehende Gedanke liegt auf der Hand: Der AG investiert in die berufliche Kompetenz seines AN und will als Gegenleistung dafür von der erweiterten Kompetenz profitieren. Für den AG bedeuten solche Vereinbarungen zwar eine Beschränkung seiner Erwerbsfreiheit, er erhält dafür aber eine Gegenleistung.[493]

491 Nunmehr Art 54 AEUV.

492 OGH 25.6.1998, 8 Ob A 268/97p.

493 Vgl dazu auch Oberhofer, ZAS 2006, 152 (154).

Dementsprechend sind derartige Vereinbarungen auch grds zulässig, sie dürfen aber nach st Jud des OGH weder das dem Arbeitnehmer zustehende Kündigungsrecht unzumutbar beschränken noch gegen die guten Sitten verstoßen.[494] Sittenwidrig sind sie dann, wenn die Interessenabwägung eine grobe Verletzung rechtlich geschützter Interessen ergibt,[495] bzw konkreter: wenn das ihnen zugrundeliegende Verhältnis zwischen Leistung und Lohn für beide Seiten nachhaltig gestört ist.

Lange Zeit fehlte dazu eine ausdrückliche gesetzliche Regelung; nunmehr normiert § 2d AVRAG[496] verschiedene Kriterien zur Zulässigkeit des Ausbildungskostenrückersatzes. Aber auch wenn sich die Unzulässigkeit eines Vertrags nicht auf die explizite gesetzliche Norm, sondern die guten Sitten stützt, ist es an sich nicht notwendig, auf grundrechtliche Wertungen zurückzugreifen. Einmal mehr ergibt sich die Sittenwidrigkeit nämlich nicht aus grundrechtlichen Wertungen, sondern schlicht aus der unverhältnismäßigen Belastung der Interessen.[497] Diese Grundsätze gelten mutatis mutandis auch dort, wo Vereinbarungen über den Ersatz von Ausbildungskosten nicht in direktem Zusammenhang mit einem Arbeitsverhältnis stehen.[498] Zu einem solchen Fall findet sich eine auffallend grundrechtslastige Entscheidung des OGH:

Ein Vorarlberger, der sich in Tirol zum Krankenpfleger ausbilden ließ[499], verpflichtete sich, die Ausbildungskosten an das Land Vorarlberg zurückzuzahlen, wenn er nach Ausbildungsende nicht für mindestens drei Jahre als Krankenpfleger in Vorarlberg tätig werden würde. Ein Anspruch auf eine Anstellung wurde ihm allerdings nicht eingeräumt.

Bei der Beurteilung dieser Vereinbarung wog der OGH die Interessen auf Förderung des Gemeinwohls gegen jene auf überschaubare Lebensplanung ab. Die Überwälzung der Kosten – für die es keine gesetzliche Grund-

494 S zB OGH 9.5.2001, 9 Ob A 39/01b; 23.11.2005, 9 Ob A 86/05w; 16.11.2009, 9 Ob A 53/09y.

495 Dies wäre etwa dann der Fall, wenn dem Ausgebildeten das alleinige und beachtliche finanzielle Risiko der Ausbildung aufgebürdet wird oder wenn die Erfüllung der Verpflichtung eine unverhältnismäßig große Belastung bedeutet: OGH 29.6.1988, 9 Ob A 138/88; 21.12.2000, 8 Ob A 144/00k; 9.5.2001, 9 Ob A 39/01b.

496 BGBl I 2002/36.

497 Dies spiegelt sich auch in den Begründungen des OGH wider: Sittenwidrig sind nach der Jud des OGH Vereinbarungen, wonach es ausschließlich im Einflussbereich des AG liegt, ob und für welche Dauer der AG beschäftigt wird. Dadurch werde die wirtschaftliche Freiheit des AN in unzumutbarem Ausmaß beschränkt: OGH 29.6.1988, 9 Ob A 138/88.

498 Anderes gilt freilich dann, wenn von vornherein die Entgeltlichkeit einer Ausbildung vereinbart wird und nur die Fälligkeit des vorfinanzierten Rückzahlungsbetrages von bestimmten Entwicklungen abhängig gemacht wird (OGH 9.5.2001, 9 Ob A 39/01b).

499 Das Land Vorarlberg beteiligte sich im Rahmen des Finanzausgleichs an den Kosten zur Erhaltung der Schule.

lage gab – qualifizierte er als einen Eingriff in die Grundrechte der Freiheit der Berufswahl und der Erwerbstätigkeit, der nicht mehr als angemessen und sachlich gerechtfertigt betrachtet werden könne. Ins Gewicht falle hier nämlich va, dass – anders als bei Vorliegen eines arbeitsrechtlichen (Vor-)Vertrages – der Auszubildende die Konditionen, zu welchen er in Vorarlberg würde arbeiten müssen, zum Zeitpunkt der Verpflichtungserklärung nicht abschätzen konnte. Das Allgemeininteresse an einer funktionierenden Krankenversorgung allein könne es aber nicht rechtfertigen, einem Einzelnen ohne jede kalkulierbare Absicherung die Ausbildungskosten – die im Übrigen nach den Intentionen des Bundesgesetzgebers für Österreich kostenlos sein soll – anteilig aufzuerlegen.[500]

Nun fällt bei dieser Entscheidung va zweierlei auf: Zunächst scheint der OGH recht unbefangen mit der Figur des Grundrechtseingriffs zu operieren.[501] Aus zumindest grundrechtsterminologischer Sicht ist es aber mE unzutreffend, es als „Eingriff" zu bezeichnen, wenn der Staat mit einem Privaten einen Vertrag abschließt. Ein Grundrechtseingriff trägt nämlich an sich das Element staatlichen Zwangs in sich[502] – und dieser kann im Vertragsrecht nicht so ohne weiteres bejaht werden. Im Weiteren, und damit ist die zweite Anmerkung angesprochen, ist bei näherer Betrachtung wiederum nicht der Grundrechts„eingriff" das tragende Argument für die Sittenwidrigkeit. Ausschlaggebend ist vielmehr, dass die Interessen des Krankenpflegers einseitig belastet wurden. Die Sittenwidrigkeit ergibt sich damit wiederum bereits aus der Äquivalenzstörung. Dass diese auch ein grundrechtlich geschütztes Recht betrifft, ist dabei wiederum nur von untergeordneter Bedeutung. Tatsächlich handelt es sich also bei dieser Problemstellung um eine rein zivilrechtliche Frage, die grundrechtlich „aufgeputzt" wird.

(c) Zusammenfassung

Private dürfen – in Ausübung ihrer Privatautonomie – Konkurrenzklauseln oder den Rückersatz von Ausbildungskosten vereinbaren. Solche Vereinbarungen berühren zwar – in grundrechtlicher Terminologie gesprochen – das Recht auf Erwerbsfreiheit, der Betroffene willigt aber freiwillig ein und erhält dafür eine Gegenleistung.

Im Arbeitsrecht besteht freilich ein strukturelles Ungleichgewicht zwischen AG und AN. Führt dies dazu, dass die Vereinbarung einen Teil grob

500 OGH 21.12.2000, 8 Ob A 144/00k. S zum vergleichbaren Fall über Verpflichtungen, nach der Ausbildung Kassenverträge für medizinisch unterversorgte Gebiete abzuschließen: Krejci, WBl 1992, 173 ff.

501 Diese Terminologie verwendet der OGH auch in OGH 15.7.1997, 1 Ob 198/97t, s FN 487.

502 S dazu Kucsko-Stadlmayer, HGRÖ, § 187 Rz 84, 87.

benachteiligt, dann korrigiert der Gesetzgeber dies über ausdrückliche Nichtigkeitsklauseln. Wo diese expliziten Verbote nicht greifen, lässt sich ein entsprechendes Ergebnis mit der Sittenwidrigkeitsklausel in § 879 ABGB erzielen: In unserer Rechtsordnung ist es nämlich verpönt, Vereinbarungen abzuschließen, die einen Teil gröblich benachteiligen. Nicht entscheidungsrelevant ist es in diesen Fällen, dass grundrechtlich geschützte Positionen betroffen sind. Die Betonung liegt hier nicht auf dem *Grund*recht als vielmehr auf dem *Recht*. MaW: Die Grundrechte markieren in diesen Fällen rechtlich geschützte Positionenn, die in sittenwidriger Weise beschränkt werden.

(2) Kollektives Arbeitsrecht

(a) Kollektivverträge und Betriebsvereinbarungen

Kollektivverträge sind Vereinbarungen, die zwischen kollektivvertragsfähigen Körperschaften der AG und der AN abgeschlossen werden.[503] Die Befugnis KV abzuschließen, ergibt sich aus § 2 Abs 1 ArbVerfG; darin sind auch die zulässigen Inhalte von KV normiert, die – vereinfacht gesagt – die Festlegung arbeitsrechtlicher Mindeststandards betreffen.

KV erfüllen ua eine Schutzfunktion für die AN: Die schwache Verhandlungsposition des einzelnen – wirtschaftlich abhängigen – AN wird durch die stärkere Position des Verbandes ersetzt.[504]

Ein weiteres Instrument der kollektiven Rechtssetzung ist die **Betriebsvereinbarung**, die zwischen dem Betriebsinhaber und dem Betriebsrat abgeschlossen wird. Die Willensbildung erfolgt hier – anders als beim KV – nur auf einer Seite durch ein Kollektiv. BV können gem § 29 ArbVerfG jene Angelegenheiten regeln, die Gesetz oder KV vorsehen; das sind typischerweise Bestimmungen über die Art und Weise der Entgeltzahlung oder die betriebliche Pensionsordnung.

Gemeinsam ist KV und BV die Gliederung in einen normativen und einen schuldrechtlichen Teil. Der hier nicht weiter interessierende schuldrechtliche Teil regelt die Rechtsbeziehungen zwischen den Parteien und ist nur für sie verbindlich. Der normative Teil wirkt hingegen über die üblichen schuldrechtlichen Grenzen eines Vertrages hinaus: Er ist für alle

503 Kollektivvertragsfähig sind gem § 4 ArbeitsverfassungsG gesetzliche Interessenvertretungen der AG und der AN, denen unmittelbar oder mittelbar die Aufgabe obliegt, auf die Regelung von Arbeitsbedingungen hinzuwirken und deren Willensbildung in der Vertretung der Arbeitgeber- oder der Arbeitnehmerinteressen gegenüber der anderen Seite unabhängig ist. Kollektivvertragsfähig sind auch die auf freiwilliger Mitgliedschaft beruhenden Berufsvereinigungen der Arbeitgeber und der Arbeitnehmer, welche die in § 4 Abs 2 normierten Voraussetzungen erfüllen. Schließlich können unter bestimmten Voraussetzungen gem Abs 3 leg cit auch Vereine kollektivvertragsfähig sein.

504 Dazu etwa Aigner, Inhaltskontrolle 57. S außerdem Mayer-Maly, FS-Korinek 151 (156); Schantl, FS-Korinek 129 (147).

Arbeitsverhältnisse verbindlich, die im Wirkungsbereich des KV bzw der BV liegen.[505] Diese Bindung besteht automatisch, also unabhängig davon, ob der einzelne AN seine Zustimmung erteilt oder ob er den Inhalt der Vereinbarung billigt.[506] Noch weiterreichend sind die Wirkungen des KV: Er wirkt sogar auf solche AN, die nicht selbst kollektivvertragsangehörig sind, aber bei einem kollektivvertragsangehörigen AG beschäftigt sind (sog Außenseiterwirkung).[507] Dem Verband wird somit gesetzlich eine Regelungskompetenz eingeräumt, die an die Stelle des privatautonomen Willens des einzelnen AN tritt. Man spricht hier darum von einer verdünnten Privatautonomie des Einzelnen.[508]

Damit tritt auch eine wesentliche Besonderheit von KV und BV gegenüber herkömmlichen privatrechtlichen Vereinbarungen deutlich zutage: Zwar sind KV und BV Instrumente des Privatrechts, sie gestalten aber die Rechtsverhältnisse Dritter. Sie wirken unmittelbar auf Einzelverträge ein und kommen damit in ihrer Wirkung allgemeinen Normen gleich[509]. Dies verdeutlicht, weshalb der Abschluss von BV und KV nicht schon aus der Privatautonomie erfließt, sondern einer eigenen gesetzlichen Grundlage bedarf[510]: Die Disposition über Rechte anderer ist von der Privatautonomie nicht mehr erfasst.

Diese Besonderheit qualifiziert KV und BV nach hA als Rechtsquellen sui generis[511], in concreto als privatrechtliche Normenverträge. Sie kommen zwar wie ein privatrechtlicher Vertrag zustande, der normative Teil gilt aber als Gesetz im materiellen Sinn.[512] Dieses Spezifikum spiegelt sich auch in der Auslegung solcher Vereinbarungen wider: Während der schuldrechtliche Teil von KV bzw BV wie ein Vertrag auszulegen ist, gelten für die Auslegung des normativen Teils §§ 6 und 7 ABGB.[513]

---

505 Vgl dazu Jabornegg/Resch/Strasser, Arbeitsrecht^3 Rz 942; Schwarz/Löschnigg, Arbeitsrecht 3.3.6.5.2.

506 Vgl dazu Schwarz/Löschnigg, Arbeitsrecht 3.3.6.5.2.

507 § 12 Abs 1 ArbVerfG.

508 Vgl auch Kreil, RdW 2001, 222 (223). Freilich gelten diese Besonderheiten für BV nur bedingt, da sie ja nur einseitig von einem Kollektiv abgeschlossen werden. Auf AG-Seite manifestiert sich hier keine Fremdbestimmung. Sie sind damit gewissermaßen etwas „privatrechtlicher" als die Kollektivverträge, am Kernpunkt ändert dies aber nichts. Auch für die AN entfaltet die BV nämlich normative Kraft.

509 Vgl dazu Jabornegg, JBl 1990, 205 (206).

510 OGH 20.10.1981, 4 Ob 108/81.

511 Griller, Grundrechtsschutz, in: Runggaldier/Steindl (Hrsg), Handbuch 117 (119). S außerdem schon Schwarz, JBl 1971, 394 (402): „Man kann jedenfalls nicht sagen: Die den Kollektivvertrag regelnden Normen sind öffentliches oder privates Recht schlechthin."

512 OGH 14.2.1996, 9 Ob A 7/96, mit Berufung auf Strasser, in: Floretta/Spielbüchler/Strasser, Arbeitsrecht 2^4, 119 f.

513 OGH 11.1.1995, 9 Ob A 802/94; 18.6.2009, 8 Ob A 20/09p; 3.9.2010, 9 Ob A 153/09d; 30.6.2010, 9 Ob A 90/09i; 4.11.2010, 8 Ob A 39/10h. Zur Auslegung von KV und BV Binder, DRdA 1986, 1 (10 f).

(b) Grundrechtsbindung

Die bemerkenswerte Konstruktion – Normwirkung durch Vertragsgestaltung – führt geradezu zwangsläufig zur Frage nach der Grundrechtsbindung: Wirken die Grundrechte dem zivilrechtlichen Charakter der Verträge folgend mittelbar oder – entsprechend dem öffentlich-rechtlichen Normencharakter – unmittelbar? Tatsächlich wurde diese Frage im Schrifttum lange Zeit heftig diskutiert. Die Debatte fand ein Ende, als der OGH im Jahr 1992[514] erstmals explizit[515] die mittelbare Wirkung der Grundrechte für die KV klarstellte:[516] Sie entfalte sich va durch die Konkretisierung der wertausfüllungsbedürftigen Generalklauseln des Zivilrechts.[517] Begründend meinte er, dass die normative kollektivvertragliche Rechtssetzung nicht zur Hoheitsverwaltung gehöre.

Der OGH beantwortet in dieser Entscheidung aber nicht nur die dogmatische Einwirkung der Grundrechte, sondern er stellt auch Überlegungen zu ihrer Wirkungs*intensität* an, die er in seinen Folgeentscheidungen noch weiter ausführt: Die mittelbare Drittwirkung ermögliche und gebiete eine differenzierte Schutzintensität, die sich nach der konkreten Unterlegenheitssituation richte.[518] Die Schutzintensität könne nur in extrem gelagerten Ausnahmsfällen die gleiche sein wie gegenüber dem Staat, nicht aber in Fällen, in denen eine ähnlich krasse Unterlegenheit zwischen Privaten nicht bestehe oder durch den Markt oder durch konkrete rechtliche Vorkehrungen zureichend ausbalanciert sei. In einigen Entscheidungen stellt er dann sogar explizit fest, dass KV nur einer abgeschwächten Grundrechtsbindung unterliegen.[519] Seit 1993 vertritt der OGH diese Judikaturlinie auch für BV.[520]

Im Folgenden wird anhand der Jud gezeigt, wie die Grundrechte konkret auf KV und BV wirken und welche Besonderheiten sich daraus ergeben.

Grundrechtsrelevante Aspekte von KV und BV zeigen sich in der Jud des OGH – zwar nicht ausschließlich, aber doch – typischerweise in zwei

514 OGH 16.12.1992, 9 Ob A 602/92.

515 In OGH 17.1.1990, 9 Ob A 514/89 ließ der OGH diese Frage noch offen.

516 S nunmehr die st Jud OGH 11.8.1993, 9 Ob A 133/93; 16.10.1996, 9 Ob A 2182/96i; 8.7.1998, 9 Ob A 125/98f; 30.6.2005, 8 Ob A 8/05t; 11.5.2006, 8 Ob A 19/06m; 22.2.2007, 8 Ob A 29/06g; 7.5.2008, 9 Ob A 84/07d; 10.7.2008, 8 Ob A 47/08g; 18.6.2009, 8 Ob A 20/09p.

517 OGH 11.8.1993, 9 Ob A 133/93; 16.11.1994, 9 Ob A 201/94; 25.1.2006, 9 Ob A 57/05f; 7.5.2008, 9 Ob A 84/07d; 18.6.2009, 8 Ob A 20/09p.

518 OGH 16.11.1994, 9 Ob A 201/94; 6.7.1998, 8 Ob A 61/97x.

519 OGH 24.6.1999, 8 Ob A 20/99w; 9.11.2000, 8 Ob A 30/00w; 19.3.2003, 9 Ob A 229/02w.

520 Ausgehend von OGH 11.8.1993, 9 Ob A 133/93.

Themenbereichen[521]: Zum Ersten sind dies – mehrheitlich – Fälle, in denen KV oder BV Rechtspositionen der AN verschlechtern. Praktisch bedeutsam betrifft dies va BV bzw KV, die in Anwartschaften des Ruhegenusses eingreifen. Zum Zweiten ist ein geradezu klassisches gleichheitsrechtliches Problem betroffen, nämlich die Frage, ob eine in einer BV oder in einem KV vorgesehene (Un-)Gleichbehandlung gerechtfertigt ist.

(c) Eingriffe in Rechte oder Anwartschaften durch KV bzw BV

(aa) Problemstellung

Sowohl KV als auch BV dürfen gem ArbVerfG Bestimmungen über Pensions- und Ruhegeldleistungen enthalten.[522] Für diese Regelungen gilt zunächst das gleiche wie für alle anderen zivilrechtlichen Vereinbarungen: Ebenso wie die Vertragsparteien einvernehmlich Rechte einräumen können, können sie auch beschließen, sie wieder wegzunehmen oder abzuändern. Dieser Grundsatz folgt im Zivilrecht schon aus der Privatautonomie. Freilich lässt er sich nicht unbesehen auf die privatrechtlichen Normenverträge anwenden, da der von einer Regelung Betroffene von seiner Privatautonomie ja gerade keinen Gebrauch machen kann und somit keinen Einfluss auf die Gestaltung der Vereinbarung hat. Die Position des Einzelnen ist damit, wie bereits erwähnt, vergleichbar mit seiner Position im öffentlichen Recht.[523] Greift also ein KV oder eine BV in Anwartschaften des Ruhegenusses ein – sei es, dass die Anwartschaften entwertet werden oder dass der Erwerb zukünftiger Anwartschaften erschwert wird –, dann ist die Situation des Betroffenen nahezu dieselbe, wie wenn der Gesetzgeber pensionsrechtliche Bestimmungen verschlechtert. Daran vermag auch ein etwaiger in einer BV vorgesehener Widerrufsvorbehalt nichts zu ändern.

Die sich daraus ergebenden Problemstellungen hat für die betriebliche Ebene das 1990 in Kraft getretene Betriebspensionsgesetz (BPG)[524] aufgegriffen[525]: Es normiert nicht nur bestimmte Voraussetzungen für den Abschluss entsprechender Vereinbarungen, sondern auch verschiedene Kriterien, die bei etwaigen Abänderungen zu beachten sind. Auf die verschie-

---

521 Mit diesem Abstellen auf die typischen Fälle soll freilich nicht verkannt werden, dass auch andere Bereiche betroffen sein können. Vgl nur OGH 16.11.1994, 9 Ob A 201/94 zu Art 6 EMRK.

522 Zur rechtlichen Qualifikation von Ruhegeldleistungen vgl OGH 16.12.1992, 9 Ob A 602/92.

523 Pernthaler, ZÖR 1967, 45 (56).

524 BGBl 1990/82.

525 Vgl zuvor zu den Kriterien für Betriebsvereinbarungen mit und ohne Widerrufsvorbehalt Runggaldier, Möglichkeiten, in: Runggaldier/Steindl (Hrsg), Handbuch 157 (182 ff).

denen Anwendungs- und Abgrenzungsfragen des BPG soll hier jedoch nicht eingegangen werden.[526] Im Folgenden interessiert lediglich, welche Rolle die Grundrechte in der Jud des OGH bei Eingriffen in Anwartschaften spielen. Dazu soll zunächst – wegen der Vergleichbarkeit mit der Problematik im öffentlichen Recht – auf die Jud des VfGH eingegangen werden.

(bb) Judikatur des VfGH

Fragestellungen, die mit Ruhegenussanwartschaften verbunden sind, sind nicht rein auf das Arbeitsrecht beschränkt, sondern finden sich zuvörderst im öffentlichen Recht: Änderungen im staatlichen Pensionssystem haben geradezu zwangsläufig Auswirkungen auf die Rechtspositionen der Anspruchsberechtigten. Nun gilt freilich für pensionsrechtliche Normen nichts anderes als für alle anderen Normen: Der Gesetzgeber darf sie grds in jede Richtung hin abändern – andernfalls wären sie bis in die Ewigkeit festgeschrieben und eine dynamische Anpassung an neue Umstände wäre ausgeschlossen. Allerdings darf er diese Gestaltungsfreiheit nicht schrankenlos ausüben, sondern er hat die von den Grundrechten gezogenen Grenzen zu beachten. Eine besondere Rolle spielt dabei der aus dem **Gleichheitssatz** abgeleitete Vertrauensschutz.[527] Dieser bewahrt nicht nur vor rückwirkend belastenden Rechtsvorschriften[528], sondern er schützt auch das Vertrauen auf faktische Dispositionen[529]. Schließlich erstreckt er sich auf rechtliche Anwartschaften, die sog „wohlerworbenen Rechte“ – und genau dieser Aspekt des Vertrauensschutzes hat im Zusammenhang mit Pensionsanwartschaften besondere Bedeutung.

Nun sind Eingriffe in wohlerworbene Rechte nicht grundsätzlich unzulässig, denn es gibt – so der VfGH – keine Verfassungsvorschrift zum Schutz wohlerworbener Rechte.[530] Dh freilich nicht, dass Eingriffe „jedweder Art und in jedweder Intensität“ zulässig sind,[531] sondern es ist das verfolgte Interesse gegen die betroffenen Rechte abzuwägen[532] – was auf

526 Näher zum BPG etwa SCHRAMMEL, DRdA 2004, 211 ff.

527 Ausführlich dazu PÖSCHL, Gleichheit 820 ff; DIES, HGRÖ, § 192 Rz 64 ff. Außerdem HOLOUBEK, Interpretation, in: Machacek/Pahr Stadler (Hrsg), Grund- und Menschenrechte 1, 43 (77 ff); KUCSKO-STADLMAYER, Anwartschaften, in: Holoubek/Lang, Vertrauensschutz 93 (97). Zur Jud auch TOMANDL, ZAS 2004, 24 ff.

528 Sie sind dann verfassungswidrig, wenn „die Normunterworfenen durch einen Eingriff von erheblichem Gewicht in einem berechtigten Vertrauen auf die Rechtslage enttäuscht wurden und nicht etwa besondere Umstände eine solche Rückwirkung verlangen.“ VfSlg 12 186/1989; 14 149/1995; 18 797/2009.

529 Freilich „kann keine Rede davon sein, daß jede Veränderung, insbesondere auch Verschlechterung einer Rechtslage, auf welche Normadressaten vertrauen, allein deshalb schon gleichheitswidrig wäre“ (VfSlg 12 944/1991). S auch VfSlg 13 655/1993.

530 VfSlg 11 665/1988; 14 846/1997; 16 764/2002; 17 172/2004; 18 010/2006.

531 ZB VfSlg 11 309/1987; 11 665/1988; 16 923/2003; 17 254/2004; 18 010/2006.

532 ZB VfSlg 11 309/1987; 16 764/2002; 16 923/2003; 17 254/2004.

eine Verhältnismäßigkeitsprüfung hinausläuft. Daraus kann sich im Einzelnen auch die Notwendigkeit ergeben, Übergangsregelungen vorzusehen.[533]

Neben dem Gleichheitssatz ist im Zusammenhang mit wohlerworbenen Rechten auch das verfassungsgesetzlich gewährleistete Recht auf **Eigentum** zu beachten. Der VfGH hat nunmehr anerkannt, dass dieses Grundrecht nicht nur im Privatrecht wurzelnde, sondern auch öffentlichrechtliche Ansprüche schützt.[534] Die Einschränkung solcher Anwartschaften ist demzufolge eine Eigentumsbeschränkung. Sie ist nach der Jud des VfGH nur dann zulässig, wenn sie im öffentlichen Interesse liegt und verhältnismäßig ist.[535]

Prüft der VfGH anhand des Gleichheits- und des Eigentumsrechts, ob ein Eingriff in wohlerworbene Rechte zulässig ist, dann trennt er dabei nicht strikt zwischen beiden Grundrechten: Häufig folgert er aus der Gleichheitskonformität einer Norm auch ihre Konformität mit dem Eigentumsrecht, ohne dies tatsächlich näher zu prüfen.[536]

(cc) Judikatur des OGH

Wenn sich der OGH mit der Frage auseinanderzusetzen hat, ob durch KV bzw BV vorgenommene Eingriffe in Anwartschaften zulässig sind, dann sind die Parallelen zu den verfassungsrechtlichen Problemstellungen zunächst offensichtlich: In beiden Fällen geht es um die Frage, unter welchen Voraussetzungen Anwartschaften beschränkt werden dürfen. Allerdings – und hier liegt der grundlegende Unterschied – wirken nach Auffassung des OGH die Grundrechte in einem Fall mittelbar und im anderen unmittelbar. Dennoch orientiert sich der OGH – und dies überrascht zunächst – bei der Problemlösung stark an der verfassungsgerichtlichen Jud: So wie der VfGH vertritt auch der OGH in st Rsp, dass Eingriffe in wohlerworbene Rechte zwar zulässig, aber durch die Grundrechte, in concreto den Gleichheitssatz und das Recht auf Eigentum, beschränkt sind.[537] Die Gestaltungsfreiheit der KV-Parteien findet somit ihre Schranke in der mittelbaren Drittwirkung der Grundrechte, die sich durch die Konkretisierung des § 879 Abs 1 ABGB effektuiert.[538]

In der grundrechtlichen **Gleichheitsprüfung** des OGH klingt dann für den Verfassungsrechtler vieles vertraut: In st Jud führt der OGH aus,

533 VfSlg 12 568/1990; 12 732/1991; 16 923/2003.

534 ZB VfSlg 15 129/1998. S aber noch etwa VfSlg 9329/1982; 10 588/1985.

535 VfSlg 17 071/2003.

536 VfSlg 16 292/2001; 16 923/2003. S dazu auch Pöschl, Gleichheit 831.

537 Vgl etwa OGH 14.2.1996, 9 Ob A 7/96; 6.7.1998, 8 Ob A 61/97x; 24.6.2004, 8 Ob A 52/03k.

538 OGH 16.12.1992, 9 Ob A 602/92; 14.2.1996, 9 Ob A 7/96; 6.7.1998, 8 Ob A 61/97x.

dass unsere Verfassungsordnung zwar kein Grundrecht auf wohlerworbene Rechte kenne, bei einem Eingriff in Rechtspositionen sei aber der Vertrauensschutz zu berücksichtigen.[539] Geschützt werden dabei nicht jegliche, sondern nur erhebliche Eingriffe.[540] Ist der Eingriff erheblich – diese Frage lasse sich nicht allgemein, sondern nur anhand eines konkreten Falles beantworten[541] –, dann prüft der OGH, ob das damit verfolgte Ziel legitim ist. Hier kommt es – anders als im öffentlichen Recht – naturgemäß nicht auf ein öffentliches Interesse, sondern vielmehr auf ein berücksichtigungswürdiges Interesse an.[542] Dabei handelt es sich idR um (betriebs-)wirtschaftliche Interessen, wie beispielsweise die Sicherung des wirtschaftlichen Bestandes eines Unternehmens. Abschließend ist das legitime Interesse in ein Verhältnis zu den Interessen der AN zu setzen.[543] Auf diese Weise können auch drastische Eingriffe in Rechtspositionen gerechtfertigt sein, wenn ihnen ein schwerwiegender Grund gegenübersteht. Bemerkenswert ist hier, dass der OGH die Verhältnismäßigkeit der Maßnahme regelmäßig vermutet, weil – so der OGH – die Interessen der AN ohnehin durch ihre Vertretung ausreichend gewahrt würden.[544] Das heißt zwar nicht, dass die Verhältnismäßigkeit seiner Prüfung entzogen ist, er prüft sie jedoch erst bei substantiierten Einwänden. Der Hintergrund für diese Zweifelsregel

539 OGH 24.6.1999, 8 Ob A 20/99w; 6.6.2005, 9 Ob A 68/04x; 25.1.2006, 9 Ob A 57/05f.

540 Ganz grds stellt der OGH immer wieder fest, dass der Schutz des Vertrauens eines AN auf eine bestimmte Regelung auch die Möglichkeiten einer maßvollen Änderung der Regelung iSd § 2 Abs 2 ArbVerfG umfasst: OGH 14.2.1996, 9 Ob A 7/96; 22.10.1997, 9 Ob A 255/97h. Vgl zur problematischen Abgrenzungsfrage auch beim VfGH Tomandl, ZAS 2004, 24 (25).

541 OGH 14.12.1996, 9 Ob A 7/96: Kein Eingriff von erheblichem Gewicht war etwa die Abkoppelung der Wertanpassung der Pensionsleistungen von den Aktivbezügen, die sich möglicherweise in einer etwas geringeren Erhöhung der Pensionsleistungen auswirkte. Der OGH argumentiert hier auch, dass die Pensionsleistungen finanzierbar bleiben und die Pensionssysteme selbst angepasst werden sollen. Insgesamt schien ihm daher der Eingriff in die Rechtsposition des Kl unter Bedachtnahme auf sein geschütztes Vertrauen nicht schwerer zu wiegen als es die verfolgten Interessen erforderlich erscheinen lassen. S außerdem OGH 14.2.1996, 9 Ob A 7/96; 16.1.2001, 4 Ob 291/00y. OGH 22.10.1997, 9 Ob A 255/97h: Auch ein bloßer Eingriff in Zulagen zum Pensionsbezug in einem geringfügigen Verhältnis war kein Eingriff in den Vertrauensschutz von erheblichem Gewicht.

542 OGH 24.6.1999, 8 Ob A 20/99w: Bei Betriebsvereinbarungen kommt nicht das öffentliche Interesse zum Tragen, sondern das Wohl des Betriebes und seiner AN.

543 OGH 6.6.2005, 9 Ob A 68/04x. S auch Berka, Grundrechte, Rz 974

544 OGH 28.3.2002, 8 Ob A 236/01s; 24.6.2004, 8 Ob A 52/03k; 15.11.2006, 9 Ob A 193/05f; 10.7.2008, 8 Ob A 47/08g; 20.8.2008, 9 Ob A 66/07g. Vgl auch Schrammel, DRdA 2004, 211 (220). Dagegen Resch, DRdA 1993, 369 (378): Ausgehend vom Bekenntnis einer Grundrechtsgeltung für KV verbiete deren Schutzzweck gerade eine solche Annahme. Dagegen spreche weiters die AN-Außenseiterwirkung der von freien Berufsvereinigungen abgeschlossenen KV, sowie der Umstand, dass im Bereich der freien Berufsvereinigungen nicht einmal eine bestimmte vom Gesetz vorgeschriebene Organisationsstruktur des Vereins Voraussetzung für die Zuerkennung der Kollektivvertragsfähigkeit ist.

liegt, wie Resch darlegt, in prozessualen Gegebenheiten: Die Beweislast im Zivilprozess trifft nämlich denjenigen, der die Nichtigkeit des KV behauptet.[545]

Steigt der OGH dennoch in die Verhältnismäßigkeitsprüfung ein, dann legt er keinen strengen Maßstab an, sondern nimmt eher eine Interessenabwägung[546] bzw Vertretbarkeitskontrolle vor. Demzufolge können etwa auch drastische Eingriffe in Rechtspositionen gerechtfertigt sein, wenn der wirtschaftliche Bestand eines Unternehmens gefährdet ist.[547]

Ebenso wie der VfGH verlangt auch der OGH eine differenzierte Betrachtungsweise: Eingriffe in Rechtspositionen betreffen nämlich häufig nicht alle Beteiligten in gleicher Intensität. Werden etwa Ruhegenussregelungen verschlechtert, so sind üblicherweise AN, die schon knapp vor dem Ruhestand stehen, stärker betroffen, als jene, die eben erst ins Berufsleben eintreten sind und noch nach den neuen Gegebenheiten disponieren können.[548] Diesen unterschiedlichen Vertrauenspositionen, wie sie gerade durch die die unterschiedliche Dauer der Berufsausübung entstehen können, ist nach st Jud des OGH hinreichend Rechnung zu tragen. Aus diesem Grund sei eine schematische Gleichbehandlung gleichheitswidrig,

---

545 Resch, DRdA 1993, 369 (378).

546 OGH 6.6.2005, 9 Ob A 68/04x; 25.1.2006, 9 Ob A 57/05f. In st Jud legt der OGH auch dar, dass allgemein gültige Aussagen, in welchem prozentuellen Ausmaß ein Eingriff in bestehende Rechtspositionen erfolgen könne, ohne unverhältnismäßig zu sein, nicht möglich seien: Die Verhältnismäßigkeit des Eingriffs habe auf Grund der Gegenüberstellung der Interessen der AN mit den betrieblichen Interessen zu erfolgen und könne daher immer nur unter Beachtung der konkreten Umstände des Einzelfalls erfolgen.

547 OGH 24.6.1999, 8 Ob A 20/99w; 12.8.1999, 8 Ob A 18/99a (zur Entlastung des Staatshaushalts); 9.11.2000, 8 Ob A 30/00w; 28.3.2002, 8 Ob A 236/01s: Die wirtschaftliche Lage war zwar wegen der sich vermehrenden Pensionslasten ernst, jedoch könne dem Akt kein Anhaltspunkt dafür entnommen werden, es bedürfe einer erheblichen Einschränkung bereits erworbener Anwartschaften zur Abwendung einer sonst unausweichlichen Insolvenz. OGH 6.6.2005, 9 Ob A 68/04x: Ist ein Unternehmen „konkursreif“ bzw ein „Sanierungsfall“, so müssen auch schmerzhafte Eingriffe als verhältnismäßig gewertet werden. Einen besonders strengen Maßstab legt der OGH an, wenn ein KV günstigere einzelvertragliche Regelungen abändert. Ob ein derartiger Eingriff überhaupt möglich ist, ließ der OGH bislang offen (auch in OGH 11.5.2005, 9 Ob A 31/ 05g). In den zu prüfenden Fällen kam er nämlich jedes Mal zum Ergebnis, dass ein Eingriff nur dann gerechtfertigt werden könne, wenn ansonsten der Fortbestand des Betriebes gefährdet wäre (OGH 6.7.1998, 8 Ob A 61/97x). Diese strenge Linie stützt er damit, dass ein AN mit einem privatautonom geschlossenen Vertrag noch weniger mit einer Verschlechterung seiner Rechte durch die KV-Parteien rechnen müsse als ein AN, der seine Rechte bereits aus einem KV ableitet (OGH 6.7.1998, 8 Ob A 61/97x; vgl auch OGH 11.5.2005, 9 Ob A 31/05g).

548 Zu den unterschiedlichen Vertrauenspositionen, wie sie etwa durch die unterschiedliche Dauer der Berufsausübung entstehen können, vgl OGH 24.6.1999, 8 Ob A 20/99w; 6.6.2005, 9 Ob A 68/04x. S auch OGH 28.3.2002, 8 Ob A 236/01s; 24.6.2004, 8 Ob A 52/03k; 15.11.2006, 9 Ob A 193/05f.

wenn dafür keine zwingenden betriebswirtschaftlichen Gründe[549] bestehen.[550]

Diese differenzierte Betrachtung erfordert es in den meisten Fällen, Übergangsvorschriften vorzusehen. Bei der Ausgestaltung der Übergangsregelung räumt der OGH den Parteien einen weiten Entscheidungsspielraum ein, der der nachprüfenden gerichtlichen Kontrolle nur bei grobem Überschreiten des Entscheidungsspielraums unterliegt,[551] dennoch können Übergangsregelungen allein die differenzierte Betrachtungsweise noch nicht schlechthin ersetzen:[552] Auch die Übergangsregelung muss sachgemäß sein und sich an den unterschiedlichen Vertrauenspositionen orientieren. Wie eine Übergangsregelung konkret ausgestaltet sein sollte, dazu hat der OGH bislang freilich noch nicht Stellung genommen: Soweit ersichtlich fehlte in den anhängigen Fällen eine Übergangsregelung nämlich völlig.[553]

Eng verbunden mit der gleichheitsrechtlichen ist auch in der oberstgerichtlichen Jud die **eigentumsrechtliche** Prüfung. Bereits erworbene – nicht jedoch künftig zu erwerbende[554] – Anwartschaften fallen nämlich als vermögenswerte Privatrechte unter den verfassungsrechtlichen Eigentumsschutz.[555] Wiederum folgt der OGH im Wesentlichen der verfassungs-

549 Solch ein Grund wäre etwa die drohende Insolvenz.

550 OGH 16.12.1992, 9 Ob A 602/92; 24.6.1999, 8 Ob A 20/99w; 6.9.2000, 9 Ob A 106/00d; 28.3.2002, 8 Ob A 236/01s; 25.1.2006, 9 Ob A 57/05f. Vgl OGH 11.8.1993, 9 Ob A 133/93: Die Überlegungen des VfGH gelten zufolge der mittelbaren Grundrechtsbindung auch für eine Prüfung der BV nach § 879 Abs 1 ABGB.

551 OGH 28.3.2002, 8 Ob A 236/01s.

552 Zur Notwendigkeit von Übergangsfristen mwN OGH 28.3.2002, 8 Ob A 236/01s.

553 S zB OGH 6.9.2000, 9 Ob A 106/00d: Der OGH stellte fest, dass die Maßnahmen erheblich eingreifen, und dass eine Übergangsvorschrift hätte vorgesehen werden müssen. Da dies nicht geschehen war, konnte es dahingestellt bleiben, ab welchem Zeitpunkt dieser Schutz greifen sollte. Im arbeitsrechtlichen Schrifttum wurde mitunter kritisiert, dass der Entscheidungsspielraum der Parteien nur unscharf umrissen sei, was zu Rechtsunsicherheit führe (Runggaldier, DRdA 2001, 310. Vgl auch Kreil, RdW 2001, 222 [223 f]). Dem ist zweierlei entgegenzuhalten: Zum Ersten gab es bislang in der Jud noch keinen Fall, der eine konkrete Abgrenzung erfordert hätte, weil, wie bereits erwähnt, in den entscheidungsgegenständlichen Fällen Übergangsregelungen überhaupt fehlen. Und zum Zweiten ist zu bedenken, dass diese „Unsicherheit“ eng verbunden ist mit einem Gestaltungsspielraum. Allgemein gültige Aussagen lassen sich nur in dem – eine Zeit lang ebenso strittigen – Punkt aufstellen, als es nach der Jud des OGH nicht ausreicht, dass Übergangsregelungen zufriedenstellend sind, sondern auch diese Übergangsregelungen müssen gewissen Anforderungen entsprechen. Hierin unterscheidet sich die oberstgerichtliche Judikatur kaum von der Judikatur des VfGH: Auch der VfGH räumt dem VfGH einen rechtspolitischen Gestaltungsspielraum ein und meint, dass im Einzelfall Übergangsregelungen erforderlich sein können, deren Ausgestaltung dem Normsetzer obliegt; der VfGH prüft aber die verfassungskonforme Ausformung im Einzelfall.

554 OGH 16.12.1992, 9 Ob A 602/92.

555 OGH 16.12.1992, 9 Ob A 602/92; 22.10.1997, 9 Ob A 255/97h.

gerichtlichen Judikatur. Er unterscheidet zwischen Enteignungen und Eigentumsbeschränkungen und qualifiziert Eingriffe in Anwartschaften als Eigentumsbeschränkungen: Sie sind nach st Jud des OGH zulässig, wenn sie sachlich gerechtfertigt sind, den Wesensgehalt des Grundrechts nicht berühren und verhältnismäßig sind. [556]

Dabei zeigen sich bereits die Parallelen zwischen eigentumsrechtlicher und gleichheitsrechtlicher Prüfung: Sachlich gerechtfertigt ist ein Eingriff nach der Jud des OGH, wenn berücksichtigungswürdige betriebliche Interessen vorliegen. Die Verhältnismäßigkeit des Eingriffs vermutet der OGH wie schon bei der gleichheitsrechtlichen Prüfung. Der OGH folgt der verfassungsgerichtlichen Jud aber in noch einem weiteren Punkt: Auch er trennt nämlich gleichheits- und eigentumsrechtliche Prüfung nicht strikt voneinander.[557] Prüft der OGH etwa gleichheitsrechtliche Aspekte, dann erachtet er die eigentumsrechtlichen Aspekte als von der Prüfung mitumfasst. Gleichheitsrechtliche Überlegungen stellt er dann häufig nur mehr in jenen Punkten an, die über die eigentumsrechtliche Prüfung hinausgehen, dh, er prüft, ob den unterschiedlichen Vertrauenspositionen hinreichend Rechnung getragen wurde. Dieser Punkt kann dann durchaus dazu führen, dass ein Eingriff zwar das Eigentum nicht verletzt, sehr wohl aber gleichheitswidrig ist.[558]

Inhaltliche Abweichungen von der Jud des VfGH zeigen sich einzig bei der Frage, ob der Wesensgehalt eines Grundrechts berührt ist. Bei näherer Betrachtung zeigt sich nämlich, dass diese Frage bei der kollektiven Normsetzung keinen materiellen Begründungswert haben kann. Der VfGH hat die Wesensgehaltstheorie für die Grundrechte unter formellem Gesetzesvorbehalt entwickelt. Demnach darf der Gesetzgeber nicht gegen das Wesen des Grundrechts verstoßen, was etwa dann der Fall wäre, wenn die Wirkung der Aufhebung eines Grundrechts gleich käme.[559] Diese Wesensgehaltstheorie lässt sich aber für die Prüfung von KV und BV nicht nutzbar machen. Eine privatrechtliche Vereinbarung, sei sie auch ein privatrechtlicher Normenvertrag, kann in ihren Wirkungen kaum der Aufhebung des betroffenen Grundrechts gleichkommen. Tatsächlich zeigt sich dann auch, dass der OGH dieses Kriterium zwar formell anführt, es aber

556 OGH 22.10.1997, 9 Ob A 255/97h; 6.7.1998, 8 Ob A 61/97x; 15.4.2004, 8 Ob A 82/03x.

557 Vgl zum VfGH Tomandl, ZAS 2004, 24 (26).

558 OGH 24.6.1999, 8 Ob A 20/99w: Der sachliche Grund für einen Eingriff lag zwar in der Finanzierbarkeit und die Verhältnismäßigkeit der Maßnahme konnte vermutet werden – insofern war das Recht auf Schutz des Eigentums nicht verletzt –, da aber keine Übergangsregelungen vorgesehen waren, qualifizierte der OGH die Bestimmung als gleichheits- und damit sittenwidrig.

559 Öhlinger, Verfassungsrecht[8] Rz 713.

materiell gar nicht prüft.[560] Mitunter fragt er zwar, ob ein Eingriff das Wesen bzw den Wesenskern einer Pension bzw einer betrieblichen Pensionsversorgung betrifft,[561] mit dem grundrechtlichen Wesensgehalt iSd verfassungsgerichtlichen Jud hat dies aber nichts zu tun. In der Sache scheint es vielmehr, als wolle der OGH damit die Intensität bzw Erheblichkeit des Eingriffs prüfen.

(d) (Un-)Gleichbehandlung durch KV bzw BV

(aa) Arbeitsrechtliches Gleichbehandlungsgebot

Wenn im Arbeitsrecht von Gleichbehandlung die Rede ist, dann ist damit nicht zwangsläufig der verfassungsrechtliche Gleichheitssatz gemeint, sondern es kann auch das arbeitsrechtliche Gleichbehandlungsgebot angesprochen sein. Es wurde – auch wenn es nunmehr in verschiedenen Ausprägungen gesetzlich verankert wurde – von der Jud entwickelt[562] und beinhaltet ein an den AG gerichtetes Diskriminierungsverbot.[563] Der Gleichbehandlungsgrundsatz verbietet es, einzelne AN ohne sachlichen Grund schlechter zu stellen als die übrigen AN unter den gleichen Voraussetzungen.[564] Zulässig ist es allerdings, *einzelne* AN – auch ohne sachlichen Grund – zu *bevorzugen*:[565] Der Gleichbehandlungsgrundsatz gilt nämlich nur, wenn eine klare Mehrheit benachteiligt wird.[566]

Der OGH hat den Grundsatz ursprünglich aus § 879 Abs 1 abgeleitet, mittlerweile beruft er sich allgemein darauf ohne ihn näher herzuleiten.[567]

Die Lehre ist sich – auch wenn der arbeitsrechtliche Gleichbehandlungsgrundsatz der Sache nach außer Streit steht – über seine Begründung uneinig.[568] Häufig wird er aus der Fürsorgepflicht des Arbeitgebers abgeleitet,[569] mitunter aber auch aus allgemeinen Gerechtigkeitserwägungen[570],

560 OGH 6.7.1998, 8 Ob A 61/97x.

561 OGH 16.12.1992, 9 Ob A 602/92; 22.10.1997, 9 Ob A 255/97h.

562 § 18 BPG. Dazu OGH 11.8.1993, 9 Ob A 133/93: „Auch mit § 18 BPG wurde lediglich der von der Judikatur herausgebildete arbeitsrechtliche Gleichbehandlungsgrundsatz festgeschrieben […].“

563 S zB OGH 6.7.1998, 8 Ob A 161/98d; 21.9.2006, 8 Ob A 50/06w.

564 OGH 14.10.1980, 4 Ob 65/79; 27.11.1984, 4 Ob 116/83; 13.9.1995, 9 Ob A 77/95; 13.6.1996, 8 Ob A 239/95; 25.11.1998, 9 Ob A 227/98t. Krejci, DRdA 2005, 383, 501 (391 f); Schwarz/Löschnigg, Arbeitsrecht 422.

565 OGH 19.1.1982, 4 Ob 134/81.

566 Eichinger, Rechtsgrundlagen, in: Runggaldier/Steindl (Hrsg), Handbuch 85 (97); Schwarz/Löschnigg, Arbeitsrecht 422. Zur Problematik und mwN Mathiaschitz, Gleichbehandlungsgrundsatz, in: Runggaldier/Steindl (Hrsg), Handbuch 259 (267 f).

567 Binder, DRdA 1983, 156; Mathiaschitz, Gleichbehandlungsgrundsatz, in: Runggaldier/Steindl (Hrsg), Handbuch 259 (261 ff).

568 Vgl dazu Mathiaschitz, Gleichbehandlungsgrundsatz, in: Runggaldier/Steindl (Hrsg), Handbuch 259 (263 ff).

569 S zB Bydlinski, DRdA 1962, 53 (60); Hueck, Grundsatz 110; Ladislav, FS-Schmitz 2, 131 (135).

dem sozialen Schutzprinzip[571] oder dem Respekt vor der Persönlichkeit des AN.[572]

Ebenso unklar ist, in welchem Verhältnis der arbeitsrechtliche Gleichbehandlungsgrundsatz zum verfassungsrechtlichen Gleichheitssatz steht,[573] in concreto, ob der Gleichbehandlungsgrundsatz grundrechtlich fundiert ist, sich also mit dem verfassungsrechtlichen Gleichheitssatz begründen lässt.[574] Ein solcher Zusammenhang lässt sich aber mE so nicht herstellen: Staatliche Gewährleistungspflichten, die einen Schutz vor Ungleichbehandlungen durch Dritte im Privatrechtsverkehr vermitteln, enthält der verfassungsrechtliche Gleichheitssatz gerade nicht.[575] Somit kann der Grund für diesen Gleichbehandlungsgrundsatz nicht isoliert aus der Verfassung gewonnen werden, sondern er folgt schon aus allgemeinen Überlegungen: Wenn im Arbeitsrecht Diskriminierungen durch den AG unerwünscht sind, dann wird dies von gesellschafts- und rechtspolitischen Erwägungen getragen, nicht aber (allein) von der Verfassung.[576]

Dennoch sind aber verfassungsrechtlicher Gleichheitssatz und arbeitsrechtlicher Gleichbehandlungsgrundsatz auch nicht strikt voneinander zu trennen.[577] Letzterer trägt nämlich unverkennbar solchen Prinzipien Rechnung, wie sie der verfassungsrechtliche Gleichheitssatz verkörpert.[578] Der arbeitsrechtliche Gleichbehandlungsgrundsatz trägt sich somit – auch – aus allgemeinen arbeitsrechtlichen Überlegungen, zugleich findet er aber im verfassungsrechtlichen Gleichheitssatz ein mögliches Konkretisierungselement[579].

Für die folgenden Ausführungen genügt freilich der Hinweis, dass der arbeitsrechtliche Gleichbehandlungsgrundsatz auf das Individualarbeitsrecht beschränkt ist. In der kollektiven Normsetzung wirkt hingegen – mittelbar – der verfassungsrechtliche Gleichheitssatz. Dies vertritt auch der OGH in st Jud: Die Parteien treffe – anders als den AG – nicht die

570 Hilger, RdA 1975, 32 ff.

571 Binder, DRdA 1983, 156 ff; Dersch, RdA 1949, 325 ff; Ladislav, FS-Schmitz 2 (131) 135.

572 Dazu Schwarz/Löschnigg, Arbeitsrecht 424. S auch Sturm/Körber, Gleichbehandlungspflichten, in: Mazal/Risak (Hrsg), Arbeitsrecht, Rz 69.

573 S auch Berka, Grundrechte, Rz 994.

574 Auch der OGH verwendet in seiner Jud eine unklare Terminologie, die arbeitsrechtliche Gleichbehandlung und verfassungsrechtliche Gleichheit mitunter miteinander verschwimmen lässt. S dazu Beck-Mannagetta, ZAS 1985, 218 (220).

575 Vgl zum arbeitsrechtlichen Gleichbehandlungsgrundsatz auch Ladislav, FS-Schmitz 2, 131 (136): Der Gleichbehandlungsgrundsatz zeige die rechtsfortbildende Funktion der Rsp.

576 S auch Ruffert, Vorrang 176.

577 Gegen eine völlige Abkoppelung Binder, DRdA 1983, 156 (158).

578 So auch mwN Berka, Grundrechte, Rz 994.

579 Binder, DRdA 1983, 156 (158).

Gleichbehandlungspflicht, sie seien aber an den verfassungsrechtlichen Gleichheitssatz gebunden.[580]

(bb) Judikatur des OGH

Bei der Frage nach der Gleichheitskonformität einer Bestimmung orientiert sich der OGH wiederum unübersehbar an der verfassungsgerichtlichen Judikatur: Differenzierungen müssen sachlich gerechtfertigt sein, wobei auf eine Durchschnittsbetrachtung abzustellen ist und Härtefälle in Kauf zu nehmen sind.[581] Sowohl hinsichtlich der angestrebten Ziele als auch der eingesetzten Mittel betont der OGH die rechtspolitische Gestaltungsfreiheit der KV-Parteien.[582] Er sieht sich lediglich berufen, den möglichen Exzess einer Bestimmung aufzugreifen. In diesem Punkt weicht er somit von der verfassungsgerichtlichen Judikatur ab: Der VfGH hat nämlich seine lange Zeit vertretene Exzess-Jud mittlerweile zugunsten einer differenzierten Sachlichkeitsprüfung aufgegeben.[583] Man mag nun einwenden, dass der OGH mit seiner Exzess-Jud den Parteien einen – zu – weiten Spielraum einräumt, diese Vermutung trifft bei näherer Betrachtung jedoch nicht zu. Zwar hat der OGH bislang in den wenigsten Fällen die Bestimmung eines KV oder einer BV als unsachlich qualifiziert[584],

580 OGH 16.12.1992, 9 Ob A 602/92; 11.8.1993, 9 Ob A 133/93; 11.1.1995, 9 Ob A 802/94.

581 OGH 17.1.1990, 9 Ob A 514/89: Sachlich gerechtfertigt waren unterschiedliche kollektivvertragliche Regelungen der Spesenvergütung für AN im Gelegenheits- und Ausflugsverkehr und im Linienverkehr. AN im Gelegenheits- und Ausflugsverkehr erhielten normierte Spesensätze, eventuelle Nächtigungsspesen waren extra zu vergüten. Diese Ungleichbehandlung war gerechtfertigt, da Lenker im Linienverkehr typischerweise an einen Fahrplan gebunden sind und Dispositionen hinsichtlich Verpflegung und Nächtigung treffen können. Lenkern im Gelegenheitsverkehr entstehen hingegen idR höhere Spesen, weil sie von der Reisegruppe abhängig sind. Dass Härtefälle entstehen können, etwa in den untypischen Fällen, dass auch der Gelegenheitsverkehr eine Linie im Ausland befährt, mache die Bestimmung noch nicht gleichheitswidrig. Es sei nämlich von einer Durchschnittsbetrachtung auszugehen. OGH 11.1.1995, 9 Ob A 802/94: Sachlich gerechtfertigt war eine kollektivvertragliche Regelung über den Bezug der Kinderzulage. Dienstnehmer, die durch Scheidung den Anspruch auf Familienbeihilfe verlieren, können die Kinderzulage weiterhin beziehen, wenn sie unterhaltspflichtig sind. Dass andere Fälle des Verlustes der Familienbeihilfe, etwa durch Auflösung einer Lebensgemeinschaft, nicht berücksichtigt wurden, war nach Auffassung des OGH nicht gleichheitswidrig. Er ging von einer Durchschnittsbetrachtung aus: Der Gleichheitssatz verbiete es nämlich nicht, auf den Regelfall des Verlustes der Familienbeihilfe durch Scheidung der von der Rechtsordnung allein und allgemein anerkannten Familiengemeinschaft der Ehe abzustellen. Diese Durchschnittsbetrachtung widerspreche nicht der allgemeinen Lebenserfahrung. Mögliche Härtefälle bei anderen Arten des Verlustes des Anspruches auf Familienbeihilfe seien in Kauf zu nehmen. S auch OGH 16.10.1996, 9 Ob A 2182/96i; 26.1.2000, 9 Ob A 195/99p.

582 OGH 8.7.1998, 9 Ob A 125/98f; 11.5.2006, 8 Ob A 19/06m.

583 S aber zB VfSlg 12 431/1990.

584 OGH 11.8.1993, 9 Ob A 133/93: Sachlich nicht (mehr) gerechtfertigt war die in einer BV vorgesehene unterschiedliche Versorgung der Hinterbliebenen männlicher und

das bedeutet aber im Umkehrschluss nicht, dass die übrigen Fälle durch das weitmaschige Exzess-Sieb gefallen sind. Tatsächlich scheinen nämlich auch die als sachlich qualifizierten Fälle am Maßstab einer strengeren Sachlichkeitsprüfung gemessen vertretbar.

Anschaulich zeigt dies ein Beispiel, das den Betriebsübergang der Lauda Air auf die Austrian Airlines betraf: Die beiden KV traten außer Kraft, in einem ZusatzKV wurden jedoch bestimmte günstigere Regelungen für die AUA-Stammbelegschaft aufrechterhalten. Der Klage eines „neuen" AUA-Mitarbeiters, die sich gegen die Besserstellung der Stammbelegschaft richtete, gab der OGH nicht statt: Er qualifizierte das Regelungsziel, nämlich die möglichst weitgehende Wahrung der schon bisher der Stammbelegschaft zustehenden Rechte, als legitim und konnte für einen Exzess im Gestaltungsermessen keine Ansatzpunkte finden.[585] Dieses – zutreffende – Ergebnis ließe sich ebenso gut mit einer Sachlichkeitsprüfung erzielen.

Zugleich liegt der problematische Kernpunkt einer anderen Entscheidung, die mittlerweile geradezu als Paradebeispiel für eine aus grundrechtlicher Sicht verfehlte Entscheidung des OGH gilt, nicht allein am Exzess-Maßstab:[586]

Dabei ging es um eine Gehaltstafel eines KV, die für bestimmte Kaufhäuser höhere Entgeltsätze vorsah. Der Anwendungsbereich dieser Gehaltstabelle wurde nicht abstrakt beschrieben, sondern – und darin lag die Besonderheit – die Betriebe wurden namentlich aufgezählt. Eine ungerechtfertigte Ungleichbehandlung wurde nun darin gesehen, dass jene Betriebe, die namentlich nicht genannt wurden, deren wirtschaftliches Potential aber mit den genannten vergleichbar war, in eine für sie günstigere Gehaltstabelle fielen.

Der OGH fand die Zielsetzung dieser Bestimmung legitim: Die Differenzierung nach der Größe der Kaufhäuser ermögliche nämlich höhere AG-Leistungen in diesen wirtschaftlich potenten Betrieben und fixiere die Gestaltungsmacht der AG bezüglich der Lohnvereinbarungen in eine bestimmte Richtung. Aber auch das Mittel erachtete der OGH als zur Zielerreichung geeignet. Dass mittlerweile auch andere Kaufhäuser in etwa gleich groß seien, mache die Regelung nicht exzessiv. Die namentliche Nennung zeige nämlich nicht, dass die Maßnahmen punktuell ge-

weiblicher Dienstnehmer. Konkret stand die sog „Witwenzulage" nämlich nur Frauen, nicht aber Witwern zu. Damit wurde eine sitten-, weil gleichheitswidrige Differenzierung geschaffen.

585 OGH 11.5.2006, 8 Ob A 19/06m. Bei der Beurteilung dieses Ziels greift der OGH auch auf die Wertungen einschlägiger gesetzlicher Regelungen zurück. So normiert etwa eine Bestimmung des AVRÄG (§ 4 Abs 2), dass durch den Wechsel der KV-Angehörigkeit infolge Betriebsübergangs das Entgelt nicht geschmälert werden darf.

586 OGH 8.7.1998, 9 Ob A 125/98f.

zielt diese kleine spezielle Gruppe treffen und vergleichbare Unternehmer unbelastet bleiben sollten, sondern es spreche der erkennbare Zweck der Regelung dafür, dass zur Zeit der Schaffung der Norm diese Gruppe repräsentativ die großen überschaubaren Warenhäuser erfasste, was die Regelung nicht unsachlich mache. Dass es inzwischen auch andere vergleichbare Kaufhäuser gebe, die von der Lohntafel nicht erfasst seien, lasse aber auch noch nicht die Absicht einer Regelung erkennen, die in exzessiver Form zu einer Ungleichbehandlung vergleichbarer Fälle geführt habe und nicht nur im Laufe der Zeit eingetretene Härtefälle betreffe.

Diese Entscheidung[587], an der das Schrifttum teilweise massive Kritik geübt hat[588], wirft gleich mehrere Fragen auf.

Zunächst ist es mE hier schon nicht zutreffend, von Härtefällen zu sprechen. Härtefälle bezeichnen nach gängigem Verständnis jene Fälle, die auftreten, wenn wegen der notwendigen Allgemeinheit einer Norm nicht auf alle Fälle Rücksicht genommen werden kann,[589] diese Fälle aber nur Ausnahmen und nicht den Regelfall betreffen. Auf die gegenständliche Konstellation trifft dies gerade nicht zu.[590] Es wäre ebenso gut eine Regelungstechnik möglich, die vergleichbare Kaufhäuser mitumfasst, etwa indem die Betriebe nicht namentlich erfasst, sondern nach ihrer wirtschaftlichen Leistungsfähigkeit spezifiziert werden.

Weiters ist es nicht nachvollziehbar, weshalb es auf die Absicht der Parteien ankommen soll, eine exzessive Regelung zur Ungleichbehandlung zu schaffen. Zwar hat auch der VfGH in seiner früheren Jud vertreten, dass es auf das „Bemühen" des Gesetzgebers um eine sachgerechte Lösung ankommt[591], diese Auffassung gilt aber zu Recht als überholt.[592] Offen bleibt

587 Einige Jahre nach dieser umstrittenen Entscheidung hatte sich der OGH erneut mit der Gehaltstafel f zu befassen, diesmal aufgrund eines Antrages gem § 54 Abs 2 ASGG, OGH 9.11.2000, 8 Ob A 30/00w. Mittlerweile war die zwingende Wirkung für die nach dem 1.1.1996 eingetretenen AN beseitigt und die namentliche Aufzählung durch den Begriff „Warenhäuser" ersetzt worden. Zwar berief sich der OGH hier va auf Aspekte des Vertrauensschutzes, es finden sich aber dennoch bemerkenswerte allgemeine Ausführungen zur Nichtigkeit. Wiederum stellte der OGH fest, dass die Vereinbarung nach dem Zeitpunkt des Vertragsabschlusses zu prüfen sei, weshalb eine nachträgliche Änderung der Umstände keine Nichtigkeit begründen könne. Eine Berücksichtigung der Änderung durch das Gericht sei hier schon deshalb nicht möglich, weil bereits zum Zeitpunkt des Vertragsabschlusses bekannt gewesen sein musste, dass das Wirtschaftsleben ständigen Veränderungen unterliege. Ändern sich diese Umstände, sodass die Regelungen des KV unzweckmäßig oder unbefriedigend werden, dann seien die KV-Parteien und nicht die Gerichte gehalten, den KV zu ändern.

588 ZB Aigner, ZAS 1999, 143; Firlei, DRdA 1999, 143. S auch schon Jabornegg, JBl 1990, 205 (207).

589 Öhlinger, Verfassungsrecht[8] Rz 768.

590 Vgl dazu auch Aigner, ZAS 1999, 143 (146).

591 VfSlg 6438/1971.

592 VfSlg 10 090/1984.

im Übrigen, wie eine solche Absicht denn nachgewiesen werden sollte, zumal es bei KV überdies an „Gesetzesmaterialien" fehlt. Dass der OGH nach diesen Überlegungen den Schluss zieht, dass die Regelung nicht exzessiv ist, ist in der Sache sicherlich unzutreffend, es führen hier aber mehrere Aspekte und nicht allein die Exzess-Prüfung zu einem solchen Ergebnis.

(e) Würdigung

Der OGH geht von einer *mittelbaren Wirkung* der Grundrechte auf KV und BV aus.[593] Diese dogmatische Einschätzung ist mE zutreffend. Dafür spricht zunächst, dass die kollektive Normsetzung nicht zur Hoheitsverwaltung, sondern zum Privatrecht gehört.[594] Mögen diese Vereinbarungen auch materiell wie Normen wirken, so hat ihr Zustandekommen doch eine zivilrechtliche Wurzel. Daran ändert es auch nichts, dass diese Regelungsbefugnis nicht aus der Privatautonomie, sondern aus einer expliziten gesetzlichen Ermächtigung folgt. Steht nun aber die privatrechtliche Natur der kollektiven Normsetzung außer Streit, dann ist nicht zu sehen, wie eine unmittelbare Grundrechtswirkung dogmatisch einwandfrei propagiert werden könnte.

Einzuräumen ist freilich, dass die Mittelbarkeit der Grundrechtswirkung nur sehr unscharf erkennbar ist: Dass die Grundrechte eigentlich durch die guten Sitten mediatisiert werden, kommt in der Jud nicht immer deutlich zum Ausdruck. Wenn der OGH etwa meint, dass die Gerichte KV auf ihre Konformität mit der Verfassung, aber *auch* mit dem zwingenden Gesetzesrecht oder den guten Sitten zu prüfen haben[595], dann differenziert er genau genommen zwischen Grundrechts- und Sittenwidrigkeit. Auch wenn er meint, dass KV und BV nicht gegen die Grundrechte verstoßen dürfen, andernfalls der KV sittenwidrig ist[596], entsteht der Eindruck, als bedürfe es im Ergebnis der Generalklausel für die Grundrechtswirkung gar nicht mehr: Die guten Sitten erscheinen dann lediglich als dogmatische Zierschleife für ein bereits geschnürtes Paket.

Erklärbar ist diese Unschärfe mE mit der Wirkungs*intensität* der Grundrechte. Der OGH postuliert, wie gezeigt, eine „differenzierte Schutzintensität", die sich an der konkreten Unterlegenheitssituation des Grundrechtsträgers orientieren soll. Was das im Einzelnen für die KV/BV bedeutet, wird jedoch nicht hinreichend deutlich. So ist etwa bereits unklar, worin sich diese Differenzierung manifestiert.

593 Zum Diskussionsstand in Deutschland und zur Divergenz zwischen Arbeitsrechtslehre und Staatsrechtslehre Burkiczak, RdA 2007, 17.

594 Ausführlich dazu Pernthaler, ZÖR 1967, 45 ff.

595 OGH 9.11.2000, 8 Ob A 30/00w.

596 OGH 6.7.1998, 8 Ob A 61/97x; 8.7.1998, 9 Ob A 125/98f.

Dass der OGH die etwaige Sittenwidrigkeit von KV/BV anhand der verfassungsgerichtlichen Grundrechtsformeln prüft, spricht zunächst eher gegen eine abgeschwächte Grundrechtsbindung. Tatsächlich lassen sich der Jud auch kaum materielle Anhaltspunkte für einen differenzierten Schutzmaßstab entnehmen. Zwar beruft sich der OGH geradezu formelartig auf dieses abgestufte Konzept, es ist aber nicht erkennbar, worin sich diese Prüfmaßstäbe von jenen unterscheiden, die an staatliches Handeln anzulegen sind. Zweifellos weicht der OGH in der Anwendung einzelner Prüfkriterien von der im Verfassungsrecht bekannten Anwendung ab, diese Besonderheiten sind jedoch mE noch nicht derart grundlegend, als dass sie einen abgeschwächten Grundrechtsmaßstab bewirken würden.

Ein solches Spezifikum der oberstgerichtlichen Prüfung ist – wie gezeigt – die Vermutung für die Verhältnismäßigkeit eines Eingriffs, die der OGH mit der Interessenwahrungspflicht der Parteien begründet.[597] Nun ist zwar unklar, weshalb der OGH den Parteien offenbar zutraut, die Verhältnismäßigkeit von Eingriffen zu berücksichtigen, nicht aber die Zielrichtung der Maßnahme auf ein berücksichtigungswürdiges Interesse[598] – diese offene Frage vermag auch der prozessuale Hintergrund der Zweifelsregel nicht zu beantworten[599] –, aus grundrechtlicher Sicht ergeben sich daraus jedoch keine Besonderheiten: Die Vermutung für die Verhältnismäßigkeit impliziert nämlich noch nicht, dass der OGH keine oder nur eine abgeschwächte inhaltliche Prüfung vornimmt; sie modifiziert nicht den inhaltlichen Prüfungsmaßstab, sondern nur die prozessualen Rahmenbedingungen ihrer Geltendmachung, dh, sie sagt lediglich etwas über die prozessualen, nicht aber auch über die materiellen Voraussetzungen aus.[600] Diese Zweifelsregel mag aus prozessrechtlichen Gründen angemessen sein, eine Abschwächung der Grundrechtsbindung ist damit aber noch nicht verbunden.[601]

Kein Ansatzpunkt für eine schwächere Grundrechtsbindung ist weiters die Exzess-Jud des OGH. Sie mag uU einen größeren Gestaltungsspielraum einräumen, eine differenzierte Grundrechtsbindung bewirkt sie

597 Vgl dazu Runggaldier, DRdA 2001, 310 (311).

598 Dass die Trennung zwischen Sachlichkeit und Verhältnismäßigkeit nicht immer leicht ist, zeigt sich auch in der Jud des OGH, zB in seiner Entscheidung 6.9.2000, 9 Ob A 106/00d. Die Ausweitung des Kreises der Anspruchsberechtigten könne durchaus berücksichtigungswürdigen erheblichen Interessen der Gesamtheit der AN des Betriebs entsprechen, was für die Sachlichkeit der einschränkenden Maßnahme spreche. Diese sei auch darin begründet, dass das neue Pensionssystem nicht eine einseitige Maßnahme des Dienstgebers, sondern eine BV sei, bei der die ausgewogenen Interessen der Belegschaft und des Betriebs und die Sachlichkeit der Maßnahme grds durch die mitwirkende Belegschaftsvertretung eingehend berücksichtigt worden seien.

599 Nachweise in FN 544.

600 S FN 545.

601 S Nachweise FN 611.

aber noch nicht. Im Übrigen wäre man auch nicht auf den Gedanken gekommen, wegen der älteren verfassungsgerichtlichen (Exzess-)Judikatur auf eine abgeschwächte Grundrechtsbindung des Gesetzgebers zu schließen. Dass die Jud des OGH hier gewissermaßen von einem judicial self restraint geprägt ist, hat mE nichts mit einem differenzierten Schutzmaßstab zu tun.

Die Besonderheiten der oberstgerichtlichen Prüfungsmuster vermögen das Konzept eines differenzierten grundrechtlichen Schutzmaßstabs somit nicht zu tragen. Damit ist der Jud des OGH letztlich aber kein materieller Anhaltspunkt für eine abgeschwächte und damit differenzierte Grundrechtsbindung zu entnehmen. Die guten Sitten haben hier gar nicht die Funktion, die Grundrechte in privatrechtsadäquate Prüfungsstandards zu transformieren, sondern die Grundrechte wirken geradezu ungefiltert in das Privatrecht ein.

Von diesem Befund der Judikatur ist aber weiter zu unterscheiden, ob denn auf KV und BV ein differenzierter Schutzmaßstab angewendet werden *sollte*.

Griller vertritt hinsichtlich der Betriebspensionen eine solche Differenzierung und zwar abhängig von der Affinität zur Privatautonomie.[602] Demzufolge bestünde die schwächste Bindung bei BV – der Betriebsrat stehe unter starker Beeinflussung der Belegschaft –, sie steigert sich bei BV, die sich auf ausgeschiedene AN beziehen – sie können den Betriebsrat nicht mehr beeinflussen –, und ist am stärksten bei KV, die der Rechtssetzung durch die Staatsgewalt verhältnismäßig weit angenähert sei.

Nun ist Griller darin zuzustimmen, dass KV und BV in unterschiedlicher Nähe zur Privatautonomie stehen. Ob diese Unterschiede aber derart gravierend sind, dass sie einen unterschiedlichen Schutzmaßstab rechtfertigen könnten, ist mE jedoch zweifelhaft.[603] Denn – und dies ist der springende Punkt – auch wenn die Nähe zur Privatautonomie unterschiedlich sein mag, so ändert dies nichts daran, dass sie der Einzelne nicht ausüben kann, ja er delegiert diese ihn betreffende Normsetzung nicht einmal selbst. Genau dies ist mE der eigentlich entscheidende Aspekt: Es liegt eine Fallgruppe vor, die sich durch das Fehlen der Privatautonomie auszeichnet. Nicht zweckmäßig ist es dann aber, innerhalb dieser Gruppe danach zu differenzieren, wie „intensiv" dieses Fehlen ist. Die unterschiedliche Affinität zur Privatautonomie ist gegenüber dem gänzlichen Fehlen der Privatautonomie nicht derart gravierend, als dass sie einen unterschiedlichen grundrechtlichen Schutzmaßstab rechtfertigen könnte.

602 Griller, Grundrechtsschutz, in: Runggaldier/Steindl (Hrsg), Handbuch 117 (153).

603 Gegen diese Differenzierung auch Aigner, Probleme 60.

Ein Argument, das der OGH immer wieder für den differenzierten Schutzmaßstab vorbringt, ist die Interessenwahrungspflicht der Vertragsparteien[604]. In diesem Punkt gibt es keine wesentlichen Unterschiede zwischen KV und BV: Sowohl Betriebsrat als auch KV-Parteien haben die Interessen der von ihnen Vertretenen zu erfüllen.

Allerdings wäre es mE eine Überbewertung dieser Interessenwahrungspflicht, wollte man daraus eine abgeschwächte Grundrechtsbindung ableiten. Dass die Parteien die Interessen und Grundrechte zu wahren haben, vermag noch nicht zu rechtfertigen, weshalb ihre Grundrechtsbindung nur abgeschwächt sein soll. Aigner weist außerdem zutreffend auf den Kompromisscharakter von KV hin.[605] Die Notwendigkeit, eine für beide Seiten tragbare Einigung zu erzielen, garantiert nicht in jedem Fall, dass dabei auf die Berücksichtigung grundrechtlicher Maßstäbe vertraut werden sollte. Im Übrigen ist gerade in komplexen Fällen, wie etwa bei Übergangsregelungen, mitunter für die Vertragsparteien selbst nicht immer klar, wie eine grundrechtskonforme Regelung ausgestaltet werden müsste.

Auch aus der Interessenwahrungspflicht lässt sich somit die Notwendigkeit einer abgeschwächten Grundrechtsbindung nicht überzeugend begründen.[606]

Nun steht außer Zweifel, dass sich staatliche und kollektive arbeitsrechtliche Normsetzung voneinander unterscheiden. So sind an der kollektiven Normsetzung etwa die Interessensvertreter beider Vertragsparteien beteiligt; an der staatlichen Normsetzung hingegen soll der demokratisch legitimierte Vertreter sowohl die öffentlichen Interessen verfolgen als auch die etwaig bedrohten grundrechtlichen Positionen berücksichtigen.[607] Entscheidend ist aber, ob die Unterschiede zwischen beiden derart zentral sind, dass sie eine differenzierte Grundrechtsintensität rechtfertigen können. Dies ist mE nicht der Fall: In beiden Fällen erfolgt die Normsetzung nicht nur aufgrund des privatautonomen Willens des Betroffenen, sondern aufgrund einer expliziten gesetzlichen Ermächtigung.[608] Räumt der Gesetzgeber aber eine spezielle Normsetzungsbefugnis ein, dann darf die Rechtsstellung des Einzelnen dadurch nicht verschlechtert werden – daran vermag es auch nichts zu ändern, dass diese kollektive Normsetzung va dem AN zugute kommen soll. Können sich Vereinbarungen idR mit

604 OGH 24.6.1999, 8 Ob A 20/99w; 9.11.2000, 8 Ob A 30/00w.

605 Aigner, Inhaltskontrolle, in: Tomandl (Hrsg), Fragen 41 (60).

606 Auch Aigner, Inhaltskontrolle, in: Tomandl (Hrsg), Fragen 41 (68) räumt ein, dass die These der Differenzierung nach der Schutzbedürftigkeit zwar auf den ersten Blick überzeugend sei, einer näheren Überprüfung aber nicht standhalte.

607 Ausführlich Aigner, Inhaltskontrolle, in: Tomandl (Hrsg), Fragen 41 (59).

608 Tomandl, ecolex 1993, 328 (331).

dem freien Willen der Parteien begründen und rechtfertigen lassen, so ist dies bei der kollektiven Normsetzung gerade nicht der Fall. Der Betroffene ist in jedem Fall am Abschluss der Vereinbarung nur indirekt oder gar nicht (Außenseiter) beteiligt.[609] Aus grundrechtlicher Sicht wäre es unzulässig, den KV- oder BV-Parteien zu gestatten, die Rechtspositionen Dritter in grundrechtswidriger Weise zu gestalten. Die Situation des Einzelnen ist hier dieselbe, unabhängig davon, ob sie durch Gesetz bzw Verordnung oder KV bzw BV gestaltet wird.[610]

Was in Fällen der Privatautonomie noch möglich ist – die Parteien wollten es ja so und dürfen nur jenes nicht, was grundlegenden Wertungen widerspricht – kann bei privatrechtlichen Normenverträgen gerade nicht gelten. Aus diesem Grund ist die Wirkungsintensität der Grundrechte bei KV und BV dieselbe wie bei generellen Normen.[611] Raum für Abstufungen bleibt hier keiner.

Im Ergebnis sprechen die besseren Gründe dafür, an KV und BV gerade *keinen* abgeschwächten Grundrechtsmaßstab anzulegen.

Im Übrigen ist an dieser Stelle noch zu guter Letzt zu fragen, wie ein differenzierter Schutzmaßstab denn aussehen könnte. Bereits die Tatsache, dass der OGH die verfassungsgerichtlichen Grundrechtsformeln verwendet, lässt nämlich höchst zweifelhaft erscheinen, wie dadurch eine Abstufung erzielt werden könnte. Nachvollziehbar wäre ein abgestufter Maßstab nur dann, wenn der OGH besondere Kriterien entwickeln und sich nicht an der Grundrechtsprüfung des VfGH anlehnen würde.[612] Nicht praktikabel ist es aber, in bestehende Formeln andere Inhalte zu verpacken.

Nach diesem Befund ist auf KV und BV somit kein differenzierter Schutzmaßstab bei Grundrechten anzulegen. Dieser Einschätzung folgt letztlich auch der OGH: Zwar propagiert er, wie gezeigt, ein abgestuftes Schutzsystem, er setzt es im Ergebnis jedoch gar nicht um.

Dies verdeutlicht – um auf den bereits angesprochenen Zusammenhang zurückzukommen –, weshalb die mittelbare Einwirkung der Grundrechte in der Jud des OGH nur so unscharf erkennbar ist: Da es keinen abgeschwächten Schutzmaßstab gibt, sind hier Sittenwidrigkeit und Grundrechtswidrigkeit letztlich gleichzusetzen: Grundrechtswidrigkeit indiziert Sittenwidrigkeit. Damit entspricht dann auch der – materielle – Grundrechtsschutz im kollektiven Arbeitsrecht jenem im öffentlichen Recht.

---

609 Schrammel, ZAS 1995, 12.

610 Bydlinski, 1. ÖJT 1961 I/1, 5 (47 ff).

611 Aigner, Inhaltskontrolle, in: Tomandl (Hrsg), Fragen 41 (60); Schrammel, ZAS 1995, 12 (17).

612 Aigner, Inhaltskontrolle, in: Tomandl (Hrsg), Fragen 41 (59).

Trotz dieser Entsprechung kann aber nicht von einer unmittelbaren Drittwirkung gesprochen werden. Es gilt nämlich – darauf sei nochmals hingewiesen – Einwirkung der Grundrechte ins Zivilrecht von der Wirkungsintensität zu unterscheiden. Auch wenn die Wirkungsintensität der Grundrechte die gleiche ist wie im Verhältnis zwischen Staat und Rechtsunterworfenem, so bedarf es doch stets einer Norm, aus der sich die Rechtsfolgen einer Grundrechtswidrigkeit ergeben. Dass sich Generalklauseln wie die Gute-Sitten-Klausel in besonderem Maße dafür eignen, um diese Wirkungsintensität zu vermitteln, liegt freilich auf der Hand. Dieses Beispiel zeigt besonders anschaulich, dass die Generalklauseln in der Jud tatsächlich als grundrechtliche Einbruchstellen herangezogen werden. Auf diese Weise können die Grundrechte letztlich auch im Privatrecht – so wie im öffentlichen Recht – vor dem Missbrauch einer Übermachtposition schützen.

(f) Prozessuales: Feststellungsverfahren nach § 54 ASGG als „Normenkontrolle"?

Wie gezeigt, schlägt der normative Charakter der KV und BV auch auf ihre Grundrechtsprüfung durch. Diese scheint damit einem Normenkontrollverfahren angenähert. Offen bleibt aber, ob sich das dem öffentlichen Recht entspringende Konzept der „Normenkontrolle" tatsächlich strukturell auf die oberstgerichtliche Prüfung von privatrechtlichen Normenverträgen übertragen lässt.

In der Tat zeigt sich das herkömmliche zivilrechtliche Verfahren vom Normencharakter der KV und BV unbeeindruckt: Auch wenn die Prüfstruktur materiell einer Normenkontrolle ähnelt, so spiegelt sich dies in der prozessualen Ausgestaltung nicht wider. Besonders augenscheinlich ist dies darin, dass BV und KV von Gerichten nur einzelfallbezogen beurteilt werden können.[613] Die Urteilswirkungen beschränken sich nur auf die Prozessparteien, eine generelle Wirkung, wie sie im Normenkontrollverfahren besteht, gibt es nicht.

Nun hat der Gesetzgeber freilich anerkannt, dass die prozessualen Bedürfnisse im Rahmen der kollektiven Rechtsetzung andere sind als in herkömmlichen zivilprozessualen Konstellationen und diesen mit dem besonderen Feststellungsverfahren gem § 54 Abs 2 ASGG Rechnung getragen: In bestimmten arbeitsrechtlichen Angelegenheiten können kollektivvertragsfähige Körperschaften im Rahmen ihres Wirkungsbereichs beim OGH einen Antrag einbringen, mit dem das Bestehen oder Nichtbestehen von Rechten oder Rechtsverhältnissen festgestellt werden soll (s schon

613 Jabornegg/Resch/Stoffels, Vertragsgestaltung 47.

im zweiten Teil B.II.1.d.). Zwar soll die grundsätzliche Bedeutung dieses Verfahrens keineswegs verkannt werden, den Besonderheiten, die sich aus der Prüfung von KV und BV ergeben, wird es aber dennoch nicht völlig gerecht.[614] So bindet die Entscheidung einmal mehr nur die Verfahrensparteien; auf die betroffenen AN oder AG hat sie keine Wirkung.[615] Aber auch in den Rechtswirkungen einer Grundrechtswidrigkeit zeigen sich grundlegende Unterschiede zur öffentlich-rechtlichen Normenkontrolle. Die Grundrechtswidrigkeit einer Bestimmung wird als Sittenwidrigkeit iSd § 879 Abs 1 ABGB qualifiziert, was die (Teil-)Nichtigkeit des Vertrages bzw der betreffenden Klauseln zur Folge hat.[616] Ein sittenwidriger KV oder eine sittenwidrige BV erlangt damit – prozessual betrachtet – niemals Geltung, wohingegen eine generelle Norm bis zur Aufhebung durch den VfGH gilt.[617]

Unklar ist im Übrigen, ob die Gerichte im Falle einer Grundrechtsverletzung KV/BV anpassen können.[618] Gerade bei gleichheitswidrigen Regelungen – und insofern ist die grundlegende Problematik ähnlich wie bei der Normenkontrolle – nützt dem Betroffenen die Nichtigkeit der gleichheitswidrigen Klausel idR wenig, weil damit häufig eine Berechtigung in ihrer Gesamtheit wegfällt. Während der OGH im Jahr 1993 noch die Auffassung vertrat, dass die Berufung auf den Verstoß gegen die guten Sitten nicht nur bewirken könne, dass ein „an sich" gegebenes Recht ignoriert werde, sondern auch, dass „an sich" nicht bestehende Rechte zuerkannt werden[619], spricht die neuere Jud des OGH eher gegen ein derartiges Gestaltungsrecht.[620] Mitunter stellt der OGH auch darauf ab, ob eine Änderung der Rahmenbedingungen für die Parteien vorhersehbar war oder nicht. Waren Änderungen nämlich vorhersehbar, dann scheint der OGH dies als Indiz dahingehend zu werten, dass die Parteien diese Änderungen nicht berücksichtigen wollten.[621] Waren die Änderungen dage-

614 Als Manko gilt es im Übrigen auch, dass der OGH nur eingeschränkte Kognitionsbefugnis hat: Er kann nur aufgrund des angegebenen Sachverhalts entscheiden. Vgl dazu Gamerith, DRdA 1988, 303 (313 f).

615 Gamerith, DRdA 1988, 303 (314 f).

616 Der Umfang der Nichtigkeit bestimmt sich, so der OGH, grds nach der Trennbarkeit der verschiedenen Regelungen und danach, inwieweit die Nichtigkeit zur Erfüllung der Ziele der Vorschriften erforderlich ist. Entscheidend sei also nicht der Wille der Parteien, sondern der Schutzzweck der Verbotsnorm: OGH 8.8.2002, 8 Ob A 277/01w.

617 Jabornegg, JBl 1990, 205 (207).

618 Für eine Anpassung Tomandl, ecolex 1993, 328 (331).

619 OGH 11.8.1993, 9 Ob A 133/93: Der OGH argumentiert hier mit dem Schutzzweck der verletzten Norm.

620 OGH 6.9.2000, 9 Ob A 106/00d = DRdA 20001/25; 28.3.2002, 8 Ob A 236/01s.

621 OGH 9.11.2000, 8 Ob A 30/00w.

gen nicht vorhersehbar, dann nimmt der OGH eine der Grundregelung entsprechende Anpassung vor.

ME sprechen die besseren Gründe gegen ein Gestaltungsrecht.[622] Allerdings können eine – unzulässige – Gestaltung von KV/BV und eine – zulässige – Auslegung der Normenverträge nicht immer deutlich voneinander abgegrenzt werden.[623] Über die Auslegung wird dem OGH im Ergebnis nämlich durchaus ein beschränktes Gestaltungsrecht einzuräumen sein. Besondere Möglichkeiten dürften sich hier über die verfassungskonforme Interpretation eröffnen. Wenn nämlich KV und BV so interpretiert werden sollen wie generelle Normen, dann muss der OGH auch die Möglichkeit haben, sie verfassungskonform zu interpretieren,[624] was der OGH selbst auch mitunter durchaus wahrnimmt.[625]

Eine weitere besondere Dimension bekommt bei privatrechtlichen Normenverträgen die Frage nach dem Zeitpunkt der Sittenwidrigkeitsprüfung: Unklar ist nämlich, ob sie aus der Sicht des Prüf- oder des Abschlusszeitpunkts vorzunehmen ist.

Der OGH geht davon aus, dass die Sittenwidrigkeit von Vereinbarungen nach den Voraussetzungen zu ihrem Abschlusszeitpunkt zu beurteilen ist. Dies kommt etwa in einem Feststellungsverfahren gem § 54 Abs 2 ASGG zum Ausdruck, das die Gehaltstafel eines KV zum Gegenstand hatte.[626] Der OGH stellte fest, dass eine nachträgliche Änderung der Umstände keine Nichtigkeit begründen könne. Das Gericht könne die Änderungen nicht berücksichtigen, weil schon zum Zeitpunkt des Vertragsabschlusses bekannt gewesen sein musste, dass das Wirtschaftsleben ständigen Änderungen unterliege. Ändern sich diese Umstände, dann seien die KV-Parteien und nicht die Gerichte gehalten, den KV zu ändern.[627]

Nun ist grds natürlich einzugestehen, dass es bei der Prüfung, ob die Voraussetzungen des § 879 Abs 1 ABGB vorliegen, auf den Zeitpunkt des

---

622 So auch Resch, DRdA 2001, 430; Schrammel, ZAS 1995, 12 (17).

623 Resch, DRdA 2001, 430 (438).

624 So zutreffend Aigner, Probleme 65.

625 OGH 16.11.1994, 9 Ob A 201/94: Fraglich war, ob das kollektivvertraglich eingeräumte Recht des Besch, sich im Disziplinarverfahren aus dem Kreis der Angestellten der Anstalt oder den Funktionären der Berufsorganisation einen Beistand zu wählen, das gesetzlich gewährte Recht auf Vertretung durch einen Rechtsanwalt seines Vertrauens unbeschadet ließ. Der OGH bejahte dies: Aufgrund der Grundrechtswirkung war diese Bestimmung nämlich verfassungskonform zu interpretieren.

626 OGH 9.11.2000, 8 Ob A 30/00w.

627 S aber OGH 11.8.1993, 9 Ob A 133/93: Eine Klausel einer BV, die die sog „Witwenzulage“ nur Frauen, nicht aber Männern zugestand, bewirkte nach Auffassung des OGH eine sachlich nicht mehr (!) gerechtfertigte Differenzierung. Dabei orientierte er sich freilich erkennbar an VfSlg 8871/1980, wo in der sozialen Realität eine Abkehr vom System der Hausfrauenehe erkannt worden war.

Vertragsabschlusses ankommt. Ob dieser Grundsatz auch für KV und BV gelten kann, ist im Lichte der Qualifikation von BV und KV als Normenverträge jedoch zweifelhaft. Werden sie nämlich nach den für generelle Normen geltenden Grundsätzen ausgelegt, dann ist nicht einzusehen, weshalb sich der Beurteilungszeitpunkt nach den privatrechtlichen Normen richten soll. Auch könnte so den dynamischen gesellschaftlichen Entwicklungen, die mitunter eng mit grundrechtsspezifischen Fragen zusammenhängen, nicht hinreichend Rechnung getragen werden.

(g) Zusammenfassung

Im kollektiven Arbeitsrecht geht der OGH – wie auch im übrigen Zivilrecht – von einer mittelbaren Drittwirkung der Grundrechte aus. Er nimmt dabei eine „abgeschwächte Grundrechtsbindung" an, die er in ein System einer differenzierten Schutzintensität stellt.

Dabei wurde zweierlei deutlich: Zum Ersten verliert die dogmatische Figur der mittelbaren Drittwirkung in der Jud ihre Schärfe; es entsteht der Eindruck, als wirkten die Grundrechte auch ohne Mediation durch die guten Sitten. Zum Zweiten konnte gar kein differenziertes Schutzsystem ausgemacht werden: Die Grundrechte wirken in gleicher Intensität wie zwischen Bürger und Staat, was aus den angestellten Überlegungen auch überzeugend ist. Im kollektiven Arbeitsrecht kann der AG seine Rechtsverhältnisse nämlich nicht völlig autonom gestalten, sondern er muss Vereinbarungen gegen sich gelten lassen, die er möglicherweise gar nicht wollte, denen er sich aber nicht entziehen kann. In der Tat ist damit seine Position vergleichbar mit jener gegenüber dem Staat, weswegen diese Wirkungsintensität in diesem Fall auch plausibel ist. Durch diese Wirkungsintensität sind Sittenwidrigkeit und Grundrechtswidrigkeit deckungsgleich, womit als Konsequenz auch die mittelbare Einwirkung der Grundrechte in der Jud nur mehr undeutlich zu erkennen ist.

bb. Vereinsrecht

(1) Problemstellung

Dass im Vereinsrecht Ungleichgewichtslagen auszumachen sind, liegt va an der Rechtsnatur der Vereinsstatuten. Sie sind zwar privatrechtliche Verträge, denen die Mitglieder mit Vereinseintritt beitreten – sie unterliegen damit auch der Nichtigkeitskontrolle des OGH –, bei näherer Betrachtung zeigt sich freilich eine Besonderheit gegenüber „klassischen" privatrechtlichen Verträgen: Das einzelne Vereinsmitglied hat nämlich in aller Regel keinen Einfluss auf die Gestaltung der Statuten. Die Rechtsstellung des Mitglieds ähnelt somit der eines Normunterworfenen, weswegen die Vereinsstatuten als Normenvertrag qualifiziert werden.[628]

Die Konsequenzen, die daraus folgen, zeigen sich besonders im Zusammenhang mit den vereinsinternen Schlichtungsstellen. Diese sollen vor Anrufung des staatlichen Gerichts eine Streitbeilegung bewirken, sie sind den staatlichen Gerichten also vorgeschaltet. Dementsprechend hat eine etwaige Nichtigkeit einer Schlichtungsklausel zur Folge, dass das staatliche Gericht sofort – also ohne Zwischenschaltung der Schlichtungsstelle – angerufen werden kann.

Das VereinsG 2002 verpflichtet nun Vereine für Streitigkeiten aus dem Vereinsverhältnis eigene Schlichtungsstellen einzurichten.[629] Ihre Zusammensetzung und die Art der Mitgliederbestellung sind unter Bedachtnahme auf deren Unbefangenheit zu regeln und den Parteien ist Gehör zu gewährleisten (§ 8 Abs 2 VereinsG). Damit hat das Gesetz eine schon bisher bestehende Übung kodifiziert: Bereits vor Inkrafttreten des neuen VereinsG richteten Vereine üblicherweise eigene Schlichtungsstellen ein. Diese mussten nach der Jud des OGH jene Verfahrensgarantien erfüllen, die nunmehr explizit im Gesetz genannt sind.[630]

Wenngleich vereinsinterne Schlichtungsstellen bisweilen als „Vereinsschiedsgerichte“ bezeichnet werden, so dürfen sie dennoch nicht mit den Schiedsgerichten iSd ZPO verwechselt werden.[631] Zwar können auch für Streitigkeiten aus dem Vereinsverhältnis echte Schiedsgerichte eingerichtet werden, sie müssen aber den Anforderungen der §§ 577 ff ZPO entsprechen und somit ausdrücklich zwischen den Parteien vereinbart werden.[632] Ist ein Schiedsgericht lediglich statutarisch vorgesehen, dann entspricht es diesen Anforderungen idR nicht: Die Statuten werden nämlich üblicherweise nicht vom Vereinsmitglied unterfertigt. Eine Beitrittserklärung allein ist aber nicht ausreichend, um ein Schiedsgericht vorsehen zu können.[633]

In der Jud des OGH sticht im Zusammenhang mit Vereinsstatuten va eine Frage heraus: Offen ist, welche Bedeutung es hat, wenn die Statuten

---

628 Krejci/S Bydlinski/Weber-Schallauer, Vereinsgesetz 2002 § 3 Rz 10.

629 Zum Inhalt der „Streitigkeiten aus dem Vereinsverhältnis“ s OGH 18.10.2007, 2 Ob 273/06w.

630 So auch OGH 21.9.2006, 8 Ob 78/06p; 1.10.2008, 6 Ob 179/08d; 27.2.2009, 6 Ob 280/08g.

631 S im Übrigen § 577 Abs 4 ZPO und RV 1158 BlgNR 22. GP 6. Dies ergibt sich nunmehr auch deutlich aus dem VereinsG 2002. Zuvor war im Gesetz lediglich vorgesehen, dass die Statuten die Art der Schlichtung von Streitigkeiten aus dem Vereinsverhältnis enthalten mussten. Zu den daraus resultierenden Unsicherheiten OGH 17.3.2005, 6 Ob 219/04f.

632 Vgl dazu Mayr, RdW 2007, 331 (333).

633 OGH 14.12.2000, 7 Ob 110/00b; 10.10.2002, 6 Ob 40/02d.

von den vorgegebenen Verfahrensgarantien abweichen. Lässt sich in diesem Fall argumentieren, dass der privatautonome Wille eine solche Modifikation legitimiert?

(2) Judikatur

Bei der Frage, ob einzelne Klauseln einer statutarischen Schlichtungsvereinbarung zulässig sind, beruft sich der OGH va auf Art 6 EMRK. Dieser Rückgriff auf das Grundrecht ist insofern bemerkenswert, als die entsprechenden Grundsätze nunmehr ihren ausdrücklichen Niederschlag in § 8 Abs 2 VereinsG gefunden haben. Der OGH stellt dabei auch Überlegungen zur Intensität der Grundrechtsbindung an und streicht die besondere Position des einzelnen Vereinsmitglieds heraus: Es habe nämlich idR keinen Einfluss auf die Gestaltung der Normen und sei daher – so der OGH – in einer dem Adressaten staatlicher Normen ähnlichen Unterlegenheitssituation.[634] Aus diesem Grund sei für Vereinsstatuten eine „verstärkte Grundrechtsbindung" anzunehmen:[635] Regelungen über die Besetzung einer Schlichtungsstelle oder die Ausgestaltung des Verfahrens seien nichtig, wenn sie gegen die Grundsätze des fair trial nach Art 6 EMRK verstoßen.[636] Sittenwidrig und damit nichtig sind in der Jud des OGH statutarische Schlichtungsklauseln, wenn die Ausschöpfung des vereinsinternen Instanzenzugs unzumutbar ist[637] bzw wenn eine Verbesserung der Entscheidungsfindung nicht zu erwarten ist[638]. Dies wäre etwa dann der Fall, wenn die Mitglieder der Schlichtungsstelle nicht unparteilich sind. Sittenwidrig war darum beispielsweise eine Klausel, wonach ein Vereinsobmann zwei „Schiedsrichter"[639] namhaft zu machen hatte, die dann ihrerseits den Vorsitzenden wählten: Die Unparteilichkeit der Schiedsstelle war dadurch nicht gewährleistet.[640] Gleichermaßen sittenwidrig war eine Klausel, die bei Verstößen gegen die Satzung eine automatische Sperre des Vereinsmitglieds vorsah und zwar ohne jegliche weitere Maßnahmen und auf unbestimmte Dauer. Dies verstieß nach Auffassung des OGH gegen die Grundsätze des fair trial nach Art 6 Abs 1 EMRK: Es wurde dem Ver-

634 OGH 31.1.1996, 9 Ob 501/96; 12.9.2006, 1 Ob 137/06p.

635 OGH 31.1.1996, 9 Ob 501/96; 17.3.2005, 2 Ob 41/04z; 12.9.2006, 1 Ob 137/06p; 27.2.2009, 6 Ob 280/ 08g.

636 OGH 31.1.1996, 9 Ob 501/96; 13.9.2007, 6 Ob 134/07k; 1.10.2008, 6 Ob 179/ 08d; 27.2.2009, 6 Ob 280/08g.

637 OGH 31.1.1996, 9 Ob 501/96; 27.2.2009, 6 Ob 280/08g; 29.9.2009, 4 Ob 77/ 09s.

638 OGH 14.12.2000, 7 Ob 110/00b.

639 Gemeint sind damit die Mitglieder der Schlichtungseinrichtung.

640 OGH 31.1.1996, 9 Ob 501/96. S auch OGH 13.9.2007, 6 Ob 134/07k.

einsmitglied vor der Verhängung der Sperre der vorgeworfene Verstoß gar nicht konkret mitgeteilt.[641] Auch gab es keine Möglichkeit, vor einer Streitschlichtungseinrichtung eine sachliche Gegendarstellung zu geben, ja es war sogar nach Verhängung der Sperre jede Rechtsmittelmöglichkeit statutarisch ausgeschlossen.[642]

(3) Würdigung

Zunächst stellt sich bei der Vereinbarung über Schlichtungsstellen – mutatis mutandis – die gleiche Frage wie beim pactum de non petendo: Dürfen Private die Garantien des Art 6 EMRK modifizieren? Unter Hinweis auf das oben unter a.cc. Gesagte muss argumentum a maiori ad minus gelten: Wenn Art 6 EMRK den Rechtsschutzverzicht schon nicht grundsätzlich verbietet, dann muss es erst recht möglich sein, ein Verfahren „nur" zu modifizieren. Pointiert formuliert: Wenn auf ein Verfahren überhaupt verzichtet werden darf, dann darf wohl erst recht ein Verfahren vereinbart werden, in dem beispielsweise parteiische Richter entscheiden sollen. Dies umso mehr, als die Einrichtung einer Schlichtungsstelle den staatlichen Rechtsweg ja gar nicht ausschließt, sondern nur aufschiebt. Es ist zwar richtig, dass Art 6 EMRK – wie oben dargelegt – auch öffentliche Interessen an einer geordneten Rechtspflege verfolgt und man darum argumentieren könnte, dass sich auch die privatautonom gestaltete Rechtspflege an gewissen Grundsätzen und Mindeststandards orientieren muss und diese der privatautonomen Disposition entzogen sind.[643] Zwingend ist dieser Schluss – wie bereits gezeigt – freilich nicht. Auch können die zu den Schiedsgerichten angestellten Überlegungen[644] hier nicht unbesehen übernommen werden: Anders als Schiedsklauseln schließen Schlichtungsklauseln den staatlichen Rechtsweg nämlich nicht völlig aus, sondern schieben ihn nur auf. Die Modifikation staatlichen Rechtsschutzes hat hier also weitaus schwächere Intensität. Im Übrigen könnte man argumentieren, dass der Bürger sogar im Verhältnis zum Staat auf die Gel-

641 S aber mwN OGH 18.2.2010, 6 Ob 20/10z.

642 OGH 12.9.2006, 1 Ob 137/06p.

643 Vgl auch die Jud vor Geltung des derzeitigen § 94 ASGG, der Schiedsklauseln in Arbeits- und Sozialrechtssachen nunmehr weitestgehend ausschließt: Vor diesem Verbot orientierte sich der OGH an allgemeinen Rechtsgrundsätzen und -prinzipien. OGH 3.10. 1978, 4 Ob 66/78: Die Möglichkeit, eine arbeitsgerichtliche Streitigkeit durch Vereinbarung vor ein nur durch Dienstgeber oder Interessenvertreter der Dienstgeber zu besetzendes Schiedsgericht zu bringen, widersprach dem im Arbeitsgerichtsgesetz deutlich zum Ausdruck kommenden Schutzgedanken zur Wahrung der Rechte der AN. OGH 29.6.1988, 9 Ob A 134/88: Ein nicht paritätisch besetztes Schiedsgericht war sittenwidrig, weil der Grundsatz der paritätischen Heranziehung der AG- und AN-Seite in Streitigkeiten aus Arbeitsverhältnissen ein der öffentlichen Ordnung angehöriges Rechtsprinzip sei.

644 S oben 2.a.cc.(5).

tendmachung einzelner verfahrensrechtlicher Garantien verzichten darf[645]: So kann er etwa – unter bestimmten Voraussetzungen[646] – darauf verzichten, einen befangenen Richter abzulehnen.

Es ist jedoch für den OGH offenbar ohnehin nicht allein entscheidend, dass die Garantien *modifiziert* werden. Ausschlaggebend ist vielmehr, dass die Freiwilligkeit dieser – benachteiligenden – Vereinbarung bezweifelt wird, weil sie der Einzelne nicht beeinflussen kann. Mehr noch: Das Ungleichgewicht soll sogar mit dem Verhältnis zwischen Privaten und Staat vergleichbar und das Vereinsmitglied darum ähnlich schutzbedürftig sein. MaW: Benachteiligungen kommen nur deswegen zustande, weil das Vereinsmitglied die Statuen nicht beeinflussen kann, nicht aber, weil es sie tatsächlich so wollte. Daraus folgert der OGH eine „verstärkte Grundrechtsbindung". Dies verblüfft zunächst, denn nach der „abgeschwächten Grundrechtsbindung" im kollektiven Arbeitsrecht scheint der OGH nun eine weitere Intensität der Grundrechtswirkung einzuführen. Darauf ist später noch zurückzukommen.

Tritt man den Überlegungen des OGH bei, so haben sie zunächst dem Grundsatz nach einiges für sich: Wie zum kollektiven Arbeitsrecht deutlich wurde, gibt es tatsächlich im Privatrecht Bereiche, in denen der Einzelne in einer dem Staat vergleichbaren Unterlegenheitssituation ist. Kann er seine privatautonomen Gestaltungsmittel nicht einsetzen, dann obliegt es dem Staat, den Einzelnen vor Benachteiligungen, die er gar nicht will, denen er sich aber nicht entziehen kann, zu schützen. Der Staat muss dann drittgerichtete Beeinträchtigungen grundrechtlicher Positionen abwehren. Geht man davon aus, dass dies im Vereinsrecht zutrifft, dann ist es in der Tat konsequent, dass sich der OGH schützend vor das bedrohte Vereinsmitglied stellt: Regelungen, die das Vereinsmitglied grob benachteiligen und um seine verfahrensrechtlichen Garantien bringen, prallen am oberstgerichtlichen Schutzschild ab.

Freilich: So hehr die Absichten des OGH sein mögen, so lassen sich gegen diese Position durchaus auch grundsätzliche Bedenken anmelden. Dass der Private nämlich derart unterlegen ist, dass er seine Interessen gar

645 Frowein/Peukert, EMRK[3] Art 6 Rz 3; Grabenwarter, EMRK[4] § 18 Rz 32; mwN Matscher, FS-Nagel 227 (229). EGMR 28.8.1991, 12 151/86, F.C.B. gegen Italien = EuGRZ 1992, 539.

646 Der Verzicht muss freiwillig und in unmissverständlicher Weise abgegeben werden. EGMR 6.12.1988, 10 590/83, Barberà ua Z 82 = EuGRZ 1992, 549: „[...] waiver of the exercise of a right guaranteed by the Convention – in so far as it is permissible – must be established in unequivocal manner." EGMR 25.2.1992, 10 802/84, Pfeifer und Plankl gegen Österreich Z 37 = EuGRZ 1991, 571 (572 f): „Moreover, the Court agrees with the Commission that in the case of procedural rights a waiver, in order to be effective for Convention purposes, requires minimum guarantees commesurate to its importance." EGMR 28.8.1991, 12 151/86, F.C.B. gegen Italien = EuGRZ 1992, 539.

nicht mehr selbst wahrnehmen kann, ist in dieser Allgemeinheit mE unzutreffend. Die Situation des Einzelnen unterscheidet sich zunächst grundlegend von jener des AN im kollektiven Arbeitsrecht: Es bleibt ihm nämlich unbenommen, einem Verein, mit dessen Statuten er nicht einverstanden ist, gar nicht beizutreten.[647] Er kann sich der benachteiligenden Wirkungen der Statuten also durchaus entziehen. Anderes könnte nur dann gelten, wenn er diese Wahl nicht hat, er also etwa auf die Mitgliedschaft in einem Verein angewiesen oder zur Mitgliedschaft verpflichtet ist.[648] Dagegen könnte man nun wiederum einwenden, dass diese Robin-Hood-gleichen Absichten des OGH doch an sich nichts Schlechtes sein können, zumal das Vereinsmitglied diesen Schutz ja offenbar will – anders käme die Sache ja gar nicht vor den OGH. Eine zu ausgeprägte Entwicklung dieses Schutzgedankens könnte freilich zum bereits erwähnten April-April-Effekt führen. Demnach könnte der Einzelne eine Vereinbarung abschließen, wenn er es sich anders überlegt und ihm seine ursprüngliche Entscheidung nicht mehr zusagt, kann er argumentieren, dass er die Vereinbarung so gar nicht wollte. Damit wird im Extremfall freilich die Privatautonomie geradezu ad absurdum geführt, denn sie baut ja darauf auf, dass der Einzelne die Folgen seiner Handlung einschätzen kann und die Bindungswirkung einer Vereinbarung akzeptiert. Außerdem – und dies darf nicht außer Acht gelassen werden – wird damit ja die Privatautonomie des anderen Vertragspartners beschränkt.

Nun soll nicht verkannt werden, dass es durchaus einem Gerechtigkeitsempfinden entsprechen mag, ein Vereinsmitglied vor unfairen statutarischen Klauseln zu schützen. Insofern ist es auch plausibel und nachvollziehbar, dass der Gesetzgeber die Statuten nicht völliger Gestaltungsfreiheit überlassen hat. Davon zu unterscheiden ist jedoch die Frage, ob dies zwangsläufig eine verstärkte *Grundrechtsbindung* zur Folge haben muss. In diesem Zusammenhang ist nämlich vor einer grundsätzlichen Gefahr zu warnen: Folgert man aus jeder Ungleichgewichtslage eine verstärkte *Grund*rechtsbindung, dann verkommen die Grundrechte zu einem Korrekturstift für Schieflagen. Sie sind dann nicht mehr primär Abwehrrechte gegen den Staat, sondern sie sind Abwehrrechte gegen jegliche Ungleichgewichtslagen. Nun liegt zwar den Grundrechten an sich tatsächlich der Schutz vor Ungleichgewichtslagen zugrunde – zwischen Privaten und Staat besteht typischerweise ein Machtgefälle –, dieser Schutzgedanke lässt sich aber mE nicht so ohne weiteres auf das Verhältnis zwischen Privaten übertragen.

647 Für die Verfassungsmäßigkeit einer Norm kann dies freilich nicht gelten: Sie ist – selbstverständlich – unabhängig davon zu beurteilen, ob sich der Betroffene durch eigene Disposition dem Anwendungsbereich entziehen kann: Dazu MAYER, ÖBA 1993, 373 (375).

648 S auch REUL, DNotZ 2007, 184 (197).

Dazu bedürfte es einer besonderen Begründung. Sie überzeugt dort, wo das Machtgefälle zwischen Privaten jenem zwischen Privaten und Staat ähnelt: Dies ist, wie gezeigt, im kollektiven Arbeitsrecht der Fall, wo sich die Kollektivvertragsunterworfenen den Wirkungen des KV nicht entziehen können. In anderen Fällen – etwa dann, wenn der Private die Möglichkeit hat, einem Verein gar nicht beizutreten – kann hingegen nur schwer begründet werden, wieso eine verstärkte Grundrechtsbindung angenommen werden müsste. Dh freilich nicht, dass derartige Konstellationen nicht als korrekturwürdig empfunden werden, etwa weil sozialen oder gesellschaftlichen Vorstellungen oder allgemeinen Gerechtigkeitserwägungen widersprochen wird. Nicht jeder Missbrauch einer Ungleichgewichtslage muss – und kann – aber zwangsläufig in grundrechtlichem Zusammenhang stehen: Nicht alles, was als ungerecht empfunden wird, löst deswegen schon – wie im Folgenden besonders beim Kontrahierungszwang deutlich wird – staatliche Schutzpflichten aus. Möglicherweise kann die Sittenwidrigkeit aber damit begründet werden, dass ein Teil in seinen Rechten – dies müssen nicht zwangsläufig Grundrechte sein – unverhältnismäßig benachteiligt wurde.

Bereits angesprochen wurde die Begriffswahl des OGH: Die angenommene verstärkte Grundrechtsbindung steht in auffallendem Gegensatz zur abgeschwächten Grundrechtsbindung im kollektiven Arbeitsrecht. Dahinter verbirgt sich freilich letztlich das Gleiche: In beiden Fällen entfaltet sich der Abwehrgehalt der Grundrechte, die Grundrechtsbindung entspricht jener im hoheitlichen Verhältnis. Dass der OGH diese antinomistischen Begriffe verwendet, dürfte am Bezugspunkt liegen. Ob nämlich eine Bindung als verstärkt oder abgeschwächt bezeichnet wird, hängt vom Vergleichsmaßstab ab: Je nachdem ob dies das Privatrecht oder das öffentliche Recht ist, ist die Grundrechtsbindung darauf bezogen eben stärker (als im übrigen Privatrecht) oder schwächer (als im öffentlichen Recht).

cc. *Kontrahierungszwang*

(1) Problemstellung

In den bislang dargestellten Fällen ergab sich die Sittenwidrigkeit aus dem Inhalt einer Vereinbarung. Es gibt aber auch Konstellationen, in denen die Sittenwidrigkeit darin besteht, dass gar kein Vertrag zustande kommt, weil eine Seite den Vertragsabschluss verweigert. In diesen Fällen folgt aus der sittenwidrigen Vertragsverweigerung eine Verpflichtung zum Vertragsabschluss: Es besteht sog Kontrahierungszwang. Dieser tritt freilich in ein unübersehbares Spannungsverhältnis zur Privatautonomie, denn beide scheinen geradezu Konträres anzuordnen: Der Kontrahierungszwang verpflichtet – auch gegen den Willen eines Vertragspartners – zum Vertragsabschluss, die Privatautonomie gestattet es dem Einzelnen, seine Rechtsverhältnisse nicht unter Zwang, sondern nach freiem Willen zu gestalten.

Freilich kann auch die Privatautonomie – so wie alle anderen Freiheiten – nicht schrankenlos ausgeübt werden: Sie gewährleistet weder absolute Vertragsinhalts- noch Vertragsabschlussfreiheit. Wie bereits in den vorangegangenen Kapiteln deutlich wurde, ergeben sich die *inhaltlichen* Grenzen aus den expliziten gesetzlichen Bestimmungen und den guten Sitten. Entsprechendes gilt mutatis mutandis für den Vertrags*abschluss*. Auch hier kann der Einzelne nicht immer frei entscheiden, ob er kontrahieren will oder nicht. Die Grenzen der Vertragsabschlussfreiheit ergeben sich einmal mehr aus expliziten gesetzlichen Vorschriften, wie etwa in § 4 NahversorgungsG (sog besonderer Kontrahierungszwang), oder aber aus der Gute-Sitten-Klausel (sog allgemeiner Kontrahierungszwang).

Nach wie vor strittig ist freilich, ob die guten Sitten des § 879 Abs 1 oder § 1295 Abs 2 ABGB eine entsprechende Anspruchsgrundlage darstellen können.[649] Immerhin handelt § 879 ja von Verträgen – ein solcher liegt bei Streitfragen um einen Abschlusszwang aber ja gerade (noch) nicht vor. Dennoch stützt sich der OGH in der Mehrheit der Fälle auf § 879 Abs 1 ABGB oder aber auch auf beide Bestimmungen.[650] Die Klärung dieser Streitfrage hat freilich für die folgenden grundrechtlichen Betrachtungen keine wesentlichen Auswirkungen und kann darum – als genuin zivilrechtliche Frage – dahingestellt bleiben.

(2) Judikatur

(a) Voraussetzungen für den Kontrahierungszwang

In seiner Jud betont der OGH wiederholt die zentrale Bedeutung der Privatautonomie im Zivilrecht,[651] er räumt aber zugleich ein, dass dieses grundlegende Prinzip ausnahmsweise durch den Kontrahierungszwang durchbrochen werden könne.[652] Derartige Durchbrechungen ergeben sich, wie gezeigt, entweder aus expliziten Normen oder aus den guten Sitten. Gerade letztere werfen in der Jud die eigentlich spannende Frage auf, gilt es doch zu klären, wann eine Vertragsverweigerung als sittenwidrig zu qualifizieren ist. Der OGH beantwortet dies unter Berufung auf Nipperdey

649 S dazu Harrer, in: Schwimann, ABGB § 1295 Rz 136 ff; Koppensteiner, ÖBl 2007, 100 (101); Krejci, in: Rummel, ABGB § 879 Rz 83 f; Rummel, in: Rummel, ABGB § 861 Rz 10.

650 S dazu Krejci, in: Rummel, ABGB § 879 Rz 83 f.

651 ZB OGH 16.9.1971, 1 Ob 227/71; 22.2.1995, 3 Ob 522/95.

652 ZB OGH 19.11.2003, 7 Ob 273/03b.

und Bydlinski: Ein allgemeiner Kontrahierungszwang bestehe überall dort, wo die faktische Übermacht eines Beteiligten bei bloß formaler Parität diesem die Möglichkeit der „Fremdbestimmung" über andere gebe.[653]

Dies trifft jedenfalls auf einen Monopolisten zu. Das Monopol ist hier freilich nicht streng in einem wettbewerblichen oder marktwirtschaftlichen Sinn zu verstehen, entscheidend ist vielmehr, dass nicht substitutionsfähige Güter oder Leistungen öffentlich angeboten werden. Nicht (mehr) gefordert ist, dass die infrage stehenden Güter und Leistungen auch (lebens-)notwendig sein müssen. Zwar spricht der OGH in seiner Jud regelmäßig davon, dass die Güter den „Normal-" oder „Notbedarf" decken sollen, er legt aber mittlerweile einen großzügigen Maßstab an[654]: Aus der Jud lässt sich nunmehr ableiten, dass bereits die Monopolstellung für die Begründung eines Kontrahierungszwangs ausreicht und es auf die Qualität der Güter und Leistungen nicht ankommt.[655]

Da hinter einem Monopolisten sehr häufig der – privatwirtschaftlich handelnde – Staat steht, ist es auch nicht verwunderlich, dass die Jud des OGH zum Kontrahierungszwang ursprünglich va Konstellationen betraf, bei denen Unternehmen der öffentlichen Hand beteiligt waren. Sie erfüllen idR Aufgaben der Daseinsvorsorge und sind damit – so der OGH – Monopolunternehmen.[656] Allerdings räumt der OGH ein, dass Unternehmen der öffentlichen Hand sogar dann ein Kontrahierungszwang trifft, wenn sie keine Monopolstellung innehaben. Sie sind dann nämlich insoweit zum Vertragsabschluss verpflichtet, als die Verweigerung der Pflicht zur Gleichbehandlung widerspräche.[657] Damit ist aber genau genommen kein Problem des Kontrahierungszwangs angesprochen, sondern jenes der Fiskalgeltung, auf das noch näher eingegangen wird.

Die wirtschaftliche Tätigkeit öffentlicher Unternehmen ist zwar ein zentraler Ansatzpunkt für den Kontrahierungszwang, er beschränkt sich aber nicht darauf, sondern erstreckt sich auch auf „echte" Private. Ein privater Unternehmer kann nämlich gleichfalls Monopolist sein und damit die Voraussetzungen für einen Kontrahierungszwang erfüllen.

---

653 OGH 16.9.1971, 1 Ob 227/71; 23.5.1973, 1 Ob 71/73; 19.10.1978, 7 Ob 59/78; 14.7.1986, 1 Ob 554/86; 12.8.1996, 4 Ob 2132/96z; 31.1. 2002, 6 Ob 48/01d; 19.11. 2003, 7 Ob 273/03b; 6.10.2005, 6 Ob 191/05i; 14.12.2005, 7 Ob 287/05i; 13.10.2009, 1 Ob 125/09b.

654 Zu diesen Begriffen Bydlinski, AcP 1980, 1 (37).

655 Zur Entwicklung der Jud Koppensteiner, ÖBl 2007, 100 (101): Früher war Monopolstellung verlangt, begünstigt war nur der Letztverbraucher, betroffen war die Versorgung mit lebenswichtigen Gütern oder Leistungen. Nunmehr wurden die Kriterien sowohl hinsichtlich des Grads der Marktbeherrschung als auch der infrage stehenden Güter abgeschwächt.

656 OGH 30.11.1993, 4 Ob 146/93.

657 OGH 30.6.1998, 1 Ob 135/98d; 31.1.2002, 6 Ob 48/01d; 9.5.2007, 7 Ob 269/06v.

Ein Monopol hatte etwa die Straßenverwaltung, bei der Anrainer die Zu- und Abfahrt zu öffentlichen Straßen beantragen mussten.[658] Gleiches galt für eine Stadt, mit der Geschäftsleute Verträge über die Aufstellung von Warenständern auf öffentlichem Gut abschließen konnten.[659] Ein Monopol hatte auch der Betreiber des einzigen Seebads eines Ortes – und dies obwohl es in anderen Orten am See ebenso Bäder gab.[660] Als Monopolisten qualifizierte der OGH außerdem – und dieser Fall betraf einen echten Privaten – den Betreiber des einzigen Gasthauses einer Ortschaft[661] sowie den Betreiber einer Seilbahn[662]. Auch ein Verein kann grds Monopolstellung haben.[663] Keine Monopolstellung begründete hingegen das Innehaben von Informationen.[664]

(b) Ausgestaltung des Kontrahierungszwangs

Das Bestehen einer Situation, die Kontrahierungszwang begründet, bedeutet freilich noch nicht zwangsläufig, dass tatsächlich ein Vertrag abzuschließen ist. Auch der Monopolist ist nämlich nicht dazu verpflichtet, einen Vertrag jeglichen Inhalts abzuschließen. Verboten ist nur die sittenwidrige Vertragsverweigerung. Eine solche nimmt der OGH dann an, wenn die Übermachtstellung missbraucht bzw in unsachlicher Weise ausgeübt wird.[665] Sittenwidrig ist, nach anderer Formulierung des OGH, die willkürliche Ablehnung eines Vertragsabschlusses[666] bzw eine Vertragsverweigerung, die der Pflicht zur Gleichbehandlung widerspricht.[667]

Erfolgt dieser missbräuchliche Vertragsausschluss überdies, um einen Konkurrenten wettbewerblich zu schädigen, dann kam in der Jud regelmäßig auch die Gute-Sitten-Klausel des § 1 UWG aF[668] zur Anwendung.

658 OGH 16.9.1971, 1 Ob 227/71.

659 OGH 14.12.2005, 7 Ob 287/05i.

660 OGH 20.11.1990, 4 Ob 166/90, 167/90: Die Kl konnte aber wegen ihres Geschäftsstandorts nicht an einen anderen Ort ausweichen.

661 OGH 14.7.1986, 1 Ob 554/86.

662 OGH 13.7.1994, 6 Ob 534/94.

663 OGH 13.10.2009, 1 Ob 125/09b: Im Beschwerdefall – soweit ersichtlich der bislang einzige Fall, in dem es um diese Frage ging – ließ der OGH freilich offen, ob tatsächlich Monopolstellung bestand. Es lagen nämlich sachliche Gründe dafür vor, die Aufnahme in den Verein zu verweigern.

664 OGH 15.12.1987, 4 Ob 388/87: Es ging hier um die Nennung bei Pferderennen; diese Mitteilung eines Vorhabens könne nicht der Lieferung eines lebenswichtigen Gutes oder einer Leistung des allgemeinen Bedarfs gleichgehalten werden.

665 OGH 24.9.1998, 2 Ob 232/98a; 24.9.1998, 2 Ob 232/98a; 31.1.2002, 6 Ob 48/01d; 10.3.2003, 16 Ok 1/03; 19.11.2003, 7 Ob 273/03b; 6.10.2005, 6 Ob 191/05i.

666 OGH 16.9.1971, 1 Ob 227/71.

667 OGH 30.11.1993, 4 Ob 146/93.

668 Nunmehr stellt § 1 UWG ua auf unlautere Geschäftspraktiken ab, die etwa den Erfordernissen der beruflichen Sorgfalt widersprechen.

Der Unterschied zwischen UWG und ABGB liegt ua im Schutzzweck: Während im UWG va der funktionierende Markt sichergestellt werden soll, also „Marktschutz“ im Vordergrund steht, geht es im ABGB hingegen um den Schutz eines am „Rechtsverhältnis“ Beteiligten.[669]

Da Monopol und seine (Aus-)Nutzung eine typische Erscheinungsform des Wettbewerbs sind, sind die wettbewerbsrechtlichen Aspekte der Vertragsverweigerung naturgemäß ein Hauptgebiet des Kontrahierungszwangs. Dennoch finden sich auch Fälle, die sich rein auf die – hier relevanten – guten Sitten des ABGB stützen. Dazu zählen etwa die Lokal- oder Ladenverbotsfälle. Dabei argumentiert der OGH idR auch mit § 16 ABGB: Aus den §§ 16 und 1330 Abs 1 ABGB iVm § 879 Abs 1 und § 1295 Abs 2 ABGB leitet er ab, dass „eine diskriminierende, den Betroffenen gegenüber anderen Personen zurücksetzende Abweisung oder Ausweisung durch den Inhaber eines öffentlich geführten Lokals jedenfalls dann sittenwidrig ist, wenn diesem eine monopolartige Stellung zukommt und schon deshalb ein weitgehender Kontrahierungszwang angenommen werden muß.“[670]

Sittenwidrig war etwa ein Lokalverbot im einzigen Gasthaus eines Ortes: Der abgewiesene Gast war aus beruflichen und gesellschaftlichen Gründen zum Besuch dieses Lokals genötigt und die Zurückweisung hatte – so der OGH – diskriminierenden Charakter.[671]

Sittenwidrig war es auch, Personen mit Paragleitern die Beförderung mit einer Seilbahn zu verweigern: Der Ausschluss war erfolgt, weil ein Paragleiter nicht am vorgesehenen Landeplatz gelandet war. In den Beförderungsbedingungen war vorgesehen, dass mit jedem zu kontrahieren sei, der den geltenden Rechtsvorschriften und Beförderungsbedingungen sowie den im Interesse von Sicherheit und Ordnung getroffenen Anordnungen des Seilbahnunternehmens entspreche. Da der Kl aber nicht dagegen verstoßen hatte, liege ein willkürlicher, sachlich nicht gerechtfertigter Ausschluss des Kl von der Beförderung und damit eine unzulässige sittenwidrige Diskriminierung vor.[672]

---

669 Koppensteiner, ÖBl 2007, 100 (101).

670 OGH 14.7.1986, 1 Ob 554/86. S auch OGH 13.4.1988, 1 Ob 560/88.

671 OGH 13.4.1988, 1 Ob 560/88: In einer Ortschaft mit knapp 300 Einwohnern gab es nur ein Gasthaus. Der Wirt geriet mit dem nunmehrigen Kl in Streit und sprach ein Lokalverbot gegen ihn aus. Der Kl war Mitglied des Gemeinderats, Obmann des Ortsbauernrats, stellvertretender Vorsitzender des Pfarrgemeinderats und noch in zahlreichen weiteren Funktionen tätig. Die Sitzungen und Versammlungen dieser Gremien fanden – mangels Alternativen – im Ortsgasthaus statt, das der Kl aufgrund des Lokalverbots nun aber nicht mehr betreten durfte.

672 OGH 13.7.1994, 6 Ob 534/94.

Sachlich begründet war es hingegen, ein Gästehaus nicht in den Fremdenbeherbergungsprospekt einer Gemeinde aufzunehmen, weil sich die Beschwerden gehäuft hatten.[673]

(3) Würdigung

Besteht eine Monopolstellung, dann begründet dies Kontrahierungszwang, der den Monopolisten zur Gleichbehandlung verpflichtet. Berechtigung und grundsätzlicher Nutzen des Kontrahierungszwangs sind auch im Schrifttum durchwegs anerkannt[674], offen bleibt freilich sein grundrechtlicher Bezug. Zwar verknüpft der OGH den Kontrahierungszwang idR mit einer Gleichbehandlungspflicht bzw einem Diskriminierungsverbot – dies legt einen Zusammenhang zum verfassungsrechtlichen Gleichheitssatz zumindest nahe –, ob und wo ein konkreter Konnex zwischen Kontrahierungszwang und Grundrechten besteht, darauf geht er jedoch nicht explizit ein. Im Schrifttum wird zwar ein solcher Zusammenhang hergestellt, etwa wenn der Kontrahierungszwang als Ausgestaltung einer grundrechtlichen Drittwirkung bezeichnet wird[675], damit werden die konkreten grundrechtlichen Berührungspunkte freilich nach wie vor offen gelassen. Auch das zivilrechtliche Schrifttum befasst sich kaum mit dieser Frage: Hier wird vorrangig diskutiert, wie der Kontrahierungszwang dogmatisch im System des Zivilrechts begründet werden kann.[676]

Will man nun der Frage nachgehen, ob Kontrahierungszwang einen grundrechtlichen Konnex hat, so ist es unabdingbar, zwei Ebenen auseinanderzuhalten: Erstens ist zu klären, weshalb es überhaupt Kontrahierungszwang gibt[677] und zweitens, wie der Kontrahierungszwang auszuüben bzw auszugestalten ist.

(a) Gründe für den Kontrahierungszwang

Zunächst ist zu fragen, welche Überlegungen hinter dem Kontrahierungszwang stehen bzw ob er sich möglicherweise sogar grundrechtlich begründen lässt.

Nun scheint es prima facie denkbar, den Kontrahierungszwang aus dem verfassungsrechtlichen Gleichheitssatz abzuleiten.[678] Dieser verbietet ua

673 OGH 10.9.1991, 4 Ob 538/91.

674 S nur Hauer, JBl 1993, 481 (491).

675 Berka, Grundrechte, Rz 234.

676 S nur Dittrich, Kontrahierungszwang 4 ff; Hackl, Vertragsfreiheit (47 ff, 75 ff); Zöllner, FS-Bydlinski 517 ff. Für Winkler, juridikum 2003, 188 (190) ist der Kontrahierungszwang eine „altbekannte (wenn auch nicht gerade übererforschte) Figur im Privatrecht".

677 IdS auch Jestaedt, VVDStRL 64 (2005) 298 (334).

678 S etwa Berka, Grundrechte, Rz 993; Hinteregger, ÖJZ 1999, 741 (752).

unsachliche Differenzierungen und enthält zugleich ein Differenzierungsgebot. Beides wird griffig in der Formel zusammengefasst, dass Gleiches gleich und Ungleiches ungleich behandelt werden soll.[679] Die Pflicht, die der OGH nun einem Monopolisten auferlegt, ist diesen Anforderungen des Gleichheitssatzes sehr ähnlich: Ein Monopolist darf den Vertragsabschluss nur aus sachlichen Gründen verweigern, er darf also Kontrahierungswillige nicht willkürlich und nach eigenem Gutdünken vom Vertragsabschluss ausschließen. Offen bleibt, inwieweit dadurch tatsächlich ein Zusammenhang zwischen Gleichheitssatz und Kontrahierungszwang hergestellt werden könnte. Denkbar wäre dies dann, wenn der Gleichheitssatz auch Schutzpflichten hinsichtlich privater Rechtsverhältnisse enthält und außerdem der Zweck des Kontrahierungszwangs gerade darin liegt, Ungleichbehandlungen zwischen Privaten zu vermeiden. Freilich: Beide Prämissen können nicht so ohne weiteres bejaht werden.

Zunächst bestehen gegen das Einwirken des verfassungsrechtlichen Gleichheitssatzes va von zivilrechtlicher Seite massive Einwände. Besonders Bydlinski hat wiederholt das antinomistische Verhältnis von Gleichheitsgrundsatz und Privatautonomie betont.[680] Privatautonomie eröffne nämlich die rechtliche Möglichkeit willkürlicher Rechtsgestaltung, wohingegen der Gleichheitssatz gerade willkürliche, sachlich nicht gerechtfertigte Differenzierungen verbiete. Nun ist es freilich überspitzt, Privatautonomie mit Willkür gleichzusetzen, denn auch in der privatautonomen Rechtsgestaltung ist nicht jedes Verhalten erlaubt und erwünscht.[681] Es ist Bydlinski aber insoweit darin zuzustimmen, dass der Gleichheitssatz *für sich* genommen keinen Kontrahierungszwang zu begründen vermag.[682] Es wäre in der Tat nicht einzusehen, müsste der Private seine Vertragspartner nach sachlichen Kriterien auswählen, denn damit entstünde ein unauflösliches Spannungsverhältnis zur Privatautonomie. Allein aus der Tatsache, dass ein Privater einen anderen ungleich behandelt, kann noch kein grundrechtlich fundierter Anspruch auf Gleichbehandlung gefolgert werden.[683] Das schließt freilich nicht aus, dass besondere Um-

679 Allgemein zum Gehalt des Gleichheitssatzes für viele Berka, in: Rill/Schäffer (Hrsg), Bundesverfassungsrecht, Art 7 B-VG; Pöschl, Gleichheit 133 ff.

680 Bydlinski, FS-Klecatsky 129 (144). S auch Isensee, in Isensee/Kirchhof (Hrsg), HStR^2 V § 111 Rz 135.

681 So zutreffend Martinek/Schwarz, DRdA 1961, 233 (234).

682 S auch Berka, in: Rill/Schäffer (Hrsg), Bundesverfassungsrecht, Art 7 B-VG, Rz 115, der betont, dass es im privatrechtlichen Verhältnis der Bürger untereinander einer besonderen Begründung bedarf, wieso aus dem Gleichheitsgrundsatz eine Verpflichtung folgen soll.

683 S auch Krejci, DRdA 2005, 383 (388): „Die bloße Missachtung des Gleichheitssatzes allein kann nicht schon sittenwidrig sein, denn diesfalls würde der Gleichheitsgrundsatz von vornherein ungebremst wirksam sein."

stände eine Pflicht zur Gleichbehandlung begründen können, wie etwa im kollektiven Arbeitsrecht deutlich wurde. Damit bleibt die Frage, ob mit dem Kontrahierungszwang derartige Umstände einhergehen. Dafür spricht zunächst, dass der Nachfrager in einer Unterlegenheitssituation ist, der er sich nicht entziehen kann.

Freilich zeigt sich bei näherer Betrachtung, dass es gar nicht Zweck des Kontrahierungszwangs ist, *Ungleichbehandlungen* durch Nichtkontrahieren hintanzuhalten. Kontrahierungszwang verfolgt nicht – jedenfalls nicht primär – den Schutz vor Ungleichbehandlung. Die Pflicht zur Kontrahierung soll vielmehr, so die Jud, vor einer drohenden Fremdbestimmung schützen bzw – so könnte man auch sagen – vor einer Schädigung durch Nichtkontrahieren. Nun ist eine „Fremdbestimmung" durch ungleiche Verhandlungsstärke im Privatrecht grds nichts Außergewöhnliches. Derjenige, der einen Gegenstand oder eine Leistung gerne hätte, ist gegenüber demjenigen, der diese nicht bzw nicht unbedingt abgeben will, zwangsläufig in einer schlechteren Verhandlungsposition. Diese Form der „Fremdbestimmung" ist geradezu unabdingbar mit dem Wesen der Privatautonomie verknüpft: Die eigenen Vorstellungen der Rechtsgestaltung können mitunter nur dann verwirklicht werden, wenn sie sich mit jenen eines anderen Privaten treffen.[684] Tun sie dies nicht, dann kann daraus noch nicht eine grundrechtlich gebotene Pflicht des Staates zum Schutz der Selbstbestimmung abgeleitet werden.[685] Die Privatautonomie beinhaltet ja keine Erfolgsgarantie dahingehend, dass der eigene Wille durchgesetzt werden kann, denn – und dies ist ein entscheidender Einwand – auch das Gegenüber hat ja ein solches Recht auf Selbstbestimmung. Wenn der OGH mit Fremdbestimmung argumentiert, dann muss damit also eine Fremdbestimmung von besonderer Qualität oder Intensität gemeint sein.

Und diese Möglichkeit der Fremdbestimmung von besonderer Qualität eröffnet sich in der Tat bei der Monopolstellung. Bietet jemand nichtsubstitutionsfähige Güter oder Leistungen öffentlich an, kontrahiert er mit Kunden unter gleichen Voraussetzungen und schließt nur Einzelne – willkürlich – davon aus, dann missbraucht er seine Übermachtposition. Die Vormachtstellung eröffnet dem Anbieter die Möglichkeit zur Fremd-

684 Dazu auch Busche, Privatautonomie 125.

685 Im dt Schrifttum hat die Selbstbestimmung noch eine ganz andere Facette als in Österreich. Gem Art 2 Abs 1 GG hat nämlich jeder Mensch das Recht auf freie Entfaltung seiner Persönlichkeit, wovon nach hA das Recht auf Selbstbestimmung mitumfasst ist. Freilich liegt dies dem Grundsatz nach auch in Österreich den Grundrechten zugrunde und lässt sich aus § 16 ABGB ableiten. Zu Art 2 Abs 1 GG und seiner Bedeutung für die Privatautonomie s etwa Canaris, JZ 1987, 993 (994 f); Roscher, Vertragsfreiheit 42 ff; Wolff, JZ 2006, 925 (zur Bedeutung der neueren Hirnforschung für die grundrechtliche Willensfreiheit; nach dieser soll es die Willensfreiheit so nämlich gar nicht geben).

bestimmung, die vielerlei Formen haben kann: Sie kann zur Folge haben, dass der Einzelne sich nicht mit (lebens)notwendigen Gütern eindecken kann, sie kann bedeuten, dass der Unterlegene soziale oder wirtschaftliche Nachteile hat oder aber „nur" von allgemein zugänglichen Gütern oder Leistungen – auch wenn sie für die Lebensführung nicht dringend notwendig sind – ausgeschlossen wird. Gemeinsames Merkmal dieser Form der Fremdbestimmung ist somit der *Missbrauch* einer Übermachtposition, die nicht ausgleichbar ist, weil nicht auf Alternativen ausgewichen werden kann. Dies beinhaltet geradezu zwangsläufig auch ein diskriminierendes Element, es ist aber lediglich Nebeneffekt des Missbrauchs: Verpönt ist nicht primär, dass der Private im Vergleich zu anderen ungleich behandelt wird, sondern verpönt ist die sich im Missbrauch der Vormachtstellung manifestierende Fremdbestimmung. Das Privatrecht versucht an verschiedenen Stellen und in unterschiedlichsten Fällen, Ungleichgewichtslagen auszugleichen.[686] Auch was den Monopolisten angeht, hat der Gesetzgeber den Missbrauch derartiger Konstellationen verschiedentlich sanktioniert. Auch dabei zeigt sich, dass der Grund für die Normierung eines Kontrahierungszwangs unterschiedlich sein kann bzw dass die einzelnen Facetten möglicher Fremdbestimmung in den verschiedenen Bereichen unterschiedlich schillern: Im Wettbewerbsrecht soll mit dem Kontrahierungszwang va ein funktionsfähiger Wettbewerb gesichert werden, das Nahversorgungsgesetz soll die Versorgung mit Gütern sicherstellen. Das dt Schrifttum betont va die soziale Komponente des Kontrahierungszwangs.[687] Wie auch immer man diese vielschichtigen Motive hinter dem Kontrahierungszwang beschreiben mag, eines ist mE jedenfalls gesichert: Der Grund, weshalb Kontrahierungszwang auferlegt wird, liegt nicht primär darin, dass in bestimmten Konstellationen Private nicht ungleich behandelt werden sollen, sondern darin, dass ein Missbrauch der Übermacht[688] nicht geduldet werden soll. Hinter diesem Schutzgedanken stehen unterschiedliche Überlegungen, die allesamt die Versorgung mit nichtsubstitutionsfähigen Gütern oder Leistungen sicherstellen sollen, die aber keine gleichheitsrechtliche Wurzel haben.[689]

686 S nur die Bestimmungen des Arbeitsrechts oder des Konsumentenschutzes.

687 Eschenbach/Niebaum, NVwZ 1994, 1079 (1080, insbes FN 23); Kilian, AcP 1980, 76: „Der Kontrahierungszwang dient als Instrument, um neben dem privaten Interessenausgleich den funktionsfähigen Wettbewerb und sozialstaatliche Prinzipien zu verwirklichen." S außerdem Rüfner, in: Isensee/Kirchhof (Hrsg), HStR^2 § 117 Rz 78.

688 Nur der Ausdruck „Schutz vor Übermacht" wäre zu kurz gegriffen, denn dies könnte auch bedeuten, dass Monopole überhaupt verboten sind. Es ist aber nicht die Übermachtstellung als solche, die unzulässig erscheint, sondern die missbräuchliche Ausnutzung dieser Position. S auch in der Jud des OGH, wenn er von „faktischer Übermacht" und „Fremdbestimmung" spricht.

689 S auch Kühner, NJW 1986, 1397 (1401).

Dieses Ziel – Schutz vor Fremdbestimmung – ist nun im Rahmen des rechtspolitischen Gestaltungsspielraums durchaus legitim, grundrechtlich *geboten* iSv grundrechtlichen Gewährleistungspflichten ist es aber nicht. Eine solche Pflicht wäre nur dann denkbar, wenn die Übermacht eines Monopolisten so stark ist, dass der Einzelne seine grundrechtlichen Freiheiten – in Frage kommen hier va das Eigentumsgrundrecht und die Erwerbsfreiheit – gar nicht mehr ausüben kann. Zu weitgehend ist darum mE auch die Auffassung HINTEREGGERS, wonach die Abwägung zwischen der grundrechtlich verbürgten Privatautonomie des Monopolisten und der ebenfalls grundrechtlich geschützten Freiheitssphäre der auf die Leistung angewiesenen Person aus den Gewährleistungspflichten folgen soll.[690] Solche Pflichten kann es mE nur in den genannten Extremfällen geben. Dies ändert freilich nichts daran, dass eine solche Abwägung legitim sein kann, es gilt nur grundrechtlich Gebotenes von grundrechtlich Erlaubtem zu unterscheiden. Daran ändert es auch nichts, dass die hinter dem Kontrahierungszwang möglicherweise stehenden Schutzgüter ihrerseits grundrechtlich fundiert sind. Die Abwägung der Rechtsgüter bekommt dann zwar eine grundrechtliche Facette, sie folgt aber nicht aus grundrechtlichen Schutzpflichten.

In der Jud des OGH zeigt sich, nach anfänglich sehr restriktiver Anwendung des Kontrahierungszwangs, nunmehr eine großzügige Linie zu Gunsten des Unterlegenen: Während in der älteren Rsp noch entscheidend war, dass die Güter bzw Leistungen (lebens)notwendig waren, kommt es nun auf die Qualität der Güter nicht mehr an: Entscheidend ist allein die Monopolstellung aus der folgt, dass die Güter nicht substitutionsfähig sind, weil es keine anderen Anbieter gibt. Dies ist mE unproblematisch: Auch wenn der Effekt bei Verweigerung notwendiger Güter zweifellos krasser ist, so ist das Ergebnis doch das selbe, wie wenn andere nichtsubstitutionsfähige Güter oder Leistungen verweigert werden: Sie können letztlich nicht konsumiert bzw in Anspruch genommen werden. Ein grundsätzlicher Aspekt muss dabei mE freilich gewahrt bleiben: Der Monopolist muss sich dazu entschlossen haben, die Waren oder Leistungen öffentlich anzubieten; besitzt jemand Waren, die die Allgemeinheit benötigt, will er sie aber für sich behalten, dann kann ihn auch der Kontrahierungszwang nicht dazu zwingen, die Waren zur Verteilung freizugeben. Erst die Entscheidung zur Freigabe kann Kontrahierungszwang auslösen. Geschieht dies nicht, so ist freilich nicht ausgeschlossen, dass der Staat die Versorgung der Gesellschaft durch eine Enteignung sicherstellt.

Auffallend ist indes, dass sich mit diesen Lockerungen hinsichtlich der Qualität der Güter auch die Akzente in der Begründung des OGH ver-

690 HINTEREGGER, ÖJZ 1999, 741 (752).

schieben: Während die ältere Jud betonte, dass die Versorgung mit notwendigen Gütern sichergestellt werden soll, betont der OGH nunmehr vermehrt, dass der Einzelne nicht im Verhältnis zu anderen schlechter gestellt werden darf. Dies ändert freilich noch nichts am bislang Gesagten: Auch wenn nunmehr das komparative Element stärker betont wird, so geht es nach wie vor nicht primär um die Gleichbehandlung, sondern darum, dass Missbrauch der Übermachtposition nicht geduldet werden soll (s aber unten unter [4]). Die komparative Betrachtung ist eher ein Element, das die zweite Ebene, nämlich die Ausgestaltung des Kontrahierungszwangs betrifft.

(b) Ausgestaltung des Kontrahierungszwangs

Von der Frage, weshalb es einen Kontrahierungszwang gibt, ist die Frage zu unterscheiden, wie ein solcher Kontrahierungszwang auszuüben ist.

Soll der Unterlegene vor einem Missbrauch der Übermacht geschützt werden, dann gilt es zunächst einen aus anderem Blickwinkel grundrechtlich geschärften Blick auf die Sache zu werfen: Der Kontrahierungszwang greift nämlich in die grundrechtlich gewährleistete Privatautonomie ein. Pointiert formuliert: Wird zum Schutz des Unterlegenen Kontrahierungszwang angeordnet, dann wird dadurch zugleich die Privatautonomie des Überlegenen beschränkt, nunmehr also dieser – durch staatliche Anordnung – „fremdbestimmt". Zulässig ist ein solcher Eingriff nur dann, wenn er ein legitimes Interesse verfolgt und verhältnismäßig ist. Daraus folgt weiters, dass – wie der OGH zutreffend erkennt – auch der Monopolist nicht zu jeglichem Vertragsabschluss verpflichtet sein kann, sondern er ihn aus sachlichen Gründen ablehnen darf. Müsste er mit jedem Interessenten unter jeglichen Voraussetzungen kontrahieren, dann wäre dies ein unverhältnismäßiger Eingriff in seine Privatautonomie.

Auf den Punkt gebracht knüpft der OGH also an den Kontrahierungszwang die Pflicht zur sachlichen Gleichbehandlung. Konstellationen, die Kontrahierungszwang begründen, scheinen dem Monopolisten damit die aus dem Gleichheitssatz folgenden Verpflichtungen aufzuerlegen. Möglicherweise kann also hier ein grundrechtlicher Konnex zum Kontrahierungszwang hergestellt werden. Nun folgt freilich die Pflicht zur Gleichbehandlung zunächst schon ganz logisch aus der Problemstellung: Sollen etwa alle die Möglichkeit haben, sich mit bestimmten Gütern einzudecken, dann kann dieses Ziel gerade nicht erreicht werden, wenn Einzelne davon ausgeschlossen werden.[691] Abgesehen von diesem pragmati-

691 S auch Hueck, Grundsatz 168 f, der das Verhältnis von Gleichbehandlungsgrundsatz und Prinzip der guten Sitten mit zwei sich überschneidenden Kreisen vergleicht.

schen Zugang lässt sich hier freilich dennoch auch ein grundrechtlicher Aspekt einbringen: Die nähere Ausgestaltung des Kontrahierungszwangs muss nämlich, so wie alle anderen Normen, verfassungs- und somit auch gleichheitskonform sein.[692] Das bedeutet erstens: Soll unter bestimmten Voraussetzungen – nämlich bei Bestehen einer Monopolstellung – Schutz vor Missbrauch einer Übermachtstellung eingeräumt werden, dann muss dieser Schutz – der ja vom Staat durch Auferlegung des Kontrahierungszwangs eingeräumt wird – allen gleichermaßen zukommen. Zweitens muss der Monopolist einen Vertragsabschluss aus sachlichen Gründen ablehnen dürfen, weil sonst seine Privatautonomie unverhältnismäßig beschränkt wird. Die Ausübung des Kontrahierungszwangs ist somit in der Tat an gleichheitsrechtlichen Kriterien zu messen. Oder anders: Die mittelbare Drittwirkung des Gleichheitssatzes schlägt dort durch, wo es um die *Ausgestaltung* des Kontrahierungszwangs geht, nicht aber schon bei der *Begründung* des Kontrahierungszwangs als solchem.

(c) Kontrahierungszwang für Unternehmen der öffentlichen Hand

Andere Überlegungen müssen freilich angestellt werden, wenn es um Unternehmen der öffentlichen Hand geht, die privatwirtschaftlich handeln. Hier sind Kontrahierungszwang und Gleichbehandlungspflicht eindeutig grundrechtlich fundiert: Sie folgen aus der Fiskalgeltung der Grundrechte.

Haben Unternehmen der öffentlichen Hand Monopolstellung, dann kann für sie nichts anderes gelten als für echte Private: Der Vertragsabschluss darf nicht willkürlich verweigert werden. Dies ergibt sich hier aber nicht aus dem Ziel, vor sozialer bzw wirtschaftlicher Übermacht schützen zu wollen, sondern aus der Fiskalwirkung der Grundrechte. Diese dogmatische Grundlage verdeutlicht sich besonders darin, dass die Pflicht zur Gleichbehandlung auch dann besteht, wenn keine Monopolstellung vorliegt. In diesem Sinne erkennt der OGH zutreffend, dass die verfassungsrechtlich eingeräumte Handlungsermächtigung für die privatrechtlich handelnden Gebietskörperschaften durch die Grundrechte begrenzt ist: Sie sind nämlich für die öffentliche Hand auch dann verpflichtend, wenn sie privatwirtschaftlich tätig werden.[693]

Bei der Debatte um Grundrechtsgeltung und Kontrahierungszwang staatlicher Unternehmungen ist freilich neuerlich eine Besonderheit zu betonen: Auch wenn der Staat privatwirtschaftlich tätig werden kann, so hat er im Unterschied zum echten Privaten keine (grundrechtlich fundierte)

692 Bydlinski, FS-Klecatsky 129 (144).

693 OGH 18.12.1992, 6 Ob 563/92; 26.1.1995, 6 Ob 514/95; 11.7.2001, 7 Ob 299/00x; 9.5.2007, 7 Ob 269/06v.

Privatautonomie. Er handelt zwar mit den Instrumenten des Privatrechts, Grundlage für dieses Handeln ist aber nicht die Privatautonomie, zumal der Staat auch nicht im privatautonomen, sondern stets im öffentlichen Interesse handelt. Dementsprechend entbehrt der Staat – so SALADIN – des „Rechts auf Willkür“[694].

(4) Gleichbehandlung abseits des Kontrahierungszwangs

Trotz des bislang Gesagten soll nicht verkannt werden, dass die Entscheidungsfreiheit, ob und mit wem ein Privater kontrahieren will, auch abseits einer Monopolstellung erheblich beschränkt ist. Gewisse Diskriminierungen durch Private sind mittlerweile explizit verboten, nämlich durch die Antidiskriminierungs- bzw Gleichbehandlungsgesetze[695]: Sie enthalten Regelungen zur Gleichbehandlung von Männern und Frauen in der Arbeitswelt sowie – auch in anderen Bereichen – zur Gleichbehandlung ohne Unterschied der ethnischen Zugehörigkeit. Diese Regelungen bleiben aber bei den gegenständlichen Überlegungen aus mehreren Gründen außer Betracht: Erstens ergibt sich die Unzulässigkeit in diesen Fällen nicht aus der Sittenwidrigkeitsklausel, sondern aus einer expliziten gesetzlichen Regelung. Zweitens ist hier keine Frage der Grundrechtsgeltung oder -wirkung angesprochen: Die Antidiskriminierung folgt hier nicht aus etwaigen verfassungsrechtlichen Überlegungen oder einer mittelbaren Drittwirkung, sondern aus der Anwendung eines einfachen Gesetzes – in dem der Gesetzgeber zweifellos auch grundrechtlich fundierte Wertungen privatrechtsadäquat umgesetzt hat. Des Rückgriffs auf ein Grundrecht bedarf es für die Gesetzesanwendung nicht.

Dennoch ist bemerkenswert, dass der OGH vereinzelt eine Pflicht zur Gleichbehandlung bzw Nichtdiskriminierung festgestellt hat. Wie er meint, ist „auch außerhalb eines Kontrahierungszwangs aus dem Grundrecht auf Persönlichkeitsschutz jeder diffamierende Ausschluß von der Inanspruchnahme einer Leistung zu vermeiden, wenn nicht eine hinreichende sachliche Rechtfertigung gegeben ist. Dies folgt bei der gebote-

694 SALADIN, Grundrechte 321.

695 Bundesgesetz über die Gleichbehandlung (Gleichbehandlungsgesetz), BGBl I 2004/66 idF I 2008/98. S auch die entsprechenden Antidiskriminierungs- bzw Gleichbehandlungsgesetze der Länder: Bgld LGBl 2005/84 idF 2010/17; Krnt LGBl 2004/63 idF 2010/11; NÖ 9290-2; OÖ LGBl 2005/50 idF 2010/60; Sbg LGBl 2006/31 idF 2009/44; Stmk LGBl 2004/66 idF 2010/81; Tir LGBl 2005/25 idF 2008/41; Vbg LGBl 2005/17 idF 2008/49; Wr LGBl 2004/35 idF 2010/44. S dazu außerdem etwa NEUNER, Vertragsfreiheit, in: Leible/Schlachter (Hrsg), Diskriminierungsschutz (Hrsg) 73; RIESENHUBER, Verbot, in: Leible/Schlachter (Hrsg), Diskriminierungsschutz 124 ff; STREINZ, Kompetenzen, in: Leible/Schlachter (Hrsg), Diskriminierungsschutz 11 ff. Für Deutschland im Besonderen etwa BAER, ZRP 2002, 290 ff. S außerdem JESTAEDT, VVDStRL 64 (2004) 298 (350), für den der europarechtlich verfügte Diskriminierungsschutz im Privatrecht wie ein „implantierter Fremdkörper“ ist.

nen verfassungskonformen Auslegung aus der mittelbaren Drittwirkung […] des Grundrechts auf Ehre. Beim Zusammenprall der Interessen des Beklagten, nach seiner Disposition Verträge zu schließen, und den Interessen des anderen, nicht diskriminierend ungleich behandelt zu werden, ist maßgebend, daß die durch die guten Sitten gezogenen Grenzen nicht überschritten werden".[696]

Liest man diese Ausführungen mit der Brille des Kontrahierungszwangs, dann sind sie mit den Grundsätzen des Privatrechts unvereinbar: Sittenwidrig ist – wie gezeigt – die Ausnutzung einer Monopolstellung; abseits davon hat der Einzelne aber keinen Anspruch auf Gleichbehandlung. Deutlicher wird die Position indes, wenn man anerkennt, dass Vertragsverweigerungen bzw sonstige Ungleichbehandlungen – gleichgültig, ob sie unter Monopolverhältnissen geschehen oder nicht – Persönlichkeitsrechte, etwa das Recht auf Ehre verletzen können.[697] Aus dieser Diskriminierung folgt dann die Sittenwidrigkeit.[698] Dies ist aber keine Sache des Kontrahierungszwangs: Der Betroffene begehrt nicht die Kontrahierung, sondern Respektierung bzw Wiederherstellung seines verletzten Persönlichkeitsrechts. Inwieweit hier tatsächlich eine Sittenwidrigkeit vorliegt, kann freilich erst durch eine Interessenabwägung beantwortet werden, wobei mE ein strenger Maßstab anzulegen ist, um nicht die Privatautonomie als grundlegendes Prinzip auszuhöhlen.

Sehr deutlich zeigt sich der Zusammenhang zwischen Vertragsverweigerung und Persönlichkeitsrechten sowie Antidiskriminierung in den bereits angesprochenen Lokalverbotsfällen.[699] Dort war freilich jedes Mal eine Monopolstellung gegeben, weshalb auch der Kontrahierungszwang greifen konnte: „[E]ine diskriminierende, den Betroffenen gegenüber anderen Personen zurücksetzende Abweisung oder Ausweisung durch den Inhaber eines öffentlich geführten Lokals [ist] jedenfalls dann sittenwidrig […], wenn diesem eine monopolartige Stellung zukommt und daher ein weitgehender Kontrahierungszwang angenommen werden muß."[700]

696 OGH 24.10.1990, 3 Ob 603/90; 10.7.1991, 3 Ob 548/91: Hier ging es darum, ob ein Betroffener von der Benutzung einer Parkgarage ausgeschlossen werden durfte. Obwohl es in der Umgebung auch noch andere Parkgaragen gab, „wird jedenfalls davon auszugehen sein, daß die kl Partei nicht willkürlich Kraftfahrer abweisen darf".

697 S auch Thüsing/von Hoff, NJW 2007, 21 (25).

698 Nach Loebenstein, FS-Strasser 759 (785) erfährt die Gleichbehandlung im Privatrecht auch dann und dort eine andere Betrachtung und Akzentuierung, wenn und wo der Schutz der Persönlichkeit als verfassungsrechtliches Grundrecht positiv ausgeformt sei, was auch durch § 16 ABGB verdeutlicht werde. Hier werde nämlich das Diskriminierungs- und Privilegierungsverbot des Gleichheitssatzes im Privatrecht auch dann anwendbar sein, wenn Persönlichkeitsrechte durch willkürliche Ausschließung oder Bevorzugung verletzt werden.

699 OGH 13.4.1988, 1 Ob 560/88.

700 OGH 13.4.1988, 1 Ob 560/88.

Dies zeigt zugleich eine weitere Facette auf: Zwar muss eine diffamierende Vertragsverweigerung nicht zwangsläufig eine originäre Frage des Kontrahierungszwangs sein, beides liegt aber zwangsläufig sehr eng beieinander: Eine unsachliche Vertragsverweigerung hat nämlich meist zwangsläufig eine diffamierende Wirkung für den Ausgeschlossenen.

Zu guter Letzt sei noch eine Anmerkung zur Argumentationslinie des OGH gemacht: Zunächst fällt einmal mehr auf, dass der OGH den Terminus „Grundrecht" unbefangen anwendet. Zweifellos ist die Persönlichkeit des Menschen grundrechtlich geschützt, ein „Grundrecht auf Persönlichkeitsschutz" gibt es freilich ebenso wenig wie ein „Grundrecht auf Ehre". Aber auch die Begründung, dass der Diskriminierungsschutz bei der „gebotenen verfassungskonformen Auslegung aus der mittelbaren Drittwirkung" des Grundrechts auf Ehre folgt, ist durchaus bemerkenswert. Zwar ist es richtig, dass die Ehre vor drittgerichteten Angriffen zu schützen ist, streng genommen ist dieses Ergebnis aber – soweit §§ 879 und 1295 ABGB angesprochen sind – wiederum durch verfassungskonforme Konkretisierung der guten Sitten zu erzielen: Das vom OGH gewählte Verständnis entspricht den verfassungsrechtlichen Vorgaben, zwingend ist es freilich nicht. Man könnte ebenso die Auffassung vertreten, dass notwendiger Ehrenschutz bereits durch § 1330 ABGB hinreichend sichergestellt ist.

(5) Zusammenfassung

Der Kontrahierungszwang ist zwar in der Jud des OGH eng mit der Pflicht zur Gleichbehandlung verknüpft, dennoch folgt er bei näherer Betrachtung nicht aus grundrechtlichen Überlegungen. Er lässt sich vielmehr mit dem Schutz vor Missbrauch einer Übermachtstellung begründen, der durchaus als legitimes Ziel betrachtet werden kann. Es begründet freilich nicht schon jegliche Übermachtposition Kontrahierungszwang, sie muss vielmehr eine besondere Qualität haben. Eine solche ist bei einer Monopolstellung anzunehmen: Das Ungleichgewicht ist hier so groß, dass der Einzelne keine Möglichkeit hat, dem auszuweichen.

Während die Entscheidung zum Schutz vor der Übermacht keine grundrechtliche Fragestellung ist, ist die Ausgestaltung des Schutzes in mehrfacher Hinsicht grundrechtlich beachtlich: Erstens greift der Kontrahierungszwang in die – grundrechtlich fundierte – Privatautonomie des Monopolisten ein. Als logische Folge muss, zweitens, die Ausgestaltung des Kontrahierungszwangs selbst grundrechtlichen Anforderungen entsprechen.

dd. Privatwirtschaftsverwaltung

Einigermaßen problematisch ist die systematische Einordnung der staatlichen Privatwirtschaftsverwaltung. Sie ist zwar prima facie im Kapitel „Schutz vor Missbrauch einer Übermachtstellung" gut aufgehoben, dieser Eindruck hält aber einer näheren Betrachtung nicht stand. Die Wirkung der Grundrechte folgt in diesen Fällen nicht aus dem Schutz vor den Auswirkungen einer Vormachtstellung, sondern sie folgt daraus, dass der *Staat* – sei es auch mit Mitteln des Privatrechts – handelt. Dass er eine Vormachtstellung hat, ist geradezu eines seiner Spezifika, die ja ua zur Entwicklung der Grundrechte geführt haben. Die Grundrechtsbindung folgt hier nicht aus der mittelbaren Drittwirkung, sondern aus der Fiskalgeltung.[701] Dennoch sollen an dieser Stelle einige Überlegungen zur Fiskalgeltung angestellt werden: Die Betrachtungen stehen nämlich in engem systematischen Zusammenhang mit dem zum Kontrahierungszwang der öffentlichen Hand Gesagten.[702]

Selbst dann, wenn der Staat nicht hoheitlich handelt, sondern privatwirtschaftlich tätig wird, hat er – wie bereits deutlich wurde – nicht die gleiche Position wie ein Privater. Es folgt daraus die Fiskalgeltung der Grundrechte: Der Staat ist selbst dann an die Grundrechte gebunden, wenn er privatrechtlich handelt. Auch der bereits dargestellte Kontrahierungszwang ist – wenn der Anbieter ein Unternehmen der öffentlichen Hand ist – Ausfluss einer Fiskalwirkung des Gleichheitssatzes. Entsprechendes gilt naturgemäß in anderen Bereichen der Privatwirtschaftsverwaltung und hier besonders bei der Subventionsverwaltung. Sie eröffnet geradezu typischerweise Möglichkeiten zur (Un-)Gleichbehandlung[703]: Wird einem Förderungswerber eine Leistung nicht gewährt, obwohl sie andere Personen erhalten haben, dann stellt sich die Frage, ob dies – aus gleichheitsrechtlicher Sicht – zulässig ist. Entsprechendes gilt für die öffentliche Auftragsvergabe, in deren Rahmen der Staat Waren oder Dienstleistungen am Markt nachfragt.[704] Auch hier ist fraglich, nach welchen Kriterien der Staat aus der Reihe der Anbieter auswählen darf bzw muss.

Freilich: Für originär grundrechtliche Überlegungen bleibt nur mehr beschränkter Raum. Sowohl Subventions- als auch Auftragsverwaltung sind mittlerweile stark durch gemeinschaftsrechtliche Vorgaben determiniert[705], die innerstaatlich durch einfache Gesetze umgesetzt wurden[706].

701 S bereits im ersten Abschnitt B. II.

702 S oben unter cc.

703 IdS auch Koppensteiner, JBl 2005, 137 (143): Die Vergabe von Subventionen sei in besonderem Maße geeignet, die „Chancengleichheit" im Wettbewerb und damit diesen selbst zu beeinträchtigen.

704 Wimmer/Müller, Wirtschaftsrecht 266 f.

705 S zB RL 2004/18/EG über die Koordinierung der Verfahren zur Vergabe öffentlicher Bauaufträge, Lieferaufträge und Dienstleistungsaufträge, ABl 2004 L 134/1.

706 S nur Bundesvergabegesetz, BGBl I 2006/17 idF 2010/15.

Die Handlungsdirektiven ergeben sich dann schon aus den expliziten gesetzlichen Vorgaben.

(1) Judikatur

Die Judikatur des OGH zur Grundrechtsbindung in der Privatwirtschaftsverwaltung ist eindeutig: Der OGH anerkennt, dass auch privatrechtliches Handeln der öffentlichen Hand den Anforderungen der Grundrechte, und zwar va des Gleichheitssatzes unterliegt.[707] „Der von der Verfassung eingeräumten Handlungsermächtigung für die [...] privatrechtlich tätigen Gebietskörperschaften sind also insoweit Grenzen gesetzt, als sie nur im öffentlichen Interesse handeln dürfen, weil die Grundrechte für die öffentliche Hand auch dann verpflichtend wirken, wenn diese in Form des Privatrechts tätig wird."[708]

Besonders deutlich tritt diese Bindung, wie bereits erwähnt, in der **Subventionsverwaltung** zutage. Subventionen sind „vermögenswerte Zuwendungen aus öffentlichen Mitteln, die ein Verwaltungsträger oder eine andere mit der Vergabe solcher Mittel betraute Institution einem Privatrechtssubjekt zukommen lässt, wobei sich der Subventionsempfänger zu einem im öffentlichen Interesse gelegenen subventionsgerechten Verhalten verpflichtet, das anstelle eines marktgerechten Entgeltes tritt."[709]

Bei der Subventionsvergabe steht die öffentliche Hand unter weitgehenden Anforderungen des Gleichheitsgrundsatzes.[710] Sowohl Förderungsziel[711] als auch die Umgrenzung des Berechtigtenkreises[712] und etwaige Ausnahmeregelungen[713] müssen dem Sachlichkeitsgebot entsprechen.

Festgelegt werden die Subventionskriterien idR in sog Selbstbindungs- oder Statutargesetzen. Sie haben – wie bereits ihre Bezeichnung nahelegt – nur Innennormcharakter, dürfen also nur die Verwaltung selbst binden, nicht aber außenwirksam Rechte und Pflichten der Rechtsunterworfenen statuieren.[714] Dies folgt bereits aus der verfassungsrechtlichen Kompetenzverteilung: Andernfalls könnte nämlich mit den Selbstbindungsgesetzen die allgemeine Kompetenzverteilung beliebig unterlaufen werden.

---

707 OGH 18.12.1992, 6 Ob 563/92; 9.5.2001, 9 Ob 95/01p; 6.10.2005, 6 Ob 61/05x.

708 OGH 11.7.2001, 7 Ob 299/00x; OGH 9.5.2007, 7 Ob 269/06v.

709 OGH 26.1.1995, 6 Ob 514/95. S auch Rebhahn, Beihilfen- und Subventionsrecht, in: Raschauer (Hrsg), Grundriss[3] Rz 802; Rüffler, JBl 2005, 409 (410).

710 OGH 18.12.1992, 6 Ob 563/92; 9.5.2001, 9 Ob 95/01p; 6.10.2005, 6 Ob 61/05x.

711 OGH 12.3.1996, 4 Ob 1529/96.

712 OGH 18.12.1992, 6 Ob 563/92.

713 OGH 26.1.1995, 6 Ob 514/95; OGH 11.7.2001, 7 Ob 299/00x.

714 So Korinek/Holoubek, Grundlagen 104. OGH 24.2.2003, 1 Ob 272/02k. S auch VfSlg 13 973/1994; 15 430/1999.

Selbstbindungsnormen verpflichten somit Gebietskörperschaften unter bestimmten Voraussetzungen zu einer Leistung, die nur aus sachlichen, im Förderungszweck gelegenen Gründen abgelehnt werden darf.[715] Sobald einmal eine der Selbstbindung entsprechende Leistung gewährt wurde, vermittelt dies – unter gleichen Bedingungen – den anderen Werbern einen klagbaren Anspruch, der nicht abbedungen werden darf.[716]

Die mitunter vertretene Auffassung, dass der Einzelne im Fall der willkürlichen Subventionsvorenthaltung kein prozessförmliches Mittel zur wirksamen Geltendmachung seiner Interessen habe, weil ein Anspruch auf positive Entscheidung nicht gegeben sei, ist vereinzelt geblieben.[717] Der OGH gewährt im Falle einer gleichheitswidrigen (Nicht-)Subventionierung Schadenersatz aus dem Titel der culpa in contrahendo: Mit Beginn des Verteilungsvorganges tritt der Vergeber gegenüber allen, die abstrakt als Empfänger in Betracht zu ziehen wären in ein „der Art nach dem vorvertraglichen Schuldverhältnis vergleichbares – gesetzliches Schuldverhältnis", das „nach der Herkunft der Mittel und der im Gemeinschaftsinteresse gelegenen Zielsetzung durch ein Diskriminierungsverbot iS des Gleichbehandlungsgrundsatzes bestimmt" wird.[718] MaW: Der Private kann darauf vertrauen, dass der Vertragspartner die Selbstbindungsnormen ebenso einhält wie den verfassungsrechtlichen Gleichheitssatz.[719]

Aber auch über die ehemalige Sittenwidrigkeitsklausel des § 1 UWG aF ließ der OGH den Gleichheitssatz auf nicht-hoheitliches staatliches Handeln einwirken: Ein Verstoß gegen § 1 UWG aF könne nämlich „darin liegen, dass die öffentliche Hand Machtmittel missbräuchlich einsetzt, die ihr auf Grund ihrer öffentlich-rechtlichen Sonderstellung zur Verfügung stehen. [...] Ein solcher Missbrauch hoheitlicher Machtstellung wird (ua) in der Förderung bestimmter Mitbewerber angesehen. Besteht die Förderung in der Gewährung von Subventionen, so dürfen nicht einzelne Unternehmen unbegründet bevorzugt werden. Da die Grundrechte auch gegenüber dem nicht hoheitlich handelnden Staat stärkere Bindungswirkung entfalten als dies im Verkehr unter Privaten zutrifft, steht die öffentliche Hand gerade bei Subventionsvergaben unter weitgehenden Anforderungen des Gleichheitssatzes."[720] Die Ansprüche konnten mit einer Konkurrentenklage nach UWG geltend gemacht werden.[721]

715 OGH 24.2.2003, 1 Ob 272/02k; 21.6.2004, 10 Ob 23/03k.

716 OGH 26.1.1995, 6 Ob 514/95; 9.5.2001, 9 Ob 95/01p; 21.6.2004, 10 Ob 23/03k.

717 So noch OGH 30.7.1996, 7 Ob 556/95.

718 OGH 26.1.1995, 6 Ob 514/95; 9.5.2001, 9 Ob 95/01p.

719 So zum Vergabeverfahren OGH 17.12.2001, 1 Ob 284/01y.

720 OGH 16.7.2002, 4 Ob 72/02w. S auch OGH 19.12.1989, 4 Ob 50, 51/89 = WBl 1990, 104 (Koppensteiner).

721 S dazu auch Korinek/Holoubek, Grundlagen 168; Rüffler, JBl 2005, 409 (414).

Das bislang Gesagte gilt mutatis mutandis für das **Vergabewesen:** „Findet der Gleichheitssatz im Verhältnis der öffentlichen Hand als Trägerin von Privatrechten vom einzelnen anerkanntermaßen schon ganz allgemein Anwendung, so versteht sich das bei der Durchführung von Ausschreibungen – also Einladungen zum Wettbewerb unter den Interessenten – nachgerade von selbst."[722]

Freilich sind im Vergabewesen entsprechende Diskriminierungsverbote bereits in den Vergabegesetzen normiert oder es bestehen Selbstbindungsnormen. Die Vergaberegeln der öffentlichen Hand betrachtet der OGH „als nähere Konkretisierung des der Grundrechtsordnung zuzurechnenden Gleichheitssatzes"[723]. Aber selbst dann, wenn keine expliziten Normen zur Anwendung kommen, ist das Gleichbehandlungsgebot zu beachten, der öffentliche Auftraggeber bleibt „jedenfalls dem verfassungsrechtlich verankerten Gleichheitssatz"[724] verpflichtet. Er hat „die eingelangten Angebote sorgfältig und unvoreingenommen zu prüfen und die Bieter fair, also vor allem als untereinander gleich zu behandeln".[725]

Die Rechtsfolgen einer Verletzung sind unterschiedlich: Sind die Vergabegesetze anzuwenden, dann richten sich die Rechtsfolgen danach, in allen anderen Fällen sind wiederum Schadenansprüche aus culpa in contrahendo oder bisweilen nach § 1311 ABGB zuzuerkennen.

Nun beschränkt sich die Grundrechtsbindung nach der zutreffenden Rsp des OGH aber nicht auf das privatwirtschaftliche Handeln von Gebietskörperschaften, sondern erstreckt sich auch auf Körperschaften des öffentlichen Rechts, wie etwa Kammern, die im Rahmen der Subventions- oder Auftragsvergabe in staatliche Aufgaben eingebunden sind. Dies galt etwa für die Bundeskammer der gewerblichen Wirtschaft bei der Vergabe von Exportförderungsbeiträgen.[726] Entsprechendes gilt für Ärztekammern als Körperschaften öffentlichen Rechts: Im Rahmen ihrer gesetzlich angeordneten Mitwirkung bei der Auswahl der Kandidaten für den Abschluss eines Einzelvertrages mit dem zuständigen Träger der Krankenversicherung (also einem „Kassenvertrag") seien sie im öffentlichen Interesse privatrechtlich tätig.[727] In sachlich nicht gerechtfertigten Auswahlkriterien sah der

722 OGH 28.3.2000, 1 Ob 201/99m.

723 OGH 28.3.2000, 1 Ob 201/99m.

724 OGH 28.3.2000, 1 Ob 201/99m. S auch OGH 17.11.2004, 7 Ob 259/04w: „Auch im vergabegesetzlich nicht geregelten Bereich unterhalb der Schwellenwerte entspricht es der ständigen Rechtsprechung des Obersten Gerichtshofes, dass einem übergangenen (Best-)Bieter bei Verletzung des im Rahmen einer Ausschreibung zwingend einzuhaltenden Gleichheitsgebots Schadenersatzansprüche zustehen".

725 OGH 17.12.2001 1 Ob 284/01y.

726 OGH 26.1.1995, 6 Ob 514/95.

727 OGH 11.7.2001, 7 Ob 299/00x.

OGH die Verletzung eines Schutzgesetzes iSd § 1311 ABGB: Die Beklagte verstoße nämlich „gegen den für sie geltenden Gleichheitsgrundsatz".[728]

Ähnliche Grundsätze sind anzuwenden, wenn die öffentliche Hand die Besorgung öffentlicher Aufgaben einem Dritten überantwortet: Sie hat „diesem bei der Gestaltung der rechtlichen Beziehungen jedenfalls die Pflicht zu überbinden, dass er die dem öffentlichen Auftraggeber aufgegebenen Verpflichtungen erfülle".[729]

(2) Würdigung

Dass die Grundrechte Fiskalwirkung entfalten, steht außer Streit.[730] Dass dies auch in der Jud des OGH anerkannt ist, ist ebenfalls nicht zweifelhaft. Es verdient darum auch nicht so sehr die Tatsache Beachtung, *dass* die Grundrechte in der Privatwirtschaftsverwaltung gelten, sondern vielmehr *wie* sie darauf einwirken. Auch die Fiskalwirkung ermöglicht es den Grundrechten nämlich nicht, unmittelbar auf die Rechtsverhältnisse einzuwirken, sondern sie müssen ins einfache Recht transformiert werden.[731] Dies geschieht durch zivilrechtliche Normen oder Rechtsgrundsätze, wie etwa § 1311 ABGB oder den Ansprüchen aus culpa in contrahendo.[732] Dabei entsteht freilich den Eindruck, als suche der OGH geradezu nach geeigneten Einbruchstellen, über die er den Grundrechten zum Durchbruch verhelfen kann. Auf diese Weise ist dies methodisch betrachtet ist somit nichts anderes als die Art und Weise, wie die mittelbare Drittwirkung der Grundrechte ins Privatrecht transformiert wird. Inhaltlich aber gibt es in der Tat einen Unterschied: Bei der mittelbaren Drittwirkung geht es um den Ausgleich von (Grund-)Rechtspositionen Privater, der auch im Hinblick auf die Privatautonomie zu erfolgen hat. Bei den Handlungsbeschränkungen des Staates ist aber gerade nicht auf seine privatautonome Handlungsfreiheit Rücksicht zu nehmen.[733]

Im esten Abschnitt unter B.II. wurde dargelegt, dass unklar ist, ob von einer differenzierten Fiskalwirkung der Grundrechte auszugehen ist. Freilich wären die hier angesprochenen Themenbereiche auch kein Anwendungsgebiet dafür: Bei der Subventionsvergabe, im Vergaberecht und

728 Ein – sachlich nicht gerechtfertigtes – Kriterium war etwa die Bevorzugung einer Nachfolge innerhalb der direkten Familie: Die Privilegierung von Verwandten liege nicht im öffentlichen Interesse und sei auch kein Kriterium für eine besondere medizinischen Qualifikation. S auch OGH 13.5.2009, 7 Ob 25/09s.

729 OGH 28.3.2000, 1 Ob 201/99m.

730 S schon im ersten Abschnitt B.II.

731 Korinek/Holoubek, Grundlagen 165.

732 Berka, Grundrechte, Rz 989. S auch VfSlg 16 027/2000. S zum Rechtsschutz bei Auftragsvergabe Holoubek, FS-Merten 415 (426).

733 S auch Rüffler, JBl 2005, 409 (411).

beim Kontrahierungszwang – mit und ohne Monopolstellung – erübrigen sich diese Überlegungen von vornherein. Dass der Einzelne in diesen Bereichen in einer Unterlegenheitssituation gegenüber dem Staat ist, die auch durch das Privatrecht nicht ausgeglichen wird, ist offensichtlich. In diesem Sinne hat auch der OGH hier die Bedeutung des Gleichheitssatzes explizit herausgestellt.[734]

ee. Schutz vor Missbrauch einer Übermacht als überzeugendes Kriterium für eine verstärkte Grundrechtsbindung?

Zu den KV und BV hat der OGH ausgeführt, dass die mittelbare Drittwirkung eine differenzierte Schutzintensität ermöglicht, die sich nach der konkreten Unterlegenheitssituation richtet. Dies wirft die Frage auf, ob eine Übermachtkonstellation überhaupt ein überzeugendes Kriterium für eine verstärkte Grundrechtsbindung ist.

Bei KV und BV ist dies zutreffend: Ihrer Wirkung kann sich der Einzelne nämlich nicht entziehen, er kann also auch seine privatautonomen Gestaltungsmöglichkeiten nicht einsetzen und ist darum in der Tat in einer gegenüber dem Staat vergleichbaren Unterlegenheitssituation. Anderes gilt, wie gezeigt, beim Kontrahierungszwang: Der Grund, weshalb hier vor Übermacht geschützt wird, liegt – von Extremfällen abgesehen – außerhalb der grundrechtlichen Ebene. Auch bei den Vereinsstatuten vermochte das Kriterium der Übermacht als Grund für verstärkte Grundrechtsbindung nicht vollends zu überzeugen.

Diese Beispiele verdeutlichen: Schutz vor Missbrauch der Übermacht ist für sich genommen noch kein Indiz für verstärkte Grundrechtsbindung. Obwohl Grundrechte den Privaten vor dem übermächtigen Staat schützen und auch das Privatrecht in den verschiedensten Bereichen vor Übermachtkonstellationen schützt, so ist dieser Schutz nicht zwangsläufig grundrechtlich fundiert: Dass der Staat im Konsumentenschutz oder im Mietrecht die Privatautonomie zum Schutz des strukturell Unterlegenen beschränkt, hat soziale oder gesellschaftspolitische, nicht aber grundrechtliche Gründe.[735] Grundrechtlich fundiert kann dieser Schutz nur dort sein, wo der Einzelne überhaupt keine Entscheidungsfreiheit mehr hat. Über diese Grenzen hinaus gibt es keine grundrechtliche Pflicht zu „klären, ob die Regelung eine Folge strukturell ungleicher Verhandlungsstärke ist".[736]

734 OGH 9.5.2007, 7 Ob 269/06v.

735 Isensee, FS-Großfeld 485 (505) spricht davon, dass dem Bürgerlichen Gesetzbuch soziales Öl „anfangs als Tropfen beigegeben [...] seither kanisterweise hinzugegossen" wurde.

736 So aber BVerfGE 89, 214 (234): „Ist aber der Inhalt des Vertrages für eine Seite ungewöhnlich belastend und der Interessenausgleich offensichtlich unangemessen, so dürfen sie [die Gerichte] sich nicht mit der Feststellung begnügen: ‚Vertrag ist Vertrag'." S dazu FN 738.

Zwar können Vereinbarungen, in denen eine Ungleichgewichtslage manifest wird, durchaus unzulässig sein, dazu bedarf es aber nicht zwangsläufig grundrechtlicher Erwägungen.[737] Wie gezeigt, wird es – unter Berücksichtigung der Umstände des Einzelfalls – als sittenwidrig erachtet, wenn zwischen Leistung und Gegenleistung ein grobes Missverhältnis besteht. Bürgschaftsverträge etwa sind nicht schon deswegen sittenwidrig, weil die Bank grds ein wirtschaftliches Übergewicht und daraus resultierende Verhandlungsstärke hat. Sie sind es aber, wenn Leistungsfähigkeit des Bürgen und Verpflichtungsumfang in grobem Missverhältnis stehen, der Bürge kein relevantes Eigeninteresse an der Kreditgewährung hat, über die Risiken nicht hinreichend aufgeklärt wurde und eine enge gefühlsmäßige Bindung zum Kreditnehmer besteht. Auch in diesem Fall gibt es zwar eine strukturelle Übermacht, ein Rekurs auf die Grundrechte ist hier jedoch weder notwendig noch geboten.[738]

Gewährte man auch in privatrechtlichen Ungleichgewichtslagen schon allein aus diesem Grund abwehrrechtlichen Grundrechtsschutz, so wäre dies letztlich ein paternalistischer Schutz: Der Staat meint es dann besser als der Einzelne zu wissen, was für ihn gut ist. Die Ausübung der Privatautonomie ist aber nicht Grundrechtsbeschränkung, sondern Grundrechts-

737 S idS auch ISENSEE, FS-Großfeld 485 (502).

738 ZB OGH 27.3.1995, 1 Ob 544/95; 26.11.2002, 10 Ob 315/02z. S aber die Bürgschaftsentscheidung des dt BVerfGE 89, 214: Die 21jährige Tochter eines Kreditnehmers, die selbst ohne stetiges Einkommen und Vermögen war, übernahm für ihren Vater eine Bürgschaft über eine erhebliche Summe. Über die Risiken war sie nicht aufgeklärt worden. Nachdem die Bürgschaft in Anspruch genommen worden war, zog die Tochter vor die Zivilgerichte, die den Bürgschaftsvertrag für zulässig erklärten. Erst das BVerfG – das über eine Verfassungsbeschwerde angerufen wurde – erklärte ihn für unzulässig: Da sich alle Beteiligten auf die grundrechtliche Gewährleistung der Privatautonomie berufen könnten, dürfe nicht nur das Recht des Stärkeren gelten. Die kollidierenden Grundrechtspositionen seien in ihrer Wechselwirkung zu sehen und so zu begrenzen, dass sie für alle Beteiligten möglichst weitgehend wirksam würden. Im Vertragsrecht ergebe sich der sachgerechte Interessenausgleich aus dem übereinstimmenden Willen der Vertragspartner. Handle es sich um eine typisierbare Fallgestaltung, die eine strukturelle Unterlegenheit des einen Vertragsteils erkennen lasse, und seien die Folgen des Vertrages für den unterlegenen Vertragsteil ungewöhnlich belastend, müsse die Zivilrechtsordnung darauf reagieren und Korrekturen ermöglichen. Im Schrifttum wurde diese Entscheidung vom Ergebnis her zwar befürwortet, die verfassungsrechtlichen Argumente wurden aber weitestgehend kritisiert: Es wurde etwa argumentiert, dass es nicht einsichtig sei, Einschränkungen der Freiheit aufgrund einer vertraglichen Bindung dadurch zu verhindern, dass eine Einschränkung der Freiheit zur vertraglichen Bindung erfolge (KOCH, Grundrechtsschutz 481). Es werde die Wirkung der Grundrechte als Freiheitsrechte ins Gegenteil verkehrt: Sei bisher danach zu fragen, ob der Eingriff in ein grundrechtlich geschütztes Freiheitsrecht gerechtfertigt sei, sei nunmehr zu fragen, ob die Ausübung des Freiheitsrechts gerechtfertigt sei (REUL, DNotZ 2007, 184 [195 f]). ISENSEE, FS-Großfeld 485 (513) bringt die Kritik auf den Punkt: Das Vertragsrecht werde vom Verfassungsrecht „überwältigt und verschlungen". JESTAEDT, Grundrechtsentfaltung 66 beschreibt die Problematik ganz grds als „König-Midas-Verhängnis", denn jedes rechtlich geschützte Interesse, mit dem das BVerfG in Berührung gerate, gerinne in der einen oder anderen Weise zu Verfassungsrecht.

ausübung[739]: Ein Eingriff in diese grundrechtliche Garantie mit dem Argument, dass die Freiheit nicht im besten Maße in Anspruch geworden wird, wäre dann ein Widerspruch in sich selbst.

3. Zusammenfassung

Die bisherige Analyse hat bestätigt: Der OGH zieht die Grundrechte heran, um die guten Sitten zu konkretisieren. Dies ist schon aus grundsätzlichen Überlegungen nahe liegend: Die guten Sitten bringen allgemeine Wertungsmaßstäbe und Grundsätze zum Ausdruck, die – ganz iSd Einheit der Rechtsordnung – nicht nur im Zivil-, sondern auch im Verfassungsrecht und hier gerade in den Grundrechten ihren Ausdruck finden. Sie markieren außerdem rechtlich geschützte Positionen, deren Schutzwürdigkeit grds anerkannt ist.

In **rein autonom gestalteten Rechtsverhältnissen** spielen die Grundrechte eine nur geringe Rolle. Im Privatrecht können die Parteien grds über ihre grundrechtlich geschützten Positionen disponieren: Ihr privatautonomer Wille legitimiert die Beeinträchtigung. Dennoch dürfen die Vertragsparteien nicht alles vereinbaren, was sie gerne vereinbaren möchten: Die Disposition über (grund-)rechtlich geschützte Bereiche unterliegt gewissen Schranken, die sich an den Kriterien der Sittenwidrigkeit orientieren. Verfügungen über Grundrechte unterliegen dann nicht den für den Staat geltenden Prüfungsmaßstäben, sondern es werden privatrechtsadäquate Messlatten angelegt.

Bestimmte Bereiche sind rechtsgeschäftlicher Disposition völlig entzogen. Dies betrifft den persönlichkeitsrechtlichen Kernbereich: Verfügungen über den Intimbereich sind sittenwidrig. Die Überlegungen des OGH sind hier vom Schutz der personalen Würde und der Willensfreiheit getragen. Einen expliziten grundrechtlichen Konnex stellt der OGH zwar nicht her, er ist aber auch gar nicht notwendig: Dieses Ergebnis lässt sich bereits mit den zivilrechtlichen Persönlichkeitsrechten begründen, die ihrerseits einen engen Bezug zu den Grundrechten aufweisen. In beiden kommen nämlich Anerkennung und Schutzwürdigkeit der menschlichen Persönlichkeit zum Ausdruck.

In anderen Fällen stellt der OGH zwar einen ausdrücklichen Konnex zwischen Sittenwidrigkeit und Grundrechten her, die eigentlich tragenden Gründe für die Sittenwidrigkeit werden davon jedoch verdeckt. Es ist in diesen Fällen nämlich nicht allein die Beeinträchtigung (grund-)rechtlich geschützter Positionen, die Sittenwidrigkeit begründet, sondern ausschlaggebend ist eine Äquivalenzstörung[740] oder der Verstoß gegen allgemeine

[739] Reul, DNotZ 2007, 184 (196).
[740] S oben unter 2.a.bb.(2).

Rechtsgrundsätze[741]. Diese Kriterien machen einen Vertrag an sich schon rechtswidrig; dass eine *grund*rechtlich geschützte Position betroffen ist, ist nicht entscheidend. Das Grundrecht bringt somit lediglich die grundsätzliche Schutzwürdigkeit eines Rechts in der Rechtsordnung zum Ausdruck und indiziert eine geschützte Rechtsposition. Auch hier entsteht wiederum der Eindruck, als verwende der OGH die Grundrechte als Anker, an dem er seine gewählte Konkretisierung in der Weite, die eine Generalklausel eröffnet, festmachen kann.

Deutlich tritt die Bedeutung der Grundrechte erst dort hervor, wo das Vertragsverhältnis – faktisch oder typischerweise – von einer Ungleichgewichtslage geprägt ist. Die Legitimationsfunktion des privatautonomen Willens greift in diesen – an der **Bruchstelle zwischen autonomer und heteronomer Rechtsgestaltung** liegenden – Fällen nicht mehr, weshalb an die Sittenwidrigkeit ein anderer Maßstab angelegt wird. Der OGH spricht hier von einer „verstärkten" oder einer „abgeschwächten" Grundrechtsbindung. Trotz dieser antinomistischen Begriffswahl verbirgt sich dahinter dasselbe: Diese Konstruktionen haben sich letztlich als weit geöffnetes Einfallstor für die Grundrechte erwiesen. Die Wirkungsintensität unterscheidet sich in diesen Fällen kaum bzw gar nicht von jener im hoheitlichen Bereich, weswegen auch die mittelbare Drittwirkung als dogmatische Figur ihre scharfen Konturen verliert. Die Abwehrfunktion der Grundrechte tritt deutlich hervor.

Dies darf freilich nur dann gelten, wenn die Ungleichgewichtslage auch eine besondere Qualität hat, die sich von sonstigen Schieflagen, die das Gemeinschaftsleben faktisch mit sich bringt, unterscheidet. MaW: Die aus der ungleichen Verhandlungsstärke resultierende Fremdbestimmung kann – grundrechtlich betrachtet – erst dann staatliche Korrekturen auslösen, wenn der Betroffene letztlich gar keine Entscheidungsfreiheit mehr hat.[742] Nur in diesem Fall ist er in einer gegenüber dem Staat vergleichbaren Situation, die abwehrrechtlichen Grundrechtsschutz zu rechtfertigen vermag. Es mag verlockend wirken, über den Schutz vor Missbrauch einer Übermacht für den Benachteiligten in die Bresche zu springen, damit denaturierte die Privatautonomie aber „zum Gefängnis, in das der Bürger gesperrt wird, um ihn vor den unangenehmen Folgen seiner (Fehl-)Entscheidungen zu schützen."[743]

Allgemein ist in der Rsp des OGH gerade in letzter Zeit ein vermehrter Rückgriff auf die Grundrechte bemerkbar. Diese Entwicklung ist zu begrüßen, denn sie bringt auch außenwirksam das Bewusstsein des OGH

741 S unter 2.a.cc.

742 S auch Reul, DNotZ 2007, 184 (197).

743 Koch, Grundrechtsschutz 481.

um die grundrechtliche Fundierung der gesamten Rechtsordnung zum Ausdruck. Zugleich werden die Grundrechte mitunter freilich geradezu hypertroph angewendet, wodurch ihr Bedeutungsinhalt verzerrt wird: Sie werden selbst dort angewendet, wo es sie nicht bräuchte, sondern mit zivilrechtlichen Rechtsgrundsätzen ein Auslangen gefunden werden könnte; sie werden außerdem auch dort zur Begründung herangezogen, wo sie *allein* die Begründung nicht tragen können.[744] Es entsteht fast der Eindruck, als ob die Grundrechte im Zivilrecht sich schon zu allgemeinen Rechtsgrundsätzen entwickeln. Damit verschwimmen zugleich die grundrechtsdogmatischen Formen und die Gewissheit, was ein Grundrecht im Verhältnis zwischen Privaten gebietet oder gestattet.

III. Zusammenfassung: Generalklauseln und Grundrechte

Der OGH greift bei der Auslegung – oder besser: der Konkretisierung – von Generalklauseln in st Jud auf die Grundrechte. Dass sich die Konkretisierung von Generalklauseln an den Grundrechten orientiert, ist freilich eine Selbstverständlichkeit, die – wie auch bei allen anderen einfachgesetzlichen Normen – aus dem Stufenbau und der Einheit der Rechtsordnung folgt.

Dennoch ist bei Generalklauseln gegenüber einfachgesetzlichen Normen eine Besonderheit zu konstatieren: Die Auslegung von Grundrechten eröffnet nämlich nicht mehrere Normhypothesen, aus denen mittels verfassungskonformer Interpretation eine auszuwählen ist, sondern ihre Offenheit gibt dem Rechtsanwender ein Instrument in die Hand, das per se schon idR eine breiteres Spektrum an möglichen Konkretisierungen eröffnet.[745] Alle Konkretisierungen, die innerhalb des grundrechtlich vorgegebenen Rahmens liegen, sind dann *zulässig*. Es geht also um die verfassungskonforme Anwendung des – grundrechtlich begrenzten – Spielraums. Daraus folgt: Ob ein bestimmter Tatbestand von einer Generalklausel umfasst ist, lässt sich zwar unter Berücksichtigung der auch in den Grundrechten zum Ausdruck kommenden „Wertungen" beantworten, grundrechtlich *geboten* ist eine solche Konkretisierung aber nur dann, wenn der grundrechtlich gebotene Mindestschutz unterschritten wäre. Erst wenn die Anwendung von Generalklauseln auch einen Eingriff in grundlichen Vorgaben konkreter: Der Eingriff bzw eine daraus resultierende Interessenkollision muss grundrechtlichen Anforderungen entsprechen.

Verkürzt könnte man sagen: Die Grundrechte fungieren bei der Konkretisierung von Generalklauseln va als Nachweis für die Schutzwürdig-

---

744 S unter 2.a.bb. und 2.a.cc.

745 Ruffert, Vorrang 65.

keit bestimmter Rechtsgüter. Wird dann in einer konkreten Konstellation Schutz zuerkannt, werden die grundrechtlichen Vorgaben insofern konkreter, als der Schutz grundrechtlichen Vorgaben entsprechen muss. Oder anders: Die Grundrechte enthalten konkrete Vorgaben idR nur bei der Ausgestaltung von Eingriffsnormen, nicht aber bei der Zuerkennung eines Schutzes.

C. Grundrechte als Rechtfertigungsgründe

I. Vorbemerkung

Unter B. wurde dargelegt, dass die Beeinträchtigung grundrechtlich geschützter Positionen Ansprüche begründen oder Nichtigkeit bewirken kann. Es gibt aber auch Fälle, in denen die Ausübung eines Rechts die Rechtswidrigkeit einer Handlung ausschließt: Dieses Recht fungiert dann als Rechtfertigungsgrund. Im Folgenden ist der Frage nachzugehen, welche Rolle die Grundrechte als Rechtfertigungsgründe im Zivilrecht spielen. Dies wird an ausgewählten Beispielen veranschaulicht: Der Schwerpunkt der Betrachtungen liegt zunächst auf Art 10 EMRK, der va im Beleidigungsschutz eine herausragende Bedeutung als Rechtfertigungsgrund hat. Wiewohl der Schwerpunkt der Betrachtungen an sich auf den Bestimmungen des ABGB liegt, soll hier auch auf das UrhG eingegangen werden. Erstens komplettieren nämlich dessen Bestimmungen die beleidigungsrechtlichen Schutznormen, zweitens ist es interessant, das Spannungsverhältnis zwischen der Meinungsfreiheit und den Persönlichkeitsrechten jenem zwischen der Meinungsfreiheit und dem Urheberrecht gegenüberzustellen. Eine durchaus beachtliche Rolle spielt schließlich außerdem die Versammlungsfreiheit.

Im Kapitel „Grundrechte als Rechtfertigungsgründe" geht es nun durchwegs um Konstellationen, in denen den Bürger die Beeinträchtigung seiner Rechte heteronom trifft. Dadurch unterscheiden sie sich maßgeblich von den im vorigen Kapitel dargestellten Fällen. Welche Bedeutung dies für die Grundrechtswirkung und -intensität hat, wird sich im Folgenden zeigen.

II. Kommunikationsfreiheit

1. Die verfassungsrechtliche Garantie der Kommunikationsfreiheit

Art 10 EMRK gewährleistet umfassende Kommunikationsfreiheit: Er schützt die Freiheit, eine eigene Meinung zu bilden („Meinungsbildungsfreiheit") und zu äußern („Meinungsäußerungsfreiheit") sowie Nachrichten und Informationen weiterzugeben und zu empfangen („Informationsfreiheit"). Anerkanntermaßen umfasst sein Schutzbereich auch die Medienfreiheit[746] und künstlerische Ausdrucksformen.

In Österreich waren einzelne Aspekte des Art 10 EMRK schon vor dem Beitritt zur EMRK geschützt: Bereits das StGG garantierte in Art 13 die Meinungsfreiheit und normierte ein Zensurverbot für die Presse. Der Beschluss der Provisorischen Nationalversammlung vom 30. Oktober 1918 stellte die volle Pressefreiheit wieder her und verbat die Zensur. Aufgrund seiner Reichweite hat der Schutzbereich des Art 10 EMRK mittlerweile freilich jenen des Art 13 StGG überlagert.[747] Auch im Folgenden liegt der Schwerpunkt der Betrachtungen auf der konventionsrechtlichen Garantie: Der OGH beruft sich nämlich in den hier relevanten Fällen praktisch ausschließlich auf Art 10 EMRK.

Der Schutz der Meinungsfreiheit[748] gewährleistet nicht nur dem Einzelnen einen Freiheitsraum, sondern er hat darüber hinaus auch einen hohen Stellenwert für eine demokratische Gesellschaft.[749] Erst die freie Meinungsäußerung ermöglicht es, aktiv am öffentlichen Leben und an demokratischen Entscheidungsprozessen teilzunehmen. Die durch Art 10 EMRK gewährleistete Freiheit ist – so der EGMR – einer „der wesentlichsten Grundpfeiler einer demokratischen Gesellschaft, ja de facto eine notwendige Bedingung für deren Fortbestand und für die Selbstverwirklichung eines jeden Einzelnen."[750] Naturgemäß beschränkt sich der Schutz der Meinungsfreiheit nicht auf die in einer Gemeinschaft vorherrschenden Ansichten oder Ideen, sondern es ist eine Pluralität von Meinungen zu akzeptieren: In einer auf Gleichheit basierenden Gesellschaft ist auch die Meinung von „Außenseitern, Querdenkern oder sogar Dilettanten zu respektieren".[751] Geschützt sind nicht nur „Informationen und Ideen, die als

---

746 Berka, Grundrechte, Rz 553. OGH 15.2.2007, 6 Ob 266/06w; 19.3.2010, 6 Ob 244/09i ua.

747 Berka, EuGRZ 1982, 413.

748 Zu den Gründen, warum Art 10 EMRK die Meinungsäußerungsfreiheit schützt s Holoubek, JRP 2006, 84 ff.

749 OGH 24.7.1997, 6 Ob 2230/96a; 29.1.2002, 4 Ob 295/01p; 19.2.2004, 6 Ob 250/03p; 15.12.2005, 6 Ob 211/05f; 16.2.2006, 6 Ob 245/04d; 12.10.2006, 6 Ob 321/04f; 21.6.2007, 6 Ob 79/07x; 5.6.2008, 6 Ob 51/08f; 7.8.2008, 6 Ob 123/08v. S auch Holoubek, JRP 2006, 84.

750 EGMR 8.7.1986, 9815/82, Lingens gegen Österreich Z 41: „freedom of expression [...] constitutes one of the essential foundations of a democratic society and one of the basic conditions for its progress and for each individual's fulfilment". S auch EGMR 23.4.1992, 11 798/85, Castells gegen Spanien; 27.2.2001, 26 958/95, Jerusalem gegen Österreich; 19.1.2006, 46 389/99, Albert-Engelmann-Gesellschaft mbH gegen Österreich.

751 OGH 18.5.1995, 6 Ob 20/95; 1.6.1995, 6 Ob 22/95; 24.7.1997, 6 Ob 2230/96a; 29.1.2002, 4 Ob 295/01p; 12.10.2006, 6 Ob 321/04f.

angenehm, nicht beleidigend oder gleichgültig wahrgenommen oder betrachtet werden, sondern auch solche, die den Staat oder einen Teil seiner Bevölkerung beleidigen, schockieren oder verstören".[752]

Freilich gilt auch die Meinungsfreiheit nicht unbeschränkt, sondern sie steht unter dem materiellen Gesetzesvorbehalt des Art 10 Abs 2 EMRK: Beschränkungen können gesetzlich vorgesehen werden, wenn sie einen legitimen Eingriffszweck verfolgen und zur Verfolgung dieses Zwecks in einer demokratischen Gesellschaft unentbehrlich sind. Diese Unentbehrlichkeit impliziert nach st Jud des EGMR das Vorhandensein eines „dringlichen gesellschaftlichen Bedürfnisses".[753] Maßgebliche Bedeutung hat auch die Berufung auf eine demokratische Gesellschaft: Sie verdeutlicht, dass das Grundrecht besondere Bedeutung dort hat, wo die Meinungsbildung und -äußerung im Dienste des demokratischen Gemeinwesens stehen.[754]

Was die Frage der Drittwirkung angeht, so gilt für Art 10 EMRK nichts anderes als im übrigen Zivilrecht: Mangels unmittelbarer Drittwirkung können sich Bürger untereinander nicht auf die Meinungsfreiheit berufen. Ein Eingriff in das Grundrecht liegt aber dann vor, wenn durch einen staatlichen Akt – hier idR ein Urteil – auf der Grundlage eines Gesetzes die Rechtswidrigkeit der Rechtsausübung festgestellt wird und daran entsprechende Konsequenzen geknüpft werden.[755]

2. Ehrenbeleidigung und Bildnisschutz

a. Ehrenbeleidigung (§ 1330 ABGB)

Art 10 EMRK spielt als Rechtfertigungsgrund eine vornehmliche Rolle im zivilen Persönlichkeitsschutz und hier va im Beleidigungsrecht. Dies ist nahe liegend: Anerkennt man, dass der Mensch eine Ehre hat, dann leuchtet es ein, dass der Einzelne auch vor Beleidigungen und Kränkungen dieser Ehre zu schützen ist. Dies ist indes nur eine Seite der beleidigungsrechtlichen Medaille. Auf der anderen Seite liegt das Interesse des Äußernden, seine Meinung und Einschätzung frei mitteilen zu dürfen. Dies illustriert bereits eindrücklich das Spannungsverhältnis zwischen den Normen des Beleidigungsschutzes und Art 10 EMRK: Normen, die

752 EGMR 7.12.1976, 5493/72, Handyside gegen Vereinigtes Königreich Z 49 = EuGRZ 1977, 38.

753 EGMR 7.12.1976, 5493/72, Handyside gegen Vereinigtes Königreich Z 49 = EuGRZ 1977, 38; 8.7.1986, 9815/82, Lingens gegen Österreich Z 39; 27.2.2001, 26 958/95, Jerusalem gegen Österreich Z 33.

754 Dazu Berka, EuGRZ 1982, 413 (427).

755 Vgl dazu auch Bammer, ecolex 1990, 253 (254); Berka, EuGRZ 1982, 421 f; Grimm, NJW 1995, 1697 f.

dem Schutz des Angesprochenen dienen, beschränken nämlich zugleich den Äußernden in seinem Recht auf freie Meinungsäußerung.

Die zentrale zivilrechtliche Ehrenschutzbestimmung ist § 1330 Abs 1 ABGB: Bei **Ehrenbeleidigungen** gebührt der Ersatz des Schadens oder des entgangenen Gewinns. Dies gilt nach Abs 2 leg cit auch dann, wenn **unwahre, kreditschädigende Tatsachen** verbreitet werden und der Verbreiter die Unwahrheit kannte oder kennen musste.[756] In diesem Fall kann außerdem ein (öffentlicher) Widerruf verlangt werden.

aa. Die Bedeutung von Art 10 EMRK für § 1330 ABGB

Beleidigungsrechtliche Normen greifen zwar in Art 10 EMRK ein, sie verfolgen freilich ein legitimes Ziel iSd Art 10 Abs 2 EMRK: Sie schützen den guten Ruf bzw die Rechte anderer. Dieses Ziel kommt in § 1330 ABGB explizit zum Ausdruck. Nicht genannt wird dort hingegen, dass – nach den Vorgaben des Art 10 Abs 2 EMRK – der Eingriff in einer demokratischen Gesellschaft unentbehrlich sein muss. Daraus folgt freilich nicht, dass dieser Aspekt unberücksichtigt bleibt: Es obliegt zwar unstrittig dem Gesetzgeber, die Kriterien dieser Unentbehrlichkeit näher zu konkretisieren und die involvierten Rechte und Interessen in ein Verhältnis zu setzen und zu gewichten.[757] Neben dieser primär gesetzgeberischen Aufgabe sind darüber hinaus aber auch die rechtsanwendenden Organe von entsprechenden Überlegungen nicht völlig entbunden: Auch die Behörden und Gerichte sind nämlich verpflichtet, die Eingriffsnormen iSd materiellen Gesetzesvorbehalts anzuwenden – was freilich im Lichte der verfassungskonformen Interpretation keine bahnbrechende Einsicht ist. Schon bedeutsamer ist es aber, wenn nach der Jud des VfGH der Gesetzesvorbehalt in bestimmten Fällen[758] unmittelbar anwendbar ist[759]. Nach herkömmlichem Verständnis sind die materiellen Gesetzesvorbehalte nämlich gerade nicht unmittelbar anwendbar, denn sie enthalten eine an den Gesetzgeber gerichtete Ermächtigung, die Eingriffstatbestände den vorgegebenen Kriterien entsprechend zu normieren.[760] Der VfGH meint jedoch, dass diese unmittelbare Anwendung „auf eine alle Umstände des Einzelfalls berücksichtigende Interessenabwägung hinauslaufen kann".[761]

756 Für eine nicht öffentlich vorgebrachte Mitteilung, deren Unwahrheit der Mitteilende nicht kennt, haftet er nicht, wenn er oder der Empfänger der Mitteilung ein berechtigtes Interesse hatte.

757 Näher zu den Gesetzesvorbehalten der EMRK Berka, ZÖR 1986, 71 ff.

758 Es handelt sich dabei um solche Fälle, in denen das Gesetz keine besondere grundrechtliche Eingriffsnähe hat. S etwa VfSlg 10 737/1985.

759 MwN VfSlg 10 737/1985.

760 MwN Khakzadeh, ZÖR 2006, 201 (216).

761 VfSlg 10 737/1985.

Diese Dimension der Grundrechte bzw der grundrechtlichen Gesetzesvorbehalte anerkennt nunmehr auch der OGH im Zusammenhang mit den Beleidigungsnormen. Während er in seiner älteren Jud noch davon ausging, dass bereits die vom Gesetzgeber normierte Eingriffsbestimmung zur Wahrung der Grundrechte ausreichend sei[762], setzte im Laufe der Zeit – beeinflusst durch die Grundrechtsdogmatik der EMRK und die Jud des EGMR – ein Wandel dieses Verständnisses ein.[763] Nunmehr vertritt der OGH in st Jud, dass zwar „der Angriff auf das absolute Recht der Ehre und des wirtschaftlichen Rufes einer Person schon Indiz für die Rechtswidrigkeit [ist]. Diese kann aber im Einzelfall dann ausgeschlossen sein, wenn für das Handeln oder Unterlassen ein besonderer Rechtfertigungsgrund vorlag. Ein solcher Rechtfertigungsgrund muss sich im Weg einer Interessenabwägung aus weiteren Geboten oder Verboten der gesamten Rechtsordnung ableiten lassen. […] Als Rechtfertigungsgründe werden in der Rsp § 1330 Abs 2 dritter Satz ABGB, medienrechtliche Regelungen nach § 6 MedienG, das Interesse der Öffentlichkeit an einer ordnungsgemäßen Rechtspflege und damit im Zusammenhang die Ausübung eines Rechts, die Ausübung eines öffentlichen Mandats, Art 17a StGG und insbesondere auch Art 10 MRK angesehen".[764]

Pointiert formuliert: Auch wenn § 1330 Abs 1 ABGB prima facie vor *jeglicher* Ehrenbeleidigung schützt, so kann sie im Einzelfall doch gerechtfertigt sein.

Die dogmatische Rolle, die der OGH der Meinungsfreiheit im Beleidigungsrecht zuerkennt, ist nicht nur zu begrüßen, sie ist geradezu geboten. Allein mit der Anerkennung des Art 10 EMRK ist es freilich noch nicht getan. Gerade im Beleidigungsrecht überlappen einander die Grenzen zwischen Gesetzwidrigkeit und Grundrechtswidrigkeit weitestgehend. Eine „falsche" Anwendung der – verfassungskonformen – Normen kann nämlich zugleich eine Grundrechtsverletzung sein. Grundrechtlich relevant ist daher erstens die Frage, unter welchen Voraussetzungen der OGH die Meinungsfreiheit als Rechtfertigungsgrund überhaupt in Betracht zieht und zweitens, wie der OGH die Interessenabwägung vornimmt.

bb. Tatsachenbehauptung oder Werturteil?

Am Beginn der Überlegungen steht die richtungsweisende Frage, wie eine Äußerung zu qualifizieren ist: Ist sie eine Tatsachenbehauptung oder ein Werturteil?

---

762 OGH 13.9.1988, 4 Ob 48/88.

763 Dazu etwa BERKA, JRP 1996, 232 (233).

764 OGH 23.11.2000, 6 Ob 109/00y. S auch OGH 14.12.2000, 6 Ob 291/00p; 26.6.2003, 6 Ob 14/03g; 23.10.2003, 6 Ob 210/03f.

Diese Differenzierung zieht sich als roter Faden durch das Beleidigungsrecht und entspricht der Jud des EGMR.[765] Der wesentliche Unterschied liegt in der Überprüfbarkeit der Aussage: Tatsachen sind nach st Jud des OGH Umstände, Ereignisse oder Eigenschaften mit einem greifbaren Inhalt, der für das Publikum erkennbar und auf seine Richtigkeit nachprüfbar ist.[766] Werturteile sind demgegenüber rein subjektive Aussagen, die einer objektiven Überprüfbarkeit entzogen sind.[767] Etwas griffiger ist die Unterscheidung des EGMR: Während das Vorliegen von Tatsachen dargetan werden kann, ist die Wahrheit von Werturteilen keinem Beweis zugänglich.[768]

Die Qualifikation einer Aussage als Tatsachenbehauptung oder Werturteil ist aus verschiedenen Gründen bedeutsam: Zum Ersten spielt die Meinungsfreiheit als Rechtfertigungsgrund primär bei Werturteilen eine Rolle. Dies ist nahe liegend: Zwar schützt Art 10 EMRK Werturteile und Tatsachenbehauptungen gleichermaßen[769], anerkennt man jedoch, dass es in einer demokratischen Gesellschaft grundsätzlich nicht rechtswidrig sein kann, Wahrheiten zu verbreiten[770], dann kann die Rechtswidrigkeit einer Tatsachenbehauptung konsequenterweise durch einen Wahrheitsbeweis ausgeschlossen werden. Ist die Behauptung unwahr, dann greift auch die Meinungsfreiheit nicht: An der Verbreitung von Unwahrheiten besteht nämlich in einer demokratischen Gesellschaft kein Interesse.[771] Ist eine Behauptung hingegen ein Werturteil, dann kann eine dadurch erfolgte Beleidigung möglicherweise mit der Meinungsfreiheit gerechtfertigt werden. Ob sie im Einzelfall tatsächlich gegenüber der Ehre des Beleidigten durchzuschlagen vermag, ist durch eine Interessenabwägung zu klären.

---

765 ZB EGMR 27.2.2001, 26 958/95, Jerusalem gegen Österreich; 12.7.2001, 29 032/95, Feldek gegen die Slowakei; 27.10.2005, 58 547/00, Wirtschafts-Trend Zeitschriften-Verlags GmbH gegen Österreich = MR 2005, 465; 19.1.2006, 46 389/99, Albert-Engelmann-Gesellschaft mbH gegen Österreich; 20.1.2009, 12 188/06, Csánics gegen Ungarn; 11.2.2010, 33 333/04, Fedchenko gegen Russland.

766 ZB OGH 15.12.2004, 6 Ob 246/04a; 28.9.2006, 4 Ob 105/06d; 21.11.2006, 4 Ob 166/06z; 10.7.2007, 4 Ob 97/07d; 18.12.2009, 6 Ob 52/09d; 19.3.2010, 6 Ob 244/09i; 19.3.2010, 6 Ob 265/09b;15.4.2010, 6 Ob 236/09p.

767 OGH 28.6.2000, 6 Ob 123/00g; 23.11.2000, 6 Ob 265/00i; 27.9.2001, 6 Ob 127/01x. Nicht mehr vertreten wird die Auffassung, wonach Werturteile aufgrund eigener Denktätigkeit gewonnen werden. Vgl dazu noch OGH 20.10.1987, 4 Ob 338/87; 7.7.1992, 4 Ob 75/92; 26.2.1998, 6 Ob 380/97v. S aber jüngst OGH 19.3.2010, 6 Ob 244/09i und 6 Ob 265/09b.

768 S die Nachweise in FN 765.

769 S etwa VfSlg 16 519/2002.

770 Berka, ZfRV 1990, 35 (44). Für Deutschland etwa Grimm, NJW 1995, 1697 (1699).

771 Vgl OGH 15.12.1992, 4 Ob 109/92; 4.5.1993, 4 Ob 40/93.

Damit bekommt die Qualifikation einer Aussage als Tatsachenbehauptung oder Werturteil eine grundrechtliche Dimension: Wird nämlich eine Behauptung fälschlich als Tatsache qualifiziert, dann kann die Meinungsfreiheit nicht geltend gemacht werden, es kann aber auch der Wahrheitsbeweis nicht erbracht werden. Dementsprechend vertritt der EGMR in st Jud, dass die Qualifikation eines Werturteils als Tatsachenbehauptung rechtswidrig ist: Das Beharren auf einem Wahrheitsbeweis für ein Werturteil sei nämlich unmöglich zu erbringen und verstoße schon aus diesem Grund gegen Art 10 EMRK.[772]

Zum Zweiten hat die Unterscheidung zwischen Tatsachenbehauptung und Werturteil auch Auswirkungen auf die anzuwendende Rechtsgrundlage: § 1330 Abs 2 ABGB knüpft explizit an „Tatsachen" an. Was unter Ehrenbeleidigungen iSd § 1330 Abs 1 ABGB zu verstehen ist, liegt hingegen schon nicht mehr so offen zutage.[773] Der OGH subsumierte darunter aber – in Unterscheidung zu Abs 2 – eben die genannten Werturteile. Sie sind somit stets im Lichte des § 1330 Abs 1 ABGB zu betrachten, Tatsachenbehauptungen fallen dagegen grds unter Abs 2, können aber uU auch nach Abs 1 geltend gemacht werden: Rufschädigende (unwahre) Tatsachenbehauptungen können nämlich zugleich ehrenbeleidigend sein.[774] Diffus wird dieses Systematik freilich, seit der OGH festgestellt hat, dass auch *wahre* Tatsachenbehauptungen ehrenbeleidigend und damit rechtswidrig iSd § 1330 Abs 1 ABGB sein können.[775] Seitdem ist also klargestellt, dass eine Kreditschädigung nur durch (unwahre) Tatsachenbehauptungen, eine Ehrenbeleidigung hingegen sowohl durch Werturteile als auch wahre und unwahre Tatsachenbehauptungen erfolgen kann.[776]

So einleuchtend die Unterscheidung zwischen Tatsachenbehauptung und Werturteil der Sache nach sein mag, so schwierig ist sie freilich im Einzelfall.[777] Der OGH beruft sich dabei geradezu formelhaft auf verschiedene Kriterien, die er nunmehr großteils aus der Straßburger Jud übernimmt: Bei der Beurteilung einer Äußerung komme es auf den Gesamtzusammenhang an, in dem die Aussage getätigt wurde, sowie den Ge-

772 EGMR 8.7.1986, 9815/82, Lingens gegen Österreich Z 46; 19.1.2006, 46 389/99, Albert-Engelmann-Gesellschaft mbH gegen Österreich Z 31.

773 Zöchbauer, WBl 1999, 289 (290, 292).

774 OGH 24.12.1992, 4 Ob 82/92.

775 Ausgehend von OGH 23.10.1990, 4 Ob 143/90.

776 Näher dazu unten dd.(3).

777 Dies betonen sowohl OGH als auch EGMR. ZB EGMR 13.11.2003, 39 394/98, Scharsach und News Verlagsgesellschaft mbH gegen Österreich. OGH 14.11.1962, 7 Ob 283/62. Auch in Deutschland wird auf diese Schwierigkeit immer wieder hingewiesen Grimm, NJW 1995, 1697 (1699).

samteindruck, den sie hinterlassen habe[778]. Entscheidend sei dabei nicht, was der Erklärende subjektiv mitteilen wollte, sondern wie die Äußerung von den angesprochenen Verkehrskreisen bei ungezwungener Auslegung verstanden werde.[779] Ausschlaggebend könne auch sein, wie die Richtigkeit einer Äußerung denn bewiesen werden könnte.[780] Außerdem wendet der OGH zwei Zweifelsregeln an: Tatsachen sind nach st Jud zum Schutz des Betroffenen eher weit zu verstehen[781]; auch Werturteile, die auf Tatsachen schließen lassen, gelten als Tatsachenbehauptungen (sog „konkludente Tatsachenbehauptungen").[782] Bei mehrdeutigen Äußerungen beruft sich der OGH auf die aus dem Wettbewerbsrecht stammende Ungünstigkeitsregel: Der Mitteilende hat in diesem Fall die ungünstigste Auslegung gegen sich gelten zu lassen.[783]

Unter Berücksichtigung dieser Kriterien qualifizierte der OGH beispielsweise den Vorwurf, eine bestimmte Zeitung gelte als kunstfeindlich, als Tatsachenbehauptung: Dies könne nämlich objektiv durch eine Befragung der beteiligten Verkehrskreise überprüft werden. Dass jeder einzelne Befragte dabei eine subjektive Wertung aussprechen werde, ändere nichts daran, dass die Aussage, es herrsche eine bestimmte (subjektive) Einschätzung vor, einen objektiv erforschbaren Sachverhalt zum Gegenstand habe.[784]

Hingegen war der ebenfalls an eine Zeitung gerichtete Vorwurf, sie sei gewalttätig, ein (politisches) Werturteil: Stelle man die Äußerung nämlich in den gesamten Zusammenhang, dann sei erkennbar, dass nur eine politische Kritik vorliege, mit der die Vertreter einer Minderheit ihre Beurteilung und Behandlung durch die Gesellschaft als Gewalt darstellen. Außerdem sei nicht ersichtlich, wie die Richtigkeit der Behauptung bewiesen werden könnte.[785]

Diese beiden Beispiele können stellvertretend für viele veranschaulichen: Die Einschätzung einer Äußerung ist sehr stark von den konkreten

---

778 OGH 4.5.1993, 4 Ob 52/93; 20.12.2001, 6 Ob 249/01p; 18.12.2009, 6 Ob 52/09d; 19.3.2010, 6 Ob 15/10i.

779 OGH 2.12.1995, 6 Ob 38/95; 18.12.2009, 6 Ob 52/09d; 19.3.2010, 6 Ob 15/10i. Regelmäßig als Werturteile gelten Theaterkritiken: OGH 18.5.1995, 6 Ob 20/95. Allgemein dazu Bammer, MR 2000, 290.

780 OGH 14.11.1962, 7 Ob 283/62; 8.11.1973, 6 Ob 147/73; 23.5.1991, 7 Ob 535/91; 19.3.2010, 6 Ob 265/09b.

781 OGH 24.11.1992, 4 Ob 82/92; 4.5.1993, 4 Ob 52/93; 28.9.2006, 4 Ob 105/06d; 10.7.2007, 4 Ob 97/07d; 13.7.2010, 4 Ob 39/10d.

782 OGH 24.11.1992, 4 Ob 82/92; 4.5.1993, 4 Ob 52/93; 19.10.1999, 4 Ob 213/99i = MR 2000, 22; 28.9.2006, 4 Ob 105/06d; 20.10.2009, 4 Ob 132/09d.

783 OGH 13.9.1988, 4 Ob 48/88; 23.4.2007, 4 Ob2 13/06m; 18.12.2009, 6 Ob 52/09d; 17.12.2010, 6 Ob 192/10v. S aber für Medienrechtssachen OGH 29.4.2008, 11 Os 124/07f.

784 OGH 12.6.1990, 4 Ob 89/90.

785 OGH 23.5.1991, 7 Ob 535/91.

Umständen des Einzelfalls abhängig. Tatsächlich könnte darum ein- und dieselbe Aussage – in unterschiedlichen Situationen – auch durchaus unterschiedlich qualifiziert werden.[786]

cc. Interessenabwägung

Kommt der OGH zum Schluss, dass eine Äußerung die Ehre des Angesprochenen berührt, dann nimmt er eine Interessenabwägung zwischen der Ehre und der Meinungsfreiheit vor. Für diese Abwägung enthält das Gesetz freilich, wie gezeigt, keine Wertungsgesichtspunkte. „Mangels ausreichender gesetzlicher Regeln"[787] hat der OGH selbst entsprechende Kriterien herausgebildet: Er stellt ab auf die Art des eingeschränkten Rechts, die Schwere des Eingriffs, die Verhältnismäßigkeit am verfolgten Recht, den Grad der Schutzwürdigkeit des Interesses, den Zweck der Meinungsäußerung, die Gewichtigkeit des Themas und die Umstände, unter denen die entsprechende Äußerung fiel.[788] Mitunter orientiert sich der OGH auch daran, inwieweit der Angesprochene Gelegenheit hatte, den Vorwurf zu entkräften.[789] Entscheidend ist außerdem, ob etwa ein Wertungsexzess vorlag: „Dem verfassungsrechtlich geschützten Recht auf freie Meinungsäußerung [...] kommt in der Interessenabwägung gegenüber der ehrenbeleidigenden Rufschädigung nur so lange ein höherer Stellenwert zu, als die Grenzen zulässiger Kritik nicht überschritten werden und kein massiver Wertungsexzess vorliegt."[790] Wo diese Grenzen zulässiger Kritik zu ziehen sind, bleibt nach dieser Formulierung zwar offen, es zeigt sich aber, dass auch – zulässige – Kritik ein gewisses Tatsachensubstrat haben, sich also an konkreten Fakten orientieren muss („fair comment").[791] Es kann nach der Jud nämlich auch massive, in die Ehre eines anderen eingreifende Kritik zulässig sein, wenn sie sich an konkreten Fakten orientiert.[792] Der Unterschied zwischen Werturteil und Tatsachenbehauptung liegt somit letztlich im Grad des zu erbringenden Be-

786 Weitere Beispiele FN 809.

787 OGH 27.5.1998, 6 Ob 93/98i.

788 ZB OGH 27.5.1998, 6 Ob 93/98i; 25.3.2003, 4 Ob 52/03f; 18.4.2004, 4 Ob 123/04y; 12.10.2006, 6 Ob 321/04f; 21.6.2007, 6 Ob 79/07x; 5.6.2008, 6 Ob 51/08f; 7.8.2008, 6 Ob 123/08v.

789 OGH 1.6.1995, 6 Ob 22/95: Diese Möglichkeit hatte der Angesprochene bei einer Podiumsdiskussion. Anders hingegen in OGH 27.5.1998, 6 Ob 93/98i.

790 OGH 28.9.2006, 4 Ob 105/06d.

791 OGH 1.6.1995, 6 Ob 22/95. Vgl auch 29.1.2002, 4 Ob 295/01p. EGMR 12.7. 2001, 29 032/95, Feldek gegen die Slowakei: Ein Werturteil muss die Fakten, auf die es sich stützt, nicht immer mitliefern, sie können sich auch aus dem Kontext ergeben. S auch OGH 16.5.2002, 6 Ob 47/02h = MR 2002, 213. Näher dazu Wieshaider, öarr 2003, 588.

792 OGH 29.1.2002, 4 Ob 295/01p.

weises.[793] Damit entspricht der OGH auch der Jud des EGMR, wonach ein Werturteil ohne jegliche Tatsachengrundlage unverhältnismäßig sein kann[794]; die Notwendigkeit, ein Werturteil mit unterstützenden Fakten zu verbinden, ist freilich einzelfallbezogen zu beurteilen und variiert nach den Umständen.[795] In seiner jüngeren Jud nimmt der OGH vereinzelt auch ausdrücklich Bezug auf den Gesetzesvorbehalt. So meint er etwa, dass der Hinweis auf das Prinzip der Demokratie in Art 10 Abs 2 EMRK sowie der Begriff der Notwendigkeit zu einer einschränkenden Auslegung der Eingriffsnormen führen müssen.[796]

Diese Wertungsgesichtspunkte führen zu einem differenzierten Schutzmaßstab. Ein solcher liegt schon Art 10 Abs 2 EMRK zugrunde: Das dort anerkannte Leitbild der Demokratie ist nämlich – wie bereits erwähnt – ein gewichtiger Bewertungsmaßstab.[797] Dies schlägt sich nach st Jud des EGMR in einer besonderen Bedeutung der Meinungsfreiheit in der politischen Debatte nieder.[798] Dem folgt auch der OGH: In derartigen Diskussionen hält er eine härtere Ausdrucksweise für zulässig, hat doch die politische Debatte für die demokratische Gesellschaft eine fundamentale Bedeutung.[799]

Auch die Beurteilung, ob eine im politischen Meinungsstreit getätigte Äußerung noch iSd Art 10 EMRK gerechtfertigt ist, nimmt der OGH anhand verschiedener Kriterien vor: Er fragt nach der politischen Bedeutung der Stellungnahme, insbes im Zusammenhang mit dem politischen Verhalten des Betroffenen, und danach, ob die Form dem Anlassfall und der Bedeutung des Aussageinhalts angepasst war.[800] So prüft er etwa, ob eine Äußerung sachbezogen auf ein aktuelles staatspolitisches Thema ist

793 EGMR 13.11.2003, 39 394/98, Scharsach und News Verlagsgesellschaft mbH gegen Österreich Z 40 = MR 2003, 365.

794 EGMR 27.10.2005, 58 547/00, Wirtschafts-Trend Zeitschriften-Verlags GmbH gegen Österreich Z 32 = MR 2005, 465. MwN EGMR 19.1.2006, 46 389/99, Albert Engelmann-Gesellschaft mbH gegen Österreich Z 31.

795 Die Notwendigkeit, diese Tatsachen darzulegen, ist weniger zwingend, wenn diese Umstände der Allgemeinheit bereits bekannt sind. EGMR 27.10.2005, 58 547/00, Wirtschafts-Trend Zeitschriften-Verlags GmbH gegen Österreich Z 35 = MR 2005, 465.

796 OGH 18.12.2003, 6 Ob 244/02d.

797 Berka, ZfRV 1990, 35 (39).

798 ZB EGMR 23.5.1991, 11 662/85, Oberschlick gegen Österreich Z 58 ff; 8.7.1996, 9815/82, Lingens gegen Österreich Z 42; 26.2.2002, 29 271/95, Dichand ua gegen Österreich Z 39; 10.7.2003, 44 179/98 Murphy gegen Irland Z 67.

799 OGH 22.8.1995, 6 Ob 18/94; 11.1.1996, 6 Ob 1/96; 23.11.2000, 6 Ob 109/00y; 25.3.2003, 4 Ob 52/03f; 17.11.2010, 6 Ob 128/10g. In seiner Entscheidung 19.3.2010, 6 Ob 244/09i betonte der OGH sogar ausdrücklich: „In eine derartige politische Auseinandersetzung einzugreifen ist nicht Aufgabe der Gerichte. Vielmehr sind die Folgerichtigkeit derartiger Behauptungen ebenso wie die Richtigkeit oder Relevanz der zugrundegelegten Prämissen von den Bürgern im Zuge der politischen Debatte zu beurteilen."

800 OGH 23.11.2000, 6 Ob 109/00y.

und sich an die für parteipolitische mediale Auseinandersetzungen üblich gewordene Ausdrucksform hält.[801] Selbst Beschimpfungen können demnach im Rahmen politischer Debatten durch das Recht der freien Meinungsäußerung gerechtfertigt sein, wenn ein entsprechender Sachbezug gegeben ist.[802]

Eine größere Toleranz als von Privatpersonen wird auch von sog public figures eingefordert, also von Personen, die an die Öffentlichkeit getreten sind.[803] Einmal mehr folgt der OGH dem EGMR, der nicht nur für Politiker von einem erhöhten Kritiklevel ausgeht[804], sondern ebenso für andere öffentlich agierende Personen, worunter auch Wirtschaftsunternehmen fallen.[805] Eine härtere Ausdrucksweise gestattet der OGH – ob der Gewichtigkeit des Themas – außerdem in Fragen des Umweltschut-

---

801 OGH22.8.1995, 6 Ob 18/94. Ein in diesem Sinne zulässiges Werturteil war die Äußerung „Der politische Ziehvater und Ideologe des rechtsextremen Terrorismus heißt [Vor- und Zuname des Klägers]."

802 OGH 29.9.1999, 6 Ob 171/99m. OGH 23.11.2000, 6 Ob 109/00y: Zulässig war der Vorwurf, der Angesprochene sei wegen eines unter Alkoholeinfluss verursachten, mit einer Körperverletzung verbundenen Verkehrsunfalls rechtskräftig strafgerichtlich verurteilt worden. Die Äußerung fiel im Rahmen einer Wahlkampfdebatte und im Gegenzug auf eine Attacke gegen den Bekl als Repräsentanten einer politischen Partei, wobei die Frage nach der Tragfähigkeit von strafgerichtlich verurteilten Personen in politischen Funktionen aufgeworfen worden war. Das Thema der Verantwortlichkeit der Gesamtpartei oder ihrer Führungsspitze für solche in ihren Reihen befindlichen Personen und der Umgang mit ihnen sei für die Allgemeinheit von immanentem Interesse und immer wieder Gegenstand aufmerksam verfolgter medialer Berichterstattung. OGH 5.7.2001, 6 Ob 149/01g: Eine politische Landespartei schaltete in zwei Zeitungen ein Inserat, in dem ua gefordert wurde: „Stop der Menschenhatz!". Der OGH anerkannte zunächst, dass der Vorwurf „Menschenhatz" eine überprüfbare Tatsachenbehauptung enthalte, die rufschädigend und zugleich wegen des Vorwurfs unehrenhaften Verhaltens auch ehrenbeleidigend sei. Hier werde der Begriff aber im Zusammenhang mit und als Kritik an der Berichterstattung einer Zeitschrift über den Spitzenkandidaten einer Partei bei der Wr Gemeinderatswahl gebraucht. Für die angesprochenen Leser – umfassende Kenntnisse der über politische Themen geführten Auseinandersetzungen zwischen der Zeitschrift und besagter Partei können mittlerweile vorausgesetzt werden – sei unzweifelhaft erkennbar, dass die kritische Berichterstattung über den Politiker einerseits und der darauf bezogene Vorwurf der Menschenhatz andererseits im Rahmen einer politisch geführten Auseinandersetzung erfolgten und der Aufruf zum Ausdruck bringen wollte, dass die in der Zeitschrift enthaltenen Angriffe als überzogene Verfolgung des politischen Gegners beendet werden sollte. Die im Inserat kritisierte Berichterstattung betraf Äußerungen im Rahmen einer Auseinandersetzung mit einer politischen Partei. Die Zeitschrift habe durch ihren nicht gerade zimperlichen Bericht über den Spitzenkandidaten selbst die Kritik jener Partei ausgelöst, deren Repräsentant massiv angegriffen wurde. Die als Menschenhatz formulierte Kritik überschreite nicht den Rahmen des in einem politischen Meinungsstreit Zulässigen.

803 OGH 18.5.1995, 6 Ob 20/95: Im Rahmen einer Theaterkritik, die sich an eine Sängerin richte, die selbst an die Öffentlichkeit getreten sei, seien die Grenzen zulässiger Kritik weiter gesteckt.

804 S Nachweise in FN 798.

805 Vgl auch EGMR 15.2.2005, 68 416/01, Steel and Morris gegen Vereinigtes Königreich = MR 2005, 86.

zes.[806] Ebenso anerkannt ist mittlerweile, dass die journalistische Freiheit „auch den möglichen Rückgriff auf ein Ausmaß an Übertreibung oder sogar Provokation“ umfasst.[807] Die Presse hat nämlich in einer demokratischen Gesellschaft eine bedeutende Rolle als „public watchdog“.[808]

dd. Einzelprobleme

Betrachtet man nun, zu welchen konkreten Ergebnissen die Jud bei Anlegung der dargelegten Maßstäbe gelangt, dann zeigt sich ein sehr facettenreiches Bild. Wie sich bereits aus den Bewertungsmaßstäben ergibt, kommt es sowohl bei der Qualifikation einer Äußerung als auch bei der Interessenabwägung in besonderem Maße auf die jeweiligen Umstände des Einzelfalls an.[809] Hinzu kommt, dass beide Fragen bis zu einem ge-

806 OGH 24.7.1997, 6 Ob 2230/96a; 8.11.2001, 6 Ob 266/01p; 16.7.2002, 4 Ob 159/02i.

807 OGH 19.12.2002, 6 Ob 77/02w.

808 OGH 15.2.2007, 6 Ob 266/06w. ZB EGMR 26.2.2002, 29 271/95, Dichand gegen Österreich Z 40; 13.11.2003, 39 394/98, Scharsach und News Verlagsgesellschaft gegen Österreich Z 30; 2.11.2006, 19 710/02, Standard Verlags GmbH und Krawagna-Pfeifer gegen Österreich Z 49; 4.6.2009, 21 277/05, Standard Verlags GmbH gegen Österreich (Nr 2) Z 52.

809 S zB OGH 16.5.2002, 6 Ob 100/02b: Die Beurteilung sei von den konkreten Umständen des Einzelfalls abhängig, denen keine über diesen hinausgehende Bedeutung zukomme. Als konkrete Beispiele s etwa OGH 10.10.1989, 4 Ob 128/89: Der Vorwurf „Mafiaprint“ könne auf einen beweisbaren Tatsachenkern zurückgeführt werden. Ein erheblicher Teil der Leser werde diese Bezeichnung – verstärkt durch den Zusammenhang mit dem Wortspiel von den „Paten“ und den „Unsympaten“ – als Anspielung darauf auffassen, dass hinter der Kl eine einflussreiche Personengruppe stehe, die ihre Interessen unter Ausnützung der ihr zur Verfügung stehenden Macht- und Druckmittel skrupellos gegen Konkurrenten einsetze, um diese zu unterdrücken oder auszuschalten. Damit werde aber – zumindest versteckt – der schwere Vorwurf unseriöser Geschäftsmethoden erhoben, sodass diese Behauptung nicht als satirisches Wortspiel, das die Leser nicht ernst nehmen, abgetan werden könne. OGH 24.11.1992, 4 Ob 104/92: Eine Tatsachenbehauptung war der Vorwurf, es werden „Spitzelakten“ geführt: Der Begriff „Spitzel“ habe nämlich einen allgemein gültigen Begriffsinhalt. OGH 10.10.1995, 4 Ob 49/95: Eine Tatsachenbehauptung war die Aussage, eine bestimmte Zeitung betreibe Leserverblödung. Sie lasse nämlich auf den Tatsachenkern schließen, dass die Kl ihren Lesern (bewusst) unrichtige Informationen liefere. Konkret erschien in der Zeitung die Aussage, eine bestimmte Zeitung betreibe Leserverblödung mit der Feststellung, dass eine im ausländischen Eigentum befindliche Firma, weil dieses Unternehmen eine Filiale in Österreich habe, nun eine österreichische sei. Wie der OGH ausführte, könne aus der Auffassung, ein österreichisches Tochterunternehmen einer ausländischen Konzernmutter sei deshalb als österreichisches Unternehmen anzusehen, weil es seit 1927 in Wien etabliert sei und fast ausschließlich österreichische Arbeitnehmer beschäftige, keinesfalls hervorgehen, dass die Kl Leserverblödung betreibe oder Schwachsinn verbreite. OGH 2.12.1995, 6 Ob 38/95: Ebenfalls eine Tatsachenbehauptung war der in einem Leserbrief gemachte Vorwurf, der Leiter eines Wasserwerks habe jahrelang bei der Vergiftung einer Quelle zugesehen. Der maßgebliche Leserkreis werde nämlich annehmen, Schadstoffe seien durch Dritte ins Wasser der Quelle eingebracht worden.

wissen Grad Wertungsfragen sind und sich in den Randbereichen einer formelhaften Systematisierung entziehen. Dies führt im Ergebnis zu einer höchst kasuistischen Jud, die Prognosen erschwert. Im Folgenden werden verschiedene grundrechtsrelevante Einzelprobleme herausgegriffen.

(1) Zu extensives Verständnis von Tatsachenbehauptungen?

Häufig wird kritisiert, dass der OGH ein zu extensives Verständnis des Tatsachenbegriffs an den Tag lege. Dadurch werde letztlich der Persönlichkeitsschutz vor dem Schutz der Meinungsfreiheit bevorzugt.

Nun ist in der Tat nicht zu verkennen, dass der OGH Aussagen eher großzügig als Tatsachenbehauptungen qualifiziert. Dass die Kunstfeindlichkeit einer Zeitung eine Tatsachenbehauptung ist, die durch eine Befragung überprüft werden kann, ist mE kein zwingender Schluss; gleichermaßen ließe sich in Richtung eines Werturteils argumentieren. Freilich: Die Qualifikation einer Äußerung ist gerade in Grenz- und Zweifelsfällen letztlich stets eine Wertungsfrage. Meist lassen sich in diesen Fällen sowohl Argumente für die Einschätzung als Tatsachenbehauptung als auch als Werturteil finden. Auffallend ist indes, dass sich der OGH gerade in diesen Zweifelsfällen häufig zugunsten der Tatsachenbehauptung entscheidet. Diese Tendenz kommt auch in den Zweifelsregeln zum Ausdruck: Wie gezeigt, versteht der OGH Äußerungen im Zweifel zum Schutz des Betroffenen eher weit.[810] Außerdem hat der Mitteilende im Zweifel die ungünstigste Auslegung gegen sich gelten zu lassen.[811]

810 OGH 24.11.1992, 4 Ob 82/92; 4.5.1993, 4 Ob 52/93.

811 Zur Anwendung dieser Regel im UWG etwa OGH 4.9.2007, 4 Ob 98/07a: Der Vorsitzende des Verbands österreichischer Beton- und Fertigteilwerke wurde in einer Presseaussendung zitiert: Eine Studie zeige deutlich, dass der anhaltende Trend zur Unterdimensionierung bei Holz- und Stahltragwerken fatale Folgen haben könne. Er sehe einen dringenden Handlungsbedarf, die Dimensionierungsvorschriften dieser beiden Materialgruppen zu überdenken. Gegen diese Äußerungen klagte der Fachverband der Holzindustrie, weil er in den Aussagen einen pauschalen Vorwurf gegenüber der Holztragwerke herstellenden Industrie sah, dass es bei solchen Tragwerken einen Trend zur unsachgemäßen, weil unterdimensionierten Herstellung gebe. Der OGH ließ den Revisionsrekurs zu, weil er eine Klarstellung zur wettbewerbsrechtlichen Relevanz des Grundrechts auf Meinungsfreiheit für erforderlich erachtete. Er kam zum Ergebnis, dass der Bekl zwar offenkundig in Wettbewerbsabsicht gehandelt hatte, zugleich aber auch an einer öffentlichen Debatte teilgenommen hatte, die allgemeine Interessen betraf. Damit lagen besondere Umstände vor, die der Meinungsäußerungsfreiheit ein höheres Gewicht verliehen als bei ausschließlich wettbewerbsbezogenen Aussagen. Der OGH anerkannte, dass der Bekl zwar in Wettbewerbsabsicht handelte, da er offenkundig den Wettbewerb der Mitglieder seines Fachverbands fördern wollte. Aus dem Inhalt seiner Aussendung ergebe sich aber, dass er (auch) eine allgemeine Diskussion über Sicherheitsstandards bei Hallendächern in Gang bringen wollte. Daran bestand ein hohes öffentliches Interesse. Der OGH anerkannte zwar, dass die scharfe Formulierung möglicherweise für manch einen auch missverständlich sein könne, angesichts der Bedeutung des Themas sei dies jedoch nicht rechtswidrig.

Weshalb der OGH freilich Zweifelsregeln anwendet, die den Persönlichkeitsschutz bevorzugen, das wird nicht hinreichend deutlich.[812] Ebenso gut wären nämlich – worauf BERKA zutreffend hinweist – Zweifelsregeln in die andere Richtung denkbar.[813] Solche gibt es etwa in Deutschland, wo die Vermutung für die Zulässigkeit der freien Rede spricht.[814] Zuzugestehen ist indes, dass allein dieses methodische Manko die Zweifelsregeln noch nicht unvereinbar mit der Meinungsfreiheit macht.[815] Entscheidend ist vielmehr, dass auch sie am Grundrecht gemessen werden. Dies anerkennt der OGH in seiner jüngeren Jud zur Unklarheitenregel[816]: Liege nämlich die „Annahme eines bestimmten Tatsachenkerns nahe, der wahr sei und die damit verbundenen Werturteile als nicht exzessiv rechtfertige, so müsse die entfernte Möglichkeit einer die Klägerin noch stärker belastenden Deutung unbeachtet bleiben. Wenn auch entferntere Deutungsvarianten relevant wären, würde das Grundrecht auf freie Meinungsäußerung in unzulässiger Weise eingeschränkt. Damit hat der Senat nicht die Unklarheitenregel als solche abgelehnt, sondern eine am Grundrecht der Meinungsäußerungsfreiheit orientierte Anwendung gefordert."[817] Außerdem verdeutlicht dies: Es geht bei der Unklarheitenregel nicht darum, die für den Äußernden schlechtest mögliche Auslegung zu wählen, sondern eine Regel für Zweifelsfälle aufzustellen.[818] Hält sich eine solche Regel im Rahmen des grundrechtlich Gebotenen, dann kann sie auch nicht per se unzulässig sein.

Freilich ist nicht zu verkennen, dass dieser tendenziell weite Tatsachenbegriff ein Grund für die wiederholten Verurteilungen Österreichs durch den EGMR ist. Dies mag auf den ersten Blick verwundern, denn formal berücksichtigt der OGH mittlerweile weitestgehend die vom EGMR für die Qualifikation einer Äußerung angelegten Kriterien. Bei der inhaltlichen Bewertung und Gewichtung neigt der EGMR dann aber genau der gegenteiligen Auffassung zu und qualifiziert eine Äußerung im Zweifelsfall eher als Werturteil denn als Tatsachenbehauptung. Dass dies zu Divergenzen zwischen den Gerichten führt, liegt auf der Hand. Beispielhaft lässt sich dies an der rigorosen Haltung veranschaulichen, die

812 Für die Unklarheitenregel aber etwa REISCHAUER, in: Rummel, ABGB § 1330 Rz 47.

813 BERKA, WBl 1997, 265 (274).

814 Ausführlich HOCHHUTH, NJW 2006, 189 ff.

815 So aber ENNÖCKL/WINDHAGER, MR 2002, 149; DIES, MR 2006, 11; DIES, MR 2007, 11. Richtig KORN, MR 2007, 335 (358).

816 OGH 22.1.2008, 4 Ob 236/07w; 19.3.2010, 6 Ob 5/10v; 19.3.2010, 6 Ob 15/10i.

817 OGH 4.9.2007, 4 Ob 98/07a. S auch OGH 19.3.2010, 6 Ob 15/10i; 17.12.2010, 6 Ob 192/10v. Die Parallelen zur sog Stolpe-Doktrin des dt BVerfG sind unübersehbar. Dazu auch KORN, MR 2007, 355 (358).

818 S dazu etwa OGH 22.1.2008, 4 Ob 236/07w.

der OGH zu Äußerungen vertritt, die den Vorwurf des strafgesetzwidrigen Verhaltens enthalten; solche Äußerungen sind nach st Rsp idR Tatsachenbehauptungen[819]. Dies galt etwa für den Vorwurf der rassistischen Hetze: Er laufe auf den Vorwurf eines strafgesetzwidrigen Verhaltens hinaus und sei darum als Tatsache zu qualifizieren.[820] Der EGMR qualifizierte ihn hingegen als Werturteil: Er sei eine Reaktion auf ein Volksbegehren gegen unkontrollierte Einwanderung gewesen. Die Äußerung sei kein grundloser persönlicher Angriff gewesen, sondern vielmehr Teil einer politischen Diskussion, die durch die Einleitung des Volksbegehrens hervorgerufen worden war.[821]

Entsprechendes galt für die Aussage, bestimmte Sekten hätten faschistoide Züge und totalitären Charakter. Anders als der OGH[822] qualifizierte dies der EGMR als Werturteil: Es handle sich um faire Kommentierungen über Angelegenheiten des öffentlichen Interesses.[823]

Trotz dieser unübersehbaren Wertungsunterschiede sind dennoch in der jüngeren Jud des OGH Ansätze bemerkbar, die diesen weit gefassten Tatsachenbegriff etwas verengen. Jüngst wurde etwa die Kommentierung einer geschäftlichen Entscheidung als „Misslingen der Uridee“ und als „Auflösung des ursprünglichen Konzepts“ als Werturteil qualifiziert.[824] Berücksichtigt man, dass Jahre zuvor die Bezeichnung einer Zeitung als kunstfeindlich noch als Tatsachenbehauptung bezeichnet worden war, erscheint diese Einschätzung durchaus beachtlich.[825]

---

819 Besonders häufig sind dabei Vorwürfe, die im Zusammenhang mit dem Nationalsozialismus stehen.

820 OGH 27.2.1997, 6 Ob 2393/96x.

821 EGMR 26.2.2002, 28 525/95, Unabhängige Initiative Informationsvielfalt gegen Österreich.

822 OGH 10.8.1994, 6 Ob 21/94: In der Bewertung als Sekte sei dargetan worden, dass von bestimmten Tatsachen ausgegangen wurde (konkludente Tatsachenbehauptung). Auch der Vorwurf eines „totalitären Charakters“ und einer „Ideologie mit faschistoiden Zügen“ sei objektiv nachprüfbar.

823 EGMR 27.2.2001, 26 958/95, Jerusalem gegen Österreich.

824 OGH 21.11.2006, 4 Ob 166/06z.

825 S auch OGH 14.3.2000, 4 Ob 55/00t: Der Vorwurf, die Einhebung überhöhter Honorare durch einen Rechtsanwalt sei ein Standesvergehen „des höchsten Ranges“ war ein Werturteil. Das Disziplinarstatut für Rechtsanwälte enthalte nämlich keine vertypten Tatbilder, eine Hierarchie von Standesvergehen lasse sich deshalb nicht einfach aus dem Gesetz ablesen, sondern nur als Ergebnis eines Erkenntnisprozesses gewinnen, der auf persönlichen Wertungen beruhe. Im Zusammenhang mit Rechtsfolgenbehauptungen können je nach der Lage des Einzelfalls Äußerungen über die Rechtsfolgen einer bestimmten Gesetzeslage einmal Tatsachenbehauptungen, ein anderes Mal aber auch reine Werturteile sein. Je weniger die zu beurteilende Rechtsfolgenbehauptung nicht einfach aus dem Gesetz abzulesen sei, sondern auf einem Vorgang der persönlichen Erkenntnisgewinnung beruhe, je eingehender die Grundlagen dieses Erkenntnisprozesses dargestellt werden, und je deutlicher zum Ausdruck komme, dass eine subjektive Überzeugung im geistigen Mei-

Dennoch: Dass es über die Qualifikation einer Aussage letztlich sehr häufig unterschiedliche Auffassungen geben kann, liegt hier geradezu in der Natur der Sache und lässt sich mE nie zur Gänze ausschließen

(2) Persönlichkeitsschutz von Politikern

Zielt nun eine häufige Kritik an der oberstgerichtlichen Jud auf das tendenziell weite Verständnis des Persönlichkeitsschutzes zu Lasten der Meinungsfreiheit, so gilt im Persönlichkeitsschutz für Politiker genau Konträres: Hier scheint – so auch eine im Schrifttum wiederholt geäußerte Einschätzung – nahezu im Regelfall der Schutz für Politiker der Meinungsfreiheit zu unterliegen.[826] Nun ist tatsächlich auch nach der Jud des EGMR die Freiheit der politischen Debatte das eigentliche Kernstück des Konzepts einer demokratischen Gesellschaft, weswegen die Grenzen der akzeptablen Kritik auch hinsichtlich eines Politikers dementsprechend weiter sind als hinsichtlich einer Privatperson.[827] Im Bereich der politischen Auseinandersetzung oder Diskussion bleibt über Fragen des öffentlichen Interesses nur wenig Raum für Einschränkungen.[828]

Dass die Grenzen weiter gezogen sind, kann jedoch – zumindest nach dieser Formulierung – nicht bedeuten, dass es gar keine Grenzen gibt. Die strengen Anforderungen, die der OGH – wohl mit Blick auf die zentrale Bedeutung der politischen Diskussion – stellt, scheinen aber im Ergebnis von Politikern nahezu grenzenlose Toleranz zu verlangen.[829] Recht anschaulich verdeutlicht die Problematik der folgende Fall: In einer Gemeinderatsdebatte über die Drogenpolitik wurde eine Rednerin in

nungsstreit vertreten werde, umso eher werde ein reines Werturteil vorliegen. OGH 18.12. 2003, 6 Ob 244/02d: Abtreibungsgegner äußerten vor einer Ordination, in der Schwangerschaftsabbrüche vorgenommen wurden ihre Meinung, dass in diesem Haus „Morde begangen" werden. Dies war ein Werturteil: Es werde nicht im fachlich-technischen Sinn gebraucht, enthielt also nicht den Vorwurf einer schwer kriminellen Haltung, sondern es werde das persönliche (Unwert-)Urteil über die Schwangerschaftsabbrüche zum Ausdruck gebracht. Angesichts der heutigen Reizüberflutung seien auch starke Formulierungen hinzunehmen, sei es doch Sinn jeder zur Meinungsbildung beitragenden öffentlichen Äußerung, Aufmerksamkeit zu erregen.

826 Krit etwa Matscher, RZ 2001, 238 (247).

827 EGMR 8.7.1986, 9815/82, Lingens gegen Österreich Z 42: „The limits of acceptable criticism are accordingly wider as regards a politician as such than as regards a private individual". S auch zB EGMR 21.3.2000, 24 773/94, Wabl gegen Österreich Z 42; 18.3. 2008, 15 601/02, Kulis gegen Polen Z 37.

828 EGMR 13.11.2003, 39 394/98 Scharsach und News Verlagsgesellschaft mbH gegen Österreich Z 46; 10.12. 2007, 69 698/01 Stoll gegen die Schweiz Z 106.

829 S etwa OGH 12.10.2006, 6 Ob 159/06k: „Es ist nicht Aufgabe der Gerichte, außerhalb des § 1330 ABGB Aussagen politischer Parteien über ihre eigenen oder über fremde Leistungen einer inhaltlichen Überprüfung zu unterziehen. Das ist Aussage des Wählers."

Zwischenrufen als „Süchtlerin" und „mieses Teil" bezeichnet. Der OGH qualifizierte dies als politisches Werturteil, mit dem der Äußernde seine eigene Auffassung über die politische Unvertretbarkeit des Standpunktes der politischen Gegnerin kundtue.[830] Diese Einschätzung ist aber nicht so ohne weiteres überzeugend. Nun hat zwar auch der EGMR festgestellt, dass Eingriffe in die Freiheit eines Mitglieds der parlamentarischen Opposition eine genaueste Prüfung verlangen[831], nimmt man aber ernst, dass auch im politischen Meinungsstreit Werturteile zumindest ein Mindestmaß an Tatsachensubstrat aufweisen müssen, um nicht bloßen Beschimpfungen Tür und Tor zu öffnen, dann ist diese Entscheidung durchaus kritisch zu sehen. Wenig überzeugend ist es, wenn der OGH seine Auffassung ua damit begründet, dass diese Ausdrucksform mittlerweile in der parteipolitischen Auseinandersetzung üblich sei.[832] Mit dieser Argumentation wird bereits ein erster Nagel in den Sarg des Persönlichkeitsschutzes geschlagen: Die akzeptierte Schmerzgrenze kann nicht automatisch dadurch nivelliert werden, dass sie praktisch häufig überschritten wird.

Diese Entscheidung hat – mE durchaus verständlich – ablehnende Reaktionen ausgelöst.[833] In der Tat wirft sie nämlich die Frage auf, was sich ein Politiker denn nun nicht mehr gefallen lassen müsste. Unter dem Eindruck der zweifellos nachvollziehbaren Kritik soll indes nicht verkannt werden, dass es auch Gründe gibt, die für die Entscheidung ins Treffen geführt werden können. So ließe sich etwa argumentieren, dass die Äußerung –, die ja in einer besonders geschützten „parlamentarischen" Debatte[834] fiel – ua deshalb zulässig war, weil sie in der Sitzung als spontaner Zwischenruf fiel. MaW: Die unmittelbare politische Debatte soll möglichst keinen Einschränkungen unterworfen sein. Anderes müsste dann aber gelten, wenn dieser Vorwurf etwa einen Tag später in einem Interview oder in einer Zeitung gemacht werden würde.

Man mag diesen Fall durchaus divers betrachten können, was einmal mehr verdeutlicht, wie stark Entscheidungen mitunter von Wertungen und geistigen Grundhaltungen abhängig sind.[835]

830 OGH 13.10.1995, 6 Ob 24/95.

831 EGMR 23.4.1992, 11 798/85, Castells gegen Spanien Z 42.

832 S auch OGH 22.8.1995, 6 Ob 18/94.

833 Berka, FS-Schäffer 91 (100 f, bei FN 28); Korn, MR 1996, 26 (28).

834 EGMR 27.2.2001, 26 958, Jerusalem gegen Österreich Z 36: Parlamente oder vergleichbare Einrichtungen sind essentielle Foren für die politische Debatte (konkret ging es um den Wiener Gemeinderat).

835 Matscher, RZ 1993, 154 (163); ders, RZ 2001, 238 führt aus, dass die „Wehleidigkeit österreichischer Politiker" in Straßburg immer wieder Verwunderung hervorrufe.

(3) Ehrenbeleidigung durch wahre Tatsachen

Es ist freilich nicht nur die Qualifikation von Äußerungen, die (grundrechtliche) Diskussionen auslöst. Durchaus umstritten ist auch die Auffassung des OGH, wonach wahre Tatsachenbehauptungen ehrenbeleidigend iSd § 1330 Abs 1 ABGB sein können.[836]

Erstmals vertrat der OGH diese Auffassung im Jahr 1990[837]: Damals war eine Zeitung nach einem Rechtsstreit zur Urteilsveröffentlichung verpflichtet worden. In der Überschrift zu dieser Veröffentlichung hieß es: „Der Leser möge uns dennoch verzeihen, daß wir auf den Gratisanzeiger des glücklosen ehemaligen Textilindustriellen Rudolf G nicht näher eingehen wollen". Obwohl diese Bezeichnung als „glücklos" zutreffend war – der Angesprochene war tatsächlich als Textilunternehmer erfolglos gewesen –, war sie nach Auffassung des OGH rechtswidrig:

„Will [...] der Mitteilende den Betroffenen offensichtlich kränken oder schädigen, dann ist sein Verhalten sitten- und damit gleichzeitig rechtswidrig [...]. Auch das Verbreiten wahrer Tatsachen kann rechtswidrig in den Schutzbereich des Betroffenen eingreifen [...]; das trifft jedenfalls dann zu, wenn dessen Interessen unnötig verletzt werden, also kein überwiegendes Informationsbedürfnis der Allgemeinheit oder doch des Mitteilungsempfängers vorliegt [...]. Hier müssen die gleichen Grundsätze gelten wie für das Verhältnis zwischen § 7 und § 1 UWG. Auch dann, wenn eine geschäftsschädigende Behauptung wahr ist, folgt daraus noch nicht, daß ein Wettbewerber berechtigt wäre, einen Mitbewerber herabzusetzen; es bedarf vielmehr einer Interessenabwägung. Eine wahrheitsgemäße geschäftsschädigende Behauptung ist demnach nur zulässig, wenn ein hinreichender Anlaß besteht, den eigenen Wettbewerb mit der Herabsetzung des Mitbewerbers zu verbinden."

Diese Voraussetzung fehlte aber bei der Urteilsveröffentlichung: Der Hinweis auf den „glücklosen" Industriellen sei in diesem Zusammenhang „ohne Informationswert, sehr wohl aber geeignet, die Ehre des Klägers zu verletzen und sein Ansehen in der Öffentlichkeit herabzusetzen". Aus diesen Gründen lag eine Ehrenbeleidigung nach § 1330 ABGB 1 ABGB vor.[838]

---

836 Zustimmend Reischauer, in: Rummel, ABGB § 1330 Rz 293 f; Zöchbauer, WBl 1999, 289 (293 f).

837 OGH 23.10.1990, 4 Ob 143/90.

838 S nunmehr auch OGH 4.5.1995, 6 Ob 1043/94; 11.11.1999, 6 Ob 198/99g; 16.5.2002, 6 Ob 100/02b; 26.1.2006, 6 Ob 274/05w; 12.10.2006, 6 Ob 321/04f: Wahre Tatsachenbehauptungen sind nach st Jud des OGH rechtswidrig, wenn die Interessen des Beleidigten unnötig verletzt werden, also kein überwiegendes Informationsbedürfnis der Allgemeinheit oder doch des Mitteilungsempfängers vorliegt oder wenn der Mitteilende den Betroffenen offensichtlich kränken oder schädigen will.

Zunächst ist an dieser Entscheidung des OGH schon der Hinweis auf das UWG bemerkenswert: § 7 UWG schützt den wirtschaftlichen Ruf eines Unternehmens und normiert Schadenersatzpflichten für das Verbreiten *unwahrer* Tatsachenbehauptungen, die unternehmensschädigend bzw für den Inhaber des Unternehmens kreditschädigend sind. Dennoch qualifizierte der OGH auch wahre Tatsachenbehauptungen als rechtswidrig, nämlich dann, wenn sie sittenwidrig waren und damit unter die – mittlerweile außer Kraft getretene – Sittenwidrigkeitsklausel des § 1 UWG fielen. Dieses Verständnis wendet der OGH nunmehr auch bei § 1330 ABGB an: Zwar verbietet Abs 2 leg cit unwahre Tatsachenbehauptungen, dennoch können unter bestimmten Voraussetzungen auch wahre Tatsachenbehauptungen rechtswidrig sein, nämlich dann, wenn sie ehrenbeleidigend iSd Abs 1 leg cit sind.

Gegen die Übernahme der wettbewerbsrechtlichen Grundsätze im Persönlichkeitsschutz sind aber gewichtige Einwände vorzubringen.[839] Zunächst unterscheiden sich die Handlungen nach UWG und ABGB schon aus grundrechtlicher Sicht fundamental voneinander: Wettbewerbshandlungen unterliegen nämlich nach der Jud einem geringeren Grundrechtsschutz.[840] Dies ist zulässig und plausibel, denn der Zweck der Meinungsäußerung besteht hier ja nicht primär in der Weitergabe von Meinungen und Ideen, sondern in der Verschaffung eines wirtschaftlichen Vorteils.[841] Das bedeutet, dass Werturteile, die außerhalb eines Wettbewerbsverhältnisses durchaus noch als zulässig qualifiziert werden können, im Wettbewerbsrecht möglicherweise bereits rechtswidrig sind. Dieser strengere wettbewerbsrechtliche Maßstab lässt sich auch durchaus als Maßnahme rechtfertigen, die in einer demokratischen Gesellschaft unentbehrlich ist. Entsprechendes gilt, wenn ein Mitbewerber herabgesetzt wird, mag dies auch mit wahren Tatsachenbehauptungen erfolgt sein. Maßgeblich ist hier, dass eine derartige Herabsetzung, deren Ziel einzig darin liegt, einen wirtschaftlichen Vorteil zu verschaffen, als sittenwidrig empfunden wird.

Für das ABGB können diese Überlegungen aber gerade nicht gelten: Das Handeln zu Zwecken des Wettbewerbs, das im UWG eine abgeschwächte Grundrechtsbindung zulässt, liegt hier nicht vor.

Auch wenn demnach die wettbewerbsrechtlichen Grundsätze im ABGB nicht anwendbar sind, so bleibt nach wie vor die Frage offen, ob es in einer demokratischen Gesellschaft notwendig sein kann, Wahrheiten zu verbieten. Ein Wahrheitsverbot bedarf nämlich im Lichte des Art 10 EMRK

839 Dazu Haybäck, JBl 1994, 667, 732 (736).

840 OGH 14.5.1996, 4 Ob 2118/96s.

841 OGH 14.5.1996, 4 Ob 2118/96s.

einer besonderen Rechtfertigung.[842] Ob diese im Schutz der Ehre liegen kann, ist so offensichtlich nicht und hängt zunächst maßgeblich vom Gehalt des Schutzgutes „Ehre" ab.[843]

Für den OGH geht es dabei unter Berufung auf BERKA[844] „– abgesehen von Angriffen auf die menschliche Würde – immer nur um die verdiente Ehre".[845] Diese verdiente Ehre beschreibt wohl das, was ein Mensch *tatsächlich* verkörpert. Das Argument REISCHAUERS, dass die Ehre ein angeborenes Recht sei und nicht erst verdient werden müsse, vermag an dieser Einschätzung nichts zu ändern: Auch die angeborene Ehre kann mE nur das erfassen, was auf einen Menschen tatsächlich zutrifft, nicht aber das Ideal dessen, was einen ehrenhaften Menschen ausmacht.

Anderes gilt freilich bei Angriffen auf die menschliche Würde, die in der Tat angeboren ist: Solche Beeinträchtigungen sind auch dann ehrenbeleidigend, wenn sie wahr sind. Dies ist überzeugend, denn für Beeinträchtigungen des Kernbereichs menschlicher Persönlichkeit kann es keine Rechtfertigung geben, weswegen diese Einschränkung auch im Lichte des Art 10 EMRK zulässig ist. Auf diese Weise können wahre Tatsachen zwar nicht die Ehre im Allgemeinen, sehr wohl aber die menschliche Würde im Besonderen beeinträchtigen.

Ob eine wahre Tatsachenbehauptung einen, wie der OGH argumentiert, „Informationswert" hat, ist für diese Einschätzung irrelevant: Erstens tragen Wahrheiten geradezu zwangsläufig stets auch einen Informationsgehalt in sich. Zweitens aber kommt es auf den Informations*wert* im Lichte der Meinungsfreiheit gar nicht an. Mehr noch: Mit dieser Argumentation rückt der OGH schon sehr nahe an die grundrechtsdogmatische Frage heran, ob eine Äußerung überhaupt in den Schutzbereich des Art 10 EMRK fällt. Es ist zwar, wie gezeigt, durchaus ein gewichtiges Kriterium, welchen Zweck die Meinungsfreiheit verfolgt – gerade darum ist ja etwa in der politischen Debatte ein härterer Meinungskampf zulässig als im Wettbewerb –, auch Aussagen, die nur einen geringen Informationswert haben unterfallen aber dem Art 10 EMRK.

---

842 HAYBÄCK, JBl 1994, 667, 732, (669 f). S dazu HARRER, in: Schwimann, ABGB § 1330 Rz 4: Wahre Information dürfe nur eingeschränkt werden, wenn besondere Umstände vorliegen.

843 Anerkannt dürfte aber sein, dass der Schutz der Ehre nicht auf die strafrechtlichen Tatbestände beschränkt ist. HARRER, in: Schwimann, ABGB § 1330 Rz 2. Zu einer Definition der Ehre HAYBÄCK, JBl 1994, 667, 732 (668), wonach Ehre der aus der Personenwürde entspringende, jedermann zukommende Anspruch auf achtungsvolle Behandlung durch andere ist. S zu Umschreibungen auch HELLE, Schutz 1 f.

844 BERKA, Medienfreiheit 245.

845 OGH 30.1.2001, 4 Ob 17/01f; 20.12.2001, 6 Ob 249/01p; 2.10.2007, 4 Ob 105/07f; 26.3.2009, 6 Ob 43/08d. S aber REISCHAUER, in: Rummel, ABGB § 1330 Rz 1.

Unabhängig vom bislang Gesagten ist indes eine andere Facette ins grundrechtliche Licht zu rücken: Wahre Tatsachenbehauptungen können nämlich das Recht auf Privatbereich und Geheimsphäre oder – um es in verfassungsrechtlicher Terminologie zu beschreiben – das Recht auf Privatbereich und Familienleben gem Art 8 EMRK berühren. Ob dieses Recht beeinträchtigt wird, diese Frage ist in der Tat unabhängig vom *Wahrheitsgehalt* der Äußerung zu beurteilen.[846] Dies anerkennt auch der OGH und nimmt in diesen Fällen eine Interessenabwägung zwischen dem Recht auf Privatbereich und jenem auf freie Meinungsäußerung vor.[847]

Freilich: Nicht immer treten die Konturen dieser zutreffenden Überlegungen in der Rsp auch scharf hervor. Es wird nämlich nicht immer hinreichend deutlich, auf welche gesetzliche Grundlage der OGH etwaige Ansprüche stützt. Prüft der OGH nämlich, wie er es mitunter tut, die durch eine Wahrheit erfolgte „Ehrenbeleidigung" nur unter § 1330 Abs 1 ABGB, dann sind seine ansonsten möglicherweise zutreffenden Überlegungen nicht so ohne weiteres einleuchtend. In diesen Fällen treten nämlich die kollidierenden, grundrechtlich fundierten Interessenpositionen nicht offen zutage. Wird der Schutz der Privatsphäre unter § 1330 Abs 1 ABGB gewährt, die Privatsphäre also unter die Ehre subsumiert, dann wird dieser Konflikt auch unter der Flagge Ehre versus Meinungsfreiheit ausgetragen. In diesem Fall ist es aber schon aus den dargelegten Überlegungen nicht einzusehen, weshalb die Meinungsfreiheit – wenn sie nicht die Menschenwürde angreift – hinter die *wahre* Tatsachenbehauptung zurücktreten sollte.

Dies zeigt sich eindrücklich an einem Beispiel: Wird etwa kirchlichen Würdenträgern der – wahre – Vorwurf homosexueller Kontakte gemacht,[848] dann ist nach dem bislang Gesagten nicht einzusehen, wie sich ein Verbot dieser Äußerung im Lichte des Art 10 EMRK rechtfertigen

846 Berka, Medienfreiheit 300 ff.

847 OGH 4.3.2004, 6 Ob 3/04s; 15.12.2005, 6 Ob 211/05f; 12.10.2006, 6 Ob 321/04f.

848 OGH 15.12.2005, 6 Ob 211/05f: Es ging um den in einer Zeitschrift erhobenen Vorwurf, dass in einem Priesterseminar homosexuelle Handlungen vorgenommen wurden. Der OGH anerkennt hier, dass der Grundsatz, dass auch wahre Tatsachen rechtswidrig sein können, umstritten ist. Er stützt sich aber im Weiteren auf die Interessenabwägung, die zu Lasten des Verletzten ausgeht: Es könne keinem Zweifel unterliegen, dass das Thema der Homosexualität von Kirchenfunktionären bzw in kirchlichen Institutionen ein besonders gewichtiges Thema sei, das immer wieder in der öffentlichen Diskussion stehe, umfasse es doch so bedeutende Grundbedürfnisse und Grundanliegen der Menschen wie die Sexualität und die allgemeinen und religiösen Moralvorstellungen. Es gehöre durchaus zu den primären Aufgaben der Medien, in diesem Bereich über konkrete Sachverhalte zu berichten und diese zu kommentieren. Gegenüber dem allgemeinen Informationsinteresse müsse daher hier das Interesse auf Schutz der Privatsphäre und Ehre gegenüber einer wahrheitsgemäßen Berichterstattung zurückstehen. Vgl dazu ausführlich Haybäck, JBl 1994, 667, 732.

ließe. Andere Überlegungen können freilich angestellt werden, wenn deutlich wird, dass unabhängig davon das Persönlichkeitsrecht auf Privatbereich und Geheimsphäre betroffen sein kann.

Erst wenn deutlich artikuliert wird, dass eine Äußerung zwar nicht die Ehre, sehr wohl aber die Privatsphäre betrifft, treten die grundrechtlichen Strukturen klar hervor und die Wertungen und Schutzbereiche können offen angewendet und ausgetragen werden: Erst dann ist nachvollziehbar, weshalb es in einer demokratischen Gesellschaft notwendig sein kann, auch wahre Tatsachenbehauptungen zu verbieten, denn dass private Gewohnheiten, soziale Kontakte uä nicht ohne weiteres der Öffentlichkeit preisgegeben werden dürfen, bedarf keiner weiteren Begründung.

(4) Ehrenbeleidigung juristischer Personen

In engem Zusammenhang mit der Reichweite des Ehrbegriffs steht die Frage, ob auch juristische Personen eine Ehre haben: Der OGH bejaht dies in mittlerweile st Jud. Erstmals vertrat er diese Auffassung in der sog Camel-E[849]: Ein gemeinnütziger Verein – er hatte sich dem Schutz der Nichtraucher vor dem Passivrauch verschrieben – verkaufte Aufkleber und Plakate. Diese zeigten ein auf einem Kamel reitendes Skelett mit der Aufschrift, dass nur ein Camel meilenweit für eine Zigarette gehe. Das Unternehmen, das hinter der Zigarettenmarke Camel stand, ging dagegen vor: Das UWG war freilich mangels Wettbewerbsabsicht nicht anwendbar[850], der OGH anerkannte aber einen Anspruch nach § 1330 Abs 1

849 OGH 13.9.1988, 4 Ob 48/88.

850 Im Wettbewerbsrecht tritt zur Unterscheidung zwischen Tatsachen und Werturteilen noch die Frage, ob zu Zwecken des Wettbewerbs gehandelt wird und damit das UWG anwendbar ist. Zur Beurteilung dieser Frage wendet der OGH die sog Hintergrundformel an, wonach solange mit Wettbewerbsabsicht gehandelt wird, als diese nicht gegenüber einem anderen Beweggrund völlig in den Hintergrund tritt (OGH 11.8.2005, 4 Ob 155/05f; 15.9.2005, 4 Ob 142/05v; 19.12.2006, 4 Ob 238/06p). Diese Frage hat insofern auch eine grundrechtliche Relevanz, als Wettbewerbshandlungen nach der Jud einem geringeren Grundrechtsschutz unterliegen (OGH 14.5.1996, 4 Ob 2118/96s). Besonders schwierig wird diese Abgrenzung mitunter freilich im Medienbereich, da die Hauptaufgabe der Medien ja gerade in der Verbreitung von Nachrichten und der Bildung der öffentlichen Meinung liegt. Der OGH stellt dann darauf ab, ob es um Auseinandersetzungen zu weltanschaulichen Themen geht oder darum, den Mitbewerber unmittelbar in seiner gewerblichen Tätigkeit zu treffen (OGH 26.2.1991, 4 Ob 13/91; 19.9.1995, 4 Ob 71/95). Abgrenzungsschwierigkeiten ergeben sich überdies dann, wenn Wettbewerbsabsichten nicht in Reinform auftreten: S dazu Berka, WBl 1997, 265 (275 f); OGH 19.12.1989, 4 Ob 92/89; 25.2.1992, 4 Ob 94/91. Zur Hintergrundformel s außerdem EGMR, 25.3.1985, 8734/79, Barthold gegen Deutschland: Entscheidungsgegenständlich war das Inserat eines Tierarzts zum 24-Stunden-Dienst von Veterinärmedizinern, das von den nationalen Gerichten verboten worden war: „According to the Hanseatic Court of Appeal, there remains an intent to act for the purposes of commercial competition, within the meaning of section 1 of the 1909 Act, as long as that intent has not been entirely overriden by other motives

ABGB: Er meinte zwar, dass die Gefahren, die vom Genuss von Tabakwaren ausgehen, ebenso rücksichtslos kritisiert werden dürfen wie die Missstände, denen Nichtraucher ausgesetzt seien, wenn sie sich der Belästigung durch den Tabakkonsum ihrer Mitmenschen nicht entziehen können. Die Grenze zulässiger Meinungsäußerung sei aber regelmäßig dort zu ziehen, wo eine bestimmte Marke stellvertretend für die gesamte Produktgattung herabgesetzt werde.

Mit dieser Entscheidung hat der OGH erstmals anerkannt, dass auch juristische Personen eine Ehre haben und den Schutz des § 1330 Abs 1 ABGB beanspruchen können. Diese Position ist indes nicht unumstritten: Zunächst sprechen schon historische Erwägungen und die Systematik des § 1330 Abs 1 dafür, dass er an sich auf natürliche Personen zugeschnitten ist und somit keinen Beleidigungsschutz für juristische Personen enthält. Es lässt sich nämlich ursprünglich ein Zusammenhang herstellen zwischen der Ehre und der – für natürliche Personen geltenden – menschlichen Würde.[851] Weiters ist der systematische Aufbau des § 1330 ABGB zu berücksichtigen, der klar zwischen dem Tatbestand des Beleidigungsschutzes und jenem der Kreditschädigung unterscheidet.[852] Ein Grund dafür, die Ehrenschutzbestimmung auch auf juristische Personen auszudehnen, ist nicht ersichtlich. Nicht überzeugend ist es, wenn Reischauer[853] argumentiert, dass juristische Personen die gleichen Rechte haben wie natürliche. Dies ist zwar an sich zutreffend, ändert aber nichts daran, dass juristische und natürliche Personen faktisch nicht völlig gleich sind: Juristische Personen haben etwa – dies steht wohl außer Streit – keine Intimsphäre. Gleiches muss mE für die Ehre gelten: Unternehmen handeln idR wirtschaftlich, sind also durch Herabsetzungen nicht in ihrer sozialen Akzeptanz, sondern in ihrer Wirtschaftlichkeit betroffen. Die Herabsetzung von Produkten berührt somit zwar wirtschaftliche Interessen[854], sie kann aber nicht mit einer Ehrenbeleidigung gleichgesetzt werden.[855] Abgesehen davon ist ein Schutz der „Ehre" eines Unternehmens verfassungsrechtlich auch gar nicht geboten. Im Gegenteil: Er kommt sogar in Konflikt mit Art 10 EMRK, denn er beschränkt die Meinungsfreiheit in einem Fall, der gesetzlich gar nicht vorgesehen ist.[856]

(‚nicht völlig hinter sonstigen Beweggründen verschwindet […]'). A criterion as strict as this is approaching the matter of advertising and publicity in the liberal professions is not consonant with freedom of expression" (Z 58).

851 Berka, ZfRV 1990, 35 (57); Haybäck, JBl 1994, 667, 732 (735).

852 Berka, ZfRV 1990, 35 (57).

853 Reischauer, in: Rummel, ABGB § 1330 Rz 1.

854 So auch Berka, WBl 1997, 265 (273); Haybäck, JBl 1994, 667, 732 (738).

855 Ein Zigarrenraucher, RdW 1989, 54. S auch mwN Harrer, in Schwimann, ABGB § 1330 Rz 7.

856 Berka, ZfRV 1990, 35 (21); ders, WBl 1997, 265 (273 f).

b. *Bildnisschutz*

Im Reigen beleidigungsrechtlicher Schutzbestimmungen ist auch § 78 UrhG zu nennen.[857] Er trägt dem Umstand Rechnung, dass nicht nur Worte, sondern auch Bilder beleidigend sein können: Bildnisse von Personen dürfen weder öffentlich ausgestellt noch auf andere Art, wodurch sie der Öffentlichkeit zugänglich gemacht werden, verbreitet werden, wenn dadurch berechtigte Interessen des Abgebildeten verletzt werden.[858]

Von § 1330 Abs 1 ABGB unterscheidet sich § 78 UrhG schon in der Regelungstechnik. Während § 1330 Abs 1 ABGB keinen expliziten Anhaltspunkt für die Berücksichtigung eines Rechtfertigungsgrundes enthält, ist die Abbildung nach § 78 UrhG rechtswidrig, wenn sie „berechtigte Interessen" des Abgebildeten verletzt. Das Gesetz legt – so der OGH – den Begriff der „berechtigten Interessen" nicht näher fest, weil es bewusst einen weiten Spielraum offenlassen wollte, um den Verhältnissen des Einzelfalles gerecht zu werden.[859] Diese Interessen können, so der OGH, nur unter Heranziehung der Wertungsmaßstäbe der gesamten Rechtsordnung beurteilt werden,[860] wozu ua die verfassungsrechtlich gewährleisteten Rechte zählen. Damit kann auch hier die Ausübung der Meinungsfreiheit der Berechtigung eines Interesses etwa entgegenstehen.[861]

Bei der Beurteilung, ob berechtigte Interessen verletzt wurden, prüft der OGH, ob jene des Abgebildeten bei objektiver Prüfung schutzwürdig sind[862] und wiegt die Interessen gegeneinander ab. Er geht also stufenförmig vor: Stellt der OGH ein schutzwürdiges Interesse des Abgebildeten fest, so ist dieses den Interessen an der Bildveröffentlichung gegen-

---

857 Zur Entstehungsgeschichte des § 78 UrhG vgl Ciresa, Urheberrecht, zu § 78 UrhG Rz 1; Mahr, MR 1995, 127 (128 ff).

858 § 78 UrhG schützt somit gegen den Missbrauch der Abbildung, also dagegen, dass der Einzelne „durch die Verbreitung seines Bildnisses bloßgestellt, daß dadurch sein Privatleben der Öffentlichkeit preisgegeben oder sein Bildnis auf eine Art benützt wird, die zu Mißdeutungen Anlass geben kann oder entwürdigend oder herabsetzend wirkt" (OGH 19.9.1994, 4 Ob 100/94).

859 OGH 17.1.1995, 4 Ob 141/94; 18.7.2000, 4 Ob 175/00i.

860 OGH 30.1.1990, 4 Ob 161/89. S dazu auch Berka, JRP 1996, 232 (245): Zum Ausdruck gebracht werde damit auch, dass es keine freie Bewertung der Interessen sein könne, sondern es auf die normative Ausgestaltung der Rechte ankomme.

861 Zu den Fallgruppen der berechtigten Interessen in der Rsp vgl etwa Zeiler, Persönlichkeitsschutz 39 ff: Werbung; entstellende Bildnisse; Schutz der Intimsphäre; Bildveröffentlichung im Zusammenhang mit abträglicher Berichterstattung (Kriminalberichterstattung); Verstoß gegen die Unschuldsvermutung. S auch ders, Recht, in: Mayer (Hrsg), Persönlichkeitsschutz 23 (26 f).

862 S nur OGH 15.12.2005, 6 Ob 211/05f; 28.9.2006, 4 Ob 167/06x; 17.10.2006, 4 Ob 197/06h; 22.5.2007, 4 Ob 73/07z; 2.10.2007, 4 Ob 105/07f; 20.10.2009, 4 Ob 132/09d. S auch 9.11.2010, 4 Ob 166/10f.

überzustellen. Die Abwägung ergibt dann, ob die Geheimhaltungsinteressen prävalieren und zu „berechtigten Interessen“ werden.[863]

Nach st Jud sind berechtigte Interessen jedenfalls dann verletzt, wenn der Abgebildete bloßgestellt, entwürdigt oder herabgesetzt wird, sein Privatleben preisgegeben oder die Abbildung auf eine Art benützt wird, die zu Missdeutungen Anlass geben kann.[864]

Im Einzelnen ist die Frage, inwieweit „berechtigte Interessen“ verletzt sein können, differenziert zu betrachten. Zunächst kommt es darauf an, ob der Abgebildete eine sog public figure oder eine Privatperson ist.

Für public figures bzw absolute Personen der Zeitgeschichte – das sind Personen, deren Aussehen der Öffentlichkeit bekannt ist – gilt ein besonderer Schutzmaßstab.[865] Ist nämlich die abgebildete Person allgemein bekannt, dann werden ihre Interessen idR durch die Bildveröffentlichung nicht beeinträchtigt.[866] Freilich haben auch public figures Anspruch darauf, dass die Allgemeinheit Rücksicht auf ihre Persönlichkeit nimmt. Auch Politiker müssen sich etwa keine Bildveröffentlichungen ehrenrühriger Art oder solche, die einen unrichtigen Zusammenhang herstellen, gefallen lassen. Nach st Rsp werden selbst die berechtigten Interessen eines Politikers oder einer sonst allgemein bekannten Person beeinträchtigt, wenn der Abgebildete durch die Veröffentlichung mit Vorgängen in Verbindung gebracht wird, mit denen er nichts zu tun hat. Das trifft insbes dann zu, wenn dem Abgebildeten durch die Bildnisveröffentlichung eine politische Auffassung unterstellt wird, die er in Wahrheit nicht teilt oder sogar ablehnt oder bekämpft.[867] In einem solchen Fall ist die – wahrheitswidrige – Abbildung für den Betroffenen regelmäßig nachteilig und kann auch nicht mit Art 10 EMRK gerechtfertigt werden.[868]

863 OGH 14.3.1989, 4 Ob 5/89; 19.10.1999, 4 Ob 220/99b.

864 ZB OGH 23.9.2003, 4 Ob 165/03y; 16.12.2003, 4 Ob 211/03p; 24.1.2006, 4 Ob 246/05p; 23.9.2008, 4 Ob 150/08z; 20.10.2009, 4 Ob 132/09d.

865 S zB OGH 28.6.1994, 4 Ob 75/94: Der damalige LH Zernatto und LHStv Ambrozy wurden in einem rosa eingerahmten Herzen händeschüttelnd dargestellt und darunter war geschrieben: „Marmor, Stein und Eisen bricht, aber unsere Liebe nicht.“ Der Spitzenkandidat einer wahlwerbenden Partei müsse sich eine humorvoll-satirische Kritik dieser Art gefallen lassen. Irgendwelche ehrenrührigen, die Intim- oder Privatsphäre des Kl treffenden Angriffe seien der Abbildung nicht zu entnehmen. Das Bild sei so eindeutig satirisch, dass es weder die Überzeugung hervorrufen könne, der Kl selbst erkläre seine Liebe zu Zernatto, noch, dass er nun Wahlwerbung gegen seine politische Überzeugung betreibe.

866 OGH 19.9.1994, 4 Ob 100/94. S auch EGMR 26.2.2002, 34 315/96, Krone Verlag GmbH und Co KG gegen Österreich = MR 2002, 82: Die Abwägung gehe bei einem Politiker regelmäßig zugunsten der Meinungsäußerungsfreiheit aus.

867 OGH 19.9.1994, 4 Ob 100/94.

868 S etwa OGH 19.9.1994, 4 Ob 100/94.

Bei der Beurteilung des Wahrheitsgehalts gelten dann ähnliche Grundsätze wie bei § 1330 ABGB: Es kommt darauf an, wie die Art der Veröffentlichung vom Publikum verstanden wird und nicht auf die Absicht des Veröffentlichenden. Dabei ist regelmäßig auch der Begleittext zu berücksichtigen.[869]

Ein anderer Maßstab gilt nach st Jud für Personen, die zwar der Öffentlichkeit namentlich oder ihrer Funktion nach bekannt sind, deren Aussehen jedoch nur ein beschränkter Teil der hierfür interessierten Öffentlichkeit kennt.[870] Für sie sind die für Privatpersonen geltenden Grundsätze anzuwenden. Diese unterschieden sich lange in einem zentralen Punkt vom public-figures-Maßstab: Nach Auffassung des OGH schlossen nämlich auch wahre Behauptungen die Rechtswidrigkeit der Bildveröffentlichung nicht zwingend aus.[871] Er begründete dies damit, dass die Interessen einer Person, deren Aussehen in der Öffentlichkeit nicht bekannt ist, bereits durch die Abbildung an sich verletzt werden könne; dadurch werde nämlich uU erst eine Identifikationsmöglichkeit geschaffen.[872] Selbst wenn der Textbericht nicht rechtswidrig war, konnte die Beigabe eines Bildes unzulässig sein, weil durch das Bild eine „Prangerwirkung" erzielt werden könne.[873] Ob die Bildnisveröffentlichung in diesen Fällen dennoch zulässig war, war durch eine Interessenabwägung zu beantworten. Dabei galt es zu prüfen, ob ein höhergradiges Veröffentlichungsinteresse bestand, also ob, so der OGH, das Bild einen schützenswerten bzw selbständigen Nachrichtenwert habe. Dies bejaht der OGH, wenn die Verbreitung ei-

[869] OGH 14.3.1989, 4 Ob 5/89; 8.11.1994, 4 Ob 94/94; 24.1.2006, 4 Ob 246/05p; 24.2.2009, 4 Ob 233/08f; 13.7.2010, 4 Ob 64/10f; 9.11.2010, 4 Ob 166/10f.

[870] OGH 1.6.1999, 4 Ob 142/99g.

[871] OGH 17.1.1995, 4 Ob 141/94.

[872] OGH 19.9.1994, 4 Ob 100/94.

[873] OGH 15.12.2005, 6 Ob 211/05f: Auch wenn der Textbericht über homosexuelle Handlungen in einem Priesterseminar zulässig war, so erachtete der OGH die Beigabe eines Bildes, das den Kl in zweideutiger Position zeigt, für unzulässig. Er erachtete die Wahrung der Intimsphäre des Kl gewichtiger als das Interesse der Öffentlichkeit am Bild. Wohl anerkannte der OGH das Argument, dass der Kl mit seiner die Vorwürfe abstreitenden Stellungnahme durch die Bildveröffentlichung gewissermaßen überführt werden sollte, dass also die Öffentlichkeit sich anhand des Fotos ein eigenes Urteil bilden könne. Nach Ansicht des Senats ist dieses Argument aber nicht derart entscheidend, dass die Intimsphäre des Kl verletzt werden dürfe und der vom Kl abgestrittene Sachverhalt beweismäßig dokumentiert werden müsse. Es sei nämlich zunächst zu bedenken, dass das Lichtbild in privater Sphäre bei einem Fest aufgenommen wurde, also einwandfrei in die durch Art 8 EMRK geschützte Intimsphäre falle. Wenn die sexuelle Freiheit unter Erwachsenen nunmehr als absolutes Persönlichkeitsrecht anerkannt werde und der Intimbereich verfassungsrechtlichen Schutz genieße, so müsse dies grds auch für Mitglieder religiöser Vereinigungen und Kirchenfunktionäre gelten, auch wenn die Ausübung der angesprochenen sexuellen Freiheit in Widerspruch zur Kirchenauffassung steht.

nes Bildes etwa vor einem flüchtigen Straftäter warnen soll, er verneint dies aber, wenn die Veröffentlichung nur Sensationslust befriedigen sollte.[874]

Diese Jud sah sich teils heftiger Kritik des Schrifttums gegenüber. So wurde etwa zu Recht eingewendet, dass die Veröffentlichung eines Fotos in unserer bildüberfluteten Zeit – im Unterschied zum Entstehungszeitpunkt des § 78 UrhG im Jahr 1936 – kaum mehr geeignet sein könne, die besagte Prangerwirkung zu erzielen.[875] Außerdem ist das Abstellen auf einen selbständigen Nachrichtenwert des Bildes im Lichte des Art 10 EMRK bedenklich: Es kommt nämlich nicht darauf an, ob die Öffentlichkeit ein Informationsinteresse hat, sondern darauf, ob eine Beschränkung dieses Informationsinteresses in einer demokratischen Gesellschaft notwendig ist.[876]

Wohl unter dem Einfluss dieser Kritik, aber auch im Zuge der Einführung der §§ 6 ff MedG ist der OGH von dieser Rsp mittlerweile abgegangen.[877]

1997 stellte er – in einem Fall zur Kriminalberichterstattung – erstmals fest, dass im „Zusammenhang mit der Kriminal- und Gerichtssaalberichterstattung [...] unterschiedliche Grundrechte miteinander in Konflikt [geraten]. Auf der einen Seite stehen die Persönlichkeitsrechte und -werte der von der Berichterstattung Betroffenen, wie auch das Recht auf Unschuldsvermutung (Art 6 Abs 2 EMRK), auf der anderen Seite das Recht auf freie Meinungsäußerung und auf Mitteilung von Nachrichten ohne Eingriffe öffentlicher Behörden (Art 10 EMRK), also insbesondere die Pressefreiheit." Der OGH übersieht nicht, dass „ein Bedürfnis auf Information über strafbare Handlungen besteht. Die meisten Menschen ziehen einer bloßen Wortberichterstattung die bildliche Darstellung des Geschilderten, insbesondere auch eine Abbildung der Personen, über die berichtet wird vor." Weiter legt der OGH dar, dass der Gesetzgeber in Abwägung der gegensätzlichen Interessen durch die Einführung der §§ 7a und 7b eine Wertung vorgenommen habe. Ganz allgemein könne gesagt werden, dass „Wertungen des Medienrechtes jedenfalls dort, wo der gleiche Sachverhalt geregelt wird, bei der Auslegung des § 78 UrhG zu berücksichtigen sind". Lege man aber die vom Gesetzgeber in § 7a MedienG

874 OGH 15.12.2005, 6 Ob 211/05f; 14.3.1989, 4 Ob 5/89: Dem Aussehen der Ehegattin einer in einen Skandal verwickelten Person kommt kein schutzwürdiger „Nachrichtenwert" zu. IdS auch OGH 30.1.1990, 4 Ob 161/89.

875 Swoboda, MR 1995, 204. IdS auch Berka, JRP 1996, 232 (245), der überdies darauf hinweist, dass Einschränkungen der freien Berichterstattung nur unter den Voraussetzungen des Art 10 Abs 2 EMRK zulässig sind, dass das Vorliegen dieser Voraussetzungen aber fraglich erscheint, wenn etwa eine – zulässige – Textberichterstattung illustriert werden soll. Vgl auch Zeiler, ecolex 1998, 226 f.

876 Vgl auch Verschraegen, MR 2003, 297 (299).

877 S zu dieser Entwicklung etwa Swoboda, ÖJZ 2002, 636 (637 ff).

vorgenommene Wertung zugrunde, dann stehe der Kl das Recht auf Unterlassung der Bildveröffentlichung nicht schon dann zu, wenn sie im Begleittext nur – der Wahrheit gemäß – als Tatverdächtige bezeichnet werde, gegen die ein Strafverfahren durchgeführt werde, weil nach dem oben Gesagten das Informationsinteresse überwiege.[878]

Ausgehend von dieser Entscheidung nimmt der OGH nunmehr also eine Abwägung zwischen dem Bildnisschutz und dem aus Art 10 EMRK erfließenden Recht der Öffentlichkeit auf Information bzw dem Veröffentlichungsinteresse des Mediums „als Ausfluss der freien Meinungsäußerung"[879] vor.[880] Auf den Nachrichtengehalt des Bildes kommt es nicht mehr an, der OGH berücksichtigt nämlich bei entsprechenden Sachzusammenhängen – das sind Bildnisveröffentlichungen bei Kriminalfällen – „im Sinne der Einheit der Rechtsordnung" die in § 7a MedG normierten Wertungen.[881] Nach diesen Bestimmungen kann auch in der Kriminalberichterstattung eine identifizierende Berichterstattung zulässig sein.[882] Nach anfänglicher Konzentration auf die Kriminalberichterstattung wendet der OGH die Grundsätze des MedG „auch auf die Bildberichterstattung über andere Themen" an[883].[884]

Nach nunmehr st Rsp ist ein Bildbericht über einen erweislich wahren Sachverhalt grds auch dann zulässig, wenn er für den Betroffenen nachteilig, bloßstellend oder herabsetzend wirkt.[885] Soweit es nämlich im Persönlichkeitsschutz um den Schutz der Ehre gehe, werde – abgesehen von Angriffen auf die menschliche Würde – immer nur die verdiente Ehre geschützt.[886] Eine ehrverletzende oder kreditschädigende, im Tatsachenkern richtige Äußerung dürfe daher auch durch die Veröffentlichung eines Lichtbildes des Verletzten illustriert werden.[887] Für die Bildberichterstattung gelte damit nichts anderes als für die Textberichterstattung.[888]

---

878 OGH 23.9.1997, 4 Ob 184/97f.

879 OGH 2.10.2007, 4 Ob 105/07f.

880 OGH 1.6.1999, 4 Ob 142/99g; 20.12.2001, 6 Ob 249/01p.

881 OGH 11.7.1995, 4 Ob 63/95 = MR 1996, 32; OGH 23.9.1997, 4 Ob 184/97f. S auch OGH 15.12.1998, 4 Ob 316/98v.

882 Berka, JRP 1996, 232 (246).

883 OGH 1.6.1999, 4 Ob 142/99g. Hier ging es um einen heftig geführten verbalen Disput darüber, „welche Meinung zwei Journalisten voneinander haben".

884 Zeiler, ecolex 1998, 226 (227).

885 OGH 1.6.1999, 4 Ob 142/99g; 30.1.2001, 4 Ob 17/01f.

886 OGH 1.6.1999, 4 Ob 142/99g; 30.1.2001, 4 Ob 17/01f.

887 OGH 1.6.1999, 4 Ob 142/99g; 2.10.2007, 4 Ob 105/07f; 8.9.2009, 4 Ob 112/09p; 2.10.2009, 4 Ob 132/09d.

888 OGH 19.8.2003, 4 Ob 120/03f. 2.10.2007, 4 Ob 105/07f; 18.11.2008, 4 Ob 165/08f.

Freilich gilt es zu berücksichtigen, dass § 78 UrhG ja nicht nur vor Ehrenbeleidigungen schützt, sondern berechtigte Interessen durchaus auch in der Beeinträchtigung der Privatsphäre liegen können. Die Beeinträchtigung der Privatsphäre ist aber – dies wurde bereits dargelegt – unabhängig vom Wahrheitsgehalt eines Bildes.[889] Hier kann mutatis mutandis das bereits zu § 1330 ABGB Gesagte gelten.

c. *Würdigung*

Der enge Zusammenhang zwischen Beleidigungsrecht und Meinungsfreiheit ist unübersehbar und unbestritten. Die Rolle der Meinungsfreiheit wird nunmehr auch vom OGH voll anerkannt: Immer dichter bindet er grundrechtliche Überlegungen bei der Anwendung der beleidigungsrechtlichen Schutzbestimmungen mit ein. Anerkannte er früher noch zögerlich und zurückhaltend, dass die Rechte der Betroffenen gegeneinander abzuwägen seien, so beruft er sich nunmehr ausdrücklich auf die grundrechtliche Fundierung dieser Rechte und die grundrechtlichen Aspekte bei der Gewichtung der Interessen[890]. Auffallend ist auch die verstärkte Berufung auf die Jud des EGMR und die dort verwendeten Grundsätze.[891] Völlig zu Recht spricht Berka daher von einer Konstitutionalisierung des Beleidigungsrechts.[892] Für diese Entwicklung gibt es wohl zwei Gründe. Zunächst ist die Auffassung längst überholt, dass die Grenzen der Meinungsfreiheit dort zu ziehen sind, wo sie der Gesetzgeber mit den beleidigungsrechtlichen Normen setzt.[893] Dazu hat die EMRK maßgeblich beigetragen. Aber auch – und damit ist der zweite Grund angesprochen – der EGMR hat mit seiner Rsp neue Maßstäbe für die Beurteilung der Meinungsfreiheit im Beleidigungsrecht gesetzt: Nicht nur die Eingriffsnorm bestimmt die Grenze der Meinungsfreiheit, sondern es ist im Einzelfall maßgeblich, ob den Voraussetzungen des grundrechtlichen Gesetzesvorbehalts durch die behördliche und gerichtliche Anwendung entsprochen wurde.[894]

Im Lichte dieser Überlegungen ist es also nicht nur zu begrüßen, sondern geradezu geboten, dass der OGH das Grundrecht bei der Anwen-

---

889 Berka, JRP 1996, 232 (245).

890 OGH 19.12.2002, 6 Ob 77/02w: So rügt der OGH etwa die Beurteilung des Rekursgerichts, weil sie „nicht hinreichend die Rechtspositionen des Beklagten aus Art 10 EMRK" berücksichtige. S auch OGH 22.1.2008, 4 Ob 236/07w zur Unklarheitenregel.

891 S nur OGH 21.6.2007, 6 Ob 79/07x; 16.2.2006, 6 Ob 245/04d; 30.11.2006, 6 Ob 250/06t.

892 Berka, Grundrechte, Rz 571.

893 Berka, JRP, 1996, 232 (233).

894 Berka, WBl 1997, 265 (272).

dung der Eingriffsnormen unmittelbar heranzieht, obwohl oder gerade weil etwa § 1330 Abs 1 ABGB verschiedene grundrechtliche Aspekte unberücksichtigt lässt. Auf diese Weise wird die Norm verfassungskonform angewendet.[895] Von einer verfassungskonformen Interpretation kann im Fall des § 1330 Abs 1 ABGB freilich nicht gesprochen werden, denn mit herkömmlichen Interpretationsmethoden lässt sich dieses Ergebnis gar nicht erzielen. Eher kann man hier von einem – judikativ entwickelten – Anwendungsvorrang des Art 10 EMRK sprechen. Dies bedeutet indes nicht, dass ohne Berufung auf Art 10 EMRK die verfassungskonforme Anwendung dieser Normen nicht gewährleistet war. Vielmehr war das Ehrenschutzrecht schon immer mit einem „Tropfen staatsrechtlichen Öls" gesalbt.[896] Die verfassungsrechtliche Fundierung tritt nunmehr jedoch stärker hervor. Zugleich bedeutet allein die Berufung auf das Grundrecht noch nicht, dass auch grundrechtskonforme Bewertungsmaßstäbe angelegt werden.

Deutlich wurde außerdem, dass das Beleidigungsrecht auf einer Ebene mit stark grundrechtlich fundierten Interessenslagen liegt, die miteinander kollidieren.[897] Auf derartige Kollisionslagen ist Art 10 Abs 2 EMRK aber strukturell nicht ausgerichtet.[898] Er enthält vorderhand Kriterien für die Notwendigkeit eines *Eingriffs*, den Zivilgerichten geht es aber prima facie darum, ob ein zivilrechtlicher *Anspruch* berechtigt ist.[899] Die eigentliche Herausforderung für die Gerichte ist es somit, für diese Kollisionslagen grundrechtskonforme Bewertungsmaßstäbe zu finden. Dabei zeigt sich, dass die Jud Schutzbereichs- und Abwägungsebene mitunter nur diffus voneinander abgrenzt. Der Schwerpunkt der oberstgerichtlichen Prüfung liegt dabei zweifellos auf Abwägungsfragen.[900] Dies schlägt sich mitunter auch in einer Terminologie nieder, die die Reichweite des grundrechtlichen Schutzbereichs nicht hinreichend erkennt. Unzutreffend ist es etwa, wenn der OGH meint, dass das Verbot, ein entwürdigendes Nacktfoto zu veröffentlichen, das Recht auf freie Meinungsäußerung nicht be-

---

895 Grimm, NJW 1995, 1697 (1701) führt aus, dass sich Normauslegung und Normanwendung dadurch unterscheiden, dass es dort um regelbezogene, hier um fallbezogene Abwägung geht.

896 Uhland, zitiert bei Berka, JRP 1996, 232 (233).

897 S auch Berka, JBl 1996, 232 (233). Besonders offensichtlich in OGH 15.12.2005, 6 Ob 211/05f.

898 IdS auch Reischauer, in: Rummel, ABGB § 1330 Rz 7 b.

899 Vgl auch Seyfarth, NJW 1999, 1287 (1288).

900 Vgl aber OGH 19.12.2002, 6 Ob 77/02w: Der OGH legt offen dar, dass die „Anwendung dieser Grundsätze auf den vorliegenden Fall ergibt, dass die von den Vorinstanzen verfügte Einschränkung der Freiheit der Meinungsäußerung in einer demokratischen Gesellschaft nicht notwendig ist."

schneidet.[901] Nun impliziert dies freilich nicht, dass die Entscheidungen auch in der Sache grundrechtlich unzutreffend sein müssen – dies kann gerade wegen der Einzelfallabhängigkeit nicht pauschal gesagt werden. Unbefriedigend ist jedoch, dass sich die Rechtswidrigkeit erst aus einer Interessenabwägung ergibt[902] und die Reichweite der einzelnen Rechte dadurch unklar wird. Tatsächlich trifft auch BERKAS vor über einem Jahrzehnt geäußerte Befürchtung noch heute zu, nämlich, dass das Eindringen der verfassungsrechtlichen Wertungen eher konturlosen Abwägungen „und nur vordergründig plausiblen Allerweltstheorien Vorschub leistet, mit all den damit verbundenen Gefahren für die Rationalität und Vorhersehbarkeit der Rechtsanwendung."[903]

Nun führen Kritiker immer wieder ins Treffen, dass bereits die zahlreichen Verurteilungen Österreichs ein Indikator dafür sind, dass der OGH den grundrechtlichen Anforderungen eben nicht entspricht. In der Tat kann nicht darüber hinweggesehen werden, dass zwischen den nationalen österreichischen Gerichten und dem EGMR gerade auf dem Gebiet des Beleidigungsschutzes und der Meinungsfreiheit erhebliche Divergenzen bestehen. Diese Einsicht ist nicht neu und immer wieder Anlass zu regen Diskussionen im Schrifttum. Tatsächlich waren Verletzungen des Art 10 EMRK in den letzten Jahren der zweithäufigste Grund für Verurteilungen Österreichs durch den EGMR – davor rangiert lediglich der Spitzenreiter Art 6 EMRK. Zunächst fällt freilich auf, dass der OGH seine Jud mittlerweile deutlich an der Jud des EGMR orientiert und seine Kriterien weitestgehend übernommen hat. Dies führt zur Frage, woran es denn dann liegen kann, dass OGH und EGMR derart auffallend divergieren. Hier zeigt sich besonders deutlich, dass die grundrechtlichen Schnittstellen stark wertungsabhängig sind. Ein wesentlicher Grund dafür liegt wohl – wie gezeigt – in der unterschiedlichen Qualifikation von Werturteilen und Tatsachenbehauptungen. In Grenzbereichen neigt der EGMR viel eher dazu, eine Äußerung als Werturteil zu qualifizieren, wohingegen der OGH, wie gezeigt, im Zweifel eher eine Tatsachenbehauptung annimmt.

Zusammengefasst ist aber mE durchaus eine Tendenz erkennbar, diesen Anforderungen aus Straßburg zu entsprechen. Dass sich die menschliche Kommunikation nicht immer an Formeln messen lässt, zeigt sich darin, dass auch in Richtung des EGMR immer wieder der Vorwurf erhoben wird, kasuistisch und schwer prognostizierbar zu judizieren. Entsprechende Kritik müssen sich auch andere Gerichte gefallen lassen: In

901 OGH 17.9.1996, 4 Ob 2249/96f.

902 REISCHAUER, in: Rummel, ABGB § 1330 Rz 7b.

903 BERKA, WBl 1997, 265 (276).

Deutschland wird seit langem kritisiert, dass das BVerfG zu großzügig für die Meinungsfreiheit und zu Lasten des Persönlichkeitsschutzes judiziere[904] und ebenfalls schwer prognostizierbar sei.[905] Dies zeigt, dass ein Bereich der Abwägung immer mit Unsicherheiten behaftet ist[906], es lässt sich in diesem Bereich die fallbezogenen Abwägung kaum auf die regelbezogene verlagern[907].

3. Urheberrecht

a. Rechtslage

Der Großteil der bislang aufgezeigten Fälle betraf die Meinungsfreiheit in ihrem Spannungsverhältnis zu den Persönlichkeitsrechten. Derartige Spannungslagen bestehen außerdem zwischen der Meinungsfreiheit und dem Urheberrecht.[908] Auch das Urheberrecht ist grundrechtlich fundiert: Es ist ein vermögenswertes Privatrecht und als solches vom Schutzbereich des Art 5 StGG umfasst.[909]

Dem Grundsatz nach stehen die (Verwertungs-)Rechte an einem Werk dem Urheber zu. Er kann entscheiden, ob und zu welchen Konditionen er die Nutzung seines Werkes zulässt. Auf Kollisionskurs mit der Meinungsfreiheit bewegt sich das Urheberrecht insoweit, als das Werk auch nicht verwendet werden dürfte, um Nachrichten oder Ideen iSd Art 10 Abs 1 EMRK mitzuteilen oder zu empfangen. Wäre *jegliche* Verwendung eines Werks ausgeschlossen, dann wäre eine freie geistige Auseinandersetzung, wie sie Art 10 EMRK postuliert, gerade nicht mehr möglich.

Diesem Spannungsverhältnis hat der Gesetzgeber Rechnung getragen[910]: In den §§ 41 ff UrhG gestattet er unter bestimmten Voraussetzungen die freie Werknutzung. Es kann gem § 46 UrhG zulässig sein, gan-

---

904 Dazu Kriele, NJW 1994, 1897.

905 Diesen Vorwürfen begegnet Grimm, NJW 1995, 1697 (1701) mit dem Hinweis, dass beide Vorwürfe nicht stimmen können, denn wäre in der Tat die Meinungsfreiheit bevorzugt, dann wären die Entscheidungen ja prognostizierbar.

906 Grimm, NJW 1995, 1697 (1704).

907 S FN 895.

908 OGH 3.10.2000, 4 Ob 224/00w = MR 2000, 373 (M.Walter); 12.6.2001, 4 Ob 127/01g: Darin weist der OGH auch auf eine Entscheidung des OLG Hamburg (29.7.1999, 3 U 34/99 = GRUR 2002, 146) sowie des Tribunal de grande instance de Paris hin, die sich ebenfalls mit diesem Spannungsverhältnis zu befassen hatten. Das genannte Erk des TGI war auch insofern bedeutsam, als in Frankreich erstmals ein Konventionsrecht in einer Urheberrechtssache anwendet worden war; vgl TGI, 3. Kammer, 23.2.1999 = GRURInt 2001, 252 (Geiger).

909 Vgl VfSlg 9887/1983.

910 Dazu auch Korn, in: Kucsko (Hrsg), urheber.recht § 46, 718, der hier zutreffend von der „Sozialgebundenheit des Urheberrechts" spricht.

ze (Sprach-)Werke (großes Zitat, Z 2 leg cit) oder Werkteile (kleines Zitat, Z 1 leg cit) zu entlehnen.[911] Gestattet ist auch das sog wissenschaftliche Großzitat (§ 54 Abs 1 Z 3a): Einzelne erschienene Werke der bildenden Künste dürfen in einem die Hauptsache bildenden wissenschaftlichen Werk vervielfältigt, verbreitet und der Öffentlichkeit zur Verfügung gestellt werden.

b. Judikatur

Wie gezeigt, sind die Ausnahmen von allein dem Urheber zustehenden Verwertungsrechten gesetzlich normiert. Der OGH verstand dies lange Zeit als erschöpfende Aufzählung. Aus diesem Grund konnte auch das Grundrecht auf freie Meinungsäußerung den Eingriff in die urheberrechtlich geschützten Rechte über die im UrhG festgelegten freien Werknutzungen nicht rechtfertigen.[912]

Eine Entscheidung aus dem Jahr 2000 markiert dann den Anfang eines grundlegenden Judikaturwandels:[913] Im konkreten Fall war fraglich, ob denn auch ein nicht-wissenschaftliches Bildzitat zulässig sein konnte, obwohl es im UrhG nicht vorgesehen ist. Nach Auffassung des OGH wurde das Zitatrecht der Tatsache nicht gerecht, dass im Interesse der Meinungsfreiheit ein Bildzitat ebenso notwendig sein könne, wie die Wiedergabe einzelner Teile eines Sprachwerks. Ein nicht-wissenschaftliches Bildzitat könne der geistigen Auseinandersetzung ebenso dienen, wie die Zitierung ganzer Bilder in wissenschaftlichen Werken, wobei freilich beim Bild-, anders als beim Wortzitat, ein Kleinzitat, also ein sich auf Teile des Bildes beschränkendes Zitat idR nicht sinnvoll sei.

Da nun der Gesetzgeber die Notwendigkeit eines Bildzitats „im Interesse der Meinungsfreiheit und freien geistigen Auseinandersetzung in Zeitungen und Zeitschriften“ nicht bedacht habe, obwohl auch diese Auseinandersetzung im Interesse der Allgemeinheit liege, sei von einer planwidrigen Lücke auszugehen, die analog zu § 54 Abs 1 Z 3a UrhG (wissenschaftliches Bildzitat) auszufüllen sei. Dabei dürfe freilich, so der OGH, das Recht des Urhebers nicht stärker beeinträchtigt werden, als es die Ausübung der im Interesse der geistigen Kommunikation eingeräumten Zitierfreiheit erfordere, und es dürfe nicht dazu führen, dass der wirtschaftliche Wert des zitierten Werks in einer ins Gewicht fallenden Weise ausgehöhlt werde.

---

911 Ciresa, Urheberrecht § 46 Rz 2. Näher dazu Korn, in: Kucsko (Hrsg), urheber.recht § 46, 781 ff.

912 OGH 17.12.1996, 4 Ob 2363/96w = MR 1997, 93 (Walter).

913 OGH 3.10.2000, 4 Ob 224/00w.

Nur wenige Monate nach dieser bemerkenswerten Entscheidung entwickelte der OGH diese Ansatzpunkte weiter. Nunmehr steht methodisch jedoch nicht mehr der Analogieschluss im Vordergrund, sondern der OGH prüft, ob dem „urheberrechtlichen Unterlassungsanspruch das durch Art 10 EMRK geschützte Recht auf freie Meinungsäußerung entgegenstehen kann".[914] Damit hat sich Art 10 gewissermaßen vom Maßstab für einen verfassungskonformen Analogieschluss zur unmittelbar anwendbaren Norm gewandelt.

Die Rolle der Meinungsfreiheit für die freien Werknutzungen berücksichtigt der OGH seither in st Jud: Er prüft, ob die Einschränkung der Meinungsfreiheit – also der urheberrechtliche Unterlassungsanspruch – zum Schutz des Urheberrechts iSd Art 10 Abs 2 EMRK gerechtfertigt ist[915] und nimmt dazu eine Interessenabwägung vor.[916] Zur Gewichtung der Interessen hat der OGH mittlerweile unterschiedliche Kriterien herausgebildet[917], wobei er einen Vorrang der Meinungsäußerungsfreiheit nur nach strenger Prüfung[918] anerkennt. So darf etwa der wirtschaftliche Wert bzw der urheberrechtliche Schutz durch die freie Werknutzung nicht „in einer ins Gewicht fallenden Weise"[919] ausgehöhlt werden[920]. Weiters muss der Eingriff ins Urheberrecht der einzige Weg sein, um die Meinungsfreiheit ausüben zu können.[921] Dies ist dann nicht der Fall, wenn die Einwilligung des Urhebers gegen Zahlung eines angemessenen Entgelts erreicht werden könnte.[922] So wie bereits in der Jud zur Ehrenbeleidigung, dürfen auch durch Zitate keine unwahren oder ehrenrührigen Tatsachenbehauptungen verbreitet werden.[923]

Die Fälle, in denen der OGH den Eingriff in das Urheberrecht mit der Meinungsfreiheit rechtfertigte, betrafen bislang solche, in denen es

914 OGH 12.6.2001, 4 Ob 127/01g.

915 OGH 12.6.2001, 4 Ob 127/01g; 24.6.2003, 4 Ob 105/03z = ecolex 2004, 547 (Schumacher).

916 OGH 12.6.2001, 4 Ob 127/01g; 19.11.2002, 4 Ob 230/02f = MR 2003, 38 (Walter); 24.6.2003, 4 Ob 105/03z; 14.3.2005, 4 Ob 266/04b = MR 2005, 327 = ÖBl 2006/7 (Fallenböck) = ecolex 2006, 406 (Schumacher).

917 S dazu Kucsko-Stadlmayer, in: Kucsko (Hrsg), urheber.recht, Vor § 41 ff, 665.

918 OGH 19.11.2002, 4 Ob 230/02f.

919 So OGH 12.6.2001, 4 Ob 127/01g; 12.9.2001, 4 Ob 194/01k = MR 2002, 30 (Walter); s auch OGH 19.11.2002, 4 Ob 230/02f; 26.8.2008, 4 Ob 92/08w.

920 OGH 12.6.2001, 4 Ob 127/01g; 12.9.2001, 4 Ob 194/01k; 19.11.2002, 4 Ob 230/02f.

921 OGH 14.3.2005, 4 Ob 266/04b; 11.8.2005, 4 Ob 146/05g = ecolex 2006, 547 (Schumacher) = MR 2006, 88 (Walter).

922 OGH 9.4.2002, 4 Ob 77/02f = MR 2002, 387; OGH 14.3.2005, 4 Ob 266/04b. S auch Ciresa, Urheberrecht § 54 Rz 55.

923 OGH 28.5.2002, 4 Ob 120/02d = MR 2004, 31.

um die kritische Auseinandersetzung mit einer politischen Berichterstattung[924] bzw einer (gegen den Beklagten gerichteten) Medienkampagne[925] oder mit dem politischen Gegner[926] ging. In diesen Fällen geht der OGH regelmäßig davon aus, dass die Werknutzung auch gegen Entgelt nicht gestattet worden wäre.

Wird das Werk hingegen nicht dazu verwendet, um den Rechteinhaber zu kritisieren, dann ist idR anzunehmen, dass eine entgeltliche Nutzung möglich sein wird.[927] Aus diesem Grund konnte sich auch eine Zeitung, die zur Illustrierung eines Berichts über einen Mordfall das Passfoto des Mordopfers verwendete, nicht auf die Meinungsfreiheit berufen.[928]

Freilich reicht eine Kritik als Zitatzweck nicht aus, um der Meinungsfreiheit zum Durchbruch zu verhelfen, denn der OGH prüft hier auch, ob sich die mit dem Zitat verfolgte Absicht ohne Inanspruchnahme fremder Rechte erreichen ließe:[929] Ein Pressereferent der „Gesellschaft gegen Sekten und Kultgefahren", der Texte einer norwegischen Glaubensgemeinschaft ins Deutsche übersetzt und zu Kritik- und Aufklärungszwecken auf seine Homepage gestellt hatte, konnte dieses Zitat nicht mit der Meinungsfreiheit rechtfertigen. Der OGH war nämlich der Auffassung, dass dieser Zweck – Kritik an den Thesen der Glaubensgemeinschaft – auch ohne eine vollständige Wiedergabe der Texte hätte erreicht werden können.[930]

c. *Würdigung*

Die neuere Jud des OGH zur Meinungsfreiheit und Werknutzung ist zwar auch kritisiert worden, mittlerweile wird sie aber – zu Recht – großteils zustimmend aufgenommen[931]. Dass der OGH das Spannungsver-

924 OGH 3.10.2000, 4 Ob 224/00w.

925 OGH 12.6.2001, 4 Ob 127/01g.

926 OGH 12.9.2001, 4 Ob 194/01k; 2.7.2002, 4 Ob 135/02k = MR 2002, 233 (Walter).

927 OGH 24.6.2003, 4 Ob 105/03z; 9.4.2002, 4 Ob 77/02f; 14.3.2005, 4 Ob 266/04b.

928 OGH 24.6.2003, 4 Ob 105/03z: Dem Interesse des Fotografen, die Nutzung des von ihm aufgenommenen Lichtbilds an seine Zustimmung zu binden, stehe das Interesse der Zeitung gegenüber, mit dem Bild einen Bericht über einen Mord zu illustrieren. Anders als bei der Verwendung fremder Werke gleich einem Zitat habe die Veröffentlichung des Bildes in einem Fall wie dem vorliegenden keine Belegfunktion; sie diene der Information: „Das Interesse, über einen Kriminalfall nicht nur durch einen Wortbericht zu informieren, sondern die Aufmerksamkeit der Leser durch ein Bild des Mordopfers auf den Bericht zu lenken, wiegt nicht schwer genug, um einen Eingriff in die Rechte des Fotografen zu rechtfertigen."

929 OGH 19.11.2002, 4 Ob 230/02f; 11.8.2005, 4 Ob 146/05g.

930 OGH 11.8.2005, 4 Ob 146/05g.

931 So auch Schumacher, ecolex 2004, 547; Kucsko-Stadlmayr, in: Kucsko (Hrsg), urheber.recht, Vor §§ 41 ff, 666. Krit Walter, MR 2000, 773; ders, MR 2002, 30.

hältnis zwischen Urheberrecht und Meinungsfreiheit nicht nur ausdrücklich anerkennt, sondern auch eine entsprechende Auslegung der einfachgesetzlichen Normen vornimmt, zeigt einmal mehr den Wandel hin zu einem materiellen Grundrechtsverständnis.[932]

Trotz dieser zu begrüßenden Entwicklung bleibt freilich noch die Frage zu beantworten, wie der vom OGH gewählte methodische Weg zur Berücksichtigung grundrechtlicher Anforderungen zu bewerten ist und wie die vom OGH verwendeten Maßstäbe aus materiell-grundrechtlicher Sicht zu beurteilen sind.

Die Berücksichtigung des Art 10 Abs 2 EMRK im Werknutzungsrecht erfolgt **formal betrachtet** über zwei unterschiedliche Wege. Während der OGH in der ersten Entscheidung seiner jüngeren Jud die grundsätzliche Zulässigkeit eines nicht-wissenschaftlichen Bildzitats noch mit einem Analogieschluss begründete[933], setzt er in den meisten nachfolgenden Entscheidungen Art 10 EMRK unmittelbar als Rechtfertigungsgrund ein. Damit folgt der OGH zunächst im Wesentlichen der schon zu § 1330 Abs 1 ABGB gefestigten Jud: Auch dort lässt er ja die konventionsrechtliche Norm als Rechtfertigungsgrund zu, obwohl die gesetzliche Bestimmung keinen expliziten Anknüpfungspunkt für eine solche Berücksichtigung enthält.

Trotz dieser vordergründigen Parallele ist die Ausgangslage bei den Werknutzungsrechten des UrhG aber dennoch eine etwas andere: Die Besonderheit liegt hier gerade darin, dass der Gesetzgeber die Spannungslage zwischen Urheberrecht und Meinungsfreiheit grds erkannt und ihr mit den explizit normierten Werknutzungsrechten Rechnung getragen hat. Unterstellt man einem solchen System, nicht *alle* Fälle bedacht zu haben, die aus grundrechtlicher Sicht zu bedenken gewesen wären und bricht man dieses System dann mit verfassungsrechtlichen Argumenten auf, dann ist dies ein anderer Ausgangspunkt als bei § 1330 Abs 1 ABGB, bei dem die zu berücksichtigenden Interessen im Gesetz *überhaupt* fehlen und mangels anderer Anhaltspunkte aus der Verfassung gewonnen werden müssen.

Aber auch hinsichtlich der vom OGH verwendeten Methoden gilt es zu unterscheiden: Es macht nämlich in interpretatorischer Hinsicht durchaus einen Unterschied, ob die verfassungsrechtlichen Anforderungen mit einem Analogieschluss oder mit Art 10 EMRK als Rechtfertigungsgrund berücksichtigt werden.

932 In OGH 17.12.1996, 4 Ob 2363/96w meinte der OGH noch lediglich, dass die durch das UrhG gesetzten Schranken zu beachten seien.

933 OGH 3.10.2000, 4 Ob 224/00w; s auch 2.7.2002, 4 Ob 135/02k; 19.11.2002, 4 Ob 230/02f.

Überzeugender ist mE – schon wegen des im Gesetz bereits bestehenden Systems – der Analogieschluss. Zeigt sich, dass dieses System eine echte Lücke hat, hat also der Gesetzgeber im System der Werknutzungsrechte tatsächlich einen Fall unbeabsichtigt nicht geregelt[934], so kann diese Lücke geschlossen werden, wofür ua ein Analogieschluss in Frage kommt.[935] Die Rolle der Meinungsfreiheit beschränkt sich dann darauf, die Lücke verfassungskonform zu schließen: Im Sinne einer verfassungskonformen Interpretation ist auch eine Lücke so zu schließen, dass sie der Verfassung nicht widerspricht.[936] Anzumerken ist hier freilich, dass die Werknutzungsrechte Ausnahmeregeln sind und als solche grds restriktiv zu interpretieren sind. Dennoch kann auch in solchen Fällen eine Lückenfüllung nicht grds ausgeschlossen sein.[937] Dass freilich ein solcher Analogieschluss regelmäßig aus der Sicht des Bestimmtheitsgebots problematisch sein kann, liegt auf der Hand.[938]

Eine andere interpretatorische Qualität hat es hingegen, wenn der OGH Art 10 EMRK als Rechtfertigungsgrund heranzieht. Methodisch hieße dies nämlich streng genommen, dass jeglicher Eingriff in das Urheberrecht – unabhängig von den gesetzlich normierten Fällen – eine Interessenabwägung zwischen dem Urheberrecht und der Meinungsfreiheit auslösen könnte. Eine unmittelbare Anwendung grundrechtlicher Gesetzesvorbehalte kann aber erstens nicht der Regelfall sein – typischerweise bedürfen sie einer Mediation durch Gesetz[939] – und zweitens darf sie nicht dazu dienen, um die gesetzlichen Nomen zu prävalieren und so einen Bedeutungsverlust des Gesetzes zu fördern.

Offen bleibt nach den methodischen Betrachtungen freilich, wie die jüngere Jud des OGH **materiell** zu bewerten ist.

Der OGH erkennt zutreffend, dass es sich beim Konflikt zwischen dem Urheberrecht und der freien Werknutzung um eine Grundrechtskollision handelt. Richtigerweise nimmt der OGH dann auch eine Abwägung zwischen den beiden gleichrangigen Interessen vor.

Wenn der OGH darauf achtet, dass das Recht des Urhebers nicht stärker beeinträchtigt wird, „als es die Ausübung im Interesse der geistigen

934 Gegen das Vorliegen einer solchen Lücke WALTER, MR 2000, 773.

935 BYDLINSKI, Methodenlehre² 475.

936 Dass bereits das Bestehen der Lücke an sich verfassungswidrig wäre, kann freilich als alleiniges Argument für die Analogie nicht tragen: Bei der Lückenfüllung kommt es ja auf die Absicht des Gesetzgebers an.

937 BYDLINSKI, Methodenlehre² 440.

938 KUCSKO-STADLMAYR, in: Kucsko (Hrsg), urheber.recht, Vor §§ 41 ff, 669.

939 Dazu auch KUCSKO-STADLMAYR, in: Kucsko (Hrsg), urheber.recht, Vor §§ 41 ff, 669.

Kommunikation eingeräumten Zitierfreiheit erfordert“[940], dann kommt darin deutlich die verhältnismäßige Berücksichtigung der Interessenlagen zum Ausdruck. Auch dass der wirtschaftliche Wert des zitierten Werks nicht in einer ins Gewicht fallenden Weise ausgehöhlt werden darf, entspricht durchaus einer adäquaten Berücksichtigung der urheberrechtlichen Interessen im Verhältnis zur Meinungsfreiheit.

Nur vereinzelt geblieben ist die Auffassung des OGH, wonach die wirtschaftlichen Interessen des Urhebers nicht „berührt“ werden dürfen.[941] Dieses Kriterium wäre im Lichte des Art 10 EMRK zu streng[942]: Die freie Werknutzung berührt ja geradezu regelmäßig wirtschaftliche Interessen. Ein Abstellen darauf würde eine Überordnung des Urheberrechts über die Meinungsfreiheit bewirken.

Allerdings wirft ein anderes Kriterium grundrechtliche Fragen auf: Nach der Jud des OGH muss ja der Eingriff in das Urheberrecht der einzige Weg sein, um das Grundrecht ausüben zu können. Damit scheint aber nun tatsächlich ein Vorrang des Urheberrechts vor der Meinungsfreiheit eingeräumt zu sein; dass der Eingriff in das Urheberrecht jedoch ultima ratio für die Ausübung der Meinungsfreiheit sein muss, ist der Verfassung nicht zu entnehmen.[943] Eigentumsbeschränkungen sind zulässig, wenn sie den Wesensgehalt des Grundrechts nicht berühren, im öffentlichen Interesse gelegen und verhältnismäßig sind. Eine ultima-ratio-Prüfung ist hier nicht gefordert. Freilich: Auch wenn sich dieser Vorrang nicht aus der Verfassung ableiten lässt, so hat ihn doch der Gesetzgeber normiert, indem er Eingriffe ins Urheberrecht nur punktuell zulässt. Mit der ultima-ratio-Prüfung scheint der OGH somit dieser Vorstellung des einfachen Gesetzgebers Rechnung zu tragen.

Inhaltlich prüft der OGH unter diesem ultima-ratio-Kriterium va, ob anstatt der freien eine entgeltliche Werknutzung in Frage käme, um die Meinungsfreiheit ausüben zu können.[944] Abgesehen von den praktischen Problemen dieses Kriteriums – nicht immer lässt sich ohne weiteres beurteilen, ob die Nutzung auch entgeltlich möglich wäre –, erscheint dieses Kriterium nicht per se ungeeignet, um eine Gewichtung der involvierten Interessen vorzunehmen, dies aber nur in der Zusammenschau mit anderen Kriterien, wie etwa der Schwere der wirtschaftlichen Beeinträchtigung oder dem öffentlichen Interesse an der Meinungsäußerung. Wird diese Frage nach dem einzigen Weg jedoch isoliert betrachtet und geradezu als

940 OGH 3.10.2000, 4 Ob 224/00w.

941 OGH 11.8.2005, 4 Ob 146/05g.

942 So auch Kucsko-Stadlmayr, in: Kucsko (Hrsg), urheber.recht, Vor §§ 41 ff, 671.

943 Kucsko-Stadlmayr, in: Kucsko (Hrsg), urheber.recht, Vor §§ 41 ff, 670.

944 OGH 11.8.2005, 4 Ob 146/05g (hier ging es um ein Teilzitat).

Einstiegshürde eingesetzt, die es zu nehmen gilt, bevor überhaupt eine nähere Gewichtung der Interessen vorgenommen wird, dann führt dies zu einer aus verfassungsrechtlicher Sicht zu engen Sichtweise.[945]

Nur am Rande erwähnt werden soll hier, dass im Zusammenhang mit dem Schutz des Urheberrechts auch unionsrechtliche Vorgaben[946] und völkerrechtliche Vertragsverpflichtungen[947] zu berücksichtigen sind. Auf beiden Ebenen hat für Ausnahmen vom Urheberschutz der sog Dreistufentest besondere Relevanz.[948] Diesem zufolge müssen Einschränkungen der Urheberrechte auf bestimmte Sonderfälle begrenzt werden, sie dürfen die normale Auswertung des Werks nicht beeinträchtigen und die berechtigten Interessen des Rechtsinhabers nicht ungebührlich bzw unzumutbar verletzen.[949]

Die vom OGH vorgenommen grundrechtliche Interessenabwägung entspricht diesen Vorgaben.[950] Wie gezeigt, wendet der OGH ja auch gerade die darin formulierten Kriterien an: Er fragt, ob die normale Auswertung des Werks beeinträchtigt wird und ob die Interessen ungebührlich verletzt werden.

III. Kunstfreiheit

Neben der als Rechtfertigungsgrund sehr bedeutenden Meinungsfreiheit zieht der OGH – wie bereits unter B.I.5.c. erwähnt – auch die Kunstfreiheit als Rechtfertigungsgrund heran. Dieser Zusammenhang besteht einmal mehr besonders im Beleidigungsschutz: So wie der Ausdruck von Meinungen im Allgemeinen, können auch künstlerische Manifestationen im Besonderen die Ehre eines anderen beeinträchtigen. Hier gilt in weiten Bereichen Ähnliches wie das oben unter II.2. Gesagte, dennoch sind, worauf im Folgenden hinzuweisen ist, auch einzelne Besonderheiten auszumachen.

---

945 Dazu auch Kucsko-Stadlmayr, in: Kucsko (Hrsg), urheber.recht, Vor §§ 41 ff, 671.

946 RL 2001/29/EG des Europäischen Parlaments und des Rates vom 22.5.2001, ABl EG L 167 v 22.6.2001, 10 zur Harmonisierung bestimmter Aspekte des Urheberrechts und der verwandten Schutzrechte in der Informationsgesellschaft (Info-RL). Dazu etwa Mogel, ecolex 2001, 241 ff.

947 So etwa die Berner Übereinkunft zum Schutz von Werken der Literatur und Kunst in der Pariser Fassung (RBÜ), BGBl 1982/319 idF 1986/612; Welturheberrechtsabkommen Pariser Fassung (WUA), BGBl 1982/293; Abkommen über handelsbezogene Aspekte der Rechte des geistigen Eigentums (TRIPS), BGBl 1995/1. Dazu Dittrich/Öhlinger, ÖJZ 2002, 361 (367 ff).

948 Art 5 Abs 5 Info-RL; Art 9 Abs 2 RBÜ; Art 13 TRIPS-Übereinkommen.

949 Zum Dreistufentest Noll, MR 2004, 400; Schumacher, ecolex 2004, 547 f; Senftleben, GRURInt 2004, 2000.

950 So auch Schumacher, ecolex 2004, 547.

1. Die verfassungsrechtliche Garantie der Kunstfreiheit

Während auf konventionsrechtlicher Ebene künstlerische Ausdrucksformen von Art 10 EMRK erfasst sind[951], gibt es in Österreich seit 1982 eine explizite Garantie[952]: Art 17a StGG gewährleistet die Freiheit des künstlerischen Schaffens, der Vermittlung von Kunst sowie ihrer Lehre.[953] Um ua den Anschein zu vermeiden, dass die staatliche Gesetzgebung die Kunstfreiheit aushöhlen könnte, verzichtete man auf die Normierung eines Gesetzesvorbehalts.[954] Dies bedeutet freilich nicht, dass die Kunstfreiheit keinen Beschränkungen unterliegt. Verboten sind nach st Jud des VfGH intentionale Einschränkungen; es ist indes auch der Künstler an die allgemeinen Gesetze gebunden.[955] Beschränken einfache Gesetze die Ausübung der Kunstfreiheit, so muss eine Abwägung zwischen dem Grundrecht und dem geschützten Rechtsgut ermöglicht werden.[956]

Die Kunstfreiheit wirft va zwei zentrale Fragestellungen auf: Erstens geht es darum, welche Ausdrucksformen denn überhaupt als Kunst zu qualifizieren sind. Dies ist schon deswegen bedeutsam, weil sich der verfassungsrechtliche Kunstbegriff einer abschließenden Definition entzieht.[957] Zweitens ist zu hinterfragen, wie die Kunstfreiheit im Kollisionsfall mit anderen Rechten abzuwägen und zu gewichten ist.

2. Judikatur

Der OGH folgt grds der verfassungsgerichtlichen Jud: Auch wenn – so der OGH – Art 17a StGG keinen ausdrücklichen Gesetzesvorbehalt enthalte, sei auch künstlerisches Schaffen an die allgemeinen Gesetze gebunden[958]: Die Tatsache, dass ein grundrechtlich gesicherter Freiheitsraum

951 EGMR 24.5.1988, 10 737/84, Müller ua gegen die Schweiz Z 27 = EuGRZ 1988, 543; 20.9.1994, 13 470/87, Otto-Preminger-Institut gegen Österreich Z 56 = ÖJZ 1995, 154. S dazu Holoubek, MR 1989, 45 ff.

952 Zur historischen Entwicklung der Kunstfreiheit in Österreich Berka, JBl 1983, 281 ff; Holoubek/Neisser, Freiheit, in: Machacek/Pahr/Stadler (Hrsg), Grund- und Menschenrechte 2, 195 ff; Neisser, ÖJZ 1983, 1 ff.

953 Freilich wurde schon vor Inkrafttreten dieser Norm die Kunstfreiheit in Österreich auch nach Art 13 StGG geschützt. S dazu Holoubek/Neisser, Freiheit, in: Machacek/Pahr/Stadler (Hrsg), Grund- und Menschenrechte 2, 195 (202).

954 Neisser, ÖJZ 1983, 1 (7).

955 VfSlg 10 401/1985. Näher zur Intentionalität: Pöschl/Kahl, ÖJZ 2001, 41 (48 ff).

956 VfSlg 11 567/1987.

957 Holoubek/Neisser, Freiheit, in: Machacek/Pahr/Stadler (Hrsg), Grund- und Menschenrechte 2, 195 (204)

958 OGH 10.10.1988, 4 Ob 128/89. S im Übrigen auch OGH 3.4.2008, 8 Ob A 15/08a, wonach bei allgemeinen Regelungen, die sich beschränkend auf die Kunst auswirken, eine Abwägung zwischen Kunstfreiheit und den vom Gesetz verfolgten öffentlichen Anliegen vorzunehmen ist.

durch die Rechte anderer beschränkt sei, sei nämlich eine allen Grundrechten geradezu rechtslogisch immanente Schranke.[959] Auch die Kunstfreiheit gebe einem Künstler nicht das Recht, Personen zu beleidigen oder über sie kreditschädigende Tatsachen zu verbreiten. In diesem Falle sei eine Interessenabwägung zwischen den kollidierenden privaten Ansprüchen und den Freiheitsansprüchen des Künstlers vorzunehmen.[960]

Zu dieser Interessenabwägung gelangt der OGH auch dadurch, dass er die Kunstfreiheit – wie bereits oben unter B.I.5.c. gezeigt – als Persönlichkeitsrecht iSd § 16 ABGB qualifiziert, das im Falle eines Interessenskonflikts mit anderen Persönlichkeitsrechten abzuwägen sei.[961]

Bei der Beurteilung einer Manifestation als Kunstwerk ist der OGH dann recht offen: Art 17a StGG verlange „die Anerkennung eines Werkes als Kunstwerk in möglichst großzügigem Sinne".[962] Nicht mehr als Kunst qualifiziert der OGH jedoch Kunstkritik: Es fehle dabei nämlich am „Wesentlichen der künstlerischen Betätigung, der freien schöpferischen Gestaltung, weil Bericht und Wertung im Vordergrund stehen".[963] Kein Kunstwerk war – freilich ohne nähre Begründung – auch die Fotomontage eines Nacktfotos.[964]

Besonders häufig erfolgen Ehrenbeleidigungen durch Satire oder Karikatur. Ihr Wesen besteht, so der OGH, in der bildlichen und/oder wörtlichen Verzerrung und Übertreibung der Wirklichkeit zum Zweck der Geißelung oder Rüge von Missständen. Traditionell ist sie „frech, frivol oder auch schamlos, somit häufig beleidigend oder herabsetzend".[965] Um sie im Konflikt mit Rechtsverletzungen gegen andere Rechtsträger zu beurteilen, bedürfe es der Entzerrung und Gewinnung des Aussagekerns. Dieser sei nämlich auf seine Verletzungseignung zu untersuchen. Auch hier prüft der OGH zunächst, ob die entsprechende Satire oder Karikatur auf einem wahren Tatsachenkern beruht. Es ist also die satirische oder karikaturistische Einkleidung der Aussage daraufhin zu überprüfen, ob sie sich im Rahmen des dieser Kunstform „Erlaubten" hielt oder andere Rechtsgüter, wie etwa die Ehre des Karikierten verletzt hat. Dabei sind – so der OGH – an die Beurteilung der Form iSd Kunstfreiheit nicht allzu strenge Maßstäbe zu legen, so dass erst die Verletzung des Kerns der menschlichen Ehre, der Menschenwürde oder des gesamten öffentlichen Ansehens

959 OGH 11.10.1988, 1 Ob 26/88

960 OGH 4.5.1993, 4 Ob 52/93.

961 S oben FN 381.

962 OGH 11.10.1988, 1 Ob 26/88.

963 OGH 18.5.1995, 6 Ob 20/95. S auch OGH 27.9.2001, 6 Ob 127/01x.

964 OGH 17.9.1996, 4 Ob 2249/96f.

965 OGH 30.10.1991, 1 Ob 4/91; 23.2.1999, 4 Ob 37/99s; 12.6.2001, 4 Ob 131/01w; 21.11.2006, 4 Ob 166/06z.

einer Person der äußeren Form Satire oder Karikatur Grenzen setzen und nicht schon jede – wenn auch sonst beleidigende – Bezeichnung oder Darstellung rechtswidrig sei.[966]

3. Würdigung

Der Sache nach gilt für die Freiheit der Kunst mutatis mutandis das zur Meinungsfreiheit Gesagte: § 1330 ABGB enthält zwar keinen Anknüpfungspunkt für einen Rechtfertigungsgrund, dennoch berücksichtigt der OGH die Kunstfreiheit. Entsprechendes gilt im Bildnisschutz: Die Ausübung der Kunstfreiheit kann ein „berechtigtes Interesse" iSd § 78 UrhG darstellen.

Bemerkenswert ist hier allenfalls, dass der OGH die Kunstfreiheit als Persönlichkeitsrecht iSd § 16 ABGB qualifiziert: Damit stellt er außer Streit, dass die Kunstfreiheit „nicht nur einen Anspruch gegen den Staat, sondern ein allgemeines Persönlichkeitsrecht dar[stellt], das im Falle eines Interessenkonfliktes mit anderen Persönlichkeitsrechten abzuwägen ist."[967]

Dies ist dogmatisch betrachtet zunächst etwas anderes als die Berücksichtigung der Meinungsfreiheit bei Ehrbeleidigungen. Während dort nämlich aus dem materiellen Gesetzesvorbehalt entsprechende Kriterien für die Anwendung der „Eingriffsnorm" – also zB § 1330 ABGB – abgeleitet werden können,[968] gibt es diese Möglichkeit bei der vorbehaltslos gewährleisteten Kunstfreiheit nicht. Durch die Qualifikation als Persönlichkeitsrecht gelangt der OGH aber dennoch problemlos zur – verfassungsrechtlich gebotenen – Abwägung der kollidierenden Interessen.[969]

Auffallend ist schließlich, dass die „quaestio famosa"[970] der Kunstfreiheit, nämlich die Qualifikation als Kunstwerk, in der Rsp kaum Probleme bereitet. Wenn sich auch die Kunst einer abschließenden Definition

---

966 OGH 30.10.1991, 1 Ob 4/91: Eine Karikatur zeigt oben die Füße und einen Teil der Hose eines erhängten Menschen, am rechten Hosenbein hängt ein Zettel mit der Aufschrift „Pfui Teufel!". Darunter sind mehrere österreichisch Drucksorten in ihrem erkennbaren Layout dargestellt. Eine Zeitung zeigt auf ihrem Titelblatt das Gesicht des (klagenden) Chefredakteurs und Herausgebers dieser Zeitung in der Form eines Schweinekopfes. Die Schlagzeile darüber lautet: „Schweinchen: Mache alles!!". Nach Auffassung des OGH war der Freiheit der Kunst in Form der Karikatur gegen Missstände in der Medienlandschaft gegenüber der Ehrverletzung der Vorrang zu geben. S auch OGH 21.11.2006, 4 Ob 166/06z.

967 OGH 11.10.1988, 1 Ob 26/88.

968 Der Gesetzgeber darf, wie gezeigt, die Meinungsfreiheit nur insoweit beschränken, als dies auch zum Schutz der Rechte anderer erforderlich ist.

969 S auch Holoubek/Neisser, Freiheit, in: Machacek/Pahr/Stadler (Hrsg), Grund- und Menschenrechte 2, 195 (234).

970 Berka, JBl 1983, 281 (283).

entzieht, so ist doch anerkannt, dass von einem offenen und dynamischen Kunstbegriff auszugehen ist.[971] Nur so lässt sich nämlich ein staatliches Kunstrichtertum[972] vermeiden. In diesem Lichte betrachtet ist der OGH dann bei der Qualifikation von Ausdrucksformen als Kunst zu Recht großzügig.

Tatsächlich liegt die eigentlich bedeutende und spannende Facette der Thematik einmal mehr in der Abwägung der Kunstfreiheit mit den kollidierenden Rechtspositionen: Sie ist – wie schon bei der Meinungsfreiheit – stark einzelfallbezogen. Erkennbar ist dabei freilich, dass der OGH der Kunstfreiheit ganz besonderes Gewicht zumisst: Sie überwiegt im Regelfall das Rechtsgut der Ehre. Dem ist – gerade was die Satire und Karikatur angeht – zuzustimmen. Es gilt dabei nämlich, wie es der OGH zutreffend tut, die Besonderheit der Kunstform zu berücksichtigen. Besteht diese darin, dass sie im Regelfall beleidigend ist, dann darf ihr gerade dies nicht zum Vorwurf gemacht werden. Andernfalls würde die Ausübung dieser künstlerischen Ausdrucksform unmöglich gemacht.

IV. Versammlungsfreiheit

Die Versammlungsfreiheit steht in engem Konnex mit den Gewährleistungen des Art 10 EMRK. Sie gewährleistet die Freiheit, die eigene Meinung kundzutun und zwar auch durch kollektives Zusammenwirken mehrerer Personen.

Der OGH hat sich mit der Versammlungsfreiheit idR dann zu befassen, wenn eine Versammlung sog Demonstrationsschäden verursacht hat. Dann stellt sich nämlich regelmäßig die Frage, ob diese Schäden ersatzpflichtig sind oder ob sie mit der Versammlungsfreiheit gerechtfertigt werden können.

1. Die verfassungsrechtliche Garantie der Versammlungsfreiheit

Ihre verfassungsrechtliche Grundlage findet die Versammlungsfreiheit zunächst in Art 12 StGG: Er gewährleistet ua das Recht, sich zu versammeln und überlässt die Ausübung dieser Rechte besonderen Gesetzen.[973]

971 Kröll, HGRÖ, § 194 Rz 45 f. Zum Kunstbegriff Berka, JBl 1983, 281 ff (284); Neisser, ÖJZ 1983, 1 (5 ff); Platzgummer, JBl 1995, 137 (139).

972 Berka, JBl 1983, 281 (284); Holoubek/Neisser, Freiheit, in: Machacek/Pahr/Stadler (Hrsg), Grund- und Menschenrechte 2, 195 (207).

973 Der VfGH qualifiziert den Gesetzesvorbehalt als Ausgestaltungsvorbehalt. Daraus folgt, dass jede Verletzung des ausgestaltenden Gesetzes eine Verletzung des Grundrechts ist. VfSlg 9103/1981; 9303/1981; 9646/1983; 14 367/1995; 15 109/1998. S aber Kori-

Z 3 des Beschlusses der Provisorischen Nationalversammlung vom 30.10. 1918 erklärt Ausnahmeverfügungen betreffs des Vereins- und Versammlungsrechts für aufgehoben und stellt die volle Vereins- und Versammlungsfreiheit wieder her. Eine weitere verfassungsrechtliche Grundlage findet sich in Art 11 EMRK: Er garantiert ua das Recht der Menschen, „sich friedlich zu versammeln" und normiert in Abs 2 einen materiellen Gesetzesvorbehalt.[974]

Nach hA ist der Versammlungsbegriff der EMRK weiter ist als jener des StGG.[975] Eine Versammlung iSd StGG ist eine „Zusammenkunft mehrerer Menschen, [...] wenn sie in der Absicht veranstaltet wird, die Anwesenden zu einem gemeinsamen Wirken (Debatte, Diskussion, Manifestation usw.) zu bringen, sodaß eine gewisse Assoziation der Zusammengekommenen entsteht. Sie ist – maW ausgedrückt – das Zusammenkommen von Menschen (auch auf Straßen) zum gemeinsamen Zweck der Erörterung von Meinungen oder der Kundgabe von Meinungen an andere; keine Versammlung ist das bloß zufällige Zusammentreffen von Menschen."[976] Dem gegenüber steht der weitere Versammlungsbegriff der EMRK, der jede organisierte einmalige Vereinigung mehrerer Menschen zu einem gemeinsamen Ziel an einem bestimmten Ort umfasst.[977]

2. Judikatur

Soweit ersichtlich hatte sich der OGH erstmals 1994 mit der Frage zu befassen, ob die Versammlungsfreiheit Demonstrationsschäden zu rechtfertigen vermag.[978] Damals blockierten Mitglieder einer Bürgerinitiative die Baustelle eines Kraftwerks. Sie stellten und setzten sich vor die Baumaschinen und verhinderten so die Fortsetzung der Bauarbeiten. Die Grundstückseigentümerin – ein Elektrizitätsunternehmen – klagte auf den Ersatz des Schadens, der durch die Behinderung der Bauarbeiten entstanden war. Die beklagten Demonstranten rechtfertigten ihr Verhalten mit der Versammlungsfreiheit.

NEK, FS-Merkl 171 (174), wonach mit jeder gesetzlichen Ausgestaltung auch eine Beschränkung, mit jeder Beschränkung auch eine Ausgestaltung verbunden sei. S auch BERKA, Grundrechte, Rz 634; KOJA, JRP 1997, 167; WINKLER, Studien 195.

974 Das Verhältnis zwischen Art 12 StGG und Art 11 EMRK ist nicht hinreichend geklärt. Nach hM findet aber keine Derogation statt. S dazu KEPLINGER/ZIERL, ZfV 2003, 14 ff.

975 ÖHLINGER, Verfassungsrecht[8] Rz 907; WALTER/MAYER/KUCSKO-STADLMAYER, Bundesverfassungsrecht[10] Rz 1473. BERKA, Grundrechte, Rz 625 stellt die unterschiedliche Abgrenzung des Schutzumfangs in Frage. S auch VfSlg 12 501/1990.

976 VfSlg 11 651/1988; 11 866/1988.S auch VfSlg 15 026/1997.

977 VfSlg 12 501/1990. GRABENWARTER, EMRK[4] § 23 Rz 62.

978 OGH 25.5.1994, 3 Ob 501/94.

Der OGH stellt dabei zunächst fest, dass das Versammlungsrecht nicht das Recht einschließe, ohne Einwilligung des Eigentümers fremde, nicht dem Gemeingebrauch gewidmete Liegenschaften zu benützen. Im Übrigen gebe das Versammlungsrecht bloß das Recht, sich friedlich zu versammeln. Zwar sei das Kriterium der Friedlichkeit in Art 12 StGG nicht genannt, es gebe aber keinen Grund, weswegen anderes gelten solle als für Art 11 EMRK. Auf der Grundlage dieser Überlegungen qualifizierte der OGH die Baustellenblockade dann als unfriedlich, weil „sie in Privatrechte Dritter eingriff".[979] Das verfassungsrechtlich geschützte Versammlungsrecht finde aber dort seine Schranken, wo durch die Versammlung in die Privatrechtssphäre Dritter eingegriffen werde. Derartige Eingriffe „führen eo ipso zur Unfriedlichkeit der Versammlung, sodaß jede Gewaltanwendung gegen Personen oder Sachen rechtswidrig bleibt [...]. Von einer Überordnung des Versammlungsrechtes gegenüber dem Eigentumsrecht kann somit nicht gesprochen werden". Da es sich nicht um eine friedliche Versammlung gehandelt hatte, habe das Versammlungsrecht „bei der Interessensabwägung außer Betracht zu bleiben".

Auch in der Folgejudikatur bleibt die Friedlichkeit der Versammlung – unter Hinweis auf Rsp und Schrifttum in Deutschland – maßgebliches Kriterium für die Relevanz der Versammlungsfreiheit als Rechtfertigungsgrund. Als Begründung meint der OGH, dass Art 11 EMRK nur friedliche Versammlungen schütze und dies außerdem auch im dt GG ein entscheidendes Kriterium sei. Der OGH verneint die Friedlichkeit stets dann, wenn die Nutzung des Eigentums beschränkt wird, denn die „Berufung auf die Versammlungsfreiheit scheidet dann aus, wenn die Demonstration deshalb unfriedlich verläuft, weil mit ihr die ebenfalls verfassungsrechtlich geschützte Unverletzlichkeit des Eigentums angegriffen wird."[980]

Wird nun aber – wie dies der OGH tut – auf jegliche Nutzungsbeschränkungen abgestellt, so wird das Feld der nicht-Friedlichkeit sehr weit gesteckt. Nicht nur ein Betreten eines fremden Grundstücks und ein Einwirken darauf kann nach diesem Verständnis als unfriedlich qualifiziert werden: Es fallen darunter auch mittelbare Einwirkungen, und zwar selbst dann, wenn das Grundstück gar nicht betreten wird. In einem anderen Fall blockierten etwa die Demonstranten mit Traktoren die Zufahrt zur Baustelle. Auch dies qualifizierte der OGH als „auf die Brechung des freien Eigentümerwillens des Demonstrationsgegners gerichteten Zwang,

979 Karollus-Brunner, JBl 1995, 658 (661) versteht diese Formulierung dahingehend, dass die Benutzung des Grundstücks durch Behinderung der Bauarbeiten verhindert wurde.

980 OGH 25.3.1999, 6 Ob 201/98x.

[…] der die Qualifikation der Demonstration als friedlich verbietet.“ Die Berufung auf die Versammlungsfreiheit schied hier wiederum aus.[981]

Während in den bislang dargestellten Fällen stets der Grundeigentümer den Schaden geltend machte, klagte in einem anderen vom OGH zu entscheidenden Fall das Bauunternehmen.[982] Damals blockierten die Mitglieder einer Bürgerinitiative die Baustellenzufahrt, die Baustelle als solche betraten sie nicht. Die Baufahrzeuge konnten dadurch nicht zufahren; es gab zwar einen alternativen Zufahrtsweg, dieser konnte aber nicht genutzt werden, weil die Statik dieses Weges unklar war. Der OGH sprach dem Bauunternehmen Schadenersatz zu, weil ein Schutzgesetz iSd § 1311 ABGB verletzt worden war: Die Versammlung war nämlich nicht gem § 2 Abs 1 VersG angezeigt worden. Da diese Bestimmung auch dazu bestimmt sei, andere vor Schaden zu bewahren, liege hier eine entsprechende Schutzgesetzverletzung vor.[983]

3. Würdigung

Die Problematik, der sich der OGH in den dargestellten Fällen gegenüber sieht, liegt recht offen zutage: Muss der Einzelne Nutzungsbeschränkungen oder gar Beschädigungen seines Eigentums hinnehmen, weil andere ihr – gegenüber dem Staat eingeräumtes – Recht auf Versammlungsfreiheit ausüben? Von der Gegenseite betrachtet lässt sich fragen, ob Demonstranten wegen der Teilnahme an einer (grundrechtlich geschützten) Versammlung zu Schadenersatz verpflichtet werden dürfen. Ein etwaiges Urteil ist nämlich ein Grundrechtseingriff.[984]

Die grundsätzliche Spannungslage und grundrechtliche Fundierung dieses Konflikts anerkennt auch der OGH in seiner Jud. Die konkrete Behandlung dieses Problemfelds bedarf aus dogmatischer Sicht freilich noch einiger Anmerkungen.

Wie gezeigt, stellt der OGH recht unbefangen fest, dass die Versammlungsfreiheit nur friedliche Versammlungen schützt und dass Nutzungsbeeinträchtigungen eo ipso zur Unfriedlichkeit führen. Die Versammlungsfreiheit scheidet in diesen Fällen stets als Rechtfertigungsgrund aus.

981 OGH 25.3.1999, 6 Ob 201/98x. Zustimmend OGH 28.4.1999, 7 Ob 49/98a.

982 OGH 24.6.1997, 1 Ob 152/97b.

983 S zur Schutzgesetzverletzung auch OGH 25.3.1999, 6 Ob 201/98x.

984 Der EGMR hat eine disziplinarrechtliche Strafe für die Teilnahme an einer Versammlung als Eingriff in Art 11 EMRK qualifiziert, obwohl diese Strafe, wie die französische Regierung argumentiert hatte, den Bf nicht an der Teilnehme der Versammlung gehindert hatte: EGMR 26.4.1991, 11 800/85, Ezelin gegen Frankreich. Auch nach st Jud des VfGH greift das Verhängen einer Verwaltungsstrafe wegen der Veranstaltung einer Versammlung in das Recht auf Versammlungsfreiheit ein: MwN VfSlg 11 866/1988.

Nun ist zunächst fraglich, ob denn die Verfassung tatsächlich nur friedliche Versammlungen schützt. Der OGH begründet seine Auffassung mit Art 11 EMRK und Art 8 Abs 1 dt GG[985]; daraus folgert er, dass auch für Art 12 StGG nichts anderes gelten könne. So klar, wie der OGH meint, ist die Sache jedoch nicht. In der Tat schützt Art 11 EMRK nur friedliche Versammlungen, dies lässt aber noch nicht automatisch den Schluss zu, dass dies ebenso auf Art 12 StGG zutrifft.[986] Auch der Rekurs auf Art 8 GG vermag nicht zu überzeugen: Die Tatsache, dass in Deutschland nur friedliche Versammlungen geschützt sind, bedeutet noch nicht eo ipso, dass Gleiches in Österreich gilt.

Nun schützt Art 12 StGG in der Tat ganz allgemein Versammlungen ohne auf deren (Un-)Friedlichkeit abzustellen. Ob sich der Schutzbereich des Art 12 StGG darum auch auf nicht-friedliche Versammlungen oder doch nur auf friedliche Versammlungen erstreckt, ist eine Frage, die bislang noch nicht eindeutig beantwortet wurde. Nach der einen, va von Verfassungsrechtlern vertretenen Auffassung, ist der Schutzbereich des Art 12 StGG eher weit zu verstehen und umfasst sämtliche Versammlungen.[987] Dies ist mE nahe liegend: Wenn nämlich nicht klar ist, woraus sich die Einschränkung auf friedliche Versammlungen ergeben sollte, dann darf eine solche Beschränkung auch nicht in den Text hineingelesen werden.[988] Dies bedeutet freilich nicht, dass ein Recht auf gewalttätige Versammlungen eingeräumt wird[989]; die Untersagung bzw Auflösung gewalttätiger Versammlungen ist aber idR gerechtfertigt[990]. Aufgrund der Günstigkeitsregel in Art 53 EMRK muss dieses weite Verständnis der Versammlung dann auch jenem der friedlichen Versammlung der EMRK vorgehen.[991]

Die Gegenmeinung vertritt die Auffassung, dass Art 12 StGG nur friedliche Versammlungen schützt und begründet dies mit historischen Argumenten. Wenn nämlich schon der – liberale – Kremsierer Entwurf aus 1848/49 den österreichischen Staatsbürgern das Recht einräumte, „sich

985 Art 8 Abs 1 GG: „Alle Deutschen haben das Recht, sich ohne Anmeldung oder Erlaubnis friedlich und ohne Waffen zu versammeln."

986 S zu ähnlicher Fragestellung Berka, FS-Rill, 3 (28): Mit „bloßen Regeln der Sprachkonvention läßt sich nicht begründen, daß dem Gesetzgeber des Jahres 1867 der Wille unterstellt werden darf, sich im Rahmen der durch die Menschenrechtskonvention gezogenen Schranken zu bewegen."

987 Berka, Grundrechte, Rz 627; Stelzer, FS-B-VG 583 (611, FN 138).

988 Differenziert E Wagner, JAP 1999/2000, 162 (163): Die Aussage, dass nicht-friedliche Versammlungen nicht geschützt werden wollten, sei im Kernbereich richtig, in Randbereichen jedoch zu hinterfragen. Damit zeigt sie im Ergebnis aber nichts anderes auf, als die *Frage*, was denn unter „friedlichen" Versammlungen überhaupt zu verstehen ist.

989 S dazu auch Berka, Grundrechte, Rz 627, der auf das Bewaffnungsverbot im VersG hinweist.

990 Berka, Grundrechte, Rz 627.

991 Stelzer, FS-B-VG 583 (611, FN 138).

friedlich und ohne Waffen“ zu versammeln, so könne für das StGG nichts anderes gelten.[992]

Einzuräumen ist freilich, dass die Entscheidung dieser Frage für die vorliegende Problematik keine wesentliche Bedeutung hat. Es bleibt nämlich in jedem Fall der zweite dogmatische Einwand gegen die oberstgerichtliche Auffassung bestehen: Sieht man davon ab, dass bereits der Rekurs auf die Friedlichkeit an sich zweifelhaft ist[993], so ist überdies fraglich, ob sich der vom OGH verwendete Sinngehalt der Friedlichkeit tatsächlich mit jenem, der in Art 11 EMRK verwendet wird, vereinbaren lässt. Oder anders gewendet: Wären nicht-friedliche Versammlungen tatsächlich schon stets solche, die fremde Rechte beeinträchtigen?

Einmal mehr ist dabei unklar, weshalb sich der OGH recht ausführlich mit dem in Deutschland vorherrschenden Verständnis der Friedlichkeit in Art 8 GG auseinandersetzt.[994] Wenn er schon die Friedlichkeit im Blick hat, dann läge es näher zu betrachten, was der EGMR unter friedlichen Versammlungen iSd Art 11 EMRK versteht.[995] Einzig dieses Verständnis kann für österreichische Gerichte maßgeblich sein.

Betrachtet man die Jud des EGMR, so zeigt sich, dass die Nicht-Friedlichkeit va iS aktiver Gewalttätigkeit zu verstehen ist. Allein die Beeinträchtigung von Rechten spricht nach dieser Jud noch nicht gegen die Friedlichkeit einer Versammlung. So hat die EKMR etwa auch Sitzblockaden als friedliche Versammlungen betrachtet.[996]

Auch wenn der deutsche Friedlichkeitsbegriff, wie gezeigt, keine Entscheidungsrelevanz hat, so sei doch zumindest am Rande angemerkt, dass außerdem zweifelhaft ist, ob er überhaupt den vom OGH zugesonnenen Sinngehalt hat. In Deutschland ist das Friedlichkeitskriterium des Art 8 GG ein vieldiskutierter Begriff, der immer wieder Abgrenzungsprobleme aufwirft.[997] Va die Verbindung der Friedlichkeit mit dem Gewaltbegriff

992 Dazu Keplinger/Zierl, ZfV 2003, 14 (15 f).

993 Zur schwierigen Abgrenzung zwischen friedlichen und nicht-friedlichen Versammlungen etwa Zierl, ZfV 2001, 359 (363 f).

994 S ausführlich OGH 25.3.1999, 6 Ob 201/98x.

995 So auch Stelzer, FS-B-VG 583 (611, FN 138).

996 S auch EKMR 6.3.1989, 13 079/87, M C gegen Bundesrepublik Deutschland: „The notion of ‚peaceful assembly‘ does not, however, cover a demonstration where the organisers and participants have violent intentions which result in public disorder. “ Konkret ging es um ein Sit-in, das stündlich durchgeführt wurde und eine Straße zwölf Minuten lang für den Verkehr sperrte. Dazu meinte die EKMR: „The […] demonstrators had not been actively violent“. Zur Friedlichkeit auch EGMR 2.10.2001, 29 221/95, 29 225/95, Stankov ua gegen Bulgarien. Allgemein dazu auch Grabenwarter, EMRK[4] § 23 Rz 47. In Deutschland wurde hingegen auch Gewalt in der Gestalt passiven Widerstandes, also auch ein Sitzstreik, als rechtswidrig erachtet. MN BGH, NJW 1972, 1571 (1573).

997 Höfling, in: Sachs, GG[4], Art 8 Rz 28; Kloepfer, in: Isensee/Kirchhof (Hrsg), HStR[3] VII § 164 Rz 57 ff.

des § 240 dt StGB hatte zu einem weiten Begriffsverständnis geführt, weswegen vom BGH auch ein Sitzstreik als nicht friedlich qualifiziert worden war.[998] Nunmehr hat freilich das BVerfG klargestellt, dass etwa die Ankettung von Teilnehmern einer Blockadeaktion nicht schon zur Unfriedlichkeit einer Versammlung iSd Art 8 Abs 1 GG führt. Unfriedlich sei eine Versammlung erst dann, „wenn Handlungen von einiger Gefährlichkeit wie etwa aggressive Ausschreitungen gegen Personen oder Sachen oder sonstige Gewalttätigkeiten stattfinden, nicht schon, wenn es zu Behinderungen Dritter kommt, seien diese auch gewollt und nicht nur in Kauf genommen."[999]

Unter Betrachtung der Straßburger Jud ist der Friedlichkeitsbegriff des OGH unzutreffend, weil nicht die Beeinträchtigung fremder Rechte ausschlaggebend sein kann, sondern weil es auf die aktive Gewalttätigkeit ankommt. Aber auch aus anderen Überlegungen erweist sich das Verständnis, das bei Nutzungsbeeinträchtigungen die Versammlungsfreiheit eo ipso als Rechtfertigungsgrund ausschließt als zu weitgehend. Nutzungsbeeinträchtigungen sind nämlich ein sehr weites Feld: Sie umfassen Lärmbelästigungen durch Demonstrationen ebenso wie die Nutzung eines fremden Grundstücks durch die Versammelten. Wäre die Versammlungsfreiheit als Rechtfertigungsgrund bei allen Nutzungsbeeinträchtigungen fremden Eigentums ausgeschlossen, dann käme dies einer Aushöhlung des Grundrechts gleich[1000]: Da eine Versammlung geradezu regelmäßig solche Nutzungen beeinträchtigt, liefe jede – auch eine versammlungsrechtlich zulässige – Versammlung Gefahr, zivilrechtliche Konsequenzen nach sich zu ziehen. Die Folge wäre, überspitzt gesagt, dass Versammlungen „künftig nur noch an Sonntagen und in abgelegener Gegend durchgeführt werden".[1001] Nach diesem weiten Verständnis wäre es etwa denkbar, dass Geschäftseigentümer, vor deren Geschäftslokal demonstriert wird, den Geschäftsentgang einklagen können ohne dass die Interessen der Demonstranten überhaupt in Erwägung gezogen werden.[1002] Mit einem solchen Verständnis würde zugleich dem Eigentum ein übergeordneter Status eingeräumt, der ihm aber so gar nicht zukommt: Das Eigentum kann ebenso wie die Versammlungsfreiheit bestimmten Beschränkungen unterwor-

998 MwN BGH, NJW 1972, 1571.

999 BVerfGE 104, 92 (106) = NJW 2002, 1031 (1033).

1000 So Karollus-Brunner, JBl 1995, 658 (662). S auch E Wagner, JAP 1999/2000, 162 (164).

1001 Karollus-Brunner, JBl 1995, 658 (662).

1002 Dass es offenbar auch dem OGH nicht ganz geheuer ist, die Interessenabwägung völlig außer Betracht zu lassen, zeigt sich in OGH 25.3.1999, 6 Ob 201/98x: „Bei einer gegen den Willen des Eigentümers auf seinem Grundstück durchgeführten unfriedlichen Versammlung kann eine Interessenabwägung nicht zugunsten der Versammlungsteilnehmer ausschlagen".

fen sein. Es gilt demnach einen differenzierenden Blick auf die Problematik zu werfen: Zweifellos gewährleistet die Versammlungsfreiheit nicht auch das Recht, sich gegen den Willen des Eigentümers auf fremdem – und nicht dem öffentlichen Gemeingebrauch gewidmetem – Grund zu versammeln.[1003] In solchen Fällen ist die Berufung auf die Versammlungsfreiheit in der Tat ausgeschlossen. Was andere Beeinträchtigungen angeht, so ist zu differenzieren. Es ist nämlich durchaus ein Unterschied, ob Beeinträchtigungen vorliegen, die zwangsläufig und typischerweise mit der Grundrechtsausübung verbunden sind, ob diese Beeinträchtigungen durch eine untersagte oder eine nicht-untersagte Versammlung erfolgen oder ob eine Versammlung geradezu auf die Beeinträchtigung oder Schädigung fremder Rechte angelegt ist.

Will man nun den Konflikt zwischen Eigentum und Versammlungsrecht unter Anlegung grundrechtlich adäquater Wertmaßstäbe auflösen, dann dürfen Nutzungsbeeinträchtigungen nicht von vornherein die Berufung auf das Versammlungsrecht ausschließen. Dogmatisch richtig müsste also eine Interessenabwägung zwischen dem Eigentumsrecht und dem Versammlungsrecht vorgenommen werden.[1004] Nur so eröffnet sich ein Spektrum grundrechtlich tragbarer und gebotener Differenzierungen. Beeinträchtigungen, die typischerweise Nebenwirkungen einer Demonstration sind[1005], haben dann im Hinblick auf das Versammlungsrecht ein anderes Gewicht als Beeinträchtigungen solcher Demonstrationen, die auf Blockade und Schädigung angelegt sind[1006]. Unterschiedliches Gewicht hat es ebenso, ob die typischen Nebenwirkungen von einer behördlich untersagten oder einer nicht untersagten Versammlung verursacht wurden.[1007] Dabei darf freilich die zivilrechtliche Schadenersatzpflicht nicht zu eng an die verwaltungsbehördliche Genehmigung geknüpft werden, denn erstens ist die (nicht-)Untersagung einer Versammlung stets nur eine Prognoseentscheidung der Behörde, zweitens erlaubt selbst eine nicht-untersagte Versammlung nicht jegliche Rechtsgüterbeeinträchtigung und

1003 So zur Meinungsäußerungsfreiheit Holoubek, Grundrechtseingriff, in: Merten/Papier (Hrsg), Grundfragen 17 (24 ff).

1004 So auch Öhlinger, Verfassungsrecht[8] Rz 909; Stelzer, FS-B-VG, 583 (611 in FN 138).

1005 Vgl dazu auch Posch, Haftung, in: Schick/Funk/Posch (Hrsg), Demonstrationsschäden 59 (64). S dazu auch Holoubek, Gewährleistungspflichten 308 in FN 580.

1006 Hier ist wiederum zu differenzieren, ob die Blockade auf fremdem oder auf öffentlichem Grund erfolgt.

1007 E Wagner, JAP 1999/2000, 162 (165) gelangt zur Auffassung, dass bei Abhaltung versammlungsrechtlich zu Recht untersagter Versammlungen jedenfalls haftungsrechtlicher Schutz für sämtliche Nutzungsbeschränkungen bestehe, bei versammlungsrechtlich zulässigen Demonstrationen für die typischerweise damit verbundenen Nutzungsbeschränkungen hingegen keine Haftung bestünde.

schließlich sind außerdem Spontanversammlungen verfassungsrechtlich geschützt. Es ist also vielmehr nach einem materiellen Verständnis nicht nur zu fragen, wie die Verwaltungsbehörde entschieden hat, sondern auch, ob sie im Lichte des VersG richtig entschieden hat bzw wie sie hätte entscheiden müssen.[1008] Damit ließen sich auch solche Versammlungen beurteilen, die nicht untersagt wurden, sich aber – entgegen der behördlichen Prognose – gewalttätig entwickeln und dadurch Schäden verursachen. MaW: Es geht um die materielle Rechtmäßigkeit der Versammlung im Lichte des VersG.

Im Schrifttum wird in diesem Zusammenhang häufig zwischen schädigungsneutralen und nicht schädigungsneutralen Versammlungen differenziert. Schädigungsneutrale Versammlungen sind solche, die friedlich sind oder friedlich geplant sind und unter Beachtung der versammlungsrechtlichen Vorschriften organisiert oder abgewickelt werden, wohingegen nicht schädigungsneutrale Versammlungen gegen das Versammlungsgesetz verstoßen.[1009] Diese Differenzierung ist in der Tat zweckmäßig: Handelt es sich nämlich etwa um „typische" Demonstrationsschäden, so ist es durchaus von Bedeutung, ob die Versammlung rechtmäßig oder rechtswidrig durchgeführt worden ist. Handelt es sich um Schäden oder Beeinträchtigungen, die über das übliche Ausmaß hinausgehen, so ist ebenfalls bedeutsam, ob die Behörde diese Versammlung vielleicht gerade wegen dieser Schädigung untersagt hat oder ob sie die Versammlung – wie im Fall der Brennerblockade – nicht untersagt hat.

Mitunter setzen die Differenzierungen freilich bereits an der Schutzbereichsebene an. So qualifiziert etwa Winkler Blockaden oder Sitzstreiks als Missbrauch der Versammlungsfreiheit, der aus dem Schutzbereich des Grundrechts herausfällt.[1010] Zweifellos ist der Grundrechtsmissbrauch, bei dem „das Grundrecht von vornherein geplant in zweckentfremdender Weise beansprucht wird, dh wenn eine Versammlung ausschließlich oder vorwiegend darauf gerichtet ist, die Öffentlichkeit oder andere Menschen in ihren Rechtsgütern zu beeinträchtigen"[1011], grundrechtlich nicht mehr geschützt: Zieht eine Menschengruppe durch die Stadt, allein mit dem Ziel, fremdes Eigentum zu beschädigen, dann ist diese Aktion schon ex definitione keine Versammlung – daran ändert es auch nichts, dass ein Kollektiv gemeinsam wirkt. Dass auch eine Blockade oder ein Sitzstreik durchaus geeignet und darauf gerichtet sind, Rechts-

1008 S aber Harrer, in: Schwimann, ABGB § 1301, 1302 Rz 62; Karollus-Brunner, JBl 1995, 662.

1009 Posch, Haftung, in: Schick/Funk/Posch (Hrsg), Demonstrationsschäden 59 (61).

1010 Winkler, Studien 237.

1011 Winkler, Studien 237.

güter zu beeinträchtigen, ist ebenso zutreffend. Allerdings begründet allein die aus der Form der Meinungskundgabe resultierende Behinderung noch nicht einen Grundrechtsmissbrauch, zumal auch mit einer Blockade oder einem Sitzstreik durchaus und idR öffentlichkeitswirksam auf die Dringlichkeit eines Anliegens hingewiesen werden soll und – verfassungsrechtlich – auch darf.[1012] Ins Gewicht kann es dann aber fallen, ob die Blockade auf privatem oder öffentlichem Grund stattfindet und ob die Versammlung iSd VersammlungsG rechtmäßig ist.

Nun ist freilich einzuräumen, dass diese dogmatischen Kritikpunkte im Lichte der Ergebnisse, zu denen der OGH in den Einzelfällen gelangt, verblassen. Die Entscheidungen sind nämlich mE in der Sache jeweils zutreffend: Benutzen Demonstranten für ihre Versammlung ohne Zustimmung des Eigentümers ein privates Grundstück, so wie dies im ersten vom OGH zu entscheidenden Fall vorlag, dann kann dies nicht mit der Versammlungsfreiheit gerechtfertigt werden.[1013] In den anderen Blockadefällen, in denen der fremde Grund nicht betreten, sondern nur die Zufahrt blockiert wurde, war ausschlaggebend, dass die Versammlung auf die Blockade gerichtet war und entweder behördlich untersagt oder gar nicht angezeigt worden war. Bei der Beurteilung der Blockade stellt der OGH dann zutreffend auch auf die Dauer und Intensität der Behinderung ab. Freilich gilt es, wie bereits erwähnt, zu bedenken, dass die Unterlassung einer Anzeige die Versammlung noch nicht rechtswidrig macht, weil die Verfassung auch Spontanversammlungen schützt. Durchaus ausschlaggebend dürfte aber in den Fällen gewesen sein, ob die Beh bei einer Anzeige hätte untersagen müssen. MaW: Ausschlaggebend ist, inwieweit sich eine Versammlung materiell im Rahmen des VersG bewegt.

Einzig der dogmatische Lösungsansatz des OGH ist kritikwürdig und zwar ua deshalb, weil er, wie gezeigt, einen zu weitgehenden und undifferenzierten Weg zu eröffnen scheint.

Freilich, wie so oft dürfte der OGH diese dogmatischen Grundsätze an der Notwendigkeit des Einzelfalls ausgerichtet haben. Dass der OGH in anderen Fällen davon wieder abrückt, um ein sachadäquates – und

1012 Mitunter geht es ja gerade um diese Wirkung. Vgl dazu EuGH 12.6.2003, C-112/00 (Brennerblockade) Z 90: „Strengere Auflagen hinsichtlich des Ortes der fraglichen Versammlung – zB neben der Brenner-Autobahn – wie ihre Dauer – nur wenige Stunden – hätten als übermäßige Beschränkung wahrgenommen werden können, die der Aktion einen wesentlichen Teil ihrer Wirkung hätte nehmen können." S auch BVerfGE 104, 92 = NJW 2002, 1031 (1032) zur Ankettung von Demonstranten an das Tor der Baustelle der Wiederaufbearbeitungsanlage in Wackersdorf: „Die beabsichtigte Unterbrechung der Bauarbeiten war nicht Selbstzweck, sondern ein dem Kommunikationsanliegen untergeordnetes Mittel zur symbolischen Unterstützung ihres Protestes und damit zur Verstärkung der kommunikativen Wirkung in der Öffentlichkeit."

1013 OGH 25.5.1994, 3 Ob 501/94.

grundrechtskonformes – Ergebnis zu erzielen, ist nicht ausgeschlossen, sondern vielmehr sogar naheliegend.

V. Zusammenfassung

Der OGH zieht die Grundrechte als Rechtfertigungsgründe heran. Dies ist plausibel und auch geboten: Sanktioniert eine zivilrechtliche Norm zum Schutz individueller Rechte die Ausübung grundrechtlich fundierter Rechte, dann ist ein etwaiges zivilrechtliches Urteil ein staatlicher Eingriff in die grundrechtlich gewährleistete Freiheit. Die zivilrechtliche Verantwortlichkeit beruht dann auf Verhaltensnormen, die der Staat aufgestellt hat; der Staat beschränkt also einen Freiheitsbereich.[1014] Erlässt der Gesetzgeber solche Normen, die in die grundrechtliche Sphäre hineinreichen, so muss er dabei die verfassungsrechtlich vorgegebenen Eingriffskriterien beachten. Wo der Gesetzgeber dieser Aufgabe nicht nachkommt, erfüllt sie der OGH in verfassungskonformer Interpretation bzw wendet er die grundrechtlichen Gesetzesvorbehalte unmittelbar an.

Auf den Punkt gebracht bedeutet dies: Bewirkt die Ausübung eines Rechts den Eingriff in ein anderes Recht, dann kommt es zu einer – möglicherweise grundrechtlich fundierten – Interessenskollision.[1015] Zwar muss im deliktischen Bereich grds niemand die Störung seiner Rechtsposition akzeptieren, unter bestimmten Voraussetzungen muss sie jedoch hingenommen werden, weil die Ausübung des entgegenstehenden Rechts sonst unmöglich ist oder unverhältnismäßig beschränkt wird.

Der OGH erkennt nunmehr vermehrt, dass erstens solche Kollisionen grundrechtlich fundiert sein können und sie zweitens an grundrechtlichen Maßstäben zu messen sind. Für ihre Auflösung lässt sich aus den Grundrechtsnormen freilich kaum etwas gewinnen, da sie sich ja am öffentlichrechtlichen Eingriffskonzept orientieren und keine Kriterien zur Gewichtung kollidierender Interessen enthalten. MaW: Es lässt sich aus dem Grundrecht zwar ableiten, *dass* die geschützten Positionen bei einer Kollision zu berücksichtigen, aber nicht *wie* sie zu gewichten sind.

Der OGH versucht hier zivilrechtsadäquate Abwägungskriterien zu entwickeln. Verstärkt bindet er bei diesen Überlegungen auch die Straßburger Jud mit ein. In anderen Fällen ist die Konfliktlösung des OGH sehr stark einzelfallbezogen: Allgemein gültige dogmatische Kriterien und Strukturen werden dabei nicht entwickelt. Dies ist dem OGH einerseits nicht vorzuwerfen, denn seine Aufgabe besteht ja nicht in der Entwicklung allgemeiner grundrechtsdogmatischer Strukturen, sondern in der Ent-

1014 Bammer, Grundrechte, in: ÖJK (Hrsg), Fragen 63 (68).

1015 Ruffert, Vorrang 72.

scheidung des Einzelfalls, zugleich freilich verschwimmen die grundrechtlichen Konturen: Die Grundrechte werden zu Abwägungskriterien ohne deutlich umrissenen normativen Gehalt und Schutzbereich. Schutzbereichsermittlung und Interessenabwägung gehen häufig ineinander über oder werden gar vermengt, wodurch keine klaren dogmatischen Abgrenzungen mehr erkennbar sind. Die zu begrüßende Berücksichtigung der Grundrechte birgt somit zugleich die Gefahr ihrer Zerfransung und der Entleerung ihres gesicherten Sinngehalts.

D. Zusammenfassung: Grundrechte in der zivilrechtlichen Judikatur des OGH

Die Grundrechte spielen in der Rsp des OGH eine bedeutende Rolle: Sie konkretisieren Generalklauseln, konstituieren Rechtfertigungsgründe und fungieren als Maßstab für die Verfassungskonformität einer Norm. Nicht immer kleiden sich die Grundrechte dabei in das Gewand der verfassungskonformen Interpretation. Funktion und Nutzen der Grundrechte sind auf den verschiedenen Einsatzgebieten nämlich durchaus unterschiedlich.

Im Zusammenhang mit **Generalklauseln** haben sie va Indikationsfunktion: Sie sollen den „Wert" eines Rechts oder die Schutzwürdigkeit eines Interesses in unserer Rechtsordnung untermauern.[1016] Mit der verfassungskonformen Interpretation im eigentlichen Sinn hat dies schon aus strukturellen Gründen wenig zu tun, da die Offenheit einer Generalklausel grds mehrere verfassungskonforme Auslegungshypothesen zulässt. Der OGH wählt dann eine von mehreren grundrechtlich zulässigen Konkretisierungen.

In manchen Fällen ist die Funktion der Grundrechte als Maßstab für eine gebotene Konkretisierung auch nur vorgeschoben: Das erzielte Ergebnis ist zwar aus grundrechtlicher Sicht zulässig, aus grundrechtlichen Anforderungen *allein* folgt es aber noch nicht, sondern es bedarf weitergehender Überlegungen.[1017]

Fungieren die Grundrechte als **Rechtfertigungsgründe**, dann kommen sie idR in verfassungskonformer Interpretation zum Einsatz oder es werden die grundrechtlichen Gesetzesvorbehalte unmittelbar angewendet: In diesen Fällen ist die Berücksichtigung grundrechtlich fundierter Rechtspositionen verfassungsrechtlich geboten.[1018]

1016 B.I.

1017 B.II.2.a.bb.; BII.2.a.cc.; B.II.2.b.

1018 C.

Deutlich wurde schließlich, dass die Grundrechte im Privatrecht mittelbar wirken, sie also zivilrechtliche Einbruchstellen benötigen. Damit ist aber noch nichts über ihre Wirkungsintensität gesagt: Sie ist nicht einheitlich.

Am schwächsten ist sie im **Vertragsrecht**, in dem die Vertragspartner einander gleichrangig gegenüberstehen, die Rechtsbeziehungen also autonom geprägt werden. In diesen Fällen legitimiert der privatautonome Wille der Parteien ihre Vereinbarungen. Die den Privaten eingeräumte Privatautonomie befreit aber nicht von jeglichen Bindungen: Auch Privatrechtssubjekte dürfen nicht alles vereinbaren, worauf sie sich einigen. Die Disposition über (grund-)rechtlich geschützte Bereiche unterliegt gewissen Schranken, die sich an den Kriterien der Sittenwidrigkeit orientieren: So gibt es Beschränkungen dieser Gestaltungsfreiheit etwa hinsichtlich nicht-disponibler Rechtsgüter oder bei grober Benachteiligung.[1019] Dies ist freilich keine aus den Grundrechten ableitbare Besonderheit. Sanktioniert wird nämlich nicht, dass ein *Grundrecht* gestört wird, sondern dass eine anerkannte Rechtsposition – und solche markieren auch die Grundrechte – *unverhältnismäßig* verkürzt wird. An die Beeinträchtigung (grund-)rechtlich geschützter Positionen werden somit privatrechtsadäquate Messlatten angelegt.

Die grundrechtliche Wirkungsintensität wird aber stärker, wo das gleichrangige Verhältnis zwischen Privaten gestört ist; diese Fälle sind an der **Bruchstelle zwischen autonomer und heteronomer Rechtsgestaltung** anzusiedeln. Eine Störung allein reicht freilich noch nicht aus, um staatliche Schutzpflichten zu aktivieren, sondern die Gleichrangigkeit muss *nachhaltig* gestört sein. Dies ist immer dann anzunehmen, wenn sich der Einzelne einer Vereinbarung tatsächlich nicht entziehen kann, also der freie Wille als Legitimation für eine Beschränkung fehlt. Dann ist davon auszugehen, dass der in einer Vereinbarung manifeste Wille so gar nicht bestanden hat, eine etwaige grobe Benachteilung also gar nicht gewollt war.[1020] Besteht lediglich eine Ungleichgewichtslage, wie sie die gesellschaftliche Realität zwangsläufig mit sich bringt, dann können zwar explizite Schutznormen oder allgemeine zivilrechtliche Grundsätze vor der Benachteiligung schützen, nicht aber die Grundrechte. Dies ergibt sich auch daraus, dass die Privatautonomie ihrerseits grundrechtlich geschützt ist und ein Eingriff gerechtfertigt werden muss. Freilich wird nicht immer deutlich, ob der OGH auch tatsächlich auf eine derartige *nachhaltige* Gleichgewichtsstörung abstellt: Dies birgt die Gefahr, den Einzelnen letztlich unter paternalistischen Schutz zu stellen.

1019 B.II.2.a.aa.; B.II.2.a.bb.; B.II.2.b.cc.

1020 B.II.2.b.(2).

Bei gewissen Gleichgewichtsstörungen der Vertragspartner propagiert der OGH eine verstärkte bzw abgeschwächte Grundrechtsbindung. Hinter dieser antinomistischen Begriffswahl verbirgt sich das Gleiche: Die Bindung unterscheidet sich letztlich nicht von der zwischen Bürger und Staat bestehenden Grundrechtsintensität. Auch mag die Begrifflichkeit zwar zunächst ein abgestuftes System suggerieren, eine solche differenzierte Grundrechtsbindung ließ sich aber nicht nachweisen: Es gibt damit im vertraglichen Privatrecht letztlich nicht mehrere, sondern nur zwei grundrechtliche Intensitätsstufen, nämlich eine privatrechtsadäquate und eine dem öffentlichen Recht entsprechende.

Im **Deliktsrecht** ist die grundrechtliche Wirkungsintensität naturgemäß größer: Hier fehlt es an der Einwilligung in eine Verkürzung von Rechtspositionen, die Beeinträchtigung erfolgt **heteronom**. Das Grundrecht entfaltet, wenn auch mittelbar, deutlich seine Abwehrwirkung. Beeinträchtigungen müssen sich an ähnlichen Kriterien messen lassen, wie sie aus dem öffentlichen Recht bekannt sind. Dass überhaupt Schutz gegen solche Beeinträchtigungen eingeräumt wird, ergibt sich aus den staatlichen Schutzpflichten.[1021] Freilich können hier Kollisionen mit anderen grundrechtlich fundierten Positionen auftreten: Die gegenläufigen Interessen sind dann gegeneinander abzuwägen.[1022]

Ganz allgemein ist eine immer **dichtere grundrechtliche Durchwirkung** der oberstgerichtlichen Judikatur feststellbar: Sie ist nicht grundrechtsblind. In die grundrechtliche Jubelstimmung müssen jedoch ernüchternde Töne gemischt werden: Nicht alles, was Grundrechte enthält, ist deswegen auch gut. Die Berufung auf die Grundrechte allein vermag nicht alle Probleme zu lösen und Fragen zu beantworten. Zugleich ist aus der fehlenden Etikettierung einer Entscheidung als „grundrechtsgetragen" noch nicht abzuleiten, dass grundrechtliche Anforderungen *nicht* berücksichtigt wurden.

Dieses dogmatische Hissen der Grundrechtsflagge führt indes auch zu einem Bedeutungsverlust des einfachen Gesetzes: Rechtfertigungsgründe, Interessenabwägung, Abwägungskriterien – selbst wenn das Gesetz dafür keine Anhaltspunkte enthält, so lässt sich das Gewünschte scheinbar mühelos aus der Verfassungsstufe ableiten. Das hehre Ziel der Grundrechtsadäquanz scheint die Mittel zu heiligen. Zugleich ist mit dieser hypertrophen Anwendung auch ein Sinnverlust der Grundrechte verbunden: Sie mutieren zu Argumentationshülsen und allgemeinen Rechtsgrundsätzen. Ihr tatsächlicher Gehalt tritt in den Hintergrund, die Konturen des Schutzumfangs werden unscharf.

1021 B.I.5.a.

1022 C.

Auffallend ist auch, dass der OGH bisweilen mit fragwürdigen grundrechtsdogmatischen Konzepten argumentiert. Für den Rechtsschutz des Einzelnen ergeben sich daraus – und dies ist bemerkenswert – freilich keine Nachteile: In der Sache kommt der OGH nämlich dennoch meist zu zutreffenden Ergebnissen.[1023]

1023 C.IV.

Vierter Teil:

Die Grundrechte in der strafrechtlichen Judikatur

Erster Abschnitt: Grundlagen

A. Zweck von Strafrecht und Strafe

Verbrechen gehören nicht zum Ideal, sehr wohl aber zur Realität menschlichen Zusammenlebens. Besonders schwerwiegende Angriffe gegen zentrale Rechtsgüter werden üblicherweise mittels des Strafrechts geschützt: Es droht für bestimmte Verhaltensweisen staatliche Sanktionen – nämlich Strafen und vorbeugende Maßnahmen – an.[1024]

Wenn auch außer Zweifel steht, dass das Strafrecht dem Rechtsgüterschutz dient[1025], so ist doch umstritten, welchen Zweck Strafe[1026] verfolgen soll bzw kann.

Ursprünglich sah man die Legitimation der Strafe vor allem in der Vergeltung: Das begangene Unrecht sollte durch die Strafe ausgeglichen werden. Dies kommt prägnant im Motto „punitur quia peccatum est" zum Ausdruck (**absolute Straftheorien**).[1027] Diese Vorstellung verlor jedoch im 19. Jahrhundert zunehmend an Bedeutung. Die sich nunmehr entwickelnden **relativen Straftheorien** stellten den präventiven Aspekt der Strafe in den Vordergrund: Die Strafe sollte va der General- bzw Spezialprävention dienen und damit künftige Straftaten verhindern.[1028] Nunmehr galt: punitur ne peccetur.[1029]

Anfang des 20. Jahrhunderts fanden schließlich Aspekte der absoluten und relativen Theorien ihren Niederschlag in der sog **Vereinigungstheo-**

1024 Kienapfel/Höpfel, AT[13] Z 3 Rz 11; Maurach/Zipf, AT[8] I, 5; Triffterer, AT[2] 4.

1025 Kienapfel/Höpfel, AT[13] Z 2 Rz 1.

1026 Zur Unterscheidung zwischen dem Zweck des Strafrechts und dem Zweck der Strafe Triffterer, AT[2] 10 f.

1027 Vertreter dieser Theorie waren insbes Kant und Hegel. S dazu Hegel, Philosophie (zitiert nach: Henrich [Hrsg], [1983] 86 ff). Nach Kant, Metaphysik, § 49 E 1, kann die richterliche Strafe „niemals bloss als Mittel, ein anderes Gute zu befördern, für den Verbrecher selbst, oder für die bürgerliche Gesellschaft, sondern muss jederzeit nur darum wider ihn verhängt werden, weil er verbrochen hat; denn der Mensch kann nie bloss als Mittel zu den Absichten eines Anderen gehandhabt und unter die Gegenstände des Sachenrechts gemengt werden […]".

1028 Feuerbach verfolgte einen generalpräventiven, Liszt, einen spezialpräventiver Ansatz. Zu beiden Moos, FS-Pallin 283 (287).

1029 S unter Berufung auf Plato Seneca d J, De ira ad novatum, I, XIX 7: „nemo prudens punit, quia peccatum est, sed ne peccetur".

rie: Ihrzufolge sind alle Strafzwecke, also sowohl Prävention als auch Repression zu berücksichtigen, allerdings jeweils in unterschiedlichem Maße:[1030] Zweck der Strafe ist die Vergeltung, sie soll aber nur nach Maßgabe präventiver Erfordernisse eingesetzt werden.[1031] Das neue Motto war: punitur quia peccatum est nec peccetur.

Die Vergeltung als Strafzweck wird heute freilich weitestgehend abgelehnt. Dies va deswegen, weil nach einem modernen Staatsverständnis der Staat nicht zur Vergeltung berufen sein soll.[1032] Die nunmehr mehrheitlich vertretene **präventive Vereinigungstheorie** baut auf general- und spezialpräventiven Überlegungen auf.[1033]

Neben den klassischen Strafzwecken hat in den letzten Jahren ein weiterer Strafzweck an Bedeutung gewonnen: die Restoration. Sie beruht auf dem Gedanken der Wiedergutmachung der Verletzungen.[1034] Deutlich findet diese Idee etwa ihren Ausdruck in der Diversion.[1035]

Freilich: Trotz des bisher Gesagten bleibt eine Strafe ihrem Wesen nach letztlich doch vergeltend[1036] und entspricht dadurch dem menschlichen „Urbedürfnis[...] nach ausgleichender Gerechtigkeit“[1037].

B. Bedeutung der Grundrechte im Strafrecht

Anders als im Zivilrecht entfalten die Grundrechte im – dem öffentlichen Recht zugehörigen – Strafrecht ihre klassische Abwehrfunktion. Sowohl das materielle Strafrecht mit seinen Sanktionen als auch das Prozess-

1030 Kienapfel/Höpfel, AT[13] Z 2 Rz 8; Triffterer, AT[2] 12.

1031 So die Zusammenfassung dieser Theorie bei Moos, JBl 1996, 345 (351). S dazu auch Rittler, AT[2] 10 f: „Alle relativen Strafzwecke Abschreckung, Besserung, Unschädlichmachung sind im Einzelfalle nur insoweit erfüllbar, als nicht der Charakter der Strafe als gerechter Vergeltung darunter leiden würde.“

1032 S etwa Moos, JBl 1997, 337 (346): „Die Vergeltung mit ihren philosophischen und theologischen Begründungen ist Privatsache und nicht Sache des Rechts und der Justiz, auch nicht in der verdünnten Form einer Vereinigungstheorie, die alles zuläßt. Sie führt nur zur Aussöhnung mit einer metaphysischen Idee, aber nicht mit dem Täter“. Nowakowski, FS-Rittler 55 (88): „Der Verzicht auf Vergeltung verbannt nicht die Gerechtigkeit aus dem Strafrecht. Er ermöglicht es dem Strafrichter erst, wirklich gerecht zu sein. Die Vergeltungsstrafe maßt sich einen Sinn an, der den Richter überfordert.“

1033 Moos, JBl 1996, 345 (351 f); Nowakowski, FS-Rittler 55 ff; Platzgummer, FS-Pallin 321; Roxin AT I[4] § 3 Rz 37 ff; Triffterer, AT[2] 13. MwN Kienapfel/Höpfel, AT[13] Z 2 Rz 9.

1034 Hilf, Strafrechtszweck, in: Jesionek/Hilf (Hrsg), Begleitung 13 (15). S auch Hirtenlehner/Sautner, JSt 2007, 109.

1035 Dabei geht es um „Ausgleich durch Kommunikation, Kooperation und Konsens des Beschuldigten“: Moos, RZ 2004, 56 (61).

1036 Platzgummer, FS-Pallin 319.

1037 Kienapfel/Höpfel, AT[13] Z 2 Rz 9.

recht ermöglichen nämlich hoheitliche Eingriffe in grundrechtlich geschützte Positionen. Die strafrechtlichen Sanktionen gehen geradezu zwangsläufig mit Grundrechtseingriffen einher, und auch das Prozessrecht wird als eine Kette von Grundrechtseingriffen bezeichnet.[1038] Schon wegen dieser grundrechtlichen Eingriffsnähe wird die „Strafrechtspflege als eine Quelle von Gefahren für die Grund- und Menschenrechte"[1039] gesehen. Diese skeptische Sichtweise hat freilich auch historische Ursachen: Der lange Zeit geltende Inquisitionsprozess, in dem der Besch lediglich Objekt des Verfahrens war, stand in augenscheinlichem Kontrast zur menschenrechtlichen Grundidee. Das Schutzbedürfnis des Einzelnen vor dem übermächtigen Staat wurde hier besonders sichtbar. Es verwundert darum nicht, dass der Kampf um die Grundrechte historisch betrachtet auch ein Kampf um einen rechtsstaatlichen Strafprozess war.[1040]

Das Verhältnis des Strafrechts zu den Grundrechten erschöpft sich freilich nicht in deren abwehrrechtlicher Funktion. Das Strafrecht ist vielmehr auch ein Mittel zur Erfüllung staatlicher Gewährleistungspflichten: Durch strafrechtliche Sanktionsnormen schützt der Staat nämlich grundrechtlich geschützte Positionen vor Eingriffen Dritter. Freilich ist der Gesetzgeber nicht verpflichtet, diesen Auftrag im Wege des Strafrechts zu erfüllen, denn die Wahl der Mittel liegt im Entscheidungsspielraum des Gesetzgebers: Er könnte seinen Verpflichtungen ebenso etwa durch verwaltungsrechtliche Normen oder durch die Einräumung zivilrechtlicher Ansprüche nachkommen.[1041] Es besteht somit an sich keine Verpflichtung zum strafrechtlichen Schutz von Rechtsgütern. Eine entsprechende Pönalisierungspflicht wird nur in Ausnahmefällen angenommen. Dass etwa ein sexuelles Vergehen an einer geistig behinderten Minderjährigen zwar zivilrechtlich, nicht jedoch strafrechtlich geltend gemacht werden konnte, verletzte nach Auffassung des EGMR Art 8 EMRK: Wo nämlich „grundsätzliche Werte und wesentliche Aspekte des Privatlebens betroffen" sind, sei wirksame Abschreckung unerlässlich und könne nur durch strafrechtliche Vorschriften erreicht werden.[1042]

Die im Strafrecht besonders enge Verflechtung von grundrechtlicher Eingriffsnähe und Schutz durch Gewährleistungspflichten verdeutlicht freilich auch die Gefahren, die – zwar nicht nur, aber doch in besonderem Maße – im Strafrecht lauern. Während lange Zeit – schon aus den

1038 Velten, JSt 2007, 41.

1039 Nowakowski, ÖJZ 1965, 281.

1040 Moos, JBl 1996, 345 (345); Nowakowski, ÖJZ 1965, 281; Tiedemann, Verfassungsrecht 2.

1041 Berka, Grundrechte, Rz 106. Dazu auch Tiedemann, Verfassungsrecht 50 ff.

1042 EGMR 26.3.1985, 8978/80, X und Y gegen die Niederlande Z 27 = EuGRZ 1985, 297. S zu dieser Frage auch EGMR 8.7.2004, 53 924/00, Vo gegen Frankreich Z 90 ff.

genannten historischen Gründen – der Staat va als Bedrohung grundrechtlicher Freiheiten betrachtet wurde[1043], wird er nunmehr verstärkt in seiner Rolle als Garant für diese Freiheiten gesehen. Der Staat wird so zum Verbündeten einer Gesellschaft, die durch „Risikoangst und durch Verbrechensfurcht getrieben ist und den Staat vor allem als Garanten von Sicherheit nachfragt und in Anspruch nimmt".[1044] Eingriffe in die grundrechtlich geschützten Freiheiten werden hingenommen, weil im Gegenzug dafür die Gewährleistung von Sicherheit und Freiheit erwartet wird.[1045] Das Strafrecht liegt somit an der Schnittstelle zwischen Freiheitsbedrohung und Freiheitssicherung.[1046]

Zweiter Abschnitt: Die Judikatur des OGH

A. Vorbemerkung

Das – materielle und formelle – Strafrecht kann zahlreiche grundrechtliche Berührungspunkte aufweisen. Dies muss zwangsläufig auf die strafgerichtliche Jud durchschlagen: Naturgemäß gibt es zahlreiche Entscheidungen, die – explizit oder implizit – grundrechtliche Aspekte betreffen. Angesichts dieser Stofffülle ist es, wie bereits eingangs angekündigt, im Rahmen dieser Arbeit unmöglich, die gesamte grundrechtsrelevante Judikatur des OGH zu erfassen. Es ist vielmehr eine Auswahl vorzunehmen, die sich daran orientiert, wo sich bemerkenswerte Problemstellungen eröffnen.

Zunächst werden – gegliedert nach einzelnen grundrechtlichen Garantien – grundrechtsrelevante Fragestellungen aufgezeigt, die sich im strafgerichtlichen Verfahren vor dem OGH stellen. Daran anschließend werden grundrechtsrelevante Besonderheiten einzelner Verfahrensarten herausgestellt.

Während im vorigen Kapitel zur zivilrechtlichen Jud va, wie ebenfalls eingangs bereits dargelegt, materiellrechtliche Grundrechtsgarantien im Vordergrund standen, nehmen nunmehr die verfahrensrechtlichen Aspekte einen besonderen Raum ein: Das strafprozessuale Verfahren kann nämlich in der Tat als „angewandtes Verfassungsrecht"[1047] bezeichnet werden.

1043 S noch Nowakowski, ÖJZ 1965, 281 (282): „Die positive Beziehung zwischen Strafgewalt und Grundwerten muß besonders betont werden, weil sie in der Regel zu wenig gesehen wird."

1044 Hassemer, JRP 2007, 79 (84 f).

1045 Zu dieser Situation in Deutschland etwa Calliess, NJW 1989, 1338; Hassemer, JRP 2007, 79 (82 ff).

1046 Ähnlich auch Calliess, NJW 1989, 1338.

1047 Berka, RZ 2008, 114 (116); Kodek, ÖJZ 2008, 216 (217). S für Deutschland auch BVerfGE 32, 373 (383).

Es wird hier auch auf die einschlägige Jud von EGMR und VfGH eingegangen, wenngleich freilich nicht zu allen Punkten entsprechende Jud vorhanden ist; dies betrifft gerade die spezifischen Fragestellungen des strafgerichtlichen Verfahrens, zu denen es häufig keine verfassungsgerichtliche Jud gibt.

Eine Besonderheit für die Untersuchung ergibt sich durch das Inkrafttreten des StPRG 2004 am 1.1.2008: Teilweise ist die ältere Rsp nach wie vor relevant, teilweise aber hat sich die Rechtslage so fundamental geändert, dass die ältere Jud bedeutungslos geworden ist. In jenen Fällen, in denen sich die Gesetzeslage derart grundlegend geändert hat, dass bisherige – grundrechtsrelevante – Problembereiche aufgelöst wurden, wird auf die bisherige Jud nur dort eingegangen, wo sich daraus Schlussfolgerungen für die geltende Rechtslage ableiten lassen oder wo interessante Entwicklungslinien zum status quo nachgezeichnet werden können.

B. Zu den Verfahren vor dem OGH

Soweit unter F. besondere Verfahren vor dem OGH besprochen werden, wird – soweit für das Verständnis notwendig – auch auf verfahrensrechtliche Eigenheiten näher eingegangen. Auch wenn unter C. bis E. – anders als unter F. – nicht an den einzelnen Rechtsmitteln bzw Rechtbehelfen, sondern an den grundrechtlichen Garantien angesetzt wird, so ist dennoch bereits an dieser Stelle die besondere Bedeutung der **Nichtigkeitsbeschwerde** hervorzuheben. Sie ist das ordentliche Rechtsmittel gegen kollegialgerichtliche Urteile und zielt großteils auf die Rechtskontrolle des Urteils, es können damit aber auch Ermessens- und Beweiswürdigungsfragen sowie Fragen der Strafzumessung überprüft werden.[1048] Die Nichtigkeitsgründe sind taxativ in § 281 Abs 1 bzw § 345 Abs 1 StPO (für Urteile gegen Geschworenengerichte) und § 281a aufgezählt. Unterschieden werden dabei formelle und materielle Nichtigkeitsgründe, je nachdem, ob ein Verfahrensfehler oder die Verletzung materiellen Rechts releviert wird.[1049] Materielle Nichtigkeitsgründe wirken stets absolut, wohingegen einige formelle Nichtigkeitsgründe nur relativ wirken: Ein etwaiger Fehler führt dann noch nicht an sich zur Aufhebung des Urteils, sondern er muss einen für den Angekl nachteiligen Einfluss auf die Entscheidung gehabt haben. Einige der Nichtigkeitsgründe sind außerdem rügepflichtig, dh sie können nur dann vor dem OGH geltend gemacht werden, wenn die entsprechende Rechtsverletzung bereits zuvor im Verfahren releviert wurde.

1048 E Steininger, Nichtigkeitsgründe 47 Rz 44. S zur Entwicklung auch H Steininger, FS-Platzgummer 325 (332 ff).

1049 Formelle Nichtigkeitsgründe: § 281 Z 1 bis 8; § 345 Z 1 bis 10a; § 281a. Materielle Nichtigkeitsgründe: § 281 Z 9 bis 11; § 345 Z 11 bis 13.

Der Bf hat die Nichtigkeitsbeschwerde prozessordnungsgemäß auszuführen, dh der geltend gemachte Nichtigkeitsgrund ist deutlich und bestimmt zu bezeichnen, insbes ist der Tatumstand, der den Nichtigkeitsgrund bilden soll, deutlich anzuführen (§ 285a Z 2 StPO). Andernfalls kann der OGH die Beschwerde in nicht-öffentlicher Sitzung zurückweisen. Gleichermaßen zurückweisen kann er Nichtigkeitsbeschwerden, die offenbar unbegründet sind. Dies gilt aber nicht für die Nichtigkeitsgründe der Z 10 und 11 (§ 285d Abs 1 Z 2 StPO). Um dennoch auch in solchen Fällen die Beschwerden in nicht-öffentlicher Sitzung zurückweisen zu können, verlangt der OGH, dass der OGH seine Rechtsauffassung schlüssig und „methodisch vertretbar" aus dem Gesetz ableiten müsse (näher dazu unter F.IV.).[1050]

Da die Nichtigkeit nur aus einem der gesetzlich genannten Gründe geltend gemacht werden kann, stellt sich die Frage nach deren grundrechtlichem Hintergrund.

Ein expliziter grundrechtlicher Bezugspunkt findet sich nur in § 281 Abs 1 Z 4 bzw § 345 Abs 1 Z 5 StPO: Es ist ein Nichtigkeitsgrund, wenn durch einen gegen einen Antrag oder Widerspruch des Beschwerdeführers gefassten Beschluss „Gesetze oder Grundsätze des Verfahrens hintangesetzt oder unrichtig angewendet worden sind, deren Beobachtung durch grundrechtliche Vorschriften, insbesondere durch Art. 6 der Europäischen Konvention zum Schutze der Menschenrechte und Grundfreiheiten [...] oder sonst durch das Wesen eines die Strafverfolgung und die Verteidigung sichernden, fairen Verfahrens geboten ist".

Davon werden solche Fälle erfasst, die zwar nicht ausdrücklich mit Nichtigkeit bedroht sind – sie sind mit § 281 Abs 1 Z 3 StPO (§ 345 Abs 1 Z 4 leg cit) geltend zu machen –, die aber dennoch so schwerwiegend sind, dass sie eine Anfechtbarkeit rechtfertigen. Voraussetzung dafür ist aber, dass der Angekl die Rechtsverletzung bereits in der HV gerügt hat. Darüber hinaus gilt dieser Nichtigkeitsgrund nur relativ, weswegen er keineswegs als Zugeständnis an einen umfassenden Grundrechtsschutz verstanden werden kann.

Davon abgesehen gibt es keinen Nichtigkeitsgrund, der sich explizit auf grundrechtliche Garantien bezieht, wenngleich freilich die meisten Gründe durchaus einen grundrechtlichen Hintergrund haben: Dies zeigt etwa Z 1, womit die Teilnahme eines ausgeschlossenen Richters geltend gemacht werden kann; der Bezug zu Art 6 EMRK ist offensichtlich. Die Nichtigkeitsgründe dienen somit letztlich auch – wenngleich nicht pri-

1050 OGH 11.2.2003, 11 Os 2/03 = JBl 2003, 884 (krit BERTEL); OGH 17.12.2003, 13 Os 151/03 = JBl 2004, 531 (krit BURGSTALLER). Ebenfalls krit STUEFER/SOYER, ÖJZ 2007, 139 (140 f).

mär und nur in beschränktem Umfang – zur Sicherstellung grundrechtlicher Garantien.

C. Art 6 EMRK

I. Inhalt und Gliederung

Art 6 ist ein Herzstück der EMRK, das – wie bereits festgestellt – in der Jud des EGMR einen prominenten Platz einnimmt: Keine andere Garantie wird vor dem Straßburger Gerichtshof so häufig releviert.

Sie enthält einzelne Gewährleistungen, die in der Gesamtheit betrachtet das Recht auf ein faires Verfahren gewährleisten. Über die in Abs 1 explizit normierten allgemeinen Verfahrensgarantien hinaus hat der EGMR aus dem Grundkonzept des fairen Verfahrens noch weitere Garantien und Fairnesskriterien abgeleitet, wie etwa den nemo-tenetur-Grundsatz oder den Grundsatz der Waffengleichheit. In Abs 2 leg cit ist die Unschuldsvermutung niedergelegt, Abs 3 sieht Garantien vor, die im strafprozessualen Verfahren einen Mindeststandard gewährleisten sollen.

Im Folgenden wird nach diesen Gruppen gegliedert: Zunächst werden die allgemeinen Verfahrensgarantien sowie die unbenannten Fairnesskriterien[1051] behandelt, die der EGMR aus Art 6 Abs 1 EMRK ableitet (II.). Anschließend werden die Garantien des Abs 2 (III.) und Abs 3 (IV.) untersucht. Wie bereits eingangs angekündigt, soll nicht jede einzelne Garantie betrachtet werden, vielmehr werden jene herausgegriffen, die in der oberstgerichtlichen Jud bemerkenswerte Problembereiche betreffen. Weitestgehend unproblematisch ist etwa das Recht auf ein öffentliches Verfahren. Der Gesetzgeber hat ausdrücklich normiert, aus welchen Gründen die Öffentlichkeit von der HV ausgeschlossen werden darf (§ 229 Abs 1 StPO), der OGH wendet diese Gründe soweit ersichtlich verfassungskonform an.[1052]

1051 Diese Bezeichnung verwendet Rzepka, Fairness 82.

1052 OGH 28.11.2002, 15 Os 61/02; 22.11.2007, 15 Os 95/07w (zur faktischen Hinderung Interessierter, an der HV teilzunehmen bzw zu Zutrittsbeschränkungen, welche die Raumverhältnisse und die Handhabung der Ordnung erfordern). S auch OGH 28.11.2002, 15 Os 61/02. S weiters OGH 15.1.2009, 12 Os 151/08k: „Der Grundsatz der (Volks-)Öffentlichkeit ist im Strafprozess von zentraler Bedeutung. Dies kommt dadurch zum Ausdruck, dass seine Verletzung mit Nichtigkeit bedroht (§ 228 Abs 1 StPO) und dass er überdies verfassungsrechtlich garantiert ist (Art 6 Abs 1 MRK, Art 90 Abs 1 B-VG)." Unproblematisch ist im Übrigen auch, dass der OGH über Nichtigkeitsbeschwerden in nicht-öffentlicher Sitzung entscheidet: Nach der Jud des EGMR nämlich kann in oberer Instanz eine öffentliche Verhandlung unterbleiben, wenn in unterer Instanz eine mündliche Verhandlung stattgefunden hat und das Gericht nicht über Sachverhaltsfragen zu entscheiden hat, die sich auf die Beurteilung der Schuld oder Unschuld auswirken können.

II. Allgemeine Verfahrensgarantien des Art 6 Abs 1 EMRK

1. Selbstbezichtigungsverbot

a. Verfassungsrechtliche Grundlage

„Nemo tenetur se ipsum accusare" (auch: „Nemo tenetur prodere seipsum") ist heute ein anerkannter strafrechtlicher Grundsatz. Dass sich niemand selbst einer strafbaren Handlung bezichtigen muss, ist geradezu ein „kulturelles Merkmal unseres Strafprozesses".[1053] Auch wenn seine ideengeschichtlichen Wurzeln[1054] bis zum talmudischen Recht zurückreichen, so hat sich das nemo-tenetur-Prinzip in seiner heutigen Gestalt va im englischen Recht herausgebildet. Dort wurde es zunächst mit dem naturrechtlichen Gehalt der Selbsterhaltung begründet, später aber auch als Bürgerrecht begriffen.[1055]

Das Selbstbezichtigungsverbot ist eng verbunden mit einem Staatsverständnis, das den Bürger nicht als Objekt, sondern als Subjekt sieht. Diese sich in der Aufklärung durchsetzende Auffassung schlug schließlich auf den Strafprozess durch. Anerkannt war nunmehr, dass der Zweck der Wahrheitsfindung nicht die Mittel heiligt, sondern der Besch auch im Strafverfahren Rechte hat, die es zu wahren gilt.[1056] Der Zusammenhang zwischen nemo tenetur und der Anerkennung des Menschen als Subjekt und Partei des Verfahrens zeigt sich deutlich in Deutschland, wo das Selbstbezichtigungsverbot aus der Menschenwürde und den Persönlichkeitsrechten abgeleitet wird.[1057]

Dass nemo tenetur nicht nur als Prinzip, sondern sogar als Grundrecht gilt[1058], steht heute außer Zweifel. Bemerkenswert ist freilich, dass es sich nicht auf eine explizite **verfassungsrechtliche Grundlage** zurückführen lässt. Zwar normiert der internationale Pakt über bürgerliche und politische Rechte[1059] ausdrücklich ein Selbstbezichtigungsverbot[1060], er steht

EGMR 22.2.1996, 17 358/90, Bulut gegen Österreich Z 42 = ÖJZ 1996/16. S auch OGH 10.7.1997, 15 Os 97/97; 1.3.2005, 12 Os 38/04.

1053 Höpfel, FS-Brandstetter 255. Ähnlich Schmoller, JBl 1992, 69 (70); Verrel, NStZ 1997, 361.

1054 Dazu und zur Entwicklung des Grundsatzes, Rogall, Beschuldigte 67 ff. S auch Höller, ZÖR 2001, 243 (246 ff).

1055 Rogall, Beschuldigte 67 ff, 72 ff, 103.

1056 Rogall, Beschuldigte 17.

1057 S mwN BVerfGE 56, 43. Stürner, NJW 1981, 1757 f. S auch Giefing, JBl 2005, 85 (97).

1058 S dazu Öhlinger, FS-Klecatsky 192.

1059 BGBl 1978/591.

1060 Gem Art 14 Abs 3 lit g des internationalen Pakt über bürgerliche und politische Rechte darf ein wegen einer strafbaren Handlung Angeklagter nicht gezwungen werden, gegen sich selbst als Zeuge auszusagen oder sich schuldig zu bekennen.

aber nur in Gesetzesrang und vermittelt lediglich eine völkerrechtliche Verpflichtung zur Umsetzung.[1061] Das nemo-tenetur-Prinzip wird dennoch – mit unterschiedlichen Ansätzen – auf die Verfassung zurückgeführt:[1062]

Der **VfGH** hat das Selbstbelastungsverbot aus dem Grundsatz des Anklageprozesses in Art 90 Abs 2 B-VG abgeleitet.[1063] Daraus folge, dass der Besch „nicht Objekt des Verfahrens, sondern Subjekt, also Prozesspartei ist".[1064] Der Bundesverfassung wohne somit die Regelung inne, dass Personen, die einer strafbaren Handlung beschuldigt oder verdächtigt werden, nicht unter Strafsanktion gezwungen werden dürfen, ein Geständnis einer strafbaren Handlung abzulegen.[1065] Auch wenn der VfGH das Selbstbelastungsverbot nach wie vor mit Art 90 Abs 2 B-VG begründet, so anerkennt er in seiner jüngeren Jud nunmehr auch die Ableitung aus Art 6 EMRK, wie sie der **EGMR** vertritt.[1066] Nach dessen Jud ist nemo tenetur ein internationaler Grundsatz, der „das Herzstück des Konzepts des fairen Verfahrens gem Art 6" EMRK bildet.[1067] Er soll ua den Besch gegen ungehörigen Zwang durch die Beh schützen, wodurch er beitrage, Fehlentscheidungen der Gerichte zu vermeiden und die Ziele des Art 6 EMRK zu erfüllen. Das Recht, sich nicht selbst beschuldigen zu müssen, setze insbes voraus, dass die Anklage in einem Strafverfahren versuche, ihre Beweise gegenüber dem Besch zu führen, ohne zu Beweisen Zuflucht zu nehmen, welche durch Methoden des Zwangs oder des Drucks unter Missachtung des Willens des Besch erlangt wurden. In diesem Sinn sei das Recht eng mit der Unschuldsvermutung des Art 6 Abs 2 MRK verbunden.[1068]

1061 Thienel, Anklageprinzip 14.

1062 S dazu etwa Herbst, Art 6 EMRK, in: Machacek/Pahr/Stadler (Hrsg), Grund- und Menschenrechte 3, 661 (689); Mathis, AnwBl 1986, 274.

1063 VfSlg 5235/1966; 5295/1966; 9950/1984; 10 394/1985; 11 829/1988; 12 454/1990; 14 987/1997; 14 988/1997; 15 600/1999; 18 164/2007; 18 550/2008. S dazu auch Thienel, Anklageprinzip 19 ff. Zur Entwicklung Öhlinger, Parteistellung, in: Machacek/Pahr/Stadler (Hrsg), Grund- und Menschenrechte 2, 767 (769 f).

1064 VfSlg 10 291/1984.

1065 VfSlg 5235/1966; 9950/1984; 10 394/1985. Der VwGH bezeichnet das Selbstbezichtigungsverbot in seiner in VfSlg 9950/1984 dargestellten Darlegung der Bedenken als eine „grundlegende verfassungsrechtliche Wertvorstellung, deren Verletzung verfassungsrechtlich verpönt ist".

1066 VfSlg 18 164/2007; 18 550/2008. S aber auch bereits VfSlg 11 829/1988. Der EGMR vertritt diese Auffassung soweit ersichtlich erstmals 1993 in EGMR 25.2.1993, 10 828/84, Funke gegen Frankreich = ÖJZ 1993/33.

1067 EGMR 17.12.1996, 19 187/91, Saunders gegen Vereinigtes Königreich, ÖJZ 1998/1; 20.10.1997, 20 225/92, Serves gegen Frankreich = ÖJZ 1998/33; 3.5.2001, 31 827/96, J B gegen die Schweiz = ÖJZ 2002/23; 10.9.2002, 76 574/01, Allen gegen Vereinigtes Königreich = ÖJZ 2003/41; 5.11.2002, 48 539/99, Allan gegen Vereinigtes Königreich = ÖJZ 2004/7.

1068 EGMR 17.12.1996, 19 187/91, Saunders gegen Vereinigtes Königreich, ÖJZ 1998/1.

Dieser Auffassung folgt auch der OGH. Er stützt sich bei der Ableitung des Selbstbezichtigungsverbots auf Art 6 EMRK[1069]: Aus dem Fairnessgebot lasse sich das Verbot der Ausübung von Zwang zur Selbstbelastung (nemo-tenetur-Prinzip) ableiten.[1070] Auf die verfassungsgerichtliche Begründung über Art 90 Abs 2 B-VG geht er dabei gar nicht ein.

Steht nun zwar die grundsätzliche Existenz dieser Garantie außer Streit, so wirft ihre Reichweite doch verschiedene Fragen auf. Weitestgehend unproblematisch ist, dass das Selbstbelastungsverbot für denjenigen gilt, der in einem Verfahren beschuldigt ist.[1071] Dies ist seit dem StPRG 2004 auch explizit in § 7 Abs 2 StPO verankert: Der Besch darf nicht gezwungen werden, sich selbst zu belasten; es steht ihm frei, die Aussage zu verweigern. Offen bleibt zunächst freilich die – besonders im strafgerichtlichen Verfahren bedeutsame – Frage, ob und bejahendenfalls inwieweit sich auch die Zeugen eines Verfahrens auf nemo tenetur berufen dürfen.

b. Geltung von nemo tenetur für Zeugen eines Verfahrens

aa. Judikatur des OGH

(1) Entwicklung der Rechtslage und der Judikatur

Die StPO sieht explizit vor, unter welchen Voraussetzungen jemand seine Aussage verweigern darf. Das nunmehr in § 157 StPO geregelte Aussageverweigerungsrecht – vormals Zeugnisentschlagungsrecht – hat eine durchaus wechselvolle Entwicklung hinter sich. Bis zum StPÄG 1993 galt es nur bedingt, nämlich insoweit die Aussage wegen ihrer „besonderen Bedeutung" nicht „unerläßlich" war. Ob dies vorlag beurteilte der OGH mit einer Abwägung zwischen dem Interesse an der Aufklärung der Straftat einerseits und dem Interesse an der Verweigerung der Aussage andererseits.[1072] Diese Interessenabwägung erachtete der OGH als verfassungskonform: Im ungerechtfertigten Unterbleiben eines Zeugniszwanges müsse nämlich ein Verstoß gegen das Recht des Angekl auf ein faires Verfahren erblickt werden. Dies wäre etwa der Fall, wenn der Zeuge in einem Mordprozess seine Aussage mit der Begründung zu verweigern trachte, dass gegen ihn deswegen ein Verfahren wegen falscher Beweisaussage anhängig sei.[1073] Außerdem argumentiert der OGH, dass sich sowohl Art 6

1069 OGH 15.5.1990, 15 Os 27/90; 16.1.1992, 15 Os 152/91; 6.11.2007, 5 Ob 154/07v.

1070 OGH 19.4.2006, 15 Os 18/06w.

1071 S etwa Berka, Grundrechte, Rz 853.

1072 OGH 6.6.1991, 15 Os 43/91; 16.1.1992, 15 Os 152/91. Vgl noch OGH 15.5.1990, 15 Os 27/90: Hier war in der Interessenabwägung das Gewicht eines Schuld- oder eines Freispruchs zu berücksichtigen.

1073 OGH 15.5.1990, 15 Os 27/90; s auch OGH 6.6.1991, 15 Os 43/91; 16.1.1992, 15 Os 152/91.

Abs 1 EMRK als auch Art 14 Abs 3 lit g des Internationalen Pakts über bürgerliche und politische Rechte nur auf den Angekl beziehen, weswegen Zeugen nicht anspruchsberechtigt sein sollen.[1074]

Das Schrifttum hatte gegen dieses relative Entschlagungsrecht verfassungsrechtliche Bedenken angemeldet. Kritisiert wurde va, dass unklar war, welche „besondere Bedeutung" denn eine Zeugenaussage unerlässlich mache.[1075] Der Gesetzgeber reagierte auf diese Einwände mit dem StPÄG 1993. Nunmehr bestand ein absolutes Entschlagungsrecht für Personen, die sich durch ihre Aussage der Gefahr strafgerichtlicher Verfolgung aussetzen würden oder die im Zusammenhang mit einem gegen sie geführten Strafverfahren Gefahr liefen, sich selbst zu belasten. Damit wurde nun auch Zeugen ein Anspruch auf nemo tenetur eingeräumt: Sie müssen sich nicht selbst bezichtigen. Dabei setzt das Gesetz an zwei Konstellationen an: Erstens, dass es gegen einen Zeugen bislang noch keine Verdachtsmomente gibt und zweitens, dass gegen den Zeugen bereits ein Strafverfahren geführt wird oder wurde.

Allein die Tatsache, dass gegen einen **Zeugen bereits ein Strafverfahren anhängig** ist, war für sich genommen kein hinreichender Grund für eine Entschlagung.[1076] Es war vielmehr zu prüfen, ob sich der Zeuge durch seine Aussage tatsächlich selbst belasten konnte. Das Gericht habe dabei das dem Zeugen „gestellte Beweisthema mit dem gegen ihn erhobenen strafgerichtlichen Vorwurf zu vergleichen und insbesondere darauf Bedacht zu nehmen, auf welche Weise sich der Zeuge im eigenen Strafverfahren zu diesem Vorwurf stellt."[1077] War der nunmehrige Zeuge in seinem Verfahren als Besch nämlich geständig, dann könne er sich idR nicht auf sein Entschlagungsrecht berufen – und zwar unabhängig davon, ob er bereits rechtskräftig verurteilt worden war oder nicht. In diesem Fall könne nämlich „nicht angenommen werden, daß er sich im Umfang seines Geständnisses durch eine wahrheitsgemäße Aussage noch belasten" könne.[1078] Sei die Selbstbezichtigung im Rahmen einer vor Gericht abgelegten Aussage bereits geschehen, so sei mit deren bloßer Wiederholung keine Gefahr mehr verbunden.[1079] Hat der Zeuge als Besch die Tat hingegen bestritten,

1074 OGH 15.5.1990, 15 Os 27/90.

1075 Öhlinger, FS-Klecatsky 193 (198); Rueprecht/Pallin, ÖJZ 1991, 545 (550 f); Thienel, Anklageprinzip 16 f. S dazu auch Lendl, RZ 1998, 246.

1076 OGH 10.1.1995, 14 Os 87/94.

1077 OGH 12.7.1994, 14 Os 82/94.

1078 OGH 12.7.1994, 14 Os 82/94; 14.2.1995, 11 Os 145/94; 25.11.1997, 11 Os 159/97; 11.2.1999, 15 Os 204/98; 11.3.1999, 15 Os 18/99; 9.9.1999, 15 Os 111/99. S auch OGH 15.11.2001, 15 Os 138/01.

1079 OGH 11.10.2000, 13 Os 109/00; 26.2.2008, 11 Os 158/07f. Anderes gilt dann, wenn die selbstbelastenden Aussagen (noch) nicht vor einem Richter gemacht wurden, weil sonst das Entschlagungsrecht in seinem Kern unterlaufen würde.

dann wird ihm ein Entschlagungsrecht zuerkannt und zwar unabhängig davon, ob er verurteilt wurde oder nicht.

Entsprechendes gilt für den Entschlagungsgrund der **drohenden strafrechtlichen Verfolgung:** Nach der Jud des OGH berechtigt wiederum nicht jegliche drohende Strafverfolgung zur Aussageverweigerung. Beachtlich seien nur solche Gründe, die schon bei der ersten Vernehmung der Sache gegeben sind und nicht erst durch die Aussage geschaffen werden.[1080] Die Gefahr, dass sich der Zeuge der Falschaussage oder der Verleumdung schuldig machen würde, könne eine Entschlagung darum nicht rechtfertigen.[1081] MaW: Nur ein außerhalb der gerichtlichen Aufarbeitung des Straffalles gesetztes kriminelles Verhalten, nicht aber ein bei der Aufarbeitung vielleicht zustandegekommenes Aussagedelikt begründe ein Entschlagungsrecht.[1082] Der OGH verwendet hier häufig den – freilich etwas irreführenden – Begriff der Konnexität: Ein Entschlagungsrecht bestehe nur für Taten, die in einem sachlichen oder rechtlichen Konnex zu jener Tat stehen, für die der Betroffene als Zeuge auftreten soll.[1083] Den rechtlichen Konnex versteht der OGH etwa iSe Beteiligung, den sachlichen iSv Anschlusstaten.

Einmal mehr lag nun freilich die eigentliche Problematik in der Beurteilung der Frage, ob die Voraussetzungen für eine Entschlagung auch tatsächlich vorliegen. Dass allein die Berufung eines Zeugen auf einen Entschlagungsgrund noch nicht ausreichen kann, um in den Genuss des Rechts zu kommen, liegt auf der Hand.[1084] Andernfalls wäre es willkürlich beanspruchbar und man müsste einen nahezu völligen Zeugenverlust in Kauf nehmen. Die Beurteilung dieser Frage kann freilich im Einzelnen durchaus heikel sein, denn wird zuviel erhoben, so kann dies praktisch bereits die Selbstbezichtigung offen legen. Dementsprechend meinte auch der OGH, dass ergänzende Erklärungen zwar verlangt werden dürfen, der Befreiungsgrund dadurch aber nicht vereitelt und der Zeuge nicht schon dadurch zur Selbstbelastung veranlasst werden dürfe.[1085]

Dass der Besch schweigen darf, bedeutet freilich noch nicht, dass dieses Schweigen in der Beweiswürdigung unberücksichtigt bleiben muss. Die beweiswürdigende Wertung des Schweigens des Angekl zur Schuldfrage ist nach der Jud des OGH – er stützt sich dabei auf die Jud des EGMR – nicht

---

1080 OGH 6.8.1997, 13 Os 90/97; 12.7.1994, 14 Os 82/94; 21.10.1997, 14 Os 80/97; 25.11.1997, 11 Os 159/97.

1081 Krit dazu Bertel, JBl 1995, 236 (238).

1082 OGH 6.8.1997, 13 Os 90/97. S dazu auch Ratz, JBl 2000, 291 (293).

1083 OGH 12.7.1994, 14 Os 82/94; 26.1.1995, 12 Os 115/94; 6.8.1997, 13 Os 90/97.

1084 Dementsprechend hat der OGH festgestellt, dass die Gerichte zu entscheiden haben, ob die Voraussetzungen für eine Entschlagung tatsächlich vorliegen: OGH 12.7.1994, 14 Os 82/94; s auch OGH 10.1.1995, 14 Os 87/94.

1085 Zur Problematik auch Steininger, AnwBl 1994, 77 (82).

unter allen Umständen ausgeschlossen.[1086] Unvereinbar mit dem Recht zu schweigen wäre es lediglich, eine Verurteilung ausschließlich oder hauptsächlich auf das Schweigen des Angekl oder auf die Weigerung, Fragen zu beantworten oder gegen sich selbst auszusagen, zu stützen. Voraussetzung für die Zulässigkeit von Schlussfolgerungen aus dem Schweigen des Angekl sei, dass die belastenden Beweise nach einer Erklärung durch den Angekl „rufen".

(2) Geltende Rechtslage

Das StPRG 2004 hat für das Aussageverweigerungsrecht inhaltlich kaum Änderungen gebracht. Die Aussage darf gem § 157 Abs 1 StPO ua verweigern, wer sich ansonsten der Gefahr strafrechtlicher Verfolgung[1087] oder im Zusammenhang mit einem gegen ihn geführten Strafverfahren der Gefahr aussetzen würde, sich – dieser Teilsatz ist neu – über seine bisherige Aussage hinaus selbst zu belasten (Z 1 leg cit). Mit dieser Neuerung wurde freilich lediglich die vom OGH schon zur alten Rechtslage in st Jud vertretene Auffassung einfachgesetzlich umgesetzt. Auch das Kriterium der Konnexität einer Straftat soll – so die Erl – nach wie vor gelten.[1088]

bb. Judikatur des EGMR

Der EGMR leitet das Recht zu schweigen und sich nicht selbst beschuldigen zu müssen, wie bereits erwähnt, aus Art 6 Abs 1 EMRK ab. Da der EGMR den Begriff der strafrechtlichen Anklage autonom auslegt, erstreckt sich das Selbstbezichtigungsverbot auch auf das Verwaltungsstrafverfahren.[1089] Nemo tenetur gilt außerdem nicht nur für Aussagen, sondern auch für körperliche Beweismittel. Bei letzteren differenziert der EGMR jedoch: Nicht erfasst ist Material, das zwar vom Besch durch Zwangsmittel erlangt werden kann, aber unabhängig vom Willen des Betroffenen existiert, wie etwa Schriftstücke oder Blut-, Harn- und Gewebeproben.[1090]

Wiederholt hat der EGMR verdeutlicht, dass das Recht zu schweigen nicht absolut gewährleistet ist, sondern Beschränkungen unterworfen werden darf. Diese dürfen freilich den Wesensgehalt des Rechts nicht zunichte

1086 OGH 19.4.2006, 15 Os 18/06w.

1087 Zwar war in der alten Rechtslage von straf*gerichtlicher* Verfolgung die Rede, inhaltliche Änderungen sind damit aber keine verbunden.

1088 RV 25 BlgNR 22. GP 203. Zu einem Vergleich zwischen alter und neuer Rechtslage etwa Nimmervoll, ÖJZ 2008, 255, 538.

1089 EGMR 23.10.1995, 15 963/90, Gradinger gegen Österreich = ÖJZ 1995/51 = JBl 1997, 577; 3.5.2001, 31 827/96, J B gegen die Schweiz = ÖJZ 2002/23.

1090 EGMR 17.12.1996, 19 187/91, Saunders gegen Vereinigtes Königreich = ÖJZ 1998/1. S aber EGMR 11.7.2006, 54 810/00, Jalloh gegen Deutschland: Die zwangsweise Verabreichung eines Brechmittels zur Erlangung eines vom Bf verschluckten mutmaßlichen Beweismittels war unzulässig. S dazu Reindl, JRP 2007, 87.

machen.[1091] Ob dies der Fall ist, beurteilt der EGMR anhand der konkreten Umstände des Einzelfalls[1092] und verschiedener Kriterien iSe beweglichen Systems[1093]. Er stellt dabei ab auf die Art und das Ausmaß des Zwangs, das öffentliche Interesse an der Aufklärung und Bestrafung der Tat, das Bestehen angemessener Verfahrensgarantien und die Verwendung des gewonnenen Materials.[1094]

Daraus ergibt sich eine facettenreiche Jud, in der die gesetzlichen Auskunftspflichten eine maßgebliche Rolle spielen. Hier geht es auch häufig um die Frage, wie belastende Informationen zu behandeln sind, die „außerhalb des Kontexts eines Strafverfahrens", also etwa in einem Verwaltungsverfahren, erlangt wurden und in einem Strafverfahren verwendet werden sollen.[1095]

In der Rs Saunders gegen das Vereinigte Königreich[1096] machte der EGMR deutlich, dass es für die Inanspruchnahme des nemo-tenetur-Schutzes nicht auf die formale Einleitung eines Verfahrens ankommt, sondern auf die Gefahr einer Verfahrenseinleitung. Der Bf musste im Verwaltungsverfahren – dieses war wegen konkreter Verdachtsmomente eingeleitet worden – der Beh aufgrund einer gesetzlichen Aussageverpflichtung bestimmte Informationen übermitteln. Die so gewonnenen Aussagen wurden dann gegen den Bf im gerichtlichen Strafverfahren verwendet. Nach Auffassung des EGMR änderte „der Umstand, daß die Aussagen vom Bf gemacht wurden, bevor er strafrechtlich beschuldigt wurde, nichts daran, daß ihre spätere Verwendung im Strafverfahren eine Rechtsverletzung darstellt".[1097] Das Recht, sich nicht selbst beschuldigen zu müssen, könne vernünftigerweise nicht auf Aussagen oder Eingeständnisse eines unrechtmäßigen Handelns oder auf direkt inkriminierende Aussagen beschränkt werden. Aussagen, welche unter Zwang erlangt wurden und welche auf den ersten Blick nicht belastend erscheinen, können nämlich später in ein Strafverfahren eingebracht werden.

Im Fall Weh gegen Österreich[1098] war für den EGMR der Zusammenhang zwischen der Auskunftspflicht und einem möglichen Strafverfahren

1091 EGMR 5.11.2002, 48 539/99, Allan gegen Vereinigtes Königreich = ÖJZ 2004/7.
1092 EGMR 5.11.2002, 48 539/99, Allan gegen Vereinigtes Königreich = ÖJZ 2004/7.
1093 So auch Grabenwarter, EMRK^4 § 24 Rz 119.
1094 EGMR 5.11.2002, 48 539/99, Allan gegen Vereinigtes Königreich = ÖJZ 2004/7; 11.7.2006, 54 810/00, Jalloh gegen Deutschland; 10.1.2008, 58 452/00, 61 920/00, Lückhof und Spanner gegen Österreich = ÖJZ 2008/6; s auch Grabenwarter, in: Korinek/Holoubek (Hrsg), Bundesverfassungsrecht, Art 6 EMRK, Rz 227.
1095 EGMR 8.4.2004, 38 544/97, Weh gegen Österreich = ÖJZ 2004/24.
1096 EGMR 17.12.1996, 19 187/91, Saunders gegen Vereinigtes Königreich = ÖJZ 1998/1.
1097 EGMR 17.12.1996, 19 187/91, Saunders gegen Vereinigtes Königreich = ÖJZ 1998/1.
1098 Rechtsgrundlage war hier die vom VfGH aufgehobene Lenkerauskunft, die als Verfassungsbestimmung wieder erlassen und damit einer Überprüfung durch den OGH entzogen worden war.

hingegen nur „entfernt und hypothetisch“, weshalb das nemo-tenetur-Prinzip keinen Schutz vermittelte: Über den Bf war eine Geldstrafe verhängt worden, weil er als Zulassungsinhaber den Lenker seines Kfz nicht ordnungsgemäß bezeichnet hatte. Es sei aber weder zum Zeitpunkt der Aufforderung, den Lenker bekannt zu geben, noch danach ein Verfahren gegen ihn geführt worden. Der Betroffene war hier nur als Zulassungsbesitzer und nicht als Besch befragt worden, die Frage, wer das Kfz tatsächlich gelenkt hatte, sei keine Anschuldigung. Ohne einen ausreichend konkreten Zusammenhang mit diesem Strafverfahren werfe die Anwendung von Zwangsmitteln zur Erlangung der Auskunft kein Problem in Bezug auf das Recht des Bf zu schweigen, und das Privileg, sich nicht selbst bezichtigen zu müssen, auf.[1099]

Auch in anderen Fällen hatte sich der EGMR mit den Informationspflichten eines Zulassungsbesitzers auseinanderzusetzen und untersuchte dabei stets die konkreten Umstände des Einzelfalls.[1100]

In O'Halloran und Francis gegen das Vereinigte Königreich[1101] wurden Zulassungsinhaber, deren Kfz von einer Radarkontrolle erfasst worden waren, aufgefordert, Name und Anschrift der Person anzugeben, die das Kfz zum fraglichen Zeitpunkt gelenkt hatte. Der EGMR sah unter Zugrundelegung der entsprechenden Kriterien keine Verletzung des Art 6 EMRK: Das Auskunftsersuchen erstreckte sich nur auf die Identität des Fahrers, die Strafe wegen Verweigerung der Lenkerauskunft sei nur moderat, es liege kein Vergehen vor, wenn der Zulassungsinhaber beweisen kön-

1099 S aber die abweichende Meinung der Richter Lorenzen, Levits und Hajiyew.

1100 EGMR 20.10.1997, 20 225/92, Serves gegen Frankreich = ÖJZ 1998/33: Unbedenklich war eine Strafe, die verhängt worden war, weil eine Eidesleistung verweigert worden war. Sie enthalte einen gewissen Grad an Zwang, er sei aber dazu bestimmt, sicherzustellen, dass alle Angaben gegenüber dem Richter wahr seien und nicht dazu, den Zeugen zur Aussage zu zwingen. EGMR 10.9.2002, 76 574/01, Allen gegen Vereinigtes Königreich = ÖJZ 2003/41: Der Bf hatte eine falsche Vermögenserklärung abgegeben und wurde deswegen bestraft. Die Abgabe einer Vermögenserklärung gegenüber dem Finanzamt war nach Auffassung des EGMR unbedenklich. Die Verpflichtung, das Einkommen und Vermögen zum Zweck der Berechnung der Vermögenssteuer offen zu legen, sei ein allgemeiner Zug der Steuersysteme und es falle schwer zu erwarten, dass sie ohne diese Verpflichtung effektiv funktionieren würden. Die Besonderheit lag hier freilich auch darin, dass der Bf eine falsche Vermögenserklärung abgegeben hatte und deswegen bestraft wurde. Zu den Mitwirkungspflichten im Abgabenrecht, Hochmayr, ÖJZ 2006, 935. EGMR 5.11.2002, 48 539/99, Allan gegen Vereinigtes Königreich = ÖJZ 2004/7: Eine Verletzung von Art 6 Abs 1 EMRK war es, einen Informanten der Polizei in der Zelle des Besch unterzubringen, um ihm gezielt Informationen zu entlocken. Die Freiheit, zu schweigen werde in einem Fall untergraben, in dem sich der Verdächtige entschieden habe, während der Vernehmung zu schweigen und die Beh einen Vorwand suchen, um dem Verdächtigen Geständnisse zu entlocken oder andere Erklärungen inkriminierender Art, welche sie im Zuge einer solchen Befragung nicht erlangen könnten und in dem die Geständnisse oder Erklärungen, die auf solche Art erlangt wurden, als Beweise bei der HV vorgelegt werden.

1101 EGMR 29.6.2007, 15 809/02 und 25 624/02.

ne, dass er nicht wusste, wer das Fahrzeug gelenkt habe. Außerdem anerkannte der EGMR zur Art des Zwangs, dass sich die Zulassungsinhaber einem rechtlichen Regime unterwarfen, das gewisse Verantwortlichkeiten und Verpflichtungen mit sich bringe.[1102]

Wie bereits angesprochen, muss nach st Jud des EGMR die Entscheidung eines Angekl, während des ganzen Strafverfahrens zu schweigen, nicht notwendigerweise ohne Auswirkungen auf die Beweiswürdigung bleiben.[1103] Ob nachteilige Schlussfolgerungen, die aus dem Schweigen des Angekl gezogen werden, Art 6 EMRK verletzen, müsse im Lichte aller Umstände des Falles entschieden werden. Dabei sei insbes darauf Bedacht zu nehmen, in welchen Situationen Schlussfolgerungen gezogen werden dürfen, ferner auf das Gewicht, das ihnen durch die innerstaatlichen Gerichte im Rahmen der Beweiswürdigung beigemessen werde und auf das Ausmaß an Zwang, das einer jeweiligen Situation innewohne.

cc. Judikatur des VfGH

Der VfGH leitet nemo tenetur, wie bereits erwähnt, aus Art 90 Abs 2 B-VG ab. Er beschränkt es nicht auf das strafgerichtliche Verfahren, sondern dehnt es per Größenschluss auf das Verwaltungsstrafrecht aus („materielles Anklageprinzip“).[1104] Auch zur Frage, ob und inwieweit sich der Grundsatz nur auf den Besch eines konkreten Strafverfahrens bezieht, vertritt der VfGH eine weite Auffassung. Das Verbot eines Zwangs, sich selbst zu belasten, bestehe bereits dann, wenn der Besch „im Verwaltungsstrafverfahren oder in einem Stadium vor Einleitung des Strafverfahrens im weitesten Sinn“ zu einem Geständnis gezwungen werden soll.[1105] Es erstrecke sich auf alle behördlichen Handlungen, die Anlass für die Einleitung eines Strafverfahrens sein könnten.[1106]

Bislang hatte sich der VfGH – ähnlich wie auch der EGMR – va mit der Frage auseinanderzusetzen, inwieweit gesetzliche Auskunftspflichten mit dem Selbstbezichtigungsverbot vereinbar sind. Dabei stellt der VfGH auf den Zweck der Verpflichtung ab: Zielt sie nämlich gerade auf die Aufklärung eines strafbaren Handelns und betrifft sie das Verhalten des Auskunftspflichtigen selbst, dann ist eine Auskunftspflicht idR unzulässig.[1107]

1102 Ähnliche Überlegungen stellte der EGMR in 10.1.2008, 58 452/00, 61 920/00, Lückhof und Spanner gegen Österreich an = ÖJZ 2008/6.

1103 EGMR 8.2.1996, 18 731/91, Murray gegen Vereinigtes Königreich = ÖJZ 1996/21.

1104 VfSlg 9950/1984. Krit dazu Lienbacher, ZfV 1985, 536.

1105 VfSlg 9950/1984.

1106 Dazu auch Öhlinger, Parteistellung, in: Machacek/Pahr/Stadler (Hrsg), Grund- und Menschenrechte 2, 777.

1107 VfSlg 9950/1984; 10 394/1985. S dazu Öhlinger, Parteistellung, in: Machacek/Pahr/Stadler (Hrsg), Grund- und Menschenrechte 2, 773.

Diese Kriterien erfüllte die sog Lenkerauskunft, also die Pflicht des Zulassungsbesitzers, den Lenker eines Kfz bekannt zu geben: Der VfGH behob sie als verfassungswidrig,[1108] sie wurde allerdings im Verfassungsrang wieder erlassen.[1109]

Die Verständigungspflicht nach einem Verkehrsunfall erachtete der VfGH hingegen als verfassungsrechtlich unbedenklich: Sie diene nicht vorrangig der Ermittlung des Tatverdächtigen, sondern solle sicherstellen, dass die zur Hilfeleistung notwendigen Maßnahmen sofort ergriffen werden können.[1110]

Entsprechendes gilt für die Atemluftkontrolle im Straßenverkehr: Sie entspreche der Pflicht des Betroffenen, an der Feststellung des Sachverhalts mitzuwirken. Er werde hier nicht unter Strafsanktion zu einer Selbstbezichtigung gezwungen, sondern er werde daran gehindert, Spuren zu verwischen und Beweismittel zu hintertreiben.[1111]

Verfassungswidrig ist hingegen eine zwangsweise Blutabnahme.[1112] Zwar wurde die Verpflichtung zur Blutabnahme nunmehr als Verfassungsbestimmung erlassen (§ 5 Abs 6 StVO), als Ausnahmebestimmung zu Art 90 Abs 2 B-VG ist sie aber – so der VfGH – einschränkend zu interpretieren.[1113]

Die Verpflichtung des Arbeitnehmers, die Identität von (vermuteten) ausländischen Arbeitnehmern, die am Betriebsort oder in betrieblichen Fahrzeugen angetroffen werden, bekannt zu geben, war verfassungswidrig, weil sich damit der Arbeitgeber uU auch der unerlaubten Beschäftigung von Arbeitnehmern bezichtigen müsste. Ein Zwang zur Selbstbezichtigung sei nicht nur anzunehmen, wenn sich der Täter einer Tat bekennen müsse, sondern auch dann, wenn die erzwungene Erklärung typischerweise den entscheidenden Hinweis und Nachweis eines Straftatbestandes gebe.[1114]

dd. Würdigung

Die Besonderheit des nemo-tenetur-Prinzips liegt zunächst darin, dass es keine explizite verfassungsgesetzliche Grundlage hat: Es wird sowohl mit Art 90 Abs 2 B-VG als auch mit Art 6 EMRK begründet. Dennoch: Dass nemo tenetur als Grundrecht gilt, steht heute sowohl in Rsp als auch im

1108 VfSlg 9950/1984; 10 394/1985.
1109 Allgemein zur Lenkerauskunft etwa Messiner, ZVR 1985, 290.
1110 VfSlg 11 549/1987.
1111 VfSlg 5295/1966.
1112 VfSlg 10 976/1986.
1113 VfSlg 11 923/1988.
1114 VfSlg 15 600/1999.

Schrifttum außer Zweifel. Auch wenn sich in der Jud des EGMR und des VfGH durchaus Unterschiede ergeben – Blutproben etwa sind für den EGMR von nemo tenetur nicht erfasst, weil Blut unabhängig vom Willen des Betroffenen existiert[1115] –, so ist der Kern des Rechts doch klar: Niemand soll gezwungen werden, belastende Beweise gegen sich selbst zu liefern.

Einigkeit besteht weiter darüber, dass das Selbstbezichtigungsverbot nicht nur für den formal Besch eines Verfahrens gilt: Grds kann sich jeder darauf berufen, der sich mit einer Aussage der Gefahr einer strafrechtlichen Verfolgung aussetzen würde. Dies ist plausibel und konsequent: Wenn nämlich niemand gezwungen werden soll, an der eigenen Überführung mitzuwirken, dann muss es einerlei und gleichermaßen verpönt sein, ob sich ein Besch oder ein bislang Unverdächtiger selbst belastet. Es gibt keine Unterschiede, die eine Ungleichbehandlung rechtfertigen könnten. Die frühere Auffassung des OGH, wonach nemo tenetur nicht für Zeugen gilt, vermag somit nicht zu überzeugen. Mittlerweile ist dies freilich auch in den Aussageverweigerungsrechten der StPO anerkannt.

Betrachtet man die Jud des OGH, so fällt zunächst auf, dass er das mit dem StPRÄG 1993 eingeführte absolute Entschlagungsrecht relativierte: Er bezog die Gefahr einer strafrechtlichen Verfolgung nicht auf jegliche strafrechtsrelevante Taten, sondern nur auf jene, die in einem rechtlichen oder sachlichen Konnex zur Tat des Besch stehen. Würde sich der Zeuge mit seiner Aussage eines Aussagedeliktes (§§ 288, 289, 297 StGB) bezichtigen, so gilt das Verweigerungsrecht nicht. Dies betrifft eine im Strafverfahren durchaus gängige Konstellation: Wird etwa das Verfahren gegen mehrere Mittäter eines Verbrechens gesondert geführt, so können diese als Zeugen im Verfahren gegen ihre Komplizen herangezogen werden, etwa weil ihre Aussagen über die Mittäter falsch sind.[1116]

Um diese Position des OGH bewerten zu können, gilt es zunächst offenzulegen, welche Kollisionslagen dem nemo-tenetur-Prinzip an sich zugrunde liegen. Grds ist von einem zweipoligen Interessenskonflikt auszugehen: Kollidiert das staatliche Strafverfolgungsinteresse mit dem Interesse des *Angekl*, nicht selbst an seiner eigenen Überführung mitwirken zu müssen[1117], so räumt das Selbstbezichtigungsverbot dem Interesse des Angekl – zumindest nach der verfassungsgerichtlichen Jud – den Vorrang ein.

Die Konturen dieser Grundkonstellation verschwimmen jedoch, wenn Interessen von dritter Seite mit ins Spiel kommen, also etwa ein *Zeuge*

1115 S die Nachweise in FN 1090. S dazu außerdem Schmid, RZ 2009, 153 (159).

1116 Dazu etwa Bertel/Venier, Strafprozessrecht[4] Rz 247.

1117 Diesen Interessenkonflikt skizziert Schmoller, JBl 1992, 69 (73).

daran interessiert ist, im Hinblick auf nemo tenetur nicht aussagen zu müssen. Dann wird zudem das Interesse des Angekl neu definiert: Er hat möglicherweise ein Interesse an der – selbstbelastenden – Aussage des Zeugen, weil sie zur Klärung seines Falles beitragen kann. Würde man auch in diesem Fall dem Selbstbezichtigungsverbot stets den Vorrang einräumen, so würde dies mitunter zu unbefriedigenden Ergebnissen führen[1118]: Das Individualinteresse des Zeugen würde dann nämlich stets über das Interesse des Angekl an der Klärung seines Falles gestellt. Eine solche Vorrangstellung lässt sich aber nicht begründen.

Der OGH löst nun, wie gezeigt, den Konflikt dahingehend, dass die mit einer Aussage verbundene Gefahr der Selbstbezichtigung uU hinter anderen Interessen zurückstehen muss. Dem Grundsatz nach entspricht er damit auch der Jud des EGMR wonach das Verbot der Selbstbezichtigung nicht absolut gewährleistet ist.

Fragwürdig sind jedoch die vom OGH angelegten Kriterien: Wie gezeigt, muss die drohende Strafverfolgung im Konnex mit der Straftat stehen; Aussagedelikte können eine Aussageverweigerung nicht rechtfertigen. Wehalb es nun aber auf den Konnex der drohenden Strafverfolgung mit der Straftat ankommen soll, leuchtet nicht ein. Auf diese Weise wird es vom Deliktstypus abhängig gemacht, ob jemand in den Genuss des Grundrechts kommt.[1119] Aus den einfachgesetzlichen Bestimmungen lässt sich dies so nicht ableiten[1120], denn sie sprechen nur ganz allgemein von der Gefahr einer Strafverfolgung. Auch nach der Jud des EGMR kommt es nicht darauf an, ob sich die Gefahr der Strafverfolgung auf eine Tat bezieht, die im Konnex mit der Tat des Angekl steht, sondern darauf, dass überhaupt die Gefahr einer Selbstbezichtigung – wegen welcher Straftat auch immer – besteht. Es muss lediglich die Beschuldigung einer Straftat wahrscheinlich und nicht nur hypothetisch sein, maW: Es muss ein Konnex zwischen Aussage und Selbstbezichtigung bestehen – und dieser ist unfraglich auch bei Aussagedelikten gegeben.

Betrachtet man den Standpunkt des OGH freilich aus materieller Sicht, so ist er von jenem des EGMR nicht so weit entfernt, wie es zunächst den Anschein haben mag. Wie gezeigt, ist das Selbstbezichtigungsverbot nicht absolut, sondern es darf unter Berücksichtigung verschiedener Kriterien beschränkt werden. Verweigert nun ein Zeuge die Aussage, weil er sich andernfalls der Gefahr der strafrechtlichen Verfolgung wegen Falschaussage aussetzen würde, so würde wohl auch der EGMR das Interesse an

1118 Ebenso SCHMOLLER, JBl 1992, 69 (73).

1119 BRANDSTETTER, FS-Platzgummer 320 (323).

1120 S schon BERTEL, JBl 1995, 236 (238); BRANDSTETTER, FS-Platzgummer 320 (322); SCHWAIGHOFER, ÖJZ 1996, 124 (130).

der Aufklärung der Straftat höher bewerten, zumal der EGMR bereits festgestellt hat, dass die Bestrafung wegen Abgabe einer falschen Vermögenserklärung zulässig war.[1121] Das öffentliche Interesse an der Aufklärung einer – im Vergleich zum Aussagedelikt schwereren – Straftat dürfte hier zu Lasten von nemo tenetur ausschlagen.

Während die Auffassung des OGH somit von jener des EGMR im Ergebnis gar nicht so weit entfernt ist, so erscheint die oberstgerichtliche Jud im Lichte des vom VfGH vertretenen Standpunkts schon problematischer.

Der VfGH hat sich in seiner Jud bislang nicht mit Abwägungsfragen auseinandergesetzt. Er stellt vielmehr darauf ab, ob eine Aussagepflicht iwS zu (verwaltungs-)strafrechtlichen Erhebungen führt und schließlich, ob die Intention der Aussagepflicht auf die Selbstbeschuldigung gerichtet ist. Damit wird dem nemo-tenetur-Prinzip geradezu der Charakter eines vorbehaltlos gewährleisteten Grundrechts zugeschrieben.[1122] Die Jud des OGH lässt sich damit aber nicht in Einklang bringen, denn er lässt unter bestimmten Vorausetzungen die Selbstbezichtigung zu. Freilich gilt es hier zweierlei zu berücksichtigen:

Erstens reduziert sich die im strafgerichtlichen Verfahren problematische Konstellation – nämlich die mehrpolige Interessenkollision – im Verwaltungsstrafverfahren typischerweise auf die zweipolige Kollision zwischen öffentlichem Interesse und dem Interesse des Auskunftspflichtigen. In dieser Konstellation räumt der VfGH stets den Interessen des Auskunftspflichtigen den Vorrang ein und ist in diesem Punkt somit grundrechtsfreundlicher als der EGMR, der auch dann eine Abwägung für zulässig hält.

Dennoch ist anzunehmen, dass dann, wenn es zu einer dreipoligen Kollisionslage kommt, auch der VfGH eine Abwägung vornehmen würde.[1123] Dies ist schon deswegen geboten, weil – worauf bereits hingewiesen wurde – andernfalls ja einem Individualinteresse der absolute Vorrang vor dem anderen Individualinteresse eingeräumt werden würde.

Komplexer wird die Problemstellung schließlich dann, wenn es weder um ein Aussagedelikt noch um eine konnexe Straftat geht, sondern wenn der Zeuge Gefahr läuft, sich mit seiner Aussage der Strafverfolgung wegen einer anderen, also einer selbständigen Tat auszusetzen.[1124]

1121 EGMR 10.9.2002, 76 574/01, Allen gegen Vereinigtes Königreich = ÖJZ 2003/41.

1122 Öhlinger, Parteistellung, in: Machacek/Pahr/Stadler (Hrsg), Grund- und Menschenrechte 2, 767 (777).

1123 Öhlinger, Parteistellung, in: Machacek/Pahr/Stadler (Hrsg), Grund- und Menschenrechte 2, 767 (777).

1124 Schon zur alten Rechtslage war umstritten, was für Taten gelten soll, die weder einen Konnex haben, noch ein Aussagedelikt, sondern vielmehr eine unabhängige Tat sind. Deswegen krit Bertel, JBl 1995, 236 (238); Brandstetter, FS-Platzgummer 320 (323).

Was in diesen Fällen zu gelten hat, bleibt nach der Jud des OGH offen. Dass aber auch diese Konstellation unter dem Schutz des nemo tenetur steht, ist unzweifelhaft. Nach den Erl zum StPRG 2004 muss bei weniger engem Konnex die Gefahr des Zeugen zur Selbstbezichtigung geprüft werden.[1125] Hier ergeben sich freilich natürliche Grenzen: Offen bleibt nämlich, wie das Bestehen des Entschlagungsgrundes glaubhaft gemacht werden kann, wenn kein Konnex erkennbar ist und das Gericht damit gar keinen Anhaltspunkt hat.

Zusammenfassend ist festzustellen: Die eigentliche Problematik im Zusammenhang mit dem Selbstbezichtigungsverbot betrifft die Reichweite dieses Rechts. Sie ergibt sich ua daraus, dass es verfassungsrechtlich nicht explizit verankert ist.[1126] Dies zeigt sich auch eindrücklich darin, dass OGH, EGMR und VfGH unterschiedliche Rechtsgrundlagen heranziehen.

Die vom OGH angewendeten Kriterien zur Auflösung des Konflikts sind aus grundrechtlicher Sicht unzutreffend: Anerkennt man einen Anspruch darauf, sich nicht selbst einer Straftat bezichtigen zu müssen, so kann es nicht darauf ankommen, auf welchen Deliktstypus sich die Selbstbezichtigung bezieht. Es entsteht damit der unzutreffende Eindruck, als lägen bestimmte Delikte außerhalb des grundrechtlichen Schutzbereichs. Dabei wäre genau genommen eine Abwägung vornehmen. Diese Problematik relativiert sich freilich bei einer materiellen Betrachtung: In der Sache kommt der OGH nämlich zu – im Lichte der Straßburger Jud – zutreffenden Ergebnissen. Diese Position ist mE auch nach der Jud des VfGH vertretbar. Auch wenn sie zunächst den Anschein erweckt, als ließe der VfGH im Rahmen von nemo tenetur eine Abwägung gerade nicht zu, so relativiert sich auch diese Einsicht: Die im strafgerichtlichen Verfahren auftretenden Probleme der Interessenskollision stellen sich im Verwaltungsstrafrecht nämlich nicht mit dieser Deutlichkeit. Richtigerweise wird auch hier im Kollisionsfall eine Abwägung vorzunehmen sein.

c. Verwertung selbstbelastender Aussagen

aa. Problemstellung

Offen bleibt nach dem bislang Gesagten, inwieweit etwaige selbstbelastende Aussagen verwertet werden dürfen. Konkret geht es um die Frage, ob die selbstbelastende Aussage eines Zeugen in einem Strafverfahren gegen ihn selbst verwendet werden darf.

Explizit ist der StPO dazu nichts zu entnehmen: Zwar ist die Aussage eines Zeugen nichtig, der nicht über sein Aussageverweigerungsrecht be-

---

1125 RV 25 BlgNR 22. GP 204.

1126 Diese Problematik anerkennt auch Rogall, Beschuldigte 18.

lehrt wurde (§ 159 Abs 1 und 3 StPO), für Zeugen, die sich auf den Verweigerungsgrund der Selbstbelastung berufen, gilt dies jedoch nicht. Diese Ausnahme ist freilich einleuchtend: Anders als die übrigen Aussageverweigerungsrechte, die dem Schutz des Besch dienen, schützt der Verweigerungsgrund wegen drohender Selbstbelastung allein den Zeugen (§ 157 Abs 1 Z 1 StPO).[1127] Da es aber für den Besch irrelevant ist, ob sich der Zeuge mit der Aussage selbst belastet, ist dies auch kein Nichtigkeitsgrund zugunsten des Besch.

Dass die StPO kein explizites Verwertungsverbot selbstbelastender Aussagen enthält, bedeutet freilich noch nicht, dass es nicht doch angenommen werden könnte: HL und – nunmehr auch – Jud[1128] anerkennen neben den ausdrücklich normierten noch andere Verwertungsverbote,[1129] die sich aus allgemeinen Rechtsgrundsätzen oder aus verfassungsrechtlichen Prinzipien ergeben können.[1130] Die entscheidende Frage ist somit, ob für selbstbelastende Aussagen ein grundrechtlich motiviertes Beweisverwertungsverbot anzunehmen ist.

bb. Judikatur und Meinungsstand

Aus der Jud des OGH lässt sich zur Lösung dieser Frage nichts gewinnen und auch der EGMR ist zur generellen Frage von Verwertungsverboten zurückhaltend. Tatsächlich entscheidet der EGMR nicht, ob bestimmte Typen von Beweisen zulässig sind, sondern er entscheidet, ob das Verfahren als Ganzes, einschließlich der Art, in welcher Beweise erlangt worden sind, fair war: „While Article 6 guarantees the right to a fair hearing, it does not lay down any rules on the admissibility of evidence as such, which is therefore primarily a matter for regulation under national law."[1131]

Zur Verwertbarkeit von selbstbelastenden Aussagen im Besonderen hat der EGMR in der Rs Saunders gegen das Vereinigte Königreich Stellung genommen. Damals ging es um die Frage, ob die selbstbelastenden Aussagen, die der Betroffene in einem Verwaltungsverfahren machen musste, später im Strafverfahren gegen ihn verwendet werden durften. Der Ge-

[1127] S schon Schmoller, JRP 2002, 251 (263).

[1128] Nach einer ablehnenden Haltung – lange meinte der OGH, dass Beweisverwertungsverbote nur dort zum Tragen kommen, wo sie ausdrücklich statuiert sind – anerkennt er nunmehr, dass Beweisverwertungsverbote nicht explizit normiert sein müssen. S zB OGH 27.8.2008, 13 Os 83/08t; 8.9.2009, 11 Os 117/09d.

[1129] Schmoller, JBl 1992, 69 (77).

[1130] Murschetz, Verwertungsverbote 73 f; Ratz, WK-StPO § 281 Rz 355; Schmoller, JRP 2002, 251 (252); mwN Schmoller, FS-Platzgummer 283 (284, FN 4).

[1131] EGMR 12.5.2000, 35 394/97, Khan gegen Vereinigtes Königreich Z 34 = ÖJZ 2001/21; 25.9.2001, 44 787/98, P G und J H gegen Vereinigtes Königreich Z 76 = ÖJZ 2002/37. IdS auch EGMR 9.6.1998, 25 829/94, Teixeira de Castro gegen Portugal Z 34 = ÖJZ 1999/14.

richtshof kam dort zum Schluss, dass das öffentliche Interesse an der Aufklärung der Straftat nicht – wie die Regierung argumentierte – die „Verwertung" – zwangsweise erzielter – selbstbelastender Aussagen zulässig mache.[1132]

Im Schrifttum hat sich besonders SCHMOLLER gegen ein Beweisverwertungsverbot ausgesprochen: Die Schutzrichtung des nemo-tenetur-Grundsatzes gehe lediglich dahin, dem Einzelnen die psychische Last abzunehmen, zur eigenen Überführung beitragen zu müssen. Nemo tenetur stehe nur der Zwangsanwendung als solcher, nicht aber der bloßen Verwertung einer bereits vorliegenden Aussage entgegen. Sie geschehe ohne Mitwirkung des Vernommenen, weswegen der nemo-tenetur-Grundsatz auf der Ebene der bloßen Verwertbarkeit keine selbständige Wirkung entfalte.[1133]

Auch ÖHLINGER steht einem grundrechtlich motivierten Verwertungsverbot ablehnend gegenüber.[1134] Er beschränkt sich allerdings auf die Frage, ob ein entsprechendes Verbot aus Art 90 Abs 2 B-VG abgeleitet werden könnte und meint dazu, dass das Verbot eines Selbstbezichtigungszwangs weder begrifflich noch teleologisch ein Verwertungsverbot inkludiere. Inwieweit ein Verwertungsverbot aus Art 6 EMRK ableitbar ist, lässt er aber offen.[1135]

Für THIENEL hingegen folgt aus dem aus Art 90 Abs 2 B-VG abgeleiteten nemo tenetur jedenfalls auch ein Beweisverwertungsverbot.[1136] Ein Grundrechtseingriff sei es nicht nur, wenn jemand zu einer selbstbelastenden Aussage gezwungen werde, sondern ein Grundrechtseingriff sei es auch, wenn diese Aussage dann in einem Verfahren gegen den Zeugen verwendet werde.[1137]

Ebenso gehen RATZ und KIRCHBACHER von einem grundrechtlich indizierten Beweisverwertungsverbot aus: § 245 StPO solle grundrechtskonform dahingehend ausgelegt werden, dass eine Verlesung des Zeugenprotokolls, das eine Selbstbezichtigung enthält, nicht in Betracht komme. Der Besch könnte in der HV einen Antrag auf Unterlassung der Verlesung

1132 EGMR 17.12.1996, 19 187/91, Saunders gegen Vereinigtes Königreich Z 74 = ÖJZ 1998/1.

1133 SCHMOLLER, JBl 1992, 69 (91 f); DERS, JRP 2002, 251 (263).

1134 S aber ÖHLINGER, FS-Dittrich 773 (781): Auch wenn der Zusammenhang zwischen dem Verbot, jemanden zu zwingen, einen Beweis gegen sich selbst zu liefern und einem Verbot, einen so gewonnenen Beweis zu verwerten, nicht zwingend sei, so sprechen doch gute Gründe für ein solches Beweisverwertungsverbot.

1135 ÖHLINGER, Parteistellung, in: Machacek/Pahr/Stadler (Hrsg), Grund- und Menschenrechte 2, 767 (778).

1136 THIENEL, Anklageprinzip 48 ff; DERS, JBl 1992, 484 ff. S aber ÖHLINGER, Parteistellung, in: Machacek/Pahr/Stadler (Hrsg), Grund- und Menschenrechte 2, 767 (778).

1137 THIENEL, Anklageprinzip 61. S im Übrigen für Deutschland ROXIN NStZ 1995, 465 ff.

stellen (§ 238 StPO) und dann Nichtigkeit aus § 281 Abs 1 Z 4 geltend machen.[1138]

cc. Würdigung

Die Zurückhaltung und nahezu Ablehnung, die Beweisverwertungsverbote auslösen, ist grds nachvollziehbar: Darf das Gericht einen Beweis nämlich nicht verwenden, obwohl er faktisch vorhanden ist, dann verlangt man möglicherweise, dass das Gericht wider besseren Wissens eine falsche Entscheidung trifft.[1139] Dennoch: Soll die selbstbelastende Aussage eines Zeugen in einem Strafverfahren gegen ihn selbst verwendet werden, so ist ein grundrechtlich motiviertes Beweisverwertungsverbot mE nicht völlig von der Hand zu weisen.

Entscheidend ist dafür zunächst, ob sich der Schutzbereich von nemo tenetur überhaupt auf die Verwertung von Aussagen erstreckt.

Schmoller meint ja, nemo tenetur wolle dem Einzelnen nur eine psychische Last abnehmen. Nun mag es in der Tat fraglich sein, ob der aus Art 90 Abs 2 EMRK abgeleitete nemo-tenetur-Grundsatz auch ein Verwertungsverbot enthält. Zurecht hat nämlich Schmoller festgehalten, dass der Auftrag, den Besch als Subjekt zu behandeln, unberührt bleibt, wenn der Beweis verwertet wird.[1140] Diese Frage kann aber letztlich dahingestellt bleiben, denn ein Verwertungsverbot ist mE ganz zwanglos aus Art 6 EMRK abzuleiten. Nemo tenetur soll nach Auffassung des EGMR den Besch gegen ungehörigen Zwang schützen und dadurch auch die Ziele des Art 6 EMRK erfüllen. Schmoller erfasst darum mE den grundrechtlichen Gehalt nicht hinreichend, wenn er meint, nemo tenetur wolle dem Einzelnen nur eine psychische Last abnehmen. Es steht nämlich nicht das psychologische Element im Vordergrund, sondern der Zwang, aussagen zu müssen und die Fairness des Verfahrens. In diesem Licht betrachtet kann sich der Schutzbereich von nemo tenetur mE gar nicht darin erschöpfen, unter Zwang *aussagen* zu müssen, sondern der verpönte Effekt tritt ja auch durch die Konsequenzen ein, die an diese Aussage geknüpft sind, also durch die Verwertung.[1141]

Dies anerkennt letztlich auch der EGMR, wenn er meint, die Anklage dürfe nicht zu Beweisen „Zuflucht nehmen“, welche unter Zwang gegen

1138 Kirchbacher, WK-StPO § 245 Rz 60; Ratz, JBl 2000, 291 (298 f); ders WK-StPO § 281 Rz 61, 73, 361. Zur Antragstellung auch Nimmervoll, ÖJZ 2008, 255, 538 (585). Für ein aus Art 6 EMRK abzuleitendes Beweisverwertungsverbot s auch Reiter, RZ 2010, 103 (108).

1139 S zu dieser Problematik auch Murschetz, Verwertungsverbote 73.

1140 Schmoller, JBl 1992, 69 (85); zust Öhlinger, Parteistellung, in: Machacek/Pahr/Stadler (Hrsg), Grund- und Menschenrechte 2, 778.

1141 IdS auch Müller, EuGRZ 2002, 546 (555).

den Willen des Besch erzielt wurden.[1142] Auch dass der EGMR in der Rs Saunders explizit untersucht, ob die „Verwertung" der Aussagen Art 6 EMRK verletzt hat,[1143] legt dies nahe.

Die Verwertung einer selbstbelastenden Aussage fällt somit zweifellos in den Schutzbereich von nemo tenetur.

Damit ist freilich noch nicht gesagt, ob die Verwertung *stets* unzulässig ist. Diese Frage hat der EGMR in der Rs Saunders zwar offen gelassen, mE spricht aber viel dafür, dass nicht jede Verwertung selbstbelastender Aussagen schon unzulässig ist.

Nemo tenetur ist nach der Straßburger Jud ein Element des fairen Verfahrens. Der EGMR stellt dabei idR darauf ab, ob das Verfahren als Ganzes fair war. Werden etwa die Verteidigungsrechte des Angekl beschnitten, so ist dies noch nicht per se konventionswidrig, sondern der Fehler kann im übrigen Verfahren ausgeglichen werden.[1144] Dies kann mE auch bei selbstbelastenden Aussagen gelten: So betrachtet es der EGMR als Aspekt der Fairness, ob der Bf die Möglichkeit hat, die Verwertung des Beweises zu bestreiten.[1145] Entscheidend wird hier mE auch sein, ob sich der Schuldspruch *allein* auf die selbstbelastende Aussage stützt. MaW: Nicht jede Verwertung selbstbelastender Aussagen verstößt schon gegen Art 6 EMRK, es sind vielmehr die daraus resultierenden Nachteile im Verfahren auszugleichen.

Zusammenfassend folgt aus dem Selbstbezichtigungsverbot in Art 6 EMRK somit unter bestimmten Voraussetzungen ein Verwertungsverbot selbstbelastender Aussagen.

2. Waffengleichheit

a. Vorbemerkung

Der Grundsatz der Waffengleichheit hat seinen Ursprung im angelsächsischen Strafverfahren (principle of equality of arms), das als akkusatorisches Parteiverfahren ausgestaltet ist.[1146] In Österreich – wie in auch in anderen kontinental-europäisch geprägten Verfahrensregelungen – verdankt er seine Bedeutung und Popularität[1147] maßgeblich den Straßbur-

1142 EGMR 17.12.1996, 19 187/91, Saunders gegen Vereinigtes Königreich Z 68 = ÖJZ 1998/1

1143 EGMR 17.12.1996, 19 187/91, Saunders gegen Vereinigtes Königreich Z 69 = ÖJZ 1998/1.

1144 S dazu IV.2.c.

1145 S dazu EGMR 12.5.2000, 35 394/97, Khan gegen Vereinigtes Königreich = ÖJZ 2001/21.

1146 S dazu Kohlbacher, Verteidigung 1.

1147 So Safferling, NStZ 2005, 181 (182).

ger Instanzen. Zwar ist die Waffengleichheit in der EMRK nicht explizit genannt, sie wird aber vom EGMR als Element des fairen Verfahrens gem Art 6 Abs 1 EMRK bezeichnet.[1148] Außerdem finden einzelne Aspekte der Waffengleichheit ihren Ausdruck in speziellen Garantien, wie etwa in Art 6 Abs 3 lit d EMRK.[1149]

In der Sache bezeichnet der Grundsatz der Waffengleichheit, der auch im Rechtsgrundsatz audiatur et altera pars[1150] zum Ausdruck kommt, die verfahrensrechtliche Gleichstellung zwischen den Prozessparteien bzw zwischen Anklage und Angeklagtem. Dieser Grundsatz gilt auch im Zivilverfahren, seine besondere Bedeutung entfaltet er aber im Strafverfahren.[1151] Im Zivilverfahren stehen einander nämlich schon nach der grundsätzlichen prozessualen Ausrichtung die Streitparteien gleichrangig gegenüber; mit einem solchen Konzept lässt sich die Waffengleichheit recht gut in Einklang bringen.[1152] Anders hingegen die prozessuale Struktur des Strafverfahrens: Hier hat die Anklage eine Sonderstellung; so ist der Staatsanwalt etwa auch Leiter des Ermittlungsverfahrens.

Unübersehbar ist schließlich die gleichheitsrechtliche Facette der Waffen*gleichheit*[1153], die der VfGH in seiner älteren Jud hervorgehoben hat:[1154] Für die prozessuale Ungleichbehandlung von Ankläger und Angekl muss es sachliche Gründe geben.

Freilich ist es, wie eben angesprochen, der Struktur des kontinentaleuropäischen Strafverfahrens immanent, dass die Anklage nicht auf gleicher Ebene mit dem Angekl steht. Aus diesem Grund kann die Waffengleichheit auch nicht als absolute Gleichheit begriffen werden: Sie soll vielmehr die bestehende Übermacht ausbalancieren[1155] und Differenzierungen verbieten, die durch die Unterschiede in der Verfahrensrolle von Besch und Staatsanwalt nicht gerechtfertigt sind[1156]. Sie wird darum häufig als Sicherstellung der „Chancengleichheit" begriffen[1157].

1148 EGMR 20.12.2001, 32 899/96, Buchberger gegen Österreich = ÖJZ 2002/13; 17.1. 2002, 33 382/96, Fischer gegen Österreich = ÖJZ 2002/14; 20.3.2008, 39 120/03, Bartenbach gegen Österreich = ÖJZ 2008/8.

1149 Rzepka, Fairness 83. Nach der Jud des VfGH dient die Bestimmung der Sicherstellung der Waffengleichheit im Strafverfahren: VfSlg 17 123/2004; 17 566/2005; 17 762/ 2006. S auch OGH 2.12.1997, 11 Os 125/97.

1150 Dieser Satz stammt nicht aus dem Römischen Recht, sondern aus dem Mittelalter. Ausführlich dazu, zur historischen Entwicklung und mwN Wacke, FS-Waldstein 369 (372 f).

1151 S auch Okresek, ÖJZ 1993, 329 (332).

1152 So auch Grabenwarter, in: Korinek/Holoubek (Hrsg), Bundesverfassungsrecht, Art 6 EMRK, Rz 81; Kohlbacher, Verteidigung 27.

1153 Grabenwarter, in: Korinek/Holoubek (Hrsg), Bundesverfassungsrecht, Art 6 EMRK, Rz 79. VfSlg 8551/1979; 8687/1979.

1154 S FN 1182.

1155 Kohlbacher, Verteidigung 1.

1156 Müller, NJW 1976, 1063 (1067).

1157 Frowein/Peukert, EMRK^3 Art 6 Rz 147; Meyer-Ladewig, EMRK, Art 6 Rz 44.

b. Inhalt und Problembereiche

aa. Die Judikatur des EGMR und ihre Auswirkungen auf die österreichische StPO

Die Impulse für den „Aufschwung" des Grundsatzes der Waffengleichheit kamen, wie bereits erwähnt, aus Straßburg: Es war zunächst die Kommission und später der EGMR, die die Waffengleichheit als aus Art 6 Abs 1 EMRK abgeleiteten Grundsatz begriffen. Seine inhaltliche Ausgestaltung verdankt der Grundsatz der Waffengleichheit maßgeblich der Rsp des EGMR. Dieser Befund spiegelt sich auch in der Jud des OGH wider: Dort spielte die Waffengleichheit zunächst lange Zeit kaum eine Rolle, erst die Jud des EGMR trug zu einer entsprechenden Bewusstseinsbildung bei und verdeutlichte die Anforderungen des Grundsatzes.

Gerade weil die Waffengleichheit in besonders starkem Ausmaß durch den EGMR geprägt wurde, ist es in diesem Fall zweckmäßig, die Jud des EGMR an die Spitze der Betrachtungen zu stellen.

Der EGMR betont in st Jud, dass nach dem Grundsatz der Waffengleichheit jede Partei eine vernünftige Möglichkeit haben muss, ihren Fall unter Bedingungen zu präsentieren, die sie in keine nachteilige Position gegenüber ihrem Gegner versetzen.[1158] Jeder Partei müsse Gelegenheit gegeben werden, zu abgegebenen Stellungnahmen oder beigebrachten Beweisen Stellung zu nehmen.[1159] Ob ein Vorbringen nach einer Reaktion verlangt oder nicht, habe die Verteidigung selbst zu beurteilen.[1160]

Dass die österreichische StPO – entgegen manch anderer Erwartungen – in einigen Punkten den Anforderungen der Waffengleichheit nicht gerecht wurde, musste man in Österreich bereits kurz nach dem Beitritt zur EMRK zur Kenntnis nehmen.[1161]

Konkret ging es damals um das **Verfahren bei Strafberufungen**, das zugleich auch hinsichtlich Art 6 Abs 3 lit c EMRK problematisch war: OGH

1158 EGMR 22.2.1996, 17 358/90, Bulut gegen Österreich = ÖJZ 1996/16; 17.1.2002, 33 382/96, Fischer gegen Österreich = ÖJZ 2002/14; 31.1.2002, 24 430/94, Lanz gegen Österreich; 20.12.2002, 32 899/96, Buchberger gegen Österreich = ÖJZ 2002/13; 20.3.2008, 39 120/03, Bartenbach gegen Österreich; 14.10.2010, 65 631/01, Kugler gegen Österreich.

1159 EGMR 6.2.2001, 30 428/96, Beer gegen Österreich = ÖJZ 2001/16; 20.12.2001, 32 899/96, Buchberger gegen Österreich = ÖJZ 2002/13. Eine Verletzung der Garantie sah der EGMR darin, dass der Bericht des berichterstattenden Richters in Frankreich dem Generalanwalt, nicht aber den Parteien übermittelt wurde: EGMR 31.3.1998, 23 043/93 ua, Reinhardt und Slimane-Kaïd gegen Frankreich = ÖJZ 1999/6.

1160 EGMR 22.2.1996, 17 358/90, Bulut gegen Österreich = ÖJZ 1996/16; EGMR 17.1.2002, 33 382/96, Fischer gegen Österreich = ÖJZ 2002/14. Der EGMR sah die Waffengleichheit aber nicht verletzt, wenn der Abgabepflichtige nicht zu allen Dokumenten der Abgabenverwaltung Zugang hatte: Die Gerichte gründeten ihre Aussage nämlich ausschließlich auf Dokumente im Akt, die den Parteien zugänglich waren. EGMR 26.9.1996, 18 978/91, Miailhe gegen Frankreich = ÖJZ 1997/10.

1161 S dazu Matscher, im Rechtspanorama, Die Presse vom 9.9.2008, 2008/37/03.

und OLG entschieden über Strafberufungen in nicht-öffentlicher Sitzung, wobei zwar der Generalprokurator bzw der Oberstaatsanwalt, nicht aber der Angekl gehört wurde.[1162]

In einem in dieser Angelegenheit vor die EKMR gebrachten Fall[1163] kam es zu einer gütlichen Einigung,[1164] dennoch reagierte der Gesetzgeber mit der StPONov 1962[1165]: Nunmehr war der Angekl, der sich auf freiem Fuß befand, jedenfalls zu laden, die Vorführung des inhaftierten Angekl konnte veranlasst werden.[1166]

Auch diese Regelung erschien der Kommission jedoch im Lichte der Waffengleichheit bedenklich. Es kam im Anlassfall – der Bf war nicht vorgeführt worden – zwar wiederum zu einer gütlichen Einigung, der Gesetzgeber änderte jedoch die entsprechende Norm einmal mehr ab: Nun war der inhaftierte Angekl vorzuführen, wenn er es beantragt hatte oder wenn die Vorführung im Interesse der Rechtspflege geboten erschien.[1167]

Der nächste Anlass für eine Novellierung war der Fall Kenzow: Der Bf war nicht vorgeführt worden, er hatte die Vorführung aber auch nicht beantragt. Diese unterbliebene Beantragung wertete der EGMR – anders als die österreichische Regierung – nicht als Verzicht des Bf auf Teilnahme am Berufungsverfahren: Hinsichtlich dessen, was für den Bf auf dem Spiel stand, hätte er vom Gericht vorgeführt werden müssen.[1168]

In Reaktion darauf normierte der Gesetzgeber, dass die Vorführung des inhaftierten Angekl stets zu veranlassen ist, es sei denn, dieser hätte durch seinen Verteidiger ausdrücklich darauf verzichtet. Diese Regelung gilt nach dem StPRG 2004 nach wie vor (§§ 294 Abs 5 und 296 Abs 3 StPO).

Der zweite große Problembereich betraf das sog **Croquis**, also die Anträge und Stellungnahmen der Generalprokuratur bzw der Oberstaatsanwaltschaft in Rechtsmittelverfahren. Dieses wurde zwar von den Rechtsmittelgerichten häufig übernommen, der Gegenseite aber nicht zugänglich gemacht.[1169]

1162 Ausführlich zur alten Rechtslage Liebscher, JBl 1988, 53.

1163 Pataki und Dunshirn gegen Österreich, YB 6 (1963) 718.

1164 Näher dazu Matscher, ÖJZ 2002, 741 (742).

1165 BGBl 1962/229.

1166 § 296 Abs 3 der damaligen StPO.

1167 Ausführlicher zur Entwicklung Matscher, ÖJZ 2002, 741 (742).

1168 EGMR 21.9.1993, 12 350/86, Kremzow gegen Österreich = ÖJZ 1994/15: Es ging dabei um die Frage, ob die Freiheitsstrafe von 20 Jahren auf eine lebenslange Freiheitsstrafe zu erhöhen war und ob die Strafe in einer normalen Haftanstalt oder einer Anstalt für geistig abnorme Rechtsbrecher verbüßt werden sollte. S auch EGMR 8.2.2000, 25 878/94, Cooke gegen Österreich = ÖJZ 2000/15.

1169 Matscher, ÖJZ 2002, 741 (742).

Das Urteil in der Rs Brandstetter[1170] verdeutlichte die Konfliktlage mit der Waffengleichheit: Der EGMR fand, dass das Recht auf eine kontradiktorische Verhandlung in einer Strafsache bedeute, dass sowohl die Anklage als auch die Verteidigung Gelegenheit erhalten müssen, von den von der anderen Partei vorgetragenen Stellungnahmen und beigebrachten Beweismitteln Kenntnis zu erhalten und dazu Stellung nehmen zu können. Die österreichische Regierung argumentierte, dass dem Verteidiger die Praxis des Croquis bekannt sein müsse und er sich darüber informieren hätte können, ob ein Croquis übermittelt wurde und gegebenenfalls Akteneinsicht verlangen. Dieser Argumentation konnte der EGMR jedoch nichts abgewinnen: Das Croquis habe offensichtlich beträchtliche Bedeutung und die behauptete Übung verlange von der Verteidigung Wachsamkeit und Anstrengungen. Es war für den EGMR nicht ausreichend sichergestellt, dass Rechtsmittelwerber von einem Croquis, zu dem sie Stellung nehmen wollten, auch tatsächlich Kenntnis erlangten. Eine indirekte und gänzlich hypothetische Möglichkeit für einen Angekl, sich mit den in den Text eines Urteil aufgenommenen Argumenten der Anklage auseinanderzusetzen, könne schwerlich als ein geeigneter Ersatz für das Recht angesehen werden, das Vorbringen der Anklage zu prüfen und darauf zu antworten.

Der Gesetzgeber reagierte auf dieses Urteil: Er normierte, dass das Rechtsmittelgericht Stellungnahmen des Staatsanwalts zu einer Nichtigkeitsbeschwerde, einer Berufung oder einer Beschwerde dem Besch mit dem Bedeuten mitzuteilen habe, dass er sich binnen einer festzusetzenden angemessenen Frist dazu äußern könne. Ausnahmen von der Mitteilungspflicht bestanden, wenn sich der Staatsanwalt darauf beschränkte, dem Rechtsmittelbegehren ohne weitere Ausführung entgegenzutreten, er bloß zugunsten des Besch Stellung nahm oder wenn dem Rechtsmittel des Besch Folge gegeben wurde.

Es war dann wiederum der EGMR, der verdeutlichte, dass auch diese Ausnahmebestimmungen im Hinblick auf die Waffengleichheit unzulänglich waren. In der Rs Bulut[1171] rügte der Bf nämlich, dass ihm die Stellungnahme der Generalprokuratur – sie führte begründungslos aus, dass sich die Nichtigkeitsbeschwerde des Bf zur Beschlussfassung in nicht-öffentlicher Sitzung eigne – nicht bekannt gemacht worden war. Tatsächlich sah der EGMR darin einen Verstoß gegen den Grundsatz der Waffen-

1170 EGMR 28.8.1991, 11 170/84 ua, Brandstetter gegen Österreich = ÖJZ 1992/3. S im Übrigen etwa auch EGMR 30.10.1991, 12 005/86, Borgers gegen Belgien = ÖJZ 1992/14: Die Teilnahme des Generalanwalts an den Beratungen des belgischen Kassationsgerichtshofs verletzte den Grundsatz der Waffengleichheit.

1171 EGMR 22.2.1996, 17 358/90, Bulut gegen Österreich = ÖJZ 1996/16.

gleichheit: Es sei nämlich Sache der Verteidigung, zu beurteilen, ob ein Vorbringen eine Reaktion verlange oder nicht.[1172] Es sei unfair, wenn die Anklagebehörde gegenüber dem Gericht ein Vorbringen erstatte, von dem die Verteidigung nichts wisse.[1173]

Daraufhin behob der Gesetzgeber die entsprechende Ausnahmebestimmung betreffend das dem Rechtsmittelbegehren begründungslose Entgegentreten.

bb. Judikatur des OGH

Im Herantasten an eine konventionskonforme Ausgestaltung der StPO im Hinblick auf die Waffengleichheit hat der OGH kaum eine Rolle gespielt: Er hat keine expliziten Überlegungen zur Waffengleichheit oder zur konventionskonformen Auslegung einfachgesetzlicher Normen angestellt. Erst seit aus der Straßburger Jud der Gehalt der Waffengleichheit und die damit verbundenen Problembereiche immer deutlicher hervor treten, orientiert sich der OGH bei entsprechenden Auslegungsfragen auch an der Jud des EGMR. Er bezeichnet nunmehr die Waffengleichheit als aus Art 6 EMRK abgeleitetes Prinzip.[1174]

Die beiden großen Problembereiche – betreffend das Verfahren bei Strafberufungen und des Croquis – hat der Gesetzgeber mittlerweile zwar grundrechtskonform ausgestaltet, es verbleiben dennoch nach wie vor verschiedene Fragestellungen, die der OGH versucht unter Rückgriff auf die Waffengleichheit zu lösen:

Wiederholt bringen etwa Bf vor, dass die Stellungnahme der Generalprokuratur begründet werden müsste, weil dies die Waffengleichheit gebiete. Der OGH argumentiert hier idR mit einem Verweis auf das Bulut-Urteil: Der EGMR habe dort lediglich festgestellt, dass die Stellungnahme der Verteidigung zugestellt werden müsse, dass die Stellungnahme der Generalprokuratur nicht begründet werde, habe er aber nicht beanstandet.[1175]

Keinen Konflikt mit der Waffengleichheit ortete der OGH auch bei der einseitigen Ausgestaltung des Anklageeinspruchsverfahrens. Die Notwendigkeit einer „konventions- und verfassungskonformen Interpretation" er-

1172 Matscher hält der Entscheidung des EGMR in seinem abweichenden Votum ua entgegen, dass die Verteidigung nicht hätte anders reagieren können, wenn ihr die begründungslose Stellungnahme zugestellt worden wäre.

1173 Das StPÄG 1993 war in diesem Fall freilich noch nicht anwendbar.

1174 OGH 19.8.1997, 15 Os 115/97.

1175 OGH 16.1.1997, 15 Os 199/96; 3.7.1997, 15 Os 76/97; 18.6.1999, 15 Os 97/98; 16.12.1999, 15 Os 163/99; 16.5.2000, 11 Os 49/00.

gebe sich „weder aus den Bestimmungen der MRK selbst noch aus der Judikatur des Europäischen Gerichtshofes für Menschenrechte".[1176]

Da sich – so der OGH – die einschlägige Jud des EGMR bislang nur auf Rechtsmittelverfahren bezogen habe, also auf Prozessabschnitte, die der Entscheidung der Schuldfrage und der Straffestsetzung dienen, zog der OGH daraus für den Anklageeinspruch keine entsprechenden Schlüsse: Der Anklageeinspruch diene nicht der Entscheidung der Schuldfrage und der Straffestsetzung und habe keine maßgebliche Bedeutung bei der Beurteilung, ob das Verfahren fair sei.

Der Gesetzgeber teilte diese Auffassung des OGH nicht und sah sich zu einer Klarstellung veranlasst[1177]: Zur „vollständigen Umsetzung der ‚Zweiseitigkeit' des Strafverfahrens" wurde das Verfahren auch bei Rechtsbehelfen zweiseitig ausgestaltet und damit dem Betroffenen rechtzeitig die Möglichkeit eingeräumt, „dem gegen sein Begehren gerichteten Standpunkt der Anklagebehörde entgegen zu treten."[1178]

Eine weitere Frage, die erst der Gesetzgeber endgültig beantwortet hat, betraf die Zweiseitigkeit des *Beschwerde*verfahrens; § 35 Abs 2 StPO aF – demzufolge waren Stellungnahmen des Staatsanwalts zu einem Rechtsmittel dem Angekl zu übersenden – galt nämlich nur im *Rechtsmittel*verfahren. Nun stellte sich die Frage, ob eine grundrechtskonforme Auslegung die Zweiseitigkeit des Beschwerdeverfahrens gebot. Der OGH konnte die Beantwortung dieser Frage freilich letztlich dahingestellt lassen.[1179] Erst als der Gesetzgeber – wiederum in Reaktion auf einen vor den EGMR gebrachten Fall[1180] – die Zweiseitigkeit explizit normiert hatte – s nunmehr § 24 StPO –, bejahte dies auch der OGH.[1181] Er hatte sich zwar mit einem Fall zu befassen, in dem die Novellierung noch nicht anzuwenden war, vertrat aber die Auffassung, dass das Zweiseitigkeitsprinzip im Beschwerdeverfahren „auf der Basis des Art 6 Abs 1 MRK" bereits vor der Novellierung anerkannt war, weswegen die einfachgesetzlichen Bestim-

1176 OGH 27.6.2000, 11 Os 33/00. Er sah, anders als der Generalprokurator in seiner Wahrungsbeschwerde, keine Notwendigkeit, § 35 Abs 2 StPO aF auf Anklageeinspruchsverfahren auszudehnen.

1177 In der StPO-Nov 2000, BGBl I 2000/108 dehnte er § 35 Abs 2 StPO ausdrücklich auch auf Rechtsbehelfe aus.

1178 AB 289 BlgNR 21. GP 2 f.

1179 OGH 26.3.2003, 13 Os 35/03.

1180 In der Rs Stotter (18 652/02) hatte die Staatsanwaltschaft in der Haftverhandlung gegen den Beschluss auf Aufhebung der Untersuchungshaft Beschwerde erhoben, die Beschwerdeausführungen wurden der Verteidigung jedoch nicht zugestellt. Zwar kam es in diesem Fall zu einer gütlichen Einigung, es erschien dem Gesetzgeber zur „Vermeidung gleich gelagerter Fälle" (RV 679 BlgNR 22, 11) jedoch angezeigt, das Beschwerdeverfahren grds zweiseitig zu gestalten. Dies war ohnehin bereits im StPRG BGBl I 2004/19 vorgesehen, wurde nun aber vorgezogen.

1181 OGH 15.6.2005, 13 Os 50/05k.

mungen, welche eine Mitteilung der Beschwerde an den Gegner keineswegs untersagt hätten, grundrechtskonform auszulegen gewesen wären. Unterbleibe diese Mitteilung, so sei dies ein Verstoß gegen das in Art 6 EMRK normierte Fairnessgebot.

cc. Judikatur des VfGH

Der VfGH leitet die Anforderungen der Waffengleichheit in seiner älteren Jud aus dem verfassungsrechtlichen Gleichheitssatz[1182] ab: Demnach war es im Disziplinarverfahren unzulässig, dem Generalprokurator, nicht aber dem Besch den Entscheidungsentwurf zur Kenntnis zu bringen.[1183] Es möge zwar sein, dass der Generalprokurator nicht schlechthin als der prozessuale Gegner des Besch anzusehen sei, er könne aber immerhin zum Nachteil des Besch auf ein gerichtsförmig gestaltetes Disziplinarverfahren Einfluss nehmen.[1184] Es müsse einen sachlichen Grund dafür geben, dem Generalprokurator einen wesentlichen Informationsvorsprung einzuräumen.[1185]

Seit den 1990er Jahren leitet der VfGH die Waffengleichheit aus dem fairen Verfahren gem Art 6 Abs 1 EMRK ab.[1186] Dem Grundsatz der Waffengleichheit widersprach es dann auch, dass die Äußerungen des Kammeranwalts dem Bf nicht zur Kenntnis gebracht, in die Entscheidungsfindung aber mit einbezogen wurden.[1187] Dass die Äußerung des Kammeranwalts dem Besch erst in der Berufungsverhandlung zur Kenntnis gebracht wurde, verletzte nach Auffassung des VfGH ebenso den Grundsatz der Waffengleichheit: Dieser fordere es nämlich auch, dem Bf die Berufungsbeantwortung so rechtzeitig zuzustellen, dass ihm ausreichend Zeit und Gelegenheit bleibt, dazu Stellung zu nehmen.[1188] Dass die Stellungnahme in den Akt genommen werde, vermochte daran nichts zu ändern; der Informationsnachteil des Besch werde allein durch die Möglichkeit der Akteneinsicht nicht beseitigt.

c. Würdigung

Der Grundsatz der Waffengleichheit spielt in der Jud des OGH nur dort eine Rolle, wo das Feld bereits vom EGMR vorbestellt ist. Dies liegt

1182 VfSlg 8551/1979; 8747/1980; 9160/1981; 9431/1982.

1183 VfSlg 8551/1979; 8747/1980; 9160/1981; 9431/1982 (hier äußerte der Referent seine Rechtsansicht in einem Begleitschreiben). S auch VfSlg 8687/1979.

1184 VfSlg 8551/1979.

1185 VfSlg 8747/1980.

1186 VfSlg 12 589/1990; 13 488/1993; 14 790/1997; 15 840/2000; 16 560/2002; 16 862/2003.

1187 VfSlg 14 790/1997.

1188 VfSlg 15 840/2000; 16 560/2002; 16 862/2003.

zunächst va daran, dass es sich bei der Waffengleichheit gewissermaßen um eine „neue" grundrechtliche Garantie handelt, die in dieser Form im nationalen Grundrechtskatalog noch nicht verankert war. Weiters war es wohl gleichermaßen eine Herausforderung, den aus dem angelsächsischen Rechtskreis stammenden Grundsatz auf die österreichische Rechtsordnung umzumünzen. So war im Hinblick auf das Croquis zunächst schon fraglich, wie die Rolle des Generalprokurators einzuschätzen war: Er ist keine Anklagebehörde,[1189] hat aber dennoch mit seinen Stellungnahmen wesentlichen Einfluss auf die Entscheidung und Argumentation des Gerichts[1190]. Genau damit erklärt sich auch die Bedeutung, die es für den Angekl hat, darüber Bescheid zu wissen.

Selbst wenn man die genannten Schwierigkeiten durchaus anerkennt, so hat sich freilich dennoch gezeigt, dass der OGH keine sehr offene und progressive Haltung eingenommen hat: Impulse aus Straßburg hat er erst dann weitergegeben, wenn sie auch der Gesetzgeber umgesetzt hat. Bestehende Zweifelsfälle hat der OGH kaum selbst aufgelöst bzw bisweilen die grundrechtlichen Anforderungen auch verkannt: Dass etwa – wie der OGH meinte – die einseitige Ausgestaltung des Anklageeinspruchsverfahrens grundrechtskonform sein sollte, ließ sich bei näherer Betrachtung nicht aufrechterhalten. Zuzugestehen ist zwar, dass die Überlegungen des OGH prima facie einiges für sich haben, denn mit der Anklage wird eben noch nicht über strafrechtliche Schuld und schon gar nicht über Strafbemessung entschieden. Dennoch besteht ein enger Konnex zur HV: Es lassen sich aus der Stellungnahme zu einem Anklageeinspruch idR Schlussfolgerungen ziehen, die auch für die HV grds Bedeutung entfalten werden. Der Betroffene soll die Möglichkeit haben, dem Standpunkt der Anklagebehörde entgegen zu treten, zumal damit die Grundlagen für das Hauptverfahren gelegt werden.[1191] Schon aus diesem Grund sprechen mE die besseren Gründe für die Zweiseitigkeit des Verfahrens.

Dieser Standpunkt wird auch durch die Jud des EGMR untermauert: Er verlangt im Haftprüfungsverfahren, das ja gleichermaßen dem Vorverfahren zuzurechnen ist, die Beachtung der Waffengleichheit. Zwar fällt die Haftprüfung nicht unter die Garantie des Art 6, sondern unter jene des Art 5 Abs 4 EMRK[1192], dennoch ist das Verfahren kontradiktorisch

1189 Strasser, ÖJZ 1999, 884.

1190 S auch VfSlg 8551/1979.

1191 So auch AB 289 BlgNR 21. GP 3.

1192 Nicht unter Art 5 Abs 4 EMRK fiel jedoch nach Auffassung des EGMR die Entscheidung über die Verlängerung der zulässigen Höchstdauer einer U-Haft: Es werde hier nur ein Rahmen festgelegt und nicht über die Zweckmäßigkeit oder Notwendigkeit der Haft entschieden; ebenso wenig werde die Rechtmäßigkeit der Haft überprüft (EGMR 12.12. 1991, 11 894/85, Toth gegen Österreich Z 87). Daraus schloss der OGH auch, dass es verauszugestalten: Der Verteidiger muss Zugang zu jenen Dokumenten haben, die notwendig sind, um in wirksamer Weise die Rechtmäßigkeit der U-Haft bekämpfen zu können.[1193] Es spricht darum, wie letztlich auch der Gesetzgeber erkannt hat, tatsächlich einiges für die zweiseitige Ausgestaltung des Anklageeinspruchsverfahrens.

Die Frage nach einer Zweiseitigkeit des Beschwerdeverfahrens konnte der OGH bis zur Regelung durch den Gesetzgeber offen lassen, er hat freilich auch – zumindest obiter – nicht versucht, grundrechtliche Akzente zu setzen. Dies steht in auffallendem Gegensatz zum VfGH, der mit seiner auf dem Gleichheitssatz beruhenden Argumentation mE zutreffende Ergebnisse erzielt hat, und zwar schon bevor der konventionsrechtliche Gehalt der Waffengleichheit hinreichend deutlich war.

Heute stellen sich freilich idR kaum mehr Fragen nach der – im Lichte der Waffengleichheit – verfassungskonformen Auslegung von Normen. Der Gesetzeber hat das Verfahren nunmehr im Wesentlichen an die Anforderungen der Waffengleichheit angepasst. Dementsprechend ist eine Verletzung der Waffengleichheit idR gewissermaßen ein Nebeneffekt einer einfachgesetzlichen Normverletzung.[1194]

3. Verbot staatlicher Tatprovokation

a. Problemstellung

Eine wirksame Kriminalitätsbekämpfung kann es mitunter erfordern, verdeckte Ermittler einzusetzen. Sie sollen Verbrechen vermeiden bzw aufdecken, sie sollen aber nicht bislang unverdächtige Personen zur Begehung von Straftaten anstiften, nur um sie dieser Tat dann überführen zu

fassungsrechtlich unproblematisch war, wenn Anträge, die auf eine Verlängerung der Höchstdauer der Untersuchungshaft gerichtet waren, dem Betroffenen nicht zugestellt wurden: OGH 30.8.1993, 14 Os 137/93; 30.11.1993, 14 Os 175/93.

1193 EGMR 25.3.1999, 31 195/96, Nikolova gegen Bulgarien. S auch EGMR 20.3.1989, 10 444/83, Lamy gegen Belgien.

1194 Besonders offensichtlich ist dies bei § 35 Abs 2 StPO aF: „Nimmt der Staatsanwalt bei einem Rechtsmittelgericht zu einer Nichtigkeitsbeschwerde, einer Berufung oder einer Beschwerde Stellung, so hat das Rechtsmittelgericht dem Beschuldigten (Angeklagten, Betroffenen) diese Stellungnahme mit dem Bedeuten mitzuteilen, daß er sich binnen einer angemessenen Frist hiezu äußern könne. Diese Mitteilung kann unterbleiben, wenn der Staatsanwalt bloß zugunsten des Beschuldigten Stellung nimmt oder wenn dem Rechtsmittel des Beschuldigten zur Gänze Folge gegeben wird." S dazu etwa OGH 17.12.2003, 13 Os 166/03: Die Oberstaatsanwaltschaft hatte zwar dem Rechtsmittelbegehren der Angekl zugestimmt, zugleich aber die Ansicht vertreten, dass die gegen den Teilfreispruch der Angekl gerichteten Rechtsmittelausführungen der Staatsanwaltschaft ebenfalls zutreffend sind. Dieser Schriftsatz wurde der Angekl nicht zur Kenntnis gebracht. Der OGH gab der dagegen erhobenen Wahrungsbeschwerde Folge. In diesem Fall hatte die Anklagebeh, so der OGH, weder bloß zu Gunsten der Angekl Stellung genommen, noch wurde nur dem Rechtsmittel der Angekl zur Gänze Folge gegeben.

können.[1195] Geschieht dies dennoch, so liegt eine staatliche Tatprovokation vor, die gem § 5 Abs 3 StPO unzulässig ist: Verboten ist es, Besch oder andere Personen zur Unternehmung, Fortsetzung oder Vollendung einer Straftat zu verleiten oder durch heimlich bestellte Personen zu einem Geständnis zu verlocken. Ein solches Verbot gibt es in Österreich der Sache nach bereits seit 1853[1196]: Damals war Österreich einer der ersten Staaten, in dem die Tätigkeit von sog agents provocateurs verboten war.[1197]

Die entscheidende und mitunter schwierig zu beantwortende Frage betrifft freilich die Grenzziehung zwischen erlaubtem und verbotenem Handeln verdeckter Ermittler: Wann haben die staatlichen Organe eine Person zu einer Tat verleitet und wann haben sie „nur" – iSd § 129 Z 2 StPO – verdeckt ermittelt? Kommt man zum Schluss, dass eine Tat provoziert wurde, so stellt sich weiter die Frage, welche Konsequenzen dies hat. Dass diese Überlegungen nicht nur rein strafrechtsdogmatische Facetten haben, liegt nahe: Staatliche Tatprovokation widerspricht nämlich den Grundsätzen eines fairen Verfahrens gem Art 6 Abs 1 EMRK.

b. Judikatur des OGH

Bei der Abgrenzung zwischen verdeckter Ermittlung und Tatprovokation ist für den OGH entscheidend, ob „auf das kriminelle Verhalten im Sinne einer – über das bloße Erforschen desselben hinausgehenden – Bestimmung Einfluss genommen wird".[1198] Er verneint eine Anstiftung jedenfalls dann, wenn es Anhaltspunkte dafür gibt, dass der Besch die strafbare Handlung ihrer Art nach auch ohne Intervention des verdeckten Ermittlers begangen hätte.[1199]

Steht fest, dass eine Tat staatlich provoziert wurde, so schließt dies nach der Jud des OGH noch nicht aus, dass der Besch deswegen auch verurteilt wird. Die Tatprovokation ist jedoch bei der Sanktionsfindung als Milderungsgrund zu berücksichtigen.[1200] Dadurch könne ein „gerechter Ausgleich dafür gefunden werden, dass der Angeklagte das – dessen ungeachtet – verpönte Verhalten ohne diese Einflussnahme nicht gesetzt hätte".[1201]

Dies ist nach Auffassung des OGH auch mit Art 6 EMRK vereinbar, aus dem sich als Konsequenz für die Tatprovokation weder ein Verfol-

1195 IdS Unterwaditzer, ÖJZ 1992, 249.

1196 § 146 StPO, RGBl 1853/151.

1197 Blank, Strafbarkeit 40.

1198 OGH 8.5.2003, 12 Os 21/03. S auch OGH 14.12.1999, 11 Os 86/99.

1199 OGH 14.12.1999, 11 Os 86/99; 8.5.2003, 12 Os 21/03; 11.1.2005, 11 Os 126/04.

1200 OGH 31.1.2001, 13 Os 150/00; 11.1.2005, 11 Os 126/04; 8.8.2007, 15 Os 72/07p; 23.7.2008, 13 Os 73/08x; 21.4.2010, 15 Os 5/10i.

1201 OGH 8.8.2007, 15 Os 72/07p; 23.7.2008, 13 Os 73/08x.

gungshindernis noch ein Straflosigkeitsgrund ableiten lasse: Das „Hören der Sache" iSd Art 6 Abs 1 EMRK setze nämlich deren Existenz logisch voraus. Nur auf dieses Hören aber beziehe sich der Ausdruck „in billiger Weise" und demnach das auch vom EGMR als Verfahrensrecht gesehene Fairnessgebot. Die Bestimmung verbiete somit nicht das Hören der Sache, sondern verlange es geradezu. Ein Verfolgungshindernis würde dies aber just verhindern, weswegen es als Ausgleich für eine staatliche Tatprovokation nicht sachgerecht wäre.[1202] Habe es demnach zum „Hören der Sache" zu kommen, stelle sich sodann die Frage, ob es derentwegen zu einer Verurteilung kommen dürfe. Aus dem Konventionsverstoß sei jedoch kein materieller Straflosigkeitsgrund für die provozierte Straftat abzuleiten.[1203] Im Übrigen dürfe, so der OGH, auch das „Primat" des „einfachen Gesetzgebers bei der Grundrechtskonkretisierung nicht außer Acht gelassen werden". Die demonstrativ aufgezählten Milderungsgründe in § 34 StGB verdeutlichen nämlich, dass das Gesetz der Verletzung von Verfahrensgrundrechten, die durch das Verfahren selbst nicht auszugleichen seien, im Rahmen der Strafbemessung Rechnung tragen wolle.[1204]

c. *Judikatur des EGMR*

Nach st Jud des EGMR ist der Einsatz verdeckter Ermittler – unter Gewährung von Rechtsschutz – grds zulässig.[1205] Gehen diese Tätigkeiten aber über die bloße passive Ermittlung bestehender Aktivitäten hinaus, dann liegt eine staatliche Tatprovokation vor.[1206] Ein Kriterium für die Abgrenzung ist, ob es schon zuvor Hinweise auf Straftaten des Betroffenen gab.[1207] Maßgeblich ist außerdem, ob der Betroffene geneigt war, strafbare Handlungen zu begehen, also ob er die strafbare Handlung auch ohne Intervention begangen hätte.[1208] Unter Berücksichtigung dieser Kriterien bejahte der EGMR in seiner Grundsatzentscheidung Teixeira de Castro gegen Portugal die Tatprovokation[1209]: Damals versuchten zwei verdeckte Ermittler von einem Dritten Heroin zu kaufen. Dieser verwies sie an den – den Ermittlern bis dahin unbekannten – Bf, der auf Anfragen der Polizeibeamten erklärte, ihnen möglicherweise die Drogen besorgen zu können. Einige Zeit später wollte der Bf das zwischenzeitlich beschaffte He-

1202 OGH 11.1.2005, 11 Os 126/04.

1203 OGH 7.4.2004, 13 Os 125/03; 8.8.2007, 15 Os 72/07p; 23.7.2008, 13 Os 73/08x.

1204 Nach § 34 Abs 2 StGB ist etwa überlange Verfahrensdauer ein Milderungsgrund.

1205 EGMR 9.6.1998, 25 829/94, Teixeira de Castro gegen Portugal = ÖJZ 1999/14.

1206 EGMR 9.6.1998, 25 829/94, Teixeira de Castro gegen Portugal = ÖJZ 1999/14.

1207 EGMR 5.2.2008, 74 420/01, Ramanauskas gegen Litauen.

1208 EGMR 5.2.2008, 74 420/01, Ramanauskas gegen Litauen.

1209 9.6.1998, 25 829/94 = ÖJZ 1999/14.

roin in seiner Wohnung den Ermittlern übergeben, die sich daraufhin zu erkennen gaben und den Bf festnahmen. Nach Auffassung des EGMR ging hier die Tätigkeit der Polizeibeamten über jene von verdeckten Ermittlern hinaus: Nichts legte nahe, dass die strafbare Handlung ohne die Intervention begangen worden wäre. Es hatte auch keine Verdachtsgründe dafür gegeben, dass der Bf ein Drogenhändler sei, denn die Polizeibeamten waren erst über Hinweis eines Dritten zum Bf gelangt. Schließlich wies der EGMR noch darauf hin, dass sich die Drogen ursprünglich nicht einmal in der Wohnung des Bf befunden hatten.

Ähnlich argumentierte der EGMR jüngst im Fall Ramanauskas[1210]: Dem Bf wurde hier mehrfach von einem verdeckten Ermittler der Antikorruptionseinheit Bestechungsgeld angeboten. Nachdem er es zuvor stets abgelehnt hatte, nahm er es schließlich an. Auch hier bejahte der EGMR die staatliche Tatprovokation: Es gab nämlich keinerlei Hinweise dafür, dass der Bf zuvor irgendwelche Straftaten, insbes Korruptionsdelikte begangen hatte. Außerdem fanden alle Treffen auf Initiative des verdeckten Ermittlers statt, wobei der Bf in aufdringlicher Weise zur Begehung strafbarer Handlungen aufgefordert worden zu sein schien, obwohl keine Hinweise für die Annahme vorlagen, dass er solche Aktivitäten beabsichtigt hätte.

Von der Qualifikation einer Handlung als unzulässige Tatprovokation ist freilich auch hier die Frage zu unterscheiden, welche Konsequenzen sich daran knüpfen. Außer Zweifel steht, dass – wie bereits erwähnt – Art 6 EMRK keine Regeln über die Zulässigkeit von Beweisen festlegt. Wie der EGMR in st Jud darlegt, obliegt diese Regelung in erster Linie dem nationalen Recht. Der GH hat lediglich zu beurteilen, ob das Verfahren insgesamt fair war.[1211]

In Teixeira de Castro meinte der EGMR zu dieser Frage: „That intervention and its use in the impugned criminal proceedings meant that, right from the outset, the applicant was definitively deprived of a fair trial" (Z 39). Aus diesem Grund war Art 6 Abs 1 verletzt worden.

Zu einem entsprechenden Schluss kam der EGMR auch in der Rechtssache Ramanauskas: Das Vorgehen des verdeckten Ermittlers war nach Auffassung des EGMR als Tatprovokation zu qualifizieren. Angesichts dieses Einschreitens und seiner „Verwertung im Strafverfahren" könne das Verfahren nicht als fair betrachtet werden.[1212] Der EGMR wies dabei frei-

1210 EGMR 5.2.2008, 74 420/01, Ramanauskas gegen Litauen.

1211 EGMR 12.7.1988, 10 862/84, Schenk gegen die Schweiz = ÖJZ 1989/1; 9.6.1998, 25 829/94, Teixeira de Castro gegen Portugal = ÖJZ 1999/14; 12.5.2000, 35 394/97, Khan gegen Vereinigtes Königreich = ÖJZ 2001/21.

1212 S auch EGMR 22. 7. 2003, 39 647/98 und 40 461/98, Edwards und Lewis gegen Vereinigtes Königreich Z 57: „Had the defence been able to persuade the judge that the lich noch auf ein weiteres Erfordernis des fairen Verfahrens hin: Er betonte nämlich, dass Art 6 EMRK nur dann entsprochen werde, wenn der Bf eine wirksame Möglichkeit hatte, im Strafverfahren das Problem der Anstiftung vorzubringen. Sollte das Gericht zum Ergebnis gelangen, dass eine Anstiftung stattgefunden hat, „muss es die nach der Konvention gebotenen Schlüsse ziehen". Im konkreten Fall bemängelte der EGMR, dass die innerstaatlichen Instanzen die polizeiliche Anstiftung verneinten, ohne diesen Vorwurf genauer zu prüfen – und dies obwohl die Verurteilung auf jenen Beweisen beruhte, die als Ergebnis der polizeilichen Anstiftung erlangt worden waren.

d. Würdigung

Da es aus nahe liegenden Gründen zur gegenständlichen Problematik keine relevante verfassungsgerichtliche Jud gibt, müssen sich die Ausführungen in diesem Abschnitt auf OGH und EGMR beschränken.

Staatliche Tatprovokation ist – darin stimmen OGH und EGMR überein – jedenfalls unzulässig. Die Beurteilung, wann eine Tat provoziert und wann sie noch durch verdeckte Ermittlungen aufgedeckt wurde, kann sich im Einzelfall freilich durchaus schwierig gestalten. Auch der Wert der **Abgrenzungskriterien** vermag prima facie nicht völlig zu überzeugen. Durchaus nachvollziehbar ist es, darauf abzustellen, ob gegen eine Person bereits Verdachtsmomente vorlagen: Niemand soll ohne konkrete Anhaltspunkte auf seine Gesetzesstandhaftigkeit hin überprüft werden. Das Abstellen auf die Tatgeneigtheit der Person wirft hingegen schon weitergehende Fragen auf. Diese Annahme einer Tatgeneigtheit ist nämlich „bloße Spekulation"[1213]. Tatsächlich ist es geradezu unmöglich, mit Sicherheit zu beurteilen, ob jemand eine Tat auch dann begangen hätte, wenn er nicht angestiftet worden wäre. Die praktische Handhabung der Tatgeneigtheit nimmt diesem grds zutreffenden Einwand mE freilich einiges von seiner Schärfe. Für den EGMR war in allen relevanten Fällen nämlich ausschlaggebend, dass gegen den Angestifteten vor der Begehung der Tat keine Verdachtsmomente vorlagen. Immer schon also dann, wenn ein verdeckter Ermittler, einen Dritten auf gut Glück aus einer Menge an Leuten herauspickt und seine Gesetzesstandhaftigkeit auf die Probe stellt, ist wohl eine Tatprovokation anzunehmen. Die Frage, ob der Betroffene ohnehin tatgeneigt war, hat dann keine eigenständige Entscheidungsrelevanz, sondern ist allenfalls ein verstärkendes Argument, das zugegebenermaßen zwangsläufig auf Spekulation aufbaut. Dies schadet aber mE solange nicht, als es nicht

police hat acted improperly, the prosecution would, in effect have had to be *discontinued*." (Hervorhebung nicht im Original.)

1213 Fuchs, ÖJZ 2001, 495 (498).

als eigentlich tragender Grund für die Vereinung einer Tatprovokation herangezogen wird.

Weitere Fragestellungen betreffen die **rechtlichen Folgen** einer Tatprovokation. Hier zeigen sich maßgebliche Unterschiede zwischen dem EGMR und dem OGH: Nach der Jud des OGH steht die Tatprovokation der Bestrafung nicht entgegen, sie ist aber bei der Strafbemessung, also als etwaiger Milderungsgrund zu berücksichtigen.

Einen anderen Zugang wählt der EGMR: Aus seiner Jud lässt sich ableiten, dass eine Bestrafung wegen einer provozierten Tat bereits an sich Art 6 Abs 1 EMRK widerspricht. Deutlich formuliert es der EGMR in der Rs Teixeira de Castro: „Das öffentliche Interesse kann die Verwertung von Beweisen, die auf eine polizeiliche Anstiftung zurückgehen, nicht rechtfertigen."[1214] Und weiter: Der Bf war „von allem Anfang an eines fairen Verfahrens beraubt".[1215] Auch in der Rs Ramanauskas betrachtet der EGMR die „Verwertung" der staatlich provozierten Beweise als unfair und folgert daraus einen Verstoß gegen Art 6 Abs 1 EMRK.

Dass dies etwas anderes ist, als die vom OGH vertretene Strafzumessungslösung, ist offensichtlich. Ob die österreichische Lösung dennoch mit dem Verständnis des EGMR von einem fairen Verfahren vereinbart werden kann, gilt es im Folgenden zu klären.

Im österreichischen Schrifttum werden im Wesentlichen drei mögliche rechtliche Konsequenzen einer staatlichen Tatprovokation genannt: So wird etwa angenommen, dass in diesen Fällen ein (materieller) Strafausschließungsgrund[1216] oder auch ein prozessuales Verfolgungshindernis[1217] vorliegt – beides läuft für den Besch auf dasselbe Ergebnis hinaus. Schließlich wird als dritte Möglichkeit noch die – vom OGH vertretene – Strafbemessungslösung[1218] propagiert. Welche dieser Auffassungen nun den Vorzug verdient, darüber herrscht Uneinigkeit.

Besonders Fuchs weist darauf hin, dass es nach der Jud des EGMR überhaupt keine Möglichkeit gibt, ein Verfahren, das auf staatlicher Tatprovokation beruht, fair auszugestalten. Es handle sich somit nicht um ein prozessuales, sondern um ein materiellrechtliches Problem, weswegen ein

1214 EGMR 9.6.1998, 25 829/94, Teixeira de Castro gegen Portugal Z 36 = ÖJZ 1999/14: „The public interest cannot justify the use of evidence obtained as a result of police incitement."

1215 EGMR 9.6.1998, 25 829/94, Teixeira de Castro gegen Portugal Z 39 = ÖJZ 1999/14: „That intervention and its use in the impugned criminal proceedings meant that, right from the outset, the applicant was definitively deprived of a fair trial".

1216 Fuchs, ÖJZ 2001, 495 (497).

1217 Stuefer/Soyer, ÖJZ 2007, 139 (140) unter Berufung auf Fuchs, ÖJZ 2001, 495.

1218 Burgstaller, ÖJZ 1986, 520 (524 f); Pilnacek, JBl 2005, 533; Ratz, RZ 2005, 110; ders, ÖJZ 2006, 323; ders, RZ 2007, 169 f.

Strafausschließungsgrund anzunehmen sei. Der Staat dürfe Straftaten, zu denen er durch seine Organe den Täter bestimmt hat, nicht bestrafen.[1219] Allerdings könne dies nur für Straftaten gelten, die Rechtsgüter des Einzelnen nicht unmittelbar betreffen. Ein Verfolgungshindernis führe zwar zum selben Ergebnis, sei jedoch unnötig kompliziert.[1220]

Auch Wolter propagiert einen Strafausschließungsgrund: Werde ein Nichtverdächtigter zu einer Straftat angestiftet, so könne eine Bestrafungsbefugnis des Staates mit dem Ziel einer gerechten Bestrafung von vornherein nicht zustehen.[1221]

Ratz hingegen befürwortet die Strafzumessungslösung ohne jedoch über die oberstgerichtlichen Argumente hinauszugehen.[1222]

In Deutschland stellt sich der Meinungsstand recht ähnlich dar. Hier hatte der BGH ursprünglich vertreten, dass die staatliche Tatprovokation ein Prozesshindernis begründe.[1223] Er ist davon jedoch abgerückt und vertritt nunmehr ebenfalls die sog Strafbemessungslösung.[1224] Auch das dt Schrifttum ist dem entgegengetreten: Allen voran hat sich Roxin[1225] für einen Strafausschließungsgrund stark gemacht, andere Stimmen wiederum meinen, man müsse ein Beweisverwertungsverbot annehmen[1226].

Nun kann man tatsächlich trefflich darüber diskutieren, welche Konstruktion die adäquate Rechtsfolge einer staatlich provozierten Tat ist. Für und wider diese Vorschläge mag es jeweils durchaus überzeugende *strafrechtsdogmatische* Argumente geben. Entscheidend für die gegenständliche Problematik ist aber, welche Anforderungen sich aus der *EMRK* ableiten lassen. Nun ergibt sich zwar auch daraus kein Vorrang für einen der Vorschläge – wie bereits betont lassen sich aus der EMRK keine Regeln über die Zulässigkeit von Beweisen ableiten –, sehr wohl aber müssen bei näherer Betrachtung gegen die Strafbemessungslösung gewichtige Bedenken vorgebracht werden.

Wie der EGMR bereits in der Rs Teixeira de Castro feststellte, bedeuten die Intervention und deren Verwertung, dass das Verfahren „von allem Anfang an“ unfair war. Noch deutlicher formuliert es die EKMR, derzufolge die Fairness des Verfahrens in „unheilbarer Weise“ beeinträch-

---

1219 Fuchs, ÖJZ 2001, 495 (497).

1220 Fuchs, ÖJZ 2001, 495 (497 in FN 16).

1221 Wolter, Straftat 5, 8.

1222 Ratz, RZ 2005, 74, 106 (110); ders, ÖJZ 2006, 323; ders, RZ 2007, 166 (169 f).

1223 BGH 15.4.1980, 1 StR 107/80 = NJW 1980, 1761; BGH 6.2.1981, 2 StR 370/ 80 = NJW 1981, 1626.

1224 BGH 18.11.1999, 1 StR 221/99 = NJW 2000, 1123; BGH 30.5.2001, 1 StR 42/ 01 = NJW 2001, 2981.

1225 Roxin, JZ 2000, 369.

1226 Ambos, NStZ 2002, 628 (632).

tigt war („irremediably affected").[1227] Das bedeutet aber nichts anderes, als dass die Tatprovokation ein faires Verfahren per se ausschließt und diese Unfairness nicht auch anderweitig kompensiert werden kann.

Nun ist es zwar zutreffend, dass an sich die Verletzung einzelner Aspekte des fairen Verfahrens durch seine anderen Elemente ausgeglichen werden kann, bei der staatlichen Tatprovokation ist ein solcher Ausgleich nach der – mE eindeutigen – Jud des EGMR aber ausgeschlossen: Nichts deutet darauf hin, dass er solche ausgleichenden Elemente untersucht, im Gegenteil, er betont sogar ausdrücklich, dass das öffentliche Interesse die Verwendung von Beweismitteln nicht rechtfertigen könne, die als Ergebnis polizeilicher Anstiftung erlangt wurden.[1228] Während also beispielsweise ein unzulässiges Beweismittel das Verfahren nicht per se unfair macht, weil die Unfairness etwa dadurch ausgeglichen werden kann, dass sich die Verurteilung nicht allein darauf stützt, ist eine solche Relativierung bei staatlicher Tatprovokation ausgeschlossen. Lässt sich aber die auf staatlicher Tatprovokation beruhende Unfairness des Verfahrens nicht ausgleichen, dann bleibt einzig, den Besch wegen dieser Tat letztlich nicht zu bestrafen.

Akzeptiert man diese – mE zutreffende – Grundposition des EGMR, dann wird deutlich, dass die Strafbemessungslösung dahinter zurückbleibt: Sie will eine Unfairness ausgleichen, die nach der Jud des EGMR gerade nicht ausgleichbar ist. Wie der EGMR meint, kann das Geständnis einer aufgrund einer Anstiftung begangenen Straftat weder die Anstiftung noch deren Effekt beseitigen: Einschreitung und Verwertung waren unfair.[1229] Dem entspricht die Strafbemessungslösung aber gerade nicht: Hier wird der – staatlich provozierte – Beweis nämlich sehr wohl verwendet[1230] bzw wird der Besch wegen der Tat bestraft.

Auch die Argumentation des OGH, wonach Art 6 EMRK das Hören der Sache gerade verlange, überzeugt nicht. Es ist zwar richtig, dass Art 6 EMRK auch dann, wenn es um eine – möglicherweise – staatlich provozierte Tat geht, ein faires Verfahren verlangt. Das bedeutet aber, wie auch der EGMR feststellt, nichts anderes, als dass die Frage, ob eine Tat denn provoziert wurde, auch in einem fairen Verfahren relevierbar sein muss. Anerkennt man damit die Bedeutung, die es hat, wenn eine staatliche Tatprovokation bejaht wird, dann liegt es auf der Hand, dass dieser Frage im Verfahren auch entsprechend Raum gegeben werden muss. MaW: Der Besch muss eine wirksame Möglichkeit haben, im Verfahren das Problem

1227 EGMR 9.6.1998, 25 829/94, Teixeira de Castro gegen Portugal Z 33 = ÖJZ 1999/14.

1228 EGMR 5.2.2008, 74 420/01, Ramanauskas gegen Litauen.

1229 EGMR 5.2.2008, 74 420/01, Ramanauskas gegen Litauen.

1230 S auch Ambos, NStZ 2002, 628 (632).

der Anstiftung vorzubringen.[1231] Dabei handelt es sich aber um kein spezifisches Problem der Tatprovokation, sondern um einen grundsätzlichen Aspekt der Ausgestaltung eines fairen Verfahrens und der Waffengleichheit.

Nicht überzeugend ist es schließlich, wenn der OGH die Annahme eines Milderungsgrundes damit begründet, dass der Gesetzgeber der Verletzung von Verfahrensgrundrechten, die durch das Verfahren selbst nicht ausgeglichen werden könnten, bei der Strafbemessung Rechnung tragen wollte. Auch diese Berücksichtigung bei der Strafbemessung ist nämlich letztlich nichts anderes als ein Ausgleich der Rechtsverletzung. Nach der hier vertretenen Auffassung schließt die Tatprovokation jedoch einen Ausgleich überhaupt aus.

Zuzugestehen ist letzten Endes freilich, dass aus Art 6 EMRK weder ein Verfolgungshindernis noch ein Strafausschließungsgrund noch – so kann man hinzufügen – ein Beweisverwertungsverbot abzuleiten ist. Entscheidend ist, dass die durch staatliche Tatprovokation erzielten Beweise in „unheilbarer Weise“ unfair sind.

Unabhängig vom bislang Gesagten bleibt schließlich noch die Frage, *weshalb* denn staatliche Tatprovokation das Verfahren unfair macht. Man könnte nämlich auch argumentieren, dass die Provokation der Tat nichts daran ändert, dass sie begangen wurde, denn der Besch selbst hat letztlich den Tatentschluss gefasst. Diese Überlegungen klingen etwa in der abweichenden Meinung des Richters Butkevych im Fall Teixeira de Castro an: Er weist darauf hin, dass der Bf wusste, dass er eine strafbare Handlung beging. Dass es Polizeibeamte waren, die ihm den Verkauf des Heroins anboten, ändere nichts am Wesenskern des Falles.

Diese Argumentation hat zunächst zweifellos einiges für sich: Wer etwa mit Drogen handelt, muss wissen, dass dies strafbar ist. Für wen er sie besorgt, kann an der Verwerflichkeit der Tat nichts ändern. Betrachtet man jedoch den Zweck polizeilicher (und verdeckter) Ermittlungstätigkeit, dann zeigt sich das Problem in einem etwas anderen Licht: Polizeiliche Ermittlungen dienen der Kriminalitätsbekämpfung. Provoziert der Staat hingegen die Tat, nur um sie anschließend bestrafen zu können, dann ist diesem Zweck nicht entsprochen. Dadurch werden nämlich, wie es Fischer formuliert, konkrete Straftaten nicht verhindert, sondern im Gegenteil gerade – zum Zweck ihrer Verfolgung – veranlasst.[1232] Aufgabe des Staates kann es aber nicht sein, zu überprüfen, ob die Bürger allen Versuchungen widerstehen können. Einer solchen Vorstellung haftet ein totalitäres Staatsverständnis an: Nicht umsonst liegen auch die Wurzeln

1231 EGMR 22.7.2003, 39 647/98 und 40 461/98, Edwards und Lewis gegen Vereinigtes Königreich; 5.2.2008, 74 420/01, Ramanauskas gegen Litauen.

1232 Fischer, NStZ 1992, 7 (12).

staatlicher Tatprovokation im absolutistischen Frankreich, wo man sie va einsetzte, um gegen politisch unerwünschte Gruppierungen und Personen vorgehen zu können.[1233]

Das Hauptaugenmerk dieser Überlegungen liegt somit nicht auf der *Begehung* einer strafbaren Tat, sondern auf deren *Provokation*, die nicht geduldet werden soll. Anerkennt man diese grundsätzliche Wertentscheidung, dann ist es auch nachvollziehbar, dass es ein grundlegendes Element eines fairen Verfahrens ist, Straftaten nicht durch staatliche Organe zu provozieren.

Dass dies besonders im Bereich der Suchtgiftkriminalität zu prima facie unbefriedigenden Ergebnissen führen kann, liegt erstens auf der Hand, zweitens aber auch in der Natur der Sache: Gerade die Suchtgiftkriminalität scheint nach gesellschaftlichen Maßstäben besonders verwerflich, weshalb offenbar nur schwer verständlich ist, weshalb provozierte Verstöße gegen das SMG unfair sein sollen. Dies liegt wohl daran, dass sich die Drogenkriminalität in besonderem Maße in einer Randzone der Gesellschaft abspielt. Anders wäre die Wahrnehmung möglicherweise, wenn – um ein von Fischer genanntes Beispiel heranzuziehen[1234] – Polizeibeamte sich gezielt in Gaststätten begeben, wo sie nach alkoholgefährdeten Personen Ausschau halten, diese zuerst zum Trinken, dann zum Autofahren animieren, um sie dann zur Verantwortung ziehen zu können. Anerkennt man die spitzelhafte Intervention als solche als unfair, dann kann es gerade nicht darauf ankommen, dass die Tat begangen wurde.

Fazit: Liegt eine unzulässige staatliche Tatprovokation vor, dann ist das Verfahren jedenfalls unfair und kann nicht durch andere Maßnahmen ausgeglichen werden. Die vom OGH vertretene Strafzumessungslösung entspricht nach dem bislang Gesagten nicht Art 6 Abs 1 EMRK.

4. Exkurs: Der Anspruch auf ein unabhängiges und unparteiisches Gericht

a. Unabhängigkeit und Unparteilichkeit

Art 6 Abs 1 EMRK garantiert in Verfahren über strafrechtliche Anklagen die Entscheidung durch ein unabhängiges und unparteiisches Gericht. Ob ein Gericht unabhängig ist, lässt sich anhand verschiedenster Kriterien beurteilen: Entscheidend ist etwa die Art und Weise, wie die Mitglieder eines Gerichts ernannt werden oder auch die Dauer, für die sie bestellt werden.[1235] Neben Art 6 EMRK normiert in Österreich auch Art 87 Abs 1

1233 Blank, Strafbarkeit 29.

1234 Fischer, NStZ 1992, 7 (12).

1235 Grabenwarter, EMRK[4] § 24 Rz 32. S auch VfSlg 10 800/1986.

B-VG ausdrücklich die Unabhängigkeit der Richter bei der Ausübung ihres Amtes. Tatsächlich ist nicht zweifelhaft, dass die ordentliche Gerichtsbarkeit in Österreich unabhängig ist: Richter sind weisungsfrei, unabsetzbar und unversetzbar.

Die richterliche Unabhängigkeit hat freilich nicht nur diesen eigenständigen Wert und Gehalt, sondern sie ist auch unabdingbare Voraussetzung für die Unparteilichkeit:[1236] Das Gericht kann nämlich Rechtsangelegenheiten nur dann unvoreingenommen und ohne Parteinahme behandeln,[1237] wenn es unabhängig ist. Für die Beurteilung der Unparteilichkeit ist dann nicht allein entscheidend, ob das Gericht tatsächlich objektiv ist, sondern es muss bereits der Anschein der Parteilichkeit vermieden werden. In diesem Sinne differenziert der EGMR in st Jud zwischen subjektiven und objektiven Aspekten der Unparteilichkeit.[1238] Relevant ist somit erstens die persönliche Überzeugung eines bestimmten Richters in einem bestimmten Fall (subjektive Prüfung); zweitens, ob der Richter ausreichende Gewähr bot, um jeden legitimen Zweifel in dieser Hinsicht auszuschalten (objektive Prüfung). Die Bedeutung dieser objektiven Kriterien lässt sich nach der Jud des EGMR mit dem erklären, was auf dem Spiel steht: Es geht nämlich „um das Vertrauen, das die Gerichte in einer demokratischen Gesellschaft in der Öffentlichkeit und vor allem im Bereich des Strafverfahrens beim Angeklagten erwecken."[1239] Diese Aspekte kommen treffend in einem häufig zitierten englischen Rechtsgrundsatz zum Ausdruck: „Justice must not only be done: it must also seen to be done."[1240]

b. *Die einfachgesetzlichen Bestimmungen*

Die StPO setzt die verfassungsrechtlichen Anforderungen an ein unparteiisches Gericht in § 43 um[1241]: Dort ist taxativ aufgezählt, unter welchen

---

1236 Frowein/Peukert, EMRK³ Art 6 Rz 213; Grabenwarter, EMRK⁴ § 24 Rz 39.

1237 EGMR 1.10.1982, 8692/79, Piersack gegen Belgien Z 30 = EuGRZ 1985, 301.

1238 EGMR 26.10.1984, 9186/80, De Cubber gegen Belgien Z 24 ff = EuGRZ 1985, 407; 24.5.1989, 10 486/83, Hauschildt gegen Dänemark Z 46 ff = ÖJZ 1990/4; 24.2.1993, 14 396/88, Fey gegen Österreich Z 28 = JBl 1993, 508; 22.2.1996, 17 358/90, Bulut gegen Österreich Z 31 = ÖJZ 1996/16; 23.10.2001, 50 171/99, Vogl und Vogl gegen Österreich = ÖJZ 2002/11.

1239 EGMR 26.10.1984, 9186/80, De Cubber gegen Belgien Z 26 = EuGRZ 1985, 407; 24.2.1993, 14 396/88, Fey gegen Österreich Z 30 = JBl 1993, 508.

1240 EGMR 26.10.1984, 9186/80, De Cubber gegen Belgien Z 26 = EuGRZ 1985, 407. S auch EGMR 28.6.1984, 7819/77 ua, Campbell und Fell gegen Vereinigtes Königreich Z 77 = EuGRZ 1985, 534. S auch die Jud des VfGH, wonach Recht „nicht nur gesprochen werden muß, sondern daß es auch augenscheinlich zu sein hat, daß Recht gesprochen wird": VfSlg 11 131/1986; 11 211/1987; 11 696/1988; 14 564/1996.

1241 Das Bewusstsein um die grundrechtliche Bedeutung der Ausschlussnormen wird besonders deutlich, wenn der OGH – wie er dies kürzlich tat – feststellte, dass er keinen

Voraussetzungen ein Richter vom Verfahren ausgeschlossen ist. Erfasst sind zunächst jene Fälle, in denen die richterliche Objektivität typischerweise zweifelhaft ist. So ist ein Richter etwa ausgeschlossen, wenn er im Ermittlungsverfahren Beweise aufgenommen oder ein gegen den Besch gerichtetes Zwangsmittel bewilligt hat (§ 43 Abs 2 StPO) oder als Rechtsmittelrichter über eine Angelegenheit entscheiden soll, an der er als Richter der ersten Instanz mitgewirkt hat (§ 43 Abs 3 StPO). Neben den explizit bezeichneten Ausschlussgründen ist ein Richter nach der Generalklausel – die alte Rechtslage kannte eine solche noch nicht – außerdem ausgeschlossen, wenn „andere Gründe vorliegen, die geeignet sind, seine volle Unvoreingenommenheit und Unparteilichkeit in Zweifel zu ziehen" (§ 43 Abs 1 Z 3 StPO). Entsprechendes gilt für die Ausschließung von Geschworenen und Schöffen (§ 46 SPO).

Das prozessuale Vorgehen bei Vorliegen eines Ausschließungsgrundes ergibt sich aus § 44 StPO: Der Richter hat sich weiterer Verfahrenshandlungen zu enthalten (§ 44 Abs 1 StPO) und dem Vorsteher oder Präsidenten des Gerichts seine Ausgeschlossenheit anzuzeigen (§ 44 Abs 2 StPO). Neben dieser Wahrnehmung von Amts wegen dürfen aber auch alle Beteiligten des Verfahrens die Ablehnung eines Richters wegen Ausschließung beantragen (§ 44 Abs 3 StPO).

Vor dem OGH kann die Teilnahme eines ausgeschlossenen Richters mittels Nichtigkeitsbeschwerde geltend gemacht werden (§ 281 Abs 1 Z 1 und § 345 Abs 1 Z 1 StPO). Da seit dem StPRG 2004 nicht mehr zwischen Ausschluss- und Befangenheitsgründen unterschieden wird[1242], kann nunmehr – anders als zuvor – auch die Befangenheit als Nichtigkeit aus Z 1 geltend gemacht werden.[1243] Es handelt sich dabei um einen rügepflichtigen Nichtigkeitsgrund, dh die Beteiligung des Richters muss sofort nach Kenntnis über die Ausgeschlossenheit geltend gemacht worden sein. Dabei kommt es nicht auf die subjektive Kenntnis des Ausschlussgrundes, sondern auf seine objektive Erkennbarkeit an.[1244]

Die StPO legt ausdrücklich fest, welche Umstände die Voreingenommenheit eines Gerichts indizieren und schützt derart das Recht auf ein

Ausschließungsgrund gem § 43 Abs 3 StPO erkennen könne und somit kein Verstoß gegen Art 6 Abs 1 EMRK vorliege: OGH 15.1.2009, 12 Os 125/08m.

1242 S dazu RV 25 BlgNR 22. GP 60 ff.

1243 Dazu Bertel/Venier, Einführung, Rz 50. Früher war nämlich die Teilnahme eines zwar nicht ausgeschlossenen, aber abgelehnten Richters kein Nichtigkeitsgrund aus Z 1. War zuvor ein Ablehnungsantrag – in der Hauptverhandlung! – gestellt worden, dann konnte Nichtigkeit aus Z 4 vorliegen. Ansonsten konnte – auch wenn die Befangenheit erst später festgestellt wurde – mangels Vorliegens der gesetzlichen Voraussetzungen, die ja eine vorherige Antragstellung verlangen, keine Nichtigkeit geltend gemacht werden.

1244 S etwa OGH 5.11.1996, 11 Os 151/96; 15.5.2008, 12 Os 31/07m; 11.9.2008, 15 Os 120/08y. S auch Ratz, WK-StPO § 281 Rz 136.

unparteiisches Gericht. Die Ausgeschlossenheit eines Richters ist damit eindeutig geregelt, und der Großteil der bisherigen Problembereiche hat sich mit dem StPRG 2004 erledigt. Dies ist ua auf die Generalklausel zurückzuführen, die nunmehr alle nicht explizit normierten Fälle der Ausgeschlossenheit auffängt. Aber auch die zunächst noch bestehenden Unklarheiten im Zusammenhang mit § 43 Abs 2 StPO wurden nunmehr beseitigt: Zunächst war nämlich normiert worden, dass ein Richter ausgeschlossen ist, wenn er im Ermittlungsverfahren tätig gewesen ist. Da aber die Tätigkeit des Richters im Ermittlungsverfahren nicht mehr mit der früheren Tätigkeit als U-Richter vergleichbar ist[1245], hat der Gesetzgeber nunmehr konkret normiert, welche Tätigkeiten einen Ausschließungsgrund konstituieren[1246].[1247]

Dennoch soll in diesem Zusammenhang auf eine Frage eingegangen werden, die sich im Zusammenhang mit der Geltendmachung von Ausschließungsgründen stellt.

c. *Rügepflicht und Verzicht auf die Geltendmachung der Unparteilichkeit*

aa. *Judikatur des OGH*

Bemerkenswerte Fragen stellen sich im Zusammenhang mit der Geltendmachung einer richterlichen Ausgeschlossenheit. Wird die Ausgeschlossenheit nämlich nicht rechtzeitig gerügt (§ 281 Abs 1 Z 1 StPO) – dabei kommt es, wie bereits erwähnt, nicht auf die subjektive Kenntnis, sondern allein auf die objektive Erkennbarkeit des Ausschlussgrundes an[1248] –, dann kann sie auch nicht mehr als Nichtigkeit aus Z 1 geltend gemacht werden.[1249]

1245 S auch RV 113 BlgNR 24. GP 37.

1246 BGBl I 2009/52.

1247 Bis zum StPRG 2004 warf besonders eine Problematik interessante Fragestellungen auf: Nach alter Rechtslage war vom Hauptverfahren ausgeschlossen, wer im Vorverfahren „als Untersuchungsrichter tätig gewesen ist" (§ 68 Abs 2 StPO aF). Allerdings bewirkte nach der Jud des OGH nicht schon *jegliche* Tätigkeit als U-Richter den Ausschluss vom Hauptverfahren, was naturgemäß grundrechtsrelevante Fragen nach der Unparteilichkeit des Richters aufwarf. S dazu OGH 6.6.1974, 9 Os 64/74; 17.11.1981, 10 Os 179/81; 11.2.1999, 15 Os 197/98; 22.6.1999, 14 Os 70/99. Mit dem StPRG 2004 galt – bis zum Inkrafttreten von BGBl I 2009/52 – Entsprechendes: Ein Richter, der im Ermittlungsverfahren tätig gewesen ist, war gem § 43 Abs 2 StPO vom Hauptverfahren ausgeschlossen. Fraglich war, ob auch diese Norm dahingehend zu verstehen war, dass noch nicht schon jede richterliche Tätigkeit im Ermittlungsverfahren vom Hauptverfahren ausschließt. Diese Fragestellung hat der Gesetzgeber nunmehr explizit beantwortet.

1248 S die Nachweise in FN 1244.

1249 S etwa OGH 10.9.1985, 11 Os 107/85. Freilich kann dieser Fehler im Rahmen einer Nichtigkeitsbeschwerde zur Wahrung des Gesetzes aufgegriffen werden. Dazu LEWISCH, ÖJZ 1991, 835 (837).

Entsprechendes gilt, wenn der Angekl darauf verzichtet, die Ausgeschlossenheit in einer Nichtigkeitsbeschwerde geltend zu machen. So wies beispielsweise der Richter der HV den Angekl darauf hin, dass er bereits zeitweise als U-Richter tätig gewesen war. Der Angekl verzichtete – in Abwesenheit seines Anwalts – darauf, die Ausgeschlossenheit geltend zu machen. Die dennoch erhobene Nichtigkeitsbeschwerde war nach Auffassung des OGH unzulässig: Der Bf habe nämlich ausdrücklich auf die Rüge der Unparteilichkeit verzichtet.[1250]

bb. Judikatur des EGMR

In der Rs Pfeifer und Plankl gegen Österreich[1251] betonte der EGMR, dass ein „Verzicht auf ein von der Konvention garantiertes Recht – soweit dies überhaupt zulässig ist, in unmißverständlicher Weise erfolgt sein" müsse.[1252] Geht es um prozessuale Rechte, dann „verlangt ein nach der Konvention wirksamer Verzicht ein Mindestmaß an Garantien, die gegenüber der Bedeutung einer solchen Handlung angemessen sein müssen".[1253] Nach österreichischem Recht sei der Richter verpflichtet, sich selbst der Tätigkeit zu enthalten, zugleich gebe es keine Bestimmung, die dem Besch ausdrücklich erlaube, auf sein Recht zu verzichten. Ein Verzichtsrecht sei jedoch von so wesentlicher Bedeutung, dass seine Ausübung nicht vom Willen der Parteien abhängig gemacht werden könne. Diesen Begründungsstrang verfolgt der EGMR jedoch nicht bis zur letzten Konsequenz weiter, sondern es genügte ihm festzuhalten, dass der Verzicht im konkreten Fall ohne den Rechtsbeistand des Angekl abgegeben worden war, dieser aber als juristischer Laie die Implikationen dieser Rechtsfrage nicht voll abschätzen konnte. Selbst wenn man annehme, dass auf die in Rede stehenden Rechte verzichtet werden könne, machten die Umstände, unter denen die Entscheidung des Bf getroffen wurde, den Verzicht unzulässig.

Im Fall Bulut gegen Österreich[1254] verzichteten die Verteidiger in der HV auf die Geltendmachung des Ausschließungsgrundes – einer der Richter war am Vorverfahren beteiligt gewesen – als Nichtigkeitsgrund.

Nunmehr stellte der EGMR die Auslegung der österreichischen Gerichte, dass das Gesetz „einen rechtmäßigen Verzicht zuläßt", nicht in Frage. Allerdings untersuchte er gar nicht, ob tatsächlich ein zulässiger Ver-

---

1250 OGH 29.2.1984, 11 Os 21/84. S auch OGH 26.6.1997, 12 Os 80/97.

1251 EGMR 25.2.1992, 10 802/84, Pfeifer und Plankl gegen Österreich = ÖJZ 1992/21.

1252 EGMR 25.2.1992, 10 802/84, Pfeifer und Plankl gegen Österreich Z 37= ÖJZ 1992/21.

1253 EGMR 25.2.1992, 10 802/84, Pfeifer und Plankl gegen Österreich Z 37 = ÖJZ 1992/21.

1254 EGMR 22.2.1996, 17 358/90, Bulut gegen Österreich = ÖJZ 1996/16.

zicht abgegeben wurde, sondern er prüfte vielmehr, ob die Teilnahme des Richters „Zweifel auf die Unparteilichkeit des erkennenden Gerichts werfen könnte" und verneinte dies. Außerdem meinte der EGMR, dass es dem Bf nicht frei stehe, „sich dahingehend zu beschweren, daß er berechtigte Gründe habe, die Unparteilichkeit des Gerichts, welches die Verhandlung gegen ihn führe, zu bezweifeln, wenn er das Recht hatte, die Zusammensetzung dieses Gerichts zu bekämpfen, dies jedoch nicht getan hat".

cc. Würdigung

Zunächst stellt sich die Frage, ob auf die Geltendmachung der Ausgeschlossenheit tatsächlich wirksam verzichtet werden kann.

Der EGMR lässt diese Frage sowohl in der Rs Pfeifer und Plankl als auch in der Rs Bulut letztlich offen. Im ersten Fall stellte er fest, dass der Verzicht ohnehin unzulässig wäre, weil er ohne Rechtsbeistand abgegeben wurde. Im zweiten Fall prüft er die Gültigkeit des Verzichts gar nicht, sondern untersucht, ob das Gericht tatsächlich parteiisch war. Dies ist freilich insofern nicht konsequent, als der EGMR richtigerweise zunächst die Gültigkeit des Verzichts prüfen müsste: Ist dieser nämlich gültig, dann kann es auf die Parteilichkeit oder Unparteilichkeit des Gerichts gerade nicht mehr ankommen. Andernfalls wäre ein Verzicht ja entbehrlich.[1255]

Dennoch ist davon auszugehen, dass auch auf die Geltendmachung eines ausgeschlossenen Richters – so wie grundsätzlich auch auf andere Rechte der EMRK – verzichtet werden darf.[1256] Zulässig ist ein Verzicht freilich nur, wenn er unter bestimmten Voraussetzungen abgegeben wurde: Er muss freiwillig und unmissverständlich erfolgen und – so lässt sich aus Rs Pfeifer und Plankl ableiten – im Beisein eines Rechtsbeistands abgegeben werden. Gemessen an diesen Kriterien war mE in der Rs Bulut von einem wirksamen Verzicht auszugehen.

Offen bleibt schließlich noch, welche Bedeutung es aus grundrechtlicher Sicht hat, wenn der Besch seiner Rügeobliegenheit nicht nachgekommen ist, er die Ausgeschlossenheit eines Richters dann aber mittels Nichtigkeitsbeschwerde geltend macht. Fraglich ist nämlich, ob diese unterlassene Geltendmachung als – zulässiger – Verzicht qualifiziert werden kann. Dagegen spricht va, dass es einer derartigen Unterlassung an der Eindeutigkeit mangelt; die bloße Vermutung, dass der Betroffene einen Verzicht abgeben wollte, reicht nämlich noch nicht aus.[1257] Nur wenn das Gericht auf die Möglichkeit einer Geltendmachung ausdrücklich aufmerksam ge-

1255 S dazu die abweichende Meinung von Matscher in der Rs Pfeifer und Plankl.

1256 S oben dritter Teil, erster Abschnitt E.III. S auch Grabenwarter, EMRK[4] § 24 Rz 41.

1257 EGMR 12.2.1985, 9024/80, Colozza gegen Italien Z 28.

macht hat, der Betroffene die Möglichkeit aber nicht nutzt, könnte von einem Verzicht gesprochen werden. Das Abstellen auf die Rügepflichten erscheint dennoch nicht unzulässig, denn es lässt sich auch unter dem Aspekt der Rechtswegerschöpfung betrachten: Macht nämlich der Besch die Ausgeschlossenheit nicht geltend, obwohl er sie objektiv betrachtet erkennen konnte, dann hat er den Rechtsweg nicht erschöpft.[1258] Dass der Besch die Ausgeschlossenheit gerügt haben muss, um sie auch vor dem OGH geltend machen zu können, ist somit im Lichte des Art 6 EMRK mE grundrechtskonform.

III. Unschuldsvermutung

1. Allgemeines

Die Unschuldsvermutung ist ein Element des fairen Verfahrens[1259], das verfassungsrechtlich explizit in Art 6 Abs 2 EMRK verankert ist[1260]: Im Strafverfahren – also in Verfahren über strafrechtliche Anklagen iSd Art 6 EMRK – gilt jeder so lange als unschuldig, bis seine Schuld nachgewiesen ist. Damit wird ein fundamentaler und – so der VfGH – ein die gesamte österreichische Rechtsordnung beherrschender Grundsatz[1261] zum Ausdruck gebracht[1262]. Dieser ist seit dem StPRG 2004 auch einfachgesetzlich in der StPO verankert: Gem § 8 leg cit gilt jede Person „bis zu ihrer rechtskräftigen Verurteilung als unschuldig".

Aus der Unschuldsvermutung lassen sich gleich mehrere Konsequenzen ziehen. Zunächst wird damit die Beweislast den staatlichen Behörden auferlegt[1263]: Nicht der Angekl hat seine Unschuld zu beweisen, sondern der Richter dessen Schuld.[1264] Der Richter darf – und hier gibt es Überschneidungen mit dem Recht auf ein unparteiisches Gericht und ein fai-

1258 S dazu auch EGMR 24.5.1989, 10 486/83, Hauschildt gegen Dänemark Z 39 ff und die Sondervoten der Richter Thor Vilhjamsson, Palm und Gomard = ÖJZ 1990/4.

1259 S nur EGMR 10.2.1995, 15 175/89, Allenet de Ribemont gegen Frankreich = ÖJZ 1995/34; EGMR 3.10.2002, 37 568/97, Böhmer gegen Deutschland = NJW 2004, 43; EGMR 28.4.2005, 72 758/01, A L gegen Deutschland = NJW 2006, 1113.

1260 In Deutschland wird die verfassungsrechtliche Verankerung der Unschuldsvermutung im Rechtsstaatsprinzip gesehen. Vgl BVerfGE 82, 106. Zur Bedeutung der Unschuldsvermutung in Deutschland für viele Linder, AöR 2008, 235.

1261 VfSlg 11 062/1986.

1262 Dabei handelt es sich freilich um einen allgemeinen Grundsatz des Strafrechtsverständnisses, der ansatzweise bereits in Art 9 der Französischen Erklärung der Bürger- und Menschenrechte normiert war. Zur Unschuldsvermutung in den verschiedenen Rechtsordnungen Stuckenberg, Untersuchungen 11 ff.

1263 Mayer, B-VG[4] Art 6 MRK E.II.1. S auch VfSlg 11 195/86 und VfSlg 18 164/2007.

1264 VfSlg 12 454/1990. Schäffer, HGRÖ § 200 Rz 75.

res Verfahren[1265] – nicht von der Annahme ausgehen, dass der Beschuldigte die Tat tatsächlich begangen hat.[1266] Aus der grundsätzlichen Vermutung für die Unschuld ist weiters abzuleiten, dass das Verfahren einzustellen bzw der Verdächtige freizusprechen ist, wenn die Schuld nicht gesetzlich nachgewiesen werden kann (in dubio pro reo).[1267] Adressaten der Unschuldsvermutung sind schließlich nicht nur die Richter, sondern auch alle anderen staatlichen Organe:[1268] Vor einer rechtskräftigen Verurteilung dürfen sie keine Äußerungen machen, aus denen geschlossen werden kann, dass sie einen Verdächtigen für schuldig halten.

Schließlich lassen sich aus der Unschuldsvermutung nach hA auch Schutzpflichten des Staates ableiten.[1269] Diese werden va dort schlagend, wo die mediale Berichterstattung einer öffentlichen Vorverurteilung eines Verdächtigen gleichkommt.

In der Jud des OGH ergeben sich zwar zahlreiche mögliche Berührungspunkte mit der Unschuldsvermutung – der Angekl mag sich etwa schon durch prozessuale Zwangsmittel zu Unrecht beschuldigt fühlen[1270] –, dennoch gibt es einzelne Bereiche, in denen sie eine besonders zentrale Rolle spielt: Dies ist etwa der Fall im Zusammenhang mit der Strafbemessung iwS – das sind Strafbemessung und bedingte Strafnachsicht – und der bedingten Entlassung. Außerdem stellen bzw stellten sich entsprechende grundrechtsrelevante Fragen bei der Entschädigung für ungerechtfertigte Haft. Seit dem StEG 2005 entscheiden über derartige Ansprüche zwar die Zivilgerichte, dennoch soll auf diesen Problembereich kurz eingegangen werden. Schließlich berührt auch das MedienG zahlreiche Fragen zur Unschuldsvermutung. Dazu gibt es zwar aus prozessualen Gründen kaum höchstgerichtliche Judikatur, der Vollständigkeit halber soll dieser Themenbereich aber dennoch kurz angerissen werden.

1265 Grabenwarter, in: Korinek/Holoubek (Hrsg), Bundesverfassungsrecht, Art 6 EMRK, Rz 232.

1266 VfSlg 8483/1979. EGMR 20.3.2001, 33501/96, Telfner gegen Österreich = ÖJZ 2001/20.

1267 Zum Verhältnis zwischen der Unschuldsvermutung und in dubio pro reo s etwa Höpfel, Staatsanwalt 15 ff.

1268 Berka, Grundrechte, Rz 844; Frowein/Peukert, EMRK[3] Art 6 Rz 267; Grabenwarter, in: Korinek/Holoubek (Hrsg), Bundesverfassungsrecht, Art 6 EMRK, Rz 238 f; Meyer-Ladewig, EMRK, Art 6 Rz 86. Vgl EGMR 10.2.1995, 15 175/89, Allenet de Ribemont gegen Frankreich = ÖJZ 1995/34; 24.4.2008, 2947/06, Ismoilov ua gegen Russland.

1269 S etwa Berka, Grundrechte, Rz 847; Grabenwarter, in: Korinek/Holoubek (Hrsg), Bundesverfassungsrecht, Art 6 EMRK, Rz 240. S auch EKMR 8.7.1978, Ensselin, Baader und Raspe gegen BRD = EuGRZ 1978, 314 (323).

1270 Der OGH hat jedoch ausgesprochen, dass die Unschuldsvermutung bei prozessualen Zwangsmitteln nicht anzuwenden sei: OGH 20.3.1997, 15 Os 22/97. Dies ergebe sich aus Art 5 Abs 1 lit b und c EMRK. Aus diesem Grund verstoße die Vorführung eines Angekl zu einer Schriftprobe auch nicht gegen die Unschuldsvermutung.

Ein Themenkomplex, der ebenfalls Berührungspunkte mit der Unschuldsvermutung hat, ist die U-Haft: Immer wieder argumentieren U-Häftlinge, dass die Annahme eines dringenden Tatverdachts – dies ist eine Haftvoraussetzung – gegen die Unschuldsvermutung verstoße. Nach st Jud des OGH ist jedoch die Anordnung oder Aufrechterhaltung der U-Haft grds mit der Unschuldsvermutung vereinbar.[1271] Er begründet dies meist – wie auch der EGMR – mit Art 5 Abs 1 lit c EMRK. Es könne freilich die *Dauer* der U-Haft in ein Spannungsverhältnis zur Unschuldsvermutung treten. Unvereinbar mit Art 6 Abs 2 EMRK wäre nämlich ein vorweggenommener Strafvollzug.[1272] Dies folge schon aus Art 5 Abs 1 lit c EMRK. Diese Fragestellungen werden ausführlich unter F.I.3.b. behandelt.

2. Strafbemessung iwS und bedingte Entlassung

a. Judikatur des OGH

Dass die Unschuldsvermutung in der Jud des OGH zunächst va bei der Strafbemessung ieS und der bedingten Strafnachsicht eine entscheidende Rolle spielt, ist nahe liegend: In beiden Fällen sind etwaige weitere begangene Straftaten entscheidungserheblich.

Grundlage für die **Strafbemessung ieS** ist die Schuld des Täters (§ 32 Abs 1 StGB). Dabei fällt ua erschwerend ins Gewicht, wenn der Täter mehrere strafbare Handlungen begangen hat (§ 33 Z 1 StGB). In st Jud hat der OGH hier zutreffend festgestellt, dass nur solche Taten berücksichtigt werden dürfen, für die der Täter bereits rechtskräftig verurteilt worden ist. Dass ein Verfahren wegen einer anderen Straftat anhängig ist, reiche noch nicht aus: Dies verbiete schon die Unschuldsvermutung.[1273]

Ähnliches gilt bei der **bedingten Strafnachsicht**[1274]: Eine Strafe ist – bei Vorliegen der sonstigen Voraussetzungen – bedingt nachzusehen, wenn anzunehmen ist, dass die Vollstreckung der Strafe nicht notwendig ist, um den Rechtsbrecher von weiteren strafbaren Handlungen abzuhalten (§ 43 Abs 1 StGB). Als unzulässig im Lichte der Unschuldsvermutung qualifizierte es der OGH, die bedingte Strafnachsicht zu versagen, weil

1271 OGH 17.6.1993, 15 Os 93/93; 3.4.1997, 15 Os 37/97; 25.10.2000, 15 Os 146/00; 10.4.2003, 15 Os 50/03; 20.12.2006, 13 Os 125/06s; 22.5.2007, 11 Os 45/07p; 18.9.2007, 12 Os 112/07y; 14.3.2008, 14 Os 28/08m; 29.4.2009, 14 Os 43/09v; 12.5.2009, 14 Os 51/09w.

1272 OGH 13.6.2006, 11 Os 48/06b; s auch 7.10.2004, 15 Os 117/04.

1273 OGH 28.9.1972, 13 Os 76/72; 5.7.1984, 13 Os 79/84; 6.11.1984, 10 Os 177/84; 28.3.1985, 13 Os 1/85; 25.2.1986, 11 Os 14/86; 24.3.1987, 11 Os 176/86; 30.1.2002, 13 Os 156/01; 11.2.2003, 14 Os 4/03; 10.8.2004, 14 Os 92/04.

1274 S etwa Jesionek/Birklbauer, RZ 2005, 50 f.

sich der Betroffene aufgrund dringenden Tatverdachts wegen eines anderen Delikts „sogar" in U-Haft befinde.[1275]

Hingegen hielt es der OGH für zulässig, bei der Prognoseerstellung auch zu berücksichtigen, dass der Täter etwa in einem noch anhängigen Strafverfahren oder in einem anderen Zusammenhang *gestanden* hat, weitere Straftaten verübt zu haben und daraus Schlüsse auf das weitere Verhalten zu ziehen.[1276]

Ähnlich wie bei der bedingten Strafnachsicht ist auch bei der **bedingten Entlassung** eine Prognose zu erstellen (§ 46 StGB): Es ist zu beurteilen, ob sich der Rechtsbrecher auch ohne den Vollzug des Strafrestes wohlverhalten wird.

Auch hier sah der OGH einen Verstoß gegen die Unschuldsvermutung, wenn das Gericht die bedingte Entlassung wegen der Begehung einer weiteren strafbaren Handlung ausschloss, obwohl der Verdächtige deswegen (noch) nicht rechtskräftig verurteilt worden war: Die Begehung einer strafbaren Handlung während der Strafzeit dürfe nämlich nur nach einem in Rechtskraft erwachsenen förmlichen Schuldspruch Berücksichtigung finden. Dies gelte umsomehr, wenn der Verdächtige die ihm vorgeworfene Tat bestreite.[1277] Allerdings räumte der OGH obiter ein, dass der *Verdacht*, der Verurteilte habe eine weitere strafbare Handlung begangen, „durchaus eine der Prognosegrundlagen darstellen" könne, nämlich wenn der Verdacht bei entsprechender Sachverhaltsgestaltung „im Sinne höherer Wahrscheinlichkeit entsprechend verdichtet" sei[1278].[1279]

b. Judikatur von EGMR und VfGH

Die Jud von EGMR und VfGH lässt sich knapp und eindeutig zusammenfassen:

Der **EGMR** hält es für zulässig, bei der Strafbemessung Umstände zu berücksichtigen, die Aufschlüsse über die Persönlichkeit des Angekl geben können.[1280] Sie dürfen freilich immer nur als Verdacht und nicht als Schuldzuweisung bzw -feststellung zum Ausdruck gebracht werden.[1281]

1275 OGH 17.10.2000, 14 Os 100/00.

1276 OGH 29.4.1983, 10 Os 56/83.

1277 OGH 28.4.1993, 13 Os 59/93.

1278 OGH 28.4.1993, 13 Os 59/93.

1279 S in anderem Zusammenhang auch OGH 29.5.2002, 13 Os 34/02: Es sei mit der Unschuldsvermutung vereinbar, wenn das Gericht nicht nur zu zwingenden, sondern auch zu Wahrscheinlichkeitsschlüssen berechtigt sei, sofern diese logisch einwandfrei und zureichend begründet seien.

1280 EGMR 8.6.1976, 5100/71 ua, Engel ua gegen die Niederlande = EuGRZ 1976, 221 (235).

1281 Dazu und mit Nachweisen zur Jud Westerdiek, EuGRZ 1987, 393 (396). S im Übrigen auch bereits EGMR 26.3.1982, 8269/78, Adolf gegen Österreich = EuGRZ 1982,

Es werde „die Unschuldsvermutung verletzt, wenn, ohne daß der Angeklagte vorher auf gesetzliche Weise für schuldig befunden wurde und ohne daß er Gelegenheit gehabt hätte, seine Verteidigungsrechte auszuüben, eine gerichtliche Entscheidung die Auffassung wiedergibt, er sei schuldig."[1282]

Der **VfGH** lässt bei der Berücksichtigung von Erschwerungsgründen im VStG – die entsprechenden Bestimmungen des StGB sind hier sinngemäß anzuwenden – nur solche Straftaten mit einfließen, deren Begehung bereits formell rechtkräftig festgestellt wurde.[1283]

c. *Würdigung*

Dass einem Täter im Lichte der Unschuldsvermutung nur aus solchen Taten negative Konsequenzen erwachsen dürfen, für die er bereits rechtskräftig verurteilt wurde, liegt auf der Hand. Ausgehend von diesem Grundsatz erscheint es prima facie widersprüchlich, dass bei der **Strafbemessung ieS** nur rechtskräftige Schuldsprüche, bei der **bedingten Strafnachsicht** hingegen auch solche Straftaten berücksichtigt werden dürfen, die zwar noch nicht rechtskräftig, gleichwohl aber gestanden sind.

Nun lässt sich diese Unterscheidung zunächst mit dem Wortlaut des Gesetzes erklären: § 33 Z 1 StGB spricht davon, dass der Täter mehrere strafbare Handlungen „begangen" hat, wohingegen § 43 leg cit offensichtlich eine Prognoseentscheidung über das Verhalten des Täters verlangt. Es geht darum, die persönlichen Verhältnisse des Besch zu erörtern um ableiten zu können, inwieweit eine Strafnachsicht im Lichte der Spezialprävention zweckmäßig ist.

Darüber hinaus ist diese Auffassung des OGH aber auch im Lichte der Unschuldsvermutung und der Rsp des EGMR vertretbar. Wie gezeigt, erachtete es der EGMR für zulässig, bei der Strafbemessung Umstände zu berücksichtigen, die Aufschlüsse über die Persönlichkeit des Angekl geben können[1284] – und solche können eben auch zwar zugestandene, aber

297: Dabei ging es um die Einstellung des Verfahrens wegen mangelnder Strafwürdigkeit der Tat gem § 42 StGB. Der bezirksgerichtliche Beschluss war zwar problematisch formuliert, weil er einer Schuldfeststellung gleichkam, der EGMR anerkannte jedoch, dass dieser zusammen mit dem Urteil des OGH gelesen werden müsse. Darin wurde deutlich, dass die Einstellung sich nur auf das Vorliegen eines bloßen Verdachts, nicht auch auf Tatsachen- und Schuldfeststellungen gründe. Aus diesen Gründen war auch die Unschuldsvermutung nicht verletzt.

1282 EGMR 25.3.1983, 8660/79, Minelli gegen die Schweiz Z 37 = EuGRZ 1983, 47. Konkret war hier Verjährung eingetreten, das Gericht meinte, dass es „sehr wahrscheinlich" zu einer Verurteilung des Bf gekommen wäre. Dies verstieß nach Auffassung des EGMR gegen die Unschuldsvermutung.

1283 VfSlg 8483/1979.

1284 EGMR 8.6.1976, 5100/71 ua, Engel ua gegen die Niederlande = EuGRZ 1976, 221 (235).

noch nicht rechtskräftig abgeurteilte Straftaten sein. Berücksichtigt werden dürfen diese freilich nur bei der Strafbemessung und nicht auch bei der Schuldfeststellung.[1285] Auch dürfen solche Umstände immer nur als Verdacht und nicht als Schuldzuweisung bzw -feststellung zum Ausdruck gebracht werden.

Entsprechendes muss für die **bedingte Entlassung** gelten: Ist nämlich in der Prognoseentscheidung auch die Persönlichkeit des Betroffenen zu beurteilen, so darf mE auch mit einfließen, dass der Betroffene – möglicherweise – weitere Straftaten begangen hat. Freilich darf nur die *Verdachtslage* beschrieben werden, der Betroffene sei erneut straffällig geworden.[1286] Unzulässig wäre es hingegen festzustellen, dass der Betroffene erneut straffällig geworden ist, denn dies käme einer Schuldzuweisung gleich.

Unzutreffend ist es im Übrigen, wenn der OGH – wenn auch obiter – einräumt, dass der Verdacht weiterer Straftaten auch dann in die Strafbemessung einfließen darf, wenn der Verdächtige diese Taten nicht gestanden hat. Darauf *allein* darf sich mE eine Prognose nicht stützen, denn das wäre wiederum nichts anderes als die Verletzung der Unschuldsvermutung.

3. Unschuldsvermutung und strafrechtliche Entschädigung

a. Problemstellung

Es entspricht einem natürlichen Gerechtigkeitsempfinden, dass derjenige, der rechtswidrig verhaftet oder angehalten wird, nicht alle dadurch erlittene Nachteile selbst tragen soll. Dementsprechend kannte bereits das StGG über die allgemeinen Rechte der Staatsbürger einen Ersatzanspruch bei gesetzwidrigen Verhaftungen oder Anhaltungen.[1287] Heute ist ein solcher Anspruch grundrechtlich in Art 5 Abs 5 EMRK verbürgt und zwar für denjenigen, der entgegen den gesetzlichen Bestimmungen festgenommen bzw angehalten wird.

Davon zu unterscheiden sind jene Fälle, in denen die Haft zwar nicht gesetzwidrig, sehr wohl aber unbegründet war. Dies ist etwa dann anzunehmen, wenn jemand in U-Haft genommen wurde, der ursprüngliche Tatverdacht aber nicht bestätigt bzw nachgewiesen werden konnte. Für solche Fälle kann der Gesetzgeber zwar Entschädigungen vorsehen, grundrechtlich geboten ist dies jedoch nicht: So wie die Unschuldsvermutung

---

1285 Frowein/Peukert, EMRK[3] Art 6 Rz 275.

1286 S etwa EGMR 3.10.2002, 37 568/97, Böhmer gegen Deutschland Z 64 f = NJW 2004, 43.

1287 Art 8 Abs 3 StGG. Voraussetzung war freilich eine „Übertretung der Amtspflicht der richterlichen Beamten". S dazu Pilnacek, ÖJZ 2001, 546 (547).

der U-Haft nicht grds entgegensteht, so kann aus ihr auch kein Entschädigungsanspruch für rechtmäßige (U-)Haft abgeleitet werden.[1288] Sieht ein Staat aber Entschädigungsansprüche vor, so dürfen diese naturgemäß nicht gegen die Unschuldsvermutung verstoßen. Nach der Jud des EGMR kann die Ablehnung, für eine U-Haft zu entschädigen, dann in ein Spannungsverhältnis zur Unschuldsvermutung treten, wenn die Entscheidungsgründe, die vom Tenor nicht getrennt werden können, im Kern einer Entscheidung über die Schuld des Angekl gleichkommen, ohne dass seine Schuld vorher gesetzlich nachgewiesen wurde, insbes ohne dass er Gelegenheit gehabt hätte, seine Verteidigungsrechte wahrzunehmen.[1289]

Genau darin lag lange das Kernproblem des – mittlerweile außer Kraft getretenen – StEG 1969. Demnach war für eine ungerechtfertigte U-Haft nämlich ua nur dann zu entschädigen, wenn der Betroffene freigesprochen bzw das Verfahren eingestellt worden war *und* der Verdacht gegen den Betroffenen entkräftet war (§ 2 Abs 1 lit b StEG 1969). Das Spannungsverhältnis zur Unschuldsvermutung zeigt sich dabei recht deutlich: Ob der Anspruch nämlich tatsächlich mit Verweis auf den noch bestehenden Verdacht verweigert werden darf, obwohl die Verdachtslage nicht in einem rechtskräftigen Schuldspruch bestätigt werden konnte – sei es, dass das Verfahren eingestellt wurde, sei es, dass der Verdächtige freigesprochen wurde –, ist schon prima facie höchst zweifelhaft. In der Tat hat diese Problematik auch wiederholt zu Verurteilungen Österreichs durch den EGMR geführt.

b. Rückblick auf die Judikatur

Betrachtet man die judikative Entwicklung zum StEG 1969, so fällt zunächst zweierlei auf: Erstens waren die maßgeblichen Judikaturänderungen stets auf Straßburger Judikate zurückzuführen und zweitens blieb der Gesetzgeber lange untätig, was die Gerichte geradezu zu einem interpretativen Eiertanz um eine eigentlich verfassungswidrige Norm zwang; der VfGH hatte nämlich einem Gesetzesprüfungsantrag der Gerichte nicht entsprochen.

Wie gezeigt, war eines der Kriterien für eine Entschädigung nach StEG 1969 die Verdachtsentkräftung. Bei der Beurteilung dieser Voraussetzung beschränkten sich die Gerichte nicht auf die Feststellungen des Urteils, sondern nahmen teilweise eine selbständige Beurteilung auf Grundlage der

1288 EGMR 25.8.1987, 10 300/83, Nölkenbockhoff gegen Deutschland = EuGRZ 1987, 410; EGMR 25.8.1987, 10 282/83, Englert gegen Deutschland = EuGRZ 1987, 405.

1289 EGMR 25.8.1987, 10 300/83, Nölkenbockhoff gegen Deutschland = EuGRZ 1987, 410; EGMR 25.8.1987, 10 282/83, Englert gegen Deutschland = EuGRZ 1987, 405; 26.3.1996, 17 314/90, Leutscher gegen die Niederlande = ÖJZ 1996/24.

Akten vor. Dies verstieß nach der im Fall Sekanina gegen Österreich geäußerten Auffassung des EGMR gegen die Unschuldsvermutung: „Der Ausspruch der Verdächtigungen, was die Unschuld eines Angekl anlangt, ist denkbar, solange ein Strafverfahren nicht mit einer Entscheidung über die Begründetheit der Anklage geendet hat. Es ist jedoch nicht mehr zulässig, sich auf solche Verdächtigungen zu berufen, sobald ein Freispruch rechtskräftig geworden ist."[1290]

Kurz darauf stellten die OLG Graz, Innsbruck und Linz beim VfGH Anträge auf Aufhebung des § 2 Abs 1 lit b StEG und begründeten dies ua mit dem EGMR-Urteil in der Rs Sekanina. Der VfGH folgte den verfassungsrechtlichen Bedenken der Gerichte nicht, da die Norm verfassungskonform interpretiert werden könne: Nicht die Verneinung des Entschädigungsanspruchs sei nämlich konventionswidrig, sondern die Neuaufrollung und eigenständige Beurteilung der Schuldfrage nach bereits rechtskräftigem Freispruch.[1291]

Dieser Auffassung folgte – mit Berufung auf diese verfassungsgerichtliche Entscheidung – auch der OGH: Nicht das Kriterium der Verdachtsentkräftung sei verfassungsrechtlich problematisch, sondern unzulässig sei es lediglich, die Verdachtsentkräftung *selbständig* zu beurteilen. Der Prüfung der Verdachtsentkräftung im Haftentschädigungsverfahren sei nach einem Freispruch insoweit Grenzen gesetzt, „als nur jene Verdachtsmomente Berücksichtigung finden dürfen, die auch nach der vom erkennenden Gericht in der Urteilsbegründung oder der Niederschrift der Geschworenen zum Ausdruck gebrachten Auffassung fortbestehen."[1292]

Der EGMR konnte dieser Auffassung nichts abgewinnen.[1293] In einem neuerlichen Urteil im Fall Rushiti gegen Österreich[1294] bezeichnete er die Meinung des OGH als eine „gekünstelte Auslegung des Sekanina-U", die nicht im Einklang mit dem allgemeinen Ziel der Unschuldsvermutung stehe. Dieses bestehe nämlich darin, den Angekl gegen jede gerichtliche Entscheidung oder gegen andere Erklärungen von Staatsorganen zu schützen, die auf eine Beurteilung der Schuld des Bf hinauslaufen, ohne dass dieser zuvor entsprechend dem Gesetz für schuldig befunden worden wäre. Sobald ein Freispruch rechtskräftig geworden sei, sei das Äußern jeglicher Schuldverdächtigungen einschließlich solcher, die in der Begründung

1290 EGMR 25.8.1993, 13 126/87, Sekanina gegen Österreich = ÖJZ 1993/46. Zur Entwicklung s auch Okresek, Auswirkungen, in: Machacek/Pahr/Stadler (Hrsg), Grund- und Menschenrechte 3, 619 (627).

1291 VfSlg 13 879/1994.

1292 OGH 9.2.1995, 15 Os 184/94.

1293 Für die Auffassung des OGH s Schwab, RZ 2001, 162.

1294 EGMR 21.3.2000, 28 389/95 = ÖJZ 2001/5. S auch EGMR 10.7.2001, 28 923/95, Lamanna gegen Österreich = ÖJZ 2001/29.

des Freispruchs zum Ausdruck gekommen seien, mit der Unschuldsvermutung unvereinbar.

Damit war nun endgültig klargestellt, dass die österreichische Rechtslage nicht konventionskonform war. Der OGH stellte zwar keinen Gesetzesprüfungsantrag an den VfGH, er trug dem aber mit einer verfassungskonformen Auslegung des § 2 Abs 1 lit b StEG Rechnung. Diese verlange „die Beseitigung der nachträglich durch die Aufnahme des Art 6 EMRK in die österreichische (Verfassungs-)Rechtsordnung entstandenen Inkonsistenz durch teleologische Reduktion des § 2 Abs 1 lit b StEG um die Verdachtsentkräftung im Falle eines Freispruchs als Grundlage des Haftentschädigungsanspruchs".[1295] Allerdings galt dies – und auch darin folgt der OGH des Jud des EGMR – nur bei Freisprüchen. Wurde ein Verfahren noch nicht mit einer (gerichtlichen) Entscheidung über die Begründetheit der Anklage beendet, so sei der Ausspruch einer Verdächtigung „noch nicht unbedingt grundrechtsverletzend".

c. *Aktuelle Rechtslage*

Das Urteil des EGMR im Fall Rushiti hatte endgültig und nunmehr unmissverständlich den Handlungsbedarf des Gesetzgebers deutlich gemacht.[1296] Darüber hinaus entsprach das Entschädigungsverfahren auch nicht den Garantien einer Entscheidung über ein civil right. Der Gesetzgeber trug dem mit dem StEG 2005 Rechnung.

Einer der Kernpunkte der Neuerung war naturgemäß die Regelung der Anspruchsgrundlagen. Diese lassen sich nun grob gesprochen in drei Fallgruppen unterscheiden: Die Festnahme oder Anhaltung war gesetzwidrig (§ 2 Abs 1 Z 1 StEG), der Verdächtigte wurde nach U-Haft freigesprochen oder das Verfahren wurde eingestellt (ungerechtfertigte Haft, Z 2 leg cit), nach einer Wiederaufnahme wurde der Betroffene freigesprochen (Z 3).

Das Kriterium der Verdachtsentkräftung spielt keine Rolle mehr. Allerdings hielt es der Gesetzgeber für „verfehlt", wenn jede einem Freispruch oder einer Verfahrenseinstellung vorausgegangene Festnahme oder „Anhaltung" automatisch zu einer Haftung des Bundes führte, weil dies zu unangemessenen Ergebnissen im Einzelfall führen könne.[1297] Aus diesem Grund sieht § 3 Abs 2 StEG ein richterliches Mäßigungsrecht vor, bei dem auch die Verdachtslage zu berücksichtigen ist: In den Fällen der ungerechtfertigten Haft und der Wiederaufnahme kann das Gericht die

1295 OGH 5.8.2003, 11 Os 44/03.

1296 Dazu etwa Pilnacek, ÖJZ 2001, 546 (556). Problematisch waren einzelne Bestimmungen nämlich nicht nur im Lichte der Unschuldsvermutung, sondern auch hinsichtlich der Durchführung einer öffentlichen und mündlichen Verhandlung.

1297 RV 618 BlgNR 22. GP 9.

Haftung mäßigen oder auch ganz ausschließen, soweit ein Ersatz „unter Bedachtnahme auf die Verdachtslage zur Zeit der Festnahme oder Anhaltung, auf die Haftgründe und auf die Gründe, die zum Freispruch oder zur Einstellung des Verfahrens geführt haben, unangemessen wäre". Erfolgt der Freispruch jedoch gem 259 Z 3 StPO – liegt also ein materieller Freispruch vor –, so darf die Verdachtslage nicht berücksichtigt werden.

d. Würdigung

Mit dem StEG ist das Problem, welches das Vorgängergesetz in Bezug auf die Unschuldsvermutung aufgeworfen hatte, beseitigt: Die Verdachtsentkräftung ist kein Kriterium mehr für den Entschädigungsanspruch. Es bleibt jedoch zu fragen, ob das richterliche Mäßigungsrecht konventionskonform ausgestaltet ist. Dabei ist nun indes nicht die Verdachts*entkräftung* ausschlaggebend, sondern erstens die Verdacht*slage* im Zeitpunkt der Festnahme bzw Anhaltung, die – zweitens – eine Entschädigung *unangemessen* machen soll. Wann diese Kriterien erfüllt sind, dazu finden sich im Gesetz freilich keine Anhaltspunkte. Erst die Mat erhellen, dass dies etwa dann der Fall sein kann, wenn ein Freispruch oder eine Verfahrenseinstellung allein aus formalen Gründen erfolgt, wenn ursprünglich vorhandene Beweismittel verloren gehen oder wenn ein Freispruch darauf zurückzuführen ist, dass der Verwertung einer Aussage ein nachträgliches Beweisverwertungsverbot entgegensteht – hier nennen die Mat als Beispiel, dass etwa die geschlagene und verletzte Frau im Strafverfahren gegen ihren Partner wegen des Verdachts der Körperverletzung ihre Aussage zurückzieht, um den Familienfrieden zu retten.[1298]

Diese Beispiele lassen jedoch einige Fragen offen. Insbes scheint zweifelhaft, inwieweit es zulässig ist, die Entschädigung aus einem Grund zu versagen, der nicht in der Einflusssphäre des Verdächtigen liegt. Stellt man nämlich allein darauf ab, dass die Verdachtslage erdrückend ist, der Nachweis der Schuld aber – sei es auch „nur" aus formalen Gründen – nicht erbracht werden konnte und der Verdächtige freigesprochen werden muss, dann wäre dies wiederum nichts anderes als eine Verletzung der Unschuldsvermutung. Der Verlust eines Beweismittels führt nämlich dazu, dass die Schuld nicht gesetzlich nachgewiesen werden kann und weiter, dass der Verdächtigte dann – iSd Unschuldsvermutung – als unschuldig zu gelten hat.

Aber nicht nur im Hinblick auf Art 6 Abs 2 EMRK, sondern auch aus gleichheitsrechtlicher Sicht stellen sich hier Probleme: Mehrfach hat

1298 RV 618 BlgNR 22. GP 9.

es nämlich der VfGH als gleichheitswidrig qualifiziert, jemandem die Haftung für Umstände aufzuerlegen, die er nicht selbst beeinflussen kann.[1299]

Bertel begegnet dieser Problematik mit einer verfassungskonformen Auslegung: Die Haftung dürfe dem Betroffenen nicht für Umstände auferlegt werden, die nicht in seinem Verantwortungsbereich liegen; vielmehr müsse der Betroffene „sozial inadäquat" gehandelt haben – wobei freilich häufig bereits ein Mitverschulden iSd § 4 Abs 1 StEG anzunehmen sein werde.[1300] Sozial inadäquat ist ein Verhalten nach Bertel beispielsweise dann, wenn der Beschuldigte vom Tatort nachts mit abgeschalteten Scheinwerfern flieht und versucht, die Polizei durch komplizierte Fahrmanöver abzuschütteln.

Legt man der gesetzlichen Bestimmung dieses Verständnis zugrunde, so ist durch die Berücksichtigung der Verdachtslage auch gar nicht mehr vorrangig die Unschuldsvermutung berührt. Es wird dann nämlich nicht an der Vermutung angesetzt, dass jemand schuldig ist, sondern daran, dass sich jemand in sozial inadäquater Weise in die Verdachtslage gebracht hat.[1301] Wird aber allein ein solches Verhalten sanktioniert und nicht die – nicht bestätigte – Schuldvermutung, dann steht dem auch die Unschuldsvermutung nicht entgegen.

Auffallend ist in diesem Zusammenhang schließlich noch die Sonderbestimmung für Freisprüche gem § 259 Z 3 StPO. Die Verdachtslage darf nicht berücksichtigt werden, es können aber – so die Mat – die Haftgründe und die Gründe für den Freispruch oder die Verfahrenseinstellung gewertet werden.[1302]

Bleibt zu fragen, worin die Bedeutung dieser Sonderregelung liegen kann: Weshalb werden Freisprüche gem § 259 Z 3 leg cit im Hinblick auf die Verdachtslage anders behandelt als andere Freisprüche – also Formalurteile, bei denen es nur um die Prozessvoraussetzungen und nicht um die Frage geht, ob der Angekl eine strafbare Handlung begangen hat – oder Verfahrenseinstellungen?

Die Mat nehmen an verschiedenen Stellen Bezug auf die unterschiedliche Behandlung von Freispruch und Einstellung durch den EGMR. Tatsächlich hat es der EGMR mit Art 6 Abs 2 EMRK lediglich dann als unvereinbar qualifiziert, wenn Verdächtigungen geäußert wurden, obwohl über die *Begründetheit* des Verdachts bereits negativ entschieden worden war. Hingegen soll bei Verfahrenseinstellungen der Hinweis auf die Ver-

---

1299 VfSlg 13 028/1992; s dazu auch 14 263/1995.

1300 Bertel, FS-Miklau 41.

1301 Bertel, FS-Miklau 41 (42).

1302 RV 618 BlgNR 22. GP 9.

dachtslage zulässig sein.[1303] MaW: Der EGMR differenziert zwischen der Einstellung wegen unzureichender Verdachtslage und materiellen Freisprüchen. Dh weiter: Bei Freisprüchen – oder genauer: Entscheidungen in der Sache – sind jegliche Äußerungen unzulässig. Bei Verfahrenseinstellungen darf das Bestehen einer Verdachtslage geäußert werden, wenn sie nicht einer Schuldfeststellung gleichkommt.

Dieser Standpunkt des EGMR wurde in der Jud – mE zurecht – bereits mehrfach kritisiert. Es ist auch in der Tat nicht einzusehen, wo hier der entscheidende Unterschied im Hinblick auf die Unschuldsvermutung liegen soll. Denn, wie es Moos treffend formuliert: Jede Verfahrensbeendigung mangels hinreichenden Verdachts bescheinigt dem Besch, dass er unschuldig ist.[1304]

Trotz dieser kritikwürdigen Auffassung, die nunmehr auch das Gesetz übernommen hat, entspricht die geltende Rechtslage im StEG der Straßburger Jud. Freilich ist fraglich, ob nach der gewählten Regelungstechnik eine solche Ausnahme überhaupt notwendig gewesen wäre, um der Unschuldsvermutung zu entsprechen. Folgt man nämlich der bereits aufgezeigten Auffassung Bertels, so wird mit dem Mäßigungsrecht ein sozial inadäquates Verhalten sanktioniert, nicht aber das Bestehen einer Verdächtigung. Wird die Entschädigung also versagt, weil der Betroffene freigesprochen wurde, er aber in sozial inadäquater Weise dazu beigetragen hat, dass er verdächtigt worden ist, so wird die Unschuldsvermutung damit nicht berührt. Es bedarf dann auch keiner Sonderbestimmung für Freisprüche gem § 259 Z 3 StPO.

Man wird indes abwarten müssen, wie die Jud dieses Kriterium anwenden und entwickeln wird. Höchstgerichtliche Jud zu den genannten Fragestellungen des geltenden StEG – zuständig sind dafür nunmehr, wie bereits erwähnt, die Zivilgerichte – gibt es bislang nur wenig. Der OGH hat bisher va zur Sonderbestimmung für Freisprüche Stellung genommen und dabei eine Inkonsequenz festgestellt: Das Vorliegen eines Haftgrundes reiche nämlich für sich alleine nicht für eine Anhaltung aus, sondern er müsse immer zusätzlich zu einem bestehenden dringenden Tatverdacht vorliegen. Dürfe der Tatverdacht aber nach einem Freispruch gem § 259 Z 3 StPO nicht berücksichtigt werden, so können die Haftgründe für sich genommen nicht zur Mäßigung führen, ohne mit dem Verbot der Berücksichtigung der Verdachtslage – und, so könnte man mE hinzufügen, der Unschuldsvermutung – in Konflikt zu geraten.[1305]

1303 EGMR 25.8.1993, 13 126/87, Sekanina gegen Österreich; 28.10.2003, 44 320/98, Baars gegen die Niederlande.

1304 Moos, RZ 1997, 122 (123). S auch Kühl, NJW 1984, 1264 (1268).

1305 OGH 6.5.2008, 1 Ob 257/07m; 10.6.2008, 1 Ob 263/07v; 15.12.2010, 1 Ob 174/10k.

4. Unschuldsvermutung und Mediengesetz

Wie bereits angesprochen, spielt die Unschuldsvermutung im Zusammenhang mit dem MedienG zwar grds eine bedeutende Rolle, der OGH hat jedoch kaum Gelegenheit, sich damit zu befassen: Erstens endet nämlich der medienrechtliche Instanzenzug bei den Oberlandesgerichten und zweitens sind auch die durch eine Wahrungsbeschwerde an den OGH herangetragenen medienrechtlichen Fragestellungen auffallend dünn gesät.

Die Unschuldsvermutung räumt dem Einzelnen zunächst einen Anspruch gegen den Staat ein. Ein Gebot an Dritte, in ihren Äußerungen die Unschuldsvermutung zu berücksichtigen, also eine unmittelbare Drittwirkung lässt sich daraus nicht ableiten. Die immer stärker werdende Rolle der Medien im öffentlichen Meinungsbildungsprozess hat freilich deutlich gemacht, dass der Unschuldsvermutung auch von medialer Seite nicht zu unterschätzende Gefahren drohen. In der Kriminalberichterstattung kam es durch tendenziöse und undifferenzierte Berichterstattung wiederholt zu einer medialen Vorverurteilung eines Verdächtigen (trial by newspaper). Dadurch bestand nicht nur die Gefahr einer Beeinflussung von (Laien-)Richtern, die Prangerwirkung einer derartigen Berichterstattung berührt auch ganz offensichtlich die Persönlichkeitsrechte des Verdächtigen und brandmarkt ihn, bevor seine Schuld überhaupt feststeht.[1306]

Dieser Problematik versuchte der Gesetzgeber mit der MedG-Nov 1992[1307] entgegenzutreten, die explizit einen Schutz der Unschuldsvermutung normiert: § 7b MedG untersagt es den Medien, eine Person, die einer gerichtlich strafbaren Handlung verdächtig, aber nicht rechtskräftig verurteilt ist, als überführt oder schuldig hinzustellen oder als Täter dieser strafbaren Handlung und nicht bloß als tatverdächtig zu bezeichnen. Bei Verstößen gebührt ein Entschädigungsanspruch für die erlittene Kränkung. Ausgeschlossen ist der Anspruch ua dann, wenn es sich um einen wahrheitsgetreuen Bericht über ein Strafurteil erster Instanz handelt und dabei zum Ausdruck gebracht wird, dass das Urteil nicht rechtskräftig ist (§ 7b Abs 2 Z 2 MedG) oder aber auch dann, wenn es sich um eine wahrheitsgetreue Wiedergabe der Äußerung eines Dritten handelt und ein überwiegendes Interesse der Öffentlichkeit an der Kenntnis der zitierten Äußerung bestanden hat (§ 7b Abs 2 Z 5 leg cit).

Die Entschädigungsansprüche nach §§ 7 ff MedienG sind zwar zivilrechtlicher Natur, ihre Durchsetzung ist aber bei den Strafgerichten angesiedelt. Der Anspruch kann nämlich im strafgerichtlichen Verfahren als Adhäsionsanspruch geltend gemacht werden. Kommt es nicht zum Straf-

1306 S dazu Berka, JRP 1996, 235 f.

1307 BGBl 1993/20.

verfahren, so kann der Anspruch mit einem selbständigen Antrag geltend gemacht werden, der ebenfalls beim Strafgericht einzubringen ist.[1308]

Die Medien waren ob dieser neuen Regelung entrüstet und orteten einen Konflikt mit Art 10 EMRK. Der VfGH teilte diese Bedenken jedoch nicht und wies die Individualanträge auf Aufhebung des § 7b MedG als unbegründet ab[1309]: Anerkenne man nämlich die aus Art 6 Abs 2 EMRK erfließenden Schutzpflichten des Staates, dann erfülle der Gesetzgeber so betrachtet mit § 7b MedG auch eine verfassungsgesetzliche Verpflichtung. Die angefochtene Norm solle verhindern, dass die „jedermann verfassungsgesetzlich garantierte Unschuldsvermutung durch eine […] mediale Vorverurteilung […] gegen den bereits in Medien als ‚schuldig' und überführt Gebrandmarkten, wirkungs- und gegenstandslos wird, weil ein fairer Strafprozeß vor unbefangenen Richtern angesichts des vorauseilenden Schuldspruchs einer ‚Medienjustiz' nicht mehr gesichert ist." Im Übrigen sei § 7b MedG in einer demokratischen Gesellschaft notwendig, um die Rechte anderer zu schützen und die Unparteilichkeit der Rsp zu gewähren. Außerdem wäre es verfehlt, für ein gerechtfertigtes Interesse der Öffentlichkeit einzutreten, jemanden als überführten Rechtsbrecher medial angeprangert und gebrandmarkt zu sehen, dessen Schuld nach rechtsstaatlichen Regeln noch gar nicht erwiesen sei. Nur solchen Medienberichten stehe § 7b MedG entgegen, nicht aber einer wahrheitsgemäßen Berichterstattung über Straffälle.

Eine der grundrechtlichen Schnittstellen ist zweifellos die Interessenabwägung des § 7b Abs 2 Z 5: Dabei ist das Interesse der Öffentlichkeit an der Information dem Interesse an der Unschuldsvermutung gegenüberzustellen. Hier ist nicht isoliert auf jenen Teil des Zitats abzustellen, in dem die vorzeitige Schuldzuweisung zum Ausdruck kommt, sondern es ist dabei – so auch der OGH – der gesamte gedankliche Inhalt der wiedergegebenen Drittäußerung einschließlich der Stellung der Persönlichkeit des Zitierten zu berücksichtigen, die diesem in Bezug auf den Gegenstand seiner Äußerung aus öffentlicher Sicht zukommt.[1310]

Was die Höhe der Entschädigung angeht, stellte der OGH mit Hinweis auf die Straßburger Jud fest, dass eine Verpflichtung des Medieninhabers zur Zahlung einer Entschädigung nach § 7 MedG und Urteilsveröffentlichung nach § 8a Abs 6 MedG einen Eingriff in das Recht auf freie Meinungsäußerung nach Art 10 Abs 1 MRK darstellt. Dieser Eingriff muss den Kriterien des Abs 2 entsprechen, dh ua, dass er in Relation zum

1308 §§ 8 f MedG.

1309 VfSlg 14 260/1995.

1310 OGH 28.9.1999, 14 Os 101/99.

verfolgten Ziel – das ist hier der Schutz der Unschuldsvermutung – nicht unverhältnismäßig sein darf.[1311]

Wiederholt mussten sich auch die Zivilgerichte der Frage stellen, ob medienrechtliche Verurteilungen eine Bindungswirkung für Ansprüche nach § 1330 ABGB entfalten. Der OGH hat sie – zu Recht – abgelehnt: Es liegen völlig unterschiedliche Anspruchsvoraussetzungen und Tatbestandsmerkmale vor.[1312]

Aus diesem Grund verneinte der OGH auch eine Konkurrenz zwischen §§ 6 MedG und dem UrhG: § 7 MedG stelle nicht auf ein Medieninhaltsdelikt oder einen bestimmten deliktischen Inhalt eines Mediums ab, sondern umfasse lediglich den inhaltlich ausgeweiteten Schutz der Unschuldsvermutung des Art 6 Abs 2 EMRK[1313]: Es solle grds jeder Bericht, in dem der Verdacht einer strafbaren Handlung geäußert wird, so abgefasst sein, dass es sich bloß um einen Verdacht handle, also keine Vorverurteilung erfolge.[1314]

IV. Garantien für einen strafprozessualen Mindeststandard

1. Inhalt und Gliederung

Die in Art 6 Abs 3 EMRK normierten Garantien sind besondere Aspekte eines fairen Verfahrens,[1315] die strafprozessuale Mindeststandards gewährleisten: So ist etwa jeder Angekl in möglichst kurzer Frist über die gegen ihn erhobene Beschuldigung in Kenntnis zu setzen, und es ist ihm ausreichende Zeit und Gelegenheit zur Vorbereitung seiner Verteidigung zu geben (Art 6 Abs 3 lit a und b leg cit). Außerdem darf sich der Angekl

---

1311 OGH 5.6.2008, 15 Os 22/08m.

1312 OGH 12.8.1998, 4 Ob 287/97b; 29.1.2004, 6 Ob 306/03y. Die §§ 6 ff MedG erfassen nur die erlittene Kränkung, nicht aber auch die von § 87 Abs 2 UrhG ebenfalls umfassten Persönlichkeitsschäden, wie die Beeinträchtigung des wirtschaftlichen Rufes und des sozialen Ansehens sowie nicht bezifferbare Vermögensschäden. Seien aber unterschiedliche Anspruchsgrundlagen für die deckungsgleichen Ansprüche nach dem MedG und nach dem UrhG gegeben, dann könne durch die unterschiedlichen Verfahrensarten, in denen die Ansprüche nach diesen Gesetzen durchzusetzen sind, auch nicht das Recht auf den gesetzlichen Richter verletzt sein, das auch den Gesetzgeber dahin binde, die Behördenzuständigkeit nach objektiven Kriterien klar und eindeutig festzulegen.

1313 S auch OGH 24.6.2009, 15 Os 164/08v: „Der Entschädigungstatbestand des § 7 MedienG ist eine einfachgesetzliche Ausformung des in Art 6 Abs 2 MRK geregelten Grundsatzes der Unschuldsvermutung".

1314 OGH 24.11.1997, 6 Ob 329/97v. Der Gesetzgeber habe mit den §§ 6 ff MedG Ansprüche geschaffen, die offenbar auf dem Gedanken der besonderen Gefährlichkeit der Medien beruhen: Das MedG normiert einen verschuldensunabhängigen Entschädigungsanspruch; gem § 87 Abs 2 UrhG steht der Ersatz des immateriellen Schadens nur bei Verschulden des Schädigers zu.

1315 S zB EGMR 22.6.1993, 12 914/87, Melin gegen Frankreich = ÖJZ 1994/7.

selbst verteidigen, – dies beinhaltet auch sein Recht auf Anwesenheit im Strafverfahren –, einen Verteidiger seiner Wahl beiziehen und er hat – unter bestimmten Voraussetzungen – einen Pflichtverteidiger zu erhalten (Art 6 Abs 3 lit c EMRK)[1316]. Die in lit d leg cit garantierten Rechte stehen in engem Zusammenhang mit der Waffengleichheit: Der Angekl darf Belastungszeugen befragen und die Ladung und Vernehmung der Entlastungszeugen unter denselben Bedingungen wie die der Belastungszeugen erwirken. Lit e leg cit räumt schließlich in gewissen Fällen einen Anspruch auf die Beiziehung eines Dolmetschers ein.

Im Folgenden sollen zwei Problemstellungen, die sich im Zusammenhang mit diesen Garantien stellen, herausgegriffen werden. Zunächst geht es um die grundrechtliche Problematik, die sich bei Anklageüberschreitung ergeben kann: Hier kann nämlich ein Spannungsverhältnis zu Art 6 Abs 3 lit a und b EMRK auftreten. Weiter ist auf das Fragerecht des Angekl näher einzugehen. Grundrechtliche Konfliktlagen sind va dort zu verorten, wo dieses Recht des Angekl beschnitten wird.

2. Ausreichende Kenntnis über die Beschuldigung und Vorbereitung für den Angeklagten bei Anklageüberschreitung

a. *Problemstellung*

Im Strafverfahren gilt das Prinzip der Identität von Anklage- und Urteilsfaktum (§ 267 StPO):[1317] Das Gericht darf den Angekl nur wegen

1316 Die StPO normiert explizit das Recht auf freie Verteidigerwahl (§ 49 Z 2 iVm § 58 StPO; s auch § 39 Abs 1 und § 45 Abs 1 StPO aF). Unter bestimmten Voraussetzungen muss der Besch sogar zwingend durch einen Verteidiger vertreten sein (notwendige Verteidigung, § 61 Abs 1 StPO). Fehlt ein Verteidiger in den Fällen notwendiger Verteidigung, so ist dies ein Nichtigkeitsgrund gem § 281 Abs 1 Z 1a leg cit. Ist der Besch wirtschaftlich nicht in der Lage, die Kosten für einen Verteidiger zu tragen, dann wird ihm in gewissen Fällen, jedenfalls aber in den Fällen notwendiger Verteidigung ein Verfahrenshilfeverteidiger beigegeben. Nach der Jud des OGH ist die bloße Bestellung eines Verteidigers noch kein wirksamer Beistand iSd Art 6 Abs 3 lit c, „sondern erst (und nur) eine diesem Verfassungsgebot entsprechende materielle Verteidigung“ (OGH 3.2.1994, 15 Os 37/93). Unbeachtlich war es hingegen, dass der beigegebene Verteidiger nicht an die Unschuld des Angekl glaubte: Auch ein nicht an die Unschuld des Angekl glaubender Verteidiger habe ausschließlich dessen Interessen wahrzunehmen und auf dessen Entlastung hinzuwirken, sodass hierdurch per se keine Verletzung des Angekl in seinem Recht auf wirksame Verteidigung iSd Art 6 Abs 3 lit c EMRK gegeben sei (OGH 7.10.2004, 15 Os 109/04). S zu ähnlichen Fragestellungen etwa OGH 23.5.2002, 12 Os 14/01. S auch EGMR 19.12.1989, 9783/82, Kamasinski gegen Österreich; 24.11.1993, 13 972/88, Imbrioscia gegen die Schweiz = ÖJZ 1994/30; 21.4.1998, 22 600/93, Daud gegen Portugal = ÖJZ 1999/7. Zur Sanktionierung unentschuldigten Fernbleibens des Angekl durch Ausschluss des Verteidigers von der Verhandlung: EGMR 22.9.1994, 14 861/89, Lala gegen die Niederlande = ÖJZ 1995/15; 21.1.1999, 26 103/95, Van Geyseghem gegen Belgien = ÖJZ 1999/27.

1317 Fabrizy, StPO[10] § 267 Rz 1.

einer Tat verurteilen, auf die die Anklage auch gerichtet war. Wird der Angekl in der HV noch einer anderen Tat beschuldigt, so kann die Verhandlung zwar auch auf diese Tat ausgedehnt werden, dazu bedarf es jedoch eines Antrags des Staatsanwalts oder des Opfers und – wenn der Angekl dadurch unter ein strengeres Strafgesetz fiele – auch seiner Zustimmung (§ 263 StPO).

Davon zu unterscheiden sind jene Fälle, in denen nicht eine neue Tat hervorkommt, sondern die Tat nur rechtlich anders als in der Anklage zu qualifizieren ist. In einem solchen Fall sind die Verfahrensbeteiligten zu hören (§ 262 StPO).

Überschreitet das Endurteil die Anklage entgegen §§ 262, 263 und 267 StPO, so ist dies ein Nichtigkeitsgrund gem § 281 Abs 1 Z 8 StPO. Die grundrechtlichen Schnittstellen dieses Nichtigkeitsgrundes liegen auf der Hand, denn wird die Anklage überschritten, so ist zweifelhaft, ob dem Angekl die Rechte der Art 6 Abs 3 lit a und b EMRK eingeräumt wurden. Besonders offenkundig ist dies, wenn dem Besch noch eine ganz andere Tat zur Last gelegt wird: Wird er deswegen verurteilt ohne überhaupt von dieser Beschuldigung in Kenntnis gesetzt worden zu sein, so werden dadurch zweifellos seine Verteidigerrechte verletzt. Er wurde weder von der gegen ihn erhobenen Beschuldigung verständigt, noch kann er sich auf seine Verteidigung vorbereiten. Inwieweit diese Verteidigerrechte eine Information auch dann verlangen, wenn sich „nur" die rechtliche Qualifikation ändert, ist dagegen schon nicht mehr so offenkundig.

b. Judikatur des OGH

Zwar normiert § 262 StPO, dass die Verfahrensbeteiligten zu hören sind, wenn die dem Besch vorgeworfene Tat anders zu qualifizieren ist, dennoch war es nach langjähriger Jud des OGH „an sich" kein Nichtigkeitsgrund, wenn die Anhörung unterlassen worden war.[1318]

Im Jahr 2000 ging der OGH jedoch, von dieser Judikaturlinie ab.[1319] Nunmehr betont er, dass „mit Blick auf die Fairness des Verfahrens" dem „Schutzzweck des § 262 StPO" entsprochen werden müsse.[1320] Dieser beinhalte es, „dem Angekl ausreichend Zeit und Gelegenheit zur Vorbereitung seiner Verteidigung zu verschaffen (Art 6 Abs 3 lit b EMRK)".[1321] Der OGH hält nunmehr stets dann und „ohne weiteres Erfordernis" eine

1318 OGH 6.6.2000, 14 Os 34/00; s auch 28.9.2004, 11 Os 56/04. S Nachweise Fabrizy, StPO⁹ § 262 Rz 5.

1319 OGH 6.6.2000, 14 Os 34/00.

1320 OGH 6.6.2000, 14 Os 34/00; 5.10.2004, 14 Os 34/00.

1321 OGH 5.10.2004, 14 Os 67/04.

Belehrung für notwendig, wenn sich das „Tatbild im Schuldspruch von jenem des Anklagetenors derart unterscheidet, dass sich die jeweils angenommenen Tatbilder nicht überdecken“.[1322] Andernfalls wäre „dem Grundrechtsgebot des Art 6 Abs 3 lit a oder b MRK nicht entsprochen“. Lediglich wenn es um „Abweichungen geringer Relevanz“ geht, sei es Sache des Bf im Rechtsmittel das Belehrungserfordernis plausibel zu machen, um unnötige Rechtsgänge zu vermeiden.[1323]

Eine wesentliche Abweichung war es etwa, dass der Besch wegen gewerbsmäßigen Schmuggels und vorsätzlichen Eingriffs in die Rechte des Tabakmonopols angeklagt, dann aber wegen gewerbsmäßiger Abgabenhehlerei und Monopolhehlerei verurteilt wurde.[1324] Gleiches galt für die Verurteilung wegen schweren Betrugs obwohl dem Besch in der Anklage Veruntreuung angelastet worden war.[1325]

Eine Abweichung bloß geringer Relevanz war es hingegen, dass der Besch nicht wegen versuchten Diebstahls, sondern wegen versuchten gewerbsmäßigen Diebstahls verurteilt wurde. Es handle sich dabei nur um eine unselbständige Qualifikation; zur prozessförmigen Geltendmachung einer Nichtigkeit wäre ein Rechtsmittelvorbringen erforderlich gewesen.[1326]

„[A]usreichend gewahrt“ war „der grundrechtliche Schutz“ auch in einem Fall, in dem ein Angekl nicht wegen Brandstiftung, sondern wegen schwerer Sachbeschädigung verurteilt wurde: Der Angekl und sein Verteidiger zielten nämlich, so der OGH, von Anfang an auf eine Sachbeschädigung ab und es gingen sämtliche Schlussanträge in Richtung einer solchen.[1327]

Diese Jud dehnt der OGH nunmehr auch auf die Haft aus: Ändern sich die Haftgründe, so ist dies dem Festgenommenen mitzuteilen, damit er seine Verteidigung auf die neue Sachlage einstellen kann. Dies entspreche im Wesentlichen der (insoweit aus Art 6 Abs 1 EMRK abgeleiteten) Pflicht des erkennenden Gerichts, dem Angekl offen zu legen, wenn die Staatsanwaltschaft den Sachverhalt nunmehr anders beurteilt: Nur so könne – mit Blick auf die Fairness des Verfahrens – eine entsprechende Reaktion darauf ermöglicht werden.[1328]

1322 OGH 8.11.2006, 13 Os 87/06b; 14.11.2006, 14 Os 84/06v; 24.1.2007, 13 Os 139/06z; 1.4.2008, 11 Os 23/06a. S auch OGH 16.11.2010, 14 Os 151/10b.

1323 S dazu OGH 5.10.2004, 14 Os 67/04; 1.4.2008, 11 Os 23/06a; 1.4.2008, 11 Os 32/08b; 16.11.2010, 14 Os 151/10b.

1324 OGH 6.6.2000, 14 Os 34/00.

1325 OGH 5.10.2004, 14 Os 67/04.

1326 OGH 24.1.1997, 13 Os 139/06z.

1327 OGH 1.4.2008, 11 Os 32/08b.

1328 OGH 29.7.2005, 14 Os 76/05s. Näher dazu s unter F.I.3.c.

c. *Judikatur des EGMR*

Nach der Jud des EGMR folgt aus Art 6 Abs 3 lit a EMRK, dass dem Besch sowohl die ihm angelastete Tat als auch deren rechtliche Qualifikation mitzuteilen ist.[1329] In st Jud betont der EGMR auch den engen Zusammenhang zwischen Art 6 Abs 3 lit a und lit b leg cit: Es müsse nämlich das Recht, über die Art und den Grund der Beschuldigung informiert zu werden, im Lichte des Rechts des Besch geprüft werden, seine Verteidigung vorzubereiten.[1330] Zur Frage, wann diese Rechte gewahrt sind, ergibt sich folgendes Bild:

Außer Zweifel ist, dass die Information über die rechtliche Qualifikation von der Garantie des Art 6 Abs 3 lit a und b EMRK erfasst ist, demnach auch eine Änderung dieser Qualifikation davon betroffen ist.

Ändert sich die rechtliche Qualifikation gegenüber der Anklage, so können die dadurch zweifellos beeinträchtigten Verteidigerrechte auch dadurch gewahrt werden, dass der Besch im Rechtsmittelverfahren die Möglichkeit hat, den Schuldspruch umfassend zu bekämpfen.[1331] Die Beschwerde an den OGH reicht dafür jedoch wegen dessen beschränkter Kognitionsbefugnis in Tatsachenfragen nicht aus.[1332]

Häufig stellt der EGMR darauf ab, ob sich der Besch – unter Bedachtnahme auf die Umstände – bewusst war bzw sein konnte, dass auch ein Schuldspruch nach einer anderen rechtlichen Qualifikation erfolgen könnte.[1333] Er bejahte dies etwa im Fall eines Leiters eines öffentlichen Krankenhauses: Er war wegen Veruntreuung öffentlicher Gelder angeklagt, wurde dann aber, weil er kein Beamter im eigentlichen Sinn war, wegen einfacher Veruntreuung verurteilt; dabei wurde erschwerend gewertet, dass er den öffentlichen Charakter seiner Stellung missbraucht hatte. Wie der EGMR feststellte, war diese öffentliche Position des Bf aber bereits ein wesentliches Element der ursprünglichen Anklage gewesen, die der Bf vom Beginn des Verfahrens an kannte. Außerdem wies der EGMR darauf hin,

---

1329 EGMR 25.3.1999, 25 444/94, Pélissier und Sassi gegen Frankreich = ÖJZ 1999/34; 21.2.2002, 49 093/99, Sipavičicus gegen Litauen; 27.1.2004, 73 797/01, Kyprianou gegen Zypern; 20.4.2006, 42 780/98, I H ua gegen Österreich = ÖJZ 2006/19.

1330 EGMR 25.3.1999, 25 444/94, Pélissier und Sassi gegen Frankreich = ÖJZ 1999/34; 1.3.2001, 29 082/95, Dallos gegen Ungarn; 21.2.2002, 49 093/99, Sipavičius gegen Litauen; 20.4.2006, 42 780/98, I H ua gegen Österreich = ÖJZ 2006/19; 7.1.2010, 20 494/04, Penev gegen Bulgarien.

1331 EGMR 1.3.2001, 29 082/95, Dallos gegen Ungarn; 21.2.2002, 49 093/99, Sipavičius gegen Litauen.

1332 EGMR 20.4.2006, 42 780/98, I H ua gegen Österreich = ÖJZ 2006/19.

1333 EGMR 24.10.1996, 21 525/93, De Salvador Torres gegen Spanien; 25.3.1999, 25 444/9, Pélissier und Sassi gegen Frankreich = ÖJZ 1999/34; 20.4.2006, 42 780/98, I H ua gegen Österreich = ÖJZ 2006/19; 7.1.2010, 20 494/04, Penev gegen Bulgarien.

dass die schließlich verhängte Strafe dennoch unter dem vom öffentlichen Ankläger beantragten Strafrahmen geblieben war.[1334]

Kommt die neue Qualifikation der Tat im Verfahren hingegen gar nie zur Sprache, dann verletzt dies die Rechte des Angekl. Ebensowenig reichte es aus, dass die neue Qualifikation von einem Privatbeteiligten in der Kanzlei vorgebracht worden war, wenn dies im Verfahren ansonsten nicht zur Sprache kam.[1335]

Ein weiteres Kriterium ist für den EGMR, ob die Verteidigung anders gewesen wäre, wenn der Besch von der neuen rechtlichen Qualifikation gewusst hätte. Er bejahte dies etwa bei einer Verurteilung wegen Beihilfe und Anstiftung zur betrügerischen Krida, obwohl die Anklage auf betrügerische Krida gelautet hatte. Beihilfe und Anstiftung unterscheiden sich nämlich – nach der hier relevanten französischen StPO – nicht nur in Bezug auf den Grad der Beteiligung, sie bilden auch kein wesentliches Element für die ursprüngliche Beschuldigung.[1336]

d. *Judikatur des VfGH*

Der VfGH hat sich mit der entsprechenden Frage einmal mehr im Zusammenhang mit dem Disziplinarstrafrecht zu befassen.

Fraglich war etwa, ob in einer mündlichen Verhandlung vor dem Disziplinarrat der Schuldvorwurf ausgedehnt werden durfte, ohne dass der Bf dem – wie in § 35 DSt vorgesehen – zugestimmt hatte. Allerdings ist dieser Einleitungsbeschluss nach st Jud des VfGH keine Anklageschrift iSd StPO, sondern lediglich eine prozessleitende Verfügung, die der Durchführung des Disziplinarverfahrens vorauszugehen hat[1337] und die den Gegenstand des Disziplinarverfahrens vorläufig festlegt. Werde der Bf so rechtzeitig davon informiert, dass er – sei es auch in der mündlichen Verhandlung – dazu Stellung nehmen könne, dann bestehen keine Bedenken aus dem Blickwinkel des Art 6 Abs 3 lit b EMRK.[1338]

e. *Würdigung*

Der Schutzzweck des § 262 StPO liegt nach der Jud des OGH darin, dem Angekl ausreichend Zeit und Gelegenheit zur Vorbereitung seiner Verteidigung zu verschaffen. Untrennbar damit verbunden ist – wie sich

1334 EGMR 24.10.1996, 21 525/93, De Salvador Torres gegen Spanien.

1335 EGMR 25.3.1999, 25 444/94, Pélissier und Sassi gegen Frankreich = ÖJZ 1999/34.

1336 EGMR 25.3.1999, 25 444/94, Pélissier und Sassi gegen Frankreich = ÖJZ 1999/34.

1337 VfSlg 9425/1982; 10 944/1986; 11 448/1987; 11 608/1988; 12 698/1991; 13 762/1994; 15 585/1999; 17 505/2005; 17 924/2006; 18 533/2008.

1338 VfSlg 13 762/1994; 15 585/1999. S auch VfSlg 18 533/2008.

auch aus der Jud des EGMR deutlich ergibt – das Recht, von der Anklage unterrichtet zu werden. Dies leuchtet ein, denn der Besch kann seine Verteidigung nur dann auch tatsächlich vorbereiten, wenn er über Grund und Inhalt der Anklage informiert ist. Damit ist, nach dem Verständnis des OGH, § 262 StPO in der Tat nichts anderes als eine einfachgesetzliche Umsetzung der grundrechtlichen Garantien.

Während es aber nach der alten Jud des OGH nicht per se ein Nichtigkeitsgrund war, wenn der Besch von einer **Umqualifizierung** nicht verständigt worden war, hat die Belehrung nach nunmehr gefestigter Jud des OGH stets dann stattzufinden, wenn sich das Tatbild im Schuldspruch von jenem des Anklagetenors derart unterscheidet, dass sich die jeweils angenommenen Tatbilder nicht überdecken.[1339]

Betrachtet man die Jud näher, dann zeigt sich freilich, dass allein dieses Kriterium zur Grenzziehung noch nicht geeignet ist: Dass der OGH nämlich die Verurteilung wegen Sachbeschädigung anstatt Brandstiftung unproblematisch fand, lässt sich damit nicht erklären. Es zeigt sich vielmehr, dass der OGH tatsächlich eine materielle Betrachtungsweise gewählt hat. Im genannten Beispiel betonte er nämlich, dass die Verteidigung auf Sachbeschädigung aufgebaut war. Daraus folgt, dass es dem OGH nicht allein darauf ankommt, ob sich die Tatbilder überdecken, sondern auch darauf, ob die Verfahrensrechte beeinträchtigt wurden: Demnach begründet *jede* Umqualifizierung Nichtigkeit, wenn sie – so ist hinzuzufügen – Verfahrensrechte der EMRK beeinträchtigt.

Diese materielle Betrachtungsweise entspricht der Jud des EGMR. Auch er stellt im Ergebnis nicht darauf ab, ob die Verständigung erfolgt ist, sondern ob durch eine unterlassene Verständigung Verteidigungsrechte beeinträchtigt wurden. Insoweit erscheint es prima facie nicht nachvollziehbar, wenn der EGMR darauf abstellt, ob die Umqualifizierung für den Besch *vorhersehbar* war, denn nach Art 6 Abs 3 lit a und b EMRK kommt es darauf gerade nicht an. Betrachtet man aber jenen – den Leiter des Krankenhauses betreffenden – Fall, in dem dieses Kriterium schlagend wurde, dann zeigt sich, dass es ein entscheidender Aspekt war, dass sich die neue Qualifikation nicht auf die Verteidigungsstrategie ausgewirkt hat.

Offen bleibt freilich, was bei einer **Änderung der Beteiligungsform** zu gelten hat. Nach Ratz ist § 262 StPO seinem Wortlaut nach darauf nicht anwendbar, weil diesfalls nicht einmal eine andere strafbare Handlung vorläge.[1340] Zwar hatte sich der EGMR bereits einmal mit einer solchen Frage zu befassen, das – damals entscheidungsgegenständliche – fran-

1339 Nachweise s oben in FN 1322.

1340 Ratz, RZ 2007, 166 (168).

zösische Recht unterscheidet sich aber vom österreichischen schon ganz wesentlich: Nach österreichischer hL sind nämlich – anders als in Frankreich – alle Täterformen rechtlich gleichwertig und der Angekl wird durch die Subsumtion unter eine falsche Täterform nicht beschwert.[1341] Ob sich mit dieser Argumentation auch vor dem EGMR durchdringen ließe, ist freilich fraglich, denn es macht für die Verteidigungsstrategie – und darauf stellt der EGMR ja ua ab – durchaus einen Unterschied, welche Beteiligungsform ihm zur Last gelegt wird.[1342] In diesem Fall empfiehlt sich nicht nur, wie Ratz meint – und dies auch der OGH jüngst getan hat[1343] –, eine analoge Anwendung des § 262 StPO[1344], sie ist mE aus grundrechtlicher Sicht sogar geboten.

Zusammenfassend ist festzustellen, dass der OGH nunmehr zu einem grundrechtskonformen Verständnis des § 281 Abs 1 Z 8 StPO gefunden hat.

3. Fragerecht des Angeklagten

a. *Problemstellung*

Art 6 Abs 3 lit d EMRK gewährt dem Angekl das Recht, **Fragen** an die Belastungszeugen zu stellen oder stellen zu lassen sowie die Ladung und Vernehmung der Entlastungszeugen unter denselben Bedingungen wie die der Belastungszeugen zu erwirken.[1345] Es handelt sich dabei um eine Facette des Rechts auf ein faires Verfahren und eine besondere Ausprägung des Grundsatzes der Waffengleichheit.[1346] Dies anerkennt auch der OGH: Die Wahrung des Rechtes auf Waffengleichheit sei ein wesentliches Ziel der Bestimmung des Art 6 Abs 3 lit d EMRK.[1347] Im strafgerichtlichen Verfahren stellen sich bemerkenswerte Fragestellungen va dort, wo diese Rechte – zum Schutz anderer Interessen – beschränkt werden. Besonders das Fragerecht wirft einige bemerkenswerte Problemstellungen auf, weswegen darauf im Folgenden näher einzugehen ist.

Das **Recht, Zeugen beizuziehen** ist demgegenüber kaum problematisch und dies sogar, obwohl die prozessuale Ausgestaltung des Rechts lange Zeit

1341 Kienapfel/Höpfel, AT[13] E 2 Rz 46. Den Unterschied zwischen französischem und österreichischem Recht betont auch Messner, ÖJZ 2006, 582 (586).

1342 So auch Messner, ÖJZ 2006, 582 (586).

1343 OGH 16.11.2010, 14 Os 151/10b.

1344 Ratz, RZ 2007, 166 (168).

1345 S dazu Grabenwarter, EMRK[3] § 24 Rz 112 ff; ders, in: Korinek/Holoubek (Hrsg), Bundesverfassungsrecht, Art 6 EMRK, Rz 211 ff.

1346 Kodek, JBl 1988, 551 (552) stellt hier zutreffend auch den Einfluss der angelsächsischen Vorstellung eines akkusatorischen Parteiprozesses heraus.

1347 OGH 2.12.1997, 11 Os 125/97.

nicht ausdrücklich geregelt war.[1348] Erst seit dem StPRG 2004 normiert die StPO explizit, wie und unter welchen Voraussetzungen Beweisanträge zu stellen sind (§ 55 StPO). Damit werden nunmehr im Wesentlichen jene Kriterien festgeschrieben, die der OGH zuvor mangels gesetzlicher Bestimmungen dafür heraus gebildet hat:[1349] Der OGH anerkannte nämlich grds schon zuvor, dass das Recht, die Ladung von Zeugen zu beantragen, auf Art 6 Abs 3 lit d EMRK beruht, was jedoch nicht bedeute, dass auch jedem Beweisantrag entsprochen werden müsse.[1350] Vielmehr musste das Beweisthema eine rechtserhebliche Tatsache betreffen und das Beweismittel musste zur Beweisführung tatsächlich geeignet sein. Beides hatte der Antragsteller zu begründen.[1351] Wurde dem Beweisantrag nicht stattgegeben, weil die genannten Voraussetzungen nicht vorlagen, so wurden auch die „sich aus den Grundsätzen des Art 6 Abs 1 und 3 lit d EMRK ergebenden Verteidigungsrechte"[1352] des Angekl nicht beeinträchtigt.

Diese Jud entspricht im Wesentlichen jener von EGMR und VfGH: Beide gewährleisten kein absolutes Recht, Zeugen beizuziehen.[1353] Art 6 Abs 3 lit d verlangt – so der EGMR – nicht die Ladung und Vernehmung jedes beliebigen Entlastungszeugen.[1354] Wird ein Beweisantrag abgewiesen, so prüft der EGMR, ob das Verfahren insgesamt fair war: Unfair war etwa das völlige Schweigen eines Urteils zu einem erheblichen strittigen Punkt.

Auch nach der Jud des VfGH ist nicht jedem Beweisantrag stattzugeben, sondern es ist auf die Entscheidungsrelevanz abzustellen. Diese Frage kann die Beh nach eigenem Ermessen beurteilen. Übt sie dieses Ermessen sachlich nachvollziehbar aus, dann kann die Ablehnung eines Beweisantrags auch nicht gegen Art 6 Abs 3 lit d EMRK verstoßen.[1355]

1348 Zwar bezogen sich einzelne Bestimmungen der StPO auf Beweisanträge, es gab jedoch kein geschlossenes Beweisantragsrecht.

1349 Hinterhofer, ÖJZ 2007, 883 (885 f).

1350 OGH 7.3.2001, 13 Os 108/00.

1351 S nur OGH 5.3.1997, 13 Os 119/96; 15.2.2000, 11 Os 150/99; 6.9.2001, 15 Os 105/01. In st Jud verwendete der OGH dabei die Formulierung, dass der Antragsteller begründen müsse, „warum die beantragte Beweisaufnahme das vom Antragsteller behauptete Ergebnis erwarten lasse". Vgl mit weiteren Judikaturnachweisen Hinterhofer, ÖJZ 2007, 883 (887, s FN 44).

1352 OGH 21.4.2005, 15 Os 25/05y. S auch OGH 8.8.2007, 15 Os 46/07i.

1353 Ob eine Person tatsächlich als Zeuge zu betrachten ist, beurteilt der EGMR in autonomer Auslegung. Ausschlaggebend ist, ob die Angaben eines Zeugen dem Gericht vorlagen und von diesem in seine Überlegungen mit einbezogen wurden. EGMR 27.9.1990, 12 489/86, Windisch gegen Österreich = ÖJZ 1991/2; 19.2.1991, 11 339/85, Isgrò gegen Italien; 26.4.1991, 12 398/86, Asch gegen Österreich = ÖJZ 1991/12; 15.6.1992, 12 433/86, Lüdi gegen Österreich = ÖJZ 1992/39; 27.2.2001, 33 354/96, Lucà gegen Italien.

1354 EGMR 22.4.1992, 12 351/86, Vidal gegen Belgien = ÖJZ 1992/34; EGMR 19.6.2007, 21 508/02, W S gegen Polen.

1355 VfSlg 16 268/2001; VfSlg 16 571/2002: Hier konnte die Bf überdies nicht darlegen, welche zusätzlichen entscheidungsrelevanten Informationen durch die Zeugenvernahme zu erwarten waren. VfSlg 17 123/2004; 17 566/2005; 17 760/2006; 17 924/2006.

Diese Einschränkungen bei der Beweisführung sind letztlich geradezu geboten: Hätte der Besch nämlich das uneingeschränkte Recht, Zeugen zum Verfahren beizuziehen, so könnte er das Verfahren damit beliebig verzögern und eine Entscheidung binnen angemessener Frist könnte nicht mehr garantiert werden.

b. Rechtslage

Dass sich beim Fragerecht weitaus kompliziertere Konstellationen ergeben können als beim Recht, Zeugen beizuziehen, liegt auf der Hand: Es kann nämlich mit schutzwürdigen Interessen des Zeugen kollidieren. Die Aussage vor Gericht kann beispielsweise für den Zeugen eine unzumutbare psychische Belastung darstellen – dies betrifft besonders minderjährige Zeugen und Opfer von Sexualstraftaten (Stichwort Sekundärviktimisierung durch das Strafverfahren)[1356], sie kann den Zeugen aber auch physisch gefährden, etwa wenn ihm deswegen Racheakte drohen.[1357]

Das Dilemma in solchen Fällen ist offensichtlich: Erspart man dem Zeugen die Vernehmungssituation und begnügt man sich etwa damit, die polizeilichen Einvernahmeprotokolle in der HV zu verlesen, dann wird der Angekl um sein Fragerecht gebracht. Verzichtet man auf den Zeugen, so kann es – gerade bei Sexualstraftaten, bei denen das Opfer meist einziger Zeuge ist – zu einem Beweisnotstand kommen; der Opferschutz verkehrte sich damit geradezu in sein Gegenteil, nämlich in einen Schutz des Besch. Darüber hinaus kann der Verzicht auf eine Vernehmung ein Nichtigkeitsgrund gem § 281 Abs 1 Z 4 StPO sein.[1358]

Der Gesetzgeber griff die Problematik des Opferschutzes bei Sexualstraftaten erstmals mit dem StPÄG 1993[1359] auf: Seither kann der Zeuge – unter bestimmten Voraussetzungen – kontradiktorisch oder auch in Abwesenheit des Besch vernommen werden. Diese Möglichkeiten, die im Laufe der Zeit ausgebaut und weiterentwickelt wurden[1360], finden sich auch in der geltenden StPO: Gem § 165 Abs 1 StPO sind Zeugen kontradiktorisch zu vernehmen, wenn zu besorgen ist, dass ihre Vernehmung in der HV aus tatsächlichen oder rechtlichen Gründen nicht möglich sein werde. Das Protokoll und etwaige Ton- und Bildaufnahmen können dann in der HV verlesen werden.

1356 Hinterhofer, JSt 2003, 41, 77 (41); Schwaighofer, ÖJZ 2003, 528 (536). Jesionek, FS-Platzgummer 369 (370) spricht vom „zweiten Opfergang".

1357 Zu den Erscheinungsformen der Zeugengefährdung Hinterhofer, JSt 2003, 41, 77 (77 f).

1358 Bart, ÖJZ 1998, 818 (819).

1359 BGBl 1993/526.

1360 Zur Entwicklung Jesionek, Entwicklung, FS-Miklau 211 (213 ff); Schwaighofer, ÖJZ 2003, 528 (535 f). Näher zu den Zeugenschutzbestimmungen Bart, ÖJZ 1998, 818.

Ist ein Zeuge besonders schutzbedürftig, so kann er in Abwesenheit der Parteien vernommen werden. In diesem Fall können die Beteiligten die Vernehmung mittels Wort- und Bildübertragung mitverfolgen und ihr Fragerecht ausüben.[1361] Die besondere Schutzbedürftigkeit des Zeugen ergibt sich mit Rücksicht auf sein geringes Alter oder seinen seelischen oder gesundheitlichen Zustand (§ 165 Abs 3 StPO).

c. *Judikatur des OGH*

Die dargestellten Sonderbestimmungen beschränken zwar das „Fragerecht des Angeklagten (Art 6 Abs 3 lit d MRK)“[1362], das sonst „tunlich keiner Beschränkung“ zu unterwerfen ist[1363], es geschieht dies freilich unter dem Gesichtspunkt des Zeugen- bzw Opferschutzes. Wenn die Zeugenbefragung auch grds in Anwesenheit des Angekl erfolgen soll, so kann davon – so der OGH – im Interesse des Zeugen abgesehen werden. Dem Angekl ist dann freilich in anderer Form die Möglichkeit zur Fragestellung einzuräumen.[1364]

Offen bleibt jedoch, ob es schon ausreicht, dem Angekl die – formelle – Gelegenheit zu geben, das Fragerecht auszuüben oder ob diese Gelegenheit eine bestimmte materielle Qualität haben[1365], also etwa selbst den Garantien des Art 6 EMRK entsprechen muss.

In vielen Fällen lässt es der OGH genügen, dass der Besch die **formale Gelegenheit** hatte bzw gehabt hätte, an der kontradiktorischen Vernehmung teilzunehmen und Fragen an die Zeugen zu stellen.[1366] Macht der Angekl von dieser Möglichkeit keinen Gebrauch – sei es, weil er an der Vernehmung nicht teilnimmt, sei es, weil er sie vorzeitig verlässt oder keine Fragen stellt –, so hat er „selbst dem Grundrecht des Art 6 Abs 3 lit d MRK entsagt“.[1367]

1361 Gem § 165 Abs 4 StPO ist die Vernehmung zwingend auf diese Weise durchzuführen, wenn der Zeuge das 14. Lebensjahr noch nicht vollendet hat er und durch die dem Besch zur Last gelegte Tat in seiner Geschlechtssphäre verletzt worden sein könnte.

1362 OGH 20.3.1997, 15 Os 21/97.

1363 OGH 20.3.1997, 15 Os 21/97.

1364 OGH 10.8.2000, 15 Os 84/00. S auch OGH 6.9.2001, 15 Os 105/01.

1365 Birklbauer, AnwBl 2002, 512 (513 ff).

1366 OGH 3.5.2000, 13 Os 20/00: In diesem Fall war nur der Verteidiger zur Vernehmung beigezogen worden; dieser hatte aber auch die Vorführung seines Mandanten gar nicht begehrt. Wie der OGH feststellte, war der U-Richter nur verpflichtet, einem Verlangen des Verteidigers nach Ladung bzw Vorführung des Besch zu entsprechen. Die Möglichkeit der Teilnahme stand daher offen; dass deren Verwirklichung nicht verlangt wurde, ändere daran nichts.

1367 OGH 13.5.1997, 14 Os 58/97; 21.7.1999, 13 Os 96/99. 12.11.2002, 14 Os 94/02; 6.3.2003, 12 Os 5/03.

Unschädlich ist es nach st Jud des OGH außerdem, wenn der Angekl bei der kontradiktorischen Vernehmung nicht anwaltlich vertreten war: Mangels einer dadurch verletzten prozessualen Vorschrift könne dies keine Nichtigkeit begründen.[1368]

Davon zu unterscheiden sind jene Fälle, in denen der Besch das Fragerecht offenbar ausüben wollte, es aber aus Gründen, die nicht in seinem Einflussbereich liegen, **nicht ausüben konnte.**[1369] So wandte ein Besch etwa ein, dass er wegen seiner Schwerhörigkeit der Vernehmung nicht habe folgen können und darum tatsächlich keine Gelegenheit gehabt hätte, Fragen zu stellen[1370]. Ein anderer Bf meinte, die Tonqualität sei nicht gut gewesen, weshalb er sein Fragerecht nicht habe ausüben können.[1371]

In diesen Fällen begnügt sich der OGH nicht mit der Feststellung, dass der Besch bei der Vernehmung anwesend war und dadurch die formale Möglichkeit gehabt hätte, Fragen zu stellen, sondern er prüft, ob er dieses Fragerecht auch tatsächlich aus **materieller Sicht** ausüben konnte.[1372] Er kam freilich in beiden Fällen zum Schluss, dass das Protokoll keinen Hinweis auf die schlechte Tonqualität enthielt bzw darauf, dass der Bf der Einvernahme nicht habe folgen können; es ergab sich daraus in einem Fall vielmehr sogar, dass der Bf tatsächlich Fragen gestellt hatte.

Vor einem Problem anderer Art sieht sich der OGH dort, wo der psychische Zustand des Zeugen nicht einmal eine schonende Befragung zulässt. In diesen Fällen habe das „Gebot der Unmittelbarkeit und das (sonst tunlich keiner Beschränkung zu unterwerfende) Fragerecht des Angeklagten (Art 6 Abs 3 lit d MRK) im Interesse des unmündigen Tatopfers ausnahmsweise" zurückzutreten.[1373]

Als eine kontradiktorische Vernehmung wegen Weinkrämpfen eines Zeugen – eines minderjährigen Opfers einer Sexualstraftat – abgebrochen werden musste, noch bevor die Parteien Gelegenheit zur Befragung hatten, ließ der OGH sogar die Verlesung des – freilich nur rudimentären – Vernehmungsprotokolls gem § 252 Abs 1 Z 1 StPO zu, weil – wie auch der Sachverständige festgestellt hatte – eine weitere Vernehmung des Kindes nicht bewerkstelligt werden konnte.[1374]

1368 OGH 13.5.1997, 14 Os 58/97; 30.9.1998, 13 Os 116/98; 7.3.2001, 13 Os 108/00.

1369 Zu dieser Differenzierung auch Schwaighofer, ÖJZ 1996, 124 (130); ders, ÖJZ 2006, 235 (237).

1370 OGH 2.8.2001, 12 Os 56/01.

1371 OGH 15.2.2001, 12 Os 15/01: Im Übrigen wurde die Tonqualität hier nur vom Angekl und seiner ebenfalls angekl Ehefrau beanstandet.

1372 Ausführlich Birklbauer, AnwBl 2002, 512 (513 ff).

1373 OGH 20.3.1997, 15 Os 21/97.

1374 OGH 6.4.1999, 14 Os 17/99. S auch OGH 30.11.1999, 14 Os 143/99.

Eine damit verwandte Problematik betrifft die Aussagen **entschlagungsberechtigter Zeugen**. War der Zeuge nämlich zunächst – nicht kontradiktorisch – vernommen worden und entschlug er sich dann in der HV berechtigt seiner Aussage, so war strittig, ob in diesem Fall die Vernehmungsprotokolle verlesen werden durften.[1375]

Der OGH qualifizierte Polizeiprotokolle über die Befragung von Zeugen, die sich später der Aussage entschlagen als schlichte Befragungen, formlose Niederschriften, die nach § 252 Abs 2 StPO sogar verlesen werden müssen.[1376]

Den seitens des Schrifttums dagegen erhobenen Einwänden[1377] hielt der OGH entgegen, dass die Verpflichtung zur Erforschung der materiellen Wahrheit vor dem Unmittelbarkeitsgrundsatz Priorität habe und dass die Möglichkeit einer Beeinträchtigung von Verteidigungsrechten durch den Verlust eines Beweismittels für sich allein keineswegs schon einen Konventionsverstoß darstelle.[1378] Im Übrigen sei die Berücksichtigung und Gewichtung indirekter Beweise „letztlich eine Abwägungsfrage“ [1379], bei der auf die damit verbundene Beeinträchtigung der Verteidigungsrechte Bedacht zu nehmen sei.[1380]

Beendet wurde diese Debatte schließlich durch eine Klarstellung des Gesetzgebers[1381]: Nunmehr darf die Aussage eines Zeugen, der sich in der HV berechtigt der Aussage entschlägt, nur dann verlesen werden, wenn eine kontradiktorische Vernehmung stattgefunden hat (§ 252 Abs 1 Z 2a StPO).

Nach wie vor diskutiert wird hingegen, wie Aussagen anonymer Zeugen zu behandeln sind. Diese Frage stellt sich ganz besonders dann, wenn **verdeckte Ermittler** als Zeugen aussagen sollen. Sie werden va in der Bekämpfung der Suchtmittelkriminalität eingesetzt[1382] und sind seit dem StPRG 2004 auch explizit in der StPO verankert. § 129 Z 2 leg cit definiert die verdeckte Ermittlung als den „Einsatz von kriminalpolizeilichen Organen oder anderen Personen im Auftrag der Kriminalpolizei, die ihre amtliche Stellung oder ihren Auftrag weder offen legen noch erkennen lassen“.

Erscheint ein verdeckter Ermittler als Zeuge vor Gericht, dann ist er enttarnt und kann bei anderen Ermittlungen nicht mehr eingesetzt wer-

1375 Zur Problematik Kodek, RZ 1990, 186 (187 f); Schwaighofer, AnwBl 1988, 562. Zur historischen Entwicklung der Verlesung von Zeugenaussagen Fabrizy, RZ 1989, 26.

1376 OGH 21.7.1987, 11 Os 24/87; 18.12.1987, 15 Os 160/87.

1377 S Nachweise in FN 1438.

1378 OGH 18.12.1987, 15 Os 160/87.

1379 OGH 22.7.1987, 14 Os 81/87.

1380 In diesem Sinne auch OGH 22.7.1987, 14 Os 81/87; 18.12.1987, 15 Os 160/87.

1381 SPRÄG 1993.

1382 Näher dazu Kirchbacher/Schroll, RZ 2005, 116, 140, 170 (172). Allgemein zu verdeckten Ermittlern auch Fuchs, ÖJZ 2001, 495 f.

den, weshalb er idR auch nicht von seiner Amtsverschwiegenheit entbunden wird. Es geht hier somit nicht vorrangig um den Schutz des Zeugen, sondern um das staatliche Interesse, den Ermittler auch zukünftig einsetzen zu können.[1383] Die Praxis löste dieses Dilemma dahingehend, dass ein Bericht über die Angaben des verdeckten Ermittlers abgefasst und dann in der HV verlesen wurde.[1384] Ergänzend dazu wurde mitunter noch der Vorgesetzte des verdeckten Ermittlers als Zeuge vom Hörensagen vernommen.[1385]

Der OGH hielt dieses Vorgehen für zulässig, jedoch mit unterschiedlichen Begründungen: Einerseits vertrat er, dass die Amtsverschwiegenheit einer Vernehmung entgegen stünde, weswegen das Erscheinen des Zeugen nicht bewerkstelligt werden könne und ein Bericht über die Angaben des verdeckten Ermittlers gem § 252 Abs 1 Z 1 StPO verlesen werden dürfe.[1386] Andererseits qualifizierte er die polizeilichen Berichte – wie schon die Vernehmungsprotokolle entschlagungsberechtiger Zeugen – als „Schriftstücke anderer Art", die gem § 252 Abs 2 StPO sogar verlesen werden müssten.[1387]

Als problematisch erachtete der OGH die Verlesung eines Berichts nur dann, wenn sich das Gericht zur Begründung der Schuldfrage ausschließlich oder überwiegend auf die Angaben des verdeckten Fahnders gestützt und zudem nicht den Versuch unternommen hätte, durch Aufnahme von Kontrollbeweisen die Entscheidungsgrundlagen so weit wie möglich zu verbreitern.[1388]

Von dieser Auffassung rückte der OGH im Jahr 2004 ab[1389]: Erstmals vertrat er die Ansicht, dass die durch innerstaatliche Amtsverschwiegenheit bedingte Unmöglichkeit, das Erscheinen eines Zeugen zu bewerkstelligen, nicht als Verlesungsermächtigung begriffen werden könne.[1390] Offen ließ er jedoch, ob die Amtsverschwiegenheit dann ein erheblicher Grund iSd § 252 Abs 1 Z 1 StPO sein könnte, wenn – so der OGH – „im Verfahren wegen einer außergewöhnlich schwer wiegenden Straftat

1383 Fuchs, ÖJZ 2001, 495 (501).

1384 S dazu auch Hinterhofer, JSt 2003, 41 (45 f); Köck, RZ 2004, 189.

1385 OGH 13.10.1992, 14 Os 43/92.

1386 OGH 18.4.1995, 14 Os 40/95. Hinterhofer, JSt 2003, 41 (45 f). Ähnlich auch die Situation in Deutschland, dazu Safferling, NStZ 2006, 75 (76).

1387 OGH 17.12.1998, 15 Os 181/98.

1388 OGH 13.10.1992, 14 Os 43/92.

1389 OGH 18.2.2004, 13 Os 153/03. Bemerkenswerterweise wurde die Entscheidung nicht durch einen verstärkten Senat getroffen; der OGH bemühte sich vielmehr – allerdings nicht überzeugend – dazulegen, weshalb er mit dieser Entscheidung nicht von seiner bisherigen Jud abweicht. S auch die Folgeentscheidung OGH 11.8.2004, 15 Os 63/04.

1390 Ausführlich zu dieser Entscheidung Köck, RZ 2004, 189.

die schriftlich festgehaltenen Angaben eines besonders schutzbedürftigen Zeugen unverzichtbar erscheinen".

d. Judikatur des EGMR

So wie das Recht, Zeugen beizuziehen, ist auch das Fragrecht nach der Jud des EGMR kein absolut gewährleistetes Recht. Zwar sind grds „alle Beweise in Gegenwart des Angekl in öffentlicher Verhandlung mit Blickrichtung auf eine kontradiktorische Argumentation" zu erheben[1391], dennoch lässt der „pragmatische Standpunkt"[1392] der Straßburger Organe eine Beschränkung des Fragerechts durchaus zu. Voraussetzung dafür ist, dass dafür sachliche Gründe vorliegen und – so der EGMR – die „Verteidigungsrechte" gewahrt bleiben.

Ein **sachlicher Grund**[1393] für eine Beschränkung des Fragerechts ist dann anzunehmen, wenn der Zeuge aus rechtlichen Gründen nicht befragt werden kann – er also etwa von seinem Entschlagungsrecht Gebrauch gemacht hat[1394], das – so der EGMR – gewisse Personengruppen vor einem moralischen Dilemma schützen soll[1395]. Ein sachlicher Grund ist es ebenso, wenn faktische Gründe einer Befragung entgegenstehen, der Zeuge also etwa verstorben oder nicht (mehr) auffindbar ist. Dabei untersucht der EGMR auch das Bemühen des Gerichts, den Zeugen beizuziehen.[1396]

Außerdem können sachliche Gründe dafür sprechen, die Identität eines Zeugen anonym zu halten, weswegen – so der EGMR – anonyme Zeugenaussagen nicht unter allen Umständen mit der Konvention unvereinbar sind[1397]: Es können nämlich Leben, Freiheit oder Sicherheit des Zeugen gefährdet sein, also Interessen, die ihrerseits unter dem Schutz des

1391 EGMR 24.11.1986, 9120/80, Unterpertinger gegen Österreich = ÖJZ 1988/1; 20.11.1989, 11 454/85, Kostovski gegen die Niederlande = ÖJZ 1990/9; 27.9.1990, 12 489/86, Windisch gegen Österreich = ÖJZ 1991/2; 19.2.1991, 11 339/85, Isgrò gegen Italien; 26.4.1991, 12 398/86, Asch gegen Österreich = ÖJZ 1991/12; 20.9.1993, 14 647/ 89, Saidi gegen Frankreich = ÖJZ 1994/20; 27.2.2001, 33 354/96, Lucà gegen Italien.

1392 Kodek, JBl 1988, 551 (558).

1393 Grabenwarter, EMRK⁴ § 24 Rz 114.

1394 S EGMR 24.11.1986, 9120/80, Unterpertinger gegen Österreich = ÖJZ 1988/1; 26.4.1991, 12 398/86, Asch gegen Österreich = ÖJZ 1991/12.

1395 EGMR 24.11.1986, 9120/80, Unterpertinger gegen Österreich = ÖJZ 1988/1.

1396 EGMR 28.8.1992, 13 161/87, Artner gegen Österreich = ÖJZ 1992/41. S auch OGH 29.7.1997, 14 Os 76/97: „Die Frage, wann die Suche nach einem Zeugen aufgegeben, sein Aufenthalt damit als unbekannt angesehen und sein persönliches Erscheinen daher füglich nicht bewerkstelligt werden kann, sonach die Verlesung seiner früheren (nicht kontradiktorisch zustandegekommenen) Aussagen zulässig ist (§ 252 Abs 1 Z 1 StPO), kann immer nur nach Lage des konkreten Einzelfalles beurteilt werden." In diesem Sinne auch OGH 7.3.2001, 13 Os 108/00.

1397 EGMR 23.4.1997, 21 363/93, Van Mechelen ua gegen die Niederlande. S auch EGMR 26.3.1996, 20 524/92, Doorson gegen die Niederlande = ÖJZ 1996/25.

Art 8 EMRK stehen.[1398] Solche Interessen von Zeugen und Opfern erfordern es im Übrigen, dass der Staat ein Strafverfahren vorsehe, das derartige Interessen hinreichend schütze. Vor diesem Hintergrund seien die Prinzipien des fairen Verfahrens also durchaus einer Abwägung zugänglich.[1399] Die drohende Gefahr müsse freilich stets real und konkret sein. Dem – lediglich allgemeinen – Einwand, der Kampf gegen das organisierte Verbrechen fordere einen wirksamen Zeugenschutz, entgegnete der EGMR, dass das Recht auf ein faires Verfahren nicht der Zweckmäßigkeit geopfert werden könne.[1400]

Der EGMR hat aber nicht nur die physische Schutzbedürftigkeit des Zeugen als sachlichen Grund für eine Beschränkung der Fragerechte qualifiziert. Auch Wiederverwendung von verdeckten Ermittlern in zukünftigen Ermittlungen hat er grds als schützenswertes kriminalpolitisches Interesse betrachtet.[1401] Bei solchen anonymen Zeugen, die dem Staat zuzurechnen sind, legt er aber einen strengeren Maßstab an, als bei anderen Zeugen, die er als „disinterested witness" bezeichnet. Polizisten schulden nämlich eine besondere Gehorsamspflicht, es gehöre zu ihren Dienstpflichten, gegebenenfalls vor Gericht auszusagen. Außerdem haben sie üblicherweise Verbindungen zu den Strafverfolgungsbehörden.[1402]

Allein das Vorliegen eines sachlichen Grundes macht die Beschränkung des Fragerechts freilich noch nicht konventionskonform, sondern der EGMR prüft auch, ob die **Verteidigungsrechte** gewahrt waren. Diese verlangen, dass der Angekl „eine angemessene und geeignete Gelegenheit hatte, die Glaubwürdigkeit eines gegen ihn aussagenden Zeugen grundsätzlich in Frage zu stellen und an diesen Fragen zu stellen, sei es in dem Zeitpunkt, in dem der Zeuge seine Aussage ablegt, sei es zu einem späteren Zeitpunkt des Verfahrens".[1403]

Ob die Gelegenheit angemessen und geeignet war, dafür lassen sich aus der Jud keine formelhaften Kriterien ableiten, denn der EMGR legt eine eher teleologische Betrachtungsweise an den Tag.[1404] Er wägt zwar die

1398 S auch EGMR 20.12.2001, 33 900/96, P S gegen Deutschland = ÖJZ 2003/11.

1399 EGMR 26.3.1996, 20 524/92, Doorson gegen die Niederlande Z 70 = ÖJZ 1996/25: „Against this background, principles of fair trial also require that in appropriate cases the interests of the defence are balanced against those of witnesses or victims called upon to testify." S auch EGMR 23.4.1997, 21 363/93, Van Mechelen ua gegen die Niederlande.

1400 EGMR 20.11.1989, 11 454/85, Kostovski gegen die Niederlande = ÖJZ 1990/9; s auch EGMR 23.4.1997, 21 363/93, Van Mechelen ua gegen die Niederlande Z 61.

1401 EGMR 23.4.1997, 21 363/93, Van Mechelen ua gegen die Niederlande.

1402 EGMR, 23.4.1997, 21 363/93, Van Mechelen ua gegen die Niederlande,

1403 EGMR 20.11.1989, 11 454/85, Kostovski gegen die Niederlande = ÖJZ 1990/9; 27.9.1990, 12 489/86, Windisch gegen Österreich = ÖJZ 1991/2; 26.4.1991, 12 398/86, Asch gegen Österreich = ÖJZ 1991/12.

1404 Grabenwarter, in: Korinek/Holoubek, Bundesverfassungsrecht, Art 6 EMRK, Rz 212.

Gründe für die Beschränkung der Verteidigerrechte gegen die daraus resultierenden Nachteile für den Besch ab,[1405] er berücksichtigt dabei aber auch, die „‚kompensatorischen' Momente der Verfahrensgestion"[1406]: Nach der Jud des EGMR müssen nämlich die Nachteile, die sich für den Besch aus der Beschränkung des Fragerechts ergeben, im weiteren Verfahren ausgeglichen („counterbalanced") werden[1407]. Besonders deutlich manifestiert sich dies bei der Beweisverwertung: Sind die Fragerechte eingeschränkt, so vermindert sich nach Auffassung des EGMR auch die Qualität des Zeugenbeweises: Die Verurteilung darf sich dann nicht ausschließlich bzw überwiegend auf solche Aussagen stützen.[1408]

Auf den Punkt gebracht lässt sich sagen: Die Beschränkung des Fragerechts ist für sich genommen noch nicht konventionswidrig, sondern sie muss im Lichte der übrigen Anforderungen eines fairen Verfahrens beurteilt werden. Es kommt im Ergebnis darauf an, ob das Verfahren insgesamt fair war; dies äußert sich auch darin, dass der EGMR die Einhaltung der Garantien des Art 6 Abs 3 lit d EMRK idR in Verbindung mit Abs 1 leg cit prüft.[1409]

Anschaulich wird dies, wenn man die Rs Unterpertinger gegen Österreich[1410] und Asch gegen Österreich[1411] vergleichend betrachtet[1412]: Im Fall Unterpertinger entschlugen sich die Zeuginnen in der HV berechtigt der Aussage, woraufhin die Protokolle der – nicht kontradiktorischen – Vernehmung verlesen wurden. Für den EGMR war die Verlesung von Angaben für „sich allein betrachtet" auf diese Weise nicht unvereinbar mit Art 6 Abs 1 und 3 lit d MRK, die Verwertung als Beweismittel müsse „nichtsdestoweniger mit den Verteidigungsrechten im Einklang stehen". Ausschlaggebend war für den EGMR in diesem Fall, dass das Gericht diese Aussagen „nicht bloß als Informationen angesehen, sondern als Beweis der Richtigkeit der Anschuldigungen" qualifiziert hatte. Der Bf wurde somit auf Grund von Zeugenaussagen verurteilt, hinsichtlich derer seine Verteidigungsrechte beträchtlich eingeschränkt waren, weswegen Art 6 Abs 3 lit d EMRK verletzt worden war.

1405 Grabenwarter, EMRK[4] § 24 Rz 116.

1406 So treffend Grabenwarter, Verfahrensgarantien 641.

1407 EGMR 20.11.1989, 11 454/85, Kostovski gegen die Niederlande = ÖJZ 1990/9.

1408 EGMR 24.11.1986, 9120/80, Unterpertinger gegen Österreich = ÖJZ 1988/1; 27.9.1990, 12 489/86, Windisch gegen Österreich = ÖJZ 1991/2; 19.2.1991, 11 339/85 Isgrò gegen Italien; 26.4.1991, 12 398/86, Asch gegen Österreich = ÖJZ 1991/12; 20.9. 1993, 14 647/89, Saidi gegen Frankreich = ÖJZ 1994/20; 27.2.2001, 33 354/96, Lucà gegen Italien.

1409 EGMR 15.6.1992, 12 433/86, Lüdi gegen die Schweiz = ÖJZ 1992/39; 28.8.1992, 13 161/87, Artner gegen Österreich = ÖJZ 1992/41.

1410 EGMR 24.11.1986, 9120/80, Unterpertinger gegen Österreich = ÖJZ 1988/1.

1411 EGMR 26.4.1991, 12 398/86, Asch gegen Österreich = ÖJZ 1991/12.

1412 S auch Rzepka, Fairness 75 ff.

Auch im Fall Asch entschlug sich die Zeugin der Aussage, woraufhin der Beamte, der die Zeugin zuvor vernommen hatte, in der HV von der Vernehmung berichtete. Entscheidender Unterschied zum Fall Unterpertinger war jedoch erstens, dass die Angaben der Zeugin hier nicht das einzige Beweismittel waren. Zweitens hatte der Bf die Gelegenheit gehabt, die von der Zeugin gegebene Version in Frage zu stellen, denn er konnte seine Fragen an den mittelbaren Zeugen richten. Aus diesen Gründen hatte der Umstand, dass die Zeugin nicht vernommen werden konnte, für sich allein die Verteidigungsrechte auch nicht verletzt.[1413]

Besonders schwerwiegende Nachteile erfährt der Besch dann, wenn ein **Zeuge anonym** bleibt: Durch die Anonymität werde der Verteidigung nämlich die Möglichkeit genommen, darzutun, dass die Person „voreingenommen, feindselig oder unglaubwürdig" ist.[1414] Wenn der EGMR prüft, ob diese Schwierigkeiten im weiteren Verfahren ausgeglichen werden, so untersucht er auch, ob die zum Schutz der Anonymität gewählten Mittel tatsächlich die gelindesten waren. An Stelle einer bloß akustischen Übertragung der Vernehmung schlug der EGMR etwa Schminke, Verkleidung oder die Vermeidung eines Augenkontakts als mögliche gelindere Maßnahmen vor.[1415]

Einmal mehr ist die Beschränkung der Verteidigerrechte bei der Verwertung der anonymen Aussagen zu berücksichtigen. Auch wenn die Verwendung anonymer Informanten nicht per se konventionswidrig sei, die „nachfolgende Verwertung von deren Angaben um eine Verurteilung zu begründen, ist jedoch eine andere Sache".[1416] Eine Verurteilung darf darum jedenfalls nicht einzig oder überwiegend auf anonymen Zeugenaussagen beruhen: „Finally, it should be recalled that a conviction should not be based either solely or to a decisive extent on anonymous statements."[1417]

In der Rs Lüdi gegen die Schweiz[1418] sah der EGMR gleich mehrere der relevanten Kriterien als problematisch: Erstens hatte sich das Gericht zwar nicht ausschließlich auf eine anonyme Zeugenaussage gestützt, sie habe aber bei der Feststellung der Tatsachen, die zur Verurteilung führten, eine Rolle gespielt. Zweitens hätte es gelindere Maßnahmen gegeben, die

1413 Wobei der EGMR freilich überdies festhielt, dass der Bf auch die Gelegenheit hatte, die von der Zeugin gegebene Version in Frage zu stellen.

1414 EGMR 20.11.1989, 11 454/85, Kostovski gegen die Niederlande = ÖJZ 1990/9. S auch 27.9.1990, 12 489/86, Windisch gegen Österreich = ÖJZ 1991/2.

1415 EGMR 23.4.1997, 21 363/93, Van Mechelen ua gegen die Niederlande. S auch EGMR 15.6.1992, 12 433/86, Lüdi gegen die Schweiz = ÖJZ 1992/39.

1416 EGMR 27.9.1990, 12 489/86, Windisch gegen Österreich = ÖJZ 1991/2.

1417 EGMR 26.3.1996, 20 524/92, Doorson gegen die Niederlande Z 76 = ÖJZ 1996/25. S auch EGMR 20.11.1989, 11 454/85, Kostovski gegen die Niederlande = ÖJZ 1990/9; 23.4.1997, 21 363/93, Van Mechelen ua gegen die Niederlande.

1418 EGMR 15.6.1992, 12 433/86, Lüdi gegen die Schweiz = ÖJZ 1992/39.

gleichwohl die Anonymität des Zeugen gewahrt, die Verteidigerrechte des Angekl aber weniger stark beeinträchtigt hätten.[1419] Und schließlich kritisierte der EGMR, dass die Verteidigung in keiner Phase des Verfahrens die Gelegenheit gehabt hatte, den Zeugen zu befragen oder seine Glaubwürdigkeit in Zweifel zu ziehen.

Ähnlich differenziert sieht der EGMR die Frage, ob der Besch nach der EMRK bei Ausübung seines Fragerechts **anwaltlich vertreten** sein muss.

Im Fall Isgrò[1420] war zwar der Angekl bei der Konfrontation mit dem Zeugen anwesend, nicht aber sein Anwalt, ebenso wenig der öffentliche Ankläger. Dennoch war Art 6 Abs 3 lit d EMRK nicht verletzt: Der Zweck der Konfrontation machte ein Beisein des Anwalts nicht unbedingt notwendig; nachdem der Besch selbst Fragen stellen konnte, waren die Garantien des Art 6 Abs 3 lit d hinreichend gewahrt. Außerdem wies der EGMR darauf hin, dass der Anwalt Aussagen und Identität des Zeugen kannte und später im Verfahren die Möglichkeit hatte, diese Aussagen und die Glaubwürdigkeit des Zeugen in Frage stellen. Es wurde also, so könnte man hinzufügen, diese Beschränkung der Verteidigerrechte im weiteren Verfahren ausgeglichen.

Betrachtet man nun zusammenfassend die Jud des EGMR zu den Fragerechten, so zeigt sich, dass er die verschiedenen Kriterien nach Art eines beweglichen Systems gewichtet. Als Leitlinien gilt es jedenfalls folgende Punkte zu berücksichtigen: Zunächst muss ein sachlicher Grund vorliegen, um einen Eingriff in die Fragerechte des Art 6 Abs 3 lit d EMRK rechtfertigen zu können. Weiters müssen die Verteidigerrechte gewahrt sein. Dh: Der Besch muss die Gelegenheit haben, sich zur Aussage zu äußern und die Glaubwürdigkeit des Zeugen zu erschüttern.[1421] Schließlich sind die Nachteile, die sich für den Besch aus der Beschränkung ergeben, im weiteren Verfahren auszugleichen. Die verminderte Qualität des unter Beschränkung der Verteidigerrechte erzielten Beweismittels ist bei der Beweiswürdigung zu berücksichtigen.

e. *Judikatur des VfGH*

Die einschlägige Jud des VfGH ist va zu diziplinarrechtlichen Fragen ergangen. Er orientiert sich dabei explizit an der Rsp des EGMR: Wie das Recht, Zeugen beizuziehen, so sei auch das Fragerecht bestimmten Beschränkungen unterworfen. Werde in einer mündlichen Verhandlung aus einem anderen Verfahren gewonnene Aussagen verlesen, so sei dies nicht

1419 Die Frage nach dem gelinderen Mittel war auch entscheidungserheblich in EGMR 23.4.1997, 21 363/93, Van Mechelen ua gegen die Niederlande.

1420 EGMR 19.2.1991, 11 339/85, Isgrò gegen Italien.

1421 Schaden, FS-Rill 234.

„in jedem Fall mit Art 6 Abs 3 lit d EMRK unvereinbar". Es müsse aber einen besonderen Grund dafür geben, der die persönliche Einvernahme des Zeugen als nicht gerechtfertigt erscheinen lasse. So war die Verlesung der Aussage eines Zeugen, der nicht mehr auffindbar war, nicht an sich unzulässig, der VfGH prüfte jedoch, inwieweit sich das Gericht bemüht hatte, den Zeugen tatsächlich ausfindig zu machen.[1422]

Die aus der Beschränkung der Fragerechte resultierenden Nachteile sind auch nach Auffassung des VfGH im weiteren Verfahren auszugleichen, was etwa in der Beweisverwertung geschehen könne. Entscheidend ist dabei jeweils, ob und inwieweit die Beh den festgestellten Sachverhalt auf die verlesene Aussage stützt.[1423]

f. Würdigung

Wie eingangs bereits angekündigt, ergeben sich beim Recht Zeugen beizuziehen komplexe Fragestellungen: Es kann nämlich in Konflikt mit schützenswerten Interessen des Zeugen treten.

Der EGMR prüft die Einhaltung dieser Garantie nicht formelhaft, sondern er setzt – einzelfallbezogen – die verschiedenen Kriterien eines fairen Verfahrens zueinander in Bezug.[1424] Ob dieser Einzelfallbezogenheit und dem teleologischen Zugang des EGMR ist es freilich entsprechend schwierig, die Jud des OGH *allgemein* im Hinblick auf die Straßburger Jud zu beurteilen. Fest steht jedoch, dass sich der OGH in den vergangenen Jahren immer weiter an die Jud des EGMR angenähert hat und er immer stärker den grundrechtlichen Hintergrund der Fragerechte und ihrer Beschränkung betont. Auch hat der Gesetzgeber die Themenbereiche, die in der Jud des OGH aus grundrechtlicher Sicht problematisch schienen, nunmehr weitestgehend ausgeräumt.

Eines dieser Problemfelder betraf die Jud des OGH, wonach die Vernehmungsprotokolle jener Zeugen, die sich später in der HV der **Aussage entschlugen**, verlesen werden durften, obwohl keine kontradiktorische Vernehmung stattgefunden hatte. Das Schrifttum hielt diese Praxis mehrheitlich für konventionswidrig, weil der Besch in diesem Fall sein Fragerecht nicht ausüben konnte.[1425] Außerdem wurde kritisiert, dass sich der Sinn des Entschlagungsrechts dadurch geradezu in sein Gegenteil verkehrte:

1422 VfSlg 15 495/1999: Da die Beh nicht alles unternommen hatte, um den Aufenthaltsort der Zeugin ausfindig zu machen, lag im konkreten Fall ein Verstoß gegen Art 6 Abs 3 lit d EMRK vor.

1423 VfSlg 16 554/2002; 17 762/2006.

1424 Schwaighofer, ÖJZ 1996, 124 (126 f).

1425 Hock, ÖJZ 1985, 366 (369); Schmoller, RZ 1987, 192 (210); Schwaighofer, AnwBl 1988, 562; Tews, AnwBl 1987, 259 ff.

Entschlägt sich der Zeuge nämlich erst später im Verfahren seiner Aussage, dann werde er faktisch seines Entschlagungsrechts beraubt, weil es nicht auch auf die bereits getätigte Aussage zurück wirkt.[1426]

Mit der nunmehr geltenden Regelung – die Verlesung ist nur dann zulässig, wenn eine kontradiktorische Vernehmung stattgefunden hat – wurde zweifellos eine konventionskonforme Lösung gefunden[1427]: Das Entschlagungsrecht ist ein sachlicher Grund, der die Beschränkung der Verteidigerrechte rechtfertigen kann. Die Nachteile werden dadurch ausgeglichen, dass der Besch die Möglichkeit hat, sein Fragerecht im Vorverfahren auszuüben. Zwar ließe sich nach wie vor einwenden, dass eine spätere Zeugnisentschlagung nicht in jedem Fall auf bereits getätigte Aussagen zurückwirkt, sie kann jedoch als vertretbarer Ausgleich dafür betrachtet werden, dass ansonsten ein Beweismittelverlust drohen kann.[1428]

Gleichwohl ist damit noch nicht gesagt, dass die frühere Praxis des OGH tatsächlich schon an sich konventionswidrig war.[1429] Betrachtet man nämlich die Jud des EGMR, so wird deutlich, dass die Verlesung einer Aussage eines – nicht kontradiktorisch vernommenen – Zeugen noch nicht per se grundrechtswidrig ist: Da ein sachlicher Grund für diese Beschränkung vorliegt, ist weiter ausschlaggebend, ob die Nachteile im weiteren Verfahren ausgeglichen werden. Aus diesem Grund sah der EGMR ja im bereits zitierten Fall Asch keine Konventionswidrigkeit.[1430]

In diesem Sinne verbietet es die Konvention auch nicht, das Protokoll einer abgebrochenen – und nicht neuerlich durchführbaren – kontradiktorischen Vernehmung zu verlesen. Die Verteidigungsrechte werden in diesem Fall aus faktischen Gründen beschränkt. Können die Fragerechte nicht auf andere Art eingeräumt werden und wird dieser Nachteil im weiteren Verfahren hinreichend berücksichtigt – va in der Beweisverwertung –, dann ist dagegen aus grundrechtlicher Sicht nichts einzuwenden. Entsprechendes gilt, wenn ein Zeuge verstorben ist: Auch in diesem Fall können die Aussagen des verstorbenen Zeugen durchaus konventionskonform verlesen werden[1431].

Gegenstand von Kritik ist weiters, dass es nach st Jud des OGH nicht schadet, wenn der Besch bei der kontradiktorischen Einvernahme **nicht anwaltlich vertreten** war.[1432]

1426 SCHWAIGHOFER, ÖJZ 1996, 124 (130).

1427 Krit zu dieser Regelung SCHMOLLER, FS-Platzgummer 283 (291 ff).

1428 SCHWAIGHOFER, ÖJZ 1996, 124 (128). Allgemein dazu auch LÄSSIG, ÖJZ 2006, 406 f.

1429 KODEK, JBl 1988, 551 (560).

1430 S auch KODEK, JBl 1988, 551 (559 f).

1431 S auch SCHWAIGHOFER, ÖJZ 1996, 124 (127).

1432 SCHWAIGHOFER, ÖJZ 2006, 235 (237).

Gesetzlich ist dies – darin ist dem OGH zuzustimmen – nicht vorgesehen und zwar selbst dann nicht, wenn die Angelegenheit ein Fall notwendiger Verteidigung ist, der Besch also in der HV bei sonstiger Nichtigkeit anwaltlich vertreten sein muss. Fraglich ist aber, ob dies grundrechtlich geboten wäre.

Nach der Jud des EGMR ist dies zu verneinen: Es kommt danach nämlich auf eine Gesamtbetrachtung an sowie darauf, ob den unterschiedlichen Qualitäten der Beweismittel angemessen Rechnung getragen wird.[1433] Im Fall Isgrò war etwa das Vorgehen des Gerichts nicht konventionswidrig, weil das Verfahren in einer Gesamtbetrachtung fair war.[1434] Aus dem fehlenden Verteidigerbeistand *allein* folgt somit noch keine Konventionswidrigkeit.

Von dieser Frage zu unterscheiden ist freilich, ob nicht andere Gründe dafür sprechen, bei notwendiger Verteidigung auch zur kontradiktorischen Vernehmung im Vorverfahren einen Verteidiger beizuziehen.

Zunächst scheint es schon zweckmäßig, den Beweiswert einer kontradiktorischen Vernehmung möglichst groß zu halten und dafür die entsprechenden verfahrensrechtlichen Rahmenbedingungen zu schaffen. Freilich: Dieses Anliegen müsste durch den Gesetzgeber realisiert werden. Fest steht, dass sich dieser der Problematik durchaus bewusst war, denn er hat bereits anlässlich des StRÄG 2003 auf diesen „aus rechtsstaatlicher Sicht [...] unerträglich[en]" Zustand hingewiesen.[1435] Damals schlug allerdings der JA vor, diese Frage im Zusammenhang mit dem StPRG zu erläutern[1436], wo sie dann aber gar nicht mehr erwähnt wurde. Aus dem Schweigen des Gesetzgebers folgt aber nicht schon, dass – wie dies Stuefer/Soyer annehmen – eine planwidrige Lücke vorliegt, die von der Rsp geschlossen werden sollte.[1437] Dass der Gesetzgeber ein ursprünglich geplantes Vorhaben doch nicht realisiert, bedeutet noch nicht zwangsläufig, dass er dies versehentlich unterlassen hat. Dafür müssten weitere Anhaltspunkte vorliegen, die hier aber fehlen.

In der auf die konventionsrechtlichen Vorgaben fixierten Diskussion ist freilich mE eine andere Facette der Problematik bislang nicht hinrei-

1433 Dazu Kodek, RZ 1990, 186 (188).

1434 EGMR 19.2.1991, 11 339/85, Isgrò gegen Italien.

1435 RV 294 BlgNR 22. GP 30: „Bereits seit geraumer Zeit wird es aus rechtsstaatlicher Sicht als unerträglich angesehen, dass der Beschuldigte in einer kontradiktorischen Vernehmung nach § 162a StPO nicht durch einen Verteidiger vertreten sein muss, obwohl das Ergebnis der Vernehmung durch Verlesung bzw Vorführung der Ton- und Bildaufnahmen in der Hauptverhandlung eingeführt und im Urteil nicht selten als das wichtigste Beweismittel verwertet werden darf."

1436 AB 379 BlgNR 22. GP 4.

1437 Stuefer/Soyer, ÖJZ 2007, 139 (147).

chend berücksichtigt worden: Fraglich ist nämlich, ob die in der StPO vorgesehene Regelung im Lichte des Gleichheitssatzes vertretbar ist. Findet – bei notwendiger Verteidigung – die Zeugenvernehmung bereits im Vorverfahren statt, so ist der Besch schlechter gestellt als ein Besch, in dessen Verfahren die Zeugen in der HV – und damit im Beisein seines Anwalts – vernommen werden. Eine sachliche Rechtfertigung dafür ist aber nicht erkennbar: Wenn der Besch in der HV bei sonstiger Nichtigkeit einen Verteidiger haben muss, dann ist nicht einzusehen, weshalb ein Verteidiger nicht auch dann notwendig sein soll, wenn Elemente der HV ins Vorverfahren transferiert werden.

Demgegenüber widersprach die Jud des OGH zu den **verdeckten Ermittlern** jedenfalls den Vorgaben der Konvention.[1438] Zwar anerkennt auch der EGMR ein – kriminalpolitisches – Interesse daran, einen verdeckten Ermittler zukünftig einsetzen zu können, es müssen dennoch die Verteidigerrechte gewahrt werden. Da aber erstens, die Nachteile für den Besch bei einem anonymen Zeugen besonders schwer wiegen und es zweitens Möglichkeiten gibt, die Identität des Zeugen zwar anonym zu halten, dem Besch aber dennoch ein Fragerecht einzuräumen, anstatt ihn „nur" – wie in der früheren österreichischen Praxis üblich – mit einem Beweissurrogat, nämlich dem schriftlichen Bericht bzw dem Zeugen vom Hörensagen, zu konfrontieren, war dieses Vorgehen konventionswidrig.

Die neue Judikaturlinie des OGH steht demgegenüber grds im Einklang mit der EMRK: Die Amtsverschwiegenheit – als sachlicher Grund – allein rechtfertigt es nun nicht mehr, die für den Besch besonders nachteiligen Beweissurrogate heranzuziehen.

Damit stellt sich freilich die Frage, wie die Aussagen eines verdeckten Ermittlers denn verwertet werden können, wenn man seine Identität nicht preisgeben will. Ohne Zweifel wäre es – worauf mitunter hingewiesen wird – am besten, auf die Aussagen eines verdeckten Ermittlers im Verfahren gar nicht angewiesen zu sein[1439]; dies lässt sich freilich nicht in allen Fällen durchsetzen.[1440] Im Übrigen ist auch nach der Jud des EGMR erstens die Beiziehung anonymer Zeugen nicht per se unzulässig und zweitens ist das Interesse an der Weiterverwendung eines verdeckten Ermittlers legitim.

Freilich sind die Möglichkeiten, die die StPO dafür eröffnet, sehr begrenzt. Ausdrücklich hat sich der Gesetzgeber dieser Problematik nicht an-

1438 Krit zur alten Entscheidungspraxis des OGH Fuchs, ÖJZ 2001, 495 (500); Hinterhofer, JSt 2003, 41 (46 f).

1439 Fuchs, ÖJZ 2001, 495 (499).

1440 Außerdem bleibt mitunter die Problematik bestehen, dass der Besch einwendet, vom verdeckten Ermittler angestiftet worden zu sein. Dieser Vorwurf lässt sich nur durch eine Aussage des verdeckten Ermittlers entkräften. Dazu Fuchs, ÖJZ 2001, 495 (499); Schwaighofer, FS-Miklau 511 (519 ff).

genommen. Eine ursprünglich vorgesehene Regelung, wonach Berichte und Amtsvermerke über verdeckte Ermittlungen als Beweis verwendet werden können (§ 131 Abs 5) wurde vom JA abgelehnt: Die Verlesung würde nämlich gegen § 252 Abs 1 und 4 StPO verstoßen und daher auch nach § 252 Abs 2 leg cit unzulässig sein.[1441]

Nun sieht die StPO zwar in § 162 besondere Möglichkeiten für anonyme Zeugenaussagen vor, sie setzen aber voraus, dass „auf Grund bestimmter Tatsachen zu befürchten [ist], dass der Zeuge sich oder einen Dritten durch die Bekanntgabe des Namens und anderer Angaben zur Person [...] oder durch Beantwortung von Fragen, die Rückschlüsse darauf zulassen, einer ernsten Gefahr für Leben, Gesundheit, körperliche Unversehrtheit oder Freiheit aussetzen würde". In diesem Fall kann ihm gestattet werden, solche Frage nicht zu beantworten. Es ist aber auch zulässig, dass der Zeuge seine äußere Erscheinung so verändert, dass er nicht wiedererkannt werden kann.

Diese Bestimmung kommt jedenfalls dort zur Anwendung, wo ein Zeuge – sei es ein „ziviler" Zeuge oder ein verdeckter Ermittler – bedroht ist. Die Gefährdung einer Weiterverwendung kann darunter aber nicht mehr subsumiert werden.[1442]

Im Rahmen der StPO gibt es somit keine Möglichkeiten, diese Aussagen zu verwenden. Es kann mit Spannung erwartet werden, wie der OGH zukünftig mit dieser Problematik umgehen wird.

Zusammenfassend entspricht die Jud des OGH nunmehr grds den konventionsrechtlichen Bestimmungen. Die Schwierigkeit besteht hier freilich darin, dass sich das im Lichte des Art 6 Abs 3 lit d EMRK Zubzw Unzulässige nicht formelhaft beschreiben, sondern sich erst aus einem Gesamtbild des Verfahrens ableiten lässt. Ausschlaggebend ist somit stets, wie sich die verschiedenen Facetten des fairen Verfahren – und eine solche ist ja auch das Fragerecht[1443] – im konkreten Fall zueinander verhalten, also wie die Beschränkungen im weiteren Verfahren ausgeglichen werden.

D. Ne bis in idem

I. Allgemeines

Der Grundsatz, dass niemand zweimal wegen derselben Sache vor Gericht gestellt werden darf, lässt sich bis ins griechische und römische Recht

1441 AB 406 BlgNR 22. GP 19.

1442 S auch Fuchs, ÖJZ 2001 (501) (zur vergleichbaren alten Rechtslage); Köck, RZ 2004, 189 (194).

1443 Kodek, JBl 1988, 551 (558).

zurückverfolgen.[1444] Er ist ein typisches Element rechtsstaatlicher Systeme[1445] und wird in der Formel „Ne bis in idem" prägnant zusammengefasst[1446].

In Österreich war dieser Grundsatz – anders als etwa in Deutschland[1447] – ursprünglich nicht verfassungsrechtlich verankert. Weder der nationale österreichische Grundrechtskatalog noch die EMRK enthielt ein explizites Verbot von bis in idem.[1448] Ein solches wurde erst in das 7. ZP EMRK aufgenommen, das in Österreich seit 1988 in Geltung steht.[1449] Gem Art 4 Abs 1 leg cit darf niemand wegen einer strafbaren Handlung, wegen der er bereits rechtskräftig verurteilt oder freigesprochen worden ist, in einem Strafverfahren desselben Staates erneut vor Gericht gestellt oder bestraft werden. Die Wiederaufnahme von Verfahren wird dadurch – falls neue oder neu bekannt gewordene Tatsachen vorliegen oder das Verfahren schwere Mängel aufweist – nicht ausgeschlossen (Abs 2 leg cit).

Art 4 Abs 1 7. ZP EMRK verbietet nicht nur die neuerliche Bestrafung, sondern schon die neuerliche Verfolgung einer bereits geahndeten Straftat.[1450] Insofern ist die für diese Garantie mitunter gebräuchliche Bezeichnung „Doppelbestrafungsverbot" zu eng, weil sie nur einen Aspekt des Grundrechts beschreibt.

Der Geltungsbereich des konventionsrechtlichen ne bis in idem beschränkt sich auf Strafverfahren innerhalb eines Staates.[1451] Zwischenstaatliche Doppelverfolgungs- und -bestrafungsverbote bestehen aufgrund gesonderter Abkommen.[1452] Auf europäischer Ebene verbietet Art 54 SDÜ jemanden für eine Tat, für die er in einem Vertragsstaat rechtskräftig abgeurteilt worden ist, in einem anderen Vertragsstaat zu verfolgen.[1453]

Obwohl das Wiederholungsverbot in Österreich erst vor gut 20 Jahren explizit verfassungsrechtlich verankert wurde, so war es doch bereits zuvor

---

1444 Degenhart, in: Sachs (Hrsg), GG^5 Art 103 Rz 76; Schroeder, JuS 1997, 227 (228); Specht, Geltung 7 ff.

1445 S dazu Frowein/Peukert, EMRK^3, Artikel 4 des 7. ZP, Rz 1.

1446 Nach Schroeder, JuS 1997, 227 (228) lässt die Formel „in geschickter Weise offen, was hier nicht zweimal vorgenommen werden darf: die Bestrafung oder die Verfolgung". Unklar ist jedoch die Herkunft dieser Formel; s dazu auch M. Mayer, Ne-bis-in-idem-Wirkung 15.

1447 Art 103 Abs 3 GG:„Niemand darf wegen derselben Tat auf Grund der allgemeinen Strafgesetze mehrmals bestraft werden." Über den Wortlaut hinaus gilt dieses Verbot aber nicht nur für die mehrfache Bestrafung, sondern auch für mehrfache Verfolgung. Degenhart, in: Sachs (Hrsg), GG^5 Art 103 Rz 79.

1448 S auf einfachgesetzlicher Ebene auch Art 14 Abs 7 IPBPR, BGBl 1987/333.

1449 Zur Entstehungsgeschichte des 7. ZP EMRK Trechsel, FS-Ermacora, 195 f.

1450 Ackermann/Ebensperger, AJP/PJA 1999, 823 (835); Schwaighofer, ÖJZ 2005, 173 (174).

1451 S auch EGMR 3.6.2003, 72 594/01, Graf gegen Österreich = ÖJZ 2003/40.

1452 Ausführlich dazu Ebensperger, ÖJZ 1999, 171, 182.

1453 Näher dazu Birklbauer, Prozessgegenstand 282 ff; Stein, NJW 2003, 1162.

als allgemeiner Grundsatz anerkannt. Ne bis in idem folgt nämlich bereits aus der materiellen Rechtskraft von Entscheidungen[1454]: Wurde ein Strafverfahren rechtskräftig abgeschlossen, dann darf der Besch nicht neuerlich wegen dieser Angelegenheit verfolgt werden, es sei denn, es liegen Gründe für eine Wiederaufnahme vor.[1455]

Diese sog Sperrwirkung rechtskräftiger Entscheidungen gebietet schon die Rechtssicherheit.[1456] Denn hätte der Richterspruch, wie es BERNATZIK formuliert, das Ende des Streites nicht im Gefolge, so wäre er zwecklos.[1457] Auf diese Weise entsteht freilich auch ein Spannungsverhältnis zwischen Rechtssicherheit und Gerechtigkeit, denn eine einmal gefällte Entscheidung bleibt – abgesehen von Fällen der Wiederaufnahme – auch dann aufrecht, wenn sie sich im Nachhinein als falsch erweist.[1458] Zugleich aber steht die Sperrwirkung – va was das Teilelement der doppelten Bestrafung angeht – in engem Zusammenhang mit der Gerechtigkeit und der Verhältnismäßigkeit:[1459] Wenn die Schuld bereits durch die Strafe getilgt wurde, dann wäre es unverhältnismäßig, den Betroffenen deswegen nochmals zu bestrafen. Auch der VfGH betrachtete die Problematik im Lichte des Gleichheitssatzes: War jemand wegen eines Fehlverhaltens mehrfach zu verurteilen, so prüfte der VfGH, ob es dafür eine sachliche Rechtfertigung gab.[1460]

Zunächst schien somit Art 4 7. ZP EMRK für Österreich lediglich als grundrechtliche Fundierung eines bereits bekannten Grundsatzes, zumal Österreich zu dieser Bestimmung einen Vorbehalt abgegeben hatte: Ihr Anwendungsbereich sollte sich nur auf das gerichtliche Strafverfahren iSd StPO beschränken.

Diese Situation änderte sich freilich, als EGMR und VfGH den österreichischen Vorbehalt für ungültig erklärten.[1461] Damit gilt ne bis in idem

1454 S auch FLIEDNER, AöR 1974, 242 (252); KUCSKO-STADLMAYER, ecolex 1996, 50 (51).

1455 So und ausführlich zur Sperrwirkung BERTEL, Identität 10. Diesen Zusammenhang stellt auch der OGH her: Dass ein durch rechtskräftige Strafverfügung verhängter Straffall ohne vorangegangene Wiederaufnahme nicht Gegenstand eines neuerlichen Verfahrens und einer neuerlichen Entscheidung sein kann, ergibt sich für den OGH aus dem 16. Hauptstück (XX. Hauptstück StPO aF). ZB OGH 13.10.1994, 15 Os 139/94; 10.7.1997, 15 Os 92/97; 14.5.2008, 13 Os 43/08k; 27.8.2009, 12 Os 101/09h; 22.12.2009, 11 Os 197/09v; 23.3.2010, 11 Os 30/10m.

1456 FLIEDNER, AöR 1974, 242 (252); GIESE, Grundrecht, in: Grabenwarter/Thienel (Hrsg), Kontinuität 97 (109).

1457 BERNATZIK, Rechtsprechung 112 (zum Privatrecht). S auch FLIEDNER, AöR 1974, 242 (253).

1458 Anschaulich SCHERZBERG/THIÉE, ZRP 2008, 80 (83).

1459 KIENAPFEL/HÖPFEL, AT[13] E 8 Rz 55a; SCHROEDER, JuS 1997, 227 f.

1460 VfSlg 11 284/1987.

1461 EGMR 23.10.1995, 15 963/90, Gradinger gegen Österreich = ÖJZ 1995/51 = JBl 1997, 577 (GRABENWARTER). VfSlg 14 696/1996.

nunmehr für alle strafrechtliche Verfahren und somit auch im Verhältnis unterschiedlicher strafrechtlicher Sanktionssysteme zueinander.

Ob ein Verfahren ein strafrechtliches ist, bestimmt sich nach den Begriffen „criminal charge" bzw „criminal offence" der Art 6 und 7 EMRK.[1462] Dass darunter jedenfalls das Kriminalstrafrecht fällt, ist unstrittig.[1463] Inwieweit auch andere Sanktionssysteme darunter zu subsumieren sind, bestimmt sich gem der Jud des EGMR nach der Zuordnung der Vorschrift im nationalen Recht, der Natur des Vergehens, sowie Art und Schwere der Sanktion.[1464] Daraus folgt, dass ne bis in idem auch im Verwaltungsstrafverfahren anzuwenden ist.[1465] Das Disziplinarrecht hingegen gilt zwar nicht per se als Strafrecht, einzelne Sanktionen können aber ob ihres Gewichts durchaus als strafrechtliche Sanktion zu qualifizieren sein.[1466]

Ne bis in idem gilt somit zwar für alle strafrechtlichen Verfahren iSd EMRK, das Hauptaugenmerk der folgenden Ausführungen liegt aber auf der Bedeutung des Wiederholungsverbots für das Verhältnis von Justiz- und Verwaltungsstrafrecht. Genau an dieser Schnittstelle sind nämlich die eigentlich bemerkenswerten grundrechtlichen Fragestellungen zu verorten. Dies va deswegen, weil – in Abkehr zur bisherigen Auffassung – ne bis in idem im Verhältnis zwischen verwaltungsstrafrechtlichem und gerichtlichem Strafverfahren anzuwenden ist.[1467]

II. Ne bis in idem im Verhältnis zwischen strafgerichtlichem und verwaltungsstrafrechtlichem Verfahren

1. Die „strafbare Handlung"

a. *Problemstellung*

Ne bis in idem verbietet es, jemanden wegen einer strafbaren Handlung („offence" bzw „infraction") mehrfach zu verfolgen und zu bestrafen. Das Verbot greift freilich nur, wenn tatsächlich *eine*, also *dieselbe* strafbare

1462 Grabenwarter, EMRK[4] § 24 Rz 143.

1463 Grabenwarter, Verfahrensgarantien 90.

1464 EGMR 8.6.1976, 5100/71 ua, Engel ua gegen die Niederlande Z 82. Ausführlich dazu Grabenwarter, Verfahrensgarantien 90 ff.

1465 EGMR 23.10.1995, 15 523/89, Schmautzer gegen Österreich; 20.12.2001, 32 381/96 Baischer gegen Österreich; 4.7.2002, 38 544/97, Weh gegen Österreich = ÖJZ 2002/32.

1466 Näher dazu Ebensperger, ÖJZ 1999, 171 (173); Giese, Grundrecht, in: Grabenwarter/Thienel (Hrsg), Kontinuität 97 (99); Schwaighofer, ÖJZ 2005, 173 (180 f); Zeder, AnwBl 2007, 454 (457). Zu den Kriterien im Einzelnen: Grabenwarter, Verfahrensgarantien 90 ff. Restriktiv der VfGH: zB VfSlg 18 337/2008.

1467 S die ältere Jud des OGH, wonach der Grundsatz ne bis in idem nicht verletzt ist, wenn ein Straferkenntnis einer Verwaltungsbehörde und ein gerichtliches Strafurteil vorliegt: OGH 13.12.1946, 2 Os 380/46; 3.2.1947, 2 Os 640/46; 6.6.1947, 3 Os 333/47.

Handlung vorliegt. Wann dies der Fall ist, lässt sich – gerade wenn unterschiedliche Sanktionssysteme betroffen sind – nicht so einfach beantworten. Diese Frage ist aber nichtsdestoweniger ein Dreh- und Angelpunkt der ne-bis-in-idem-Problematik. Zugleich betrifft sie auch ein allgemeines Problem der Strafrechtslehre, nämlich die Frage nach der „Identität der Tat", bei der es um die Reichweite des Prozessgegenstandes geht. Dazu werden verschiedene Auffassungen vertreten:

Der prozessuale Tatbegriff begreift die Tat als den faktischen oder historischen Lebenssachverhalt, über den das Urteil abspricht.[1468] Der materielle Tatbegriff sieht in der Tat das Delikt, über das im Strafverfahren abgesprochen wird.[1469] Ein Mittelweg zwischen diesen Extrempositionen ist der prozessual-materielle Tatbegriff, wonach sich die Tat aus dem historischen Vorgang und normativen Kriterien bestimmt.[1470]

Macht man einen dieser strafrechtlichen Tatbegriffe für die „strafbare Handlung" des Wiederholungsverbots nutzbar, dann wird deutlich, welche Konsequenzen dies für die Reichweite des Grundrechts hat: Es macht nämlich einen erheblichen Unterschied, ob jemand nicht wegen desselben Lebenssachverhalts oder nicht wegen des selben Delikts verfolgt und verurteilt werden darf.

Da bedeutenden Impulse von EGMR und VfGH ausgingen, wird im Folgenden deren Jud der oberstgerichtlichen Rsp vorangestellt.

b. Die „strafbare Handlung" in der Judikatur

aa. Judikatur des EGMR

Der EGMR hatte einige Schwierigkeiten, zu einem konsistenten Verständnis der „strafbaren Handlung" in Art 4 7. ZP EMRK zu gelangen.

In der ersten E des EGMR zu Art 4 7. ZP EMRK ging es um einen Österreich betreffenden Fall (Gradinger gegen Österreich). Der Bf hatte

---

1468 Birklbauer, JAP 2001/2002, 97 (98); mwN Thienel/Hauenschild, JBl 2004, 69, 153 (73). Ratz, WK-StGB, Vorbem zu §§ 28-31a Rz 19.

1469 Birklbauer, JAP 2001/2002, 97 (101); mwN Thienel/Hauenschild, JBl 2004, 69, 153 (73 ff). Bertel, Identität 134 ff und 142 stellt auf die Identität der Rechtsgutsverletzung ab. Es komme darauf an, ob die Sachverhaltselemente, welche die Rechtsgutverletzung individualisieren, soweit übereinstimmen, dass man – Identität des Rechtsguts vorausgesetzt – nur an eine Verletzung des Rechtsguts zu denken Anlass habe oder ob diese Sachverhaltselemente so sehr verschieden seien, dass die Gedanken an zwei verschiedene Rechtsgutverletzungen nahe liege. Wie Birklbauer, JAP 2001/2002, 97 (101) darlegt, zieht Bertel nicht nur materiellrechtliche, sondern auch prozessuale Gesichtspunkte heran, wodurch er eigentlich (auch) eine materiell-prozessuale Theorie vertritt.

1470 Birklbauer, JAP 2001/2002, 97 (101); Platzgummer, Grundzüge[8] 75. Nach Roeder, Lehrbuch[2] 20 geht es um ein bestimmtes Geschehen, das nach Ansicht des Angekl einen bestimmten strafgesetzwidrigen Erfolg herbeiführen sollte.

einen Autounfall verursacht, bei dem ein Radfahrer getötet worden war, und wurde wegen fahrlässiger Körperverletzung gem § 81 Z 1 StGB[1471] verurteilt. Das Gericht hatte zwar auch die Qualifikation nach Z 2[1472] geprüft, diese aber verneint, da der Bf laut Sachverständigengutachten zum Unfallzeitpunkt einen Blutalkoholgehalt von weniger als 0,8 ‰ – das war die damals zulässige Obergrenze – gehabt hatte.

Neben dieser gerichtlichen Strafe verhängte die Verwaltungsbehörde über den Bf eine Strafe wegen Lenkens eines Kfz in alkoholisiertem Zustand. Ein im Auftrag der Verwaltungsbehörde erstattetes medizinisches Gutachten hatte nämlich einen Blutalkoholgehalt von 0,95 ‰ zum Unfallzeitpunkt ergeben.[1473]

Der EGMR sah darin eine Verletzung von Art 4 7. ZP EMRK. Es werde nämlich das „gleiche Verhalten" des Bf geahndet. Dass sich die Strafbestimmungen im Hinblick auf ihre Art und ihren Zweck unterscheiden – nämlich die Pönalisierung einer Körperverletzung einerseits und die Sicherstellung der Verkehrsflüssigkeit- und -sicherheit andererseits – war bedeutungslos.[1474]

Im Fall Oliveira gegen die Schweiz führte der EGMR diese Rechtsauffassung nicht fort. Verfahrensgegenständlich war wiederum ein Verkehrsunfall. Die Bf war auf der vereisten Straße auf die Gegenfahrbahn geraten, wo sie mit einem PKW kollidierte, dessen Lenker verletzt wurde. Frau Oliveira wurde eine Verwaltungsstrafe auferlegt wegen Nichtbeherrschen des Fahrzeugs infolge Nichtanpassens der Geschwindigkeit an die Straßenverhältnisse. Außerdem wurde sie nach dem StGB wegen fahrlässiger Körperverletzung verurteilt, wobei das Gericht die Verwaltungsstrafe auf die gerichtliche Strafe anrechnete.

Auch hier betreffen die Entscheidungen zwar das „gleiche Verhalten" der Bf, der EGMR sah ne bis in idem dennoch nicht als verletzt. Art 4 7. ZP EMRK schließe das Vorliegen zweier verschiedener strafbarer Handlungen nicht aus, selbst wenn beide von der gleichen Tathandlung umfasst seien und von verschiedenen Gerichten abgeurteilt werden. Im Übrigen seien die Strafen nicht kumuliert worden, sondern die geringere Strafe sei von der höheren absorbiert worden.

Weitere neue Aspekte brachte der EGMR im Fall Franz Fischer gegen Österreich ein. Der Bf hatte in alkoholisiertem Zustand einen Verkehrsun-

1471 Das ist der Straftatbestand der fahrlässigen Tötung unter besonders gefährlichen Verhältnissen.

1472 Das ist der Straftatbestand der fahrlässigen Tötung im Rauschzustand.

1473 Der nach dem Unfall beim Bf durchgeführte Alkotest hatte einen Blutalkoholgehalt von 0,8 ‰ ergeben. Da der Bf aber erst kurz vor dem Unfall Alkohol konsumiert hatte, war strittig, wie viel Alkohol zum Unfallzeitpunkt schon in den Blutkreislauf gelangt war.

1474 EGMR 23.10.1995, 15 963/90, Gradinger gegen Österreich Z 55.

fall verursacht, bei dem eine Radfahrerin getötet worden war. Über den Bf wurde eine Verwaltungsstrafe verhängt, weil er in einem durch Alkohol beeinträchtigten und fahruntüchtigen Zustand einen PKW gelenkt hatte. Außerdem wurde er strafrechtlich gem § 81 Z 2 StGB verurteilt.

Darin sah der EGMR eine Verletzung von ne bis in idem. Er begründete dies freilich mit anderen Argumenten als in seinen früheren Entscheidungen: Nunmehr kam es für ihn darauf an, ob eine strafbare Handlung bereits alles Unrecht umfasst, das in der anderen enthalten ist[1475], also ob sich die Straftaten „in ihren wesentlichen Elementen" unterscheiden.[1476] Da dies nicht der Fall war, war das Grundrecht verletzt.[1477]

An dieser Position hält der EGMR dann im Wesentlichen[1478] bis vor kurzem fest: In – bis 2009 – st Jud betont er, dass die bloße Idealkonkurrenz nicht im Widerspruch mit ne bis in idem steht. Werden verschiedene durch eine Tat verwirklichte strafbare Handlungen nacheinander verfolgt, so sei zu prüfen, ob diese strafbaren Handlungen dieselben wesentlichen Elemente („same essential elements") haben.[1479] Ist dies der Fall, so greife das Wiederholungsverbot.

Demzufolge war des Grundrecht etwa nicht verletzt, als ein Bf strafrechtlich wegen des Imstichlassens eines Verletzten (§ 94 Abs 1 StGB) sowie verwaltungsstrafrechtlich wegen unterlassener Verständigung der Polizei von einem Unfall bestraft wurde: Beide strafbare Handlungen waren nämlich nach Auffassung des EGMR in ihren wesentlichen Elementen verschieden.[1480] Dies zeige sich schon darin, dass auch die StVO unterlassene Hilfeleistung bestrafe. Außerdem setze § 94 Abs 1 StGB eine vorsätzliche Unterlassung voraus, wohingegen der Verwaltungsstraftatbestand auch fahrlässig verwirklicht werden könne.

Auch wenn diese Jud des EGMR nach den anfänglichen Schwankungen nunmehr gefestigt schien, so vollzog sich jüngst mit der Rs Zolotukhin gegen Russland[1481] ein neuerlicher Positionswechsel: Der Bf hatte in alkoholisiertem Zustand auf einer Polizeistation die Beamten beschimpft

1475 EGMR 29.5.2001, 37 950/97, Franz Fischer gegen Österreich Z 25 = ÖJZ 2001/22.

1476 EGMR 29.5.2001, 37 950/97, Franz Fischer gegen Österreich Z 29 = ÖJZ 2001/22.

1477 EGMR 29.5.2001, 37 950/97, Franz Fischer gegen Österreich Z 29 = ÖJZ 2001/22.

1478 S aber etwa die Zulässigkeitsentscheidung in der Rs Garaudy gegen Frankreich, 24.6. 2003, 65 831/01.

1479 EGMR 30.5.2002, 38 275/97, W F gegen Österreich; 6.6.2002, 38 237/97, Sailer gegen Österreich; 7.12.2006, 37 301/ 03, Hauser-Sporn gegen Österreich Z 42 = ÖJZ 2007/8; 26.7.2007, 18 015/03, Schutte gegen Österreich; 26.7.2007, 18 294/03, Stempfer gegen Österreich.

1480 EGMR 7.12.2006, 37 301/03, Hauser-Sporn gegen Österreich Z 44 f = ÖJZ 2007/ 8. Ebenso EGMR 26.7.2007, 18 294/03, Stempfer gegen Österreich.

1481 EGMR 10.2.2009, 14 939/03, Zolotukhin gegen Russland.

und bedroht. Wegen dieses Verhaltens verurteilte ihn das Bezirksgericht nach dem Verwaltungsstrafgesetz: Er hatte jemanden an einem öffentlichen Ort beschimpft und nicht auf Verwarnungen reagiert („minderschwere Ordnungsstörung"). Außerdem wurde ein Strafverfahren eingeleitet, weil der Bf die Bediensteten der Polizeistation beschimpft und bedroht hatte („schwerwiegende Verstöße gegen die öffentliche Ordnung"), davon wurde er aber freigesprochen. Der EGMR hatte sich mit der Frage zu befassen, ob der Bf wegen derselben Straftat verfolgt und deswegen in seinem Grundrecht verletzt worden war. Nun meinte der OGH, dass es zu dieser Frage bislang drei Ansätze gab, wie sie erstens im Fall Gradinger, zweitens in der Rs Oliveira und drittens im Beschwerdefall Franz Fischer zum Ausdruck kamen. Dies bringe aber „rechtliche Unsicherheit mit sich", weswegen er aufgerufen sei, „eine harmonisierte Interpretation des Begriffs ‚dieselbe Straftat'" vorzunehmen. Der Ansatz, der die rechtliche Qualifikation der strafbaren Handlungen betone, schränke die Rechte des Individuums zu stark ein. Wenn sich der GH darauf beschränke, festzustellen, dass eine Person wegen unterschiedlich qualifizierter strafbarer Handlungen verfolgt wurde, laufe er Gefahr, die Garantie des Art 4 7. ZP EMRK zu untergraben, statt sie den Anforderungen der Konvention entsprechend praktisch und effektiv zu machen. Die Konventionsnorm sei daher so zu verstehen, dass sie die Verfolgung oder Anklage einer zweiten strafbaren Handlung verbiete, wenn diese auf identischen Tatsachen oder auf Tatsachen beruhe, die im Wesentlichen dieselben seien.

Unter Berücksichtigung dieser Grundsätze kam der EGMR zum Ergebnis, dass die doppelte Verfolgung des Bf konventionswidrig war: Dieselben Tatsachen, nämlich die Beschimpfung der Beamten, bildeten das zentrale Element der Anklage nach dem Strafgesetzbuch. Sie umfasste daher die Elemente des Verwaltungsstraftatbestands in ihrer Gesamtheit. Umgekehrt enthielt der Verwaltungsstraftatbestand kein Element, das nicht auch im StGB enthalten wäre.

Mittlerweile hat der EGMR diese Auffassung in weiteren Beschwerdesachen bestätigt.[1482]

1482 Bereits gut vier Monate nach der Entscheidung in der Rs Zolotukhin besätigte der EGMR seine Position erstmals: EGMR 16.6.2009, 13 079/03, Ruotsalainen gegen Finnland: Der Bf hatte im Tank seines Lieferwagens Heizöl, das geringer besteuert ist als Diesel-Kraftstoff. Er wurde gerichtlich wegen des Vergehens der Abgabenhinterziehung verurteilt, außerdem wurde ihm verwaltungsrechtlich eine Gebührennachzahlung auferlegt. Wie der EGMR feststellte, wurde der Bf gerichtlich bestraft, weil er sein Fahrzeug nicht mit Diesel, sondern mit geringer besteuertem Treibstoff betankt hatte, ohne die deswegen fällige Gebühr zu entrichten. Im Verwaltungsverfahren wurde ihm eine Gebührennachzahlung auferlegt, weil er seinen Lieferwagen mit geringer besteuertem Kraftstoff betrieben hatte. Da dasselbe Verhalten desselben Besch während desselben zeitlichen Rahmens betroffen sei, müsse sich der EGMR vergewissern, ob die Tatsachen der strafbaren Handlung, we-

bb. Judikatur des VfGH

Der VfGH kann im Vergleich zum EGMR eine weitaus konstantere Judikaturlinie vorweisen.

Er hatte sich erstmals in VfSlg 14 696/1996 mit Art 4 7. ZP EMRK zu befassen. Im Rahmen verschiedener Gesetzesprüfungsanträge stellte sich die Frage, ob das Kumulationsprinzip – wie es in den §§ 22 und 30 Abs 1 VStG normiert ist[1483] – im Verwaltungsstrafrecht zulässig ist.

Der VfGH hatte dagegen keine verfassungsrechtlichen Bedenken. Sehe der Gesetzgeber nämlich Idealkonkurrenz vor, so widerspreche dies noch nicht an sich dem Doppelbestrafungsverbot.[1484] Unzulässig sei nur die Strafdrohung oder Strafverfolgung wegen einer strafbaren Handlung, die bereits Gegenstand eines Strafverfahrens war; dies sei dann der Fall, wenn der „herangezogene Deliktstypus den Unrechts- und Schuldgehalt eines Täterverhaltens vollständig erschöpfe, sodaß ein weitergehendes Strafbedürfnis entfalle, weil das eine Delikt den Unrechtsgehalt des anderen Delikts in jeder Beziehung mitumfaßt".

Die Bedeutung des Art 4 Abs 1 7. ZP EMRK liege in der verfassungsrechtlichen Absicherung der die Lehre von der Scheinkonkurrenz tragenden Grundsätze: Eine mehrfache Verfolgung sei verfassungswidrig, wenn die Delikte zueinander in Scheinkonkurrenz stehen. Ob Scheinkonkurrenz oder echte Konkurrenz vorliege, sei den materiellen Strafbestimmungen zu entnehmen, nicht aber den §§ 22 und 30 Abs 1 VStG. Primär liege es in der Verantwortlichkeit des Gesetzgebers, das Verbot der Doppelbestrafung zu beachten. Eine gesetzliche Strafdrohung widerspreche ne bis in idem dann, wenn sie den wesentlichen Gesichtspunkt eines Straftatbestandes, der bereits Teil eines von den Strafgerichten zu ahndenden Straftatbestandes ist, neuerlich einer Beurteilung und Bestrafung durch die Verwaltungsbehörden unterwirft.[1485] Allerdings müssten auch die rechts-

gen der eine Geldbuße auferlegt worden war und jene, wegen der eine Gebührennachzahlung verhängt wurde, identisch oder im Wesentlichen dieselben waren. Sowohl die Strafverfügung als auch die Gebührennachzahlung bezogen sich auf die Tatsache der Verwendung geringer besteuerten Kraftstoffs ohne Entrichtung der dafür fälligen Steuer bzw ohne Meldung an die Beh. Die Tatsachen der beiden strafbaren Handlungen müssen daher – nach Auffassung des EGMR – als im Wesentlichen dieselben angesehen werden. S außerdem EGMR 25.6.2009, 55 759/07, Maresti gegen Kroatien; 14.1.2010, 2376/03, Tsonyo Tsonev gegen Bulgarien.

1483 § 22 regelt die Strafbemessung iSd Kumulationsprinzips. Ist eine Verwaltungsübertretung von verschiedenen Behörden zu ahnden oder wird jemandem eine Verwaltungsübertretung und eine gerichtlich strafbare Handlung zur Last gelegt, so sind die strafbaren Handlungen gem § 30 Abs 1 VStG unabhängig voneinander zu verfolgen.

1484 Der VfGH verwendet diesen Begriff hier iS von Doppelbestrafungs- und -verfolgungsverbot. S auch Grabenwarter in seiner Urteilsanmerkung = JAP 1997/98, 38 (40).

1485 Dabei beruft sich der VfGH auf das Gradinger-Urteil des EGMR. Dies ist insofern bemerkenswert, als für den EGMR die besagten Gesichtspunkte letztlich nicht ausschlaganwendenden Organe die Möglichkeit einer verfassungskonformen Interpretation mitbedenken.

Im Rahmen des Gesetzesprüfungsverfahrens hatte der VfGH außerdem die Verfassungskonformität des damaligen § 99 Abs 1 lit a StVO zu prüfen, der das Lenken eines Kfz in alkoholisiertem Zustand als Verwaltungsübertretung qualifizierte und zwar unabhängig von einem gerichtlichen Verfahren. Das Lenken eines Kfz in einem durch Alkohol beeinträchtigten Zustand bilde aber, wie der VfGH feststellte, auch in zahlreichen, vom Strafgericht zu ahndenden Deliktsfällen ein bedeutsames tatbestandliches Qualifikationskriterium und damit einen wesentlichen Gesichtspunkt. Somit hätte der Gesetzgeber eine verfassungswidrige Doppelbestrafung angeordnet. Da § 99 Abs 1 lit a StVO auch einer entsprechenden verfassungskonformen Interpretation nicht zugänglich war, war die Norm als verfassungswidrig aufzuheben.

Die in diesem Erk grundgelegte Auffassung vertritt der VfGH seither in st Jud: Eine Idealkonkurrenz sei mit ne bis in idem grundsätzlich vereinbar. Unzulässig sei die doppelte Verfolgung aber bei Scheinkonkurrenz. In diesem Fall entfalle ein weitergehendes Strafbedürfnis, weil das eine Delikt den Unrechts- und Schuldgehalt des anderen Delikts in jeder Beziehung mitumfasse. Dabei sei entscheidend, ob der wesentliche Gesichtspunkt eines bereits geahndeten Straftatbestandes nochmals verfolgt werde.[1486]

In Anwendung dieser Grundsätze kam der VfGH dann etwa zu folgenden Ergebnissen:

Ein Fahrzeuglenker war in einen Unfall verwickelt, bei dem eine Person getötet wurde. Das Strafgericht sprach ihn von der Anschuldigung nach §§ 80 und 81 Z 2 StGB frei, weil es nicht nachweisen konnte, dass der Bf den Unfall tatsächlich verursacht hatte. Die Verwaltungsbehörde verhängte eine Verwaltungsstrafe wegen Lenkung eines Fahrzeugs in alkoholisiertem Zustand. Darin sah der VfGH keine Grundrechtsverletzung: Das Strafgericht hatte nämlich die Qualifikation der Alkoholisierung gar nicht geprüft, sondern lediglich das Tatbestandselement „fahrlässige Tötung" geprüft und ausgeschlossen. Darum war der Unrechts- und Schuldgehalt durch das gerichtliche Strafverfahren nicht vollständig erschöpft.[1487]

Dieser Auffassung folgte auch der gegen dieses Erk angerufene EGMR (Bachmaier gegen Österreich): Da das Gericht nur ein Element der straf-

gebend waren, sondern eben das Verhalten: „It further observes that the offence provided for in section 5 of the Road Traffic Act represents only one aspect of the offence punished unter Article 81 para. 2 of the Criminal Code. Nevertheless, both impugned decisions were impugned on the same conduct" (Z 55).

1486 VfSlg 15 128/1998; 15 199/1998; 15 293/1998; 15 821/2000; 15 824/2000.

1487 VfSlg 15 821/2000.

baren Handlung geprüft hatte, nämlich ob der Bf der Unfallstäter war, wurde der Bf durch das Verwaltungsstrafverfahren nicht erneut vor Gericht gestellt.[1488]

In einem anderen Fall hatte ein Autofahrer die Aufforderung von Straßenaufsichtsorganen, anzuhalten missachtet und die Beamten durch Beschleunigung seines Fahrzeuges zum Ausweichen gezwungen. Vom Vorwurf des Widerstands gegen die Staatsgewalt gem § 269 Abs 1 StGB wurde der Bf freigesprochen. Die Beh belegte ihn aber mit einer Verwaltungsstrafe wegen Nichtbefolgung der Aufforderung eines Straßenaufsichtsorgans.[1489]

Auch darin sah der VfGH keine Grundrechtswidrigkeit: Unabdingbares Tatbestandsmerkmal des § 269 Abs 1 StGB sei das Hindern eines Beamten an der Amtshandlung mit Gewalt oder die an ihn gerichtete gefährliche Drohung. Der Vorwurf, dass der Bf als Lenker eines Kfz der Aufforderung von Straßenaufsichtsorganen zum Anhalten nicht Folge geleistet habe, umfasse dieser Straftatbestand nicht. Damit hätte das Strafgericht das Verhalten des Bf unter dem Gesichtspunkt der gefährlichen Drohung oder Gewaltanwendung in Bezug auf die amtshandelnden Beamten zu prüfen, die Verwaltungsstrafbehörde hingegen einen Verstoß gegen die Lenkerpflicht. Aus diesem Grund sei eine Verletzung von Art 4 7. ZP EMRK zu verneinen.[1490]

Dieser Argumentation folgte auch der EGMR (Schutte gegen Österreich): Die Straftatbestände beruhen zwar auf derselben Handlung, sie unterscheiden sich jedoch in ihren wesentlichen Elementen, weswegen ne bis in idem nicht verletzt sei.[1491]

Fraglich war schließlich auch, wie die § 168 Abs 1 StGB und § 52 Abs 1 Z 5 GSpG im Hinblick auf ne bis in idem zu beurteilen sind. Gem § 52 Abs 1 Z 5 GSpG begeht eine Verwaltungsübertretung, wer Glücksspielapparate oder Glücksspielautomaten, die dem Glücksspielmonopol unterliegen, außerhalb einer Spielbank betreibt oder zugänglich macht. Das StGB wiederum verbietet die Veranstaltung und Förderung von Glücksspielen, es sei denn, dass bloß zu gemeinnützigen Zwecken oder bloß zum Zeitvertreib und um geringe Beträge gespielt wird.

Wie der VfGH meinte, liegen zwar im Regelfall Konstellationen vor, bei denen das Delikt des Glücksspiels gem StGB den Unrechts- und Schuld-

1488 EGMR 2.9.2004, 77 413/01, Bachmaier gegen Österreich = ÖJZ 2005/9.

1489 VfSlg 15 824/2000.

1490 Diese Einschätzung ist freilich nicht zwingend. Es kann auch argumentiert werden, dass dem Gebot, einer Aufforderung Folge zu leisten, auch der Zweck innewohnt, die Beamten in Ausübung ihres Amtes zu schützen. So Hauenschild/Mayr, ZVR 2001, 182 (187); Schwaighofer, ÖJZ 2005, 173 (175 ff).

1491 EGMR 26.7.2007, 18 015/03, Schutte gegen Österreich.

gehalt des Delikts nach GSpG vollständig erschöpft. Dennoch sei es nicht ausgeschlossen, dass eine Fallkonstellation zwar unter das GSpG, nicht aber unter des StGB falle. Da sich aus dem Wortlaut des GSpG nicht ergebe, dass bei der Ahndung der Delikte die Annahme einer Scheinkonkurrenz nicht zulässig wäre, sondern eine verfassungskonforme Interpretation möglich sei[1492], liege keine Verfassungswidrigkeit vor.[1493]

Die Entscheidung des EGMR in der Rechtssache Zolotukhin war indes auch für den VfGH Anlass, sich der Grundlinien seiner Rsp zu vergewissern:[1494] Maßgeblicher Grund für die Fortentwicklung der Rsp im Fall Zolotukhin sei es gewesen, dass ein Zustand der Rechtsunsicherheit durch die Rsp entstanden sei. Dies möge nun zwar für das in jenem Fall maßgebliche russische Recht zutreffen, entscheidend ist für den VfGH aber, ob dies ebenso in Österreich der Fall ist. Aus diesem Grund prüft er, ob es auch im österreichischen Recht zur Frage nach der Identität strafbarer Handlungen eine Vielfalt von Ansätzen gibt, die zu Rechtsunsicherheit führen. Nach umfassender Begründung verneint er diese Frage aber. Der österreichische Gesetzgeber müsse unter Beachtung von Art 18 B-VG und Art 7 EMRK die Tatbestands-, Zuständigkeits- und Verfahrensregelungen so fassen, dass bei eintätigem Zusammentreffen mehrerer Tatbilder anhand ihres Schutzzwecks und der für ihren Unrechtsgehalt maßgeblichen Tatbildelemente erkennbar sei, ob eine mehrfache Verfolgung gerechtfertigt sei. Gebe es keine klaren Regelungen – wie offensichtlich im russischen Recht –, so scheine die Annahme nachvollziehbar, dass dann auf der Grundlage einer Sachverhaltsdarstellung unabhängig von der rechtlichen Qualifikation zu beurteilen sei, ob eine Identität der Tat gegeben sei. Außerdem sei zu berücksichtigen, dass es in Österreich einen Instanzenzug in derselben Sache von der Verwaltungsbehörde zu einem Gericht oder umgekehrt nicht geben könne.

Im Ergebnis sei durch Gesetz und Rsp klargestellt, dass die Verfolgung wegen ein und desselben tatsächlichen Verhaltens nach zwei verschiedenen Straftatbeständen zulässig sei, sofern sie sich in ihren wesentlichen Elementen unterscheiden. Im konkreten Fall sah der VfGH dann auch keine unzulässige Doppelverfolgung: Das gerichtliche Verfahren gegen den Bf wegen fahrlässiger Körperverletzung war eingestellt worden, anschließend war gegen ihn eine Verwaltungsstrafe wegen Lenkens eines Fahrzeugs in alkoholisiertem Zustand verhängt worden: Es wurden verschie-

1492 Der VfGH interpretiert hier sogar gegen den Willen des Gesetzgebers. S dazu Khakzadeh, ZÖR 2006, 201 (207, FN 32). Zustimmend VwGH 22.3.1999, 98/17/0134.

1493 VfSlg 15 199/1998. In diesem Sinne auch VfSlg 15 293/1998: Hier ging es um Bestimmungen des ArbeitnehmerInnenschutzG im Verhältnis zu Körperverletzungs- und Tötungsdelikten des StGB.

1494 VfSlg 18 833/2009.

dene, sich in ihren wesentlichen Elementen unterscheidende Straftatbestände verfolgt.[1495]

cc. Judikatur des OGH

Zur Frage nach der Identität der Tat vertritt der OGH an sich einen prozessualen Tatbegriff[1496]: Der Umfang der Sperrwirkung einer Entscheidung richtet sich nach der Individualisierung der *Tat* im Urteil:[1497] Die Taten müssen im Urteilssatz so weit umschrieben werden, dass sie mit anderen nicht verwechselt werden können und hiedurch im Lichte des Grundsatzes „ne bis in idem" eine wiederholte Verurteilung wegen derselben Tat ausgeschlossen wird.[1498] Für die Konkretisierung sind auch die Urteilsgründe heran zu ziehen.[1499]

Dieses Verständnis beeinflusste zunächst naturgemäß auch die Jud zu Art 4 7. ZP EMRK, wie eine Entscheidung aus dem Jahr 2002 zeigt: Über eine Unfalllenkerin war eine Verwaltungsstrafe verhängt worden, weil sie in alkoholisiertem Zustand Auto gefahren war. Die Beh stützte ihren Bescheid ausdrücklich auf die Tatsache, dass die Bf alkoholisiert ein Auto gelenkt und in diesem Zustand einen Unfall verursacht hatte. Da die Behörde damit – so der OGH – den gesamten „Tatkomplex" beurteilt hatte, entfaltete das Straferkenntnis nicht nur Sperrwirkung für eine etwaige Verurteilung nach § 81 Z 2, sondern schon nach § 88 Abs 1 StPO.[1500]

Ähnliche Überlegungen lagen zwei Fällen aus dem Jahr 2003 zugrunde: Hier hatte sich das Straferkenntnis der Beh jedoch nur auf das Lenken eines Kfz in einem durch Alkohol beeinträchtigten Zustand bezogen, nicht auch auf die Verletzung anderer Verkehrsteilnehmer. Eine gerichtli-

---

1495 S auch VfSlg 18 974/2009.

1496 Näher dazu Birklbauer, JAP 2001/2002, 97 (98); Schwaighofer, ÖJZ 2005, 173 (176).

1497 Dazu Ackermann/Ebensperger, AJP/PJA 1999, 823 (831 ff).

1498 OGH 1.12.1994, 12 Os 173/94; 8.5.2002, 13 Os 37/02; 10.9.2002, 14 Os 85/02; 19.2.2003, 13 Os 164/02; 3.7.2003, 12 Os 106/02; 10.5.2005, 14 Os 2/05h; 12.7.2006, 13 Os 56/06v; 1.8.2006, 11 Os 47/06f; 24.1.2007, 13 Os 139/06z; 8.8.2007, 15 Os 76/07a; 15.1.2008, 14 Os 127/07v; 29.1.2008, 11 Os 153/07w; 10.4.2008, 12 Os 42/08f; 14.5.2008, 13 Os 43/08k; 16.9.2008, 11 Os 105/08p; 21.1.2009, 15 Os 155/08m; 23.3.2010, 11 Os 30/10w. Entsprechendes gilt für die Individualisierung der Straftat in der Anklageschrift, s dazu OGH 19.10.2000, 12 Os 99/00: Das Gericht sei an die Anklageschrift nur soweit gebunden, als die Straftat darin zur Durchsetzung des Grundsatzes „ne bis in idem" individualisiert ist, nicht aber an die Konkretisierung der Tat in allen Einzelheiten. Ist fraglich, ob eine Anklageüberschreitung vorliegt, so untersucht der OGH, ob Anklage- und Urteilstat ohne Verletzung des Grundsatzes ne bis in idem Gegenstand zweier nebeneinander parallel laufender Anklagen oder Schuldurteile sein könnten. S auch OGH 17.1.1995, 11 Os 144/94; 15.9.1998, 11 Os 74/98.

1499 Ackermann/Ebensperger, AJP/PJA 1999, 823 (831 f).

1500 OGH 22.8.2002, 15 Os 18/02 = JSt 2003/19 (Birklbauer).

che Verurteilung wegen § 81 Z 2 StGB verstieß dann zwar gegen ne bis in idem, das Gericht hatte aber in einem erneuerten Verfahren zu beurteilen, ob der Antragsteller den Tatbestand des § 88 Abs 1 erfüllt hatte.[1501]

Ein Jahr später schwenkt der OGH dann auf die – damals übereinstimmende – Judikaturlinie von VfGH und EGMR ein. Seither betont auch der OGH in st Jud, dass Art 4 7. ZP EMRK nicht die Idealkonkurrenz an sich verbiete. Unzulässig sei die gesonderte Verfolgung bereits geahndeter Delikte nur dann, wenn die zusammentreffenden Delikte, „deren eines den Unrechtsgehalt des anderen in jeder Beziehung mitumfasst, dieselben wesentlichen Tatbestandesmerkmale (Tatbestandselemente) aufweisen"; das Grundrecht verbiete es „somit strafbares Verhalten unter dem gleichen wesentlichen unrechtsbegründenden Gesichtspunkt eines bereits geahndeten tateinheitlich verwirklichten Straftatbestandes einer neuerlichen Verfolgung und Bestrafung zu unterziehen". Die Reichweite von ne bis in idem sei unter Beachtung des Grundsatzes der Verhältnismäßigkeit jedweder staatlicher Sanktion an Hand der Prinzipien der (Schein-)Konkurrenzlehre in einem normativen Wertungsakt zu ermitteln. Das prozessuale Verfolgungshindernis nach Art 4 7. ZP EMRK greife solcherart nur im Fall der Überlagerung der normativ zu ermittelnden wesentlichen Tatbestandselemente der in Rede stehenden Normen Platz, nicht aber, wenn „zur vollen Auswertung des Unrechtsgehalts die Betrachtung unter dem Aspekt mehrerer einander ergänzender Tatbestände erforderlich" sei.[1502]

Diese Grundsätze wendete der OGH erstmals in 12 Os 26, 27/04[1503] an. Der Betroffene hatte ein Kfz ohne gültige Lenkerberechtigung gefahren und wurde deswegen gem § 37 FSG bestraft. Außerdem wurde er nach § 136 StGB belangt, weil er das Kfz ohne Einwilligung der Berechtigten gebraucht hatte. Der OGH sah darin keinen Verstoß gegen ne bis in idem: Die „einander bloß in der Tatkomponente des Lenkens eines Kraftfahrzeuges […] überschneidenden" Straftatbestände unterscheiden sich in den jeweils wesentlichen Tatbestandsmerkmalen grundlegend voneinander. Ob nämlich der Berechtigte in den Fahrzeuggebrauch eingewilligt hat, sei für die Tatbildverwirklichung nach § 27 Abs 1 iVm § 1 Abs 3 FSG ebenso nicht von Bedeutung, wie das Fehlen einer Lenkerberechtigung für die Tatbildsverwirklichung nach § 136 StGB.

Irrelevant war für den OGH, dass § 99 Abs 6 lit c StVO für solche Fälle ausdrücklich die Subsidiarität des Verwaltungsstrafverfahrens vorsieht, womit gar nicht mehr zu prüfen wäre, inwieweit sich die konkurrierenden Straftatbestände unterscheiden.

1501 OGH 5.8.2003, 11 Os 167/02. S auch OGH 21.8.2003, 15 Os 154/02.

1502 OGH 27.5.2004, 12 Os 26, 27/04; 16.10.2008, 15 Os 89/08i.

1503 27.5.2004.

In einem anderen Fall wurde der Antragsteller verwaltungsstrafrechtlich belangt, weil er eine Straße ohne Bewilligung zu verkehrsfremden Zwecken benützt hatte. Außerdem wurde er strafrechtlich wegen Widerstands gegen die Staatsgewalt verurteilt. Beide Straftatbestände unterscheiden sich nach Auffassung des OGH sowohl in den wesentlichen Tatbestandsmerkmalen, als auch in ihrem Schutzzweck und dem durch sie jeweils erfassten Unrechtsgehalt: Während der verwaltungsstrafrechtliche Straftatbestand die Flüssigkeit und Sicherheit des Straßenverkehrs gewährleisten solle, stelle der Straftatbestand nach StGB einen Sonderfall der Nötigung dar und solle Amtshandlungen schützen. Aus diesem Grund war Art 4 Abs 1 7. ZP EMRK nicht verletzt.[1504] Ohne Relevanz war dabei für den OGH – und damit wendet er sich deutlich von seiner früheren Jud ab –, dass die Verwaltungsbehörde in ihrer Strafverfügung im Wesentlichen denselben Sachverhalt angeführt hat, der einem Schuldspruch nach § 269 StGB zugrunde zu legen wäre.[1505]

Auffallend ist schließlich, dass der OGH dieses materiell-prozessuale Verständnis der strafbaren Handlung nur im Verhältnis zum verwaltungsstrafrechtlichen Verfahren vertritt. Geht es – innerhalb des strafgerichtlichen Verfahrens – um die Identität der Tat, so vertritt er nach wie vor einen prozessualen Tatbegriff:[1506] Im Urteilssatz müsse die Tat so hinreichend individualisiert sein, dass sie mit einer anderen nicht verwechselt werden könne und hierdurch im Lichte des Grundsatzes ne bis in idem eine wiederholte Verurteilung wegen derselben *Tat* ausgeschlossen werde.[1507] Allfällige Zweifel streiten im Fall einer späteren Verfolgung für das Vorliegen des Verfolgungshindernisses des ne bis in idem.[1508]

Ob das bereits mehrfach angesprochene Urteil des EGMR in der Rs Zolotukhin Auswirkungen auf die oberstgerichtliche Jud haben wird, lässt sich derzeit noch nicht abschätzen: Er hat bislang zwar auf diese Rsp hingewiesen, dazu aber noch nicht Stellung genommen.[1509]

1504 OGH 16.10.2008, 15 Os 89/08i.

1505 S als weiteres Beispiel OGH 3.10.2007, 13 Os 43/07h.

1506 S dazu auch Birklbauer, FS-Miklau 45 (62 f).

1507 OGH 8.5.2002, 13 Os 37/02. In diesem Sinne auch OGH 12.7.2006, 13 Os 56/06v; 8.8.2007, 15 Os 76/07a; 10.4.2008, 12 Os 42/08f; 14.5.2008, 13 Os 43/08k; 11.11.2009, 15 Os 147/09w ua. In 10.5.2005, 14 Os 2/05h meint der OGH, dass die Taten in einer „die Einhaltung des ne bis in idem-Gebotes gewährleistenden Weise gegenüber anderen (möglichen) Taten abgegrenzt" sind.

1508 OGH 1.8.2006, 11 Os 47/06f; 24.1.2007, 13 Os 139/06z; 15.1.2008, 14 Os 127/07v; 29.1.2008, 11 Os 153/07w; 16.9.2008, 11 Os 105/08p; 16.11.2010, 14 Os 117/10b.

1509 OGH 18.6.2009, 13 Os 52/09k, 13 Os 53/09g.

dd. Würdigung

Während der EGMR zunächst zwischen einem materiellrechtlichen und einem prozessualen Tatbegriff schwankt[1510], vertritt der VfGH von Beginn an eine vermittelnde Position, die dann auch der EGMR aufgreift. Die bisherige Jud von EGMR und VfGH hat sich somit in einem „Rechtsprechungsdialog der besonderen Art" entwickelt,[1511] der sich auch der VwGH angeschlossen hat[1512].

Nachdem der OGH anfangs – in Fortführung seiner bisherigen Jud und möglicherweise auch unter dem Eindruck des Gradinger-Urteils des EGMR – noch auf den historischen Lebenssachverhalt abstellte, schloss er sich dann der bis vor kurzem gefestigten Jud von VfGH und EGMR an.

EGMR, VfGH und OGH vertraten in der Frage nach der Identität der strafbaren Handlung somit eine einheitliche Linie, der ein prozessual-materieller Tatbegriff zugrunde liegt: Entscheidend ist, ob die wesentlichen Gesichtspunkte eines Unrechtsgehalts bereits Gegenstand eines Verfahrens waren.

Die Entscheidung des EGMR in der Rs Zolotukhin hat diese Übereinstimmung kürzlich freilich wieder auseinander driften lassen: Wie gezeigt, wendet sich der EGMR damit wieder einem prozessualen Tatbegriff zu. Freilich ließe sich das dort erzielte Ergebnis mE auch unter Zugrundelegung eines prozessual-materiellen Tatbegriffs erzielen: Die Ordnungsstörung nach dem Verwaltungsstrafgesetz erfasst nämlich wohl das Unrecht, das im Straftatbestand der Ordnungsstörung nach StGB erfasst ist. Zwar lässt sich schon aus diesem Grund noch nicht abschätzen, wie sich diese Judikatur praktisch weiter entwickeln wird, sie ist aber mE kritisch zu sehen. Weder der materielle noch der prozessuale Tatbegriff führen nämlich letztlich zu befriedigenden Ergebnissen.

Gegen den prozessualen Tatbegriff spricht bereits der Wortlaut des Art 4 7. ZP EMRK.[1513] Die „strafbare Handlung" meint nämlich nicht den Lebenssachverhalt, sondern strafbar wird eine Handlung erst dadurch, dass sie unter Strafe gestellt wird.[1514] Außerdem stößt man bei der Abgrenzung des einheitlichen Lebensvorgangs durchaus auf Schwierigkeiten: Wann nämlich ein einheitlicher Lebenssachverhalt vorliegt und wann nur eine

---

1510 Krit zum Gradinger-Urteil etwa Grabenwarter, JAP 1997/1998, 98; ders, JBl 1997, 577.

1511 Grabenwarter, RZ 2007, 154 (155).

1512 VwGH 22.3.1999, 98/17/0134; 26.5.1999, 99/03/0016; 13.12.2000, 2000/03/0270; 11.7.2001, 97/03/0230; 23.5.2002, 2001/07/0182.

1513 Grabenwarter, JBl 1997, 577 (579); Kucsko-Stadlmayer, ecolex 1996, 50 (53). Thienel/Hauenschild, JBl 2004, 69, 153 (74) stützen dieses Ergebnis auch mit einem Vergleich mit anderen Abkommen.

1514 Thienel/Hauenschild, JBl 2004, 69, 153 (74).

Aneinanderreihung solcher Sachverhalte vorliegt, ist so offensichtlich nicht.[1515] Diese Problematik illustriert auch jene (ältere) Entscheidung des OGH, in der er das Lenken eines Kfz in alkoholisiertem Zustand und die Verletzung eines anderen Verkehrsteilnehmers als unterschiedliche *Sachverhalte* qualifizierte. Dieses „Sachverhalts-Splitting“[1516] zeigt, dass die Grenzen eines Lebenssachverhalts nicht scharf gezogen werden können und durchaus disponibel sind.[1517] Je nachdem, wo die Trennlinien gesetzt werden, kann es dadurch auch zu praktisch inakzeptablen Ergebnissen kommen, wie Rzeszut an einem Beispiel veranschaulicht: Jemand, der nachts einen anderen durch einen Pistolenschuss tötet und hierauf von der Verwaltungsstrafbehörde wegen der mit dem Schuss verbundenen Ruhestörung bestraft worden ist, könnte – wenn man von einem einheitlichen Lebenssachverhalt ausgeht – wegen Mordes nicht belangt werden.[1518]

Aber auch der materielle Tatbegriff hat wesentliche Schwächen: So könnte der Gesetzgeber auf ne bis in idem insofern Einfluss nehmen, weil es sich jeweils um formal andere Delikte handeln müsste.[1519]

Ob dieser Einwände gegen den prozessualen und den materiellen Tatbegriff ist im Ergebnis der materiell-prozessuale Tatbegriff der vertretbare Mittelweg. Freilich ist einzugestehen, dass der Tatbegriff damit letztlich zur Wertungsfrage wird:[1520] Es lässt sich nämlich erst aus den materiellrechtlichen Normen ableiten, ob der gesamte Unrechtsgehalt einer Tat bereits erschöpft ist. Auch lässt sich im Einzelnen über die Frage, ob bzw wie stark die einzelnen Gesichtspunkte übereinstimmen bzw sich unterscheiden, durchaus streiten.[1521] Angesichts der Probleme, die mit dem prozessualen und dem materiellen Tatbegriff verbunden sind, sind diese Schwächen einer vermittelnden Position aber in Kauf zu nehmen. Sie entspricht nämlich letztlich auch dem Sinn und Zweck von ne bis in idem am besten: Verpönt ist es, jemanden zu bestrafen bzw zu verfolgen, obwohl er für seine Schuld bereits gebüßt hat bzw seine Unschuld bereits festgestellt wurde. MaW: Verpönt ist es, jemandem das gleiche Unrecht mehrfach anzulasten. Verwirklicht jemand aber mehrere Unrechtsgehalte, dann soll er dafür auch einstehen. Diesem Gedanken entspricht man nur dann, wenn man auch auf den „gleichen wesentlichen unrechtsbegründenden Gesichtspunkt“ abstellt.

1515 Thienel/Hauenschild, JBl 2004, 69, 153 (74 in FN 31).

1516 So Birklbauer, JSt 2003, 133 (136); s auch ders, Prozessgegenstand, 252.

1517 Krit auch Schwaighofer, ÖJZ 2005, 173 (178).

1518 Rzeszut zit bei Zeder, NetV 2004, 72.

1519 Birklbauer, Prozessgegenstand 250; Thienel/Hauenschild, JBl 2004, 69, 153 (75).

1520 Thienel/Hauenschild, JBl 2004, 69, 153 (82).

1521 Schwaighofer, ÖJZ 2005, 173 (179).

In diesem Lichte ist es in der Tat zutreffend, ne bis in idem in einen Konnex zur (Schein-)Konkurrenzlehre zu stellen[1522], denn auch bei dieser geht es um die Frage, ob ein Delikt durch ein anderes verdrängt wird, das den Unrechtsgehalt des verdrängten Delikts umfasst. Es soll dem Täter nicht „mit doppelter Kreide seine Schuldrechnung“[1523] geschrieben werden. Dies verdeutlich, dass sich sowohl die Scheinkonkurrenzen als auch ne bis in idem letztlich auf den Verhältnismäßigkeitsgrundsatz zurückführen lassen.[1524]

Auch der OGH versteht, wie gezeigt, die strafbare Handlung nunmehr iSe materiell-prozessualen Tatbegriffs. Für den OGH bestand ursprünglich die Problematik freilich darin, dass er zwar zur Frage nach der Identität der Tat – und der damit zusammenhängenden Sperrwirkung einer Entscheidung – in st Jud ein prozessuales Verständnis vertreten hat, sich aber andererseits völlig neuen, durch das 7. ZP EMRK aufgetretenen Fragen gegenübersah. Die anfänglichen Bemühungen, den prozessualen Tatbegriff auch auf die sich im Verhältnis zum Verwaltungsstrafrecht ergebende Problematik umzulegen, führten jedoch letztlich zu unbefriedigenden Ergebnissen. Darf nämlich – wie der OGH anfangs judizierte – eine Körperverletzung nicht geahndet werden, weil die Verwaltungsbehörde in ihrem Straferkenntnis auf die Alkoholisierung des Unfalllenkers *und* die dadurch verursachte Körperverletzung Bezug nimmt, dann bleibt damit völlig unberücksichtigt, dass die Körperverletzung für die Verwaltungsbehörde gar kein Prüfungsmaßstab ist.[1525] Dies zeigt deutlich, dass der prozessuale Tatbegriff gerade im Verhältnis verschiedener Sanktionssysteme zueinander die Problemstellungen nur unzureichend löst. Durch sein Einschwenken auf einen materiellrechtlich-prozessualen Tatbegriff gelangt nunmehr freilich auch der OGH zu einem grundrechtsadäquaten Verständnis von Art 4 7. ZP EMRK.

Daran ändert es auch nichts, dass der OGH die Identität der Tat innerhalb des strafgerichtlichen Verfahrens nach wie vor iS eines prozessualen Tatbegriffs begreift. Zwar wird dieses Verständnis immer wieder kritisiert, die aufgezeigten Probleme stellen sich hier aber insofern nicht, als ein einheitliches Sanktionssystem idR gewährleistet, dass ein Unrechtsgehalt nicht durch mehrere Normen erfasst wird bzw dies allenfalls im Rahmen der Konkurrenzen berücksichtigt.

Zusammenfassend hat der OGH ein zutreffendes Verständnis für die „strafbare Handlung“ iSd Art 4 7. ZP EMRK entwickelt und legt dieses

---

1522 Gegen diesen Zusammenhang Kucsko-Stadlmayer, FS-Dittrich 809 (819). Allgemein zu den Konkurrenzen: Burgstaller, JBl 1978, 399, 459.

1523 So zur Konsumtion Rittler, AT^2 343.

1524 Thienel/Hauenschild, JBl 2004, 69, 153 (79 ff).

1525 Schwaighofer, ÖJZ 2005, 173 (177).

an der Schnittstelle zwischen Justiz- und Verwaltungsstrafrecht auch grundrechtsadäquat um. Welche Implikationen die mit der Rs Zolotukhin eingeschlagene Judikaturlinie auf die oberstgerichtliche Jud haben wird, bleibt abzuwarten. Zum jetzigen Zeitpunkt ist aber mE dafür zu plädieren, die bisherige Position beizubehalten. Dies aus mehreren Gründen: Zunächst sollte eine gefestigte Judikaturlinie nicht abgeändert werden, bevor nicht hinreichend geklärt ist, welche Auswirkungen die Straßburger Position für die österreichische Rechtslage haben muss, also maW, ob der EGMR der Position des VfGH folgt oder nicht. Denn auch wenn sich kaum prognostizieren lässt, wie der EGMR die Rechtslage in Österreich beurteilen wird, so ist dem VfGH darin zuzustimmen, dass bislang nach der österreichischen Rechtslage tatsächlich nicht von Rechtsunsicherheit, sondern vielmehr von einer gefestigten Rsp gesprochen werden konnte. Gleiches gilt im Übrigen auch für die Jud des EGMR: Die verschiedenen Ansätze sind nicht Ausdruck von Rechtsunsicherheit, sondern sie sind Etappen auf dem Weg zu einer gefestigten Rsp. Schließlich sind gegen die Position des EGMR aber auch inhaltliche Einwände vorzubringen. Wie nach dem bislang Gesagten deutlich wird, hat zwar der prozessual-materielle Tatbegriff zweifellos gewisse Schwächen, dennoch ist er dem prozessualen Tatbegriff vorzuziehen, der nach der hier vertretenen Auffassung gerade nicht geeignet ist, den Gehalt von ne bis in idem hinlänglich zu erfassen.

2. Sperrwirkung verwaltungsbehördlicher Entscheidungen für das gerichtliche Verfahren

a. *Problemstellung*

Wie bereits dargelegt, entfaltet eine rechtskräftige Entscheidung Sperrwirkung für eine neuerliche Verfolgung und Aburteilung über die gleiche strafbare Handlung. Unter rechtskräftigen Entscheidungen sind Freisprüche, Verurteilung oder andere Erledigungsformen in der Sache zu verstehen.[1526] Wird der Besch dennoch erneut verfolgt bzw bestraft, dann begründet dies Nichtigkeit nach § 281 Abs 1 Z 9 lit b StPO (§ 345 Abs 1

1526 Diversionelle Endentscheidungen entfalten, wie sich bereits aus § 205 StPO ergibt, Sperrwirkung. S auch OGH 3.3.2005, 15 Os 18/05v. Keine Entscheidung in der Sache ist der Unzuständigkeitsfreispruch gem § 214 FinStrG. Nach Abs 3 leg cit aF war dieser Freispruch in den Urteilssatz aufzunehmen. Stützte sich das Gericht im Urteilssatz fälschlich auf § 259 Z 3 StPO, so schadete dies nicht. Von seiner bis dahin st und mit dem OGH übereinstimmenden Jud wendet sich der VwGH jedoch ab (29.9.2004, 2002/13/0222): Art 4 7. ZP EMRK räume dem Angekl ein subjektives Recht ein, zu erfahren, ob nach gerichtlichem Freispruch ein verwaltungsbehördliches Finanzstrafverfahren wegen derselben Straftat geführt werden darf. Der Gesetzgeber hat auf diese Judikaturdivergenz mit einer Aufhebung des § 214 Abs 3 FinStrG reagiert (BGBl I 2007/44). S dazu auch Ratz, ÖJZ 2006, 318 (321).

Z 11 lit b leg cit): Die bereits bestehende rechtskräftige Entscheidung ist nämlich ein Verfolgungshindernis iSd § 259 Z 3 StPO. Nun ist diese Sperrwirkung unproblematisch, wenn etwa ein Gericht einer Verwaltungsbehörde zuvorkommt. Unbehagen verursacht es hingegen, dass auch eine verwaltungsstrafrechtliche Entscheidung Sperrwirkung für eine etwaige gerichtliche Strafverfolgung entfalten kann. Mit dem Justizstrafrecht ist nämlich eine ungleich größere Tadelswirkung verbunden als mit dem Verwaltungsstrafrecht, weswegen es rechtspolitisch unbefriedigend erscheint, wenn einem gerichtlichen Strafverfahren eine verwaltungsstrafrechtliche Entscheidung entgegensteht. Dieser Problematik hat sich auch der Gesetzgeber angenommen und verschiedentlich eine ausdrückliche Subsidiarität der verwaltungsstrafrechtlichen vor der gerichtlichen Entscheidung normiert.[1527] Eine praktisch besonders bedeutsame Subsidiaritätsbestimmung ist etwa § 99 Abs 6 lit c StVO: Demnach liegt keine Verwaltungsübertretung vor, wenn eine Tat nach der StVO oder nach den §§ 37 und 37a FSG den Tatbestand einer in die Zuständigkeit der Gerichte fallenden strafbaren Handlung verwirklicht.

In Zweifelsfällen ist nach § 30 Abs 2 VStG vorzugehen: Ist die Tat von den Behörden nur dann zu ahnden, wenn sie nicht den Tatbestand einer in die Zuständigkeit der Gerichte fallenden strafbaren Handlung bildet, und ist es zweifelhaft, ob diese Voraussetzung erfüllt ist, so hat die Beh das Strafverfahren auszusetzen, bis über diese Frage vom Gericht rechtskräftig entschieden ist.

Es kann freilich dennoch vorkommen, dass eine Beh eine Entscheidung getroffen hat, obwohl sie – ob einer Subsidiaritätsbestimmung – nicht hätte entscheiden dürfen. Dann entfaltet eine gesetzwidrige Verwaltungsentscheidung Sperrwirkung gegenüber dem gerichtlichen Strafverfahren. Unklar ist, inwieweit es Möglichkeiten gibt, hier Abhilfe zu schaffen.

b. Judikatur des OGH

Bereits im Jahr 2001 – damals ging es um einen Antrag gem § 363a StPO, der im Zuge der Rs Franz Fischer gegen Österreich gestellt wurde – kommt das Unbehagen des OGH darüber zum Ausdruck, dass verwaltungsbehördliche Entscheidungen Verfolgungshindernisse für gerichtliche Strafverfahren sein können[1528]: Der OGH wies den Antrag zurück, weil der EGMR nicht festgestellt habe, dass die Konventionsverletzung durch eine Entscheidung oder Verfügung eines Strafgerichts erfolgt wäre; dies

1527 ZB § 24 Abs 1 ArbeitsinspektionsG; § 199 ÄrzteG; § 52 Abs 1 bis 2a DSG; § 85 SPG.

1528 OGH 22.11.2001, 12 Os 51/01.

sei aber eine unabdingbare Voraussetzung. Gewissermaßen relativierend fügt der OGH noch hinzu, dass selbst wenn dies der Fall wäre, für den Antragsteller nichts gewonnen wäre, denn § 363a StPO entbinde die Strafgerichte keineswegs von der Verpflichtung, die aktuelle innerstaatliche Rechtsordnung zu beachten. Es müsse unzweifelhaft von der „Prävalenz der strafgesetzlichen Bestimmung" ausgegangen werden, „weshalb jeder Denkansatz in Richtung Verdrängung der gerichtlich strafbaren Handlung durch das verwaltungsstrafrechtliche Delikt [...] vorweg außer Betracht zu bleiben hat".

Mittlerweile hat freilich auch der OGH erkannt, dass sich eine solche Auffassung nicht aufrechterhalten lässt. Er vertritt nunmehr in st Jud, dass ein verwaltungsrechtliches Straferkenntnis, das die Subsidiarität missachtet, „kein wirkungsloser, die Gerichte deswegen nicht bindender Verwaltungsakt (‚absolut nichtig')"[1529] ist. Die Entscheidung sei zwar gesetzwidrig, sie entfalte aber dennoch Sperrwirkung für eine gerichtliche Verfolgung.[1530] Das ne-bis-in-idem-Verbot sei nämlich ein auf verfassungsrechtlicher Ebene stehendes Verfolgungshindernis.[1531]

Gerichtlich könne eine Verfolgung erst dann erfolgen, wenn das Straferkenntnis beseitigt werde. Wie dies bewerkstelligt werden kann, dazu machte er zwei Vorschläge. In seiner älteren Jud meinte der OGH, das Erstgericht müsse das gerichtliche Verfahren gem 412 StPO aF[1532] unterbrechen, weil der Täter derzeit nicht vor Gericht gestellt werden könne, um dann bei der Verwaltungsbehörde ein Vorgehen nach § 68 Abs 2 AVG iVm § 30 Abs 3 VStG anzuregen.[1533] Von dieser Position geht der OGH später wieder ab und meint, dass das Straferkenntnis gem § 52a VStG aufgehoben werden könne.[1534]

c. *Würdigung*

Dass strafgerichtlichen Entscheidungen eine Prävalenz vor den verwaltungsstrafrechtlichen Entscheidungen zukommt, mag sich zwar aus gesetzlichen Subsidiaritätsbestimmungen ergeben, aus dem Grundrecht lässt sich

1529 OGH 22.8.2002, 15 Os 18/02.

1530 OGH 22.8.2002, 15 Os 18/02.

1531 OGH 5.8.2003, 11 Os 167/02; 21.8.2003, 15 Os 154/02.

1532 § 412 StPO aF: „Wenn der Täter eines Verbrechens oder Vergehens nicht bekannt ist oder nicht vor Gericht gestellt werden kann, so muß doch die Erhebung der Beschaffenheit der Tat auf Antrag des Staatsanwaltes mit der vorschriftsmäßigen Sorgfalt und Genauigkeit gepflogen werden. Das Verfahren ist in solchen Fällen erst, wenn keine Anhaltspunkte zu weiteren Nachforschungen mehr vorhanden sind, bis zur künftigen Entdeckung oder Auffindung des Täters einzustellen."

1533 OGH 22.8.2002, 15 Os 18/02.

1534 OGH 27.5.2004, 12 Os 26/04.

dies nicht ableiten. Auch der EGMR hat klargestellt: Ne bis in idem kann nicht von der Reihenfolge abhängen, in welcher die betreffenden Verfahren geführt werden.[1535]

Ergeht die verwaltungsbehördliche Entscheidung trotz einer Subsidiaritätsbestimmung, so ist diese Entscheidung, wie nunmehr auch der OGH zutreffend erkennt, zwar gesetzwidrig, nicht aber absolut nichtig. Zutreffend ist es weiters, dass das gerichtliche Verfahren erst abgewickelt werden kann, wenn der Strafbescheid beseitigt wurde. Diesem Vorgehen – das auch der EGMR gebilligt hat[1536] – stehen keine grundrechtlichen Bedenken entgegen: Nach Aufhebung des Bescheids gibt es keine Entscheidung in der Sache mehr, somit also auch keine Entscheidung, von der Sperrwirkung ausgeht. Offen bleibt freilich, nach welchen gesetzlichen Bestimmungen es zu einer solchen Aufhebung kommen kann.

Der frühere Vorschlag des OGH, bei der Beh ein Vorgehen nach § 68 Abs 2 AVG iVm § 30 Abs 3 VStG anzuregen, überzeugt nicht. Zum Ersten ist die Anwendung des § 68 Abs 2 AVG im Verwaltungsstrafverfahren gem § 24 VStG ausgeschlossen. Zum Zweiten kann aber auch § 30 Abs 3 VStG nicht angewendet werden. Er normiert, wie vorzugehen ist, wenn die Beh vor der gerichtlichen Entscheidung ein Straferkenntnis gefällt hat, obwohl sie nicht dafür zuständig war: Das Straferkenntnis ist dann außer Kraft zu setzen. Allein: Diese Bestimmung setzt voraus, dass das Gericht ein Urteil gefällt hat. Wegen ne bis in idem darf es aber gar nicht erst zu einer solchen gerichtlichen Entscheidung kommen.[1537]

Überzeugend ist hingegen der Vorschlag, ein Vorgehen nach § 52a VStG anzuregen[1538]. Demnach können Bescheide, die nicht mehr angefochten werden können und die das Gesetz zum Nachteil des Betroffenen offenkundig verletzen, sowohl von der Beh als auch von der sachlich in Betracht kommenden Oberbehörde aufgehoben oder abgeändert werden.

Fraglich könnte allenfalls sein, ob in diesem Fall das Gesetz tatsächlich zum Nachteil des Betroffenen verletzt wurde. Der fehlerhafte Bescheid bringt dem Betroffenen immerhin insofern Vorteile, als er durch die Sperrwirkung deswegen nicht mehr gerichtlich verfolgt werden darf. Eine solche Sichtweise ist aber zu weitgehend. Formal betrachtet wird der Bescheid nämlich nicht aufgehoben, *damit* der Betroffene neuerlich verfolgt werden kann, sondern der Bescheid wird aufgehoben, weil er *gesetzwidrig*

1535 EGMR 29.5.2001, 37 950/97 Franz Fischer gegen Österreich Z 29 = ÖJZ 2001/22. S auch Walter, ZVR 1997, 362 (363).

1536 EGMR 30.9.2004, 6072/02, Falkner gegen Österreich = ÖJZ 2005/18.

1537 Thienel/Hauenschild, JBl 2004, 69, 153 (164).

1538 S auch Thienel/Hauenschild, JBl 2004, 69, 153 (164 ff).

ist. Dass damit nun der Weg frei wird für ein gerichtliches Strafverfahren, ist lediglich ein Nebeneffekt. Entscheidend ist allein, dass der Bescheid gesetzwidrig ist und dass der Betroffene dadurch – aus Sicht des VStG betrachtet – einen Nachteil hat. Welche Konsequenzen die Aufhebung eines gesetzwidrigen Bescheides auf andere Verfahren haben könnte, ist hier irrelevant.[1539]

Im Übrigen hat auch der VfGH vertreten, dass durch die Aufhebung des Bescheides gem § 52a VStG der Bf nicht beschwert wird, und zwar selbst dann nicht, wenn dies die Durchführung eines gerichtlichen Strafverfahrens ermöglicht.[1540] Insofern unterscheidet sich die Aufhebung des Bescheides auch wesentlich von der Wiederaufnahme des Verfahrens nach der StPO. Letztere greift nämlich, wie der VfGH zutreffend festgestellt hat, in Art 4 7. ZP EMRK ein.[1541] Für die Wiederaufnahme trifft dies tatsächlich zu, denn sie ist in der Sache eine Verfolgungshandlung.[1542] Aus diesem Grund muss der Einzelne, so der VfGH, gegen die Wiederaufnahme auch ein Rechtsmittel haben. Anders die Bescheidaufhebung: Sie führt, wie gezeigt, ja nur mittelbar dazu, dass eine strafbare Handlung verfolgt wird.

Gegen die Anwendung des § 52a VStG kann es allenfalls auch sprechen, dass das Gesetz „offenkundig" verletzt worden sein muss. Von einer solchen Offenkundigkeit spricht man dann, wenn die Beh eine unvertretbare Rechtsmeinung vertreten hat.[1543] Dass die Beh einen Strafbescheid erlassen hat, bedeutet aber nicht zwangsläufig, dass die Beh von einer unvertretbaren Rechtsmeinung ausgegangen ist. Es gibt durchaus Fälle, in denen gar keine Anhaltspunkte dafür vorliegen, dass (auch) eine gerichtlich strafbare Handlung vorliegt. In diesem Fall hat die Beh das Gesetz nicht „offenkundig" verletzt.[1544]

Im Ergebnis zeigt sich, dass das Gesetz für jene Fälle, in denen gesetzwidrige Verwaltungsentscheidungen Sperrwirkung für ein gerichtliches Verfahren entfalten, keine zufriedenstellende Handhabe bereithält. Hier liegt es am Gesetzgeber, entsprechende Lösungsmöglichkeiten zu eröffnen. Dem OGH ist zuzugestehen, dass er die Problematik nunmehr hinreichend erkannt hat und zur Lösung des Problems jenen Weg geht, der noch am ehesten gangbar ist.

1539 AA Schwaighofer, ÖJZ 2005, 173 (179): § 52a VStG werde eindeutig nicht zu Gunsten des Betroffenen angewendet.

1540 VfSlg 17061/2003. Krit Thienel/Hauenschild, JBl 2004, 441. Zust Cede, JBl 2005, 331.

1541 VfSlg 16 245/2001.

1542 Cede, JBl 2005, 331 (332).

1543 Walter/Thienel, Verwaltungsverfahren[17] § 52a VStG, Anm 4.

1544 Thienel/Hauenschild, JBl 2004, 69, 153 (166).

E. Das Recht auf den gesetzlichen Richter

I. Allgemeines

Das Recht auf den gesetzlichen Richter steht in der historischen Entwicklung in engem Zusammenhang mit dem Recht auf persönliche Freiheit: Erstmals normierte das Gesetz zum Schutze der persönlichen Freiheit[1545], dass niemand seinem ordentlichen Richter entzogen werden darf. Diese Garantie richtete sich va gegen die sog Kabinettsjustiz: Es sollte verhindert werden, dass der Monarch – wie bis dahin durchaus üblich – einzelne Verfahren an sich zog oder (politisch) opportune Richter bestellte.[1546]

Im B-VG ist das Recht auf den gesetzlichen Richter in Art 83 Abs 2 B-VG verankert. In der Stammfassung wurde noch ein Recht auf den „ordentlichen" Richter eingeräumt, mit der BVG-Nov 1929 wurde diese Formulierung an jene des damaligen Gesetzes zum Schutz der persönlichen Freiheit angepasst.[1547]

Der VfGH hat diese ursprünglich auf die Gerichte bezogene Garantie schon sehr bald – in Anlehnung an die Jud des Reichsgerichts[1548] – auf Verwaltungsbehörden ausgeweitet.[1549] In diesem Sinne garantiert Art 83 Abs 2 B-VG die Einhaltung der gesetzlichen Zuständigkeitsordnung[1550]. Neben dieser Garantie für den Einzelnen verpflichtet die Norm aber auch den Gesetzgeber: Er hat die Behördenzuständigkeiten präzise festzulegen.[1551] Für die Gerichte gilt darüber hinaus noch das Prinzip der festen Geschäftsverteilung gem Art 87 Abs 3 B-VG. Demnach reicht die Festlegung der Zuständigkeit noch nicht aus, sondern es muss auch der zuständige Richter bzw Senat bestimmt sein. Diese Geschäftsverteilung wird gem GOG bzw OGHG von den Personalsenaten beschlossen.[1552] Art 87 Abs 3 leg cit gibt somit „dem Recht auf den gesetzlichen Richter einen präzisen Inhalt".[1553]

1545 § 1 des Gesetzes zum Schutze der persönlichen Freiheit, RGBl 1862/87.

1546 Näher zum Hintergrund und zur geschichtlichen Entwicklung des Rechts Berchtold, EuGRZ 1982, 246 f; ders, Recht, in: Machacek/Pahr/Stadler (Hrsg), Grund- und Menschenrechte 2, 71 (72 f); Berka, Grundrechte, Rz 772; Holzinger, in: Korinek/Holoubek (Hrsg), Bundesverfassungsrecht, Art 83/2 B-VG, Rz 1 ff. S außerdem Balthasar, JBl 1994, 524 ff.

1547 Im BVG über den Schutz der persönlichen Freiheit BGBl 1988/684 ist eine entsprechende Regelung nicht mehr enthalten.

1548 Näher dazu etwa Balthasar, JBl 1994, 524 (528).

1549 S zB VfSlg 1228/1929, 1443/1932.

1550 Berka, Grundrechte, Rz 773.

1551 VfSlg 10 311/1984; 18 610/2008; 18 973/2009. Die Zuständigkeit darf auch nicht von sich ständig ändernden Umständen abhängig sein, die dem Rechtsunterworfenen nicht erkennbar sind und so eine willkürliche Änderung der Zuständigkeit ermöglichen: VfSlg 13 029/1992; 14 192/1995.

1552 §§ 27 Abs 3, 34 Abs 2, 47 Abs 2 GOG; § 13 Abs 1 OGHG.

1553 Walter, JBl 1964, 173.

II. Judikatur des OGH

1. Nicht gehörige Besetzung und Unzuständigkeit

Wird die gesetzliche Zuständigkeitsordnung verletzt, so kann der Betroffene dies mit Nichtigkeit aus §§ 281 Abs 1 Z 1 und 345 Abs 1 Z 1 StPO geltend machen: Releviert wird damit ua, dass das Gericht „nicht gehörig besetzt" war.

Nicht gehörig besetzt ist der Gerichtshof bzw das Schöffengericht, wenn seine Mitglieder nicht die für das Richteramt vorgeschriebene Qualifikation haben, wenn sie nicht in der gesetzlich bestimmten Zahl oder Zusammensetzung an der Hauptverhandlung teilnehmen oder wenn die Beiziehung eines Protokollführers unterblieben ist.[1554]

Entsprechendes gilt für die Geschworenenbank: Sie ist nicht gehörig besetzt, wenn nicht die erforderliche Anzahl von Laienrichtern tätig war oder zum Geschworenenamt unfähige Personen herangezogen worden sind.[1555]

Nimmt ein Gericht hingegen Zuständigkeiten in Anspruch, die ihm nach dem Gesetz gar nicht zukommen – ist es also **sachlich unzuständig** –, dann verwirklicht dies nach der Jud noch nicht per se den Nichtigkeitsgrund nach Z 1. Zunächst kann im Senatsprozess eine sachliche Unzuständigkeit nur dann vorliegen, wenn statt eines Geschworenengerichts ein Schöffengericht entscheidet. Das Geschworenengericht darf nämlich die Angelegenheiten anderer Gerichtstypen miterledigen.[1556] Entscheidet nun ein – ordnungsgemäß besetztes – Schöffengericht in einer Angelegenheit, die eigentlich vom Geschworenengericht zu behandeln gewesen wäre, so liegt darin noch keine Nichtigkeit aus § 281 Abs 1 Z 1 StPO.[1557] Releviert werden könnten freilich andere Fehler, die Nichtigkeit begründen. Hat der Angekl etwa die Fällung eines Unzuständigkeitsurteils beantragt und wird dieser Antrag abgewiesen, dann kann das Urteil wegen Nichtigkeit aus § 281 Abs 1 Z 4 leg cit angefochten werden. Besonderes gilt in Jugendstrafsachen: Entscheidet nicht das dafür zuständige Gericht, so begründet dies – wie in § 345 Abs 1 Z 1 StPO explizit normiert – Nichtigkeit.[1558]

Die sachliche Unzuständigkeit eines Gerichts kann freilich eine einfache Gesetzesverletzung sein, die mit einer Wahrungsbeschwerde aufgegriffen werden kann: Entscheidet ein Einzelrichter statt einem Schöffenge-

---

1554 OGH 22.4.1980, 9 Os 129/79; 30.9.1987, 14 Os 110/87; 2.3.1999, 11 Os 178/98; 16.12.1999, 15 Os 161/99.

1555 OGH 3.11.1981, 9 Os 188/80; 28.6.1988, 11 Os 62/88; 7.8.1996, 13 Os 64/96.

1556 Fabrizy, StPO[10] § 261 Rz 4; Steininger, Nichtigkeitsgründe 64 Rz 3.

1557 OGH 23.6.1998 14 Os 64/98.

1558 OGH 13.7.2004, 14 Os 72/04.

richt[1559] oder ein Berufungssenat statt dem Einzelrichter[1560], so ist – so der OGH – das Gesetz verletzt und der Betroffene dadurch seinem gesetzlichen Richter entzogen.

Eine nur beschränkte Relevanz hat es, wenn ein **örtlich unzuständiges Gericht** entscheidet: Ab Rechtskraft der Anklage ist eine örtliche Unzuständigkeit nämlich nicht mehr aufgreifbar (§ 213 Abs 5 StPO). Das örtlich zuständige Kollegialgericht, für welches die sog perpetuatio fori angeordnet wird, ist – so der OGH – auch als „auf Gesetz beruhend" iSd Art 6 Abs 1 EMRK, Art 83 Abs 2 B-VG anzusehen; das Recht auf den gesetzlichen Richter wird dadurch nicht verletzt.[1561]

Besonderes gilt für Anklageeinsprüche[1562]: Entscheidet darüber das unzuständige Gericht, so begründet dies gem § 281a StPO Nichtigkeit: es ist dann – so der OGH – das Recht auf den gesetzlichen Richter verletzt.[1563]

2. Feste Geschäftsverteilung und Dienstlisten

Wie gezeigt, ist nicht nur die sachliche und örtliche Zuständigkeit eines Gerichts ein Aspekt des gesetzlichen Richters, sondern auch die **feste Geschäftsverteilung.** Es war jedoch lange Zeit umstritten, ob eine Verletzung der Geschäftsverteilung auch Nichtigkeit begründet. Ein Grund für diese Unsicherheit war § 25 Abs 3 GOG aF[1564], wonach die „Gültigkeit von Amtshandlungen durch einen Verstoß gegen die Geschäftsverteilung nicht beeinträchtigt" wurde. Der OGH folgerte daraus offenbar[1565] – trotz Kritik aus dem Schrifttum[1566] –, dass eine Verletzung der Geschäftsverteilung keine Nichtigkeit begründet – wobei der OGH, soweit ersichtlich, dies stets obiter festgestellt hat.[1567] Die Verletzung der Geschäftsverteilung konnte allenfalls eine einfache Rechtsverletzung sein, die durch eine Nichtigkeitsbeschwerde zur Wahrung des Gesetzes aufgegriffen werden konn-

1559 OGH 13.3.1996, 13 Os 24/96.

1560 OGH 4.4.1995, 11 Os 18/95. Ähnlich OGH 4.2.1993, 15 Os 13/93.

1561 OGH 4.3.2004, 15 Os 14/04.

1562 Gem § 212 StPO steht dem Angekl unter bestimmten Voraussetzungen der Einspruch gegen die Anklageschrift zu. Dies ist zB dann der Fall, wenn die Anklageschrift ein örtlich unzuständiges Gericht anruft (Z 6 leg cit) oder der Sachverhalt nicht so weit geklärt ist, dass eine Verurteilung des Angekl nahe liegt (Z 3 leg cit).

1563 OGH 27.8.2008, 13 Os 97/08a.

1564 Zur Entwicklung dieser Norm s Piska, Prinzip 291 ff.

1565 Der OGH begründet seine Auffassung nicht explizit, stützt aber die Änderung seiner Jud auf die Nachfolgebestimmung § 28a GOG.

1566 S dazu unten IV.

1567 OGH 22.4.1980, 9 Os 129/79; 30.9.1987, 14 Os 110/87; 26.11.1992, 15 Os 42/92 = JBl 1994, 345; 21.5.1996, 11 Os 4/96.

te; allerdings lag allein in der Verletzung des gesetzlichen Richters noch kein Nachteil iSd § 292 StPO.[1568]

Diese bis dahin st Rsp begann sich erst mit der Einführung des § 28a GOG zu ändern: Nach wie vor wird normiert, dass die Gültigkeit von Amtshandlungen durch einen Verstoß gegen die Geschäftsverteilung nicht beeinträchtigt wird, nunmehr jedoch mit dem Zusatz, dass §§ 281 Abs 1 Z 1 und 345 Abs 1 Z 1 StPO unberührt bleiben. Aufgrund dieser neuen Bestimmung anerkennt der OGH nun, dass sich die Bedeutung eines Verstoßes gegen die Geschäftsverteilung für das Nichtigkeitsverfahren „nicht bestreiten"[1569] lässt.[1570]

Entsprechendes gilt für die Laienrichter: Deren Zuständigkeit ergibt sich nicht aus einer festen Geschäftsverteilung, sondern aus den **Dienstlisten**, die damit das „Äquivalent für die in Art 87 Abs 3 B-VG verankerte feste Geschäftsverteilung" sind.[1571]

Zwar stellen sich auch bei den Berufsrichtern immer wieder Fragen, die die feste Geschäftsverteilung berühren – dies meist dann, wenn ein Vertretungsfall eintritt[1572] –, besonders bedeutsame Fragen werfen aber die Dienstlisten der Laienrichter auf.

Eindeutig ist, was zu gelten hat, wenn ein Laienrichter beigezogen wird, der gar nicht auf der Dienstliste aufscheint: Das Gericht ist dann nicht gehörig besetzt.[1573] Nicht gehörig besetzt ist das Gericht auch dann, wenn nicht von vornherein klargestellt ist, welche Laienrichter als Haupt- und welche als Ersatzgeschworene fungieren: In diesem Fall ist das Gericht nämlich zahlenmäßig überbesetzt.[1574] Liegt hingegen hinsichtlich der Bestimmung als Haupt- oder Ersatzgeschworener nur ein Protokollierungsfehler vor und war während des Verfahrens die Zuordnung unstrittig, so bewirkt dies keine Nichtigkeit.[1575]

Bemerkenswerte Fragen stellen sich freilich dann, wenn die in der Dienstliste vorgesehene Reihenfolge nicht eingehalten wird. Gem § 14 Abs 1 Geschw- und SchöffenG sind nämlich die Geschworenen und Schöffen in der Reihenfolge der Dienstlisten mit der Ladung zur ersten Haupt-

---

1568 OGH 19.11.1981, 13 Os 151/81; 28.1.1987, 9 Os 11/87; 14.12.2001, 11 Os 143/01.

1569 OGH 22.11.2007, 15 Os 95/07w.

1570 OGH 13.7.2004, 14 Os 72/04.

1571 OGH 22.1.2007, 15 Os 48/06g.

1572 S etwa – freilich als Urteile über eine Wahrungsbeschwerde – OGH 12.11.2002, 11 Os 115/02; 28.6.2007, 12 Os 68/07b.

1573 OGH 23.12.1997, 11 Os 162/97; 5.10.2006, 15 Os 67/06a.

1574 OGH 28.6.1983, 11 Os 32/83; 17.7.1986, 13 Os 64/86; 16.1.1991, 11 Os 141/90.

1575 OGH 25.1.2001, 15 Os 139/00.

verhandlung zu ihrem Amt zu berufen. Nach der älteren Jud begründete dies für sich genommen noch keine Nichtigkeit aus Z 1.[1576] Auch hier kam es aufgrund des § 28a GOG zu einer Änderung der Rsp. Seither meint der OGH, dass der Begriff der gehörigen Besetzung durch verfassungskonforme Interpretation zu ermitteln sei, die sich am verfassungsgesetzlich garantierten Recht auf den gesetzlichen Richter und am Grundrecht auf ein faires Verfahren auszurichten habe. Der OGH nimmt eine „am Zweck des Grundrechts auf den gesetzlichen Richter orientierte Auslegung" vor. Verstöße gegen die Dienstliste sind demnach dann beachtlich, „wenn sie eine Unfairness gegenüber dem Beschwerdeführer erkennen lassen". Dies sei dann der Fall, wenn vom gesetzlich determinierten Prinzip der nach dem Zufall zu erfolgenden Besetzung der Geschworenenbank „willkürlich, mithin in sachlich unvertretbarer Weise abgewichen wird".[1577]

Wurden die Geschworenen aus der gesetzeskonform erstellten Dienstliste für einen bestimmten Tag vorgeladen und wurden die tatsächlich erschienenen Personen grds nach der vorgesehenen Reihenfolge, jedoch unter Berücksichtigung ihrer Ortsanwesenheit und ihrer individuellen Abkömmlichkeit zum Dienst für die bereits terminisierten Hauptverhandlungen eingeteilt, so war dies nicht grundrechtswidrig. Die Diensteinteilung unter Bedachtnahme auf die zeitlichen Möglichkeiten der Geschworenen sei zur Gewährleistung der verzögerungsfreien Durchführung der bereits anberaumten Hauptverhandlungen sachgerecht und trage dem Prinzip der zufallsbedingten Heranziehung der in der Dienstliste eingetragenen Geschworenen durchaus Rechnung. Sie lasse keine Willkür iSe nicht sachlich motivierten Einteilung der Laienrichter erkennen.[1578]

III. Judikatur des VfGH

Die in der ordentlichen Gerichtsbarkeit zentrale Fragestellung betreffend die Verletzung der festen Geschäftsverteilung kommt in der verfassungsgerichtlichen Judikatur kaum vor. Zwar wäre es möglich, dass sich der VfGH bei Beschwerden gegen Entscheidungen des AsylGH mit dieser Frage befassen muss, bislang aber wurde – soweit ersichtlich – erst ein-

1576 OGH 11.3.1988, 13 Os 149/87; 28.6.1988, 11 Os 62/88; 23.12.1997, 11 Os 162/97. Werden Laienrichter aber nicht in der Reihenfolge der Dienstliste herangezogen, so kann die Verteidigung zur Behebung dieses Mangels einen Antrag stellen und bei ungerechtfertigter Ablehnung Nichtigkeit aus Z 5 geltend machen. OGH 23.12.1997, 11 Os 162/97.

1577 OGH 22.11.2007, 15 Os 95/07w; 18.12.2007, 11 Os 19/07i; 27.8.2009, 13 Os 39/09y. IdS auch OGH 22.1.2007, 15 Os 48/06g.

1578 OGH 22.1.2007, 15 Os 48/06g; 18.12.2007, 11 Os 19/07i; 27.8.2009, 13 Os 39/09y.

mal eine Verletzung des Rechts auf gesetzlichen Richter wegen Verletzung der Geschäftsverteilung releviert.[1579] Hier geht es vielmehr um Grundsätzliches zur Behördenzuständigkeit.

Zunächst trifft, wie bereits eingangs erwähnt, den Gesetzgeber die Pflicht, Zuständigkeiten eindeutig festzulegen.[1580] Ein Bescheid einer Verwaltungsbehörde verletzt nach st Jud des VfGH das Grundrecht auf ein Verfahren vor dem gesetzlichen Richter, wenn die Beh eine ihr gesetzlich nicht zukommende Zuständigkeit in Anspruch nimmt oder in gesetzwidriger Weise ihre Zuständigkeit ablehnt und damit eine Sachentscheidung verweigert.[1581]

Entscheidet eine sachlich unzuständige Beh, dann ist – auch wenn in letzter Instanz die zuständige Beh entscheidet – das Grundrecht verletzt, weil es sonst zu einer Verkürzung des Instanzenzugs käme.[1582] Hat in unterer Instanz eine örtlich unzuständige Beh entschieden, dann ist das Grundrecht nicht verletzt, wenn in höherer Instanz die – örtlich und sachlich – zuständige Beh entschieden hat.

IV. Würdigung

In der Jud des OGH fällt zunächst auf, dass eine Verletzung der **Geschäftsverteilung** lange Zeit keine Nichtigkeit begründete. Ein Grund für dieses Verständnis der gehörigen Besetzung war § 25 Abs 3 GOG aF. Er konnte nämlich nur dahingehend verstanden werden, dass ein Verstoß gegen die Geschäftsverteilung im Strafverfahren gerade nicht als Nichtigkeitsgrund geltend gemacht werden konnte.[1583] Anders als die Vorgängerbestimmung konnte diese Norm ob ihres eindeutigen Wortlauts auch nicht verfassungskonform interpretiert werden.[1584] Damit war sie aber ver-

1579 VfSlg 18 594/2008: Der Bf behauptete, dass die Geschäftsverteilung des AsylGH keine hinreichend bestimmten Regeln enthielt, die eine dem Grundsatz der festen Geschäftsverteilung entsprechende Zuteilung ermögliche. Der VfGH teilte diese Bedenken jedoch nicht. Zwar wird in zahlreichen weiteren Beschwerden gegen Entscheidungen des AsylGH ebenfalls das Recht auf den gesetzlichen Richter geltend gemacht, in diesen Fällen geht es aber nicht um die Geschäftsverteilung, sondern darum, dass statt eines Senats – wie für Altfälle vorgesehen – ein Einzelrichter entscheidet: VfGH 27.4.2010, U 634/ 10; 27.4.2010, U 1148/09; 27.4.2010, U 1959/09; 23.6.2010, U 708/10; 24.6.2010, U 3130/09.

1580 S dazu die Nachweise in FN 1551.

1581 Für viele etwa VfSlg 15 372/1998, 15 738/2000; 18 154/2007; s jüngst auch VfSlg 18 450/2008; 18 673/2009; 18 744/2009; VfGH 23.6.2010, B 1048/09; 22.9.2010, B 1047/09; 29.9.2010, B 1366/09.

1582 VfSlg 5700/1968; 8188/1977; 9599/1983; 11 061/1986; 14 008/1995; 18 450/2008.

1583 Ausführlich dazu Piska, Prinzip 296 ff.

1584 Piska, Prinzip 297 f. Zur Vorgängerbestimmung § 26 GOG s etwa Walter, JBl 1964, 173 (177). S auch Pfersmann, ÖJZ 1971, 141 (147); ders, ÖJZ 1973, 309 (318); Piska, Prinzip 280 ff; ders, AnwBl 1996, 826 ff; ders, in: Korinek/Holoubek (Hrsg), Bundesverfassungsrecht, Art 87/3 Rz 45 f.

fassungswidrig: Sie schloss nämlich im Strafverfahren die Geltendmachung des Nichtigkeitsgrundes der nicht gehörigen Gerichtsbesetzung aus und verhinderte somit die Durchsetzung des Rechts auf den gesetzlichen Richter.[1585]

Dennoch unterblieb ein gerichtlicher Antrag auf Gesetzesprüfung beim VfGH. Der Gesetzgeber hat erst im Jahr 1994 mit der Einführung des § 28a GOG einen verfassungskonformen Rechtszustand geschaffen. Diese neue Gesetzeslage hat auch in der Jud ihren Niederschlag gefunden: Wie gezeigt, ist nunmehr auch die Verletzung der Geschäftsverteilung ein Nichtigkeitsgrund.

Einer näheren Auseinandersetzung bedarf die Problematik rund um die **Dienstlisten** der Laienrichter. Ein praktisch immer wieder auftretendes Problem ist dabei, wie bereits gezeigt, dass die in der Dienstliste vorgesehene Reihenfolge missachtet wird. Während dies nach der älteren Jud kein Nichtigkeitsgrund war, kann dies nunmehr Nichtigkeit begründen, freilich nur unter bestimmten Voraussetzungen: Entscheidend ist, dass vom Prinzip der zufälligen Besetzung nicht *willkürlich* abgewichen werden darf.

Nun stellt sich zunächst die Frage, ob die Einhaltung der Dienstliste tatsächlich eine aus dem Recht auf den gesetzlichen Richter erfließende Garantie ist. Fest steht, dass Art 87 Abs 3 B-VG auf Laienrichter nicht anzuwenden ist, denn unter Richtern iS dieser Norm sind nur die zum Berufsrichter ernannten Personen iSd Art 86 Abs 1 B-VG zu verstehen.[1586] Aus der Verfassung erfließt somit kein Gebot, die Angelegenheiten im Vorhinein *bestimmten* Laienrichtern zuzuteilen.

Anderes gilt für Art 83 Abs 2 B-VG: Gesetzlicher Richter ist nicht nur das richterliche Organ iSd Art 86 ff B-VG, sondern auch der Laienrichter iSd Art 91 B-VG.[1587] Werden die gesetzlichen Bestimmungen über die Beiziehung von Laienrichtern missachtet, dann kann dies durchaus mit Art 83 Abs 2 B-VG kollidieren. Dies wäre etwa dann der Fall, wenn in einer Angelegenheit, die vor einem Geschworenengericht zu verhandeln ist, ein Einzelrichter entscheidet. Offen bleibt freilich, ob dies auch für eine Missachtung der Reihenfolge der Dienstliste gilt. Dass nicht jede Missachtung der vorgesehenen Reihenfolge unzulässig ist, ergibt sich mE schon daraus, dass es verfassungsrechtlich nicht geboten ist, einen *bestimmten* Laienrichter für eine Angelegenheit vorzusehen.

Dies bedeutet aber nicht, dass – wie bereits Walter festgestellt hat – die Volksvertreter nach Belieben ausgesucht werden dürfen. Dass dies nicht geschehe, müsse durch die Art ihrer Berufung gewährleistet sein,

1585 Piska, Prinzip 298.

1586 Piska, Prinzip 84 f; Walter, Verfassung 35 f.

1587 Holzinger, in: Korinek/Holoubek (Hrsg), Bundesverfassungsrecht, Art 83/2 B-VG, Rz 67. Unzutreffend ist es damit, wenn Ratz, RZ 2007, 166 (167) meint, dass auch Art 83 Abs 2 B-VG nur für Berufsrichter gilt.

nicht aber durch eine Zuteilung im Voraus.[1588] Dem ist voll zuzustimmen und dies kann auf die gegenständliche Problematik umgelegt werden. Erkennt man nämlich, dass Art 83 Abs 2, anders als Art 87 Abs 3 B-VG, nicht die Zuteilung an eine bestimmte Person verlangt, dann kann es auch keine grundrechtsrelevante Bedeutung haben, wenn ein anderer als der nach der Reihenfolge vorgesehene Laienrichter herangezogen wird. Es muss nur sichergestellt sein, dass die Auswahl der Laienrichter nicht nach solchen Kriterien erfolgt, denen man gerade mit der Anerkennung des Grundrechts entgegentreten wollte: Die Laienrichter dürfen nicht nach persönlichen Präferenzen ausgewählt werden, es muss also sachliche Gründe für eine Missachtung der in der Dienstliste vorgesehenen Reihenfolge geben.

Erkennt man also, dass hinsichtlich der Dienstlisten nicht die fixe Zuteilung, sondern eine Zuteilung, die beliebiger Einflussnahme entzogen ist, sichergestellt werden soll, dann hält die neue differenzierte Jud des OGH verfassungsrechtlichen Überlegungen stand. Mit dem Recht auf den gesetzlichen Richter unvereinbar ist es somit, die Zuständigkeit der Laienrichter *willkürlich* zu ändern.

Offen bleibt, wie sich dieses Ergebnis mit der Jud des VfGH vereinbaren lässt. Wie gezeigt, verletzt schon nach der Jud des VfGH nicht jede Missachtung der gesetzlichen Zuständigkeitsbestimmungen bereits automatisch das Grundrecht: Entscheidet etwa in der Unterinstanz eine örtlich unzuständige, in höherer Instanz aber die zuständige Beh, dann verletzt dies zwar das einfache Gesetz, nicht aber auch das Grundrecht. Die Verletzung der Dienstliste ist dann genau hier einzuordnen. Zwar ist die Reihenfolge der Dienstliste festgelegt, verfassungsrechtlich ist dies aber nicht geboten. Kompensiert werden kann der Fehler dadurch, dass die Auswahl nicht willkürlich erfolgt – ähnlich wie die Entscheidung einer örtlich unzuständigen Behörde durch die Entscheidung der örtlich zuständigen kompensiert werden kann.

F. Grundrechtsrelevante Besonderheiten einzelner Verfahrensarten

I. Grundrechtsbeschwerde

1. Vorbemerkung

Die persönliche Freiheit zählt zu den bedeutendsten Rechtsgütern des Menschen.[1589] Nicht willkürlich festgenommen und angehalten zu werden

---

1588 Walter, Verfassung 197.

1589 So auch AB 852 BlgNR 18. GP 1. Graff, ÖJZ 1992, 777; ders, Grundrechtsbeschwerde, in: Schuppich/Soyer (Hrsg), Haft 92.

ist geradezu die Grundvoraussetzung dafür, um andere Freiheiten und Rechte überhaupt erst ausüben zu können. Der Schutz dieser persönlichen Freiheit gehört darum auch zum Kernbestand grundrechtlicher Garantien.[1590] Bekanntester Beleg dafür ist die englische Habeas-Corpus-Act aus dem Jahr 1679, die eine richterliche Kontrolle von Freiheitsentziehungen vorsah: Der Befehl „Habeas Corpus" richtete sich an den Gefängnisdirektor und verlangte die sofortige Vorführung des Festgenommenen, um die Rechtmäßigkeit der Haft gerichtlich überprüfen zu können.[1591]

Auch in Österreich gehört das Grundrecht auf persönliche Freiheit gemeinsam mit dem Recht auf Schutz des Hausrechts zum Urgestein grundrechtlicher Garantien: Bereits 1862 wurde das Gesetz zum Schutze der persönlichen Freiheit[1592] erlassen, das 1867 in das StGG über die allgemeinen Rechte der Staatsbürger rezipiert wurde[1593]. An dessen Stelle trat 1988 das BVG über den Schutz der persönlichen Freiheit,[1594] mit dem man die nationale Rechtslage mit den Vorgaben der EMRK in Einklang bringen wollte[1595].

Die EMRK schützt die persönliche Freiheit in Art 5: Er gewährleistet jedermann das Recht auf Freiheit und Sicherheit und gehört, neben Art 6 leg cit, zu jenen Garantien, die in Straßburg am häufigsten releviert werden.[1596] Sowohl die EMRK als auch das PersFrG schützt neben der Freiheit auch die Sicherheit, letztere hat aber keine eigenständige Bedeutung erlangt.[1597] Freiheit und Sicherheit gelten – nach einer oft zitierten Beschreibung FAWCETTS – als die beiden Seiten derselben Münze.[1598]

Bemerkenswert ist weiters, dass Art 5 EMRK im Gegensatz zu anderen konventionsrechtlichen Garantien sehr präzise ausgestaltet ist.[1599] Er normiert explizit, unter welchen Voraussetzungen die Freiheit eines Menschen entzogen werden darf und welche Modalitäten dabei zu beachten sind.

Die besondere Bedeutung des Grundrechts auf persönliche Freiheit manifestiert sich schließlich auch darin, dass der Gesetzgeber im Strafver-

1590 FUNK/GIMPEL-HINTEREGGER, EuGRZ 1985, 1 (2).

1591 Zur Geschichte RIEDEL, EuGRZ 1980, 192. Zur Entwicklung des Grundrechts auf persönliche Freiheit in Österreich s FUNK/GIMPEL-HINTEREGGER, EuGRZ 1985, 1.

1592 RGBl 1862/87.

1593 BGBl 1867/142.

1594 BGBl 1988/684.

1595 ÖHLINGER, Verfassungsrecht[8] Rz 834.

1596 S schon TRECHSEL, EuGRZ 1980, 514. S außerdem EIFFLER, NJW 1999, 762 (763).

1597 TRECHSEL, EuGRZ 1980, 514 (518); s aber jüngst FROWEIN/PEUKERT, EMRK[3] Art 5 Rz 6.

1598 FAWCETT, Application, 70: „Liberty and security are the two sides of the same coin; if personal liberty spells actual freedom of movement of the person, security is the condition of being protected by law in that freedom."

1599 Dazu TRECHSEL, EuGRZ 1980, 514.

fahren ein eigenes Rechtsmittel zum Schutz dieses Grundrechts vorgesehen hat, nämlich die – durch das Grundrechtsbeschwerdegesetz 1993[1600] eingeführte – Grundrechtsbeschwerde: Wer sich durch eine Haftentscheidung der letzten ordentlichen Instanz in seinem Grundrecht auf persönliche Freiheit verletzt erachtet, kann sich dagegen beim OGH beschweren. Ausdrücklich ausgenommen sind die Verhängung und der Vollzug von Freiheitsstrafen sowie vorbeugende Maßnahmen wegen gerichtlich strafbarer Handlungen. Damit beschränkt sich die Grundrechtsbeschwerde auf prozessuale Freiheitsbeschränkungen, worunter ua Beugehaft, Auslieferungshaft oder die Haft als Ordnungsstrafe fallen; ihr Hauptanwendungsbereich ist aber naturgemäß die U-Haft, weswegen sich die folgenden Betrachtungen darauf beschränken.

Die Grundrechtsbeschwerde schützt nicht, wie die Bezeichnung vermuten lassen könnte[1601], jedes Grundrecht, sondern ausschließlich das Grundrecht auf persönliche Freiheit[1602]. Diese Beschränkung hängt zunächst mit der – zuvor bereits angesprochenen – herausragenden Bedeutung dieses Rechts zusammen. Im Hinblick darauf wurde es nämlich als unbefriedigend angesehen, dass sich der OGH nur in Ausnahmefällen mit Verletzungen der persönlichen Freiheit befassen konnte.[1603] Dies führte ua zu einem ungleichen Umgang der Gerichte mit dem Grundrecht, was sich auch in einem Ost-West-Gefälle bei Freiheitsentziehungen niederschlug: Im Osten wurde die U-Haft häufiger und für eine längere Zeitdauer verhängt als im Westen.[1604]

Mit der Einführung einer Grundrechtsbeschwerde wollte der Gesetzgeber die Herausbildung einer oberstgerichtlichen Leitjudikatur in Haftsachen ermöglichen und zugleich die Individualgerechtigkeit fördern.[1605] Außerdem sollten dadurch die Beschwerden an den EGMR reduziert werden.

1600 Bundesgesetz über die Beschwerde an den Obersten Gerichtshof wegen Verletzung des Grundrechtes auf persönliche Freiheit, BGBl 1992/864.

1601 Ermacora, ÖJZ 1993, 73 (75) kritisiert den Titel und die Wiederholung des Ausdrucks „Grundrechtsbeschwerde" in mancher Bestimmung des Gesetzes als irreführend.

1602 Zur Begrifflichkeit führen die Mat (AB 852 BlgNR 18. GP 3) aus, dass bewusst, „bei allem Respekt vor der Ausdrucksweise Hans Kelsens, anstelle des Begriffes ‚verfassungsgesetzlich gewährleistetes Recht' aus Gründen des Wohlklanges und der Vereinfachung der besser verständliche und leichter handhabbare Ausdruck ‚Grundrecht' gewählt" wurde.

1603 Graff, Grundrechtsbeschwerde 30; Mayrhofer/Steininger, GRBG, Vorbem Rz 5. Der OGH konnte sich damit nur im Rahmen von Nichtigkeitsbeschwerden zur Wahrung des Gesetzes sowie bei Verfahren nach dem StEG damit befassen.

1604 Ainedter, Erfahrungen, in: Schuppich/Soyer (Hrsg), Haft 49 (50, 60). Die „regional doch recht unterschiedliche Vollzugspraxis" erwähnt auch der BKA-VD in seiner Stellungnahme zum Entwurf des GRBG, 852 BlgNR 18. GP 2.

1605 AB 852 BlgNR 18. GP 2.

Während die grundsätzliche Sinnhaftigkeit einer Grundrechtsbeschwerde außer Streit stand, war zunächst unklar, wer über dieses Rechtsmittel entscheiden sollte. Überlegt wurde nämlich, dafür nicht den OGH, sondern den VfGH für zuständig zu erklären.[1606] Damit wären Verfassungsfragen bei einem Höchstgericht konzentriert und die U-Haft wäre einer echten Fremdkontrolle unterworfen.[1607] Dagegen wurde jedoch eingewendet, dass eine verfassungsgerichtliche Kontrolle die „Balance der drei Höchstgerichte" stören würde und überdies einer Verfassungsänderung bedürfte. Außerdem meinte man, dass der erwartete Mehranfall der Beschwerden leichter vom OGH bewältigt werden könne als vom – aus nebenberuflichen Richtern bestehenden – VfGH.[1608] Aus diesen Gründen einigte man sich schließlich darauf, die Grundrechtsbeschwerde beim OGH anzusiedeln und ihn damit funktionell zu einem Verfassungsgericht auszubauen.[1609]

Anlässlich der Erlassung des GRBG wurde auch überlegt, die Beschwerdemöglichkeit zukünftig auf andere Grundrechte auszudehnen[1610], bislang wurde dieses Vorhaben aber noch nicht umgesetzt.

2. Die gesetzlichen Grundlagen

a. Grundrechtsbeschwerde-Gesetz

Gegenstand einer Grundrechtsbeschwerde sind, wie bereits erwähnt, prozessuale strafgerichtliche Entscheidungen oder Verfügungen (§ 1 GRBG).

Wer glaubt, dadurch in seinem Recht auf persönliche Freiheit verletzt zu sein, kann nach Erschöpfung des Instanzenzugs Beschwerde an den OGH erheben. Dieser prüft dann nicht die Haft an sich, sondern die Entscheidung über die Haft.[1611] In der – von einem Verteidiger zu unterschreibenden – Beschwerde hat der Bf die bekämpfte Entscheidung oder Verfügung genau zu bezeichnen und anzugeben und zu begründen, worin er die Verletzung des Grundrechts erblickt (§ 3 Abs 1 GRBG).

1606 Dazu Ainedter, Erfahrungen, in: Schuppich/Soyer (Hrsg), Haft 49.

1607 Ermacora, ÖJZ 1993, 73 (74).

1608 AB 852 BlgNR 18. GP 1. AA Ermacora, ÖJZ 1993, 73 (74).

1609 Auch der OGH selbst betont nunmehr, dass er im Grundrechtsbeschwerdeverfahren funktionell als Verfassungsgericht entscheidet: OGH 20.12.2000, 13 Os 158/00; 31.1.2001, 13 Os 6/01; 25.4.2001, 13 Os 47/01.

1610 AB 852 BlgNR 18. GP 2. Dafür: Griss, JRP 2008, 1 (2); Ratz, RZ 2007, 166 (171).

1611 OGH 19.3.2008, 14 Os 31/08b; 8.5.2008, 15 Os 60/08z; 27.5.2008, 12 Os 57/08m; 10.9.2008, 11 Os 128/08w; 2.12.2009, 11 Os 188/09w; 18.5.2010, 14 Os 63/10m; 16.11.2010, 14 Os 154/10v.

Der OGH entscheidet über die Beschwerde mit Erkenntnis. Darin spricht er aus, ob eine Verletzung des Grundrechts stattgefunden hat; „erforderlichenfalls" hebt er die angefochtene Entscheidung oder Verfügung auf (§ 7 Abs 1 GRBG). Gibt er der Beschwerde statt, so haben die Gerichte den der Rechtsanschauung des OGH entsprechenden Rechtszustand herzustellen (§ 7 Abs 2 GRBG).

In § 2 Abs 1 zählt das GRBG Fälle auf, in denen das Grundrecht „insbesondere" verletzt ist. Dies ist dann der Fall, wenn

- die Verhängung oder Aufrechterhaltung der Haft zu ihrem Zweck unverhältnismäßig ist,
- die Haftdauer unverhältnismäßig ist,
- die Haftvoraussetzungen, wie Tatverdacht oder Haftgründe, unrichtig beurteilt wurden oder
- sonst bei einer Festnahme oder Anhaltung das Gesetz unrichtig angewendet wurde.

Die letzte Fallgruppe macht freilich deutlich, dass die demonstrative Aufzählung („insbesondere") eigentlich taxativ ist, denn sie fängt alle sonstigen Gesetzwidrigkeiten auf.

Ist eine Freiheitsbeschränkung zum Zeitpunkt der Beschwerde bereits beendet, so fällt die Beschwerdelegitimation deswegen nicht weg: Der Bf kann dann in der Grundrechtsbeschwerde geltend machen, dass die Entscheidung oder Verfügung über die Aufhebung der Haft verspätet ergangen ist (§ 2 Abs 2 GRBG).

b. Rechtsgrundlagen der U-Haft

Die U-Haft ist keine Strafe, sie soll vielmehr das Strafverfahren sichern. Sie ist damit gem Art 5 Abs 1 lit c EMRK und Art 2 Abs 1 PersFrG einer der Gründe, die einen Freiheitsentzug grds rechtfertigen können.

Einfachgesetzlich ist die U-Haft in §§ 173 ff StPO geregelt. Verhängt und fortgesetzt wird sie durch einen Beschluss des zuständigen Gerichts, und zwar auf Antrag des Staatsanwalts (173 Abs 1 StPO). Dagegen kann der Besch Beschwerde erheben (§ 174 Abs 4, § 176 Abs 5 iVm § 87 Abs 1 StPO). Außerdem hat er während aufrechter U-Haft die Möglichkeit, einen Enthaftungsantrag zu stellen und die Entscheidung darüber wiederum mit Beschwerde zu bekämpfen (§ 175 Abs 5 StPO).

Hat der Besch den Instanzenzug ausgeschöpft, dann kann er sich mit einer Grundrechtsbeschwerde an den OGH zu wenden. Dieser versteht die Erschöpfung des Instanzenzugs nunmehr auch iSe Neuerungsverbots: Er behandelt nur solche Vorbringen, die der Bf bereits in der Haftbeschwerde geltend gemacht hat.[1612]

1612 Eingehend dazu FLORA, JBl 2001, 90.

3. Fallgruppen

Seit der Einführung der Grundrechtsbeschwerde ist deren praktische Handhabung durch den OGH Gegenstand einer heftigen Kontroverse. Während die eine Seite die oberstgerichtliche Jud zur Grundrechtsbeschwerde grundsätzlich befürwortet, sieht die andere Seite das Grundrecht dadurch nur unzureichend geschützt[1613]. Schon wegen dieser kontroversiellen Einschätzung ist eine umfassende Analyse der oberstgerichtlichen Jud besonders reizvoll. Zweckmäßig ist es dabei, nach jenen Fallgruppen zu gliedern, die gem GRBG das Recht auf persönliche Freiheit „insbesondere" verletzen. Wo es für eine Bewertung der Rsp erforderlich ist, wird auch auf die relevante Jud von EGMR und VfGH eingegangen.

a. Unrichtige Beurteilung der Haftvoraussetzungen

aa. Haftvoraussetzungen

Die U-Haft darf nur dann verhängt oder fortgesetzt werden, wenn die entsprechenden Voraussetzungen dafür auch tatsächlich vorliegen.

Erste Voraussetzung ist ein bestehender **Tatverdacht** gegen eine Person; dies ist nahe liegend, denn andernfalls könnte die U-Haft ihren Zweck, nämlich das Strafverfahren zu sichern, nicht verfolgen. Nach der EMRK reicht es zwar aus, wenn dieser Verdacht hinreichend ist, die StPO verlangt hingegen einen dringenden Tatverdacht (§ 173 StPO) und somit schwerer wiegende Verdachtsmomente[1614].

Der Tatverdacht allein kann aber nach österreichischem Recht die U-Haft noch nicht rechtfertigen. Es muss außerdem noch ein **Haftgrund** vorliegen, also Verdunkelungs-, Flucht- oder Tatbegehungsgefahr. Auch in diesem Punkt ist die StPO strenger als die EMRK, die die Haft schon allein wegen hinreichenden Tatverdachts zulässt. Konventionsrechtlich muss – alternativ – hinreichender Tatverdacht *oder* Tatbegehungsgefahr *oder* Fluchtgefahr vorliegen.[1615] Nach der Jud des EGMR reicht allerdings nach einer gewissen Haftdauer der Tatverdacht allein nicht mehr aus, sondern es müssen dazu weitere Gründe treten.[1616] Die alternative Aufzählung der EMRK relativiert sich schließlich auch insoweit, als der Tatverdacht der Tatbegehungs- und Fluchtgefahr bis zu einem gewissen Grad immanent ist.[1617]

1613 S die Nachweise zu den einzelnen Fallgruppen in diesem Kapitel.

1614 Reindl, Untersuchungshaft 75.

1615 Dazu Kopetzki, in: Korinek/Holoubek (Hrsg), Bundesverfassungsrecht, Art 2 PersFrG, Rz 21.

1616 EGMR 28.3.1990, 11 968/86, B gegen Österreich Z 42 = ÖJZ 1990/12.

1617 Näher dazu Gollwitzer, Menschenrechte, Art 5 MRK, Art 9, 11 IPBPR Rz 64 f; Reindl, Untersuchungshaft 61 ff.

Weiters muss neben dem Tatverdacht und den Haftgründen noch eine weitere Voraussetzung erfüllt sein: Es darf zur Erreichung des Haftzwecks kein **gelinderes Mittel** zur Verfügung stehen. Auf welchen Zweck dabei abzustellen ist, ergibt sich aus dem Haftgrund.[1618] Auch dieser Anspruch auf gelindere Sicherungsmittel ist verfassungsrechtlich normiert (Art 5 Abs 2 PersFrG; Art 5 Abs 3, 3. Satz EMRK) und findet seine einfachgesetzliche Umsetzung in § 173 Abs 5 StPO: Er zählt demonstrativ auf, welche Maßnahmen als gelindere Mittel in Frage kommen.

bb. Judikatur des OGH

Nach österreichischem Recht ist der **dringende Tatverdacht**, wie gezeigt, conditio sine qua non für die U-Haft. Liegt er nicht vor, so ist die Haft rechtswidrig und die festgenommene Person ist in ihrem Recht auf persönliche Freiheit verletzt.

Da vor einer rechtskräftigen Verurteilung nicht mit Gewissheit gesagt werden kann, ob eine Person schuldig ist, kann es beim dringenden Tatverdacht naturgemäß nur um eine Wahrscheinlichkeitsbeurteilung gehen: Dringender Tatverdacht ist nach st Jud anzunehmen, wenn es höhergradig wahrscheinlich ist, dass der Besch die angelastete Straftat begangen hat.[1619] Allerdings prüft der OGH im Rahmen der Grundrechtsbeschwerde nicht, ob der Besch tatsächlich dringend tatverdächtig ist, sondern er untersucht, ob die Annahmen des OLG vertretbar sind, ob dieses also von einem dringenden Tatverdacht ausgehen durfte.

Dabei – und dies ist bemerkenswert – wendet der OGH seit 1999[1620] und in nunmehr st Rsp die Nichtigkeitsgründe des § 281 Abs 1 Z 5 und 5a StPO sinngemäß an[1621]: Die Sachverhaltsgrundlage des dringenden Tatverdachts kann somit „nur – aber immerhin“[1622] nach Maßgabe dieser

1618 Kopetzki, in: Korinek/Holoubek (Hrsg), Bundesverfassungsrecht, Art 4, 5 PersFrG, Rz 32; Reindl, Untersuchungshaft 144. Allgemein zur Verhältnismäßigkeit des Freiheitsentzugs s auch Kopetzki, Recht, in: Machacek/Pahr/Stadler (Hrsg) Grund- und Menschenrechte 3, 261 (344 ff).

1619 OGH 9.2.1993, 12 Os 15/93; 9.6.1994, 11 Os 74/94; 6.4.2006, 11 Os 31/06b; 23.6.2009, 11 Os 87/09t; 16.11.2010, 14 Os 154/10v.

1620 OGH 28.4.1999, 13 Os 56/99; 19.5.1999, 13 Os 71/99; 9.7.1999, 13 Os 89/99. Nach der Jud des EGMR besteht hinreichender Tatverdacht, wenn „Tatsachen oder Informationen vorliegen, die einen objektiven Beobachter überzeugen würden, dass die betreffende Person die Straftat begangen haben könnte“; s zB EGMR 27.11.1997, 25 629/94, K-F gegen Deutschland Z 57 = NJW 1999, 775. Freilich kommt der EGMR praktisch kaum jemals zum Schluss, dass kein dringender Tatverdacht vorliegt: Er greift nur jene Fälle auf, in denen er Willkür sieht. Dazu auch Reindl, Untersuchungshaft 75.

1621 OGH 18.4.2000, 14 Os 38/00; 20.5.2005, 15 Os 49/05b; 6.4.2006, 11 Os 31/06b; 18.5.2006, 15 Os 43/06x; 9.1.2007, 13 Os 143/06p; 25.10.2007, 13 Os 127/07m; 22.9.2009, 11 Os 140/09m; 2.3.2010, 14 Os 16/10z; 10.11.2010, 11 Os 147/10t.

1622 OGH 20.12.2006, 13 Os 125/06s.

Nichtigkeitsgründe geltend gemacht werden. Der OGH prüft das Bestehen eines dringenden Tatverdachts somit nicht auf Basis der Aktenlage – Ansätze in diese Richtung haben sich nicht durchgesetzt[1623] –, sondern er prüft, ob der dringende Tatverdacht ordnungsgemäß begründet wurde (Z 5) bzw ob sich aus den Akten erhebliche Bedenken gegen die Richtigkeit der entscheidenden Tatsachen ergeben (Z 5a).[1624] Dieses Vorgehen begründet der OGH mit § 10 GRBG, wonach subsidiär die Bestimmungen der StPO sinngemäß anzuwenden sind.

Diese sinngemäße Anwendung der Nichtigkeitsgründe schlägt auch auf die prozessuale Ebene durch: In einer Nichtigkeitsbeschwerde hat der Bf ausdrücklich die Tatsachen anzuführen, die seiner Ansicht nach einen relevanten Mangel begründen (§ 285a Z 2 StPO). Während der OGH diese Bestimmung in seiner älteren Jud sinngemäß auf Grundrechtsbeschwerden anwendete[1625], leitet er die entsprechenden Anforderungen nunmehr aus § 3 Abs 1 GRBG ab. Demnach hat der Bf anzugeben und zu begründen, worin er die Grundrechtsverletzung erblickt.[1626] An dieses „Substantiierungsgebot“[1627] legt der OGH einen strengen Maßstab an, denn nach dem Willen des Gesetzgebers solle die Begründung des Bf auf einem „für ein Höchstgericht angemessenen Argumentationsniveau“[1628] erfolgen.

Behauptet der Bf, die Erwägungen des OLG zum Tatverdacht seien in „keinster Weise nachvollziehbar und nicht lebensnah“[1629] oder argumentiert er, dass der angenommene Tatverdacht gar nicht vorliege[1630], dann ist sein Vorbringen nicht hinreichend substantiiert. Die Beschwerde verfehlt die „gesetzmäßige Ausführung“ und es erübrigt sich für den OGH, auf diese Einwände einzugehen.[1631]

Gleiches gilt, wenn der Bf nur die in erster Instanz vorgebrachten Argumente wiederholt: Die „bloß schematische Wiederholung des in unterer Instanz bereits behandelten Rechtsmittelvorbringens“[1632] entspricht

1623 OGH 5.9.2006, 12 Os 82/06k = JBl 2007, 122 (Burgstaller).

1624 Unzureichend war es für den OGH etwa, den dringenden Tatverdacht auf die Aussage einer Zeugin zu stützen, die einen Eintrag nicht mehr finden konnte und daraus auf eine Vielzahl von Fällen vorsätzlicher Täuschung über die Registereintragung zu schließen: OGH 25.10.2007, 13 Os 127/07m.

1625 OGH 19.5.1999, 13 Os 71/99.

1626 OGH 14.4.2005, 12 Os 32/05f; 21.4.2005, 15 Os 41/05a; 19.3.2008, 14 Os 31/08b; 9.4.2008, 11 Os 49/08b; 27.5.2008, 12 Os 57/08m; 7.4.2010, 15 Os 33/10g; 29.6.2010, 11 Os 76/10a. Dazu auch Reiter, ÖJZ 2007, 391 (399).

1627 OGH 14.4.2005, 12 Os 32/05f.

1628 AB 852 BlgNR 18. GP 6. S auch OGH 14.4.2005, 12 Os 32/05f.

1629 OGH 9.4.2008, 11 Os 49/08b.

1630 OGH 21.4.2005, 15 Os 41/05a.

1631 OGH 14.4.2005, 12 Os 32/05f.

1632 OGH 30.1.1997, 15 Os 10/97; 19.2.2003, 13 Os 4/03; 26.3.2003, 13 Os 33/03; 14.4.2005, 12 Os 32/05f.

den Formalkriterien nicht, weil sich der Bf – so der OGH – mit den Argumenten des OLG auseinandersetzen muss.[1633]

Der Bf muss somit die behaupteten Mängel ausdrücklich geltend machen, dennoch greift der OGH bestimmte Mängel in sinngemäßer Anwendung von §§ 290 und 362 StPO auch von Amts wegen auf. Erheblich ist es für den OGH demnach, wenn das materielle Strafrecht zum Nachteil des Betroffenen unrichtig angewendet wurde[1634] oder wenn sich aus den Akten erhebliche Bedenken gegen die Richtigkeit der angenommenen Tatsachen ergeben[1635].

Das Bestehen eines dringenden Tatverdachts reicht freilich – wie bereits gezeigt – noch nicht aus, um eine U-Haft zu rechtfertigen; es muss außerdem ein **Haftgrund** vorliegen, also Flucht-, Verdunkelungs- oder Tatbegehungsgefahr.

Anders als bei der Frage nach dem Tatverdacht, wendet der OGH dabei – ohne nähere Begründung – nicht die Nichtigkeitsgründe an.[1636] Er prüft vielmehr, ob die Gefahr des jeweiligen Haftgrundes „aus den in der angefochtenen Entscheidung angeführten bestimmten Tatsachen abgeleitet werden durfte“, ohne dass die darin liegende Ermessensentscheidung als unvertretbar, also als willkürlich angesehen werden müsste.[1637] Zur Prognosebegründung, ob eine entsprechende Gefahr tatsächlich vorliegt, müssen bestimmte Tatsachen angeführt werden, die nach den „Grundsätzen folgerichtigen Denkens und allgemeinen Erfahrungssätzen“ geeignet sind, die daraus abgeleitete Befürchtung zu tragen.[1638] Diese Tatsachen müssen aus dem konkreten Einzelfall abgeleitet werden und dürfen nicht bloß allgemeine Erfahrungstatsachen darstellen.[1639]

1633 OGH 21.4.2005, 15 Os 41/05a.

1634 ZB OGH 25.10.2007, 13 Os 127/07m.

1635 ZB OGH 6.4.2006, 11 Os 31/06b; 25.1.2007, 12 Os 12/07t; 10.11.2010, 11 Os 147/10t.

1636 OGH 9.1.2006, 14 Os 141/05z. Näher zu dieser Differenzierung Reiter, ÖJZ 2007, 391 (401).

1637 OGH 6.5.2005, 11 Os 48/05a; 11.10.2006, 13 Os 97/06y; 27.2.2008, 11 Os 31/08f; 5.3.2008, 11 Os 29/08m; 19.3.2008, 14 Os 31/08b; 8.5. 2008, 15 Os 60/08z; 11.6. 2008, 11 Os 84/08z; 11.6.2008, 15 Os 79/08v; 27.8.2008, 13 Os 119/08m; 19.8.2009, 15 Os 112/09y; 15.10.2009, 13 Os 120/09k; 18.5.2010, 14 Os 63/10m; 21.7.2010, 15 Os 85/10d; 28.9.2010, 14 Os 107/10g; 1.10.2010, 14 Os 130/10i; 13.10.2010, 15 Os 133/10p. S auch OGH 12.3.2008, 11 Os 35/08v; 20.7.2010, 14 Os 89/10k.

1638 OGH 19.3.2008, 14 Os 31/08b; 8.5.2008, 15 Os 60/08z; 11.6.2008, 15 Os 79/08v.

1639 Der OGH fordert zwar bei den Haftgründen von den Gerichten konkrete Ableitungen, allerdings liegt in der Umsetzung dieser Forderung praktisch eine große Schwierigkeit, wie Bertel, Untersuchungshaft, in: Korinek/Kain (Gesamtred), Grundrechte 23 (24) pointiert formuliert: Die Gerichte seien oft schon deswegen versucht, Flucht-, Verdunkelungs- und Tatbegehungsgefahr einfach deshalb zu bejahen, weil der Besch verdächtig sei und weil nach allgemeiner Lebenserfahrung „Verdächtige immer wieder fliehen, verdunkeln oder weitere Taten begehen“.

Das Grundrecht war etwa verletzt, weil das Gericht die Fluchtgefahr auf die spekulative Möglichkeit gegründet hatte, dass ein Bf im Ausland bessere Verdienstquellen erschließen werde; auch dass ein Bf in Österreich nicht sozial integriert war, vermochte die Fluchtgefahr nicht zu begründen: Er war nämlich in Ungarn sozial integriert, das in Vollziehung des Europäischen Haftbefehls auch eigene Staatsbürger ausliefere.[1640] Nachvollziehbar war es für den OGH hingegen, bei einem der Zuhalterei Beschuldigten wegen seiner Vorstrafen, seiner erheblichen Schulden und der – offenbar deswegen vermuteten – Notwendigkeit, seinen nach wie vor bestehenden Bordellbetrieb weiterzuführen, Tatbegehungsgefahr anzunehmen.[1641]

Schließlich hat sich das Gericht bei einer Verlängerung der Haft auch mit der Frage auseinander zu setzen, inwieweit eine Minderung der ursprünglich angenommenen Tatbegehungsgefahr eingetreten ist; andernfalls ist das Grundrecht verletzt.[1642]

Im Zusammenhang mit den Haftvoraussetzungen ist außerdem zu prüfen, ob anstelle der U-Haft nicht **gelindere Mittel** eingesetzt werden könnten: Werden sie nicht angewendet, obwohl die Voraussetzungen dafür vorliegen, dann ist das Grundrecht verletzt.[1643] Auch hier nimmt der OGH eine Vertretbarkeitskontrolle vor und prüft, ob das OLG seine Beurteilung dieser Frage „logisch und empirisch einwandfrei" begründet hat.[1644] Hat das Gericht überhaupt nicht begründet, weshalb es die Substituierbarkeit der Haft durch gelindere Mittel ablehnt, so verletzt dies das Grundrecht.[1645]

Einmal mehr trifft den Bf hier die Substantiierungspflicht:[1646] Behauptet der Bf, dass auch gelindere Mittel angewendet werden könnten, ohne sie zu benennen oder legt er nicht dar, weshalb ein bestimmtes gelinderes Mittel die Haft substituieren könnte, so zeigt er keinen Beurteilungsfehler auf.[1647]

Stellt der OGH fest, dass ein Beschluss das Grundrecht verletzt, weil die Haftvoraussetzungen unzutreffend beurteilt wurden, so führt dies noch nicht zwangsläufig zur Aufhebung: Er behebt den Beschluss nur dann, wenn er meint, dass die Haftvoraussetzungen gar nicht (mehr) vorliegen,

1640 OGH 27.2.2008, 11 Os 31/08f.

1641 OGH 8.5.2008, 15 Os 60/08z. Bejaht wurde die Tatbegehungsgefahr in OGH 5.3.2008, 11 Os 29/08m.

1642 OGH 6.5.2005, 11 Os 48/05a.

1643 OGH 19.9.2003, 14 Os 128/03.

1644 OGH 16.8.2007, 14 Os 95/07p. In OGH 1.10.2010, 14 Os 133/10f stellte der OGH fest, dass die Beurteilung „nicht unlogisch" war.

1645 OGH 5.7.2007, 15 Os 74/07g (zur Auslieferungshaft).

1646 OGH 8.5.2008, 15 Os 60/08z.

1647 OGH 21.12.2006, 12 Os 138/06w; 3.8.2007, 11 Os 88/07m; 27.8.2007, 13 Os 119/08m; 29.6.2010, 11 Os 76/10a; 20.7.2010, 14 Os 89/10k; 30.9.2010, 13 Os 110/10s.

wenn also etwa die Haft durch gelindere Mittel substituiert werden könnte oder kein dringender Tatverdacht vorliegt.[1648]

Leidet der Beschluss hingegen an einem Begründungsmangel, dann trägt der OGH dem Untergericht die neuerliche Entscheidung auf, in deren Rahmen die Haftvoraussetzungen zu klären sind.[1649] Fehlt es nämlich an den formalen Anforderungen der Begründung, dann – so der OGH – könne er die materiell-rechtliche Grundlage der Haft nicht beurteilen.[1650] Entsprechendes gilt bei Defiziten der Sachverhaltsannahmen: Sie erfordern eine unverzügliche Klärung der Haftvoraussetzungen, nicht aber die Aufhebung des Beschlusses.[1651]

cc. Würdigung

Hinsichtlich der Haftvoraussetzungen betrifft ein zentraler Kritikpunkt die **sinngemäße Anwendung der Nichtigkeitsgründe** bei der Überprüfung des dringenden Tatverdachts.[1652]

Dadurch werde – so die Kritiker – das Grundrecht nicht umfassend geschützt, weil der OGH hinsichtlich des dringenden Tatverdachts nicht jegliche, sondern eben nur ganz bestimmte Mängel aufgreift.[1653] Dem Willen des Gesetzgebers entspreche dies nicht: Dieser habe nämlich eine umfassende Grundrechtsprüfung vor Augen gehabt und außerdem erwartet, dass sich der OGH auch in Tatsachenfragen einlasse.[1654]

Dass der OGH die sinngemäße Anwendung der Nichtigkeitsgründe aus § 10 GRBG ableitet, sei im Übrigen kein zwingender Schluss: Wenn schon die Bestimmungen der StPO sinngemäß anzuwenden sind, so wäre es überzeugender, die Normen zum Beschlussverfahren heranzuziehen, denn immerhin werde mit der Grundrechtsbeschwerde ja kein Urteil, sondern ein Beschluss bekämpft.[1655]

Die Befürworter der oberstgerichtlichen Jud – allen voran Ratz – argumentieren, dass die sinngemäße Anwendung der Nichtigkeitsgründe „vornehmlich der Ableitung eines Maßstabs für die Prüfung der Sachver-

1648 OGH 19.9.2003, 14 Os 128/03; 6.5.2005, 11 Os 48/05a; 6.4.2006, 11 Os 31/06b; 25.1.2007, 12 Os 12/07t; 24.3.2009, 14 Os 22/09f; 10.11.2010, 11 Os 147/10t.

1649 OGH 18.1.2000, 14 Os 1/00; 26.11.2003, 13 Os 160/03; 13.6.2006, 14 Os 60/06i; 5.7.2007, 15 Os 74/07g; 25.10.2007, 13 Os 127/07m; 26.5.2009, 14 Os 56/09f.

1650 OGH 18.4.2000, 14 Os 38/00.

1651 OGH 21.4.2005, 15 Os 36/05s; 30.10.2007, 14 Os 135/07w; 26.5.2009, 14 Os 56/09f.

1652 Hollaender, JSt 2007, 74; Prammer, JSt 2005, 41 (50).

1653 Hollaender, JSt 2007, 74 (79).

1654 Hollaender, JSt 2007, 74 (80).

1655 Mayrhofer, FS-Miklau 299 (307). Ebenso Hollaender, JSt 2007, 74 (82).

haltsgrundlage“ des dringenden Tatverdachts aus dem Gesetz diene.[1656] Auf diese Weise könne außerdem die Einheitlichkeit bei der Prüfung der Haftvoraussetzungen gewährleistet werden. Auch verhindere die sinngemäße Anwendung der Nichtigkeitsgründe, dass sich das erkennende Gericht die Beweiswerterwägungen des OGH bei der Begründung des Schuldspruchs zu Eigen mache.[1657]

Eine historische Betrachtung gibt zunächst den Kritikern der oberstgerichtlichen Jud Recht: Zur sinngemäßen Anwendung der Nichtigkeitsgründe gibt es in den Mat keinerlei Anhaltspunkte. Im Gegenteil: Der Gesetzgeber hatte tatsächlich eine umfassende Grundrechtsprüfung im Blick, in deren Rahmen sich der OGH auch in Tatsachenfragen einlassen darf und nicht an das Beschwerdevorbringen gebunden sein sollte.[1658]

An der mittlerweile zur st Jud gefestigten Auffassung des OGH vermag dieses Argument freilich nichts mehr zu ändern. Er hat sich von der Diskussion im Schrifttum ebenso unbeeindruckt gezeigt, wie von Alternativvorschlägen aus den eigenen Reihen[1659].

So festgefahren wie die Jud ist auch die Diskussion im Schrifttum:[1660] Die Argumente der Befürworter und Gegner sind hinreichend bekannt, Neues ist in der Debatte kaum mehr zu erwarten. Nun soll hier keineswegs die grundsätzliche Bedeutung dieser Auseinandersetzung geschmälert werden: Die sinngemäße Anwendung der Nichtigkeitsgründe wirft zweifellos verschiedenste allgemeine Fragen auf. Für die gegenständliche Problematik ist eine nähere Untersuchung der verschiedenen Argumente aber nicht zweckmäßig. Vielmehr interessiert hier der grundrechtliche Aspekt. Ratz räumt ein, dass die sinngemäße Anwendung der Nichtigkeitsgründe zwar ein möglicher, aber keineswegs der zwingende Weg ist.[1661] Betrachtet man diese Feststellung aus grundrechtlicher Sicht, dann ist zu hinterfragen, ob die st Jud des OGH tatsächlich ein möglicher Weg ist oder ob es dagegen *grundrechtliche* Einwände gibt.

Die sinngemäße Anwendung der Nichtigkeitsgründe bewirkt, dass in der Grundrechtsbeschwerde nur bestimmte Mängel geltend gemacht wer-

1656 Ratz, ÖJZ 2005, 415.

1657 Ratz, ÖJZ 2006, 318 (319). Auch der OGH selbst betont, dass er „jeglichen Anschein einer vorwegnehmenden Würdigung der die Verdachtsintensität tragenden Sachverhaltsprämissen“ vermeiden will: OGH 11.3.1993, 12 Os 19/93; 8.4.1993, 14 Os 63/93.

1658 AB 852 BlgNR 18. GP 11.

1659 Mayrhofer, FS-Miklau 299 (309 ff) schlägt vor, der OGH solle den Tatverdacht an Hand der Aktenlage prüfen.

1660 Bisweilen gibt es auch „Überläufer“: Burgstaller, JBl 2007, 604 (605 f) räumt ein, dass er nach ursprünglicher Skepsis diese Praxis nunmehr deutlich positiver einschätzt.

1661 Ratz, JBl 2000, 536. Zust Reiter, ÖJZ 2007, 392 (395).

den können. Gälte diese Einschränkung für die verfassungsrechtlich gebotene Haftbeschwerde, so wäre sie unzulässig. Gem Art 6 Abs 1 PersFrG und Art 5 Abs 4 EMRK ist jedem Festgenommenen die Möglichkeit einzuräumen, die Rechtmäßigkeit der Haft gerichtlich überprüfen zu lassen. Dies garantiert zwar kein Recht auf gerichtliche Kontrolle in einem solchen Ausmaß, dass das Gericht ermächtigt wäre, in allen Aspekten des Falls, einschließlich der Frage der Zweckmäßigkeit, sein eigenes Ermessen an die Stelle des entscheidenden Gerichts zu setzen; die Überprüfung sollte jedoch weit genug sein, um sich auch auf diejenigen Bedingungen zu erstrecken, die gem der Konvention wesentlich für die gesetzmäßige Haft einer Person sind.[1662] Dh: Das Gericht darf nicht nur bestimmte, sondern es muss alle Aspekte kontrollieren, die für die Rechtmäßigkeit der Haft relevant sein können.[1663] Diesen Anforderungen ist in Österreich zweifellos entsprochen: Beschwert sich der Besch gegen einen Haftbeschluss, so kann das Beschwerdegericht jegliche Rechtswidrigkeit des Beschlusses aufgreifen.

Richtet der Gesetzgeber nun einen Rechtszug ein, der über das grundrechtlich Gebotene hinausgeht, dann ist nicht einzusehen, weshalb er ihn als vollen Rechtszug mit umfassender Kognitionsbefugnis des Gerichts ausgestalten müsste.[1664] Auf den Punkt gebracht: Es wäre zwar unzulässig, wenn die *einzige* Beschwerdeinstanz nur *bestimmte* Rechtswidrigkeiten aufgreift, bestehen aber mehrere Beschwerdemöglichkeiten, dann genügt es, wenn eine Instanz eine umfassende Prüfungsbefugnis hat.[1665]

Man mag somit die sinngemäße Anwendung der Nichtigkeitsgründe aus allgemeinen Überlegungen ablehnen, aus grundrechtlicher Sicht steht dem nichts entgegen.

Gegenstand von Kritik ist aber nicht nur die sinngemäße Anwendung der Nichtigkeitsgründe, auch die **Formalanforderungen**, die der OGH an eine Grundrechtsbeschwerde stellt, werden kontroversiell diskutiert.

1662 EGMR 25.10.1990, 11 787/85 ua, Thynne, Wilson und Gunnell gegen Vereinigtes Königreich = ÖJZ 1991/6.

1663 Dazu Reindl, Untersuchungshaft 206. S auch EGMR 25.3.1999, 31 195/96, Nikolova gegen Bulgarien = ÖJZ 1999/30.

1664 Zwar hat der EGMR vertreten, dass dann, wenn der Gesetzgeber in Haftfragen einen vollen Rechtszug an die zweite Instanz eröffnet, die gleichen verfahrensrechtlichen Garantien gelten müssen wie in der ersten Instanz, es handelt sich bei der Grundrechtsbeschwerde aber gerade nicht um einen derartigen vollen Rechtszug. EGMR 12.12.1991, 11 894/85, Toth gegen Österreich Z 24 = ÖJZ 1992/9a; 31.1.2002, 24 430/94, Lanz gegen Österreich Z 24. S auch Esser, Strafverfahrensrecht 370; Gollwitzer, Menschenrechte, Art 5 EMRK, Rz 124. S auch EGMR 25.3.1999, 31 195/96, Nikolova gegen Bulgarien = ÖJZ 1999/30: Ein Gericht, das eine Haftbeschwerde prüft, muss die Garantien eines gerichtlichen Verfahrens bieten.

1665 Grabenwarter, EMRK^4 § 24 Rz 175 zu Art 13 EMRK.

Wie gezeigt, verlangt der OGH, dass der Bf angibt und substantiiert begründet, worin er eine Grundrechtsverletzung erblickt. Zwar greift der OGH bestimmte Rechtswidrigkeiten auch amtswegig auf, das Substantiierungsgebot ist aber eine Hürde, an der zahlreiche Grundrechtsbeschwerden scheitern.

Die Befürworter argumentieren, dass nur durch eine entsprechende Präzisierung der Grundrechtsbeschwerde der OGH auch tatsächlich rasch entscheiden könne.[1666] Außerdem seien die Anforderungen des OGH hinlänglich bekannt, diese bestehenden Möglichkeiten würden aber nur nicht hinreichend genützt.[1667]

Kritiker hingegen sehen in diesen Anforderungen einen übertriebenen Formalismus, der dem Einzelnen den Zugang zum Rechtsschutz unnötig erschwert.[1668] Dass in der Praxis so viele Beschwerden an dieser Hürde scheitern, zeige das Bedürfnis nach Vereinfachung des Zugangs zum Recht auf.[1669]

Auch ein Vergleich mit den Formalanforderungen, die der VfGH an Bescheidbeschwerden stellt, zeige, dass ein weniger formalistischer Zugang praktikabel wäre: In welchem verfassungsgesetzlich gewährleisteten Recht sich der Bf als verletzt erachtet, muss der Bf vor dem VfGH nämlich nicht ausführen.[1670] Hinzu komme, dass sich der Gesetzgeber bei der Schaffung des § 3 GRBG sogar an § 82 VfGG orientiert habe.

Schließlich treffe es auch nicht zu, dass der OGH nur dann rasch entscheiden könne, wenn der Bf seine Bedenken auf den Punkt bringt: In solchen Fällen müsse eben – wie dies auch das OLG tut – stets eine Leseauswahl getroffen werden.[1671]

Die Kritiker der oberstgerichtlichen Jud haben einmal mehr historische Argumente auf ihrer Seite: Es ist zutreffend, dass sich die Begründung einer Beschwerde nach Vorstellung des Gesetzgebers „auf einem für ein Höchstgericht angemessenen Argumentationsniveau" bewegen soll-

---

1666 Ratz, JBl 2000, 536. Zust Reiter, ÖJZ 2007, 391 (399).

1667 Ratz, ÖJZ 2006, 318 (319).

1668 Stuefer/Soyer, ÖJZ 2007, 139 (144).

1669 Mayrhofer, FS-Miklau 299 (312).

1670 In der Bescheidbeschwerde vor dem VfGH hat der Bf zu behaupten, durch den Bescheid in einem verfassungsgesetzlich gewährleisteten Recht oder durch Anwendung einer rechtswidrigen generellen Norm in Rechten verletzt zu sein. In welchem verfassungsgesetzlich gewährleisteten Recht sich der Bf als verletzt erachtet, muss er nicht ausführen. Behauptet der Bf durch die Anwendung einer rechtswidrigen generellen Norm in Rechten verletzt zu sein, so prüft der VfGH freilich nicht auch, ob ein verfassungsgesetzlich gewährleistetes Recht verletzt sein könnte.

1671 Venier, JBl 2000, 811 (812): Der OGH brauche nur die Aktenstücke zu lesen, aus denen der angefochtene Beschluss seine Argumente für oder gegen eine bestimmte Verdachtsannahme herleitet.

te.[1672] Zugleich aber sollte bei der Beurteilung der „inhaltlichen und der formellen Erfordernisse der Beschwerde [...] ein großzügiger Maßstab angelegt und jeder Formalismus vermieden werden".[1673] Außerdem sollte der OGH „an die rechtlichen Ausführungen der Beschwerde zur Begründung der behaupteten Grundrechtsverletzung nicht gebunden sein."[1674]

Nun ist es aus Sicht des Rechtsschutzes zweifellos wünschenswert, dass der OGH alle möglichen Grundrechtswidrigkeiten auch von sich aus und umfassend prüft. Beleuchtet man diese Streitfrage freilich aus grundrechtlicher Sicht, so gilt mutatis mutandis das oben Gesagte. Dass eine Beschwerde bestimmten Formalanforderungen entsprechen muss, ist grundrechtlich betrachtet noch nicht per se unzulässig; es darf dadurch nur nicht der Zugang zum Rechtsschutz unverhältnismäßig erschwert werden.[1675]

Auch verpflichtet Art 5 Abs 4 EMRK den Richter, der eine Haftbeschwerde prüft, nicht, auf jedes vom Bf vorgetragene Argument einzugehen, wenngleich – wie der EGMR feststellte – die Garantie ins Leere liefe, wenn der Richter konkrete Tatsachen als unerheblich behandeln oder außer Acht lassen könnte, die vom Bf vorgetragen, Zweifel daran begründen können, dass die wesentlichen Voraussetzungen für die „Rechtmäßigkeit" des Freiheitsentzugs vorliegen.[1676] Freilich verlangt auch der EGMR ein „konkretes" – man könnte wohl auch sagen: „substantiiertes" – Vorbringen. Inwieweit EGMR und OGH an die Konkretheit des Vorbringens einen ähnlichen Maßstab anlegen, kann freilich dahingestellt bleiben: Den grundrechtlichen Vorgaben wurde, wie schon dargelegt, bereits durch die Beschwerdemöglichkeit gegen Haftbeschlüsse entsprochen. So kritikwürdig das Vorgehen des OGH somit auch sein mag: Grundrechtliche Argumente stehen den vom OGH hergeleiteten Formalanforderungen nicht entgegen.

Freilich: Auch wenn die sinngemäße Anwendung der Nichtigkeitsgründe sowie die vom OGH gestellten Formalanforderungen nicht grundrechtswidrig sind, so darf dies doch nicht über eine andere Tatsache hinwegtäuschen. In beiden Fällen hält sich der OGH nämlich nicht an das einfache Gesetz bzw – um es anders zu formulieren – er wählt eine Auslegung, die vom Gesetzgeber so nicht intendiert war. Wie oben gezeigt,

1672 AB 852 BlgNR 18. GP 6.

1673 AB 852 BlgNR 18. GP 6.

1674 AB 852 BlgNR 18. GP 11.

1675 Meyer-Ladewig, EMRK, Art 5 Rz 52.

1676 EGMR 25.3.1999, 31 195/96, Nikolova gegen Bulgarien Z 69 = NJW 2000, 2883. Konkret prüfte das Gericht nur, ob der mit der Untersuchung beauftragte Beamte und der Staatsanwalt der Bf eine schwere vorsätzlich begangene Straftat iSd bulgarischen StGB zum Vorwurf gemacht hatten und ob ihr Gesundheitszustand eine Freilassung erforderte.

hatte der Gesetzgeber nämlich sehr wohl eine umfassende Grundrechtsprüfung intendiert und wollte bei der Beurteilung der Beschwerdeerfordernisse einen großzügigen Maßstab angelegt wissen. Mag die Auslegung des OGH somit zwar nicht für sich genommen grundrechtswidrig sein, so ändert dies nichts daran, dass er sich in methodisch unzulässiger Weise über die Vorgaben des Gesetzgebers hinwegesetzt.

b. Verhältnismäßigkeit

aa. Gebot der Verhältnismäßigkeit

Ein weiterer Aspekt der Rechtmäßigkeit einer Haft ist ihre Verhältnismäßigkeit. Nach Art 1 Abs 3 PersFrG darf der Freiheitsentzug nicht „zum Zweck der Maßnahme außer Verhältnis" stehen. § 173 Abs 1 StPO wiederholt dies auf einfachgesetzlicher Ebene.[1677] Art 5 EMRK enthält zwar kein explizites Verhältnismäßigkeitsgebot für Freiheitsbeschränkungen, es ist ihm nach hA und st Jud dennoch immanent.[1678]

Das Gebot der Verhältnismäßigkeit gilt aber nicht nur für die Haft an sich, sondern auch für die Haftdauer: Jeder Festgenommene oder Angehaltene hat Anspruch auf Aburteilung innerhalb angemessener Frist oder Freilassung während des Verfahrens (Art 5 Abs 3 EMRK; Art 5 Abs 1 PersFrG). Daraus folgt, neben dem Anspruch auf eine angemessene Haftdauer, auch das Recht auf eine vorrangige und beschleunigte Bearbeitung des Falls, also auf eine zügige Abwicklung des Verfahrens.[1679] Seit dem StPRG 2004 ist dieses Beschleunigungsgebot auch ausdrücklich als allgemeiner Grundsatz des Strafverfahrens in der StPO verankert (§ 9 leg cit).[1680]

Die Verhältnismäßigkeit der Haftdauer ist, wie sich noch zeigen wird, das zentrale Problem dieser Fallgruppe. Wie lange eine Haft dauern darf, um noch als angemessen zu gelten, lässt sich nämlich nicht so ohne weiteres beantworten.

bb. Judikatur des OGH

Der OGH prüft die **Verhältnismäßigkeit einer U-Haft** in nunmehr st Jud in zwei Schritten.[1681] Er nimmt zunächst eine Vertretbarkeitskon-

1677 S auch § 180 Abs 1 zweiter Satz StPO aF.

1678 Kopetzki, in: Korinek/Holoubek (Hrsg), Bundesverfassungsrecht, Art 1 PersFrG, Rz 64. S auch Korinek, in: Korinek/Kain (Gesamtred), Grundrechte 11 (17).

1679 MwN Kopetzki, in: Korinek/Holoubek (Hrsg), Bundesverfassungsrecht, Art 4, 5 PersFrG, Rz 25; Meyer-Ladewig, EMRK, Art 5 Rz 34.

1680 S auch § 177 Abs 1 StPO; § 193 Abs 1 StPO aF.

1681 OGH 15.5.2006, 13 Os 48/06t; 28.7.2006, 14 Os 77/06i.

trolle vor und fragt, ob der vom OLG gezogene Schluss auf ein ausgewogenes Verhältnis zur Bedeutung der Sache und der zu erwartenden Strafe vertretbar war.[1682]

In einem zweiten Schritt prüft er, ob das Beschleunigungsgebot beachtet wurde, also ob – so der OGH – die Gerichte alles ihnen Mögliche zur Abkürzung der Haft unternommen haben.[1683] Dabei berücksichtigt er, ob ein Fall besonders umfangreich oder schwierig gelagert ist; ein Organisationsverschulden des Staates kann eine Verzögerung des Verfahrens nicht rechtfertigen.[1684] Dies ist eine Abkehr zu seiner bisherigen Jud: Nach der älteren Rsp war das Beschleunigungsgebot nämlich nur dann verletzt, wenn dadurch die Gesamtdauer der Haft an sich unverhältnismäßig war.[1685] Nunmehr ist eine Verletzung des Beschleunigungsgebots unabhängig davon grundrechtsrelevant[1686].

Das Beschleunigungsgebot war etwa verletzt bei einer mehrmonatigen Vorbereitungszeit, um die Zustellung von Ladungen an Zeugen sicherzustellen, die in Österreich wohnen[1687] oder bei der Anberaumung einer HV, ohne die beantragten Zeugen und Sachverständigen zu laden[1688]. Eine Verletzung sah der OGH weiters darin, dass sich ein Verfahren wegen eines noch ausständigen Gutachtens verzögerte und das Gericht beim Sachverständigen nicht urgiert hatte.[1689]

Keine Grundrechtsverletzung ist es für den OGH hingegen, wenn das Beschwerdegericht in seiner E eine Verletzung des Beschleunigungsgebots feststellt, die Haft aber nicht aufhebt, sondern kompensatorisch beschleunigende Maßnahmen anordnet: Die Enthaftung sei in diesem Fall „nicht sachgerecht".[1690]

1682 OGH 28.7.2006, 14 Os 77/06i; 21.6.2007, 15 Os 69/07x; 5.7.2007, 12 Os 77/07a; 10.3.2008, 15 Os2 7/08x; 13.8.2008, 14 Os 108/08a; 4.6.2009, 14 Os 59/09x; 19.11.2009, 13 Os 122/09d; 15.12.2009, 14 Os 149/09g; 3.3.2010, 15 Os 15/10k; 30.3.2010, 14 Os 24/10a; 28.9.2010, 14 Os 107/10g.

1683 OGH 13.8.2008, 14 Os 108/08a.

1684 OGH 28.7.2006, 14 Os 77/06i (zur Urteilsausfertigung); 19.3.2007, 15 Os 24/07d; 19.4.2007, 14 Os 43/07s; 22.8.2007, 14 Os 106/07f; 27.5.2008, 14 Os 65/08b.

1685 OGH 24.6.2003, 11 Os 75/03.

1686 OGH 15.5.2006, 13 Os 48/06t; 28.7.2006, 14 Os 77/06i; 20.9.2006, 15 Os 98/06k; 19.11.2009, 13 Os 122/09d; 15.12.2009, 14 Os 149/09g; 17.6.2010, 13 Os 57/10x.

1687 OGH 22.8.2007, 14 Os 106/07f. S auch OGH 4.5.2005, 13 Os 46/05x.

1688 OGH 15.5.2006, 13 Os 48/06t.

1689 OGH 10.3.2008, 15 Os 27/08x. Der OGH beruft sich darin auf die Jud des EGMR, wonach die Arbeit eines Sachverständigen in einem Gerichtsverfahren vom Richter zu überwachen ist, der für die Vorbereitung und für die Durchführung des Verfahrens verantwortlich bleibt. In OGH 17.6.2010, 13 Os 57/10x war das Beschleunigungsgebot verletzt, weil die Stellungnahme der Staatsanwaltschaft über einen Enthaftungsantrag ohne ersichtlichen Grund erst am elften Tag nach Einlangen übermittelt wurde.

1690 OGH 13.8.2008, 14 Os 108/08a: Das OLG hatte zutreffend eine Verletzung des Beschleunigungsgebots erkannt, aber keine Enthaftung, sondern verfahrensbeschleunigende Maßnahmen angeordnet. Dieses Vorgehen war nach Auffassung des OGH zutreffend: Mehr

Prüft der OGH, ob die **Haftdauer** angemessen ist, so ist Bezugspunkt dafür das zu erwartende Strafmaß: Die Haftdauer ist erst dann unverhältnismäßig, wenn sie das zu erwartende Strafausmaß zweifelsfrei erreicht hat oder das zu erwartende Strafmaß „nicht unbeträchtlich überschreitet“[1691].[1692] Liegt bereits ein Urteil erster Instanz vor, dann ist das dort verhängte Strafmaß eine Richtschnur.[1693] Ob, in welchem Umfang und wann die zu vollziehende Strafe zukünftig tatsächlich vollzogen wird, ist für den OGH hingegen irrelevant.[1694] Die noch in 14 Os 30/94 vertretene Auffassung, wonach auf die „realistischerweise voraussichtlich“ zu erwartenden Strafbemessung abzustellen war[1695], bezeichnete der OGH selbst als überholt.[1696] Bedeutungslos ist somit, ob eine bedingte Strafnachsicht zu erwarten ist[1697] oder ob die Voraussetzungen einer bedingten Entlassung gegeben wären.[1698] Diese Möglichkeiten könnten nämlich – so der OGH – antizipativ nicht beurteilt werden.[1699] Erheblich war für den OGH hingegen, dass wegen der Anwendung jugendstrafrechtlicher Bestimmungen überhaupt keine Strafe zu erwarten ist.[1700]

Aus diesen strengen Kriterien folgt, dass der OGH praktisch kaum jemals eine Haftdauer als unverhältnismäßig qualifiziert.[1701]

Ist die Haft an sich oder die Haftdauer unverhältnismäßig, so hebt der OGH den angefochtenen Beschluss auf. Wird das Beschleunigungsgebot verletzt, so führt dies für sich genommen noch nicht zwangsläufig zur Enthaftung des Bf.[1702]

---

als Feststellung und Anordnung „kompensatorisch beschleunigender Maßnahmen“ standen dem OLG nicht zur Verfügung, weil – so der OGH die Enthaftung „nicht sachgerecht“ war. S auch OGH 19.4.2007, 14 Os 43/07s; 17.6.2010, 13 Os 57/10x.

1691 OGH 9.2.1993, 12 Os 15/93.

1692 OGH 15.4.1993, 15 Os 60/93. S auch OGH 1.9.2005, 15 Os 89/05k. Verhältnismäßig war darum etwa die Haftdauer von vier Monaten bei einer Strafdrohung von sechs Monaten bis zu fünf Jahren. Außerdem berücksichtigte der OGH die vom Erstgericht verhängte Freiheitsstrafe von zehn Monaten.

1693 OGH 10.10.2001, 13 Os 130/01; 16.1.2003, 15 Os 160/02; 1.10.2010, 14 Os 133/10f; 30.3.2010, 14 Os 24/10a.

1694 OGH 16.1.2003, 15 Os 160/02.

1695 OGH 8.3.1994, 14 Os 30/94. Dazu auch Soyer, AnwBl 1994/4743, 536.

1696 OGH 10.10.2001, 13 Os 130/01; 27.3.2002, 13 Os 29/02; 9.9.2002, 13 Os 109/02.

1697 OGH 7.10.2004, 15 Os 117/04; 9.1.2006, 14 Os 141/05z.

1698 OGH 10.8.2000, 15 Os 110/00; 27.6.2001, 13 Os 81/01; 10.10.2001, 13 Os 130/01; 6.12.2001, 12 Os 93/01; 27.3.2002, 13 Os 29/02; 26.6.2002, 13 Os 76/02; 16.1.2003, 15 Os 160/02.

1699 OGH 9.9.2002, 13 Os 109/02.

1700 OGH 23.7.2003, 13 Os 92/03.

1701 OGH 23.7.2003, 13 Os 92/03.

1702 OGH 19.4.2007, 14 Os 43/07s; 27.5.2008, 14 Os 65/08b; 17.6.2010, 13 Os 57/10x. S auch OGH 13.8.2008, 14 Os 108/08a, wonach auch das Beschwerdegericht den grundrechtswidrigen Beschluss nicht aufheben muss. Anders: OGH 22.8.2007; 14 Os 106/07f.

cc. Judikatur des EGMR

Der EGMR hat es stets vermieden, die angemessene Haftdauer in abstrakt gültigen Zahlen zu beschreiben, sondern er stellt auf die spezifischen Umstände des Einzelfalls ab. Aus diesem Grund kann ein und dieselbe Haftdauer in einem Fall zulässig, im anderen dagegen konventionswidrig sein.[1703]

Prüft der EGMR die Verhältnismäßigkeit einer Haftdauer, dann verwendet er dafür – anders als noch die EKMR[1704] – keinen fixen Kriterienkatalog[1705], sondern er nimmt eine Interessenabwägung vor: Es sind alle Umstände zu prüfen, die für oder gegen das Vorliegen eines echten Erfordernisses des öffentlichen Interesses sprechen, und die es rechtfertigen, unter gebührender Bedachtnahme auf den Grundsatz der Unschuldsvermutung von der Grundregel der persönlichen Freiheit abzugehen.[1706] Die für die Haft sprechenden Gründe müssen dabei umso schwerer wiegen, je länger die Haft dauert.[1707] Dass der Betroffene der Begehung einer schweren Tat beschuldigt wird oder dass möglicherweise eine strenge Strafe verhängt werden könnte, vermag für sich genommen die Dauer der Haft noch nicht zu rechtfertigen.[1708]

Außerdem prüft der EGMR, ob die Gerichte bei der Führung des Verfahrens eine besondere Sorgfalt („special diligence“) an den Tag gelegt haben.[1709] Er berücksichtigt dabei ua die Komplexität eines Falls: Ist er nämlich besonders kompliziert, verlangt er uU sogar Ermittlungen im Rechtshilfeweg und sind eine große Anzahl von Zeugen zu laden, dann ist dies bei der Beurteilung der Haftdauer zu berücksichtigen.[1710] Außerdem berücksichtigt der EGMR die Besonderheiten, die sich ergeben kön-

1703 Für einen Überblick und Vergleich s Reindl, Untersuchungshaft 121 ff.

1704 S dazu EGMR 27.6.1968, 2122/64, Wemhoff gegen Deutschland. Ebenso dazu Reindl, Untersuchungshaft 122 f.

1705 Grabenwarter, EMRK^4 § 21 Rz 31.

1706 MwN Grabenwarter, EMRK^4 § 21 Rz 31. EGMR 26.10.2000, 30 210/96, Kudla gegen Polen Z 110 = ÖJZ 2001/28; 2.12.2003, 53 129/99, Imre gegen Ungarn Z 41: „Continued detention can be justified in a given case only if there are specific indications of a genuine requirement of public interest which, notwithstanding the presumption of innocence, outweighs the rule of respect for individual liberty laid down in Article 5 of the Convention“. Ebenso EGMR 12.12.1991, 11 894/85, Toth gegen Österreich, Z 67 = ÖJZ 1992/9a; 30.10.2003, 38 654/97, Goral gegen Polen Z 64; 29.7.2004, 49 746/99, Cevizovic gegen Deutschland; 26.4.2005, 49 929/99, Chodecki gegen Polen.

1707 Kopetzki, in: Korinek/Holoubek (Hrsg), Bundesverfassungsrecht, Art 4, 5 PersFrG, Rz 24.

1708 EGMR 27.8.1992, 12 850/87, Tomasi gegen Frankreich Z 44 = ÖJZ 1993/6.

1709 EGMR 28.3.1990, 11 968/86, B gegen Österreich Z 42 = ÖJZ 1990/12; 12.12.1991, 11 894/85, Toth gegen Österreich Z 67 = ÖJZ 1992/9a.

1710 EGMR 28.3.1990, 11 968/86, B gegen Österreich Z 45 = ÖJZ 1990/12. S auch EGMR 27.6.1968, 2122/64, Wemhoff gegen Deutschland.

nen, wenn Straftaten im Zusammenhang mit organisierter Kriminalität oder terroristischen Vereinigungen aufgeklärt werden sollen.[1711] Ein Organisationsverschulden des Staates kann eine lange Haftdauer hingegen nicht rechtfertigen[1712]: Grundrechtswidrig war es darum, dass die Haftdauer durch das Hin- und Herübermitteln von Akten bedingt war. Die Verzögerungen hätten nämlich durch eine Kopie des Akts hintangehalten werden können.[1713]

Dies verdeutlich schließlich auch, dass dem sog Beschleunigungsgebot in der Straßburger Jud ein eigenständiger Bedeutungsgehalt zukommt: Nach der Jud des EGMR soll Art 5 Abs 3 EGMR ungerechtfertigte Verzögerungen bzw Untätigkeit der Behörden hintanhalten. Eine solche unzulässige Verzögerung kann aber auch dann vorliegen, wenn die Haftdauer an sich – betrachtet nach den oberstgerichtlichen Maßstäben – (noch) nicht unverhältnismäßig ist.

dd. Würdigung

Der zentrale Problembereich betrifft, wie eingangs bereits gesagt, die Verhältnismäßigkeit der Haftdauer. Zwar war die ältere Jud des OGH auch im Hinblick auf das **Beschleunigungsgebot** in grundrechtlicher Sicht problematisch – wie gezeigt war früher das Beschleunigungsgebot nur verletzt, wenn die Haft an sich unverhältnismäßig war –, nunmehr aber erkennt er zutreffend, dass der Anspruch auf Beschleunigung selbständig und unabhängig von den übrigen Aspekten der Angemessenheit besteht.

Nach wie vor grundrechtlich bedenklich ist es jedoch, dass der OGH eine **Haftdauer** erst dann für unverhältnismäßig hält, wenn sie die Höhe der zu erwartenden Strafe erreicht.[1714]

Mit der Unschuldsvermutung lässt sich diese Auffassung nur schwer vereinbaren.[1715] Es kommt nämlich im Ergebnis zu einer Gleichstellung zwischen einem Schuldigen und einem nicht verurteilten Untersuchungshäftling.[1716] Auch übersieht diese Auffassung, dass die zu erwartende Stra-

1711 ZB EGMR 26.10.2006, 65 655/01, Chraidi gegen Deutschland.

1712 S auch Herzog, AöR 1961, 194 (227).

1713 EGMR 12.12.1991, 11 894/85, Toth gegen Österreich Z 78 = ÖJZ 1992/9a. S auch EGMR 10.11.2005, 65 745/01, Dzelili gegen Deutschland: Die Verzögerung des Verfahrens durch die Krankheit beider Schöffinnen wäre durch die Nennung eines zweiten Ersatzmitglieds vermeidbar gewesen.

1714 Krit Graff, ÖJZ 1993, 273 (274).

1715 Reindl, Untersuchungshaft 130 f; Schneider, AnwBl 1990, 223 (225). Zust Kier/Soyer, JSt 2003, 203 (205 f).

1716 So auch Kopetzki, in: Korinek/Holoubek (Hrsg), Bundesverfassungsrecht, Art 4, 5 PersFrG, Rz 29; Soyer, AnwBl 1994/4744, 537 (538); Venier, Untersuchungshaft 114 f.

fe nicht das einzige Kriterium für die Angemessenheit der Haftdauer ist.[1717]

Im Schrifttum wurden stattdessen verschiedene Alternativmodelle zur Beurteilung der Verhältnismäßigkeit vorgeschlagen. Nach wohl hA muss der Unterschied zur Strafhaft erkennbar und nicht nur minimal sein, weswegen die Haftdauer hinter der zu erwartenden Strafe *erheblich* zurückzubleiben hat.[1718] Als Richtwert für die Obergrenze der U-Haft nennt REINDL zwei Drittel bis drei Viertel, SCHNEIDER 75 % der zu erwartenden Strafe[1719]. Jenseits dieser Grenze soll die U-Haft jedenfalls unangemessen sein. Aber auch wenn die Haftdauer unterhalb dieser Grenze bleibt, kann sie unverhältnismäßig sein, nämlich dann, wenn sich dies aus den Umständen des Einzelfalls ergibt.[1720]

Offen bleibt nun freilich einmal mehr, welche Grundsätze bei Beantwortung dieser Frage in grundrechtlicher Hinsicht zu beachten sind.

Fest steht, dass – auch nach der Jud des EGMR – die U-Haft keinesfalls die Freiheitsstrafe vorwegnehmen darf.[1721] Schon dies spricht dafür, dass die Dauer der U-Haft hinter der zu erwartenden Strafe jedenfalls *zurückbleiben* muss. Noch nicht gesagt ist damit freilich, *wie weit* sie dahinter zurückbleiben muss.

Der EGMR hat festgestellt, dass die Möglichkeit der Verhängung einer strengen Strafe nach Ablauf einer bestimmten Zeit nicht ausreicht, um die lange U-Haft zu rechtfertigen.[1722] Dies bedeutet zweierlei: Erstens kann die Höhe der Strafe die Dauer der U-Haft für sich genommen nicht rechtfertigen. Zweitens aber können andere, besonders wichtige Gründe vorliegen, die eine besonders lange Dauer der U-Haft rechtfertigen.

Eine exakte Grenze, wie weit die Haftdauer hinter dem zu erwartenden Strafmaß zurückbleiben muss, ergibt sich daraus noch nicht. Da freilich die Gründe für die Haft umso gewichtiger sein müssen, je länger die Haft andauert und dabei stets auch die Unschuldsvermutung zu berücksichtigen ist, muss die Dauer der U-Haft im Regelfall – mangels Vorlie-

1717 KOPETZKI, in: Korinek/Holoubek (Hrsg), Bundesverfassungsrecht, Art 4, 5 PersFrG, Rz 29.

1718 Ähnlich PLATZGUMMER, Strafverfahren^8 127. Nach HERZOG, AöR 1961, 194 (228) findet die U-Haft ihre unübersteigbare Schranke dort, wo sie die Dauer der nach den Umständen des Einzelfalles zu erwartenden Strafe übersteigt. MwN KOPETZKI, in: Korinek/Holoubek (Hrsg), Bundesverfassungsrecht, Art 4, 5 PersFrG, Rz 29. S zu den Standpunkten auch. GRAFF, AnwBl 1993/4440, 339.

1719 REINDL, Untersuchungshaft 131; SCHNEIDER, AnwBl 1990, 223 (224 f). Zust VENIER, Untersuchungshaft 187.

1720 Dazu VENIER, Untersuchungshaft 148. S dazu auch SCHWAIGHOFER, FS-Klecatsky 686 f.

1721 EGMR 27.8.1992, 12 850/87, Tomasi gegen Frankreich Z 91 = ÖJZ 1993/6.

1722 EGMR 28.3.1990, 11 968/86, B gegen Österreich Z 44 = ÖJZ 1990/12.

gens derartiger Gründe – erheblich hinter dem zu erwartenden Strafmaß zurückbleiben. Ob diese Grenze aber nun tatsächlich bei 75 % der zu erwartenden Strafe zu ziehen ist, lässt sich weder aus der Konvention noch aus der Jud des EGMR ableiten. Berücksichtigt man nämlich, dass der EGMR eine Abwägung aller Interessen vornimmt, dann ist – zumindest theoretisch – nicht von vornherein ausgeschlossen, dass in einem besonders gelagerten Fall die Gründe für die Haft gegenüber den Interessen des Besch derart gewichtig sind, dass die Haft die 75%-Grenze auch überschreiten könnte.

Zusammenfassend ergibt sich somit: Die Jud des OGH zur Verhältnismäßigkeit der Haftdauer entspricht den grundrechtlichen Anforderungen nicht. Das zu erwartende Strafmaß ist für sich genommen kein geeignetes Kriterium zur Bestimmung der Verhältnismäßigkeit. Die U-Haft muss jedenfalls hinter dem zu erwartenden Strafmaß zurückbleiben, weil andernfalls der Unschuldsvermutung nicht hinreichend Rechnung getragen wird. Da bei längerer U-Haft auch gewichtigere Gründe vorliegen müssen, wird die Haftdauer im Regelfall erheblich hinter der zu erwartenden Strafe zurückbleiben, eine zahlenmäßige Grenzziehung mag zwar aus praktischen Überlegungen zu begrüßen sein, grundrechtlich geboten ist sie aber nicht.

c. *Sonstige unrichtige Anwendung des Gesetzes*

aa. Problemstellung

Das Grundrecht auf persönliche Freiheit ist schließlich – und damit ist die letzte in der StPO genannte Fallgruppe angesprochen – auch dann verletzt, wenn bei einer Festnahme oder Anhaltung das Gesetz sonst unrichtig angewendet wurde (§ 2 Abs 1 GRBG). Dies entspricht im Wesentlichen Art 5 Abs 1 EMRK und Art 2 Abs 1 PersFrG, wonach die persönliche Freiheit nur auf die „gesetzlich vorgeschriebene Weise“ entzogen werden darf. Damit verweisen die verfassungsrechtlichen Normen auf die einfachgesetzlichen Bestimmungen zu Festnahme und Anhaltung. Offen ist freilich, ob tatsächlich jede Gesetzwidrigkeit automatisch eine Grundrechtswidrigkeit ist oder ob die „gesetzlich vorgeschriebene Weise“ nur bestimmte Gesetzesverletzungen betrifft.

bb. Judikatur des OGH

Der OGH stellte 1993 fest, dass jede Verletzung einer einfachgesetzlichen Vorschrift, „die das Grundrecht auf persönliche Freiheit berührt“[1723]

[1723] OGH 1.2.1993, 13 Os 16/93.

eine Grundrechtsverletzung darstellt, er setzte damit aber keineswegs Gesetzes- mit Grundrechtswidrigkeit gleich. Entscheidend war vielmehr, ob das Grundrecht durch die Gesetzesverletzung „berührt" wurde und damit ein „sachkausaler Konnex"[1724] zwischen Gesetzesverstoß und Haft bestand.

Die ältere Jud sah einen solchen Konnex nur selten als gegeben an: Dass ein Besch erst vier Monate nach Verhängung der U-Haft ausführlich zu allen Anschuldigungen vernommen wurde und nicht, wie gesetzlich vorgesehen, vor Verhängung der Haft, war nach Auffassung des OGH „für sich allein nach Lage des Falles noch keine Grundrechtsverletzung".[1725] Auch die Verhängung der U-Haft durch einen Richteramtsanwärter wertete er – wenn auch obiter – nicht als Grundrechtsverletzung, weil sie in keinem sachkausalen Konnex mit der Gesetzesverletzung stehe.[1726] Eine Grundrechtsverletzung und nicht nur „bloße Formwidrigkeit" war hingegen die Verhängung der U-Haft ohne Antrag des Staatsanwalts.[1727]

Keine Grundrechtsverletzung lag für den OGH vor, als eine U-Haft nicht fristgerecht verhängt wurde: Nach damaliger Rechtslage war jeder Festgenommene längstens binnen 48 Stunden nach seiner Einlieferung zu vernehmen und der U-Richter hatte längstens binnen 48 Stunden nach Einlieferung über die Verhängung der U-Haft zu entscheiden.[1728] Im konkreten Fall wurde die Vernehmung zwar vor Ablauf der 48-Stunden-Frist begonnen – und zwar 50 Minuten vor Fristablauf –, sie musste aber unterbrochen werden, weil sich der Besch mit seinem Verteidiger besprechen wollte und anschließend der Verhörbereich geschlossen wurde. Erst am nächsten Morgen setzte die U-Richterin die Vernehmung fort und verhängte die U-Haft. Nach Auffassung des OGH waren bloße „manipulativ und organisatorisch bedingte kurze Fristüberschreitungen", die weniger als 24 Stunden waren und „überwiegend der Erholung und der Nachtruhe" dienten, keine Grundrechtsverletzung.[1729]

Keine einheitliche Linie verfolgte der OGH zu nicht zeitgerecht gefassten Verlängerungsbeschlüssen.[1730] Einerseits meinte er, dass nach Ab-

---

1724 OGH 27.5.1993, 12 Os 65/93.

1725 OGH 17.2.1993, 13 Os 18/93 = JBl 1994, 124. Was mit der „ausführlichen" Vernehmung gemeint ist, geht freilich nicht klar hervor. Aber auch wenn der Besch zwar vernommen, nicht aber ausführlich vernommen worden wäre, so wäre den Garantien damit ebenfalls nicht entsprochen worden.

1726 OGH 27.5.1993, 12 Os 65/93. In diesem Fall liegt freilich gar kein anfechtbarer richterlicher Akt vor.

1727 OGH 29.10.1997, 14 Os 139/97.

1728 § 179 StPO aF. S nunmehr § 174 Abs 1 StPO.

1729 OGH 31.10.1995, 13 Os 147/95. S dazu auch Bertel, JBl 1996, 671.

1730 Das sind richterliche Beschlüsse, mit denen die U-Haft fortgesetzt wird. Der Beschluss auf Verhängung der U-Haft ist durch die erste Haftfrist begrenzt und beträgt 14 Tage ab Verhängung (§ 175 Abs 2 Z 1 StPO).

lauf der Haftfrist ohne zuvor für zulässig erklärter längerer Dauer der Haft jede Haft eine (grund-)rechtswidrige sei und der Beschluss aufzuheben sei.[1731] Andererseits fand er, dass es bestimmte Gründe zulässig machen, den Verlängerungsbeschluss auch nach Fristende zu fassen.[1732] Die Möglichkeit einer Entscheidung nach Ablauf der Haftfrist sei unter Berücksichtigung der Gegebenheiten des konkreten Falles zeitlich eng begrenzt und müsse an einer „gewissenhaften und expeditiven Sachbearbeitung" orientiert sein.[1733] Erst bei einer Verzögerung, die nicht nach diesen Grundsätzen noch toleriert werden könnte, entspreche die Anhaltung nicht der gesetzlich vorgeschriebenen Weise und wäre gesetzwidrig[1734].

War in einem Beschluss nicht hinreichend begründet, dass ein dringender Tatverdacht vorliegt, so war dies nicht grundrechtswidrig. Allerdings behob der OGH den Beschluss und trug dem Untergericht die neuerliche Entscheidung auf. [1735]

Wurde die Haft durch ein sachlich unzuständiges Gericht verhängt, so war dies in einem Fall grundrechtswidrig, im anderen wiederum nicht.[1736]

Keine Grundrechtsverletzung war es – bezogen auf die alte Rechtslage –, dass ein örtlich unzuständiges Gericht über die U-Haft entschied: Da nämlich Untersuchungshandlungen wegen der örtlichen Unzuständigkeit eines Gerichts allein noch nicht ungültig sind[1737], könne aus der Haftentscheidung eines örtlich unzuständigen Gerichts auch keine Grundrechtsverletzung abgeleitet werden.[1738]

In seiner jüngeren Jud hat der OGH nunmehr eine weniger restriktive Linie eingeschlagen.[1739] Wird der Besch vor Verhängung der U-Haft

---

1731 OGH 4.2.1993, 15 Os 14/93.

1732 S dazu OGH 1.2.1993, 13 Os 16/93: Solche Gründe sind es, wenn die Akten vom Erstgericht verspätet vorgelegt wurden, wenn sie trotz zeitgerechter Abfertigung verspätet beim OLG einlangen oder die Entscheidung beim OLG selbst eine Verzögerung erfährt.

1733 OGH 11.3.1993, 12 Os 19/93.

1734 OGH 1.2.1993, 13 Os 16/93. Die Voraussetzungen lagen nicht vor in OGH 19.5. 1993, 15 Os 82/93.

1735 OGH 30.8.1993, 14 Os 137/93. Mit Kritik von Venier, ÖJZ 1994, 798 (801).

1736 OGH 13.4.1994, 13 Os 63/94: Nach dem StPÄG 1993 entschied über Enthaftungsanträge nicht mehr die Ratskammer, sondern der U-Richter. Im konkreten Fall hatte dennoch die Ratskammer über den Enthaftungsantrag entschieden. Bei dieser Verfahrenslage hätte, so der OGH, das OLG nicht in der Sache selbst entscheiden dürfen. S aber OGH 29.6.1995, 15 Os 92/95: Hier wurde die U-Haft nicht durch den sachlich zuständigen Bezirksrichter, sondern durch den Journalrichter des LG verhängt. Der OGH stellte fest, dass die materiellen Voraussetzungen für die Haft vorlagen, die Entscheidung durch ein übergeordnetes, aber sachlich unzuständiges Gericht war keine Grundrechtsverletzung.

1737 §§ 64 Abs 2, 66 StPO aF.

1738 OGH 9.6.1994, 11 Os 74/94; 15.5.1996, 11 Os 68/96.

1739 S jüngst OGH 7.7.2009, 14 Os 60/09v.

nicht vernommen, so ist dies kein bloßer Formfehler: § 174 Abs 1 erster Satz StPO ist „eine für die Verhängung der Untersuchungshaft grundlegende Verfahrensvorschrift [...], deren Verletzung das Grundrecht auf persönliche Freiheit substantiell berührt".[1740] Ist die Vernehmung faktisch nicht möglich – etwa weil der Besch unter Medikamenteneinfluss steht –, so ist dem verfassungsrechtlichen Gebot des Art 4 Abs 3 PersFrG dadurch Rechnung zu tragen, dass der Festgenommene „zum ehest möglichen Zeitpunkt nach Wiedereintritt seiner Vernehmungsfähigkeit vernommen wird".

Grundrechtswidrig war es weiters, wenn dem Besch nicht mitgeteilt wurde, dass sich die Haftgründe geändert haben. Die grundrechtlich fundierten Informationsrechte, wonach der Verhaftete innerhalb kurzer Zeit nach der Festnahme über die Gründe seiner Festnahme und die gegen ihn erhobenen Anschuldigungen zu vernehmen ist, erstrecke sich auch auf die richterliche Prüfung der Fortdauer der Haft: Ändern sich die Haftgründe, so ist dies dem Festgenommenen mitzuteilen, damit er seine Verteidigung auf die neue Sachlage einstellen kann.[1741]

Schließlich ist es nach der Jud auch grundrechtswidrig, wenn die U-Haft aufrechterhalten wird, obwohl die in § 178 Abs 1 StPO festgelegte Höchstdauer bereits erreicht ist. Zwar können diese Höchstfristen unter bestimmten Voraussetzungen gem Abs 2 leg cit überschritten werden, liegen diese Voraussetzungen aber tatsächlich gar nicht vor, so ist das Grundrecht verletzt und der Beschluss ist aufzuheben.[1742]

cc. Judikatur des EGMR

Wie der EGMR in st Jud feststellt, verweist die EMRK mit der gesetzlich vorgeschriebenen Weise auf das innerstaatliche Recht. Ein Freiheitsentzug muss somit den materiellen und formellen Vorschriften des nationalen Rechts entsprechen.[1743] Außerdem müsse jeder Freiheitsentzug mit dem Zweck des Art 5 EMRK, nämlich den Einzelnen vor Willkür zu schützen, im Einklang stehen.[1744] Dem EGMR verbleibt somit hinsicht-

---

1740 OGH 1.10.2008, 11 Os 140/08k. S aber OGH 17.2.1993, 13 Os 18/93.

1741 OGH 29.7.2005, 14 Os 76/05s.

1742 OGH 19.10.2000, 15 Os 143, 144/00; 5.7.2007 12 Os 77/07a (der Beschluss war hier freilich nicht aufzuheben, weil der Bf bereits enthaftet worden war).

1743 EGMR 12.10.1999, 25 277/94 ua, Perks ua gegen Vereinigtes Königreich: Die EMRK verweist auf das innerstaatliche Recht und verpflichtet, den materiellen und formellen Bestimmungen zu entsprechen. EGMR 24.11.1994, 17 621/91, Kemmache gegen Frankreich = ÖJZ 1995/27: Rechtmäßigkeit verlangt die Übereinstimmung mit den materiellen Vorschriften und mit den Verfahrensvorschriften des innerstaatlichen Rechts, aber auch mit dem Zweck des Art 5 Abs 1 EMRK, den Einzelnen vor Willkür zu schützen.

1744 EGMR 18.12.1986, 9990/82, Bozano gegen Frankreich Z 54 = NJW 1987, 3066; 24.11.1994, 17 621/91, Kemmache gegen Frankreich Z 42 = ÖJZ 1995/27; 10.6.1996, 19 380/92, Benham gegen Vereinigtes Königreich Z 40 = ÖJZ 1996/36; 27.11.1997, 25 lich des nationalen Rechts „eine gewisse Überprüfungskompetenz".[1745] In der konkreten Auslegung des innerstaatlichen Rechts ist der EGMR dann freilich sehr zurückhaltend:[1746] Es sei in erster Linie Aufgabe der Behörden und Gerichte, das innerstaatliche Recht auszulegen und anzuwenden.[1747] Sie seien auch besser in der Lage, die Einhaltung der innerstaatlichen Rechtsvorschriften zu überprüfen.[1748]

Somit verpflichtet nach Auffassung des EGMR Art 5 EMRK zwar, auch den materiellen und verfahrensrechtlichen Vorschriften des innerstaatlichen Rechts zu entsprechen, durch seine Zurückhaltung greift der Gerichtshof aber freilich im Ergebnis nur sehr grobe Verstöße auf.[1749] Damit läuft die Prüfung im Ergebnis auf eine Willkürprüfung hinaus.[1750]

dd. Judikatur des VfGH

Nach der Prüfungsformel des VfGH[1751] verletzt ein Bescheid das Recht auf persönliche Freiheit, „wenn er gegen die verfassungsgesetzlich festgelegten Erfordernisse der Festnahme bzw Anhaltung verstößt, wenn er in Anwendung eines verfassungswidrigen, insbesondere den genannten Verfassungsvorschriften widersprechenden Gesetzes, wenn er gesetzlos oder in denkunmöglicher Anwendung einer verfassungsrechtlich unbedenklichen Rechtsgrundlage ergangen ist, ein Fall, der nur dann vorläge, wenn die Behörde einen so schweren Fehler begangen hätte, dass dieser mit Gesetzlosigkeit auf eine Stufe zu stellen wäre".[1752] Die Verletzung von verfas-

629/94, K-F gegen Deutschland Z 63 = NJW 1999, 775; 12.10.1999, 25 277/94 ua, Perks ua gegen Vereinigtes Königreich; 24.3.2005, 77 909/01, Epple gegen Deutschland Z 33 = NVwZ 2006, 797.

1745 EGMR 24.11.1994, 17 621/91, Kemmache gegen Frankreich = ÖJZ 1995/27; 4.8. 1999, 31 464/96, Douiyeb gegen die Niederlande.

1746 Frowein/Peukert, EMRK[3] Art 5 Rz 27 ff.

1747 EGMR 24.11.1994, 17 621/91, Kemmache gegen Frankreich = ÖJZ 1995/27; 24.3. 2005, 77 909/01, Epple gegen Deutschland Z 38 = NvWZ 2006, 797.

1748 EGMR 27.11.1997, 25 629/94, K-F gegen Deutschland Z 67= NJW 1999, 775.

1749 Reindl, Untersuchungshaft 42 ff. In der Rs K-F gegen Deutschland (Nachweis s FN 1748) war fraglich, ob die Dauer der Anhaltung zulässig war. Während der EGMR sonst mit den Zeiteinheiten des Art 5 Abs 3 EMRK operiert, der die „unverzügliche richterliche Vorführung" und die Aburteilung innerhalb „angemessener Frist" vorsieht, operierte er diesmal mit den nationalen Vorgaben. Da die dt StPO eine 12-Stunden-Frist für Freiheitsentziehungen zur Identitätsfeststellung vorsah, sah der EGMR darin eine Konventionsverletzung. Dazu Eiffler, NJW 1999, 762 (763).

1750 Bertel, Grundlagen, in: Korinek/Kain (Gesamtred), Grundrechte 23 (26); Trechsel, EuGRZ 1980, 514 (520).

1751 Vgl zur Rsp vor Inkrafttreten des PersFrG 1988 Funk/Gimpel-Hinteregger, EuGRZ 1985, 1 (13). Zur Entwicklung der Jud Morscher, EuGRZ 1997, 133 (135 f). S auch Davy, ZfV 1992, 14 (19).

1752 VfSlg 13 708/1994; 15 131/998; 15 372/1998; 15 684/1999; 16 384/2001; 17 119/ 2004; 17 288/2004; 18 081/2007; 18 145/2007; 18 946/2009.

sungsrechtlichen Normen über Festnahme und Anhaltung ist somit auch nach der verfassungsgerichtlichen Jud grundrechtswidrig.[1753]

Dementsprechend ist das Grundrecht verletzt, wenn die Informationsrechte nicht eingehalten werden,[1754] keine Verhältnismäßigkeitsprüfung vorgenommen wird,[1755] oder eine Festnahme erfolgt, obwohl die Voraussetzungen für einen Freiheitsentzug gar nicht vorliegen.[1756] Grundrechtswidrig ist es auch, wenn die Haft länger dauert als zulässig.[1757] Eine Grundrechtsverletzung ist es außerdem, wenn die Entscheidung über eine Haftbeschwerde nicht fristgemäß iSd Art 6 PersFrG, also nicht längstens binnen einer Woche ergeht.[1758]

Darüber hinaus sind für den VfGH nicht jegliche, sondern nur solche Rechtsverletzungen grundrechtsrelevant, die sich auf eine denkunmögliche Anwendung des Gesetzes zurückführen lassen. Verständigt etwa die Beh den in Schubhaft gehaltenen Bf erst nach Ablauf der gesetzlich vorgesehenen regulären Haftfrist – und nicht wie im Gesetz vorgesehen „unverzüglich" – davon, dass die Haft noch länger aufrecht erhalten werde, so ist dies grundrechtswidrig.[1759] Die Auslegung der Beh war mit Gesetzlosigkeit gleichzusetzen, wobei der VfGH außerdem feststellte, dass dieses Inkenntnissetzen nicht nur informativen Charakter hatte, sondern ein wesentliches Element des Rechtsschutzsystems sei.

ee. Würdigung

Aus grundrechtlicher Sicht gewichtige Fragestellungen wirft der Umgang des OGH mit sonstigen Rechtsverletzungen auf. In concreto geht es darum, ob jede einfachgesetzliche Rechtsverletzung im Zusammenhang mit einer Verhaftung oder Anhaltung zugleich auch eine Grundrechtswidrigkeit darstellt.

Die grundrechtlichen Bestimmungen scheinen dies zunächst nahezulegen: Die Freiheit darf gem Art 5 EMRK nur auf die „gesetzlich vorge-

1753 Kopetzki, in: Korinek/Holoubek (Hrsg), Bundesverfassungsrecht, Art 1 PersFrG, Rz 54.

1754 VfSlg 13 914/1994.

1755 VfSlg 17 288/2004.

1756 VfSlg 11 335/1987; 11 568/1987; 12 454/1990; 13 108/1992; 13 913/1994; 15 372/1998.

1757 VfSlg 15 131/1998.

1758 VfSlg 13 893/1994; 18 081/2007, in diesem Fall stellt der VfGH die Grundrechtswidrigkeit nur fest: Durch eine Aufhebung werde nämlich die Rechtsverletzung nicht beseitigt, sondern nur verschärft, weil der Ersatzbescheid noch später erginge. S auch VfSlg 18 014/2006.

1759 VfSlg 13 806/1994.

schriebene Weise" entzogen werden, womit die Konvention auf das innerstaatliche Recht verweist.[1760] Eine entsprechende Bestimmung enthält auch Art 1 Abs 2 PersFrG: Niemand darf „auf eine andere als die gesetzlich vorgeschriebene Weise festgenommen oder angehalten werden". Beide Bestimmungen verpflichten somit erstens den einfachen Gesetzgeber dazu, entsprechende Normen zu Festnahme und Anhaltung zu erlassen und verpflichten zweitens die Vollziehung, diese Gesetze zu beachten.[1761]

Dass nun die Missachtung solcher Verfahrensbestimmungen, die ihre Grundlage – auch – in der Verfassung haben, das Grundrecht auf persönliche Freiheit verletzt, darüber besteht weitestgehend Einigkeit.[1762] Fraglich ist jedoch, ob es das Grundrecht auch dann verletzt, wenn andere, also „nur" einfachgesetzlich vorgesehene Vorschriften betreffend Festnahme und Anhaltung verletzt werden. MaW: Ist die „Wahrung der Gesetzmäßigkeit durch die auf das einfachgesetzliche Recht verweisende Bestimmung des PersFrG selbst zum Bestandteil der Grundrechtsgarantie geworden"?[1763]

Das Schrifttum bejaht dieses Frage großteils,[1764] relativiert dies aber insoweit, als kleinere Ordnungswidrigkeiten – etwa das Fehlen des Datums in einem Haftbeschluss – noch nicht grundrechtswidrig sein sollen. Die Verletzung von Vorschriften, die keine für den Freiheitsentzug „tragende Bedeutung" haben, soll das Grundrecht nicht verletzen[1765]. Abgesehen davon aber soll das Grundrecht auf persönliche Freiheit immer dann verletzt sein, wenn die Freiheit nicht auf die gesetzlich vorgeschriebene Weise entzogen wird.[1766]

Dies ist mE auch zutreffend: Verweist die EMRK auf die gesetzlich vorgeschriebene Weise, dann muss deren Verletzung eine Grundrechtswidrigkeit darstellen. Dass kleinere Ordnungswidrigkeiten nicht darunter

1760 So auch der EGMR 18.12.1986, 9990/82, Bozano gegen Frankreich = NJW 1987, 3066; 24.11.1994, 17 621/91, Kemmache gegen Frankreich = ÖJZ 1995/27; 10.6.1996, 19 380/92, Benham gegen Vereinigtes Königreich = ÖJZ 1996/36; 27.11.1997, 25 629/94, K-F gegen Deutschland Z 63= NJW 1999, 775; 12.10.1999, 25 277/94 ua, Perks ua gegen Vereinigtes Königreich; 4.8.1999, 31 464/96, Douiyeb gegen die Niederlande; 24.3. 2005, 77 909/01, Epple gegen Deutschland Z 33= NvWZ 2006, 797.

1761 MwN Kopetzki, in: Korinek/Holoubek (Hrsg), Bundesverfassungsrecht, Art 1 PersFrG, Rz 51.

1762 S auch Kopetzki, in: Korinek/Holoubek (Hrsg), Bundesverfassungsrecht, Art 1 PersFrG, Rz 54.

1763 Kopetzki, in: Korinek/Holoubek (Hrsg), Bundesverfassungsrecht, Art 1 PersFrG, Rz 52.

1764 Graff, ÖJZ 1992, 777 (780); Venier, AnwBl 1993, 397. AA Lebitsch, JBl 1992, 430 (13).

1765 Reindl, Untersuchungshaft 33.

1766 Hollaender, JSt 2007, 74 (79); Reindl, Untersuchungshaft 32.

fallen sollen, ist plausibel: Verfahrensbestimmungen erfüllen für die persönliche Freiheit eine besondere Schutzfunktion, denn sie sind Teil eines effektiven Willkürschutzes. Entfaltet aber eine (Ordnungs-)vorschrift keinerlei Schutzfunktion, dann kann ihre Missachtung auch das Grundrecht nicht verletzen.

Die von Trechsel vorgeschlagene Differenzierung, wonach die Verletzung einer Verfahrensvorschrift dann grundrechtswidrig ist, wenn nicht ausgeschlossen werden kann, dass ein rechtmäßiges Verfahren zu einem anderen Ergebnis geführt hätte,[1767] hat zurecht keine Gefolgschaft gefunden. Die Frage, ob ein rechtmäßiges Verfahren zu einem anderen Ergebnis geführt hätte, lässt sich ex post nämlich nur schwer beantworten.[1768] Außerdem wird dadurch nicht hinreichend berücksichtigt, dass es nicht nur darauf ankommt, ob das Ergebnis ein anderes wäre, sondern auch darauf, dass der Festgenommene einen Anspruch auf die Einhaltung verfahrensrechtlicher Vorschriften hat: Sie bieten – sieht man von den genannten Ordnungsvorschriften ab – Schutz vor Willkür und sie ermöglichen es dem Festgenommenen, seine Verteidigungsrechte wahrzunehmen. Der Anspruch auf Einhaltung dieser Garantien besteht unabhängig von den Auswirkungen auf den Verfahrensausgang.

Der EGMR vertritt dem Grundsatz nach die Auffassung der hL: Er anerkennt nämlich, dass die Konvention auf – *alle* – innerstaatliche Normen verweist. Er prüft freilich im Ergebnis nicht, ob auch alle diese Normen eingehalten wurden.

Für den VfGH dagegen sind von vornherein schon nicht alle Rechtsnormen grundrechtsrelevant. Entscheidend ist für ihn – neben den verfassungsrechtlich fundierten Normen über Festnahme und Anhaltung –, ob die Gesetzeswidrigkeit *denkunmöglich* war.

Letztlich sind somit im Ergebnis freilich alle Auffassungen relativierend: Verstöße gegen einfache Gesetze sind dann grundrechtsrelevant, wenn sie nicht nur kleine Ordnungswidrigkeiten betreffen (hL), es grobe Gesetzesverstöße sind (EGMR) oder auf denkunmögliche Gesetzesanwendung zurückzuführen sind (VfGH).

Offen bleibt nun noch die Frage, welche Bedeutung der OGH der „gesetzlich vorgeschriebenen Weise" eines Freiheitsentzugs zumisst.

In seiner älteren Jud war der OGH, wie gezeigt, sehr restriktiv und qualifizierte einfache Gesetzwidrigkeiten nur selten als Grundrechtswid-

---

1767 Trechsel, EuGRZ 1980, 514 (521). Im Übrigen führen nach seiner Auffassung Verfahrensverletzungen zu einer „Konventionsverletzung sui generis"; Verfahrensvorschriften des nationalen Rechts sollten als „relative Garantien" aufgefasst werden.

1768 So auch Reindl, Untersuchungshaft 32.

rigkeiten. Dies hat dem OGH einiges an – großteils berechtigter – Kritik eingetragen.[1769]

Die Auffassung des OGH etwa, wonach eine verspätete Vernehmung des Besch oder auch die verspätete Verhängung der U-Haft nicht per se grundrechtswidrig sein soll, ist nicht haltbar: Dass jeder Festgenommene in möglichst kurzer Frist über die gegen ihn erhobenen Anschuldigungen zu vernehmen ist, ergibt sich bereits aus Art 5 Abs 3 EMRK. Präzisiert nun die StPO diese Frist, dann liegt es auf der Hand, dass durch eine Fristverletzung dem Betroffenen die Freiheit gerade nicht auf die „gesetzlich vorgesehene Weise" entzogen wird.[1770] Es handelt sich dabei auch keineswegs um eine bloße Formverletzung, sondern die fristgerechte Einvernahme soll gerade willkürlichen Freiheitsentzügen vorbeugen. Entsprechendes gilt für die verspätete Verhängung der U-Haft.[1771]

Unzutreffend ist es weiters, wenn der OGH zwischen der Verhängung der U-Haft durch einen Richteramtsanwärter und einer behaupteten Grundrechtswidrigkeit keinen sachkausalen Konnex sieht. Freilich besteht in diesem Fall ein anderes gelagertes Problem, denn es liegt – mangels richterlicher Befähigung des Richteramtsanwärters – gar kein Beschluss und damit gar kein beschwerdetauglicher Gegenstand vor.

Schließlich haben auch die Judikaturdivergenzen zu den verspätet gefassten Verlängerungsbeschlüssen nicht zur Entwicklung einer – auch grundrechtlich – stingenten Position des OGH beigetragen.[1772]

In seiner jüngeren Jud ist der OGH von seiner restriktiven Auffassung abgerückt: Er qualifiziert nunmehr auch „einfache" Gesetzwidrigkeiten als Grundrechtsverletzungen. Im Ergebnis ergibt sich damit folgendes Bild: Die Verletzung von Verfahrensvorschriften, die – auch – verfassungsrechtlich normiert sind, ist nach der Jud des OGH jedenfalls eine Grundrechtsverletzung.[1773] Ebenso qualifiziert der OGH auch die Missachtung von „nur" einfachgesetzlichen Vorschriften als Grundrechtsverletzungen. Lediglich bloße Ordnungswidrigkeiten dürften – so steht zu vermuten – nicht als Grundrechtswidrigkeiten qualifiziert werden. Damit vertritt der OGH nunmehr ein grundrechtsadäquates Verständnis, das auf einer Linie mit VfGH und EGMR liegt.

1769 S die Position des VfGH in VfSlg 13 893/1994; 18 014/2006.

1770 Dazu auch Bertel, JBl 1996, 671; Kopetzki, in: Korinek/Holoubek (Hrsg), Bundesverfassungsrecht, Art 4, 5 PersFrG, Rz 16.

1771 S dazu EGMR 27.11.1997, 25 629/94, K-F gegen Deutschland = NJW 1999, 775.

1772 Zur Kritik an dieser Judikaturdivergenz s etwa Ainedter, Erfahrungen, in: Schuppich/Soyer (Hrsg), Haft 49 (51).

1773 Dementsprechend qualifiziert er es auch als grundrechtswidrig, wenn etwa Informationsrechte nicht gewährt wurden.

4. Zur Aufhebung grundrechtswidriger Beschlüsse

Betrachtet man die Jud des OGH zur Grundrechtsbeschwerde, dann fällt auf, dass der OGH die Feststellung einer Grundrechtsverletzung nicht zwangsläufig mit der Aufhebung des angefochtenen Beschlusses verbindet. Dies wirft die Frage auf, wann ein grundrechtswidriger Beschluss auch aufgehoben wird und der Besch – als Konsequenz – zu enthaften ist.

Gem § 7 Abs 1 GRBG hat der OGH in seinem Erk auszusprechen, ob eine Verletzung des Grundrechts auf persönliche Freiheit stattgefunden hat und „erforderlichenfalls“ die angefochtene Entscheidung oder Verfügung aufzuheben. Nicht erforderlich ist die Aufhebung – nach den Vorstellungen des Gesetzgebers –, wenn der Bf durch die angefochtene Entscheidung nicht mehr belastet wird, weil er etwa bereits enthaftet wurde: Eine Aufhebung wäre dann „sinnwidrig“.[1774] Wird der Beschwerde stattgegeben, so haben die Gerichte unverzüglich „den der Rechtsanschauung des Obersten Gerichtshofes entsprechenden Rechtszustand herzustellen“ (§ 7 Abs 2 GRBG).

Zunächst stellt sich die Frage, wann es erforderlich ist, einen grundrechtswidrigen Beschluss aufzuheben. Dies ist jedenfalls dann der Fall, wenn die festgestellte Grundrechtswidrigkeit dadurch beseitigt werden kann. Aus diesem Grund qualifiziert auch der VfGH in st Jud verspätete Entscheidungen über Schubhaftbeschwerden zwar als grundrechtswidrig, er hebt sie aber nicht auf: Eine Aufhebung des Bescheides würde nämlich keine Abhilfe schaffen weil der Ersatzbescheid noch später erginge.[1775]

Eine ähnliche Auffassung scheint zunächst auch der OGH zur Grundrechtsbeschwerde zu vertreten: Stellt sich heraus, dass die Haftvoraussetzungen gar nicht (mehr) vorliegen oder die zulässige Haftdauer überschritten wurde, dann ist zwingende Konsequenz die Enthaftung.

Ist hingegen das Beschleunigungsgebot verletzt, dann kann dem grundrechtswidrigen Zustand auch dadurch abgeholfen werden, dass das Untergericht nunmehr Maßnahmen zur Beschleunigung ergreift. Dies leuchtet nicht ein. Es ist zwar zu begrüßen, dass der OGH nunmehr das Beschleunigungsgebot als Aspekt der Verhältnismäßigkeit anerkennt. Er zieht diesen Schluss aber nicht konsequent durch: Dauert die Haft lange, weil die Gerichte nicht alles ihnen Mögliche zur Abkürzung der Haft unternommen haben, dann ist nach Auffassung des OGH die Haftdauer nur deswegen noch nicht unverhältnismäßig.

Damit berücksichtigt der OGH aber nicht, dass eine Verletzung des Beschleunigungsgebots per se die Haftdauer unangemessen machen kann.

1774 AB 852 BlgNR 18. GP 8. S auch Hollaender, JSt 2007, 74 (80).

1775 VfSlg 13 893/1994; 18 014/2006; 18 081/2007; 18 964/2009.

Dauert die Haft unangemessen lange, dann wird die Grundrechtswidrigkeit nicht dadurch beseitigt, dass nunmehr das Verfahren beschleunigt wird: Der Besch sitzt unabhängig davon schon zu lange in Haft.

Umstritten ist außerdem das Vorgehen des OGH bei Begründungs- und Sachverhaltsmängeln: Meint der OGH etwa, dass eine Beschlussbegründung oder die Sachverhaltsannahmen mangelhaft sind, so qualifiziert er dies zwar als Grundrechtsverletzung,[1776] er hebt den Beschluss aber nicht auf, sondern trägt dem Untergericht die Klärung der Haftvoraussetzungen auf.

Dass fehlerhafte Begründungen grundrechtswidrig sind, ist zutreffend: Die Begründung einer Haftentscheidung gilt unstrittig als geradezu klassisches grundrechtliches Erfordernis.[1777] Auch nach der Jud des EGMR verletzen knappe und dürftige Begründungen zu den Haftgründen das Grundrecht.[1778]

Wie ist es nun zu bewerten, dass der OGH in diesen Fällen die Grundrechtswidrigkeit zwar feststellt, den Beschluss aber nicht aufhebt? Getragen wird dieses Vorgehen von der Vorstellung, dass eine Verletzung von Verfahrensvorschriften noch nicht die Haft materiell betrachtet rechtswidrig machen müsse.[1779] Begründet also etwa das OLG den dringenden Tatverdacht mit nicht näher genannten Ermittlungsergebnissen[1780], dann verletzt dies zwar grundrechtliche Verfahrensbestimmungen, es ist damit aber noch nicht gesagt, dass der dringende Tatverdacht tatsächlich vorliegt.

Damit wird jedoch die grundrechtliche Bedeutung der Verfahrensvorschriften verkannt. Sie sind nicht zierendes Beiwerk, sondern erfüllen eine eigenständige Funktion: Sie sollen den Einzelnen vor Willkür schützen. Begründet ein Gericht seine Haftentscheidung nicht, so ist dem Betroffenen nicht damit geholfen, dass die Haft materiell betrachtet vielleicht tatsächlich rechtmäßig ist. Weder kann er dies überprüfen, noch kann er seine Verteidigung darauf einstellen. Die Grundrechtsverletzung hängt hier nicht mit der Frage zusammen, ob die Haftvoraussetzungen tatsächlich *vorliegen* oder nicht, sondern damit, dass sie nicht nachvollziehbar *begründet* werden. Geht man von dieser Prämisse aus, dann wird die Grundrechtswidrigkeit auch nicht durch eine nachgeschobene Begründung beseitigt: Ist ein Haftbeschluss nämlich (grund-)rechtswidrig, dann

1776 In seiner älteren Jud vermied er noch die Feststellung der Grundrechtswidrigkeit: OGH 17.2.1993, 13 Os 18/93; 30.8.1993, 14 Os 137/93; 30.11.1993, 14 Os 175/93.

1777 Kopetzki, in: Korinek/Holoubek, (Hrsg), Bundesverfassungsrecht, Art 4, 5 PersFrG, Rz 8; ders, Recht, in: Machacek/Pahr/Stadler (Hrsg), Grund- und Menschenrechte 3, 261 (389); Venier, ÖJZ 1994, 798 (801); s auch Lebitsch, JBl 1992, 430 (433).

1778 EGMR 24.7.2003, 46 133/99, 48 183/99, Smirnova gegen Russland.

1779 OGH 18.4.2000, 14 Os 38/00. S auch Reiter, ÖJZ 2007, 391 (403).

1780 S zu diesem Fall OGH 13.6.2006, 14 Os 59/06t.

ist es zwangsläufig auch die darauf aufbauende Haft. Die Grundrechtswidrigkeit lässt sich dann sehr wohl durch die Enthaftung beseitigen.[1781]

Ermöglicht es nun aber der OGH den Untergerichten, die Begründung nachzutragen, dann ist damit für das Konzept eines effektiven Grundrechtsschutzes nichts gewonnen. Wird den Gerichten ein zweiter Versuch eingeräumt, so bedeutet dies in letzter – und zugegebenermaßen drastischer – Konsequenz, dass Verdächtige in Haft genommen werden könnten obwohl das Gericht den Sachverhalt noch nicht vollständig ermittelt hat bzw den Beschluss noch nicht hinreichend begründen kann: Besteht aufgrund der vorhandenen Unterlagen nur die Möglichkeit, dass die Haftvoraussetzungen vorliegen, so hebt der OGH den Beschluss wegen dieses Begründungsfehlers noch nicht auf: Das Gericht kann die Gründe der Haft „nachschieben". Dass der OGH in diesen Fällen die Grundrechtswidrigkeit feststellt, die Haft aber dennoch aufrechterhält, ist somit in der Tat geradezu „ein Widerspruch in sich selbst".[1782]

Wird nun argumentiert, dass das Untergericht eben selbst die Enthaftung vornehmen muss, wenn es im Rahmen der neuerlich aufgetragenen Entscheidung feststellt, dass die Voraussetzungen tatsächlich nicht vorliegen[1783], wird einmal mehr verkannt, dass die Grundrechtsverletzung gerade nicht an der Haftvoraussetzung hängt, sondern dass der Begründungsmangel für sich genommen eine Grundrechtswidrigkeit ist. Darüber hinaus wird damit das Ziel des Gesetzes, nämlich Verfahrensbeschleunigung und Verkürzung der U-Haft unterlaufen; zweckmäßiger wäre es, den gesetzwidrigen Zustand unverzüglich zu beenden.[1784]

Für das Vorgehen des OGH wird mitunter vorgebracht, dass damit ein der Gesellschaft gegenüber verantwortungsvoller Grundrechtsschutz gewährleistet werden könne.[1785] Anders gewendet heißt dies wohl: Es wird als der Gesellschaft gegenüber unzumutbar empfunden, einen Besch „nur" wegen eines Verfahrensfehlers zu enthaften.

Auch damit wird freilich einmal mehr die Bedeutung von Verfahrensbestimmungen verkannt. Es ist zwar prima facie naheliegend, kriminalpolitische Aspekte zu bemühen, dennoch hat dieses Argument eine falsche Zielrichtung. Nicht übersehen werden darf nämlich die Schutzrichtung der Grundrechte: Sie sollen den Einzelnen vor dem übermächtigen

1781 Venier, JBl 2000, 811 (812).

1782 Stuefer/Soyer, ÖJZ 2007, 139 (144).

1783 Reiter, ÖJZ 2007, 391 (403).

1784 Ainedter, Erfahrungen, in: Schuppich/Soyer (Hrsg), Haft 49 (59).

1785 Dazu auch Burgstaller, JBl 2007, 604 (606). Er führt zum Beschleunigungsgebot aus, dass diese Jud möglich und „der Gesellschaft gegenüber verantwortbar!" sei, weil der OGH die Feststellung einer Grundrechtsverletzung nicht eo ipso mit der Aufhebung der Haft verbinde.

Staat schützen. Es mag unzumutbar sein, dringend tatverdächtige Personen in die Gesellschaft zu entlassen, es muss aber zugleich den staatlichen Organen zumutbar sein, die grundrechtlichen Schutzbestimmungen einzuhalten. Tun sie dies nicht, dann müssen daraus Konsequenzen folgen; diese aber mit dem Argument zu verweigern, dass man die Gesellschaft schützen müsse, erscheint als eigentliche Bedrohung für den Einzelnen. Denn selbst wenn man anerkennt, dass das Strafrecht auch (grund-)rechtlich geschützte Positionen des Einzelnen schützen soll,[1786] so entbindet diese Schutzpflicht – ohne hier freilich auf die Drittwirkungs- und Schutzpflichtendiskussion näher einzugehen, – die Gerichte doch nicht von einem gesetzmäßigem Vorgehen.

Mit dieser Position soll keineswegs einem übertriebenen Formalismus das Wort geredet werden: Kleinere Formfehler sollen nicht zu einer Enthaftung führen; sie begründen freilich nach dem oben Gesagten auch gar keine Grundrechtswidrigkeit. Ist eine Verfahrensverletzung hingegen auch grundrechtswidrig, dann ist nicht einzusehen, weshalb der Beschluss aus diesem Grund „weniger grundrechtswidrig" sein soll als bei einer Missachtung der materiellrechtlichen Vorschriften.

Das Vorgehen des OGH wird bisweilen auch damit gerechtfertigt, dass die Möglichkeit, die Feststellung einer Grundrechtsverletzung nicht zwingend mit einer Enthaftung zu verbinden der eigentliche Grund dafür ist, dass der OGH nunmehr in großzügigerem Umfang Grundrechtsverletzungen feststellt.[1787] MaW: Der OGH hat früher bestimmte Gesetzeswidrigkeiten nur deswegen nicht als Grundrechtswidrigkeiten qualifiziert, weil er den Beschluss sonst aufheben müsste.

Dies ist freilich lediglich ein „besser-als-nichts"-Argument. Wenn nämlich eine Grundrechtsverletzung vorliegt, die auch die Aufhebung des Beschlusses und die Enthaftung fordert, dann darf man sich nicht damit zufrieden geben, dass die Feststellung einer Grundrechtsverletzung immerhin schon besser sei als gar nichts.

Keineswegs verkannt werden soll schließlich, dass ein Höchstgericht grds die Möglichkeit haben sollte, zur Ergänzung des Tatsachensubstrats eine Angelegenheit zur neuerlichen Entscheidung an das Untergericht zurückzuverweisen. Andernfalls wäre nämlich der OGH gezwungen, die Versäumnisse der letzten ordentlichen Instanz nachzuholen.[1788] Dass der OGH nunmehr Sachverhaltsfragen geradezu im Regelfall meidet, entspricht freilich nicht dem Willen des Gesetzgebers, der erwartet hatte,

---

1786 Felzmann, Untersuchungshaft, in: Korinek/Kain (Geamtred), Grundrechte 37 (40).

1787 OGH 21.4.2005, 15 Os 36/05s, JBl 2006, 669 (671) (Felnhofer-Luksch).

1788 Mayrhofer, FS-Miklau, 299 (310 in FN 59); ders, ÖJZ 1994, 473 (475).

dass sich der OGH durchaus auch in Sachverhaltsfragen einlassen werde.[1789] Weiters ist hier aber nochmals auf das bereits Gesagte zu verweisen: Ist der Fehler nämlich so gewichtig, dass er sogar grundrechtswidrig ist, dann ist der Beschluss schon aus diesem Grund zu beheben.

5. Conclusio

Betrachtet man die oberstgerichtlichen Jud zur Grundrechtsbeschwerde, so gilt es zwei Ebenen zu unterscheiden:

Erstens ist zu fragen, wie die Auseinandersetzung des OGH mit dem Grundrecht auf persönliche Freiheit materiell zu bewerten ist. Tatsächlich gab es in den Anfangszeiten der Grundrechtsbeschwerde zahlreiche Entscheidungen, in denen der OGH die Bedeutung und den Gehalt des Grundrechts verkannt hat.[1790] Dies hat sich mittlerweile gebessert: Der OGH qualifiziert nunmehr auch einfache Gesetzwidrigkeiten als Grundrechtsverletzungen. Außerdem ist er – wie die neue Jud zum Beschleunigungsgebot zeigt – durchaus bemüht, sich auch an der Rsp des EGMR zu orientieren. Dieses grundrechtsadäquate Verständnis ist aber noch nicht in alle Bereiche vorgedrungen: Die Jud zur Verhältnismäßigkeit der Haftdauer entspricht den grundrechtlichen Anforderungen nicht.

Neben dieser inhaltlichen Ebene gibt es noch eine zweite Ebene: Hier ist zu fragen, ob die Jud des OGH als rechtsschutz-, mithin grundrechts*freundlich* bezeichnet werden kann. Mit der Frage nach der Grundrechts*widrigkeit* einer Auffassung hängt dies nicht automatisch zusammen.

Hier fällt auf, dass sich der OGH in der Auslegung des GRBG in verschiedenen Punkten von den Vorstellungen des historischen Gesetzgebers entfernt hat. Dieser hatte nämlich erwartet, dass der OGH, anders als er dies nun tut, Beschwerden umfassend und ohne allzu formalistische Ansprüche prüfen werde.

Auffallend ist schließlich noch, dass der OGH zwischen seinen Aufgaben als Verfassungsgericht und grundsätzlichen kriminalpolitischen Erwägungen hin- und hergerissen scheint: Dies zeigt sich deutlich etwa darin, dass der OGH grundrechtswidrige Beschlüsse nicht aufhebt, weil die Haft materiell betrachtet rechtmäßig sein könnte. Auch dies leitet der OGH aus dem Gesetz ab, obwohl diese Auslegung dem gesetzgeberischen Willen nicht entspricht.

Auf den Punkt gebracht könnte man sagen: Die Grundrechtsbeschwerde hat eine Verbesserung im Grundrechtsschutz des Einzelnen gebracht, damit ist aber noch nicht gesagt, dass das Rechtsmittel nicht noch grund-

1789 Felnhofer-Luksch, JBl 2006, 669 (671).
1790 Karl, RZ 2007, 130 (132).

rechtsfreundlicher gehandhabt werden könnte. Dies könnte schon dadurch erreicht werden, dass das GRBG so ausgelegt wird, wie es vom Gesetzgeber intendiert war.

II. Erneuerung des Strafverfahrens (§ 363a StPO)

1. Problemstellung

Die Urteile des EGMR entfalten Rechtskraftwirkung inter partes.[1791] Da das Straßburger Gericht eine Konventionswidrigkeit nur feststellen, nicht aber den betreffenden innerstaatlichen Rechtsakt auch beheben kann[1792], obliegt es den Vertragsstaaten, die Urteile umzusetzen. Gem Art 46 Abs 1 EMRK haben sie in allen Rechtssachen, in denen sie Partei sind, das endgültige Urteil des EGMR zu befolgen. Daraus leitet sich die Verpflichtung ab, die Konventionswidrigkeit zu beseitigen und Wiedergutmachung zu leisten.[1793]

In Österreich fehlte lange Zeit ein Rechtsbehelf, mit dem die Urteile des EGMR zufriedenstellend umgesetzt werden konnten.[1794] Zwar wurde dazu die Nichtigkeitsbeschwerde zur Wahrung des Gesetzes nutzbar gemacht, sie greift aber nicht in allen Fällen.[1795] Darüber hinaus hat der Einzelne kein Antragsrecht, sondern er kann die Wahrungsbeschwerde nur anregen. Aus diesen Gründen hat der Gesetzgeber mit dem StRÄG 1996[1796] die Erneuerung des Strafverfahrens eingeführt (§ 363a StPO): Hat der EGMR in einem Urteil festgestellt, dass eine Entscheidung oder Verfügung eines Strafgerichts die EMRK verletzt, so ist das Verfahren auf Antrag hin zu erneuern. Dabei darf nicht ausgeschlossen sein, dass die Konventionsverletzung die Entscheidung für den Betroffenen nachteilig beeinflussen konnte. Über den – nicht fristgebundenen – Antrag entscheidet der OGH; antragslegitimiert sind der von der festgestellten Verletzung Betroffene und der Generalprokurator (§ 363a Abs 2 StPO).

Dieser Rechtsbehelf soll es – so die Erl – dem durch eine Konventionsverletzung Betroffenen ermöglichen, eine „restitutio in integrum" zu

1791 Neben dieser Rechtskraftwirkung haben sie freilich auch Orientierungswirkung für die Staaten, die an diesem Rechtsfall nicht beteiligt waren. Dazu Grabenwarter, EMRK[4] § 16 Rz 2 ff; Ress, EuGRZ 1996, 350.

1792 Okresek, in: Korinek/Holoubek (Hrsg), Bundesverfassungsrecht, Art 46 EMRK, Rz 8.

1793 Ausführlich dazu Grabenwarter, EMRK[4] § 16 Rz 3 ff; Ress, EuGRZ 1996, 350 ff. S auch Karl, RZ 2007, 130 (132 f).

1794 Dazu auch Reindl-Krauskopf, WK-StPO, Vor § 363a Rz 7 f.

1795 RV 33 BlgNR 20. GP 65: Die Nichtigkeitsbeschwerde greift nicht zur Anpassung einer im Entscheidungszeitpunkt richtigen Entscheidung; sie versagt auch bei Ermessensentscheidungen, die nicht auf einer unrichtigen Rechtsansicht beruhen.

1796 BGBl 1996/762.

erreichen. Zugleich soll damit auch das Bekenntnis Österreichs zu einem europäischen ordre public unterstrichen werden.[1797]

Nach dem soweit eindeutigen Wortlaut als auch dem Zweck der Norm, setzt die Erneuerung gem § 363a StPO ein Urteil des EGMR voraus. In seiner jüngeren Jud aber hat der OGH den Anwendungsbereich dieser Norm ausgeweitet und lässt, wie im Folgenden gezeigt wird, die Erneuerung des Verfahrens nunmehr auch ohne ein Urteil des Straßburger Gerichtshofs zu.

2. Judikatur des OGH

Der OGH vertritt das „weite" Verständnis des § 363a StPO erstmals in 13 Os 135/06m[1798] und seither in st Jud[1799]. Er stützt seine Argumentation zunächst auf Art 13 EMRK: Verpflichte diese Norm nämlich den Konventionsstaat, sicherzustellen, dass es eine nationale Instanz gibt, die sich mit der Frage der Konventionsverletzung auseinandersetzt, so könne § 363a Abs 1 StPO nicht dahin verstanden werden, die Erneuerung nur dann zu ermöglichen, wenn die Konventionsverletzung in einem Urteil des EGMR festgestellt wurde. Der OGH sieht sich als nach der Bundesverfassung oberste Instanz in Strafrechtssachen über Art 46 Abs 1 EMRK hinausgehend dazu aufgerufen, „dem Geist der MRK auch in jenen Fällen Rechnung zu tragen, in denen noch kein Urteil gegen Österreich ergangen ist".

Weiter weist der OGH darauf hin, dass sich seit der Einführung der §§ 363a bis 363c StPO die Rsp des EGMR zu den das gerichtliche Verfahren betreffenden Garantien signifikant geändert habe: Eine nachträglich entstandene Planwidrigkeit des § 363a Abs 1 StPO sei nicht von der Hand zu weisen und Lückenschließung dahin gerechtfertigt, dass es eines Erkenntnisses des EGMR als Voraussetzung für eine Erneuerung des Strafverfahrens nicht zwingend bedürfe. Vielmehr könne auch eine vom OGH selbst aufgrund eines Antrags auf Erneuerung des Strafverfahrens festgestellte Verletzung der EMRK durch eine Entscheidung oder Verfügung eines untergeordneten Gerichts dazu führen.

Dieses weite Verständnis des § 363a StPO erscheint dem OGH auch „vor dem Hintergrund der jüngsten Entwicklungen auf dem Gebiet der

1797 RV 33 BlgNR 20. GP 65.

1798 1.8.2007.

1799 OGH 6.9.2007, 15 Os 135/06a; 27.9.2007, 12 Os 135/06d; 23.10.2007, 11 Os 132/06f; 23.10.2007, 11 Os 131/06h; 13.11.2007, 14 Os 140/06d; 15.11.2007, 15 Os 134/06d; 21.1.2008, 15 Os 156/07s; 19.2.2008, 14 Os 138/07m; 13.5.2008, 14 Os 57/08a; 19.6.2008, 12 Os 71/08w; 16.4.2009, 13 Os 16/09s; 24.11.2009, 11 Os 148/09p; 2.3.2010, 11 Os 119/09y; 26.5.2010, 15 Os 8/10f; 24.8.2010, 14 Os 81/10h; 24.8.2010, 14 Os 87/10s; 28.9.2010, 11 Os 117/10f; 13.10.2010, 15 Os 30/10s; 16.12.2010, 13 Os 130/10g ua.

Grundrechte unausweichlich". In jenen Fällen, die in der Vergangenheit zu einer Verurteilung wegen Verletzung des Art 10 EMRK geführt hatten, habe er bislang keine Gelegenheit gehabt hatte, „seine ihm durch Art 92 Abs 1 B-VG zukommende Funktion als oberste Instanz in Strafsachen wahrzunehmen und die Frage einer Grundrechtsverletzung zu prüfen".

Auf diesen „erweiterten Anwendungsbereich"[1800] des § 363a StPO wendet der OGH die – für den EGMR geltenden – Zulässigkeitsvoraussetzungen der Art 34 und 35 Abs 1 und 2 EMRK sinngemäß an: Antragslegitimiert ist, wer die Opfereigenschaft iSd Art 34 erfüllt[1801]; Privatankläger sind davon nicht erfasst.[1802] Einzubringen ist der Antrag binnen 6 Monaten nach Erlassung der letztinstanzlichen Entscheidung und nach Ausschöpfung des Rechtswegs[1803]. Der Rechtsweg ist erschöpft, wenn zunächst alle anderen Rechtmittel und Rechtsbehelfe, die die Grundrechtswidrigkeit beseitigen könnten, ergriffen worden sind.[1804] Es genügt aber nicht, das Rechtsmittel zu ergreifen, sondern es muss die entsprechende Rechtsverletzung darin auch geltend gemacht worden sein.[1805]

Keine Antragsmöglichkeit gibt es, wenn der OGH in zweiter Instanz entschieden hat; einer unmittelbaren Anrufung steht dann Art 35 Abs 2 lit b EMRK entgegen.[1806]

Schließlich betont der OGH, dass die erweiterte Erneuerung des Strafverfahrens nur ein subsidiärer Rechtsbehelf ist: Nicht anzuwenden ist sie deswegen hinsichtlich des Grundrechts auf persönliche Freiheit, denn dafür gilt das GRBG.[1807] Unzulässig ist sie außerdem in jenen Fällen, die gem § 1 Abs 2 vom Anwendungsbereich des GRBG ausgeschlossen sind.[1808]

Der OGH weist den Antrag zurück, wenn – und hier wendet er § 363b Abs 2 StPO an – der Antrag nicht von einem Verteidiger unterschrieben ist (Z 1), der Antrag von einer nicht antragslegitimierten Person gestellt

1800 OGH 13.5.2008, 14 Os 57/08a.

1801 OGH 22.1.2009, 13 Os 141/07w; 16.4.2009, 13 Os 16/09s; 13.10.2009, 11 Os 101/09a; 17.8.2010, 11 Os 121/09t; 13.10.2010, 15 Os 30/10s.

1802 Dies gilt auch für Antragsteller im selbständigen Entschädigungsverfahren gem § 8a MedienG zB OGH 26.6.2008, 15 Os 25/08b; 26.6.2008, 15 Os 41/08f = JBl 2009, 327 (Reindl-Krauskopf); 5.8.2008, 14 Os 160/07x; 21.8.2008, 15 Os 51/08a. Nicht antragslegitimiert sind außerdem Anzeiger oder Opfer einer Straftat: OGH 11.8.2010, 15 Os 65/10p; 17.8.2010, 11 Os 121/09t. S aber OGH 16.12.2010, 13 Os 130/10g.

1803 Dies ist nicht der Fall bei einem Rechtsmittelverzicht: OGH 6.9.2007, 15 Os 135/06a.

1804 ZB OGH 5.6.2008, 15 Os 22/08m; 19.6.2008, 12 Os 71/08w; 13.10.2009, 11 Os 106/09m.

1805 OGH 21.1.2008, 15 Os 156/07s; 13.2.2008, 13 Os 150/07v; 27.5.2008, 11 Os 19/08s; 19.6.2008, 12 Os 71/08w; 16.12.2008, 11 Os 139/08p; 17.2.2009, 14 Os 178/08w.

1806 OGH 23.10.2007, 11 Os 131/06h; 23.10.2007, 11 Os 132/06f.

1807 OGH 10.3.2008, 15 Os 149/07m; 13.5.2008, 14 Os 56/08d; 19.6.2008, 12 Os 71/08w; 26.8.2008, 14 Os 60/08t; 16.12.2008, 11 Os 139/08p.

1808 OGH 10.3.2008, 15 Os 149/07m; 26.8.2008, 14 Os 60/08t.

wird (Z 2) oder der OGH den Antrag einstimmig als unbegründet erachtet (Z 3).

Das erweiterte Verständnis des § 363a StPO ist durchaus bemerkenswert, dennoch sind die praktischen Auswirkungen gering. Soweit ersichtlich gab der OGH bisher erst zwei Mal einem „erweiterten" Erneuerungsantrag Folge: Im ersten Fall deutete er die gegen einen Beschluss des OLG Innsbruck auf Auslieferung gerichtete Grundrechtsbeschwerde in einen Antrag nach § 363a Abs 1 StPO um und stellte eine Verletzung von Art 6 EMRK fest.[1809] Darauf wird später unter III. näher eingegangen. In einem weiteren Fall gab er dem Erneuerungsantrag Folge, weil sich die Tatbilder der in Strafantrag und Urteil jeweils angenommenen strafbaren Handlungen nicht überdeckten und der Angekl davon nicht informiert worden war.[1810]

3. Würdigung

Prima facie ist die erweiterte Erneuerung des Strafverfahrens zu begrüßen: Sie bringt ein Mehr an Grundrechtsschutz oder genauer: einen weiteren Rechtsbehelf zur Geltendmachung von Grundrechtsverletzungen. Bei näherer Betrachtung stellt sich freilich die Frage, ob die für das erweiterte Verständnis des § 363a Abs 1 StPO vorgebrachten Argumente tatsächlich tragfähig sind.

Der OGH geht, wie gezeigt, von einer **Lücke** aus, die durch eine Änderung der EGMR-Rsp zu den „das gerichtliche Verfahren betreffenden Garantien" entstanden sein soll.

Nun hat sich die Jud des EGMR zu Art 13 EMRK – darauf bezieht sich der OGH offenbar – tatsächlich geändert: In seiner älteren Rsp qualifizierte der EGMR Art 6 EMRK als lex specialis zu Art 13 EMRK; stellte er eine Verletzung von Art 6 EMRK fest, so prüfte er Art 13 leg cit nicht mehr gesondert.[1811] Seit der Rs Kudla gegen Polen[1812] vertritt er jedoch die Auffassung, dass es bei überlanger Verfahrensdauer neben der Beschwerdemöglichkeit gem Art 6 auch ein eigenständiges Recht auf eine wirksame Beschwerde gem Art 13 EMRK gibt.[1813]

Weshalb nun freilich diese Änderung der Rsp eine Lücke offen legen soll, wird nicht deutlich.

[1809] OGH 21.1.2008, 15 Os 117/07f.

[1810] OGH 14.1.2010, 13 Os 36/09g = JBl 2010, 396.

[1811] EGMR 19.12.1997, 26 737/95, Brualla Gómez de la Torre gegen Spanien; 2.9.1998, 26 138/95, Lauko gegen die Slowakei ua.

[1812] EGMR 26.10.2000, 30 210/96, Kudla gegen Polen = ÖJZ 2001/28. Krit dazu Meyer-Ladewig, NJW 2001, 2679.

[1813] Reindl-Krauskopf, JBl 2008, 130. Allgemein zum Verhältnis zwischen Art 6 und Art 13 EMRK Vospernik, ÖJZ 2001, 361. Aus der Jud zB EGMR 7.4.2005, 56 483/00, Jancikova gegen Österreich = ÖJZ 2006/3; 7.12.2006, 37 301/03, Hauser-Sporn gegen Österreich = ÖJZ 2007/8.

Eine Lücke ist eine planwidrige Unvollständigkeit innerhalb des positiven Rechts, die am Maßstab der gesamten geltenden Rechtsordnung zu messen ist.[1814] Es besteht also – um mit BYDLINKI zu sprechen – ein ungewolltes Manko im Bereich der ausdrücklich gesetzten Rechtsfolgenanordnungen.[1815] Ein solches Manko ist aber bei der Erneuerung des Strafverfahrens nicht zu erkennen: Mit § 363a StPO wollte der Gesetzgeber die „Transformation von Urteilen des EGMR in die innerstaatliche Rechtsordnung" sicherstellen.[1816] Dass er damit auch intendiert hat, eine wirksame innerstaatliche Beschwerdemöglichkeit iSd Art 13 EMRK einzurichten, kann dem Gesetzgeber nicht unterstellt werden. Wertung und Zwecksetzung[1817] des § 363a StPO sind völlig andere als jene, die dem erweiterten Verständnis des OGH zugrunde liegen. Schon aus diesem Grund kann hier nicht von einer Lücke gesprochen werden.[1818]

Davon zu unterscheiden ist die Frage, ob ein entsprechender Rechtsbehelf – wie ihn nunmehr der OGH annimmt – möglicherweise **verfassungsrechtlich geboten** ist und der OGH auf diese Weise versucht, eine – verfassungswidrige – Untätigkeit des Gesetzgebers auszugleichen. Auch dies trifft nicht zu: Die neue Rsp des EGMR verlangt gegen Verfahrensverzögerungen eine wirksame Beschwerdemöglichkeit. Eine solche gibt es im österreichischen gerichtlichen Verfahren bereits mit § 91 GOG[1819]. Im Übrigen beschränkt der OGH die erweiterte Erneuerung gar nicht auf Verfahrensverzögerungen, sondern wendet sie im Wesentlichen auf alle Grundrechtsverletzungen an. Dafür gibt es ebenso wenig eine verfassungsrechtliche Notwendigkeit: Das österreichische Strafverfahren sieht nämlich mit seinen ordentlichen Rechtsmitteln und Rechtsbehelfen an sich wirksame Beschwerden vor, denn auch die Untergerichte haben Grundrechtswidrigkeiten aufzugreifen.[1820] Ein darüber hinausgehender Handlungsbedarf kann aus Art 13 EMRK nicht abgeleitet werden: Er gewährt den Anspruch darauf, behauptete Konventionswidrigkeiten mit einer wirksamen Beschwerde innerstaatlich geltend zu machen.[1821] Daraus folgt aber kein Anspruch auf mehrere Beschwerdemöglichkeiten iSe mehrstufi-

1814 BYDLINSKI, Methodenlehre^2 473; CANARIS, Feststellung^2 39.

1815 BYDLINSKI, Methodenlehre^2 473.

1816 RV 33 BlgNR 20. GP 65.

1817 Zu diesen Kriterien einer Lücke BYDLINSKI, Methodenlehre^2 474.

1818 Eine Lücke läge mE nur dann vor, wenn etwa neuerdings die Urteile des EGMR nicht nur im betreffenden Staat, sondern auch in anderen Fällen umzusetzen wären. Gegen eine Lücke auch REINDL-KRAUSKOPF, JBl 2008, 130 ff; DIES, Grundrechtsschutz 60 f. AA RIEDER, JBl 2008, 23 (28 ff).

1819 EGMR 30.1.2001, 23 459/94, Holzinger gegen Österreich Z 2. Auch der OGH verlangt zur Rechtswegerschöpfung, dass von § 91 GOG Gebrauch gemacht wurde: OGH 5.6.2008, 15 Os 22/08m; 19.6.2008, 12 Os 71/08w.

1820 REINDL-KRAUSKOPF, JBl 2008, 130 (131).

1821 Näher dazu GRABENWARTER, EMRK^4 § 24 Rz 161 ff.

gen Instanzenzugs und schon gar kein Anspruch darauf, stets einen Rechtszug bis zum obersten Gericht zu eröffnen.[1822]

An dieser Einschätzung kann auch das Subsidiaritätsprinzip nichts ändern, das der EGMR in der Rs Kudla gegen Polen besonders hervorgehoben hat.[1823] Dieses besagt lediglich, dass es primär den Konventionsstaaten obliegt, die Rechte der EMRK sicherzustellen. Der EGMR tritt nicht an die Stelle der staatlichen Rechtsschutzeinrichtungen, sondern er gewährt Komplementärschutz[1824]. Es folgt daraus aber nicht, dass der Gesetzgeber einen innerstaatlichen Rechtsweg vorsehen müsste, der stets bis zum nationalen obersten Gericht reicht.

Schließlich argumentiert der OGH noch, dass er – gerade in Medienrechtssachen – seine Funktion als **oberste Instanz in Strafrechtssachen** gem Art 92 Abs 1 B-VG nicht ausüben könne. Auch daraus kann freilich keine verfassungsrechtliche Notwendigkeit abgeleitet werden, stets einen Rechtszug an den OGH zu eröffnen. Wie bereits dargelegt, verpflichtet Art 92 Abs 1 B-VG nicht dazu, stets einen Rechtszug an den OGH vorzusehen.[1825] Endet nun in bestimmten Fällen der Instanzenzug beim OLG, so ist dies weder eine Lücke, noch ist dies verfassungswidrig.

Somit bleibt zusammenfassend festzustellen: Der OGH hat mit der erweiterten Erneuerung des Strafverfahrens den Grundrechtsschutz ausgedehnt, dies jedoch in methodisch unzulässiger Weise.[1826] Es liegt keine Lücke vor und es besteht keine verfassungsrechtliche Säumnis des Gesetzgebers.[1827] Freilich ist man versucht, dieses Ergebnis – trotz der methodischen Problematik – dennoch zu begrüßen, denn immerhin scheint damit genau das erzielt zu werden, was Schrifttum und öffentliche Meinung vom OGH stets einfordern, nämlich eine verstärkte Beachtung der Grundrechte.

Allein, auch dieser Zweck vermag das Mittel nicht zu heiligen.[1828] Wie bereits mehrfach angesprochen, wird in Österreich schon seit längerem darüber diskutiert, den OGH funktionell zu einem Verfassungsgericht in Strafrechtssachen auszubauen. Dass dies bislang erst für den Bereich des Grundrechts auf persönliche Freiheit gelungen ist, mag man bedauern, verfassungswidrig ist dies jedoch nicht. IdS ermächtigen auch

1822 Grabenwarter, EMRK^4 § 24 Rz 171, 174.

1823 Dies betont Rieder, JBl 2008, 23 (26).

1824 So Siess-Scherz, Bedeutung, in: Karl (Hrsg), Gerichtshöfe 83 (89).

1825 Näher dazu im zweiten Teil B.I. St Korinek, in: Korinek/Holoubek (Hrsg), Bundesverfassungsrecht, Art 92 B-VG, Rz 21.

1826 Krit auch Grabenwarter, AnwBl 2008, 490 (492); ders, JRP 2008, 13 (14); Reindl-Krauskopf, JBl 2008, 130. Aichinger tituliert seinen Beitrag in Die Presse 2007/47/01 mit „Rechtsschützer oder Gesetzesbrecher?"

1827 AA Rieder, JBl 2008, 23 (28 ff).

1828 So auch Reindl-Krauskopf, JBl 2008, 130 (132).

rechtspolitische Wünsche[1829] das Gericht noch nicht zur Rechtsfortbildung. Es nimmt damit nämlich die Aufgaben des Gesetzgebers wahr und tritt so in ein Spannungsverhältnis zur Gewaltenteilung.

In Anbetracht dieser Jud ist schließlich die Sorge um die „Kohärenz des innerstaatlichen Grundrechtsschutzes"[1830] durchaus berechtigt. Tatsächlich kommt es nämlich letztlich zu einer eigenartigen Verquickung unterschiedlicher Rechtsbehelfe. Gleich einem Baukastensystem bedient sich der OGH jener Normen, die ihm passend erscheinen und „bastelt" damit einen völlig neuen Rechtsbehelf.[1831] Dieser enthält Elemente der §§ 363a und 363b StPO sowie der Art 34 und 35 Abs 1 und 2 EMRK.

Dass dadurch nicht alle Fragen hinreichend beantwortet werden (können), verwundert angesichts dieses Stückwerks nicht mehr: Offen bleibt etwa, ob die erweiterte Erneuerung des Verfahrens für alle Grundrechte oder nur für die Konventionsrechte gilt.[1832] Unklar ist weiters, ob der erweiterte Antrag auf Erneuerung gestellt werden muss, damit der Rechtsweg erschöpft und der Weg frei ist für eine EGMR-Beschwerde.

Schließlich ist diese Neukreation eines Rechtsbehelfs auch in sich nicht stringent. So fällt etwa auf, dass der OGH zwar Art 34 und Art 35 Abs 1 und 2 EMRK für das erweiterte Erneuerungsverfahren anwendet, nicht aber Art 35 Abs 3 EMRK. Stattdessen zieht er – den durchaus vergleichbar formulierten – § 363 Abs 2 Z 3 StPO heran: Demnach ist der Erneuerungsantrag zurückzuweisen, wenn der Gerichtshof den Antrag einstimmig als offenbar unbegründet erachtet. Nach dem originären Erneuerungsverfahren stellt sich diese Frage freilich erst, wenn der EGMR eine Grundrechtsverletzung bereits festgestellt hat. Legt man dies auf den neuen Rechtsbehelf um, so bedeutet dies – worauf bereits Reindl-Krauskopf hingewiesen hat[1833] –, dass die offenbare Unbegründetheit des Antrags auf neuerliche Durchführung des Verfahrens erst *nach* Feststellung der Grundrechtsverletzung durch den OGH zu prüfen ist. Dennoch wendet der OGH Art 363b Abs 2 Z 3 StPO im erweiterten Erneuerungsverfahren dahingehend an, dass er auf dieser Grundlage den Antrag zurückweist, wenn er keine Grundrechtswidrigkeit feststellen kann[1834]. Dies

1829 Nach Bydlinski, Methodenlehre² 473 ist die Gesetzeslücke gegenüber dem Bereich „bloßer individueller oder kollektiver rechtspolitischer Wünsche" abzugrenzen. S auch Reindl-Krauskopf, JBl 2008, 130.

1830 Grabenwarter, JRP 2008, 13 (14).

1831 In diesem Sinne auch Reindl-Krauskopf, Grundrechtsschutz 64.

1832 Reindl-Krauskopf, Grundrechtsschutz 61 rät dazu, alle Grundrechte geltend zu machen.

1833 Reindl-Krauskopf, JBl 2008, 130 (132).

1834 OGH 1.4.2008, 11 Os 46/08m; 16.12.2008, 11 Os 139/08p. Entsprechendes gilt, wenn der Antragsteller eine Grundrechtsverletzung nicht begründet darlegt: OGH 1.4.2008, 11 Os 46/08m; 5.6.2008, 15 Os 22/08m; 19.6.2008, 12 Os 71/08w; 15.12.2008, 15 Os 156/08t; 30.6.2010, 15 Os 127/09d; 17.8.2010, 11 Os 121/09t.

zeigt einmal mehr, wie unausgegoren – und aus Sicht des Rechtsschutzes durchaus bedenklich – dieser neue Rechtsbehelf tatsächlich ist.

In der Sache kristallisierten sich anfangs als Hauptanwendungsbereiche des erweiterten Antragsrechts die Auslieferung[1835] und das Medienrecht[1836] heraus. Mittlerweile wird davon ganz allgemein Gebrauch gemacht, um behauptete Grundrechtsverletzungen geltend zu machen.[1837] Es ist aber – zu guter Letzt – fraglich, ob die erweiterte Erneuerung des Strafverfahrens tatsächlich ein Mehr an Grundrechtsschutz gebracht hat. Es fällt nämlich auf, dass bisher fast alle Anträge als unzulässig oder unbegründet zurückgewiesen wurden.[1838] Bislang hat der OGH, wie bereits erwähnt, erst in zwei Fällen tatsächlich eine Grundrechtsverletzung festgestellt.[1839] Dies legt zwei Vermutungen nahe: Erstens scheint der neue Rechtsbehelf zur Sicherstellung des Grundrechtsschutzes gar nicht so zwingend geboten, wie es nach den Ausführungen des OGH in seiner Leitentscheidung den Anschein hat. Gäbe es nämlich einen grundrechtlichen Missstand, dann wäre es zu erwarten gewesen, dass der OGH auch häufiger eine Grundrechtsverletzung feststellt. Zugleich aber zeigt sich, dass das bestehende Instrumentarium des Grundrechtsschutzes durchaus greift: In einigen Fällen, in denen tatsächlich eine Grundrechtswidrigkeit vorlag, wurde diese nämlich auch vom Generalprokurator mit einer Wahrungsbeschwerde releviert. Mit deren Stattgabe erledigte sich dann das Eingehen auf den Erneuerungsantrag.[1840]

Die zweite Vermutung, die nahe liegt, geht davon aus, dass es möglicherweise tatsächlich einen grundrechtlichen Missstand gibt, dem ein eigener Rechtsbehelf Abhilfe schaffen könnte: Der OGH ist bislang nur

[1835] OGH 21.1.2008, 15 Os 117/07f; 13.2.2008, 13 Os 150/07v; 1.4.2008, 11 Os 46/08m; 8.7.2008, 14 Os 67/08x; 2.3.2010, 11 Os 119/09y; 21.4.2010, 15 Os 12/10v; 24.8.2010, 14 Os 87/10s.

[1836] OGH 23.4.2008, 13 Os 155/07d; 5.6.2008, 15 Os 22/08m; 13.11.2008, 15 Os 113/08v; 16.12.2008, 11 Os 144/07x; 19.8.2009, 15 Os 32/09h; 17.3.2010, 15 Os 95/09y; 26.5.2010, 15 Os 8/10f; 30.6.2010, 15 Os 34/10d; 13.10.2010, 15 Os 30/10s.

[1837] S nur OGH 30.6.2010, 15 Os 127/09d; 17.8.2010, 11 Os 80/10i; 17.8.2010, 11 Os 121/09t; 28.9.2010, 11 Os 117/10f; 30.9.2010, 13 Os 63/10d ua.

[1838] Besonders häufig waren besonders anfangs die Zurückweisungen wegen Fristverletzungen: OGH 1.8.2007, 13 Os 135/06m; 27.9.2007, 12 Os 135/06d; 13.11.2007, 14 Os 140/06d; 15.11.2007, 15 Os 134/06d; 19.2.2008, 14 Os 138/07m; 8.5.2008, 15 Os 140/07p; 13.5.2008, 14 Os 57/08a; 5.6.2008, 15 Os 72/08i. Zahlreich auch die Zurückweisungen wegen Nichterschöpfens des Rechtswegs: OGH 6.9.2007, 15 Os 135/06a; 23.10. 2007, 11 Os 132/06f; 21.1.2008, 15 Os 156/07s; 15.4.2008, 14 Os 35/08s; 27.5.2008, 11 Os 19/08s; 19.6.2008, 12 Os 71/08w. Nunmehr erfolgen Zurückweisungen häufig auch wegen Verletzung des Konkretisierungsgebots: OGH 17.2.2010, 15 Os 168/09h; 2.3.2010, 11 Os 119/09y; 30.6.2010, 15 Os 127/09d; 28.9.2010, 11 Os 117/10f; 28.9.2010, 14 Os 108/10d.

[1839] OGH 21.1.2008, 15 Os 117/07f; 14.1.2010, 13 Os 36/09g.

[1840] OGH 15.5.2008, 12 Os 35/08a; 4.11.2008, 11 Os 118/08z; 13.11.2008, 15 Os 15/08g; 15.1.2009, 12 Os 160/08h; 6.10. 2009, 14 Os 75/09z. S aber OGH 16.12.2010, 13 Os 130/10g.

zu selten in die inhaltliche Prüfung eingestiegen, weil er einen Großteil der Anträge aus formalen Gründen zurückgewiesen hat.[1841]

Als gesichertes Ergebnis außerhalb aller Vermutungen kann jedoch festgehalten werden, dass die erweiterte Erneuerung des Strafverfahrens erstens eine nach den Auslegungsregeln unzulässige Rechtsfortbildung ist. In der Sache freilich hat sie, zweitens, inhaltlich kaum Bemerkenswertes gebracht und somit zumindest bislang in der Tat viel „Lärm um Nichts" verursacht.[1842]

III. Auslieferungsverfahren

Der Handlungsbereich souveräner Staaten beschränkt sich auf ihr eigenes Staatsgebiet. Dass dies Hemmnisse für die Strafverfolgung und -vollstreckung mit sich bringen kann, liegt auf der Hand: Begibt sich eine verdächtige oder verurteilte Person in einen anderen Staat, so entzieht sie sich damit der Strafgewalt des Ausgangsstaates.[1843] Die einzelnen Staaten versuchten diese Problematik schon sehr früh durch das Rechtsinstitut der Auslieferung aufzulösen[1844]: In deren Rahmen kann ein Staat (ersuchender Staat) einen anderen (ersuchter Staat) um die Auslieferung einer bestimmten Person ersuchen. Unter der Auslieferung als solcher versteht man dann die amtliche Überantwortung einer Person aus der Strafgewalt eines Staates in die Strafgewalt eines anderen Staates zum Zweck der Strafverfolgung oder Strafvollstreckung.[1845]

1. Die Rechtslage

a. Grundsätzliches

Rechtsquellen der Auslieferung sind innerstaatliche Gesetze, zwischenstaatliche Übereinkommen – die in Österreich im Gesetzesrang stehen – sowie die anerkannten Regeln des Völkerrechts, die gem Art 9 Abs 1 B-VG Bestandteil des Bundesrechts sind.[1846]

Aus dem völkerrechtlichen Gewohnheitsrecht lassen sich zwar allgemeine Grundsätze der Auslieferung ableiten[1847], nicht jedoch eine Pflicht zur Auslieferung. Eine solche kann sich erst aus vertraglichen Verpflich-

1841 S oben FN 1838.

1842 So Bertel/Venier in ihrer zweiten Auflage zum Strafprozessrecht, Rz 662.

1843 Dazu Linke, Grundriss 15.

1844 Zur geschichtlichen Entwicklung der Auslieferung Lagodny, Rechtsstellung 29 ff; Linke, Grundriss 26 f.

1845 Murschetz, Auslieferung 5.

1846 Linke, Auslieferungsrecht 18.

1847 Näher dazu Murschetz, Auslieferung 14 f.

tungen ergeben, die die einzelnen Staaten über entsprechende Auslieferungsübereinkommen eingegangen sind.

Besonderes gilt auf europäischer Ebene: Durch den Rahmenbeschluss über den europäischen Haftbefehl und die Übergabeverfahren zwischen den Mitgliedstaaten[1848] aus dem Jahr 2002 wurde das Rechtsinstitut der Auslieferung durch die Übergabe ersetzt. Damit sollte das Auslieferungsrecht in der EU beschleunigt und vereinfacht werden. Österreich hat diesen Rahmenbeschluss mit dem Gesetz über justizielle Zusammenarbeit in Strafsachen mit den Mitgliedstaaten der Europäischen Union (EU-JZG)[1849] umgesetzt. Damit gilt es in Österreich im Auslieferungsrecht zwei Ebenen zu unterscheiden: Betrifft ein Auslieferungssachverhalt einen anderen Mitgliedstaat der EU, dann ist das EU-JZG anzuwenden. Soll eine Person hingegen an einen Drittstaat ausgeliefert werden, dann ist das Auslieferungs- und Rechtshilfegesetz (ARHG)[1850] relevant. Letzteres gilt aber nur subsidiär, nämlich soweit die zwischenstaatlichen Vereinbarungen nichts anderes bestimmen (§ 1 ARHG).

Es ist an dieser Stelle nicht der Rahmen, um das Auslieferungsrecht mit seinen verschiedenen Grundsätzen umfassend darzustellen.[1851] Es sollen im Folgenden lediglich – soweit für das Verständnis notwendig – die verfahrensrechtlichen Grundzüge und grundrechtlichen Schnittstellen aufgezeigt werden. Die Darstellung beschränkt sich dabei auf das ARHG und das EU-JZG. Auf die verschiedenen zwischenstaatlichen Übereinkommen wird nicht näher eingegangen.

b. ARHG

Ersuchen um Auslieferung werden in Österreich justiziell und politisch geprüft: Zunächst prüft der Einzelrichter am LG die Zulässigkeit der Auslieferung (§ 26 Abs 2, § 33 Abs 2 ARHG). Die endgültige Bewilligung oder Ablehnung des Ersuchens erfolgt dann durch den Bundesminister für Justiz (§ 34 Abs 1 ARHG), der auf die Interessen und völkerrechtlichen Verpflichtungen Österreichs Bedacht zu nehmen hat. Er muss das Auslieferungsersuchen aber jedenfalls dann ablehnen, wenn das Gericht die Auslieferung für unzulässig erklärt hat.

Das Gesetz nennt verschiedene Voraussetzungen für die Zulässigkeit einer Auslieferung; für die gegenständliche Problematik interessiert freilich va – wie bereits angekündigt –, welche grundrechtlichen Aspekte zu berücksichtigen sind.

1848 ABl 2002/L 190.

1849 BGBl I 2004/36 idF BGBl I 2007/38.

1850 BGBl 1979/529 idF BGBl I 2007/112.

1851 S dazu für viele Murschetz, Auslieferung (passim).

Der Prüfungsmaßstab für das Gericht ergibt sich aus § 33 Abs 3 ARHG: Die Zulässigkeit der Auslieferung ist „umfassend unter dem Gesichtspunkt der der betroffenen Person nach dem Gesetz und Bundesverfassung zukommenden subjektiven Rechte zu prüfen". Dieser umfassende grundrechtsrelevante Unzulässigkeitsgrund wurde mit dem StPRG 2004 eingeführt.

Daneben gibt es noch spezifische grundrechtsrelevante Unzulässigkeitsgründe, die an die Art des Strafverfahrens oder die Art der Strafe (bzw vorbeugenden Maßnahme) im ersuchenden Staat anknüpfen: So ist die Auslieferung unzulässig, wenn zu besorgen ist, dass das Straf*verfahren* den Grundsätzen nach Art 3 und 6 EMRK nicht entsprochen hat oder nicht entsprechen wird (§ 19 Z 1 ARHG). Entsprechendes gilt, wenn zu befürchten ist, dass die verhängte oder zu erwartende *Strafe* (oder vorbeugende Maßnahme) in einer Art 3 EMRK nicht entsprechenden Weise vollstreckt wird (§ 19 Z 2 ARHG). Schließlich ist die Auslieferung auch unzulässig, wenn zu besorgen ist, dass die Person wegen ihrer Abstammung, Rasse, Religion ua verfolgt wird oder andere schwerwiegende Nachteile zu erwarten hätte (Z 3 leg cit, sog Auslieferungsasyl).

§ 20 ARHG nimmt explizit Bezug auf eine im ersuchenden Staat drohende Todesstrafe: Eine Auslieferung ist in diesem Fall unzulässig. Eine Person darf nur dann zur Verfolgung einer mit Todesstrafe bedrohten strafbaren Handlung ausgeliefert werden, wenn gewährleistet ist, dass die Todesstrafe nicht ausgesprochen wird (§ 20 Abs 2 ARHG). Gleiches gilt für Strafen, die den Erfordernissen des Art 3 EMRK nicht entsprechen (§ 20 Abs 3 ARHG).

c. *EU-JZG*

Durch den vom Rat der Justiz- und Innenminister verabschiedeten RB-HB wurde das Auslieferungsverfahren zwischen den Mitgliedstaaten der EU von Grund auf neu systematisiert.[1852] Dies spiegelt sich auch in der Terminologie wider: Die Auslieferung heißt nunmehr Übergabe, ersuchender und ersuchter Staat werden als ausstellende und vollstreckende Justizbehörde bezeichnet. Ein Staat „ersucht" nun nicht mehr um die Auslieferung, sondern er stellt einen Europäischen Haftbefehl aus. Dieser ist die Entscheidung eines Mitgliedstaates, die auf die Festnahme und Übergabe einer Person durch die Justizbehörde eines anderen Mitgliedstaates gerichtet ist, und zwar zur Strafverfolgung oder zur Vollstreckung einer Freiheitsstrafe oder einer mit Freiheitsentziehung verbundenen vor-

1852 Ausführlich dazu Fuchs, JBl 2003, 405; Holley, JAP 2007/2008, 9; Medigovic, JBl 2006, 627 ff; Murschetz, Auslieferung 314 ff; Sautner, ÖJZ 2005, 328.

beugenden Maßnahme (§ 2 Z 1 EU-JZG). Dennoch ist damit – wie der Begriff „Haftbefehl" zunächst vermuten lassen könnte – noch kein Automatismus verbunden[1853]: Die Justizbehörde des Vollstreckungsstaates – das ist in Österreich der Einzelrichter am LG – hat über die Vollstreckung des Haftbefehls zu entscheiden. Die für das klassische Auslieferungsrecht typische politische Bewilligung ist nicht mehr vorgesehen.

Auch im EU-JZG gibt es einzelne Unzulässigkeitsgründe mit grundrechtsrelevanten Aspekten.

So ist die Vollstreckung des Haftbefehls gem § 19 Abs 4 EU-JZG abzulehnen, wenn die Übergabe der Person die in Art 6 des EUV anerkannten Grundsätze – diese verweisen auf die EMRK – verletzen würde. Ähnlich wie im ARHG ist auch hier das sog Auslieferungsasyl vorgesehen.

Bemerkenswert ist indes, dass die Wahrnehmung der genannten Unzulässigkeitsgründe nur auf Einwendung des Betroffenen und nicht schon von Amts wegen erfolgen soll. Eine Prüfung der Einwände kann unterbleiben, wenn die betroffene Person die Einwände vor den zuständigen Justizbehörden des Ausstellungsstaats, vor dem EGMR oder dem EuGH hätte geltend machen können.

Außerdem enthält das Gesetz – anders als das ARHG – einen speziellen grundrechtsrelevanten Unzulässigkeitsgrund betreffend Abwesenheitsurteile (§ 11 EU-JZG): Die Übergabe zur Vollstreckung einer in Abwesenheit verhängten Strafe ist nur zulässig, wenn die gesuchte Person persönlich und unter Androhung der Folgen ihres ungerechtfertigten Fernbleibens vor das Gericht des Ausstellungsstaats vorgeladen worden ist. Zulässig ist die Übergabe weiters dann, wenn der Betroffene im Einklang mit Art 6 EMRK auf andere Weise vom Zeitpunkt und Ort der Verhandlung, die zum Abwesenheitsurteil geführt hat, unterrichtet worden ist. Gleiches gilt, wenn die ausstellende Justizbehörde unwiderruflich zusichert, dass einem Antrag des Betroffenen auf Wiederaufnahme des Verfahrens und persönliche Anwesenheit bei der erneuten Verhandlung und Entscheidung im Ausstellungsstaat ohne Anführung weiterer Gründe stattgegeben wird.

2. Bedeutung der Grundrechte im Auslieferungsrecht

Die Frage nach der Bedeutung der Grundrechte im Auslieferungsrecht ist durchaus mehrschichtig. Besonders interessante Problemstellungen gibt es im vertraglichen Auslieferungsrecht, denn hier *verpflichten* sich Staaten unter bestimmten Voraussetzungen zur Auslieferung. Diese Verpflichtung kann aber mit grundrechtlichen Garantien kollidieren.

1853 Sautner, ÖJZ 2005, 328 (330).

Zunächst stellt sich die Frage, wie weit die Verantwortung eines Staates überhaupt reicht: Die grundrechtliche Bedrohung kann nämlich einmal durch das Verhalten des ersuchten Staates eintreten (sog inlandskausale Fälle[1854]) – etwa wenn der Betroffene durch die Auslieferung in seinem Recht auf Achtung des Familienlebens verkürzt wird. Diese Fälle sind weitestgehend unproblematisch, denn dass ein Staat für sein eigenes – konventionswidriges – Handeln einzustehen hat, ist nicht zweifelhaft. Grundrechte können im Auslieferungsverfahren aber überdies durch – zu erwartende – Handlungen des ersuchenden Staat gefährdet sein (sog auslandskausale Fälle). Ob der ersuchte Staat auch solche Grundrechtsverletzungen zu verantworten hat, ist schon nicht mehr so offensichtlich, denn er müsste hier – prima facie – nicht für eigenes Tun, sondern Handeln eines anderen Staates einstehen.[1855]

Gegen die Verantwortlichkeit bei auslandskausalen Fällen wurde demnach auch vorgebracht, dass die EMRK einem Mitgliedstaat nicht die Verantwortlichkeit für Akte auferlege, die außerhalb seines Jurisdiktionsbereiches erfolgen.[1856] Argumentiert wurde außerdem, dass dadurch in die Souveränität des ersuchenden Staates eingegriffen würde: Die Rechtsordnung des ersuchten Staates würde ihm gewissermaßen aufgedrängt.[1857]

Diese Auffassung lässt sich freilich spätestens seit dem Soering-Urteil des EGMR[1858] nicht mehr aufrechterhalten. Der EGMR hat darin erstmals und seither in st Jud ausgesprochen, dass der ausliefernde Konventionsstaat auch für Auslieferungsfolgen verantwortlich ist, die außerhalb seiner Herrschaftsgewalt eintreten, soweit diese Folgen auch vorhersehbar waren.[1859]

Dem ist voll zuzustimmen: Es ist nämlich letztlich das Handeln das ersuchten Staates, das überhaupt erst den Weg frei gibt für eine Grundrechtsbedrohung.[1860] Es wäre in der Tat mit den „der Konvention zugrunde liegenden Werten kaum vereinbar“[1861], könnte ein Mitgliedstaat der EMRK wissentlich eine Person an einen Staat ausliefern, obwohl es

1854 Zur Kategorisierung LAGODNY, Rechtsstellung 94 ff.

1855 Deswegen krit VOGLER, Auslieferungsrecht 210 ff.

1856 S die Stellungnahme der Regierung in EGMR 7.7.1989, 14 038/88, Soering gegen Vereinigtes Königreich Z 83 = NJW 1990, 2183.

1857 VOGLER, NJW 1994, 1433 (1436).

1858 EGMR 7.7.1989, 14 038/88, Soering gegen Vereinigtes Königreich = NJW 1990, 2183

1859 Zu Art 3 EMRK stellte der EGMR fest: „Nach Ansicht des Gerichtshofs erstreckt sich die der Vorschrift innewohnende Verpflichtung zur Nichtauslieferung auch auf die Fälle, in denen der Flüchtige im ersuchenden Staat einem echten Risiko unmenschlicher oder erniedrigender Behandlung oder Strafe i.S. von Art 3 ausgesetzt ist“ (Z 88).

1860 MwN MURSCHETZ, Auslieferung 174.

1861 So der EGMR in seinem Soering-Urteil zur Anwendbarkeit des Art 3 EMRK, Z 88.

begründete Anhaltspunkte dafür gibt, dass er dort Grundrechtsverletzungen ausgesetzt sein wird. Haltlos ist bei näherer Betrachtung auch das Souveränitätsargument, denn der ersuchte Staat exportiert seine Rechtsordnung nicht, sondern er wendet sie lediglich auf die in seinem Hoheitsgebiet aufhältigen Personen an.

Steht die grundsätzliche Geltung der Grundrechte außer Zweifel, so ist damit noch nichts über ihre *Reichweite* gesagt. Auch der EGMR hat diese Frage in der Rs Soering nicht abschließend beantwortet: Er hatte sich lediglich mit Art 3 EMRK zu befassen, dessen Anwendbarkeit er bejahte. Hinsichtlich der Anwendbarkeit des möglicherweise ebenfalls relevanten Art 6 EMRK schloss der EGMR „nicht aus, daß ausnahmsweise eine Verletzung des Art 6 durch eine Auslieferungsentscheidung vorliegen könnte".[1862] Offen blieb damit, ob im Auslieferungsverkehr alle oder nur bestimmte Grundrechte anzuwenden sind.

Nach einer – auch im österreichischen Schrifttum vertretenen[1863] – Auffassung ist im Auslieferungsrecht nur der Kernbereich der Grundrechte beachtlich, wozu jedenfalls das völkerrechtliche ius cogens zu zählen ist.[1864]

Diese Auffassung hätte – zumindest aus völkerrechtlicher Sicht – den Vorteil, dass sich so etwaige Vertragskonkurrenzen auflösen lassen: Eine derartige Konkurrenz kann beispielsweise dann eintreten, wenn sich ein Staat vertraglich zur Auslieferung verpflichtet hat, die Auslieferung im konkreten Fall aber seinen mit der EMRK übernommenen Verpflichtungen zuwiderliefe. Kurz gesagt: Die Erfüllung der einen Vertragsverpflichtung hätte zwangsläufig die Verletzung der anderen zur Folge. Welcher Verpflichtung der Vorrang zu geben ist, lässt sich nicht so ohne weiteres beantworten. Da aber völkerrechtliches ius cogens auch völkerrechtlichem Vertragsrecht vorgeht, könnten mit dieser Auffassung derartige Konfliktkonstellationen – zumindest prima facie – bewältigt werden.

Dagegen lassen sich jedoch gewichtige Einwände vorbringen: Erstens ist schon unklar, welche Grundrechte denn überhaupt zum ius cogens zu zählen sind.[1865] Zweitens wird nicht überzeugend deutlich, *weshalb* die Grundrechte nur in ihrem Kernbereich gelten sollen. Das Argument der Vertragskonkurrenz überzeugt aus verfassungsrechtlicher Sicht nicht: Die Gerichte haben sich nämlich bei ihrer Zulässigkeitsentscheidung an die Verfassung zu halten. Völkerrechtliche Verträge sind in Österreich einfache Gesetze, also nach der innerstaatlichen Rangordnung unterhalb der

1862 EGMR 7.7.1989, 14 038/88, Soering gegen Vereinigtes Königreich Z 113= NJW 1990, 2183.

1863 Burgstaller, JBl 2002, 670 (676).

1864 Vogler, Auslieferungsrecht, 219 ff, 229 f.

1865 Murschetz, Auslieferung 172.

Verfassung angesiedelt, weswegen es sich kaum begründen lässt, wieso nur einzelne Elemente der Verfassung in der Zulässigkeitsentscheidung berücksichtigt werden sollten.[1866] Damit verkennt die Auffassung, die die Grundrechtsgeltung auf das ius cogens beschränken will, den verfassungsrechtlichen Aspekt der Problematik.

Die Streitfrage betreffend die Reichweite der Grundrechtsgeltung hat mittlerweile freilich auch der österreichische Gesetzgeber entschieden: Im ARHG hat er nunmehr deutlich gemacht, dass das Gericht alle nach der Verfassung gewährleisteten subjektiven Rechte zu berücksichtigen hat.[1867] Entsprechendes gilt nach dem EU-JZG: Zwar wird wiederholt – und zu Recht – kritisiert, dass die Grundrechte als Übergabehindernis nicht explizit genannt sind, sondern nur auf die in Art 6 EUV anerkannten Grundsätze verwiesen wird, dennoch herrscht Übereinstimmung, dass sie zu berücksichtigen sind.[1868]

3. Rechtsschutz durch den OGH

In Auslieferungssachen gab es lange Zeit kaum relevante Judikatur des OGH. Grund dafür war die Rechtslage: Gegen den Beschluss des – damals zuständigen – OLG über die Zulässigkeit der Auslieferung war nämlich gem § 33 Abs 5 ARHG aF kein Rechtsmittel zulässig. Dieser Konstruktion lag die lange herrschende Vorstellung zugrunde, dass Auslieferung grds eine zwischenstaatliche, also lediglich zweidimensionale Angelegenheit sei, aus der sich für den Einzelnen keine Rechte ergeben.[1869] Dies änderte sich erst, als der VfGH den Ausschluss eines Rechtsmittels als verfassungswidrig qualifizierte und § 33 Abs 5 ARHG aufhob (näher dazu unten 4.b.aa.).[1870]

Der OGH hatte sich dann erstmals in 13 Os 51/03[1871] mit der bereinigten Rechtslage zu befassen. Hinsichtlich der Anfechtungsmöglichkeit von Auslieferungsbeschlüssen, war – so der OGH – durch die Aufhebung des § 33 Abs 5 ARHG eine planwidrige Lücke entstanden, die durch Ge-

1866 Murschetz, Auslieferung 175.

1867 S dazu RV 294 BlgNR 22. GP 33: „Die Gerichte haben neben den jeweils zur Anwendung kommenden auslieferungsrechtlichen, strafrechtlichen oder strafprozessualen Bestimmungen auch alle sich allenfalls aus der EMRK und ihren Zusatzprotokollen ergebenden Auslieferungshindernisse zu prüfen, soweit diese unter Berücksichtigung der Rechtsprechung des EGMR bei der Auslieferung zur Anwendung gelangen."

1868 Medigovic, JBl 2006, 627 (640); Murschetz, Auslieferung 350; Sautner, ÖJZ 2005, 328 (341).

1869 Murschetz, Auslieferung 6 f; Trechsel, EuGRZ 1987, 69 (70).

1870 VfSlg 16 772/2002.

1871 Vom 30.4.2003.

setzesanalogie zu schließen sei. Für einen solchen Analogieschluss war nach Auffassung des OGH das GRBG heranzuziehen, denn es entspreche dem auch hier aktuellen Zweck: Es solle demjenigen, der durch eine strafgerichtliche Entscheidung oder Verfügung in einem Grundrecht verletzt zu sein behauptet, eine wirksame Beschwerde gewährt werden.

Ein Auslieferungsbeschluss des OLG konnte demnach in analoger Anwendung des GRBG mit einer an den OGH gerichteten Grundrechtsbeschwerde angefochten werden.

Auch die Formalanforderungen einer Grundrechtsbeschwerde wendete der OGH sinngemäß an: So war etwa in der Beschwerde anzugeben und zu begründen, worin der Bf die Verletzung eines bestimmt zu bezeichnenden, als Auslieferungshindernis in Betracht kommenden Grundrechtes des Betroffenen erblickt.

Ähnlich wie im Grundrechtsbeschwerdeverfahren scheiterten dann viele Beschwerden an den Formalanforderungen: Das Gros der Beschwerden wurde als unzulässig zurückgewiesen, etwa weil der Bf keine Verletzung eines als Auslieferungshindernis in Betracht kommenden Grundrechtes geltend machte[1872] oder weil die Tatsachen, die eine Grundrechtsverletzung tragen können, nicht deutlich und bestimmt bezeichnet wurden[1873].

Mit dem StPRG 2004 hat der Gesetzgeber auch das Auslieferungsverfahren neu geregelt. Zuständig für die Entscheidung über die Zulässigkeit der Auslieferung war nunmehr der U-Richter, gegen seine Beschlüsse stand eine Beschwerdemöglichkeit an den Gerichtshof zweiter Instanz offen.[1874] Mutatis mutandis gilt dies auch derzeit: Anstelle des U-Richters ist, wie gezeigt, der Einzelrichter des LG zuständig, die Beschwerde gegen seinen Beschluss richtet sich an das OLG.

Damit kommt aber seit dem StPRG 2004 die analoge Anwendung des GRBG nicht mehr in Betracht: Da die Anfechtbarkeit von Auslieferungsbeschlüssen nunmehr explizit geregelt war, war – wie der OGH feststellte – die durch das Erk des VfGH entstandene planwidrige Lücke beseitigt worden.[1875]

Neue Möglichkeiten, um auch in Auslieferungssachen Rechtsschutz durch den OGH zu erlangen, ergeben sich freilich, seit der OGH, wie oben unter II. gezeigt, die Antragsmöglichkeiten auf Erneuerung eines Strafverfahrens ausgeweitet hat. Auslieferungsbeschlüsse kristallisierten sich anfangs nämlich als Hauptanwendungsbereich des erweiterten Erneue-

1872 OGH 30.4.2003, 13 Os 51/03; 8.7.2003, 12 Os 58/03; 22.10.2003, 13 Os 142/03; 18.11.2003, 143 Os 144/03; 11.12.2003, 12 Os 115/03.

1873 OGH 12.6.2003, 15 Os 70/03.

1874 § 31 Abs 6 ARHG aF, BGBl I 2004/15.

1875 OGH 9.1.2007, 13 Os 142/06s.

rungsverfahrens heraus. Der OGH deutete sogar Beschwerden gegen Beschlüsse des OLG, mit denen die Grundrechtswidrigkeit eines Auslieferungsbeschlusses behauptet wird, in Anträge auf Erneuerung des Strafverfahrens um.[1876]

4. Judikatur des OGH

a. *Vorbemerkung*

Untersucht man die grundrechtsrelevante Jud des OGH zum Auslieferungsrecht, so fallen zwei Besonderheiten auf. Erstens waren und sind – wie oben gezeigt – die Möglichkeiten, sich gegen Auslieferungsbeschlüsse an den OGH zu wenden begrenzt und unterlagen einer wechselhaften Entwicklung: Vom Ausschluss jeglicher Rechtsmittel über die analog begründete Beschwerdemöglichkeit bis hin zum erweiterten Erneuerungsantrag.

Zweitens ist in der im Auslieferungsrecht zentralen Frage nach dem Umfang der Grundrechtsgeltung eine bemerkenswerte Entwicklung feststellbar. War der OGH ursprünglich der Auffassung, dass im Auslieferungsrecht nur der „grundrechtliche Kernbereich" beachtlich sein soll[1877] bzw nur jene Grundrechte relevant sein sollen, die im ARHG oder in Auslieferungsverträgen auch explizit genannt sind[1878], so lässt sich dieser Standpunkt spätestens seit der Klarstellung durch den Gesetzgeber nicht mehr aufrechterhalten. Dies hat zwangsläufig auch einen Niederschlag in der Judikatur gefunden.

Anschaulich lässt sich diese Entwicklung anhand zweier Rechtsfälle illustrieren, die geradezu als gegensätzliche Pole und Beispiele zweier Ären in der Jud des OGH betrachtet werden können. Der noch aus der älteren Jud stammende Fall Sholam W zeigt nicht nur die bereits dargelegten Problemstellungen betreffend die Grundrechtsgeltung eindrücklich auf, sondern er hatte auch bedeutende Auswirkungen auf die Entwicklung des österreichischen Auslieferungsrechts. Die zweite Entscheidung ist ebenfalls aus mehreren Gründen von besonderer Bedeutung: Zum Ersten steht sie, wie sich zeigen wird, in markantem Gegensatz zur Entscheidung im Fall Sholam W. Zum Zweiten ist sie die erste Entscheidung des OGH,

---

1876 OGH 21.1.2008, 15 Os 117/07f; 13.2.2008, 13 Os 150/07v. S auch OGH 8.5. 2008, 15 Os 140/07p.

1877 OGH 15.12.1998, 11 Os 139/98 = JBl 2001, 331 (Dedeyne-Amann): Der OGH spricht hier von „zwingendem Völkerrecht". Für Deutschland s etwa OLG Karlsruhe, Beschluss vom 14.2.2005, 1 AK 23/04 = NStZ 2005, 351 (352); BVerfGE 75, 1 ff.

1878 Murschetz, Auslieferung 169. S auch OGH 4.6.2003, 13 Os 69/03: Der OGH prüfte das aus Art 8 EMRK erfließende Auslieferungshindernis nicht, weil es in den gegenüber Italien geltenden Auslieferungsverträgen nicht bekannt war.

mit der er im Rahmen eines erweiterten Erneuerungsantrags einen Auslieferungsbeschluss tatsächlich als grundrechtswidrig qualifizierte.

b. Die „alte" Judikatur des OGH: Der Fall Sholam W.

aa. Sachverhalt und Entscheidung

Sholam W war in den USA wegen schweren Betrugs zu einer Freiheitsstrafe von 845 Jahren verurteilt worden. Er hatte dort am Beweisverfahren teilgenommen, war aber nach dessen Abschluss, noch vor Beginn der Beratungen der Jury geflüchtet. In Abwesenheit wurde über ihn eine Freiheitsstrafe von 845 Jahren verhängt.[1879] Die von seinem Verteidiger dagegen erhobene Berufung wurde aus formellen Gründen abgewiesen (Prinzip des Berechtigungsverlustes durch Flüchtige).

Als Sholam W in Wien festgenommen wurde, ersuchten die USA um Auslieferung zur Vollstreckung der Freiheitsstrafe. Das – damals zuständige – OLG erklärte die Auslieferung für unzulässig, da sie unter den gegebenen Umständen gegen Art 2 des 7. ZP EMRK verstieße: Es sei nicht sichergestellt, dass das Urteil durch ein Rechtsmittelgericht überprüft werden könne.

Der Generalprokuator erhob gegen diesen Beschluss Nichtigkeitsbeschwerde zur Wahrung des Gesetzes. Nach dem mit den USA abgeschlossenen Auslieferungsvertrag durfte die Auslieferung nur aus einem der dort genannten Gründe verweigert werden. Dieser Vertrag enthalte zwar eine Bestimmung zu Abwesenheitsurteilen, die dort genannten Voraussetzungen lagen aber nicht vor, weswegen gemäß dem Auslieferungsvertrag kein Unzulässigkeitsgrund vorlag. Schließlich gebe es auch keine Gründe, die – über den Vertrag hinaus – aufgrund der EMRK Österreich verpflichten würden, die Auslieferung zu verweigern. Darüber hinaus wäre – für den Fall, dass Art 2 7. ZP EMRK überhaupt Prüfungsmaßstab wäre – diese Grundrechtsbestimmung auch gar nicht verletzt.

Der OGH befasste sich in seiner Entscheidung gar nicht erst mit der Frage, ob die Auslieferung tatsächlich – wie vom OLG angenommen – gegen Art 2 des 7. ZP EMRK verstieß. Er argumentiert vielmehr, dass das OLG zur Prüfung dieses Aspekts gar nicht *zuständig* war. Dies wäre nämlich Aufgabe des Bundesministers gewesen. Der OGH folgert dies aus dem Wortlaut des Gesetzes, das unter der vom OLG zu prüfenden „Zulässigkeit der Auslieferung" zwar die Art 3 und 6 EMRK nennt, nicht aber Art 2 des 7. ZP EMRK.[1880]

1879 In den USA gilt für die Straffestsetzung bei Verbrechenskonkurrenz das Kumulationsprinzip.

1880 § 33 Abs 3 ARHG stand damals noch nicht in Geltung.

Der OGH beseitigte den Beschluss und trug dem OLG die neuerliche Beschlussfassung auf.

Daraufhin erklärte das OLG die Auslieferung in einem Punkt für unzulässig, im Übrigen aber für zulässig; der BMJ bewilligte die Auslieferung. Sholam W stellte sodann einen Individualantrag beim VfGH.[1881] Dieser stellte in seiner Entscheidung nicht nur die grundlegende Bedeutung von Rechtsmitteln im Auslieferungsverfahren, sondern auch die Bedeutung der Grundrechte deutlich heraus:[1882]

Das OLG habe die Kompetenz, über die „Zulässigkeit der Auslieferung" hinsichtlich „aller oder einiger Delikte bzw Verurteilungen, aus deren Grund die Auslieferung zur Strafverfolgung oder -vollstreckung begehrt wird, unter dem Gesichtspunkt der dem Betroffenen idS nach Gesetz und Bundesverfassung zukommenden subjektiven Rechte [...] zu entscheiden. Die Frage, ob das OLG alle diese Aspekte umfassend geprüft hat, sowie ob bei der Auslieferung der Umstand eine Rolle spielt, dass das in dem um die Auslieferung ersuchenden Staat stattfindende Strafverfahren dem Art 2 7. ZPMRK nicht entsprochen hat bzw nicht entsprochen wird, ist keine Frage der Zuständigkeit des OLG, sondern eine solche der inhaltlichen Rechtmäßigkeit des von diesem über die Zulässigkeit der Auslieferung gefassten Beschlusses". Der Bundesminister hingegen habe das Auslieferungsersuchen in erster Linie aus dem Blickwinkel des Völkerrechts zu beurteilen und letztlich zu entscheiden, ob einem vom OLG zulässig erklärten Auslieferungsersuchen auch tatsächlich entsprochen werde.

Von grundlegender Bedeutung für die weitere rechtliche Entwicklung war schließlich, dass der VfGH aus Anlass des Individualantrags den gesetzlichen Ausschluss eines Rechtsmittels als verfassungswidrig aufhob. Bis dahin war nämlich – wie zuvor unter 3. bereits gezeigt – gem § 33 Abs 5 ARHG gegen den gerichtlichen Beschluss über die Zulässigkeit der Auslieferung kein Rechtsmittel zulässig. Der VfGH stellt fest, dass die EMRK und ihre Zusatzprotokolle dem Einzelnen im Allgemeinen kein subjektives Recht einräumen, nicht oder nur unter bestimmten Voraussetzungen an einen anderen Staat ausgeliefert zu werden. Wohl aber sei bei Vorliegen besonderer Umstände ein dem ausliefernden Staat anzulastender Verstoß gegen die EMRK anzunehmen, wenn das ernsthafte Risiko besteht, dass dem Betroffenen im Empfangsstaat besonders schwerwiegende Grundrechtseingriffe drohen. Da somit die Entscheidung des OLG insofern auch

1881 Einen ebenfalls gestellten Antrag auf Entscheidung eines negativen Kompetenzkonflikts zwischen dem OLG und dem Justizministers wies der VfGH mangels Vorliegens eines solchen Konflikts zurück: VfSlg 16 810/2003.

1882 VfSlg 16 772/2002.

verfassungsgesetzlich gewährleistete subjektive Rechte unmittelbar zu berühren vermöge, die sich aus der EMRK iSd dazu ergangenen Rsp des EGMR ergeben, müsse dem solcherart (potenziell) Verletzten nicht nur gem Art 13 EMRK eine wirksame Beschwerde bei einer nationalen Instanz eingeräumt sein: Auch aus dem Blickwinkel des Rechtsstaatsprinzips gehe es in einer solchen Konstellation nach st Jud des VfGH nicht an, den Rechtsschutzsuchenden generell einseitig mit den Folgen der potenziell rechtswidrigen Entscheidung zu belasten.

bb. Würdigung

Die Entscheidung des OGH über die Wahrungsbeschwerde war Gegenstand einer ausgedehnten Debatte im Schrifttum. Hauptgrund dafür war das prozessuale Vorgehen des OGH, konkret, dass der OGH den Beschluss des OLG „zur Klarstellung" aufhob.

Nun darf der OGH aufgrund einer Nichtigkeitsbeschwerde zur Wahrung des Gesetzes einen rechtswidrigen Akt zwar aufheben, dies allerdings nur zum Vorteil des Betroffenen. In allen anderen Fällen muss er sich mit der Feststellung der Rechtswidrigkeit begnügen. Der Gedanke dahinter ist einleuchtend: Die Rechtskraft soll nur zum Vorteil des Betroffenen durchbrochen werden dürfen. Weshalb der OGH hier den – Sholam W begünstigenden – Beschluss aufheben durfte, erschließt sich nicht so ohne weiteres. Der OGH hat dafür eine komplizierte und „intellektuell aufwändige [...]"[1883] Argumentation konstruiert. Zwar vermeidet er den Ausdruck der Nichtigkeit, er argumentiert aber letztlich dahingehend, dass der Beschluss des OLG gar nicht existent ist, weil es zur Prüfung des genannten Grundrechts gar nicht zuständig war.[1884] Aus diesem Grund soll der Bundesminister für Justiz an den Beschluss des OLG nicht gebunden sein und dürfte die Auslieferung bewilligen.[1885] Da sich das OLG nur mit jenem Grund-

1883 Burgstaller, JBl 2002, 670 (675).

1884 OGH 9.4.2002, 14 Os 8/02: „Ein nach § 33 ARHG gefasster Beschluss des Gerichtshofes II. Instanz erkärt die Auslieferung nur insoweit für unzulässig, als dies in Hinsicht auf konkret zu bezeichnende (vgl § 260 Abs 1 Z 1 StPO), dem Ersuchenden zugrundeliegende Handlungen des Auszuliefernden aus (jeweils) einem oder mehreren, gleichermaßen bestimmt zu nennenden Gründen geschieht, vergleichbar einem Schuldspruch, bei dem jene als erwiesen angenommenen Tatsachen, deren der Angeklagte schuldig befunden worden ist, einzelnen als strafbare Handlungen bezeichneten rechtlichen Kategorien zugeordnet werden, ohne welchen Ausspruch (§ 260 Abs 1 Z 2 StPO) kein Schuldspruch ergeht [...]. Soweit daher der Gerichtshof II. Instanz Handlungen oder Auslieferungshindernisse in seinem nach § 33 Abs 1 ARHG gefassten Beschluss nicht bedenkt, hat er die Auslieferung folgerichtig nicht für unzulässig erklärt [...]".

1885 Deutlicher erschließt sich die Argumentation des OGH aus der Entscheidung über die Grundrechtsbeschwerde, die Sholam W gegen den – neuen – Beschluss des OLG an den OGH erhob: OGH 9.9.2003, 14 Os 30/03. Da das OLG seine Entscheidungskompetenz überschritten habe, war – nach Auffassung des OGH – der Beschluss für den Bunrecht befasst hatte, für dessen Prüfung es gerade nicht zuständig war, war Sholam W benachteiligt: Die anderen Grundrechte waren nämlich gar nicht geprüft worden.

Dieser Standpunkt des OGH ist im Schrifttum – mE zu Recht – sehr kritisch rezipiert worden.[1886] Auf die damit verbundenen strafprozessualen Fragestellungen ist hier aber nicht näher einzugehen.[1887] Vielmehr interessieren die grundrechtlichen Implikationen des Falls.

Zunächst ist schon die Auslegung des Gesetzes problematisch und erscheint geradezu gekünstelt. Das Gesetz normiert hier nicht eine doppelte – gerichtliche und ministerielle – Entscheidungszuständigkeit, sondern der Bundesminister hat erst dann das Auslieferungsersuchen zu prüfen, wenn das OLG die Auslieferung für zulässig erklärt hat: Er hat es aus dem Blickwinkel des Völkerrechts zu beurteilen und „letztlich die (mitunter allenfalls auch von politischen Fragen abhängende) Entscheidung zu treffen ob einem (vom OLG für zulässig erklärten) Auslieferungsersuchen tatsächlich entsprochen wird."[1888] Das ARHG ist nämlich – wie der VfGH und später auch der Gesetzgeber klargestellt hat[1889] – so auszulegen, dass dem OLG die Zulässigkeit der Auslieferung „unter dem Gesichtspunkt der dem Betroffenen idS nach Gesetz und Bundesverfassung zukommenden subjektiven Rechte"[1890] zu entscheiden hat, der Bundesminister hat hingegen letztlich zu entscheiden, ob dem Ersuchen tatsächlich entsprochen wird.

Bemerkenswert ist weiters, dass nach Auffassung des OGH das Gericht in seiner Zulässigkeitsentscheidung nur bestimmte Grundrechte berücksichtigt, nämlich jene, die das Gesetz explizit nennt, also nach damaliger Rechtslage die Art 3 und 6 EMRK.[1891]

Dass das 7. ZP EMRK– wie auch die EMRK selbst – im Verfassungsrang steht, bleibt dabei völlig unberücksichtigt. Diese Auffassung läuft letztlich – wie unter 2. bereits deutlich gemacht wurde – darauf hinaus, dass in bestimmten Rechtsgebieten nicht die gesamte Verfassung gelten soll. Dies lässt sich freilich nicht begründen: Mögen Auslieferungsverträge auch

desminister für Justiz nicht bindend. Da das OLG kein – anderes Auslieferungshindernis bejahte, habe es die Auslieferung „recht besehen [...] im Ergebnis für zulässig erklärt". Näher dazu und zur Entscheidung im Einzelnen Bertel, JBl 2004, 191.

1886 Bertel, JBl 2004, 191; Burgstaller, JBl 2002, 670 (675 f); Fuchs, JBl 2002, 641; Kommenda, Die Presse 2002/23/04. Nicht so strikt ablehnend: Hollaender, AnwBl 2003, 530. Für die Auffassung des OGH Ratz, ÖJZ 2006, 318 (322).

1887 Diesbezüglich kann auf die Literatur verwiesen werden: S FN 1886.

1888 VfSlg 16 772/2002.

1889 RV 294 BlgNR 22. GP 32: „§ 33 in seiner Gesamtheit stellt nunmehr unmissverständlich außer Zweifel, dass die rechtliche Prüfung des Auslieferungsersuchens eines anderen Staates ausschließlich in die Zuständigkeit der Gerichte fällt."

1890 VfSlg 16 772/2002.

1891 S aber zu Art 8 EMRK OGH 15.12.1998, 11 Os 139/98 = JBl 2001, 331 (Dedeyne-Amann).

anderes als die EMRK normieren, so haben doch die Gerichte die gesamte österreichische Rechtsordnung zu beachten.

Ein weiterer erwähnenswerter Aspekt dieser Entscheidung ist von ganz anderer Art. Man kann die Entscheidung des OGH über die Wahrungsbeschwerde zu Recht kritisieren, zuzugestehen ist freilich, dass die Rechtsrichtigkeit des OLG-Beschlusses zumindest fragwürdig erscheint.

Wie gezeigt, argumentierte das OLG, dass die Auslieferung einen Verstoß gegen Art 2 des 7. ZP EMRK bedeuten würde und untermauert diese Auffassung mit dem Urteil des EGMR in der Rs Krombach gegen Frankreich.[1892] Damals hatte der Bf am gesamten Strafverfahren – also auch am Beweisverfahren – zur Gänze nicht teilgenommen. Zwar waren die Anwälte anwesend gewesen, ihre Anträge wurden aber als unzulässig abgelehnt, weil die französische StPO die Vertretung eines abwesenden Angekl verbietet. Der Bf hatte außerdem keine Möglichkeit, Rechtsmittel zu erheben, denn für einen in Abwesenheit Verurteilten waren Rechtsmittel gesetzlich ausgeschlossen. Tatsächlich sah in diesem Fall der EGMR – neben Art 6 EMRK – auch Art 2 7. ZP EMRK verletzt. Er hob in seiner Begründung freilich besonders hervor, dass der Bf nicht durch einen Anwalt verteidigt werden konnte und er seine Verurteilung auch nicht durch ein übergeordnetes Gericht überprüfen lassen konnte.

In diesen Punkten unterscheidet sich der Fall aber grundlegend von den Voraussetzungen im Fall Sholam W: Dieser war nämlich während des gesamten Beweisverfahrens anwesend und anwaltlich vertreten. Außerdem standen ihm im Fall seiner Inhaftierung verschiedene Rechtsmittel offen, wie etwa die Urteilsanfechtung wegen Rechtsschutzdefiziten.

Freilich: Auch wenn die Argumentation des OLG inhaltlich nicht zu überzeugen vermag[1893], so bleibt das Vorgehen des OGH dennoch kritikwürdig. Im Rahmen der Wahrungsbeschwerde hätte er durchaus die Möglichkeit gehabt, die Rechtswidrigkeit festzustellen. Allein, dies schien ihm nicht ausreichend: Er suchte offenbar nach einer Möglichkeit, den Beschluss auch *aufheben* zu können und nahm dafür einige argumentative Mühen auf sich. Diese Bemühungen überraschen sowohl im Ergebnis als auch vom Ansatz her: Sholam W war einer der meist gesuchten Verbrecher der USA und zweifellos war Österreich an der Auslieferung aus politischen Gründen interessiert. Dies rechtfertigt es aber dennoch nicht, rechtliche Grundsätze zugunsten des „richtigen" Verfahrensergebnisses hintanzustellen.[1894] Der OGH schien hier das kriminalpolitische Interesse an einer materiell richtigen Rechtspflege über andere (grund-)rechtliche Grundsätze zu stellen.

1892 EGMR 13.2.2001, 29 731/96, Krombach gegen Frankreich = NJW 2001, 2387.

1893 So auch Burgstaller, JBl 2002, 670 (676).

1894 S auch Bertel, JBl 2004, 191 (195).

c. *Die „neue" Judikatur des OGH: Der Fall Marko L*

aa. Sachverhalt und Entscheidung

Betroffen war ein Auslieferungssachverhalt zwischen Italien und Österreich auf den das EU-JZG noch nicht anwendbar war. Der Antragsteller formulierte seinen „Antrag" zunächst als Grundrechtsbeschwerde, die der OGH jedoch in einen erweiterten Erneuerungsantrag nach § 363a StPO umdeutete.

Der Antragsteller war nach seiner Entlassung aus der U-Haft in Italien zu seiner Familie nach Hard in Vorarlberg zurückgekehrt. Er übersiedelte von dort nach Lustenau, informierte aber das italienische Gericht nicht davon. Auch dass der Antragsteller sich zwischenzeitlich in der Schweiz in Haft befunden hatte, war den italienischen Gerichten nicht mitgeteilt worden. Der Antragsteller war daraufhin in Italien in Abwesenheit zu neun Jahren Freiheitsstrafe verurteilt worden. Eine Ladung zu den Gerichtsverhandlungen sei nämlich wegen der unterlassenen Mitteilungen nicht möglich gewesen.

LG und OLG erachteten die von Italien begehrte Auslieferung nicht für unzulässig: Zwar setze ein konventionskonformes fair trial voraus, dass der Besch von der Einleitung des Strafverfahrens Kenntnis und dadurch überhaupt die Möglichkeit der Teilnahme habe, ein Abwesenheitsurteil im Fall einer Flucht verletze aber Art 6 Abs 1 EMRK nicht, weil sich der Besch diesfalls freiwillig seiner Rechte begebe. Dies treffe hier zu, denn der Antragsteller habe es verabsäumt, den italienischen Gerichten seinen Aufenthaltsort mitzuteilen und dadurch seine Ladung zu ermöglichen.

Der OGH[1895] folgte der Meinung der Erstgerichte nicht: Er verweist zunächst auf die Rsp des EGMR, wonach die Durchführung eines Strafverfahrens in Abwesenheit des Besch noch nicht per se konventionswidrig ist. Sie könne zulässig sein, wenn dem Besch mit hinreichender Sicherheit die Möglichkeit rechtlich gewährleistet sei, eine neuerliche Verhandlung in seiner Anwesenheit zu erreichen. Nicht unzulässig sei ein Abwesenheitsurteil außerdem dann, wenn der Besch in unmissverständlicher Weise auf sein Recht auf Teilnahme an der HV verzichtet hat oder eindeutige konkrete Anhaltspunkte für die Absicht des Besch, sich dem Strafverfahren überhaupt durch Flucht zu entziehen, vorliegen. Ein wirksamer Verzicht setze voraus, dass der Besch vom gegen ihn eingeleiteten Strafverfahren sowie, soweit möglich, auch vom Termin der HV gerichtlich verständigt werde.

Rechtsgrundlage für die Beurteilung der Zulässigkeit der Auslieferung war ua Art 3 Abs 1 2. ZP zum Europäischen Auslieferungsübereinkom-

1895 21.1.2008, 15 Os 117/07f.

men[1896]. Demnach „kann" die Auslieferung abgelehnt werden, wenn „in dem diesem Urteil vorangegangenen Verfahren nicht die Mindestrechte der Verteidigungsrechte gewahrt worden sind, die anerkanntermaßen jedem einer strafbaren Handlung Beschuldigten zustehen". Zu bewilligen ist die Auslieferung jedoch, wenn der ersuchende Staat „eine als ausreichend erachtete Zusicherung gibt, der Person, um deren Auslieferung ersucht wird, das Recht auf ein neues Gerichtsverfahren zu gewährleisten, in dem die Rechte der Verteidigung gewahrt werden."

Im konkreten Fall konnte der OGH keine konkreten Anhaltspunkte für einen Verzicht auf Anwesenheit in der HV implizierende Flucht erkennen. Daraus, dass der Besch das italienische Gericht nicht von der Wohnsitzänderung des Besch in Österreich und seiner Anhaltung in Haft in der Schweiz verständigt hat, könne keine Verwirkung des Rechts auf Anwesenheit in der HV abgeleitet werden, weil vielmehr umgekehrt das italienische Gericht zur effektiven Wahrung der von Art 6 Abs 1 EMRK gewährleisteten Verfahrensgarantien vor Einleitung eines Abwesenheitsverfahrens zu Nachforschungen über einen ausländischen Aufenthaltsort des Besch verhalten gewesen wäre.

Eine hinreichend effektive Gewährleistung einer Verfahrenserneuerung nach dem italienischen Strafprozessrecht bedürfte einer die Zulässigerklärung der Auslieferung bedingenden, die effektive Gewährleistung eines entsprechenden Verfahrenserneuerungsrechts beinhaltende Zusicherung des ersuchenden Staates; eine solche wurde aber den Beschlüssen des LG und OLG nicht als Bedingung der Zulässigerklärung der Auslieferung zugrunde gelegt.

Die Zulässigerklärung einer Auslieferung mit Beziehung auf ein im ersuchenden Staat durchgeführtes Strafverfahren, das den von Art 6 Abs 1 EMRK geforderten Verfahrensgarantien offenkundig nicht entsprochen habe, verstoße ihrerseits gegen Art 6 Abs 1 EMRK. Die auf eine die Bejahung einer Konventionskonformität des in Italien geführten Abwesenheitsverfahrens nicht zulassende Tatsachengrundlage gestützte Zulässigerklärung der Auslieferung durch die Beschlüsse verletze daher das Grundrecht auf ein faires Verfahren nach Art 6 Abs 1 EMRK.

bb. Würdigung

Die Entscheidung des OGH ist in mehrfacher Hinsicht bemerkenswert. Sie ist zunächst eine deutliche Abkehr zur noch in der Rs Sholam W vertretenen Auffassung: Damals verortete der OGH eine gerichtliche Zuständigkeit zur Grundrechtsprüfung nur insoweit, als sie auch explizit

1896 BGBl 1983/297.

vorgesehen war. In der gegenständlichen Entscheidung stützt er sich zwar auf Art 3 des 2. ZP EuAuslÜbk, der allerdings nur einen *fakultativen* Hinderungsgrund beschreibt.

Dem ist voll zuzustimmen: Zwar ist nunmehr auch auf einfachgesetzlicher Ebene der umfassende Grundrechtsschutz normiert, er ergibt sich aber, wie oben gezeigt, auch schon daraus, dass die im Verfassungsrang stehenden Grundrechte zweifellos bei der Auslegung einfachen Gesetzesrechts anzuwenden sind.

Dem OGH ist aber auch in inhaltlicher Hinsicht zuzustimmen:

Ein Abwesenheitsurteil kann nach seinen Ausführungen aus zwei Gründen zulässig sein. Erstens, weil der Besch auf die Teilnahme ausdrücklich und unmissverständlich verzichtet hat oder zweitens, weil er implizit durch Flucht darauf verzichtet. Ein Verzicht kann aber nur dann vorliegen, wenn der Besch auch von der Verhandlung verständigt wurde. Saniert werden kann ein Abwesenheitsverfahren schließlich durch einen Rechtsbehelf, der dem Besch ermöglicht, nunmehr am Verfahren teilnehmen zu können.

Völlig zutreffend ist der OGH im gegenständlichen Fall zum Ergebnis gekommen, dass nicht von einem Verzicht des Antragstellers gesprochen werden kann: Er wurde nämlich gar nicht von der Verhandlung verständigt, das italienische Gericht wäre aber zur Ausforschung des Aufenthalts verhalten gewesen. Auch wurde dies nicht saniert, denn es gab keine Zusicherung eines effektiven Verfahrenserneuerungsrechts.

Damit liegt der OGH auf einer Linie mit der Jud des EGMR: Dieser betont in st Jud, dass die Anwesenheit des Besch an der Verhandlung ein wesentlicher Aspekt eines fairen Verfahrens gem Art 6 Abs 1 EMRK ist.[1897] Dennoch ist ein Verfahren in Abwesenheit nicht grds unvereinbar mit der EMRK. Der Besch kann auf sein Recht, bei der Verhandlung zu erscheinen verzichten, dies muss freilich ausdrücklich oder zumindest in einer unmissverständlichen Weise geschehen.[1898] Dies setzt freilich voraus, dass der Besch auch vom Strafverfahren verständigt worden ist[1899]. Die Verständigung von der Einleitung eines Strafverfahrens ist ein rechtlicher Akt von solcher Bedeutung, dass er im Einklang mit den vorgeschriebenen formellen und inhaltlichen Erfordernissen erfolgen muss und zwar so, dass die wirksame Ausübung der Rechte des Angeklagten gewährleis-

1897 EGMR 28.8.1991, 12 151/86, F.C.B. gegen Italien = ÖJZ 1992/2; 12.10.1992, 14 104/88, T gegen Italien = ÖJZ 1993/13; 27.5.2004, 46 549/99, Yavuz gegen Österreich Z 45 = ÖJZ 2005/2.

1898 EGMR 28.8.1991, 12 151/86, F.C.B. gegen Italien Z 33 = ÖJZ 1992/2 („expressly or at least in an unequivocal manner"); 23.11.1993, 14 032/88, Poitrimol gegen Frankreich Z 31 = ÖJZ 1994/29; 27.5.2004, 46 549/99, Yavuz gegen Österreich Z 45 = ÖJZ 2005/2.

1899 EGMR 10.11.2004, 56 581/00, Sejdovic gegen Italien.

tet ist: Eine vage und informelle Kenntnis reicht nicht aus.[1900] Angesichts der Bedeutung des Rechts müssen die Vertragstaaten auch besondere Sorgfaltspflichten an den Tag legen, um sicherzustellen, dass die von Art 6 EMRK garantierten Rechte wirksam in Anspruch genommen werden können.[1901] In einem ebenfalls Italien betreffenden Fall hat der EGMR etwa festgestellt, dass diesen Sorgfaltspflichten nicht entsprochen wird, wenn es Anhaltspunkte dafür gibt, dass der Besch im Ausland in Haft sitzt, diesbezüglich aber keine weiteren Ermittlungen angestellt werden.[1902]

Saniert werden kann die Konventionswidrigkeit eines Abwesenheitsurteils durch ein Rechtsmittel, mit dem dem Verurteilten die Möglichkeit einer neuerlichen Befassung des Gerichts mit der Stichhaltigkeit der strafrechtlichen Anklage zu verschaffen ist.[1903] Nicht ausreichend war die nach der italienischen StPO vorgesehen Möglichkeit zur Wiederaufnahme eines Verfahrens: Der Besch musste nämlich nachweisen, dass er von der Einleitung eines Strafverfahrens keine Kenntnis erlangt hatte.[1904]

Die Entscheidung des OGH hat deutlich gemacht: Anders als noch im Fall Sholam W nimmt der OGH nunmehr die grundrechtlichen Implikationen einer Auslieferung ernst und setzt sich damit fundiert auseinander. Dabei berücksichtigt er auch die Straßburger Jud.

Die Entscheidung ist aber noch aus einem weiteren Grund bemerkenswert: Erstmals hat der OGH nämlich einen Auslieferungsbeschluss im Rahmen eines erweiterten Erneuerungsantrags als grundrechtswidrig qualifiziert. Betrachtet man nämlich die „neue" Jud des OGH zu den erweiterten Erneuerungsanträgen, so fällt zweierlei auf: Wenn es um den Gehalt der einzelnen Grundrechte geht – praktisch drehen sich die meisten Fälle um die Art 3, 6 und 8 EMRK –, so orientiert sich der OGH sehr stark an der Jud des EGMR.[1905] In der Sache freilich, und

1900 EGMR 12.10.1992, 14 104/88, T gegen Italien Z 28 = ÖJZ 1993/13; EGMR 10.11.2004, 56 581/00, Sejdovic gegen Italien.

1901 EGMR 12.10.1992, 14 104/88, T gegen Italien Z 30 = ÖJZ 1993/13.

1902 EGMR 28.8.1991, 12 151/86, F.C.B. gegen Italien Z 33 = ÖJZ 1992/2.

1903 EGMR 23.11.1993, 14 032/88, Poitrimol gegen Frankreich Z 31 = ÖJZ 1994/29; 13.2.2001, 29 731/96, Krombach gegen Frankreich Z 85 = NJW 2001, 2387; 10.11.2004 und 1.3.2006 (GK), 56 581/00, Sejdovic gegen Italien; 14.6.2001, 20 491/92, Medenica gegen die Schweiz Z 54.

1904 EGMR 10.11.2004, 56 581/00, Sejdovic gegen Italien.

1905 Vgl nur die Jud zu Art 3 EMRK: In Auslieferungsfällen argumentieren Bf bzw Antragsteller häufig, dass ihnen durch die Auslieferung im Zielstaat eine Verletzung von Art 3 EMRK drohe. Dies ist nach st Rsp dann der Fall, wenn die betroffene Person im Zielstaat einer Strafe ausgesetzt wird, welche die Schwelle zur unmenschlichen und erniedrigenden Behandlung erreicht: OGH 13.2.2008, 13 Os 150/07v; 1.4.2008, 11 Os 46/08m; 8.7.2008, 14 Os 67/08x. EGMR 20.3.1991, 15 576/89, Cruz Varas ua gegen Schweden = ÖJZ 1991/13; 30.10.1991, 13 163/87 ua, Vilvarajah ua gegen Vereinigtes Königreich =

dies ist der zweite auffallende Aspekt, werden die Auslieferungssachen vom OGH kaum jemals positiv erledigt. Meist scheitern sie daran, dass der Bf die behauptete Grundrechtsverletzung nicht schlüssig darzulegen vermag.

Mit der gegenständlichen Entscheidung hat der OGH nunmehr klar gestellt, dass er bereit ist, sich mit grundrechtsrelevanten Fragestellungen auch inhaltlich fundiert auseinanderzusetzen und dass er die in Anspruch genommene Qualifikation als Grundrechtsgericht durchaus ernst nimmt.

5. Conclusio

Die zentrale Frage im Auslieferungsrecht war lange Zeit jene nach dem Umfang der Grundrechtsgeltung. Nach verfassungsrechtlich zutreffender Ansicht haben die Gerichte alle in Frage kommenden Grundrechte in ihrer Auslieferungsentscheidung zu berücksichtigen. Der OGH anerkennt dies freilich erst nach einer Klarstellung durch den Gesetzgeber.

Ansonsten lassen sich in der oberstgerichtlichen Jud zu Auslieferungssachen im Wesentlichen drei Phasen unterscheiden:

Zunächst spielte der OGH in Auslieferungssachen eine nur geringe Rolle, weil ein Rechtsmittel gegen Auslieferungsbeschlüsse ausgeschlossen war. Freilich verdeutlichte bereits der Fall Sholam W die nur wenig grundrechtsfreundliche Position des OGH.

Größere Bedeutung hatte der OGH in der zweiten Phase, als er nach Aufhebung des § 33 Abs 5 ARHG in Auslieferungssachen das GRBG analog anwendete. Im Ergebnis war freilich auch dieser Rechtsschutz unbefriedigend: Es scheiterten die meisten Beschwerden an den – analog herangezogenen! – Formalvoraussetzungen. So sehr der OGH im Fall Sholam W bemüht schien, materielle Rechtsrichtigkeit auch auf Kosten des Verfahrensrechts herzustellen, so sehr schien er in anderen Fällen be-

ÖJZ 1992/13; 15.2.2000, 46 553/99, S. C. C. gegen Schweden = ÖJZ 2000/18 (zur Abschiebung); 20.2.2007, 35 865/03, Al-Moayad gegen Deutschland = NVwZ 2008, 761. Allerdings reicht die Möglichkeit einer solchen Misshandlung für sich noch nicht aus, sondern es muss ein konkretes Risiko bestehen, dass die Person einer Art 3 EMRK widersprechenden Behandlung ausgesetzt sein werde; dies muss anhand stichhaltiger Gründe („substantial grounds") belegbar sein: OGH 13.2.2008, 13 Os 150/07v. S auch OGH 1.4.2008, 11 Os 46/08m. EGMR 20.3.1991, 15 576/89, Cruz Varas ua gegen Schweden = ÖJZ 1991/13: Darin führte der EGMR aus, es müsse Grund zur Annahme besehen, dass die Bf einer realen Gefahr ausgesetzt wären. EGMR 15.11. 1996, 22 414/93, Chahal gegen Vereinigtes Königreich Z 75 = ÖJZ 1997/20. Haftbedingungen verletzen Art 3 EMRK, wenn sie erhebliches psychisches oder physisches Leid verursachen, die Menschenwürde beeinträchtigen oder Gefühle von Demütigung und Erniedrigung erwecken: OGH 1.4.2008, 11 Os 46/08m.

müht, die inhaltliche grundrechtliche Prüfung anhand formaler Kriterien zu umgehen.

In der nunmehrigen dritten Phase, in der sich der OGH über § 363a StPO mit Auslieferungsfällen beschäftigt, ist nun erstmals ein ernsthaftes Bemühen des OGH um eine Positionierung als Grundrechtsgericht deutlich spürbar. Das erweiterte Erneuerungsverfahren ist zwar an sich kritisch zu sehen – s dazu oben unter II. –, in der Sache ist das darin offengelegte Grundrechtsverständnis nunmehr jedoch ein bemerkenswerter Entwicklungsschritt. Positiv ist, dass sich der OGH auffallend stark an der Jud des EGMR orientiert. Dass sich der OGH jüngst auch in die materielle Grundrechtsprüfung gewagt und die relevanten Fragen zutreffend gelöst hat, lässt hoffen, dass diese Entwicklung sich auch zukünftig fortsetzen wird.

IV. Die Nichtigkeitsbeschwerde als taugliches Instrument zur Geltendmachung von Grundrechtsverletzungen?

1. Problemstellung

Die Nichtigkeitsbeschwerde ist das ordentliche Rechtsmittel gegen kollegialgerichtliche Urteile und hat schon in zahlenmäßiger Hinsicht herausragende praktische Bedeutung im Geschäftsgang des OGH.[1906] Sie dient zwar nicht primär der Geltendmachung von Grundrechtsverletzungen, es können aber naturgemäß Rechtswidrigkeiten releviert werden, die auch einen grundrechtlichen Hintergrund haben: Dies schon deswegen, weil die grundrechtlichen Garantien durch einfaches Gesetz umgesetzt werden (s schon oben unter B.). Dennoch ist fraglich, ob die Nichtigkeitsbeschwerde überhaupt ein zufriedenstellendes Instrument ist, um Grundrechtsverletzungen geltend zu machen oder ob nicht vielmehr ein spezifisches Rechtsmittel oder ein Rechtsbehelf zur Geltendmachung von Grundrechtsverletzungen – ähnlich einer Grundrechtsbeschwerde – zweckmäßig(er) wäre.

Die meisten Argumente, die gegen die Nichtigkeitsbeschwerde als taugliches Instrument des Grundrechtsschutzes vorgebracht werden, betreffen die Handhabung des Rechtsmittels durch den OGH und berühren damit nicht nur spezifische grundrechtliche Fragen, sondern allgemeine Probleme des Rechtsschutzes: Die Formalanforderungen seien übertrieben, es würden Formalbarrieren errichtet, die die Inanspruchnahme des Rechtsschutzes erheblich erschweren. Außerdem sei der Begründungsstil des OGH

1906 S dazu den Tätigkeitsbericht des OGH für das Jahr 2009, 21 f: Von 897 Os-Sachen waren 518 Nichtigkeitsbeschwerden. (S zum Vergleich den Tätigkeitsbericht für das Jahr 2008, 15 f: Von 942 Os-Sachen waren 549 Nichtigkeitsbeschwerden.)

bei Zurückweisungsbeschlüssen mangelhaft. Der OGH verweigere dadurch überhaupt effizienten Rechtsschutz. Neben dieser anwendungsspezifischen Ebene gilt es mE noch eine strukturelle Ebene zu unterscheiden: Fraglich ist nämlich, ob die Nichtigkeitsbeschwerde ihrer *Struktur* nach überhaupt als Instrument des Grundrechtsschutzes zweckmäßig ist oder ob eventuelle Probleme systemimmanent sind.

2. Formalanforderungen an eine Nichtigkeitsbeschwerde

Die Formalanforderungen an eine Nichtigkeitsbeschwerde ergeben sich ua aus § 285a StPO: Gem Z 2 sind die Nichtigkeitsgründe deutlich und bestimmt zu bezeichnen, insbes ist der Tatumstand, der den Nichtigkeitsgrund bilden soll, ausdrücklich oder doch durch deutliche Hinweisung anzuführen. Andernfalls hat das LG, bei dem die Nichtigkeitsbeschwerde angemeldet wird, die Beschwerde zurückzuweisen. Tut es dies nicht, so kann der OGH die Beschwerde auch selbst in nichtöffentlicher Sitzung zurückweisen (§ 285d Abs 1 Z 1 StPO).

Die eigentliche Problematik besteht nun in der Frage, wann denn die nichtigkeitsbegründenden Tatumstände hinreichend deutlich angeführt sind. Der Sache nach gilt es hier auszuführen, welcher Vorgang welche Nichtigkeit begründet. Ob eine Darlegung auch hinreichend deutlich ist, ist letztlich freilich eine Wertungsfrage. Tatsächlich wird der vom OGH angelegte Maßstab immer wieder kritisiert. Im Zentrum der Kritik stehen besonders die Formalanforderungen, die der OGH bei der Geltendmachung materieller Nichtigkeitsgründe stellt. Er verlangt hier nämlich eine inhaltliche Argumentation: Der Bf muss seine Rechtsauffassung schlüssig – dh „methodisch vertretbar" – aus dem Gesetz ableiten. Er hat aufzuzeigen, „warum das Erstgericht zu Unrecht freigesprochen oder die festgestellten Tatsachen einem Tatbestand des materiellen Strafrechts subsumiert oder nicht subsumiert hat, also aufzuzeigen, warum das Gesetz unrichtig angewendet wurde"[1907]. Beschränkt sich eine Rüge darauf, die „angestrebten rechtlichen Konsequenzen substratlos zu behaupten", so verfehlt sie „die gebotene (methodisch vertretbare) Ableitung aus dem Gesetz".[1908] Nicht „prozessordnungsgemäß ausgeführt" war es sogar, die Auf-

1907 OGH 17.12.2003, 13 Os 151/03.

1908 OGH 1.8.2007, 13 Os 70/07d. S auch OGH 4.11.2004, 12 Os 118/04: Die auf Z 10 gestützte „bloße Behauptung", die Tat hätte richtiger Weise nicht als Raub, sondern als Erpressung bewertet werden müssen, verfehle die „gebotene (methodisch vertretbare) Ableitung aus dem Gesetz". OGH 17.12.2003, 13 Os 151/03: Die „bloße (= substratlose) Behauptung", der Angekl sei nicht oder nicht iSd herangezogenen Gesetzesstellen schuldig, lasse nicht erkennen, welchen konkreten Rechtsfehler der Bf geltend machen wolle; die Beschwerde sei damit einer inhaltlichen Erörterung nicht zugänglich.

fassung mit dem „bloßen Verweis auf eine […] Lehrmeinung und ohne inhaltliche Argumentation" zu begründen.[1909] Legt der Bf zur Begründung seiner Rechtsansicht hingegen „deutlich und bestimmt die Argumentation einer Stelle im wissenschaftlichen Schrifttum dar […] und argumentiert der solcherart Zitierte seinerseits methodengerecht, entspricht die Rechts- oder Subsumtionsrüge ebenso den prozessualen Zulässigkeitsvoraussetzungen, wie wenn sich der Rechtsmittelwerber auf eine Entscheidung des Obersten Gerichtshofes selbst beruft".[1910]

Dieses Vorgehen hat dem OGH einiges an Kritik eingebracht. Kritisiert wird va, dass sich das Erfordernis einer inhaltlichen Argumentation gar nicht aus der StPO ableiten lasse, sondern vom OGH kreiert werde.[1911] Die Angaben in einer Nichtigkeitsbeschwerde seien erforderlich, damit der OGH wisse, was er zu prüfen habe. Dass der Verteidiger dem OGH eine Rechtsbelehrung erteile, habe das Gesetz hingegen nicht für nötig gehalten.[1912]

Für die Vorgehensweise des OGH wird die dahinter stehende Absicht vorgebracht, die auch der OGH selbst offen legt: Er weist Nichtigkeitsbeschwerden, in denen nicht methodengerecht argumentiert wird, in nichtöffentlicher Sitzung zurück und kann dadurch „kostenaufwändige Gerichtstage" vermeiden.[1913] Rechtsschutzdefizite seien dadurch nicht zu befürchten, denn der OGH könne die besagten Nichtigkeitsgründe ja auch amtswegig gem § 290 Abs 1 aufgreifen.[1914] Dh: Stellt er fest, dass eine nicht prozessordnungsgemäß ausgeführte Beschwerde inhaltlich begründet ist, kann er die Beschwerde zwar in nichtöffentlicher Sitzung zurückweisen, den Fehler kann er aber dennoch amtswegig aufgreifen.

Die Kritiker haben mE gute Argumente auf ihrer Seite. Aus der gesetzlich vorgesehenen Bezeichnungspflicht kann nämlich in der Tat nicht so ohne weiteres die Pflicht zur inhaltlichen Argumentation gefolgert werden. Das Gesetz normiert zwar, dass die Tatumstände auszuführen sind, dies beinhaltet aber nicht zwangsläufig schon die Pflicht, die Rechtsauffassung auch zu begründen und schon gar nicht, sie methodengerecht zu

1909 OGH 11.2.2003, 11 Os 2/03 = JBl 2003, 884 (Bertel). Im konkreten Fall war fraglich, ob ein beliehener Unternehmer das normative Tatbestandsmerkmal des Amtsmissbrauchs erfüllt.

1910 OGH 17.12.2003, 13 Os 151/03.

1911 Bertel, JBl 2003, 885; Burgstaller, JBl 2004, 531 (534 f); Hollaender/Mayerhofer, ÖJZ 2005, 447 (454); Stuefer/Soyer, 2007, 139 (141).

1912 Bertel, JBl 2003, 885.

1913 OGH 17.12.2003, 13 Os 151/03. S auch Markel, RZ 2006, 110 (116): Die Jud verfolge „das prozessökonomische Anliegen, aufwändige und kostenintensive Gerichtstage zur öffentlichen Verhandlung von Nichtigkeitsbeschwerden vor dem OGH einzuschränken".

1914 Markel, RZ 2006, 110 (116); OGH 17.12.2003, 13 Os 151/03.

begründen. Der OGH selbst legt aber bedauerlicherweise auch nicht dar, woraus er diesen Maßstab ableitet. Damit steht die Pflicht zur methodengerechten Argumentation interpretationsmethodisch betrachtet in der Tat auf „wackeligen Beinen".[1915]

Nun kann man freilich das Anliegen des OGH, Gerichtstage möglichst zu vermeiden, grds durchaus nachvollziehbar finden,[1916] denn es schiene nicht zweckmäßig, einen Gerichtstag anzuberaumen, nur um die Beschwerde dann wegen formaler Mängel zurückzuweisen. Kritikwürdig ist darum auch nicht primär dieses Anliegen des OGH, sondern vielmehr die methodische Ableitung der Formalanforderungen.

Dennoch ist in diesem Zusammenhang auf einen allgemeinen Aspekt der Problematik hinzuweisen: Sind Beschwerden wegen materieller Nichtigkeit nicht aus formellen Gründen zurückzuweisen, dann muss der OGH einen Gerichtstag anberaumen. Nicht so bei einigen anderen Nichtigkeitsgründen: Wird Nichtigkeit aus Z 1 bis 8 und 11 sowie § 281a StPO geltend gemacht, dann kann er die Beschwerde auch dann ohne öffentlichen Gerichtstag zurückweisen, wenn sie offenbar unbegründet ist (§ 285d Abs 1 Z 2 StPO).[1917] Es ist aber mE ausgeschlossen, eine – wie Bertel meint – Rechtslücke anzunehmen, die in analoger Anwendung des § 285d Abs 1 Z 2 StPO geschlossen werden könnte.[1918] Es gibt nämlich keinen Hinweis auf die planwidrige Unvollkommenheit des Gesetzes.[1919] Es mögen zwar die genannten prozessökonomischen Anliegen dafür sprechen, rechtspolitische Wünsche sind aber bekanntlich kein Kriterium für die Annahme einer Lücke.[1920]

Dass der OGH nun Formalanforderungen stellt, die sich aus dem Gesetz so nicht ableiten lassen, ist für sich genommen schon kritikwürdig. Davon zu unterscheiden ist freilich die Frage, ob eine solche Regelung – würde sie der Gesetzgeber vorsehen – verfassungswidrig wäre. Dafür muss das bereits oben unter I.3.a.cc. Gesagte sinngemäß gelten: Sieht der Gesetzgeber entsprechende Formalanforderungen vor, so ist dies aus grundrechtlicher Sicht noch nicht zu beanstanden. Fraglich könnte allenfalls sein, ob tatsächlich – wie dies Stuefer/Soyer nahelegen – ein Wider-

1915 Burgstaller, JBl 2004, 531 (535).

1916 S auch Bertel, JBl 2003, 884 (886).

1917 Diese beiden Möglichkeiten der Zurückweisung sind der Sache nach freilich streng auseinanderzuhalten: Während bei einer Zurückweisung nach § 285d Abs 1 Z 1 StPO die Angelegenheit inhaltlich gar nicht geprüft wird – zurückgewiesen wird, weil die Formalanforderungen nicht vorliegen –, erfolgt die Zurückweisung gem Z 2 leg cit nach einer inhaltlichen Prüfung, nämlich weil die Beschwerde unbegründet ist.

1918 Bertel, JBl 2003, 884 (886).

1919 So auch Burgstaller, JBl 2004, 531 (534 f).

1920 S zu ähnlicher Problematik bereits oben unter II.3.2.c.

spruch zur Auffassung des EGMR zu verorten ist, wie er sie in der Rs Czekalla gegen Portugal[1921] vertreten hat[1922]: Damals hatte das portugiesische Höchstgericht ein Rechtsmittel zurückgewiesen, weil die Pflichtverteidigerin Formvorschriften nicht beachtet hatte. Der EGMR sah darin einen Verstoß gegen das Recht auf wirksame Verteidigung und das Recht auf ein faires Verfahren. Das Gericht hätte nämlich die Verteidigerin auffordern müssen, ihren Schriftsatz zu berichtigen oder zu vervollständigen.

Stuefer/Soyer folgern daraus offenbar eine Pflicht des OGH, dem Bf die Nichtigkeitsbeschwerde zur Verbesserung zurückzustellen, wenn der OGH der Meinung ist, der Verteidiger argumentiere nicht methodengerecht. Dieser Auffassung kann in dieser Allgemeinheit freilich nicht gefolgt werden. Grds ist der Staat nämlich gerade nicht für unzulängliche oder irrtümliche Verteidigungsführung eines Anwalts verantwortlich.[1923] Dies folgt schon aus der Unabhängigkeit des Anwaltsstandes gegenüber dem Staat. Es gibt von diesem Grundsatz aber Ausnahmen, die für Pflicht- und Wahlverteidiger gleichermaßen gelten: „The competent national authorities are required under Article 6 § 3 (c) to intervene only if a failure by legal-aid counsel to provide effective representation is manifest or sufficiently brought to their attention in some other way".[1924]

Es kommt also erstens darauf an, ob durch den Fehler keine wirksame Verteidigung mehr gewährleistet ist und zweitens, ob der Fehler offenkundig ist oder zumindest den staatlichen Stellen bekannt gemacht wurde.

Im Fall Czekalla waren nun mehrere Umstände entscheidend für die Schlussfolgerung des EGMR[1925]: Zunächst stellt er allgemein fest, dass die Nichtbeachtung einer Formvorschrift aus Nachlässigkeit nicht mit einem Irrtum des Verteidigers oder einem Argumentationsfehler gleichgesetzt werden könne, wenn dadurch dem Verurteilten der Rechtsmittelweg abgeschnitten wird, ohne dass dies von einer höheren Instanz bereinigt wird. Dies traf im konkreten Fall zu. Außerdem betont der EGMR, dass der Bf als Ausländer der Verfahrenssprache nicht mächtig war und sich mit einer Anklage konfrontiert sah, die mit beträchtlicher Freiheitsstrafe bedroht war. Unter diesen Umständen stand dem Bf – was den Rechts-

---

1921 EGMR 10.10.2002, 38 830/97, Czekalla gegen Portugal.

1922 Stuefer/Soyer, ÖJZ 2007, 139 (140).

1923 EGMR 10.10.2002, 38 830/97, Czekalla gegen Portugal Z 65.

1924 EGMR 10.10.2002, 38 830/97, Czekalla gegen Portugal Z 60. Ebenso: EGMR 19.12.1989, 97 83/82, Kamasinski gegen Österreich Z 65; 21.4.1998, 22 600/93, Daud gegen Portugal; 27.4.2006, 30 961/03, Sannino gegen Italien; 22.3.2007, 59 519/00, Staroszczyk gegen Polen Z 122.

1925 Auch der EGMR spricht von einer „combination of circumstances", EGMR 10.10. 2002, 38 830/97, Czekalla gegen Portugal Z 66.

weg an das Höchstgericht betraf – keine konkrete und wirksame Verteidigung zur Verfügung.

Zur Frage, ob der Fehler offenkundig war, weist der EGMR darauf hin, dass der Betroffene zwar nicht die Verfahrensführung des Verteidigers als solche gerügt hat, er habe aber selbst eine Eingabe an das Gericht verfasst, woraus geschlossen werden könne, dass er mit der Verteidigungsführung nicht gänzlich einverstanden war. Entscheidend war außerdem, dass eine reine Formvorschrift nicht beachtet wurde. Dieses offenkundige Versäumnis hätte positives Handeln der Beh nach sich ziehen müssen: Das Gericht hätte zur Berichtigung oder Vervollständigung des Schriftsatzes auffordern müssen.

Aus der Rs Czekalla ist somit keineswegs abzuleiten, dass ein Höchstgericht eine Beschwerde bei der Verletzung von Formvorschriften stets zur Verbesserung zurückstellen müsste. Es ist dies vielmehr die Ausnahme, die nur unter bestimmten Voraussetzungen vorliegt.[1926] Erhebt ein Verteidiger eine Beschwerde, die nicht prozessordnungsgemäß ausgeführt ist, so wird allein deswegen die Schutzpflicht des Staates noch nicht schlagend. Sie könnte erst durch Hinzutreten weiterer Umstände ausgelöst werden. Zweifelhaft ist in diesem Zusammenhang mE überdies, ob die methodengerechte Ableitung aus dem Gesetz tatsächlich mit einer reinen Formvorschrift – um eine solche ging es in der Rs Czekalla – vergleichbar ist. Auch wenn es sich dabei um eine Zulässigkeitsvoraussetzung handelt, so geht es dabei der Sache nach mE bereits um eine inhaltliche Argumentation, denn der Bf darf seine Rechtsauffassung nicht nur behaupten, sondern er muss sie auch begründen. Eine Pflicht des Staates, in einem Rechtsmittel die zielführende Argumentation sicherzustellen, lässt sich aber auch aus Art 6 EMRK nicht begründen.

3. Die Begründung von Zurückweisungsbeschlüssen

Ein weiterer Kritikpunkt betrifft den Begründungsstil des OGH bei Zurückweisungsbeschlüssen. Besonders Bertel wirft dem OGH vor, die Beschlüsse so allgemein zu begründen, dass der Leser gar nicht erkennen könne, ob sie auch zutreffen, ja es handle sich teilweise sogar um Scheinbegründungen.[1927]

Tatsächlich sind die Begründungen des OGH für den Unbeteiligten nicht immer aufschlussreich: Macht der Bf etwa Nichtigkeit aus § 281

1926 S zu dieser Frage auch OGH 7.11.2007, 13 Os 109/07i, 13 Os 110/07m = JBl 2009, 58 (Burgstaller).

1927 Bertel, juridikum, 2004, 122 ff; ders, AnwBl 2005, 386 (389); ders/Venier, Strafprozessrecht[4] Rz 526.

Abs 1 Z 5a StPO geltend – releviert er also erhebliche Bedenken gegen die entscheidungserheblichen Tatsachen[1928] –, so begründet der OGH eine Zurückweisung mitunter damit, dass der Bf keine erheblichen Bedenken geltend mache, sondern die richterliche Beweiswürdigung „nach Art einer im kollegialgerichtlichen Verfahren unzulässigen Schuldberufung" bekämpfe.[1929] Nun ist es richtig, dass in einer Nichtigkeitsbeschwerde die Beweiswürdigung des Gerichts nicht – wie in einer Berufung – *umfassend* bekämpft werden darf, sondern erst dann, wenn *erhebliche Bedenken* daran bestehen. Begründet der OGH die Zurückweisung jedoch lediglich damit, dass eine Schuldberufung unzulässig ist, dann legt er nur dar, *dass* die Bedenken nicht erheblich sind, nicht aber *weshalb* dies nicht der Fall ist.[1930] Ob die Zurückweisung des OGH der Sache nach zutreffend war, lässt sich dann freilich meist nur schwer überprüfen: Da in den Entscheidungen des OGH – anders als etwa in jenen des VfGH – die näheren Umstände des Falls und bisherigen Abläufe des Verfahrens nicht mehr ausgeführt werden, bedürfte es zur Beantwortung dieser Frage einer Einsichtnahme in den Akt.[1931] Damit ist zugleich eine grundsätzliche Problematik angesprochen, die offenbar auch Markel anerkennt: Die verknappte Darstellung könne fallweise selbst für nicht mit dem Fall vertraute Strafrechtsexperten missverständlich und Ursache für manch überzogene Kritik sein. Allerdings wisse der damit befasste Verteidiger Bescheid und werde die Entscheidung deshalb verstehen[1932] – eine Vermutung, die freilich ihrerseits nicht überprüft werden kann. Sie ändert mE aber auch nichts an der grds Problematik: Selbst dann nämlich, wenn man annehmen wollte, dass der Betroffene die Entscheidung tatsächlich versteht, eröffnet sich ein Spannungsfeld zur Leitfunktion des OGH. Sind die Begründungen des OGH nämlich aus sich heraus für den Unbeteiligten gar nicht nachvollziehbar, dann ist zweifelhaft, ob der Gerichtshof, der ja nicht nur die Einzelfallgerechtigkeit fördern soll, sondern auch eine Leitfunktion hat, letztere überhaupt entsprechend erfüllt.

1928 Dieser Nichtigkeitsgrund wurde mit dem StRÄG 1987 eingeführt. Schon zuvor konnte der OGH freilich entsprechende Mängel von Amts wegen aufgreifen. Es geht dabei um Umstände, die entweder zu keiner Beweisaufnahme geführt haben oder um Umstände, die im Hinblick auf die Beweiswürdigung erhebliche Bedenken aufwerfen. S dazu Markel, RZ 2006, 110 (115).

1929 OGH 11.10.2007,15 Os 110/07a; 23.4.2009, 12 Os 96/08x.

1930 OGH 21.4.2009, 14 Os 16/09y: Im Rahmen der Tatsachenrüge (Z 5a) sucht der Bf die tatrichterliche Beweiswürdigung „durch eigene Schlussfolgerungen aus dem Beweisverfahren unterhalb der vom geltend gemachten, formalen Nichtigkeitsgrund geforderten Erheblichkeitsschwelle zu erschüttern". Entsprechendes gilt für Z 5: Auch hier bleibt mitunter unklar, *weshalb* keine offenbar unzureichende Begründung vorliegen soll.

1931 Bertel, AnwBl 2005, 386 (389).

1932 Markel, RZ 2006, 110 (112).

Nimmt man an, dass zumindest in einzelnen Fällen auch der Betroffene die Begründung nicht versteht, dann müssten in der Tat gleichheitsrechtliche Bedenken angemeldet werden: Begründungen ohne Begründungswert – etwa der bloße Verweis auf Rechtsvorschriften – sind nämlich nach st Jud des VfGH willkürlich und damit gleichheitswidrig.[1933] Bertel knüpft daran die Forderung, dass gegen Entscheidungen der Strafgerichte letzter Instanz zumindest wegen Verletzung des Willkürverbotes die Beschwerde an den VfGH zulässig sein solle.[1934] Ob dies freilich eine adäquate Problemlösung ist, kann nicht so ohne weiteres beantwortet werden und wird im fünften Teil uner B.II. erörtert.

4. Strukturelle Eignung der Nichtigkeitsbeschwerde

Eingangs wurde bereits die Frage aufgeworfen, ob die Nichtigkeitsbeschwerde ihrer Struktur nach überhaupt ein zweckmäßiges Instrument des Grundrechtsschutzes ist. Eine Besonderheit der Nichtigkeitsbeschwerde liegt darin, dass der OGH nur beschränkte Kognitionsbefugnis hat. Dieses Konzept ist freilich, wie bereits deutlich wurde, an sich verfassungsrechtlich unproblematisch. Auch gewährleistet Art 2 7. ZPEMRK zwar das Recht auf Überprüfung von Strafurteilen, es ist aber ausreichend, wenn sich die Nachprüfung auf Rechtsfragen beschränkt.[1935]

Eine andere Frage ist freilich, ob dieses System auch zweckmäßig ist. Zuzugestehen ist nämlich, dass die Nichtigkeitsgründe ein relativ enges Korsett vorgeben: Vorgebracht werden kann nur, was im Gesetz explizit als Nichtigkeitsgrund vorgesehen ist. Dieses Konzept ist grds verständlich, denn der Gesetzgeber wollte dem OGH nicht alle Rechtsangelegenheiten übertragen, sondern er soll als Höchstgericht ua eine Leitfunktion erfüllen. Damit ist im Rahmen der Nichtigkeitsbeschwerde aber die unmittelbare Berufung auf ein Grundrecht ausgeschlossen. Für die Geltendmachung etwaiger Grundrechtsverletzungen bedeutet dies, dass der Betroffene zunächst das passende Vehikel finden muss, mit dem er die (Grund-)Rechtswidrigkeit relevieren kann.

Will der Angekl beispielsweise einen Verstoß gegen ne bis in idem geltend machen, so müsste er Nichtigkeit aus § 281 Abs 1 Z 9 lit b StPO vorbringen: Wurde er nämlich etwa bereits wegen einer Straftat verur-

---

1933 S nur VfSlg 18 768/2009; 18 847/2009; VfGH 3.9.2009, U 591/08. Jüngst: VfGH 9.10.2010, U 1231/10; 30.11.2010, U 1860/10.

1934 Bertel, AnwBl 2005, 386 (390): Da in der Strafjustiz die Ablehnung von Rechtsmitteln mit Scheinbegründungen und frei erfundenen Formalismen nicht nur vorkomme, sondern st Rsp geworden sei, sei die Forderung nach einer Willkürbeschwerde an eine Instanz außerhalb der Strafjustiz unabweisbar.

1935 Grabenwarter, EMRK[4] § 24 Rz 149.

teilt, wegen der gleichen Tat aber nochmals schuldig gesprochen, dann liegt ein Umstand vor, der die Verfolgung der Tat ausschließt.

Will ein Bf etwa geltend machen, dass seine selbstbelastende Aussage im Verfahren gegen ihn verwendet wurde, so kann er Nichtigkeit aus Z 4 leg cit relevieren. Er muss freilich zuvor im Verfahren einen Antrag auf Nichtverlesung der Aussage gestellt haben. Eine weitere Einschränkung ergibt sich aus der Relativität dieses Nichtigkeitsgrunds: Die Geltendmachung ist nur dann erfolgreich, wenn sich die Rechtsverletzung auch für den Besch nachteilig auf die Entscheidung ausgewirkt hat. Es gibt also keine Möglichkeit, eine Grundrechtsverletzung „nur" feststellen zu lassen. Im Konzept der Nichtigkeitsbeschwerde ist dies systematisch betrachtet konsequent, denn ihr Ziel ist die Rechtskontrolle des Urteils. Betrachtet man dies aus grundrechtlicher Sicht, dann wäre freilich auch die Möglichkeit zu begrüßen, eine Grundrechtsverletzung feststellen zu lassen.

Besonders anschaulich wird die Komplexität dieser Fragestellung bei der überlangen Verfahrensdauer. Dauert das Verfahren entgegen der Garantie in Art 6 EMRK zu lange, so ist dies nach der StPO in der Strafbemessung zu berücksichtigen: Überlange Verfahrensdauer ist ein Milderungsgrund (§ 34 Abs 2 StGB). Gesetzwidrigkeiten bei der Strafzumessung können mit Nichtigkeit aus § 281 Abs 1 Z 11 StPO geltend gemacht werden. Releviert werden kann das Überschreiten der Strafbefugnis (1. Fall), die unrichtige Beurteilung entscheidender Strafzumessungstatsachen (2. Fall) sowie der unvertretbare Verstoß gegen Strafzumessungsbestimmungen (3. Fall)[1936].

Will ein Betroffener überlange Verfahrensdauer vor dem OGH geltend machen, dann gilt es zu unterscheiden: Hat das Gericht darüber abgesprochen, ob ein Strafzumessungsgrund überhaupt vorliegt – sich also damit auseinandergesetzt, ob das Verfahren tatsächlich unverhältnismäßig lange gedauert hat –, dann kann diese Einschätzung mit Nichtigkeit aus Z 11 leg cit, zweiter Fall bekämpft werden. Dies wäre etwa der Fall, wenn das Gericht, die Verfahrensdauer falsch berechnet und daher zum Schluss kommt, dass der Milderungsgrund gar nicht vorliegt.[1937] Übergeht das Gericht hingegen eine Strafbemessungstatsache, dann ist dies für den OGH idR eine Tatsachenfrage, die nur in einer Berufung geltend gemacht werden kann.[1938] Dies bedeutet, dass es in einer Nichtigkeitsbeschwerde nicht

1936 Dies wäre etwa dann der Fall, wenn das Gericht die Verweigerung (teil-)bedingter Strafnachsicht in offenem Verstoß gegen die verfassungsmäßig verankerte Unschuldsvermutung des Art 6 Abs 2 MRK auf die „Tatsache, dass sich der Angekl wegen dringenden Tatverdachtes nach § 75 StGB sogar in U-Haft befindet" gründete. OGH 17.10.2000, 14 Os 100/00 = JBl 2002, 267.

1937 OGH 17.10.2000, 14 Os 100/00.

1938 OGH 17.10.2000, 14 Os 100/00.

releviert werden kann, wenn sich das Gericht überhaupt nicht mit der Frage der überlangen Verfahrensdauer auseinandergesetzt hat. Es sind aber nach Auffassung des OGH Ausnahmen möglich, und zwar „nach Maßgabe der Reichweite des § 281 Abs 1 Z 11 dritter Fall StPO [...], etwa dann, wenn behauptete Tatprovokation durch staatliche Organe schlicht übergangen wird“.[1939] Worin hier eine Ausnahme bestehen soll, macht das Gericht freilich nicht hinreichen deutlich. Nach Ratz wäre dies der Fall, wenn das Gericht Umstände berücksichtigt, welche einen Verstoß gegen die EMRK darstellen und durch eine messbare Strafreduktion bei der Strafbemessung ihren Niederschlag zu finden hätten, wenngleich er einräumt, dass der Nichtigkeitsgrund bei solchen Konventionsverstößen nicht ohne weiteres bejaht werde.[1940] Welcher Nichtigkeitsgrund für die Geltendmachung welcher Grundrechtsverletzung herangezogen werden kann, ist damit nicht hinreichend deutlich. Zwar könnte der Betroffene überlange Verfahrensdauer grds auch mit einem erweiterten Erneuerungsantrag geltend machen, dazu müsste er aber zuvor einen Fristsetzungsantrag gem § 91 GOG stellen: Anders als § 363a StPO verlange nämlich die Anwendung von § 34 StGB keine Rechtswegerschöpfung.[1941]

Hinsichtlich der Geltendmachung von Grundrechtsverletzungen in einer Nichtigkeitsbeschwerde ergeben sich somit verschiedene Besonderheiten: Es bedarf eines passenden Nichtigkeitsgrundes und es sind etwaige Rügepflichten und relative Wirkungen des Nichtigkeitsgrundes zu berücksichtigen.

Die Konsequenzen dieser Einschränkungen zeigen sich besonders markant im Vergleich zu den Rechtsschutzmöglichkeiten im öffentlichen Recht: Hier kann der Betroffene ebenfalls rechtswidriges Handeln von Verwaltungsbehörden (in letzter Instanz) beim VwGH relevieren. Unabhängig davon können außerdem Verfassungswidrigkeiten beim VfGH geltend gemacht werden. Weswegen nun der Betroffene im strafgerichtlichen Verfahren bei der Geltendmachung von Grundrechtswidrigkeiten die genannten Einschränkungen hinnehmen soll, weshalb maW nicht auch *jede* Grundrechtswidrigkeit vor dem OGH releviert werden kann, ist nicht einsichtig. Es ist zutreffend, dass der Verfassungsgesetzgeber dieses Konzept gewählt hat, weil er von den Gerichten keine nennenswerten Grundrechtsgefährdungen ausgehen sah.[1942] Um dieses Konzept zu ändern, braucht

1939 OGH 17.10.2000, 14 Os 100/00.

1940 OGH 23.7.2008, 13 Os 73/08x; 8.8.2007, 15 Os 72/07p = JBl 2007, 810. S aber OGH 3.5.2007, 12 Os 119/06a = JBl 2008, 401 (Burgstaller). Ratz, StPO-WK § 281 Rz 724: Wo es aber gleichsam zur Aufrechterhaltung der Rechtskultur klarer Worte des Höchstgerichts bedürfe, werde Nichtigkeit aus Z 11, 3. Fall zu bejahen sein.

1941 OGH 17.10.2000, 14 Os 100/00.

1942 Kodek, ÖJZ 2008, 216 (221).

es aber nicht den Nachweis, dass die seinerzeitige Einschätzung des Rechtsschutzniveaus nicht mehr zutrifft[1943], sondern allein den Beleg, dass ein anderes Konzept besser geeignet wäre. Der Verweis auf historische Strukturen kann für sich genommen kein tragfähiges Argument gegen eine strukturelle Verbesserung des Grundrechtsschutzes sein, die über das grundrechtlich gebotene Mindestmaß hinausgeht.

Zusammenfassend ist die Nichtigkeitsbeschwerde zwar ein Instrument, das auch für den Grundrechtsschutz nutzbar gemacht werden kann und auch wird, sie bleibt aber letztlich doch ein Vehikel strafgerichtlicher Urteilskontrolle, das zwar – gewissermaßen als Nebeneffekt – auch Aspekte des Grundrechtsschutzes befördert; dies ist aber zwangsläufig qualitativ etwas anderes als ein grundrechtsspezifisches Transportmedium.

G. Zusammenfassung: Grundrechte in der strafrechtlichen Judikatur des OGH

Die Untersuchung der grundrechtsrelevanten Jud des OGH zeichnet ein facettenreiches Bild. Dabei sind zwei zentrale Schnittstellen auszumachen: Erstens geht es um die – grundrechtskonforme – Auslegung des einfachen Gesetzes, zweitens darum, inwieweit der Einzelne grundrechtlich bedeutsame Rechtsverletzungen überhaupt vor dem OGH relevieren kann.

Was die Auslegung des einfachen Gesetzes im Lichte der Grundrechte angeht, so zeigt sich, dass der OGH grundrechtlichen Anforderungen nunmehr verstärkt Rechnung trägt. Lange Zeit scheint er sich va als oberste Instanz in Strafsachen verstanden zu haben, allmählich schärft sich aber auch sein grundrechtlicher Blick. Schien es ihm früher noch nicht so wichtig, in Grundrechtsangelegenheiten Akzente zu setzen[1944], so fordert er dies nunmehr geradezu ein.[1945]

Wie sich gezeigt hat, ist der OGH auch tatsächlich in einigen Fällen von seiner grundrechtswidrigen Position abgegangen und vertritt nunmehr – meist unter Bezugnahme auf die Jud des EGMR – eine grundrechtskonforme Auffassung[1946].

In anderen Fällen sind dagegen nach wie vor Probleme auszumachen. Es fällt dabei im Besonderen auf, dass der OGH bisweilen zögert, grundrechtlich gebotene Folgen letztlich anzuerkennen und umzusetzen. Einige Konsequenzen werden offenbar deswegen abgelehnt, weil dadurch mög-

1943 So aber Kodek, ÖJZ 2008, 216 (221).
1944 S dazu etwa zur Waffengleichheit C.II.2.c.
1945 S besonders zur Erneuerung des Strafverfahrens unter F.II.2.
1946 S etwa zur Verlesung der Berichte verdeckter Ermittler unter C.IV.3.

licherweise ein Schuldiger profitieren könnte und auf diese Weise kein verantwortungsvoller Grundrechtsschutz[1947] möglich wäre. Deutlich wurde dieses Dilemma va bei der Frage, ob überlange Haftdauer zu einer Aufhebung der Haft führt[1948], aber auch bei der staatlichen Tatprovokation, die nach Auffassung des OGH nur ein Milderungsgrund sein soll[1949]. Nach wie vor scheinen also bisweilen die Aspekte des Strafrechts im Selbstverständnis des OGH jene des Grundrechtsschutzes zu überwiegen.[1950]

Auffallend und geradezu verblüffend ist es, wie der OGH bisweilen mit dem einfachen Gesetz umgeht. Nicht immer akzeptiert der OGH das, was der Gesetzgeber eigentlich wollte, ja es entsteht mitunter geradezu der Eindruck, als meine es der OGH besser wissen zu wollen als der einfache Gesetzgeber. Mögen auch einige der dadurch erreichten Folgen prima facie zu begrüßen sein, wie dies bei der Erneuerung des Strafverfahrens der Fall ist, so ist dennoch entschieden für stärkeres judicial self restraint – oder zutreffender: für eine methodengerechte Interpretation – zu plädieren. Die gesetzliche Ausgestaltung der unterschiedlichen Lebensbereiche ist Aufgabe des – demokratisch legitimierten – Gesetzgebers. Kreiert ein Gericht auf diese Weise sogar neue Rechtsmittel, so entstehen nicht nur Kollisionslagen mit dem demokratischen und gewaltenteilenden Prinzip, sondern es bringt dies für den Rechtsunterworfenen zunächst idR prozessuale Unsicherheiten mit sich[1951]. Auch wird dadurch möglicherweise der vom Gesetzgeber intendierte Schutzstandard unterlaufen: Eine Auslegung, die grundrechtlich (noch) zulässig ist, ist nicht zwangsläufig jene, die der Gesetzgeber auch wollte. Will der Gesetzgeber etwa einen höheren Schutzstandard, dann darf dies nicht durch die Auslegung des Gerichts unterlaufen werden. Zugleich ist auch der Gesetzgeber in die Pflicht zu nehmen, der bisweilen durch Untätigkeit Raum für solche „Auslegungen“ und Unsicherheiten gelassen hat.[1952]

Die fehlende Zurückhaltung des OGH macht sich bisweilen schließlich auch bei den Formalanforderungen bemerkbar, die der OGH an Beschwerden und Anträge stellt. Auch sie lassen sich so nicht immer auf das einfache Gesetz zurückführen.[1953]

Und damit ist bereits die zweite Schnittstelle angesprochen: Fraglich ist nämlich, ob das bestehende Instrumentarium einem ausreichenden

1947 Dazu oben in FN 1785.

1948 F.I.4.

1949 C.II.3.

1950 Deutlich tritt dies auch im Fall Sholam W zutage: F.III.4.b.

1951 F.II.

1952 S etwa zur Unschuldsvermutung C.III.

1953 S zur Grundrechtsbeschwerde unter F.I.

Grundrechtsschutz überhaupt genügt. Fest steht, dass es – abgesehen von der Grundrechtsbeschwerde und der erweiterten Erneuerung – kein Rechtsmittel bzw keinen Rechtsbehelf gibt, mit dem vor dem OGH explizit Grundrechtsverletzungen releviert werden können. Dem ist, wie bereits zur Grundrechtsbeschwerde gezeigt[1954], mit grundrechtlichen Argumenten nicht beizukommen: Ein Höchstgericht muss nicht volle Kognitionsbefugnis haben. Grundrechts- und rechtsschutz*freundlich* ist dies freilich nicht. Besonders deutlich wird diese Diskrepanz, wenn man einen Vergleich mit der Situation des Rechtsunterworfenen im Verwaltungsverfahren zieht, wo er bekanntlich nicht nur einfache Rechtswidrigkeiten, sondern auch spezifisch Grundrechtswidrigkeiten vor dem VfGH rügen kann. Diese unterschiedliche Behandlung des Rechtsunterworfenen, je nachdem, ob er ein strafgerichtliches oder ein verwaltungsrechtliches Verfahren durchläuft, ist angesichts der aufgezeigten Problemstellungen umso bedauerlicher.

1954 F.I.3.a.cc.

Fünfter Teil:

Reformbedarf und Reformmöglichkeiten

Stellt man die Frage, ob es im Bereich des oberstgerichtlichen Grundrechtsschutzes Reformbedarf gibt, dann ist an zwei Ebenen anzusetzen. Erstens geht es darum, ob der Rechtsschutz strukturell verbessert werden könnte, und zweitens ist zu beantworten, wie die Grundrechtsjudikatur des OGH materiell zu bewerten ist. Zwar wurde in den vorangegangenen Kapiteln bereits einiges zu diesen Fragen gesagt, ein Aspekt des Grundrechtsschutzes ist aber bislang weitestgehend ausgespart geblieben: Die Antragsbefugnis des OGH zur Gesetzesprüfung. Bevor also auf die allgemeinen Fragen der Reformmöglichkeiten eingegangen werden soll, ist als Teilaspekt der Frage nach dem Reformbedarf noch auf diese Antragsbefugnis des OGH einzugehen.

A. Reformbedarf

I. Antrag auf Normprüfung als Aspekt des gerichtlichen Rechtsschutzes

Die ordentlichen Gerichte im Allgemeinen und der OGH im Besonderen erfüllen bei der Anwendung und Auslegung der Rechtsnormen Aufgaben des Grundrechtsschutzes. (Grund-)Rechtsschutz wird aber auch dadurch gewährleistet, dass grundrechtswidrige Rechtsnormen aus dem Rechtsbestand ausgeschieden werden. Diese Aufgabe der Normbereinigung kommt dem VfGH zu, der OGH leistet dazu aber insofern einen Beitrag, als er unter bestimmten Voraussetzungen einen Antrag auf Normenprüfung an den VfGH stellen darf bzw muss. Wie wirksam diese Facette des Grundrechtsschutzes ist bzw welche (strukturellen) Probleme sich dabei stellen, soll im Folgenden hinterfragt werden.

1. Die Antragsbefugnis des OGH

Eingangs wurde bereits dargelegt, dass die österreichischen Höchstgerichte gleichrangig nebeneinander stehen. Dennoch ragt der VfGH aus dieser höchstgerichtlichen Trias etwas hervor: Er hat nämlich die exklusive Kompetenz zur Normprüfung. Er allein ist berechtigt und verpflichtet, Verordnungen auf ihre Gesetzmäßigkeit und Gesetze auf ihre Verfassungsmäßigkeit hin zu überprüfen und gegebenenfalls aufzuheben. Unterschieden wird dabei zwischen abstrakten und konkreten Kontrollverfahren, je nachdem, ob die in Frage stehende Norm in einem konkreten Fall anzuwenden ist oder ob ihre Rechtmäßigkeit losgelöst davon abstrakt zu beurteilen ist. Die ordentlichen Gerichte spielen eine wesentliche Rolle im konkreten Prüfungsverfahren: Haben sie bei der Anwendung einer Norm Bedenken an ihrer Rechtmäßigkeit, so haben sie einen Prüfantrag an den VfGH zu stellen. Im Verordnungsprüfungsverfahren sind alle ordentlichen Gerichte antragsberechtigt, im Gesetzesprüfungsverfahren der OGH sowie jedes zur Entscheidung in zweiter Instanz berufene Gericht.

Da sich die gegenständliche Thematik mit dem Grundrechtsschutz durch den OGH befasst, ist es nahe liegend, dass im Folgenden nur die Antragsbefugnis des OGH zur Gesetzesprüfung von Interesse ist. Diese Anfechtungsbefugnis ergibt sich aus Art 89 Abs 2 B-VG: Haben die antragsberechtigten Gerichte gegen die Anwendung eines Gesetzes aus dem Grund der Verfassungswidrigkeit Bedenken, so haben sie einen Antrag auf Aufhebung des Gesetzes beim VfGH zu stellen. Der Einzelne kann ein Vorgehen nach Art 89 Abs 2 B-VG zwar bei Gericht anregen, er hat aber kein Antragsrecht und dementsprechend auch kein subjektives Recht auf Antragstellung durch das Gericht.[1955]

Im Bereich der ordentlichen Gerichtsbarkeit ist die Geltendmachung verfassungsrechtlicher Bedenken gegen eine Norm somit durch die Gerichte mediatisiert. Auch ein Individualantrag steht dem Rechtsunterworfenen in diesem Fall nicht offen: Dieser ist nur dann zulässig, wenn der unmittelbar von einer Norm Betroffene keine andere Möglichkeit hat, die Prüfung der Norm zu erreichen. Steht dem Betroffenen der – zumutbare – ordentliche Rechtsweg offen, dann weist der VfGH einen Individualantrag regelmäßig als unzulässig zurück.[1956]

Nun bietet dieses bestehende System – zumindest theoretisch betrachtet – ein durchaus engmaschiges Netz, das eine möglichst umfassende Überprüfung möglicherweise verfassungswidriger Normen sicherstellen soll.[1957] Praktisch hat sich dieses System indes als durchaus problematisch erwiesen. Kritische Stimmen meinen nämlich, dass der OGH seiner Pflicht, bei Bedenken an der Verfassungskonformität einer Norm einen entsprechenden Antrag an den VfGH zu stellen, zu selten nachkommt.[1958] Die

1955 Entsprechende Anträge weist der OGH als unzulässig zurück: OGH 20.6.2006, 4 Ob 88/06d; 21.9.2006, 12 Os 102/06a; 26.7.2007, 10 Ob S 86/07f; 29.8.2007, 7 Ob 146/07g.

1956 ZB VfSlg 17 971/2006; 18 370/2008.

1957 Bezemek, JRP 2007, 303 (305).

1958 S etwa Korinek, Grundrechtsverwirklichung, in: Merten (Hrsg), Verfassungsgerichtsbarkeit 205 (214); ders, FS-Koja 289 (294).

Problematik dieser Kritik liegt freilich darin, dass naturgemäß offen bleibt, wie der VfGH entschieden hätte, wenn es zu einer Antragstellung gekommen wäre.[1959]

Einzuräumen ist schließlich auch, dass dies nicht allein auf den Bereich der ordentlichen Gerichtsbarkeit zutrifft: Auch im verwaltungsrechtlichen Verfahren ist der Einzelne darauf angewiesen, dass eine antragsberechtigte Beh Bedenken an der Rechtmäßigkeit einer Norm vor dem VfGH geltend macht. Die Problematik verliert dort aber letztlich an Schärfe: Der Einzelne hat nämlich die Möglichkeit, letztinstanzliche Bescheide vor dem VfGH anzufechten, wenn er sich durch die Anwendung einer rechtswidrigen generellen Norm in seinen subjektiven Rechten verletzt erachtet. Im ordentlichen Gerichtsverfahren hat der Betroffene diese Möglichkeit hingegen nicht; er ist damit in einer grundlegend unterschiedlichen Ausgangsposition ist, je nachdem, ob er sich im Bereich der ordentlichen Gerichtsbarkeit oder im Bereich der Verwaltung befindet.

2. Die Antragstellung durch den OGH

Aus Art 89 Abs 2 B-VG lassen sich zwei Voraussetzungen für die Antragstellung eines Gerichts ableiten: Erstens muss die Norm präjudiziell sein und zweitens müssen an ihrer Verfassungskonformität Bedenken bestehen.

Das Erfordernis der **Präjudizialität** bereitet kaum praktische Schwierigkeiten. Der VfGH ist bei der Beurteilung dieser Frage großzügig: Nach st Rsp darf ein Antrag nur dann wegen mangelnder Präjudizialität zurückgewiesen werden, wenn es offenkundig unrichtig (denkunmöglich) ist, dass die angefochtene generelle Norm eine Voraussetzung der Entscheidung des antragstellenden Gerichts im Anlassfall bildet.[1960]

Weitaus größere Probleme bereitet die zweite Antragsvoraussetzung: Die Frage, wann denn **Bedenken an der Verfassungskonformität** einer Norm vorliegen, scheint sich nicht so ohne weiteres beantworten zu lassen.

Außer Zweifel steht zunächst, dass der OGH eine Norm nicht schon dann anfechten muss, wenn ein Rechtsunterworfener ihre Verfassungskonformität zweifelhaft findet: Erst wenn der OGH selbst Bedenken an der Rechtmäßigkeit einer Norm hat, ist er zur Antragstellung verpflichtet.[1961] Unstrittig ist außerdem, dass der OGH nur zur Feststellung seiner Bedenken[1962], nicht aber zur Feststellung der Verfassungskonformität oder -widrigkeit einer Norm berechtigt ist. Dies ist einleuchtend, denn andern-

1959 S nur im vierten Teil, zweiter Abschnitt unter C.III.3.b. zum StEG.

1960 MwN VfSlg 13 704/1994.

1961 OGH 26.9.1989, 4 Ob 101/89. S auch OGH 26.7.2007, 10 Ob S 86/07f.

1962 Mayer, B-VG^4, Art 89 B-VG III.1.

falls nähme er ja die dem VfGH obliegende Aufgabe der Normenkontrolle wahr. Es zeigt sich allerdings, dass gerade hier die zentralen praktischen Probleme liegen: Bei der Frage, ob eine Norm verfassungsrechtlich bedenklich ist, müssen zwangsläufig verfassungsrechtliche Überlegungen angestellt werden. Die Formulierung verfassungsrechtlicher Bedenken darf jedoch nicht in eine verfassungsrechtliche Normprüfung übergehen. Diese Grenzen verschwimmen aber in der Jud bisweilen:[1963] Dies wird deutlich, wenn der OGH ein Vorgehen nach Art 89 Abs 2 B-VG verneint, weil eine Norm „nicht verfassungswidrig ist".[1964] Entsprechendes gilt, wenn der OGH meint, dass ein bestimmter Gesetzeszweck eine Eigentumsbeschränkung „als im öffentlichen Interesse [...] gelegen durchaus als verfassungskonform erscheinen" lasse.[1965] Schließlich manifestiert sich die Problematik auch in der Auffassung des OGH, er habe „die einschlägigen verfassungsrechtlichen Fragen zunächst selbst zu prüfen"[1966].

Diese Beispiele zeigen eindrücklich, wie schmal die Grenze zwischen der Formulierung verfassungsrechtlicher Bedenken und der Vorwegnahme einer Normprüfung sein kann. Ficht der OGH eine Bestimmung nicht schon an, wenn er ihre Verfassungskonformität *zweifelhaft* findet, sondern erst dann, wenn er von ihrer Verfassungswidrigkeit *überzeugt* ist, dann überschreitet er diese Grenze. Damit wird zugleich die Grundsatzentscheidung des Verfassungsgesetzgebers unterlaufen, wonach die Rechtmäßigkeit genereller Normen einzig vom VfGH zu beurteilen ist.[1967] Dadurch, dass der OGH bisweilen selbst eine Art Vorprüfung vorwegnimmt, kann es naturgemäß auch zu Auffassungsunterschieden zwischen VfGH und OGH kommen.[1968]

In engem Zusammenhang mit dieser Problematik steht es, wenn der OGH etwaige Bedenken an einer Norm durch eine verfassungskonforme Interpretation ausräumt. Auf die Gefahren der verfassungskonformen Interpretation wurde im Schrifttum bereits hinreichend hingewiesen: Wird davon nämlich zu weitgehend Gebrauch gemacht, dann wird dadurch letztlich der Normerhaltung der Vorrang vor der Normbereinigung eingeräumt.[1969] Dieses in der verfassungsgerichtlichen Jud konstatierte Spannungsfeld[1970] zeigt sich auch in der oberstgerichtlichen Rsp.

1963 Gerlach/Somek, ÖJZ 2002, 441 (443).

1964 OGH 7.2.2008, 9 Ob A 38/07i.

1965 OGH 13.3.1996, 5 Ob 19/96.

1966 OGH 26.9.1989, 4 Ob 101/89. S auch OGH 26.7.2007, 10 Ob S 86/07f.

1967 Dazu auch Gerlach/Somek, ÖJZ 2002, 441 (442).

1968 S zB zum entscheidungsgegenständlichen § 25 KO: OGH 16.12.1992, 9 Ob S 20/92. VfGH 1.7.1993, B 737/91, B 797/91; VfSlg 13 498/1993.

1969 Jabloner, ÖJZ 1998, 161 (166 f).

1970 Khakzadeh, ZÖR 2006, 201 (besonders 209 f, 211 f, 218).

Beispielhaft dafür sei eine Norm des GSpG genannt, wonach die „Spielbankleitung [...] Personen ohne Angaben von Gründen vom Besuch der Spielbank ausschließen [kann]". Diese Bestimmung war nach Auffassung des OGH verfassungskonform dahingehend auszulegen, dass der Ausschluss nicht willkürlich erfolgen dürfe.[1971] Dagegen lässt sich nun freilich einwenden, dass sich gerade dann, wenn sich das – verfassungskonforme – Auslegungsergebnis nicht ohne weiteres aus dem Wortlaut einer Norm ergibt, „Bedenken" an der Verfassungskonformität einer Norm nicht völlig von der Hand weisen lassen. Damit ist noch nicht gesagt, dass die Norm auch tatsächlich unzulässig ist, es obliegt dann aber dem – von der Bundsverfassung dafür vorgesehenen – VfGH, darüber zu entscheiden und die Norm gegebenenfalls aufzuheben.

Freilich: Dass die Gerichte bisweilen in sehr weitgehendem Maße die verfassungskonforme Interpretation bemühen, anstatt die Normprüfung beim VfGH zu beantragen, hängt zu einem Teil gerade auch mit der verfassungsgerichtlichen Rsp zusammen: Der VfGH greift Bedenken nämlich idR nur dann auf, wenn sie sich nicht durch eine verfassungskonforme Interpretation ausräumen lassen.[1972] Da auch er selbst bisweilen zu umfassendem Gebrauch der verfassungskonformen Interpretation neigt[1973], schlägt dies letztlich auch auf die ordentlichen Gerichte durch.

Dies zeigt sich ua an der bereits im vierten Teil unter C.III.3.b. gezeigten Problematik zum StEG 1969: Der VfGH gab mehreren Gerichtsanträgen auf Aufhebung des § 2 Abs 1 lit b StEG 1969 nicht statt, sondern interpretierte die Bestimmung verfassungskonform. Dass diese verfassungskonforme Interpretation ihrerseits konventionswidrig war, machte einige Zeit später der EGMR deutlich. Diesem Urteil trug dann der OGH nicht mit einem Normprüfungsantrag Rechnung, sondern wiederum mit einer verfassungskonformen Interpretation. Dieses Beispiel verdeutlicht zweierlei: Zum Ersten gewährleistet auch eine Antragstellung an den VfGH nicht immer, dass verfassungswidrige Normen tatsächlich aus dem Rechtsbestand ausgeschieden werden.[1974] Zum Zweiten illustriert es eine schon von Walter aufgezeigte Problematik: In Anfechtungssachen frustrierte Gerichte könnten dazu neigen, Anfechtungen an den VfGH zu unterlassen und Bestimmungen durch eine scheinbare verfassungskonforme Auslegung weg- oder umzuinterpretieren.[1975]

1971 OGH 31.1.2002, 6 Ob 48/01d.

1972 VfSlg 17 340/2004.

1973 S FN 1970.

1974 Dabei kommt es freilich darauf an, dass das Gericht schlagkräftige verfassungsrechtliche Argumente vorbringt. Ähnlich wie bei Individualanträgen ist der VfGH nämlich auch bei Gerichtsanträgen an die im Antrag geltend gemachten Bedenken gebunden. S zB VfSlg 12 691/1991; 16 374/2001.

1975 Walter, RZ 1999, 58 (61).

Schließlich ist in diesem Zusammenhang noch auf einen weiteren Aspekt hinzuweisen, der sich auf die gerichtliche Anfechtungspraxis auswirkt, nämlich die strenge Jud des VfGH zur Eingrenzung des Anfechtungsgegenstandes: Bei zu weiter oder zu enger Eingrenzung weist der VfGH einen entsprechenden Antrag zurück.[1976] Dabei wohnt einer treffsicheren Eingrenzung ein gewisses aleatorisches Moment inne: Nicht immer erschließt sich ohne weiteres, welche Eingrenzung die richtige ist. Auch diese Jud ist nicht geeignet, zur Wahrnehmung der Antragsbefugnis zu ermutigen: Ein Gericht wird das Risiko einer Zurückweisung aus besagten Gründen – verständlicherweise – nur ungern auf sich nehmen.

3. Zusammenfassung

Wenn es um die Anfechtung möglicherweise verfassungswidriger Normen geht, gibt es strukturell bedingte Lücken im Netz des Rechtsschutzes. Ob gegen die Verfassungskonformität einer Norm Bedenken bestehen oder ob darüber Gewissheit besteht, wird praktisch nicht immer klar getrennt: So stellt der OGH mitunter erst dann einen Aufhebungsantrag, wenn er selbst von der Verfassungswidrigkeit einer Norm überzeugt ist. Außerdem versucht er, verfassungsrechtliche Bedenken möglichst mit einer verfassungskonformen Interpretation auszuräumen – ein Vorgehen, das bis zu einem gewissen Grad auch vom VfGH beeinflusst und gefördert wird. Auch die restriktive Jud des VfGH zur Eingrenzung des Prüfungsgegenstands ermutigt nicht, von der Anfechtungsbefugnis Gebrauch zu machen. Greift das Gericht verfassungsrechtliche Bedenken nicht auf, dann hat auch der Einzelne – anders als im Verwaltungsverfahren – keine Möglichkeit, sie vor dem VfGH zu relevieren. Dass durch diese restriktive Haltung die Wahrscheinlichkeit größer ist, dass Normen durch das Netz des Prüfmechanismus fallen, weil sie gar nicht erst an den VfGH herangetragen werden, liegt auf der Hand. Zugleich wird damit die verfassungsrechtliche Vorgabe unterlaufen, die die Beurteilung der Verfassungskonformität von Normen einzig und allein dem VfGH zuweist.

II. Reformbedarf?

Stellt man die Frage, ob es im Bereich des oberstgerichtlichen Grundrechtsschutzes Reformbedarf gibt, dann ist an zwei Ebenen anzusetzen. Erstens geht es darum, ob der Rechtsschutz *strukturell* verbessert werden könnte, und zweitens ist zu beantworten, wie die Grundrechtsjudikatur des OGH *materiell* zu bewerten ist.

1976 S zB VfSlg 18 885/2009; 18 891/2009; VfGH 10.6.2010, G 43/10 ua.

Was die Entscheidungen des OGH der Sache nach angeht, so lässt sich das im dritten und vierten Teil Untersuchte knapp zusammenfassen: In der zivilgerichtlichen Rsp wurden zwar grundrechtsdogmatische Schwachpunkte festgestellt, im Ergebnis sind die Urteile freilich – zumindest aus grundrechtlicher Sicht – meist zutreffend. Anders im strafgerichtlichen Bereich: Hier haben sich in der Tat einzelne grundrechtliche Problemfelder eröffnet. Außerdem wurde deutlich, dass der bestehende Rechtsschutz strukturell für einen spezifisch auf die Grundrechte ausgerichteten Rechtsschutz unzureichend ist.

Gezeigt hat sich weiter, dass auch hinsichtlich der Anfechtung einfachgesetzlicher Normen wegen möglicher Grundrechtswidrigkeit beim VfGH kein lückenloses Rechtsschutzsystem besteht.

Im Folgenden soll der Frage nachgegangen werden, welche Möglichkeiten und Reformvorschläge für eine Änderung des Rechtsschutzsystems vorliegen und inwieweit sie überhaupt geeignet sind, der bestehenden Problematik abzuhelfen bzw den status quo zu verbessern.

B. Reformmöglichkeiten

I. Grundsätzliche Überlegungen: Verfassungsgerichtsbarkeit als Remedur?

Schon seit längerem wird in Österreich über eine Reform des Rechtsschutzsystems diskutiert. Im Österreich-Konvent wurden diese Fragen gebündelt behandelt[1977], zu einer grundlegenden Reform ist es bislang aber nicht gekommen. Die meisten den Rechtsschutz durch den OGH betreffenden Reformvorschläge binden in der einen oder anderen Form den VfGH mit ein, sei es, dass ein Rechtszug an den VfGH eröffnet wird, sei es, dass eine individuelle Anfechtungsbefugnis gegen Normen eingeräumt wird. Es wird also offenbar davon ausgegangen, dass der VfGH in besonderem Maße befähigt ist, verfassungsrechtliche Fragestellungen zu beantworten. Dies ist freilich keine quaestio facti, sondern eine praesumptio iuris.[1978] Diese Annahme ist bereits im österreichischen System der Verfassungsgerichtsbarkeit grundgelegt: Der VfGH hat die exklusive Kompetenz, Normen auf ihre Rechtskonformität hin zu überprüfen (sog constitutional review). Weiters hat er Aufgaben im Bereich der Sonderverwaltungsgerichtsbarkeit. Er ist – wie diese Kompetenzen und auch seine Bezeichnung nahelegen – ein spezialisiertes Gericht für Verfassungsfragen.[1979]

1977 Der Ausschuss IX behandelte die Themen Rechtsschutz und Gerichtsbarkeit.

1978 S Gerlach/Somek, ÖJZ 2002, 441 (442).

1979 Auf die Frage, was denn grundsätzlich als Verfassungsgericht zu verstehen ist, soll hier nicht näher eingegangen werden. Es genügt vielmehr festzustellen, dass Normenkon-

1. Zwei idealtypische Modelle: Österreichisches und amerikanisches Modell der Verfassungsgerichtsbarkeit

Zur Zeit der Schaffung des B-VG war es nahezu einzigartig, dass die Kompetenz zur Normprüfung einem speziellen Gericht übertragen wurde.[1980] Maßgeblich geprägt wurde dieses Konzept von den Vorstellungen der Wiener Schule: Der Stufenbau der Rechtsordnung erfasst Recht als stufenförmiges Erzeugungssystem, wobei die im Stufenbau höhere Stufe die folgende determiniert.[1981] Auf diese Weise ist Rechtsetzung zugleich Rechtsanwendung, also eine Rechtsfrage, die auf ihre Rechtmäßigkeit hin überprüft werden kann: „Rechtmäßigkeit ist nur das Verhältnis der Entsprechung, in dem die niedere zur höheren Stufe der Rechtsordnung steht."[1982] Als wirksamste Garantie der Verfassung betrachtete man die Vernichtung des verfassungswidrigen Aktes.[1983] Dass auch diese Aufgabe der Kassation dem VfGH und nicht etwa dem Gesetzgeber selbst übertragen wurde, war nach diesen Vorstellungen ebenfalls naheliegend. KELSEN hielt es für eine „politische Naivität", dem Gesetzgeber zuzumuten, ein von ihm beschlossenes Gesetz aufgrund seiner – von einer anderen Instanz ausgesprochenen – Verfassungswidrigkeit aufzuheben.[1984] „Nur ein vom Gesetzgeber verschiedenes, von diesem und daher auch von jeder anderen staatlichen Autorität unabhängiges Organ muß berufen werden, die verfassungswidrigen Akte des Gesetzgebers zu vernichten. Das ist die Institution eines Verfassungsgerichtes."[1985]

trolle und Grundrechtsschutz zu den typischen Aufgaben eines Verfassungsgerichts zählen. Zu den Charakteristika selbständiger Verfassungsgerichtsbarkeit HÄBERLE, FS-Bundesverfassungsgericht 1, 311 (316 ff). Zu den Kompetenztypen der Verfassungsgerichtsbarkeit s auch KORINEK, VVDStRL 39 (1981) 19 ff, der im Übrigen wegen der Vielfalt verfassungsrechtlicher Kompetenzen Skepsis gegenüber einem einheitlichen Begriff der Verfassungsgerichtsbarkeit für angebracht hält (21). Begreift man Verfassungsgerichtsbarkeit funktionell, dann kann man sie als Aufgabe verstehen, den Vorrang der Verfassung auch gegenüber dem Gesetzgeber sicherzustellen: KORINEK, FS-Aamovich 253.

1980 Einen vergleichabaren Ansatz gab es in der damaligen Tschechoslowakei: WALTER, RZ 1993, 266 (268). S schon die Forderungen von JELLINEK, Verfassungsgerichtshof (passim); er beginnt seine Ausführungen mit einem eindringlichen Appell: „Für Oesterreich mit seinen im parlamentarischen Leben wechselnden nationalen Majoritäten und Minoritäten liegt es daher im Interesse aller Parteien, Schutz vor jenem Unrecht zu suchen und zu finden, das, so lange es kein Heilmittel gibt, die öffentliche Meinung tiefer, nachhaltiger und mit zersetzenderer Wirkung aufzuregen im Stande ist, als jedes andere – dem parlamentarischen Unrecht" (6).

1981 Grundlegend MERKL, FS-Kelsen, 253 (passim, besonders 273 ff).

1982 KELSEN, VVDStRL 5 (1929) 30 (32). Dazu auch KORINEK, VVDStRL 39 (1981) 11; WALTER, RZ 1993, 266 (268).

1983 KELSEN, VVDStRL 5 (1929) 30 (51).

1984 KELSEN, VVDStRL 5 (1929) 30 (53). Weiter führt er aus, dass sich das Gesetzgebungsorgan nur als freier Schöpfer des Rechts fühle, und nicht als ein durch die Verfassung gebundenes Organ der Rechtsanwendung. S außerdem KELSEN, Hüter, 58 (59 f).

1985 KELSEN, VVDStRL 5 (1929) 30 (53).

Ganz anders die Systematik im idealtypischen Gegenpol zur österreichischen Verfassungsgerichtsbarkeit, nämlich dem amerikanischen Konzept.

Zwar entscheiden auch dort Gerichte über die Rechtskonformität allgemeiner Normen, es ist dafür aber kein institutionalisiertes Verfassungsgericht berufen. In den USA entscheiden die allgemeinen Gerichte auch über die Rechtmäßigkeit von Normen. Das Höchstgericht, der Supreme Court, ist für alle Rechtsfragen zuständig, entscheidet also sowohl über Revisions- als auch über Verfassungsfragen. Dieses Prinzip des sog judicial review (im Gegensatz zum constitutional review nach österreichischem Muster) ist nicht ausdrücklich in der Verfassung niedergelegt. Es geht zurück auf die Entscheidung des Supreme Court in der Rechtssache Marbury versus Madison aus dem Jahr 1803. Damals hat das Gericht aus dem – verfassungsrechtlich normierten – Vorrang der Verfassung ein richterliches Prüfungsrecht abgeleitet, das jedem Richter im Zusammenhang mit der Entscheidung eines anhängigen Rechtsstreits zustehe.[1986]

Welchem dieser Konzepte nun der Vorzug gegeben wird, hängt primär von staatsrechtlichen Vorstellungen ab: Die Einrichtung eines institutionalisierten Verfassungsgerichts[1987] ist kein zwingender Schluss, also nicht „Krönung" der Rechtsstaatlichkeit[1988], sondern staatsrechtliche Grundsatzentscheidung.

Wie bereits erwähnt, muss die Normenkontrolle aber zudem gar nicht zwangsläufig durch ein Gericht ausgeübt werden. Neben diesen idealtypischen Modellen gibt es liberal-demokratische Staaten ohne Verfassungsgerichtsbarkeit. Auch dort besteht freilich eine gewisse Normenkontrolle. In Frankreich wird sie etwa – mit verschiedenen Einschränkungen – durch den Verfassungsrat, den Conseil constitutionnel ausgeübt.[1989] Dieser steht außerhalb der Gerichtsordnung, seine Mitglieder sind nicht Richter, ja es ist gar keine spezifische juristische Berufsqualifikation erforderlich.

2. Bedeutung der Verfassungsgerichtsbarkeit für die Durchsetzung von Grundrechten

Das österreichische System der institutionalisierten Verfassungsgerichtsbarkeit wirft freilich die Frage auf, weshalb letztlich nicht alle verfassungs-

1986 S dazu etwa Heller, EuGRZ 1985, 685 (686); ders, ZÖR 1988, 89 (92 ff); Helms, ZfP 2006, 50 (53); Melone/Karnes, Legal System 87 ff.

1987 Vgl zu einem Katalog typischer Elemente selbständiger Verfassungsgerichtsbarkeit Häberle, FS-Bundesverfassungsgericht 1, 311 (316 ff).

1988 Häberle, FS-Bundesverfassungsgericht 1, 311 (315).

1989 Ausführlich dazu etwa Fromont, Verfassungsrat, in: Starck/Weber (Hrsg), Verfassungsgerichtsbarkeit^2 227 ff; Noll, Verfassungsgerichtsbarkeit 53 ff; Starck, AöR 1988, 362 ff.

und damit auch grundrechtlichen Fragestellungen gesamthaft beim VfGH konzentriert werden. Diese Frage stellt sich durch die Struktur des österreichischen Verfassungsrechtsschutzes, sie hat aber nichts mit der Frage zu tun, ob auch Fachgerichte grds *befähigt* sind, Grundrechtsschutz zu gewährleisten. Dass nicht zwangsläufig (alle) grundrechtsrelevante Fragen bei einem (institutionalisierten) Verfassungsgericht konzentriert sein müssen, zeigt der folgende Abschnitt: Der Blick auf andere Rechtsordnungen führt vor Augen, dass es durchaus ein breites Spektrum an Möglichkeiten gibt, wenn es um die Bedeutung von Verfassungsgerichten für den Grundrechtsschutz geht. Zwei Aspekte sind dabei von Bedeutung: Erstens die Frage, welche Möglichkeit der Einzelne hat, Rechtsakte auf ihre Verfassungsmäßigkeit von einem Verfassungsgericht überprüfen zu lassen und zweitens, welche Möglichkeiten der Normenkontrolle bestehen.

3. Verfassungsgerichte und Grundrechte im Rechtsvergleich

a. Deutschland

In Deutschland ist man dem Prinzip einer gerichtlichen Normenkontrolle lange Zeit skeptisch gegenüber gestanden. Man meinte, dass politische Fragen nicht von Richtern zu lösen seien[1990] und befürchtete einen Justizstaat.[1991] Erst nach dem Ende des Zweiten Weltkriegs entschied man sich für eine institutionalisierte Verfassungsgerichtsbarkeit, die sich am österreichischen Modell orientiert. Das BVerfG hat ua die exklusive Kompetenz, Normen, die gegen das GG verstoßen[1992], für nichtig zu erklären (sog Verwerfungsmonopol)[1993]. In einem – für den Grundrechtsschutz bedeutenden – Punkt unterscheidet sich die dt Systematik aber grundlegend von der österreichischen. In Deutschland kann sich der Rechtsunterworfene nämlich auch gegen gerichtliche Entscheidungen an das BVerfG wenden: Jeder, der behauptet „durch die öffentliche Gewalt in einem seiner Grundrechte" oder grundrechtsähnlichen Rechten verletzt zu sein, kann Verfassungsbeschwerde beim BVerfG einlegen (Art 93 Abs 1 Z 4a GG). Diese ist als Popularbeschwerde im wahrsten Sinne ausgestaltet: Es besteht weder Anwaltszwang, noch müssen Gerichtskosten erstattet werden. Beschwerdegegenstand sind alle Maßnahmen der deutschen Staats-

---

1990 Helms, ZfP 2006, 50 (61).

1991 S etwa Schmitt, Hüter 26. Zur Entwicklung Helms, ZfP 2006, 50 (61 ff), Papier, DVBl 2009, 473 f. S auch die Aussprache über die Berichte zum Thema „Wesen und Entwicklung der Staatsgerichtsbarkeit", VVDStRL 5 (1929) 88 ff.

1992 Prüfungsmaßstab ist auch sonstiges Bundesrecht, allerdings nur soweit Landesrecht überprüft werden soll. S dazu Maunz, in: Maunz/Dürig (Hrsg), GG, Art 100 Rz 22.

1993 Maunz, in: Maunz/Dürig (Hrsg), GG, Art 100 Rz 1.

gewalt, also auch Gesetze.[1994] Funktion der Verfassungsbeschwerde ist einmal der individuelle Grundrechtsschutz, weiter soll sie aber auch das „objektive Verfassungsrecht [...] wahren und seiner Auslegung und Fortbildung [...] dienen"[1995].

Damit hat man in Deutschland erreicht, was in Österreich schon seit langem debattiert wird: Alle verfassungsrechtlichen Fragen – auch jene, die sich im ordentlichen Gerichtsverfahren stellen –, können letztlich vor das Verfassungsgericht gebracht werden. Die Zahlen belegen die große praktische Bedeutung der Verfassungsbeschwerde: Im Jahr 2008 waren 98% der Eingänge beim BVerfG Verfassungsbeschwerden.[1996]

Freilich: Die Diskussion zeigt, dass auch die Verfassungsbeschwerde nicht allheilbringend ist, sondern ihre Schattenseiten hat. Wird in Österreich kritisiert, dass der VfGH sich nicht mit verfassungsrechtlichen Fragestellungen in zivil- und strafgerichtlichen Verfahren befassen kann, so wird dem BVerfG mitunter vorgeworfen, dass es sich zu sehr in originär zivil- und strafrechtliche Problemstellungen einmische. Es agiere als „Super-Revisionsgericht"[1997] und usurpiere Entscheidungskompetenzen, die ihm gar nicht zustehen.[1998] Dadurch komme es zu einer übermäßigen grundrechtlichen Durchdringung des Zivil- und Strafrechts. Tatsächlich ist damit das praktische Hauptproblem angesprochen, nämlich die Grenzziehung zwischen dem Prüfumgang des BVerfG einerseits und den Fachgerichten andererseits.[1999]

Das BVerfG hat für diese Grenzziehung schon früh die Formel vom spezifischen Verfassungsrecht herausgebildet: „Die Gestaltung des Verfahrens, die Feststellung und Würdigung des Tatbestandes, die Auslegung der Gesetze und ihre Anwendung auf den einzelnen Fall" seien Sache der Fachgerichte und der Nachprüfung durch das Verfassungsgericht entzogen, „es sei denn daß spezifisches Verfassungsrecht verletzt ist."[2000]

Dieses Kriterium wurde weiter konkretisiert durch die sog Heck'sche Formel: Spezifisches Verfassungsrecht ist dann verletzt, wenn der Fehler

---

1994 Weber, Verfassungsgerichtsbarkeit, in: Starck/Weber (Hrsg), Verfassungsgerichtsbarkeit 37 (54).

1995 BVerfGE 33, 247 (259) = NJW 1972, 1747; BVerfGE 79, 365 (367) = NJW 1989, 2047; BVerfGE 94 (166) = NJW 1999, 133.

1996 S Papier, DVBl 2009, 473 (474).

1997 Hermes, VVDStRL 61 (2002) 119 (144).

1998 Zu dieser Diskussion und mwN Korioth, FS-Bundesverfassungsgericht 1 (2001) 55 (56).

1999 S auch Brunner, JöR 2002, 191 (211); Korioth, FS-Bundesverfassungsgericht 55 (60).

2000 BVerfGE 1, 418 (420). Pestalozza, Verfassungsbeschwerde 26 meint, dass der Hinweis auf spezifisches Verfassungsrecht wohl heißen sollte, dass spezifisch gegen Verfassungsrecht verstoßen werde.

„gerade in der Nichtbeachtung von Grundrechten liegt". Das BVerfG greift nur solche Fehler auf, die „auf einer grundsätzlich unrichtigen Anschauung von der Bedeutung eines Grundrechts" beruhen und für den konkreten Rechtsfall „von einigem Gewicht sind".[2001]

Im Laufe der Zeit hat das BVerfG darüber hinaus noch weitere Kriterien herausgebildet.[2002] So geht es beispielsweise je nach der Schwere des Grundrechtseingriffs von einer unterschiedlichen Kontrolldichte aus:[2003] Je intensiver der Grundrechtseingriff, desto strengere Anforderungen sind „an die Begründung dieses Eingriffs zu stellen und desto weiterreichender sind folglich die Nachprüfungsmöglichkeiten des Bundesverfassungsgerichts". [2004]

Die Kriterien, die das BVerfG herausgebildet hat, um seinen Prüfumfang von jenem der Fachgerichte abzustecken, vermitteln den Anschein einer formelhaft-rationalen Abgrenzung. Freilich lässt sich diese Grenzziehung in der Realität kaum trennscharf vornehmen: Die Praxis wird – so eine wohl zutreffende Einschätzung – letztlich „von Pragmatismus beherrscht"[2005].

Trotz aller Kritik an der Abgrenzung der Prüfbefugnis steht der grundsätzliche Wert der Verfassungsbeschwerde in Deutschland dennoch außer Streit.[2006] Sie wurde sogar als „juristische und politische ‚Perle' im Kompetenzgeflecht des BVerfG" bezeichnet.[2007] Zwar ist auch die geringe Erfolgsquote von Verfassungsbeschwerden – sie liegt bei etwa 3 % [2008] – immer wieder Gegenstand von Kritik[2009]. Dies wird aber zugleich auch als Beleg dafür gesehen, dass das BVerfG gerade nicht Super-Rechtsmit-

2001 BVerfGE 18, 85 (92 f): „Spezifisches Verfassungsrecht ist […] nicht schon dann verletzt, wenn eine Entscheidung, am einfachen Recht gemessen, objektiv fehlerhaft ist; der Fehler muß gerade in der Nichtbeachtung von Grundrechten liegen. […] Allgemein wird sich sagen lassen, daß die normalen Subsumtionsvorgänge innerhalb des einfachen Rechts so lange der Nachprüfung des Bundesverfassungsgerichts entzogen sind, als nicht Auslegungsfehler sichtbar werden, die auf einer grundsätzlich unrichtigen Anschauung von der Bedeutung eines Grundrechts, insbesondere vom Umfang seines Schutzbereichs beruhen und auch in ihrer materiellen Bedeutung für den konkreten Rechtsfall von einigem Gewicht sind."

2002 S dazu Kenntner, NJW 2005, 785 (786 f); Korioth, FS-Bundesverfassungsgericht 55 (68 ff).

2003 Korioth, FS-Bundesverfassungsgericht 55 (70).

2004 ZB BVerfGE 42, 143 (149) = NJW 1976, 1677. Jüngst auch BVerfG, Beschluss vom 21.7.2009, 1 BvR 1358/09.

2005 Hermes, VVDStRL 61 (2002) 119 (146).

2006 S aber zur historischen Entwicklung Gusy, FS-Bundesverfassungsgericht 1, 63 f.

2007 Häberle, FS-Bundesverfassungsgericht 1, 311 (328 f).

2008 Papier, DVBl 2009, 473 (481).

2009 Matscher, Die Presse 2004/51/01.

telinstanz sei.[2010] Außerdem bescheinige die geringe Erfolgsquote den Fachgerichten, dass sie für einen wirksamen Grundrechtsschutz sorgen.[2011]

Betont wird im Übrigen auch die psychologische Bedeutung der Verfassungsbeschwerde, der ein „staatsedukatorische[r] bürgerdemokratische[r] Effekt" zugeschrieben wird.[2012] Sie habe das Vertrauen in die strikte Verfassungsbindung aller öffentlichen Gewalt entscheidend gestärkt.[2013]

b. Vereinigte Staaten von Amerika

In den USA findet sich, wie bereits erwähnt, der Prototyp einer diffusen Normenkontrolle:

Da es nur eine allgemeine Gerichtsbarkeit gibt – jedes Gericht entscheidet gleichermaßen über die verschiedenen Rechtsgebiete –, ist konsequenterweise auch der Supreme Court oberstes Gericht für Zivil-, Straf- und Öffentliches Recht aus dem Zuständigkeitsbereich der Bundesgerichtsbarkeit.[2014] Dabei wird naturgemäß auch Grundrechtsschutz gewährleistet, er ist aber „weniger Hauptziel als Nebengewinn".[2015] Hauptaufgabe des Supreme Court ist es vielmehr, die Rechts- und Rechtsprechungseinheit zu gewährleisten.

Die Kompetenz der Gerichte zur Normenkontrolle wird, wie bereits gezeigt, aus der Vorrangstellung der Verfassung abgeleitet. Normenkontrolle und -verwerfung sind aber in den USA kein höchstgerichtliches Privileg: Grundsätzlich kann jeder Richter Normen, die er in einer Rechtssache anzuwenden hat, für verfassungswidrig erklären. Diese Entscheidung wirkt nur für den Einzelfall, dh die Norm wird im konkreten Fall nicht angewendet. Die besondere Position des Supreme Court ergibt sich nicht nur daraus, dass er letztinstanzlich entscheidet, sondern auch aus der Präjudizwirkung seiner Entscheidungen: Nach dem Grundsatz „stare decisis" bindet seine Entscheidung auch die unteren Instanzen, die dann ihrerseits das Gesetz nicht mehr anwenden.[2016]

In den USA führen drei Wege zum Höchstgericht: In einigen wenigen Fällen ist der Supreme Court in erster Instanz zuständig; darunter fallen

2010 Papier, Verfassungsgerichtsbarkeit, in: Merten (Hrsg), Verfassungsgerichtsbarkeit 11 (25).

2011 Papier, DVBl 2009, 473 (481).

2012 Häberle, Verfassungsgerichtsbarkeit 61.

2013 Papier, Verfassungsgerichtsbarkeit, in: Merten (Hrsg), Verfassungsgerichtsbarkeit 11 (25).

2014 Kau, Supreme Court 60.

2015 Vitzthum, JöR 2005, 319 (337). IdS auch Lorz, Interorganrespekt 391.

2016 Mann, JA 1989, 72 (77).

etwa Auseinandersetzungen zwischen den einzelnen Bundesstaaten.[2017] In anderen – ebenfalls nur wenigen – Fällen ist der Supreme Court Appellationsinstanz, er ist also grds verpflichtet, über einen appeal zu entscheiden.[2018]

Schließlich – und dies betrifft die Mehrheit der vor das Höchstgericht gebrachten Fälle – kann ein Bürger eine „petition for writ of certiorari“[2019] einbringen. Gibt der Supreme Court dem Antrag statt, dann erlässt er ein writ of certiorari: Er zieht ein von einem unterinstanzlichen Gericht entschiedenes Verfahren an sich und verlangt vom Untergericht die Vorlage der Akten. Dieses Verfahren ist aber nicht als Rechtsmittelverfahren ausgestaltet, dh der Einzelne hat keinen Rechtsanspruch auf Entscheidung: Die Befassung durch das Gericht ist vielmehr ein Privileg[2020]; dementsprechend nimmt es Fälle nur nach freiem Ermessen zur Entscheidung an.[2021] Dies kommt auch deutlich in den Regelungen über den US-Supreme Court zum Ausdruck: „Review on writ of certiorari is not a matter of right, but a judicial discretion. A petition for writ of certiorari will be granted only for compelling reasons.“[2022] Diese zwingenden Gründe können nicht im subjektiven Interesse des Einzelnen liegen, sondern sich nur aus der objektiven Bedeutung des Falls ergeben:[2023] Mit einem writ erfüllt der Supreme Court nämlich seine Aufgabe, die Rechts- und Rechtsprechungseinheit zu gewährleisten.[2024]

c. *Schweiz*

Das schweizerische Bundesgericht ist die oberste Recht sprechende Behörde des Bundes (Art 188 Abs 1 BVerf). Seine Kompetenzen umfassen straf-, zivil- und öffentlich-rechtliche Angelegenheiten. Es ist freilich kein umfassendes Verfassungsgericht: In der Schweiz erfüllen auch andere Staatsorgane typische Aufgaben der Verfassungsgerichtsbarkeit. Die Bundesversammlung prüft etwa, ob Kantonsverfassungen der Bundesverfassung ent-

2017 Art III Sect 2 US Constitution.

2018 Diese Fälle sind der Regelung durch ein Gesetz des Kongresses vorbehalten: Art III Sect 2 US Constitution.

2019 Certiorari wird vom Lateiniischen „certiorari volumus“ (wir wollen informiert werden) abgeleitet; s Heller, EuGRZ 1985, 685 (691).

2020 Vitzthum, JöR 2005, 319 (322).

2021 Vitzthum, JöR 2005, 319 (320). Näher zu diesem freien Zulassungsverfahren Melone/Karnes, Legal System 80: Nach der sog rule of four müssen zumindest vier der neun Richter eine Behandlung des Falls befürworten.

2022 Rule 10, Rules of the Supreme Court of the United States.

2023 Vitzthum, JöR, 2005, 319 (322).

2024 Lorz, Interorganrespekt 394.

sprechen[2025] oder entscheidet endgültig über die Gültigkeit von Volksinitiativen[2026]

In der Schweiz besteht, ähnlich wie in den USA, ein diffuses System der Normenkontrolle[2027]: Alle Gerichte dürfen präjudizielle Normen auf ihre Verfassungskonformität hin überprüfen und verfassungswidrigen Normen generell die Anwendung versagen.[2028] Wie in den USA ergibt sich dies nicht explizit aus der Verfassung, sondern wird aus dem Stufenbau der Rechtsordnung abgeleitet.[2029] Die Rolle des Bundesgerichts wurde pointiert auf den Punkt gebracht: Es ist nicht „ausschließliches, sondern nur letztinstanzliches Organ der Verfassungsrechtsprechung"[2030]. Es gibt dafür aber Einschränkungen, die sich aus dem in Art 190 BVerf normierten Anwendungsgebot ergeben: „Bundesgesetze und Völkerrecht sind für das Bundesgericht und die anderen rechtsanwendenden Behörden massgebend." Diese Normen sind demnach selbst dann anzuwenden, wenn sie verfassungswidrig sind. Damit wird nach heute hA jedoch nur ein Anwendungsgebot, nicht auch ein Prüfverbot normiert: Es bleibt dem Gericht unbenommen, in seinem Urteil auf die Verfassungswidrigkeit hinzuweisen und den Gesetzeber auf diese Weise zum Handeln aufzufordern.[2031] Der Grund für dieses Konzept liegt in der zentralen Bedeutung des demokratischen Prinzips in der Schweiz:[2032] Es gilt als damit unvereinbar, wenn ein Gericht, die von der Volksvertretung beschlossenen Erlasse unangewendet lässt. Eine Ausnahme besteht nur bei durch die EMRK gewährleisteten Grundrechten. Verstoßen bundesgesetzliche Normen gegen die EMRK, so lässt das Bundesgericht die nationale Norm unangewendet.[2033]

Der Einzelne hat im Wesentlichen zwei Möglichkeiten, das Bundesgericht anzurufen: Einmal kann er eine Beschwerde in öffentlich-rechtlichen Angelegenheiten einbringen (Art 82 BGG). Anfechtungsgegenstand sind Entscheide[2034] in Angelegenheiten des öffentlichen Rechts – darun-

2025 Art 172 Abs 2 BVerf.

2026 Art 173 Abs 1 lit f BVerf.

2027 Tschannen, Staatsrecht² § 11 Rz 16.

2028 Häfelin/Haller/Keller, Bundesstaatsrecht⁷ Rz 2082, 2085; Haller, Bundesgericht, in: Starck/Weber (Hrsg), Verfassungsgerichtsbarkeit 1², 91 (97).

2029 Häfelin/Haller/Keller, Bundesstaatsrecht⁷ Rz 2073.

2030 Müller, VVDStRL 39 (1981) 53 (56).

2031 Häfelin/Haller/Keller, Bundesstaatrecht⁷ Rz 2089; Kälin, Verfahren 36 f (zum inhaltsgleichen Art 113 Abs 3 BVerf aF); Tschannen, Staatsrecht² § 8 Rz 10.

2032 Häfelin/Haller/Keller, Bundesstaatsrecht⁷ Rz 2087; Korinek, FS-Adamovich, 253 (301); Müller, VVDStRL 39 (1981) 53 (64 f); Tschannen, Staatsrecht² § 11 Rz 22 ff.

2033 Haller, Verfassungsgericht, in: Starck/Weber (Hrsg), Verfassungsgerichtsbarkeit 1², 91 (126). S auch Häfelin/Haller/Keller, Bundesstaatsrecht⁷ Rz 1926a.

2034 Entscheide sind individuell-konkrete Rechtsanwendungsakte: Häfelin/Haller/Keller, Bundesstaatsrecht⁷ Rz 1938.

ter fallen Entscheide des Bundesverwaltungsgerichts und letzter kantonaler Instanzen – sowie kantonale Erlasse[2035].[2036] Gerügt werden kann mit dieser Beschwerde ua die Verletzung von Bundesrecht, Völkerrecht sowie von kantonalen verfassungsmäßigen Rechten[2037]. Auf diese Weise können auch Verletzungen verfassungsmäßiger Rechte geltend gemacht werden, denn sie sind von Bundesrecht und Völkerrecht mitumfasst.[2038]

Die zweite Möglichkeit ist die Erhebung einer subsidiären Verfassungsbeschwerde. Sie kann dann eingebracht werden, wenn gegen den Entscheid einer letzten kantonalen Instanz kein ordentliches Rechtsmittel zulässig ist (Art 113 BGG): Gerügt werden kann damit freilich nur die Verletzung verfassungsmäßiger Rechte (Art 116 BGG).

Mit dieser Systematik wurde das ursprüngliche Modell der schweizerischen Bundesverfassung maßgeblich erweitert: Dem Grundkonzept nach konnte mit einer Verfassungsbeschwerde die Verletzung verfassungsmäßiger Rechte nur hinsichtlich kantonaler Rechtsakte gerügt werden. Tatsächlich sah der Verfassungsgesetzgeber nämlich im Bund – der nur sehr wenige Kompetenzen hatte – keine Bedrohung verfassungsmäßiger Rechte.[2039] Bereits 1929 wurde dieses restriktive System aber aufgebrochen: Es wurde eine Verwaltungsgerichtsbarkeit eingeführt; mit der Verwaltungsgerichtsbeschwerde, die sich gegen Verfügungen von Bundesstellen richtet, kann sich der Einzelne an das Bundesgericht wenden.[2040]

Nach wie vor wird in der Schweiz freilich das Anwendungsgebot des Art 190 BVerf kritisiert: Dass die Gerichte verwassungswidrige Normen anwenden müssen, wird zunehmend als rechtsstaatlich problematisch empfunden.[2041]

d. Zusammenfassung

Es geht hier nicht darum, die verschiedenen beispielhaft herausgegriffenen Modelle zu bewerten, es soll damit lediglich aufgezeigt werden, wie

2035 Erlasse sind generell-abstrakte Anordnungen, die sich an eine unbestimmte Zahl von Personen richten und eine unbestimmte Anzahl von Tatbeständen regeln: Häfelin/Haller/Keller, Bundesstaatsrecht[7] Rz 1956.

2036 Das Gericht entscheidet außerdem über Fragen betreffend die politische Stimmberechtigung.

2037 Sie spielen praktisch freilich keine große Bedeutung: Häfelin/Haller/Keller, Bundesstaatsrecht[7] Rz 1975.

2038 Häfelin/Haller/Keller, Bundesstaatsrecht[7] Rz 1972.

2039 Haller, Bundesgericht, in: Starck/Weber (Hrsg), Verfassungsgerichtsbarkeit I[2], 91 (111). S auch Fleiner/Giacometti, Bundesstaatsrecht 886 f.

2040 Haller, Bundesgericht, in: Starck/Weber (Hrsg), Verfassungsgerichtsbarkeit I[2], 91 (111).

2041 Häfelin/Haller/Keller, Bundesstaatsrecht[7] Rz 2090. S aber Tschannen, Staatsrecht[2] § 8 Rz 8: Das Anwendungsgebot bedeute nur, dass die Frage nach der Verfassungsmäßigkeit von Bundesgesetzen in die Letztentscheidungsbefugnis der Bundesversammlung gelegt sei.

unterschiedlich Grundrechtsschutz ausgestaltet werden kann. Am weitesten reicht er zweifellos in Deutschland, wo sich jeder wegen Grundrechtsverletzungen der staatlichen Gewalt an das BVerfG als spezialisiertes Gericht wenden kann. In auffallendem Kontrast dazu steht die Systematik in den USA, wo ein – nicht institutionalisiertes – Verfassungsgericht nach freiem Ermessen Beschwerden behandelt. Damit unterscheidet sich dieses System maßgeblich vom dt Konzept, in dem die Verfassungsbeschwerde zwar auch der Wahrung des objektiven Rechts dient, zugleich aber auch ein Instrument des subjektiven Rechtsschutzes ist; dies äußert sich bereits darin, dass der Beschwerdeführer seine unmittelbare Betroffenheit in subjektiven Rechten darlegen muss.[2042] In der Schweiz sticht als Besonderheit das verfassungsrechtliche Anwendungsgebot von Bundesgesetzen und Völkerrecht hervor. Dies wird – hinsichtlich des Grundrechtsschutzes – zwar dadurch gemildert, dass es für EMRK-widrige Normen nicht gilt, dennoch erscheint es als auffallende Lücke im Grundrechtsschutz.

II. Die Reformvorschläge im Einzelnen

Was die Reform des Rechtsschutzes und das Verhältnis der Höchstgerichte zueinander angeht, wurden unterschiedlichste Reformvorschläge mit verschiedensten Nuancierungen gemacht. Im Folgenden geht es nicht darum, diese Vorschläge in all ihren Varianten und unterschiedlichen verfahrensrechtlichen Gestaltungsmöglichkeiten darzulegen. Vielmehr sollen die Hauptstrukturen und wichtigsten Eckpunkte von Reformmöglichkeiten aufgezeigt und bewertet werden.

1. Urteilsbeschwerde

Eine Urteilsbeschwerde gibt dem Einzelnen die Möglichkeit, letztinstanzliche Gerichtsurteile wegen Verfassungswidrigkeit beim VfGH anzufechten.[2043] Die Parallelen dieser Konstruktion zur dt Verfassungsbeschwerde sind unübersehbar.

Um den Nutzen einer solchen Konstruktion beurteilen zu können, ist zunächst zu fragen, welches Ziel damit überhaupt verfolgt wird bzw verfolgt werden kann. Denkbar sind zwei Ansätze. Der erste setzt an der Grundsatzentscheidung der österreichischen Bundesverfassung an, den VfGH als spezialisiertes Gericht für Verfassungsfragen einzurichten. Durch eine Urteilsbeschwerde würde nunmehr auch in letzter Konsequenz ein System errichtet, in dem sämtliche Verfassungsfragen letztlich vom VfGH

2042 Vitzthum, JöR 2005, 319 (330).
2043 7/AUB-K 19 (A 09).

beantwortet werden[2044]; damit würde für alle Rechtsbereiche eine konzentrierte Verfassungsgerichtsbarkeit eingerichtet werden. Die Einheitlichkeit der Verfassungsrechtsprechung könnte auf diese Weise gesichert werden.

Der zweite Ansatz setzt daran an, dass die Grundrechte bei den ordentlichen Gerichten nicht gut aufgehoben sind, dass also qualitativ hochwertiger Grundrechtsschutz der nachprüfenden Kontrolle des VfGH bedarf.[2045]

Während nun die erste Annahme durchaus einiges für sich hat, kann der zweiten nicht so ohne weiteres beigetreten werden. Wie bereits oben gezeigt, ist die Einrichtung einer spezialisierten Verfassungsgerichtsbarkeit nicht conditio sine qua non für effektiven Grundrechtsschutz. Auch das Argument, dass das Rechtsschutzverfahren durch die ordentlichen Gerichte eben versage und darum die Kontrolle durch den VfGH legitim sei[2046], vermag nicht zu überzeugen. Dies würde voraussetzen, dass der Grundrechtsschutz beim VfGH qualitativ besser angesiedelt wäre, was sich nicht ohne nähere Untersuchung beantworten lässt: Nur am Rande sei darauf hingewiesen, dass auch die Auffassungen und Positionen des VfGH von Verfassungsrechtlern nicht immer uneingeschränkt geteilt werden. Außerdem impliziert dieser Ansatz, dass stets dann, wenn die Entscheidungslinie eines Gerichts kritikwürdig ist, ein weiterer Rechtzug vorgesehen werden müsste. Es wird dadurch geradezu ein Kreislauf einer Kontrolle der Kontrolle eröffnet und suggeriert, dass der Rechtsschutz besser ist, je mehr Instanzen durchlaufen werden können. Im Übrigen ist zu bedenken, dass gegen letztinstanzliche Entscheidungen der ordentlichen Gerichte bereits jetzt ein Rechtszug an ein spezialisiertes Gericht, nämlich den EGMR, offen steht.

Während also das Argument eines „besseren" Grundrechtsschutzes durch den VfGH nicht tragfähig ist, kann als überzeugendes Argument für die Urteilsbeschwerde hingegen die Einheitlichkeit der Verfassungsrechtsprechung ins Treffen geführt werden. Wie gezeigt, ist es nicht ganz konsequent, dass es im Bereich des öffentlichen Rechts eine konzentrierte Verfassungsgerichtsarkeit gibt, nicht aber im Bereich der ordentlichen Gerichtsbarkeit. Entscheidet man sich nun dazu, letztlich für alle Verfassungsfragen den VfGH zuständig zu machen – diese Grundsatzentscheidung hat, dies sei nochmals betont, nichts damit zu tun, ob damit „besserer" Rechtsschutz in Verfassungsfragen gewährleistet werden kann –,

---

2044 7/AUB-K 19 (A 09).

2045 Für die Urteilsbeschwerde wird auch vorgebracht, dass die Gerichte die Grundrechte dadurch stärker im Blick behalten würden, weil die potentielle nachfolgende Kontrolle einen gewissen edukatorischen Effekt ausüben könnte: IdS Korinek, FS-Koja 289 (298).

2046 Noll, Die Presse 2004/49/01.

dann ist ein derartiges System in allen Rechtsbereiche einheitlich und damit konsequent.

Dennoch sind auf der Gegenseite doch auch die Nachteile einer solchen Konstruktion unübersehbar: Bereits im Österreich-Konvent wurde die Befürchtung geäußert, dass eine Urteilsbeschwerde zu massiven Verfahrensverzögerungen führen könnte.[2047] Va im Mehrparteienverfahren würde es zu erheblicher Rechtsunsicherheit kommen.[2048] Außerdem würde die Gleichrangigkeit der Höchstgerichte gestört.[2049]

Nun kann freilich mE die Störung der höchstgerichtlichen Balance an sich noch kein Argument gegen die Urteilsbeschwerde sein: Dass derzeit die Höchstgerichte gleichgeordnet nebeneinander stehen, bedeutet nicht schon zwangsläufig, dass dies niemals abgeändert werden dürfte.[2050] Außerdem ist der Einwand zutreffend, dass auch der VfGH in Fragen der EMRK und des Gemeinschaftsrechts genau genommen kein Höchstgericht mehr ist: Für Verfassungsfragen verhielte es sich für die anderen Gerichte dann ebenso.[2051]

Schon überzeugender und mE berechtigt ist dagegen die Gefahr von Verfahrensverzögerungen: Die Erfahrung zeigt, dass bei Streitigkeiten vermehrt alle Instanzen ausgeschöpft werden. Es ist darum durchaus zu erwarten, dass auch eine Urteilsbeschwerde jedenfalls in Anspruch genommen werden würde. Auch wenn immer wieder betont wird, dass gerade nicht intendiert ist, den VfGH auf diese Weise zum Super-Revisionsgericht zu machen, so ist eine dahingehende Gefahr wohl nicht völlig von der Hand zu weisen. Der Blick auf Deutschland zeigt, dass sich die Entscheidungskompetenzen des Verfassungsgerichts nur schwer von den spezifischen straf- oder zivilrechtlichen Entscheidungskompetenzen der Fachgerichte abgrenzen lassen. Eine solche Konstruktion könnte damit in der Tat zu einer Konstitutionalisierung der Rechtsordnung führen.[2052]

Zusammenfassend kann gesagt werden: Die Entscheidung, ob man letztlich alle Verfassungsfragen beim VfGH konzentrieren will, ist eine Grundsatzentscheidung, die weder richtig noch falsch sein kann. Dafür spricht die Einheitlichkeit des Systems für alle Rechtsbereiche. Zu über-

2047 Ebenso Matscher, Die Presse 2004/51/01; Schernthanner, RZ 2005, 154 (162).

2048 Mayer, JRP 2001, 11; Schernthanner, RZ 2005, 154 (163).

2049 Gegen eine Urteilsbeschwerde auch Griss, ÖJZ 2008, 527 (528). Dafür: Korinek, FS-Koja 289 (298); Noll, Die Presse 2004/49/01; Theuer, juridikum 2002, 22 (23).

2050 Im Übrigen kann man fragen, ob es seit der Einführung des Asylgerichtshofes nicht ohnehin bereits in Asylsachen eine Urteilsbeschwerde an den VfGH gibt. S dazu Jabloner, migraLex 2008, 3; Pöschl, Beschwerdeverfahren, in: Holoubek/Lang (Hrsg), Verfahren 87.

2051 Korinek, FS-Koja 289 (300).

2052 So auch 8/P-REG-K-Protokoll, 12.2.2004.

legen ist aber, ob der durch eine Urteilsbeschwerde erzielbare Nutzen – nämlich die angesprochene Konzentrationswirkung verfassungsrechtlicher Fragestellungen und das möglicherweise verbesserte subjektive Gerechtigkeitsempfinden des Einzelnen – die Nachteile überwiegen kann. Hier ist mE realistische Skepsis angebracht: So viel versprechend es sein mag, eine spezifische verfassungsrechtliche Kontrolle durch ein spezialisiertes Gericht einzurichten, so ist zumindest fraglich, ob die hohe Erwartungshaltung der praktischen Realität standhalten kann.

2. Subsidiarantrag

Der Subsidiarantrag soll es Beschwerdeführern ermöglichen, nach Abschluss des Verfahrens vor einem antragsberechtigten Gericht (oder dem VwGH) einen Antrag auf Normprüfung an den VfGH zu stellen.[2053] Zwar wird dafür mitunter auch der Ausdruck „Gesetzesbeschwerde" verwendet, dieser ist aber zu eng, weil sich das Antragsrecht nicht nur auf Gesetze, sondern auch auf Verordnungen beziehen soll.[2054] Außerdem bringt die Bezeichnung als Subsidiarantrag treffend zum Ausdruck, dass der Antrag nur subsidiär, also nach Erschöpfung des Instanzenzugs geltend gemacht werden kann: Erst wenn das Gericht einer Anregung zur Antragstellung nach Art 89 Abs 2 B-VG nicht nachkommt und sich der Einzelne durch die Anwendung dieser Norm in seinen Rechten verletzt fühlt, kann er sich an den VfGH wenden.

Für dieses Konzept spricht mE zunächst die konsequente Einpassung ins bestehende Gefüge. Der Subsidiarantrag würde nichts an der bestehenden Systematik ändern: Nach wie vor würde die exklusive Kompetenz zur Normenprüfung beim VfGH liegen, nach wie vor würde es den Gerichten obliegen, bei entsprechenden Bedenken einen entsprechenden Normprüfungsantrag zu stellen. Mit einem Subsidiarantrag würden lediglich die Antragsbefugnisse ausgedehnt. Auch dies wäre freilich nichts Außergewöhnliches, sondern vielmehr eine konsequente Weiterführung der bisherigen Verfassungsentwicklung.[2055] Schon bisher wurden die Anfechtungsmöglichkeiten schrittweise ausgebaut: Die Anfechtungsbefugnisse von VwGH und OGH wurden 1929, der Individualantrag mit der B-VGNov 1975 eingeführt.

Auch die Frage, ob ein solcher Antrag überhaupt von Nutzen wäre bzw eine Verbesserung bringen könnte, ist mE zu bejahen[2056]: Wie gezeigt,

---

2053 7/AUB-K 18 (A 09); Jabloner, ÖJZ 1998, 161 (168). Dazu auch Bezemek, JRP 2007, 303 ff.

2054 S auch Bezemek, JRP 2007, 303.

2055 So berichtet Barfuss über einen Vortrag von Jabloner in ÖJZ 2007, 592 (593).

2056 So auch 7/AUB-K 18 (A 09).

gibt es tatsächlich Fälle, die durch das Netz der Normenkontrolle fallen, weil Gerichte zu Unrecht keine Bedenken an der Zulässigkeit einer Norm haben. Wiegt man nun den möglichen Nutzen eines Subsidiarantrags gegen seine allfälligen Nachteile ab, so kann ein Subsidiarantrag – auch nach der überwiegenden Auffassung im Schrifttum[2057] – befürwortet werden. Er ist kein Fremdkörper, sondern mE ein konsequentes Weiterknüpfen des bestehenden Netzes an Normprüfungsmöglichkeiten. Auch das subjektive Rechtsempfinden des Einzelnen könnte sich dadurch erheblich bessern, weil er seiner Meinung nach verfassungswidrige Normen beim VfGH anfechten könnte, ohne von der Einschätzung der ordentlichen Gerichte abhängig zu sein. Selbst dann, wenn sich zeigen sollte, dass Subsidiaranträge nur in einer geringen Anzahl von Fällen erfolgreich sind, würde sich an dieser Einschätzung nichts ändern: Es stehen der Einführung eines Subsidiarantrags nämlich keine nennenswerten Nachteile entgegen, weshalb bereits eine Verbesserung des Rechtsschutzes in nur wenigen Fällen die Einführung eines derartigen Rechtsbehelfs legitimieren könnte.

Damit brächte der Subsidiarantrag eine Verbesserung des Rechtsschutzsystems, ohne mit nennenswerten Nachteilen verbunden zu sein.

3. Ausbau der Grundrechtsbeschwerde

Wie im vierten Teil, zweiter Abschnitt unter F.I.1. ausgeführt, wurde bereits bei Einführung der Grundrechtsbeschwerde überlegt, sie später auch auf andere Grundrechte auszudehnen. Bislang ist dies jedoch nicht geschehen. Zwar wurde im Oktober 2007 ein Vorschlag in Begutachtung geschickt, der eine entsprechende Ausweitung vorsah, er wurde aber nicht umgesetzt.[2058]

Auch ein Ausbau der Grundrechtsbeschwerde fügt sich, wie schon ein Subsidiarantrag, gut in das bestehende verfassungsrechtliche Gefüge ein.[2059] Die Pflege der Grundrechte bleibt dann im zivil- und strafgerichtlichen Verfahren nach wie vor in den Händen der ordentlichen Gerichtsbarkeit. Da die bestehenden prozessualen Rechtsmittel und Rechtsbehelfe schon aus strukturellen Gründen nicht geeignet sind, optimalen Grundrechtsschutz zu gewährleisten (s im vierten Teil, zweiter Abschnitt unter F.IV.4.), und darüber hinaus der Betroffene im gerichtlichen Verfahren – so wie auch im verwaltungsrechtlichen Verfahren – die Möglichkeit haben sollte, die Verletzung von Grundrechten exklusiv zu relevieren, wäre

2057 Griss, ÖJZ 2008, 527 (528); Mayer, JRP 2008, 11. S auch schon Walter, RZ 1999, 58 (61 f).

2058 Grabenwarter, JRP 2008, 13 (15).

2059 Für einen Ausbau der Grundrechtsbeschwerde: Griss, ÖJZ 2008, 527 (528); Mayer, JRP 2008, 11.

es nur konsequent, ein explizit auf behauptete Grundrechtsverletzungen zugeschnittenes Verfahren vorzusehen.

Freilich haben die Ausführungen zur Grundrechtsbeschwerde deutlich gemacht, dass es mit der Einräumung eines auf Grundrechtsverletzungen zugeschnittenen Rechtsmittels noch nicht getan ist: Entscheidend ist, wie dieses Rechtsmittel angewendet und umgesetzt wird. Hier lassen sich in der Tat verschiedene Schwachstellen ausmachen. Angeregt wurde darum in diesem Zusammenhang, für Grundrechtsbeschwerden eigene Senate einzurichten. Angedacht wurde auch, den Ausbau der Grundrechtsbeschwerde mit der Urteilsbeschwerde zu kombinieren: Gegen die Entscheidung des OGH über die Grundrechtsbeschwerde könnte sich der Einzelne dann an den VfGH wenden. Der – mE überzeugende – Vorteil gegenüber der Urteilsbeschwerde liegt hier darin, dass die Gefahr einer Konstitutionalisierung der Rechtsordnung und von Verfahrensverzögerungen nicht in gleichem Maße gegeben ist: Beschwerdegegenstand ist nämlich nicht das Urteil als solches, sondern der Ausspruch über die Verletzung oder Nichtverletzung eines Grundrechts. Zugleich ließe sich damit eine Zentralisierung aller Verfassungsfragen beim VfGH erreichen, die, wie bereits mehrfach angesprochen, aus strukturellen Überlegungen konsequent wäre.

III. Zusammenfassende Würdigung

Die Frage nach einer Optimierung des Rechtsschutzsystems ist in gewissem Maße stets auch eine (verfassungs-)politische Entscheidung. Dass Vorschläge, die eine Störung der höchstgerichtlichen Balance bewirken würden, von den Mitgliedern der betroffenen Gerichtshöfe kritisch gesehen werden, liegt auf der Hand: Sie werden stets auch als Ausdruck des Misstrauens gegenüber ihrer Rsp gesehen.[2060] Dies möglicherweise auch deswegen, weil in der öffentlichen Diskussion immer wieder ein Aspekt der Reformüberlegungen besonders betont wird: Es wird der Eindruck vermittelt, als könne der VfGH als Spezialgericht qualitativ besseren Grundrechtsschutz vermitteln.

Nun ist es, wie mehrfach gezeigt wurde, zutreffend, dass im Bereich der ordentlichen Gerichtsbarkeit grundrechtliche Schwachstellen auszumachen sind. Zugleich wäre es freilich zu kurz gegriffen, deswegen zu argumentieren, dass die Grundrechte dann eben besser beim VfGH aufge-

2060 Griss, ÖJZ 2008, 527 (528): „Der Einführung einer Verfassungsbeschwerde in Form einer Urteilsbeschwerde liegt immer ein Misstrauen gegen die Richter in der ordentlichen Gerichtsbarkeit zugrunde; es wird ihnen nicht zugetraut, die Grundrechte ausreichend zu respektieren."

hoben wären. Dies bedürfte einer näheren Untersuchung, denn allein die Spezialisierung in Verfassungsfragen geht noch nicht mit einer Absolution von jeglichem Fehl und Tadel einher.

Davon zu unterscheiden ist hingegen die Frage, ob es dem österreichischen System der Verfassungsgerichtsbarkeit nicht letztlich besser entspräche, auch für Grundrechtsfragen aus dem Bereich der ordentlichen Gerichte eine Beschwerdemöglichkeit – in welcher Form auch immer – an den VfGH vorzusehen. Tatsächlich gibt es derzeit nämlich zwei verschiedene Konzepte: Wie gezeigt, besteht im Bereich des öffentlichen Rechts die Kontrolle durch den spezialisierten VfGH, im Bereich der ordentlichen Gerichtsbarkeit dagegen überprüfen die Gerichte die Vollzugsakte selbst unter grundrechtlichen Aspekten.[2061] Die Frage, ob man hier einen einheitlichen Weg eröffnen möchte, der stets zum VfGH führt, ist eine Grundsatzentscheidung, die nicht zwangsläufig mit der Qualität des Rechtsschutzes zusammenhängt. Gerade der Exkurs hat gezeigt, dass eine Vielzahl von Möglichkeiten denkbar ist und Spezialisierung nicht conditio sine qua non für qualitativ hochwertigen Rechtsschutz ist. Denn auch effizienter Grundrechtsschutz ist stets nur so gut, wie die Richter, die ihn wahrnehmen. Entscheidend ist, dass auch nicht-spezialisierte Gerichte für verfassungsrechtliche Frage- und Problemstellungen entsprechend sensibilisiert sind.

Dennoch sprechen mE die dargelegten systematischen Überlegungen dafür, den VfGH in allen Rechtsbereichen letztlich mit grundrechtlichen Fragestellungen befassen zu können. Dafür erscheint besonders das erweiterte Konzept einer Grundrechtsbeschwerde geeignet, in dem letztlich gegen gerichtliche Entscheidungen über Grundrechtsverletzungen der VfGH angerufen werden könnte.

2061 Korinek, FS-Koja 289 (293) weist darauf hin, dass im Bereich der ordentlichen Gerichtsbarkeit ein Konzept der dezentralisierten Verfassungsgerichtsbarkeit besteht.

Sechster Teil:

Resümee

I. Kehrt man am Ende dieser Arbeit zu ihrem Ausgangspunkt zurück, nämlich zur Frage, wie der OGH in seiner Jud mit den Grundrechten umgeht, so lässt sich eines mit Sicherheit sagen: Der OGH ist nicht grundrechtsblind. Die Grundrechte spielen mittlerweile in der oberstgerichtlichen Jud eine nicht mehr zu übersehende Rolle. Der OGH bindet sie explizit in seine Entscheidungen ein, wobei in den letzten Jahren – sowohl in der zivil- als auch in der strafrechtlichen Jud – eine verstärkte Bezugnahme auf die Grundrechte und die EGMR-Rsp feststellbar ist.

II. Im Zusammenhang mit der zivilrechtlichen Jud stellte sich zunächst die Frage, welche Rolle die Grundrechte hier überhaupt spielen (können). Wie sich gezeigt hat, kommen sie in unterschiedlichen Bereichen zum Einsatz: Sie konkretisieren Generalklauseln, konstituieren Rechtfertigungsgründe und fungieren als Maßstab für die verfassungskonforme Interpretation einer Norm. Deutlich wurde außerdem, dass die Grundrechte in Privatrechtsbeziehungen mittelbar wirken, womit freilich noch nichts über ihre Wirkungsintensität gesagt ist: Sie ist nach der Jud nicht einheitlich. Sie hängt von der Art des in Rede stehenden Rechtsverhältnisses ab. Am schwächsten ist sie im Vertragsrecht, in dem die Vertragspartner einander gleichrangig gegenüberstehen, die Rechtsbeziehungen also autonom gestaltet werden, am stärksten im Deliktsrecht, in dem die Beeinträchtigung von Rechtspositionen heteronom erfolgt. Aber auch an der Bruchstelle zwischen diesen beiden Polen entfalten die Grundrechte ihre volle Wirkung, nämlich dort, wo das Gleichgewicht zwischen den Vertragsparteien nachhaltig gestört ist. Auch im Privatrecht schützen die Grundrechte somit vor dem Missbrauch einer Übermachtposition.

Weiters konnte festgestellt werden, dass der OGH in der zivilrechtlichen Judikatur die Grundrechte immer stärker und dichter in seine Entscheidungsfindung mit einbindet. Die Anwendung der Grundrechte ist mittlerweile geradezu hypertroph: Der OGH beruft sich sogar dann auf die grundrechtlichen Garantien, wenn das von ihm vertretene Ergebnis nicht bzw nicht allein aus dem Grundrecht ableitbar ist oder schon aus dem einfachen Gesetz gefolgert werden kann. Dadurch kommt es erstens zum Sinnverlust des einfachen Gesetzes, zweitens zerfransen die Konturen des grundrechtlichen Gehalts, weil der Umfang des Schutzbereichs unklar wird. Auffallend ist weiters, dass der OGH bisweilen mit fragwürdigen grundrechtsdogmatischen Konzepten argumentiert. Den Rechtsbegriff „Grundrecht" verwendet er zu extensiv, Schutzbereichs- und Rechtfertigungsebene trennt er nicht immer scharf voneinander. Auf die Qualität des Grundrechtsschutzes hat dies letztlich freilich keine Auswirkungen: In der Sache kommt der OGH nämlich meist zu zutreffenden Ergebnissen.

III. Völlig anders stellt sich die Situation im Strafrecht dar. Hier brauchte – und braucht – der OGH länger, um zu grundrechtlich vertretbaren Ergebnissen zu gelangen. Zwar ist er in verschiedenen Bereichen mittlerweile von einer zuvor grundrechtswidrigen Jud abgerückt, in anderen Fällen beharrt er hingegen nach wie vor auf einer verfassungswidrigen Position. Dies zeigt deutlich: Allein die Tatsache, dass Grundrechte formal in der Entscheidungsfindung berücksichtigt werden, bedeutet noch nicht, dass ihr Gehalt auch hinreichend erkannt wurde. Bisweilen erkennt der OGH zwar diesen Gehalt, er verweigert aber die grundrechtlich gebotenen Konsequenzen. In diesen Fällen scheint sich der OGH in einem Dilemma zu befinden, das sich aus seiner Rolle als Strafgericht einerseits und Verfassungsgericht andererseits ergibt: Den Schutz der Gesellschaft vor Straftätern auf der einen und den Schutz der Straftäter vor Grundrechtsverletzungen auf der anderen Seite bringt der OGH nicht immer so ohne weiteres unter einen Hut.

Auffallend ist weiters, dass der OGH in seiner Strafrechtsjudikatur das einfache Gesetz teilweise eingenmächtig und eigenwillig auslegt: Er widerspricht damit häufig dem ursprünglichen Willen des Gesetzgebers. Bisweilen kreiert er damit sogar – wie gerade bei der neuen Auslegung zu § 363a StPO deutlich wurde – selbst neue Rechtsbehelfe. Eine derartige Bevormundung des Gesetzgebers ist entschieden abzulehnen: In Auslegungsfragen muss für eine methodengerechte Interpretation plädiert werden.

Ganz allgemein erweist sich der OGH als nicht sonderlich (grund-)rechtsschutzfreundlich. Wo es das Gesetz ermöglicht – bzw auch darüber hinaus – stellt er Formalanforderungen, die den Zugang zum Rechtsschutz erheblich erschweren. Zwar sind diese Anforderungen nicht schon per se grundrechts*widrig*, indes: rechtsschutz*freundlich* sind sie auch nicht.

IV. Eine weitere Facette des oberstgerichtlichen (Grund-)Rechtsschutzes ist die Antragsbefugnis bzw Antragspflicht des OGH nach Art 89 Abs 2 B-VG. Wie gezeigt, stellt der OGH bisweilen einen Antrag nicht schon bei Bedenken an der Verfassungskonformität einer Norm, sondern erst dann, wenn er von ihrer Verfassungswidrigkeit überzeugt ist. Diese Position dürfte freilich auch durch die restriktive Jud des VfGH beeinflusst sein. Entsprechendes gilt für das Erfordernis, den Anfechtungsgegenstand genau zu umgrenzen. Auf diese Weise kann es jedoch in der Tat zu Lücken im Rechtsschutzsystem kommen, weil der Rechtsunterworfene im Falle unterlassener Antragstellung kein selbständiges Antragsrecht an den VfGH hat.

V. Auch wenn in der Jud des OGH – und zwar wie gezeigt va im strafrechtlichen Bereich – Missstände auszumachen sind, so lässt sich die Frage nach Remedur nur schwer allgemeingültig beantworten. Zweifellos eine Verbesserung brächte der Subsidiarantrag. Inwieweit die anderen Reformvorschläge die derzeitige Situation verbessern könnten, lässt sich hingegen nicht so ohne weiteres beantworten, weil unklar ist, wie der VfGH damit umgehen würde. Ein gewichtiges Manko im Strafverfahren ist es freilich jedenfalls, dass es – abgesehen von der Grundrechtsbeschwerde – kein Rechtsmittel gibt, das spezifisch auf Grundrechtsverletzungen zugeschnitten ist. Freilich hat das Beispiel der Grundrechtsbeschwerde gezeigt, dass die Einführung einer solchen Rechtsschutzmöglichkeit noch nicht die Gewähr dafür bietet, dass tatsächlich effizienter Grundrechtsschutz gewährleistet wird. Hier ist erstens an eine zurückhaltendere Auslegung des Gesetzes, zweitens aber an ein noch stärkeres grundrechtliches (Umsetzungs-)Bewusstsein des OGH zu appellieren. Wenngleich er es nämlich nunmehr geradezu einfordert, grundrechtliche Akzente setzen zu dürfen, so ist dieser Anspruch noch nicht in allen Bereichen auch materiell umgesetzt.

VI. Letztlich sprechen aber mE – abgesehen von den materiellen Überlegungen – strukturelle Gründe dafür, dem Einzelnen auch in Angelegenheiten, die von den ordentlichen Gerichten zu behandeln sind, letztlich einen Rechtszug an den VfGH zu eröffnen. Die Einführung eines auf Grundrechtsverletzungen zugeschnittenen Rechtsmittels, über das zunächst die ordentlichen Gerichte, letztinstanzlich aber der VfGH entscheidet, ist mE zweckmäßig: Sowohl im Bereich des öffentlichen Rechts als auch im Bereich der ordentlichen Gerichtsbarkeit läge dann ein einheitliches System einer konzentrierten Verfassungsgerichtsbarkeit vor.

Literaturverzeichnis

Ackermann/Ebensperger, Der EMRK-Grundsatz „ne bis in idem“ – Identität der Tat oder Identität der Strafnorm? AJP/PJA 1999, 823

Adamovich, Holprige Wege im Grundrechtsschutz, ÖJZ 1993, 272

Adler, Die Persönlichkeitsrechte im ABGB, FS-ABGB 2 (1911) 163

Aicher, in: Rummel (Hrsg), Kommentar zum Allgemeinen bürgerlichen Gesetzbuch 1³ (2000) § 16 ABGB

Aicher, Haftungsfragen kommunaler Wirtschaftsverwaltung, in: Krejci/Ruppe (Hrsg), Rechtsfragen der kommunalen Wirtschaftsverwaltung (1992) 149

Aichinger, Rechtsschützer oder Gesetzesbrecher? Die Presse 2007/47/01

Aigner, Glosse zu OGH 8.7.1998, 9 Ob A 125/98f, ZAS 1999, 143

Aigner, Der Pensionssicherungsbeitrag der Beamten, ZAS 2000, 65

Aigner, Die Inhaltskontrolle des Kollektivvertrages, in: Tomandl (Hrsg), Aktuelle Probleme des Kollektivvertragsrechts (2003) 41

Ainedter, Verteidiger: Recht auf Freiheit durch den VfGH schützen, Die Presse 2004/18/01

Ainedter, Erste Erfahrungen mit dem Grundrechtsbeschwerdegesetz in der Praxis, in: Schuppich/Soyer (Hrsg), Haft und Rechtsschutz (1993) 49

Alexy, Theorie der Grundrechte (1985)

Ambos, Europarechtliche Vorgaben für das (deutsche) Strafverfahren. Zur Rechtsprechung des EGMR von 2000-2002, NStZ 2002, 628, NStZ 2003, 14

Apathy/Riedler, in: Schwimann (Hrsg), Praxiskommentar zum ABGB 5³ (2006) § 879 ABGB

Baer, „Ende der Privatautonomie“ oder grundrechtlich fundierte Rechtsetzung? – Die deutsche Debatte um das Antidiskriminierungsrecht, ZRP 2002, 290

Ballon, Verfassungswidrigkeiten in der Zivilgerichtsbarkeit und ihre Anfechtung, ÖJZ 1983, 225

Balthasar, „Recht auf den gesetzlichen Richter“ und seine Anwendung auf die Verwaltung, JBl 1994, 524

Baltl/Kocher, Österreichische Rechtsgeschichte¹² (2009)

Bammer, Sittenwidrige Herabsetzung und Freiheit der Meinungsäußerung, ecolex 1990, 253

Bammer, Beckmesser im Gerichtssaal. Anmerkungen zu den „Wiener Staatsopernballett-Entscheidungen“ des OLG Wien, MR 2000, 290

Bammer, Die Grundrechte in der Rechtsprechung der Zivilgerichte, in: ÖJK (Hrsg), Aktuelle Fragen des Grundrechtsschutzes (2005) 63

Barfuss, „Neue Wege des Rechtsschutzes – das Regierungsprogramm zur Verwaltungsgerichtsbarkeit, ÖJZ 2007, 592

Bart, Kinder als Zeugen im Strafverfahren – insbesondere als Opfer sexuellen Missbrauchs, ÖJZ 1998, 818

Barta, Zivilrecht – Grundriss und Einführung in das Rechtsdenken (2004)

Baumgartner, Welche Formen des Zusammenlebens schützt die Verfassung? Der Schutz des Familienlebens (Art 8 MRK) im Lichte der Rechtsprechung – Vorgaben für das österreichische Familienrecht, ÖJZ 1998, 761

Baurecht, Verwendung und Verwertung von rechtswidrig erlangten Beweismitteln – zivilprozessuale und datenschutzrechtliche Grenzen, NetV 2006, 97

Beck-Mannagetta, Glosse zu OGH 27.11.1984, 4 Ob 116, 117/83, ZAS 1985, 219
Berchtold, Das Recht auf ein Verfahren vor dem gesetzlichen Richter in Österreich, EuGRZ 1982, 246
Berchtold, Das Recht auf ein Verfahren vor dem gesetzlichen Richter, in: Machacek/Pahr/Stadler (Hrsg), Grund- und Menschenrechte in Österreich 2 (1992) 711
Berger, Auswirkungen der Europäischen Menschenrechtskonvention auf das österreichische Zivilrecht, JBl 1985, 142
Berka, Die Europäische Menschenrechtskonvention und die österreichische Grundrechtstradition, ÖJZ 1979, 365
Berka, Die Kommunikationsfreiheit in Österreich, EuGRZ 1982, 413
Berka, Die Freiheit der Kunst (Art 17a StGG) und ihre Grenzen im System der Grundrechte, JBl 1983, 281
Berka, Die Gesetzesvorbehalte der Europäischen Menschenrechtskonvention, ZÖR 1986, 71
Berka, Medienfreiheit und Persönlichkeitsschutz (1987)
Berka, Der Schutz der freien Meinungsäußerung im Verfassungsrecht und im Zivilrecht, ZfRV 1990, 35
Berka, Der Freiheitsbegriff des „materiellen Grundrechtsverständnisses", FS-Schambeck (1994) 339
Berka, Probleme der grundrechtlichen Interessenabwägung – dargestellt am Beispiel der Untersagung von Versammlungen, FS-Rill (1995) 3
Berka, Aktuelle Probleme des Persönlichkeitsschutzes im Medienbereich, JRP 1996, 232
Berka, Unternehmensschädigende Kritik und Freiheit der Meinungsäußerung. Zur Kritik an Unternehmen außerhalb eines Wettbewerbsverhältnisses, WBl 1997, 265
Berka, Die Grundrechte. Grundfreiheiten und Menschenrechte in Österreich (1999)
Berka, in: Rill/Schäffer (Hrsg), Bundesverfassungsrecht – Kommentar, Vorbem StGG (1. Lfg 2001)
Berka, in: Rill/Schäffer (Hrsg), Bundesverfassungsrecht – Kommentar, Art 7 B-VG (1. Lfg 2001)
Berka, „Public Figures" und „Public Interest", FS-Schäffer (2006) 61
Berka, RichterInnen als GrundrechtswahrerInnen: Grundrechte und Rechtsprechung der ersten Instanz, RZ 2008, 114
Berka, Lehrbuch Verfassungsrecht[3] (2010)
Bernatzik, Rechtsprechung und materielle Rechtskraft (1886)
Bertel, Die Identität der Tat (1970)
Bertel, Die rechtlichen Grundlagen der Untersuchungshaft, in: Korinek/Kain (Gesamtred), Grundrechte und Untersuchungshaft (1988) 23
Bertel, Das Zeugnisentschlagungsrecht nach § 152 Abs 1 Z 1 StPO, JBl 1995, 236
Bertel, Glosse zu OGH 11.2.2003, 11 Os 2/03, JBl 2003, 885
Bertel, Glosse zu OGH 9.9.2003, 14 Os 30/03, JBl 2004, 191
Bertel, Die Willkür der Justiz und die Ohnmacht des Bürgers – Was man aus einem Fehlurteil lernen sollte, juridikum 2004, 121
Bertel, Die Überprüfung der Tatfrage im schöffen- und geschworenengerichtlichen Verfahren, AnwBl 2005, 386
Bertel, Zum strafrechtlichen Entschädigungsgesetz, FS-Miklau (2006) 41
Bertel/Venier, Einführung in die neue Strafprozessordnung[2] (2006)
Bertel/Venier, Strafprozessrecht[4] (2010)
Bezemek, Der Subsidiarantrag, JRP 2007, 303
Binder, Der arbeitsrechtliche Gleichbehandlungsgrundsatz, DRdA 1983, 156

BINDER, Grundrechtsverletzung und Grundrechtsprägung im Arbeitsrecht, DRdA 1985, 1

BINDER, Bedarf es für das Arbeitsrecht einer besonderen Interpretationsmethode? DRdA 1986, 1

BIRKLBAUER, Die Identität von angeklagter und verurteilter Tat, JAP 2001/2002, 97

BIRKLBAUER, Anforderungen an eine kontradiktorische Zeugenvernehmung außerhalb der Hauptverhandlung. Zugleich eine Anmerkung zu OGH 11 Os 95/01 vom 2. 10. 2001, AnwBl 2002, 512

BIRKLBAUER, Glosse zu OGH 22.9.2002, 15 Os 18/02, JSt 2003, 133

BIRKLBAUER, Der Grundsatz „Ne bis in idem" in der Rechtsprechung europäischer Instanzen und die Auswirkungen auf den Tatbegriff der öStPO, FS-Miklau (2006) 45

BIRKLBAUER, Der Prozessgegenstand im österreichischen Strafverfahren (2009)

BIRKLBAUER/JESIONEK, Nebenfolgen einer gerichtlichen Verurteilung, RZ 2005, 50

BLANK, Die Strafbarkeit und Verfolgbarkeit der vom agent provocateur gesteuerten Tat (1987)

BODNER, Die Glaubens- und Gewissensfreiheit als genuin privatrechtlicher Wert, ÖJZ 2003, 481

BOGS, Die verfassungskonforme Auslegung von Gesetzen (1966)

BRANDSTETTER, Parlamentarische Untersuchungsausschüsse und die Rechtsstellung von Zeugen, FS-Platzgummer (1995) 320

BRAUNEDER, Gesetzgebungsgeschichte der österreichischen Grundrechte, in: Machacek/Pahr/Stadler (Hrsg), Grund- und Menschenrechte in Österreich 1 (1991) 189

VON BRÜNNECK, Verfassungsgerichtsbarkeit in den westlichen Demokratien (1992)

BRUNNER, Der Zugang des Einzelnen zur Verfassungsgerichtsbarkeit im öffentlichen Raum, JöR 50 (2002) 191

BURGSTALLER, Die Scheinkonkurrenz im Strafrecht, JBl 1978, 393, 459

BURGSTALLER, Das Drogenstrafrecht in Österreich, ÖJZ 1986, 524

BURGSTALLER, Wohin geht unser Strafprozess? JBl 2002, 273

BURGSTALLER, Glosse zu OGH 9.4.2002, 14 Os 8/02, JBl 2002, 670

BURGSTALLER, Glosse zu OGH 17.12.2003, 13 Os 151/03, JBl 2004, 351

BURKICZAK, Grundrechtsbindung der Tarifvertragsparteien oder Relevanz grundrechtlicher Schutzpflichten – Erfurter Einerlei? RdA 2007, 17

BUSCHE, Privatautonomie und Kontrahierungszwang (1999)

BYDLINSKI, Der Gleichheitsgrundsatz im österreichischen Privatrecht, 1. ÖJT 1961 I/1, 5

BYDLINSKI, Zum arbeitsrechtlichen Gleichbehandlungsgrundsatz (Eine Replik), DRdA 1962, 53

BYDLINSKI, Bemerkungen über Grundrechte und Privatrecht, ZÖR 1962/63, 423

BYDLINKSKI, Die Grundrechte in Relation zur richterlichen Gewalt, RZ 1965, 67

BYDLINSKI, Privatautonomie und objektive Grundlagen des verpflichtenden Rechtsgeschäftes (1967)

BYDLINSKI, Zum Kontrahierungszwang der öffentlichen Hand, FS-Klecatsky (1980) 129

BYDLINSKI, Zu den dogmatischen Grundlagen des Kontrahierungszwangs, AcP 180 (1980) 1

BYDLINSKI, Thesen zur Drittwirkung von Grundrechten im Privatrecht, in: Rack (Hrsg), Grundrechtsreform (1985) 173

BYDLINSKI, Fundamentale Rechtsgrundsätze (1988)

BYDLINSKI, Möglichkeiten und Grenzen der Präzisierung aktueller Generalklauseln, in: Behrends/Dießelhorst/Dreier (Hrsg), Rechtsdogmatik und praktische Vernunft. Symposion zum 80. Geburtstag von Franz Wieacker (1990) 189

BYDLINSKI, Juristische Methodenlehre und Rechtsbegriff² (1991)

BYDLINSKI, Paradoxer Geheimnisschutz post mortem? JBl 1999, 553
CALLIESS, Strafzwecke und Strafrecht, NJW 1989, 1338
CALLIESS, Die grundrechtliche Schutzpflicht im mehrpoligen Verfassungsrechtsverhältnis, JZ 2006, 321
CANARIS, Die Feststellung von Lücken im Gesetz² (1983)
CANARIS, Grundrechte und Privatrecht, AcP 184 (1984) 201
CANARIS, Verstöße gegen das verfassungsrechtliche Übermaßverbot im Recht der Geschäftsfähigkeit und im Schadenersatz, JZ 1987, 993
CANARIS, Grundprobleme des privatrechtlichen Persönlichkeitsschutzes, JBl 1991, 205
CANARIS, Grundrechte und Privatrecht (1999)
CEDE, Entgegnung auf die Entscheidungsbesprechung zu VfGH 27.11.2003, B 666/03 (JBl 2004, 441), JBl 2005, 331
CIRESA, Österreichisches Urheberrecht – Kommentar (Losebl, 1. Lfg 1999)
CLASSEN, Die Drittwirkung in der Rsp des Bundesverfassungsgerichts, AöR 122 (1997) 65
COING, Grundzüge der Rechtsphilosophie⁵ (1993)
DAVY B, Gefahrenabwehr im Anlagenrecht (1990)
DAVY U, Streik und Grundrechte in Österreich (1989)
DAVY U, Persönliche Freiheit und verfassungsgerichtliche Kontrolle, ZfV 1992, 14
DEGENHART, in: Sachs (Hrsg), GG⁵ (2009), Art 109 GG
DERSCH, Entwicklungslinien der Fürsorgepflicht des Arbeitgebers im Arbeitsverhältnis, RdA 1949, 325
DIEDERICHSEN, Das Bundesverfassungsgericht als oberstes Zivilgericht – ein Lehrstück der juristischen Methodenlehre, AcP 198 (1998) 171
DINGHOFER, 80 Jahre Oberster Gerichtshof (1930)
DITTRICH, Der Kontrahierungszwang von Verwertungsgesellschaften (1992)
DITTRICH/ÖHLINGER, Passive Informationsfreiheit und Medienbeobachtung, ÖJZ 2002, 361
DOLINAR, Ruhen des Verfahrens und Rechtsschutzbedürfnis (1974)
DWORKIN, Bürgerrechte ernstgenommen (1990)
EBENSPERGER, Strafrechtliches „ne bis in idem" in Österreich unter besonderer Berücksichtigung internationaler Übereinkommen, ÖJZ 1999, 171
EDLBACHER, Der Stand der Persönlichkeitsrechte in Österreich, ÖJZ 1983, 423
EICHINGER, Rechtsgrundlagen und Ausgestaltungsmöglichkeiten der betrieblichen Altersversorgung, in: Runggaldier/Steindl (Hrsg), Handbuch zur betrieblichen Altersversorgung (1987) 85
EIN ZIGARRENRAUCHER, Über Kamele und deren Persönlichkeitsschutz, RdW 1989, 54
EIFFLER, Die Überprüfung polizeilicher Maßnahmen durch den Europäischen Gerichtshof für Menschenrechte, NJW 1999, 762
EISENBERGER, Postmortaler Grundrechtsschutz am Beispiel des Persönlichkeitsschutzes, FS-Funk (2003) 175
ENNÖCKL/WINDHAGER, Glosse zu EGMR 26.2.2002, MR 2002, 149
ENNÖCKL/WINDHAGER, Glosse zu EGMR 13.12.2005, MR 2006, 8
ENNÖCKL/WINDHAGER, Aktuelle EGMR-Rechtsprechung. Anmerkungen zu EGMR „Standard-VerlagsgesmbH – Österreich" und „Standard-VerlagsgesmbH und Krawagna-Pfeifer-Österreich", MR 2007, 11
ERMACORA, Handbuch der Grundfreiheiten und Menschenrechte (1963)
ERMACORA, Holprige Wege im Grundrechtsschutz, ÖJZ 1993, 73
ESCHENBACH/NIEBAUM, Von der unmittelbaren Drittwirkung unmittelbar zur staatlichen Bevormundung, NVwZ 1994, 1079

ESSER, Auf dem Weg zu einem europäischen Strafverfahrensrecht (2002)
EVERS, Der Schutz des Privatlebens und das Grundrecht auf Datenschutz in Österreich, EuGRZ 1984, 281
FABRIZY, Die Verlesung von Zeugenaussagen. Eine rechtshistorische Betrachtung, RZ 1989, 26
FABRIZY, Die österreichische Strafprozessordnung[10] (2008)
FASCHING, Rechtsschutzverzichtsverträge im österreichischen Prozeßrecht? Zugleich eine Besprechung der Monographie „Ruhen des Verfahrens und Rechtsschutzbedürfnis“ von Hans Dolinar, ÖJZ 1975, 431
FAWCETT, The Application of the European Convention on Human Rights[2] (1987)
FEIL, Schadenersatz bei Eingriffen in die Privatsphäre, GesRZ 2004, V
FELNHOFER-LUKSCH, Glosse zu OGH 21.4.2005, 15 Os 36/05s, JBl 2006, 669
FELZMANN, Die Untersuchungshaft im Spannungsfeld organisatorischer Zwänge und richterlicher Verantwortung, in: Korinek/Kain (Gesamtred), Grundrechte und Untersuchungshaft (1988) 37
FELZMANN, Der Oberste Gerichtshof heute – unter besonderer Beachtung der europarechtlichen Einflüsse auf seine Organisation und Rechtsprechung, JRP 2001, 1
FELZMANN/DANZL/HOPF, Oberster Gerichtshof: Bundesgesetz über den Obersten Gerichtshof und Geschäftsordnung des Obersten Gerichtshofes 2005[2] (2009)
FERK, Die privat- und familienrechtlichen Aspekte in den Grundrechten, RZ 2002, 202
FIKENTSCHER, Methoden des Rechts IV (1977)
FIRLEI, Glosse zu OGH 8.7.1998, 9 Ob A 125/98f, DRdA 1999, 273
FISCHER, Tatprovozierendes Verhalten als polizeiliche Ermittlungsmaßnahme, NStZ 1992, 7
FLEINER/GIACOMETTI, Schweizerisches Bundesstaatsrecht (1949)
FLIEDNER, Die verfassungsrechtlichen Grenzen mehrfacher staatlicher Bestrafungen aufgrund desselben Verhaltens, AöR 99 (1974) 242
FLORA, Das Neuerungsverbot und die Erschöpfung des Instanzenzuges im Grundrechtsbeschwerdeverfahren, JBl 2001, 90
FLORETTA/SPIELBÜCHLER/STRASSER, Arbeitsrecht 2[4] (2001)
FLUME, Allgemeiner Teil des Bürgerlichen Rechts 2[3] (1979)
FROMONT, Der französische Verfassungsrat, in: Starck/Weber (Hrsg), Verfassungsgerichtsbarkeit in Westeuropa 1[2] (2007) 227
FROWEIN/PEUKERT, Europäische Menschenrechtskonvention[3] (2009)
FUCHS, Verdeckte Ermittler – anonyme Zeugen, ÖJZ 2001, 495
FUCHS, Absolute Nichtigkeit als Instrument der Revision rechtskräftiger Entscheidungen – zugleich Besprechung des Urteils OGH 9.4.2002, 14 Os 8/02, JBl 2002, 641
FUCHS, Europäischer Haftbefehl und Staaten-Souveränität, JBl 2003, 405
FUNK, Ein Grundrecht auf Schutz der Gesundheit? JRP 1994, 68
FUNK/GIMPEL-HINTEREGGER, Der Schutz der persönlichen Freiheit in Österreich, EuGRZ 1985, 1
GAMERITH, Die besonderen Feststellungsverfahren nach § 54 ASGG, DRdA 1988, 303
GEIGER, „Die Informationsfreiheit als Schranke des Urheberrechts“, Anmerkung zu dem Urteil des TGI Paris vom 23. Februar 1999, GRURInt 2001, 252
GERLACH/SOMEK, Zur Prüfungsbefugnis der Zivilgerichte gem Art 89 Abs 2 B-VG, ÖJZ 2002, 441
GIEFING, Der Schutz von Geschäftsräumlichkeiten und das Verbot des Zwanges zur Selbstbelastung, JBl 2005, 85
GIESE, Das Grundrecht des „ne bis in idem“, in: Grabenwarter/Thienel (Hrsg), Kontinuität und Wandel der EMRK (1998) 97

GOLLWITZER, Menschenrechte im Strafverfahren (2005)

GÖTTING, Sanktionen bei Verletzung des postmortalen Persönlichkeitsrechts, GRUR 2004, 801

GRABENWARTER, Verfahrensgarantien in der Verwaltungsgerichtsbarkeit (1997)

GRABENWARTER, Glosse zu EGMR 23.10.1995, 33/1994/480/562, JBl 1997, 578

GRABENWARTER, Glosse zu VfGH 5.12.1996, G 9/96, JAP 1997/1998, 38

GRABENWARTER, in: Korinek/Holoubek (Hrsg), Österreichisches Bundesverfassungsrecht, Art 6 EMRK (8. Lfg 2007)

GRABENWARTER, Zur Bedeutung der Entscheidungen des EGMR in der Praxis des VfGH, RZ 2007, 154

GRABENWARTER, Die österreichischen Höchstgerichte und deren Verhältnis zueinander, JRP 2008, 13

GRABENWARTER, Der Rechtsanwalt im Brennpunkt neuer Herausforderungen für den Rechtsstaat, AnwBl 2008, 490

GRABENWARTER, Europäische Menschenrechtskonvention (2009)[4]

GRAFF, Die Grundrechtsbeschwerde an den OGH, ÖJZ 1992, 777

GRAFF, Glosse zu OGH 9.2.1993, 12 Os 1593, AnwBl 1993/4440, 339

GRAFF, Die Grundrechtsbeschwerde an den OGH, in: Schuppich/Soyer (Hrsg) Haft und Rechtsschutz (1993) 92

GRAFF, Holpert der Grundrechtsschutz? ÖJZ 1993, 273

GRILLER, Drittwirkung und Fiskalgeltung von Grundrechten, ZfV 1983, 1, 109

GRILLER, Grundrechtsschutz für Betriebspensionen? in: Runggaldier/Steindl (Hrsg) Handbuch zur betrieblichen Altersversorgung (1987) 117

GRILLER, Der Schutz der Grundrechte vor Verletzungen durch Private, JBl 1992, 205, 289

GRILLER, Der Stufenbau der österreichischen Rechtsordnung nach dem EU-Beitritt, JRP 2000, 273

GRIMM, Die Meinungsfreiheit in der Rechtsprechung des Bundesverfassungsgerichts, NJW 1995, 1697

GRISS, Die österreichischen Höchstgerichte und deren Verhältnis zueinander, JRP 2008, 1

GRISS, Die Entwicklung der ordentlichen Gerichtsbarkeit – Herausforderungen für den OGH, ÖJZ 2008, 527

GSCHNITZER, Allgemeiner Teil des bürgerlichen Rechts[2], neubearbeitet von Faistenberger/Barta (1992)

GUCKELBERGER, Die Drittwirkung der Grundrechte, JuS 2003, 1151

GUSY, Die Verfassungsbeschwerde, FS-Bundesverfassungsgericht 1 (2001) 63

HACKL, Vertragsfreiheit und Kontrahierungszwang im deutschen, im österreichischen und im italienischen Recht (1980)

HÄBERLE, Verfassungsgerichtsbarkeit zwischen Politik und Rechtswissenschaft (1980)

HÄBERLE, Das Bundesverfassungsgericht als Muster einer selbständigen Verfassungsgerichtsbarkeit, FS-Bundesverfassungsgericht 1 (2001)

HÄFELIN/HALLER/KELLER, Schweizerisches Bundesstaatsrecht[7] (2008)

HAGER, Von der Konstitutionalisierung des Zivilrechts zur Zivilisierung der Konstitutionalisierung, JuS 2006, 769

HAINZ, Schlichtungsstellen verfassungswidrig? ecolex 1995, 738

HALLER, Das schweizerische Bundesgericht als Verfassungsgericht, in: Starck/Weber (Hrsg), Verfassungsgerichtsbarkeit in Westeuropa 1[2] (2007) 91

HANAU, Der Grundsatz der Verhältnismäßigkeit als Schranke privater Gestaltungsmacht (2004)

HANDSTANGER, Die Bedeutung der Reinen Rechtslehre für die Rechtspraxis, ÖJZ 2004, 621

HARRER, in: Schwimann (Hrsg) Praxiskommentar zum ABGB 6[3] (2006) § 1295
HARRER, in: Schwimann, (Hrsg) Praxiskommentar zum ABGB 6[3] (2006) § 1301, 1302
HARRER, in: Schwimann, (Hrsg) Praxiskommentar zum ABGB 6[3] (2006) § 1330
HASSEMER, Strafrecht im Wandel, JRP 2007, 79
HAUER, Unternehmen im Dienst der Hoheitsverwaltung, JBl 1993, 481
HAYBÄCK, Können wahre Tatsachenbehauptungen Ehrenbeleidigungen iS des § 1330 Abs 1 ABGB sein? JBl 1994, 667, 732
HEGEL, Philosophie des Rechts (zitiert nach der Ausgabe Henrich [Hrsg] 1983)
HEISSENBERGER, Straf- und zivilrechtliche Aspekte der „Beharrlichen Verfolgung" gem § 107 StGB, AnwBl 2006, 634
HELLBLING, Können Verwaltungsbehörden über zivilrechtliche Ansprüche entscheiden? JBl 1956, 301
HELLE, Besondere Persönlichkeitsrechte im Privatrecht (1991)
HELLE, Die heimliche Videoüberwachung – zivilrechtlich betrachtet, JZ 2004, 340
HELLER, Der Supreme Court der Vereinigten Staaten von Amerika. Probleme eines Höchstgerichtes, EuGRZ 1985, 685
HELLER, Rechtsschutz und Ablehnung von Beschwerden an den Verfassungsgerichtshof, ÖJZ 1987, 577
HELLER, Judicial self restraint in der Rechtsprechung des Supreme Court und des Verfassungsgerichtshofes, ZÖR 1988, 89
HELMS, Ursprünge und Wandlungen der Verfassungsgerichtsbarkeit in den konsolidierten liberalen Demokratien, ZfP 2006, 50
HERBST, Art 6 EMRK und das österreichische Verwaltungsverfahren, in: Machacek/Pahr/Stadler (Hrsg), Grund- und Menschenrechte in Österreich 3 (1997) 661
HERMES, Verfassungsrecht und einfaches Recht – Verfassungsgerichtsbarkeit und Fachgerichtsbarkeit, VVDStRL 61 (2002) 119
HERZOG, Das Grundrecht auf Freiheit in der Europäischen Menschenrechtskonvention, AöR 86 (1961) 194
HESSE, Grundzüge des Verfassungsrechts der Bundesrepublik Deutschland[20] (1999)
HIESEL, Die Rechtsprechung des Verfassungsgerichtshofes zur Zulässigkeit gerichtlicher Verordnungs- und Gesetzesprüfungsanträge, ÖJZ 1997, 841
HILF, Der Strafrechtszweck der Restoration, in: Jesionek/Hilf (Hrsg), Die Begleitung des Verbrechensopfers durch den Strafprozess, VOR 2 (2006) 13
HILGER, Zum Anspruch auf Gleichbehandlung im Arbeitsrecht, RdA 1975, 32
HILLGRUBER, Der Schutz des Menschen vor sich selbst (1992)
HINTEREGGER, Die Bedeutung der Grundrechte für das Privatrecht, ÖJZ 1999, 741
HINTERHOFER, Der Schutz gefährdeter Zeugen im österreichischen Strafprozess, JSt 2003, 41
HINTERHOFER, Beweisantragsrecht im neuen Strafverfahren, ÖJZ 2007, 883
HIRTENLEHNER/SAUTNER, Wider die Viktimisierungsthese, JSt 2007, 109
HOCHHUTH, Kein Grundrecht auf üble Nachrede – der Stolpe-Beschluss des BVerfG schützt das Personal der Demokratie, NJW 2006, 189
HOCHMAYR, Abgabenrechtliche Mitwirkungspflichten und Nemo-tenetur-Grundsatz, ÖJZ 2006, 935
HOCK, Die Verlesung von Polizei- und Gendarmerieprotokollen in der Hauptverhandlung im Licht der MRK, ÖJZ 1985, 366
HÖFLING, in: Sachs (Hrsg), GG[5] (2009) Art 8
HOLLAENDER, Gewaltenteilung und Bindungswirkung, AnwBl 2003, 530
HOLLAENDER, Der Oberste Gerichtshof als Tatsacheninstanz im Grundrechtsbeschwerdeverfahren, JSt 2007, 74

Höller, Das Schweigen des Beschuldigten als Gegenstand richterlicher Überzeugungsbildung? ZÖR 2001, 243

Holley, Der Europäische Haftbefehl im Spannungsfeld zwischen Europa-, Straf- und Verfassungsrecht, JAP 2007/2008, 9

Holoubek, Der Schutz der persönlichen Freiheit im UN-Pakt über bürgerliche und politische Rechte, ZÖR 1989, 89

Holoubek, Kunst und Art 10 EMRK. Anmerkungen zum Urteil des Europäischen Gerichtshofs für Menschenrechte im Fall Müller, MR 1989, 42

Holoubek, Anmerkungen zu EGMR 24.5.1988, Serie A, Nr 133, MR 1989, 45

Holoubek, Die Interpretation der Grundrechte in der jüngeren Judikatur des VfGH, in: Machacek/Pahr/Stadler (Hrsg), Grund- und Menschenrechte in Österreich 1 (1991) 43

Holoubek, Verfassungsrechtlicher Vertrauensschutz gegenüber dem Gesetzgeber, in: Machacek/Pahr/Stadler (Hrsg), Grund- und Menschenrechte in Österreich 3 (1997) 795

Holoubek, Grundrechtliche Gewährleistungspflichten (1997)

Holoubek, Verfassungs- und verwaltungsrechtliche Konsequenzen der Ausgliederung, Privatisierung und Beleihung, ÖZW 2000, 33

Holoubek, Meinungsfreiheit und Toleranz – von den Schwierigkeiten einer Verantwortungsteilung zwischen Staat und Gesellschaft für einen vernünftigen Umgang miteinander, JRP 2006, 84

Holoubek, Der Grundrechtseingriff – Überlegungen zu einer grundrechtsdogmatischen Figur im Wandel, in: Merten/Papier (Hrsg), Grundfragen der Grundrechtsodmatik (2007) 17

Holoubek, Verfassungsrechtliche Rechtsschutzgebote im Vergaberecht und darüber hinaus, FS-Merten (2007) 415

Holoubek/Neisser, Die Freiheit der Kunst, in: Machacek/Pahr/Stadler (Hrsg), Grund- und Menschenrechte 2 (1992), 195

Holzinger, in: Korinek/Holoubek (Hrsg), Österreichisches Bundesverfassungsrecht, Art 83/2 B-VG (5. Lfg 2002)

Hömig, Die Menschenwürdegarantie des Grundgesetzes in der Rechtsprechung der Bundesrepublik Deutschland, EuGRZ 2007, 633

Höpfel, Staatsanwalt und Unschuldsvermutung (1988)

Höpfel, Zur Bedeutung des Zeugnisverweigerungrechtes nach § 152 Abs 1 Z 1 StPO, FS-Platzgummer (1995) 253

Horst, Der Nachbar als „Big Brother" – Grenzen zulässiger Videoüberwachung, NZM 2000, 937

Hubmann, Wertung und Abwägung im Recht (1977)

Hueck, Der Grundsatz der gleichmäßigen Behandlung im Privatrecht (1958)

Ipsen, Gleichheit, in: Neumann/Nipperdey/Scheuner (Hrsg), Die Grundrechte. Zweiter Band: Die Freiheitsrechte in Deutschland (1954) 111

Isensee, in: Isensee/Kirchhof (Hrsg), Handbuch des Staatsrechts der Bundesrepublik Deutschland², Band V: Allgemeine Grundrechtslehren (1992) § 111

Isensee, Vertragsfreiheit im Griff der Grundrechte, FS-Großfeld (1999) 485

Isensee, in: Isensee/Kirchhof (Hrsg), Handbuch des Staatsrechts der Bundresrepublik Deutschland³, Band VII: Freiheitsrechte (2009) § 150

Jabloner, Die Entwicklung der Verwaltungsgerichtsbarkeit in Österreich, ÖJZ 1994, 329

Jabloner, Strukturfragen der Gerichtsbarkeit des öffentlichen Rechts, ÖJZ 1998, 161

Jabloner, Stufung und „Entstufung" des Rechts, ZÖR 2005, 163

Jabloner, Die österreichischen Höchstgerichte und deren Verhältnis zueinander, JRP 2008, 4

Jabloner, Kritisches zur neuen Asylgerichtsbarkeit, migraLex, 2008 2

JABORNEGG, Grenzen kollektivvertraglicher Rechtssetzung und richterliche Kontrolle, JBl 1990, 205
JABORNEGG/RESCH/STOFFELS, Vertragsgestaltung im Arbeitsrecht (2007)
JABORNEGG/RESCH/STRASSER, Arbeitsrecht[3] (2008)
JARASS, Das allgemeine Persönlichkeitsrecht im Grundgesetz, NJW 1989, 857
JELLINEK, Ein Verfassungsgerichtshof für Österreich (1885)
JELLINEK, System der subjektiven öffentlichen Rechte[2] (1919)
JESIONEK, Anzeige- und Aussageverhalten bei Kindesmißbrauch, FS-Platzgummer (1995) 369
JESIONEK, Die Entwicklung der Opferrechte im österreichischen Strafprozessrecht, FS-Miklau (2006) 211
JESIONEK/BIRKLBAUER, Nebenfolgen einer gerichtlichen Verurteilung, RZ 2005, 50
JESTAEDT, Grundrechtsentfaltung im Gesetz (1999)
JESTAEDT, Diskriminierungsschutz und Privatautonomie, VVDStRL 64 (2004) 298
KÄLIN, Das Verfahren der staatsrechtlichen Beschwerde (1984)
KAFKA, Die Entwicklung der Grundrechte in Österreich, 2. ÖJT 1964, II/2, 6
KAHL W, Neuere Entwicklungslinien der Grundrechtsdogmatik, AöR 131 (2006) 579
KAMPITS, Menschenwürde und Menschenrechte. 100 Jahre Richtervereinigung, RZ 2008, 61
KANT, Metaphysik der Sitten (zitiert nach der Ausgabe Kirchmann [Hrsg] 1870)
KANT, Kritik der praktischen Vernunft (zitiert nach der Ausgabe Kehrbach [Hrsg] 1878)
KARL, Zur Bedeutung der Entscheidungen des EGMR in der Praxis der österreichischen Höchstgerichte, RZ 2007, 130
KAROLLUS, Die testamentarische Nichtverehelichungsklausel – Gedanken zur dogmatischen Einordnung, zur Auslegung und zur rechtspolitischen Berechtigung des § 700 ABGB, NZ 1988, 293
KAROLLUS-BRUNNER, Glosse zu OGH 25.5.1994, 3 Ob 501/94, JBl 1995, 658
KAU, United States Supreme Court und Bundesverfassungsgericht (2007)
KELSEN, Wesen und Entwicklung der Staatsgerichtsbarkeit, VVDStRL 5 (1929) 30
KELSEN, Reine Rechtslehre[2] (1960)
KELSEN, Wer soll der Hüter der Verfassung sein? (Hrsg van Ooyen, 2008)
KENNTNER, Das BVerfG als subsidiärer Superrevisor? NJW 2005, 785
KEPLINGER/ZIERL, Das neue Vermummungsverbot im Lichte der EMRK, ZfV 2003, 14
KERSCHNER, Art 6 MRK und Zivilrecht, JBl 1999, 689
KHAKZADEH, Die verfassungskonforme Interpretation in der Judikatur des VfGH, ZÖR 2006, 201
KHAKZADEH-LEILER, Die Beschwerde gegen Entscheidungen der Verwaltungsgerichte erster Instanz an den Verwaltungsgerichtshof, JRP 2007, 298
KIENAPFEL/HÖPFEL, Strafrecht – Allgemeiner Teil[13] (2009)
KIER/SOYER, Kritik an der OGH-Judikatur zur Verhältnismäßigkeit der Untersuchungshaft, JSt 2003
KILIAN, Kontrahierungszwang und Zivilrechtssystem, AcP 180 (1980) 47
KILIAN, Die Bindungswirkung der Entscheidungen des Europäischen Gerichtshofs für Menschenrechte auf die nationalen Gerichte der Mitgliedsstaaten der Konvention zum Schutze der Menschenrechte und Grundfreiheiten vom 4.November 1950 (1994)
KIRCHBACHER, in: Fuchs/Ratz (Hrsg), Wiener Kommentar zur Strafprozessordnung, § 245 (105. Lfg 2009)
KIRCHBACHER/SCHROLL, Zur Rechtsprechung des OGH betreffend das SMG und die Einbringung der Ergebnisse verdeckter Ermittlungen in die Hauptverhandlung, RZ 2005, 116, 170

Klecatsky, Allgemeines österreichisches Verwaltungsrecht. Eine Buch- und Lagebesprechung, JBl 1954, 473, 503

Klecatsky, Die Köpenickiade der Privatwirtschaftsverwaltung, JBl 1957, 333

Klecatsky, Unvergeßbare Erinnerungen an § 16 ABGB, FS-Kohlegger (2001) 275

Kleewein, Vertragsraumordnung (2003)

Klein, Grundrechtliche Schutzpflicht des Staates, NJW 1989, 1633

Klein, in: Merten/Papier (Hrsg), Handbuch der Grundrechte in Deutschland und Europa I (2004) § 6

Kloepfer, in: Isensee/Kirchhof (Hrsg), Handbuch des Staatsrechts der Bundesrepublik Deutschland[3], Band VII: Freiheitsrechte (2009) § 164

Kneihs, Grundrechte und Sterbehilfe (1998)

Kneihs, Das Recht auf Leben in Österreich, JBl 1999, 76

Kneihs, Wider die verfassungskonforme Interpretation, ZfV 2009, 354

Koch B, in: Koziol/Bydlinski/Bollenberger (Hrsg), ABGB – Kommentar[3] (2010) § 16 ABGB

Koch H-J, Die Auslegungslehre der Reinen Rechtslehre im Lichte der jüngeren sprachanalytischen Forschung, ZfV 1992, 1

Koch T, Der Grundrechtsschutz des Drittbetroffenen (2000)

Köck, Wie kann man die Ergebnisse verdeckter Ermittler in die Hauptverhandlung einbringen? RZ 2004, 189

Kodek, Das Fragerecht des Angeklagten (Art 6 MRK) und die Verlesung von Zeugenaussagen, JBl 1988, 551

Kodek, Verwertung der Ergebnisse des Vorverfahrens in der Hauptverhandlung, RZ 1990, 186

Kodek, Die Wahrung von Grundrechten durch die Gerichtsbarkeit, ÖJZ 2008, 216

Kohlbacher, Verteidigung und Verteidigungsrechte unter dem Aspekt der „Waffengleichheit“ (1979)

Koja, Der Gesetzesvorbehalt am Beispiel der Vereins- und der Versammlungsfreiheit, JRP 1997, 167

Kommenda, „Absolute Nichtigkeit“ macht Schule: Der OGH knabbert am Rechtsstaat, Die Presse 2002/23/04

Kopetzki, Organgewinnung zu Zwecken der Transplantation (1988)

Kopetzki, Unterbringungsrecht (1995)

Kopetzki, Das Recht auf persönliche Freiheit, in: Machacek/Pahr/Stadler (Hrsg), Grund- und Menschenrechte in Österreich 3 (1997) 261

Kopetzki, in: Korinek/Holoubek (Hrsg) Österreichisches Bundesverfassungsrecht, Art 2 EMRK (5. Lfg 2002)

Kopetzki, in: Korinek/Holoubek (Hrsg), Österreichisches Bundesverfassungsrecht, PersFrG Art 4, 5 (5. Lfg 2002)

Kopp, Fiskalgeltung und Drittwirkung der Grund- und Freiheitsrechte im Bereich des Privatrechts, FS-Wilburg (1975)

Kopp/Pressinger, Entlastung des VfGH und Abgrenzung der Kompetenzen von VfGH und VwGH, JBl 1978, 617

Koppensteiner, Ordnungszusammenhänge im Wirtschaftsrecht, JBl 2005, 137

Koppensteiner, Kontrahierungszwang und Geschäftsverweigerung, ÖBl 2007, 100

Korinek, Gedanken zur Lehre vom Gesetzesvorbehalt bei Grundrechten, FS-Merkl (1970) 171

Korinek, Die Verfassungsgerichtsbarkeit im Gefüge der Staatsfunktionen, VVDStRL 39 (1981) 7

KORINEK, Die Beschränkung der Privatautonomie durch Wirtschaftsgesetze, JBl 1982, 29
KORINEK, Das Grundrechte der Freiheit der Erwerbsbetätigung als Schranke der Wirtschaftslenkung, FS-Wenger (1983) 243
KORINEK, Die Beschränkung von Grundrechtspositionen durch die Untersuchungshaft und ihre Grenzen, in: Korinek/Kain (Gesamtred), Grundrechte und Untersuchungshaft (1988) 11
KORINEK, Grundrechtliche Grundlagen einer umfassenden Wohnrechtsreform, WoBl 1991, 181
KORINEK, Zur Interpretation von Verfassungsrecht, FS-Walter (1991) 363
KORINEK, Betrachtungen zur österreichischen Verfassungsgerichtsbarkeit, FS-Adamovich (1992) 253
KORINEK, Für eine umfassende Reform der Gerichtsbarkeit des öffentlichen Rechts, FS-Koja (1998) 289
KORINEK, Grundrechte und Verfassungsgerichtsbarkeit (2000)
KORINEK, Grundrechtsverwirklichung und Grundrechtsdurchsetzung, in: Merten (Hrsg), Verfassungsgerichtsbarkeit in Deutschland und Österreich (2008) 205
KORINEK/DUJMOVITS, Grundrechtsdurchsetzung und Grundrechtsverwirklichung, in: Merten/Papier (Hrsg), Handbuch der Grundrechte in Deutschland und Europa 1: Entwicklung und Grundlagen (2004) § 23
KORINEK/HOLOUBEK, Grundlagen staatlicher Privatwirtschaftsverwaltung (1993)
KORINEK/HOLOUBEK, Bundesverfassungsrechtliche Probleme privatrechtsförmiger Subventionsverwaltung, ÖZW 1995, 1, 108
KORINEK ST, in: Korinek/Holoubek (Hrsg), Österreichisches Bundesverfassungsrecht, Art 92 B-VG (3. Lfg 2000)
KORIOTH, Bundesverfassungsgericht und Rechtsprechung („Fachgerichte"), FS-Bundesverfassungsgericht 1 (2001) 55
KORN, Glosse zu OGH 9.11.2004, 4 Ob 227/04t, MR 2005, 49
KORN, Die Unklarheitenregel – das unbekannte Wesen? MR 2007, 355
KORN, in: Kucsko (Hrsg), urheber.recht (2008) § 46
KOZIOL, Österreichisches Haftpflichtrecht 2^2 (1984)
KOZIOL/WELSER, (bearbeitet von Kletečka), Grundriss des bürgerlichen Rechts 1^{13} (2006)
KREIL, Zur Kürzung von Betriebspensionen durch Betriebsvereinbarung, RdW 2001, 222
KREJCI, Betriebsübergang und Arbeitsvertrag (1972)
KREJCI, Zahnarztausbildung und Berufsfreiheit, WBl 1992, 173
KREJCI, Antidiskriminierung, Privatautonomie und Arbeitnehmerschutz, DRdA 2005, 383, 501
KREJCI, in: Rummel (Hrsg), Kommentar zum Allgemeinen bürgerlichen Gesetzbuch 1^3 (2000) § 879 ABGB
KREJCI/BYDLINSKI S/WEBER-SCHALLAUER, Vereinsgesetz 2002^2 (2009)
KRIELE, Ehrenschutz und Meinungsfreiheit, NJW 1994, 1897
KRÖLL, § 194 – Kulturelle Rechte, in: Merten/Papier (Hrsg), Schäffer (Koord) Handbuch der Grundrechte – Grundrechte in Österreich (2009)
KRÜCKL, Der Anspruch des Patienten auf Einsicht in seine Krankengeschichte, ÖJZ 1983, 281
KRÜGER, Die Verfassungen in der Zivilrechtsprechung, NJW 1949, 163
KUCSKO-STADLMAYER, Das „Gradinger-Urteil" des EGMR, ecolex, 1996, 50
KUCSKO-STADLMAYER, Der Verzicht auf öffentliche Rechte, FS-Koja (1998) 569
KUCSKO-STADLMAYER, „Ne bis in idem" im österreichischen Verwaltungsstrafrecht, FS-Dittrich (2000) 809

Kucsko-Stadlmayer, Der Schutz von auf öffentlich-rechtlicher Grundlage entstandenden „Anwartschaften" vor gesetzlichen Eingriffen, in: Holoubek/Lang (Hrsg), Vertrauensschutz im Abgabenrecht (2004) 93

Kucsko-Stadlmayer, in: Kucsko (Hrsg), urheber.recht (2008), Vor §§ 41 ff

Kucsko-Stadlmayer, § 187 – Die Allgemeinen Strukturen der Grundrechte, in: Merten/Papier (Hrsg), Schäffer (Koord), Handbuch der Grundrechte – Grundrechte in Österreich (2009)

Kühl, Unschuldsvermutung und Einstellung des Strafverfahrens – Die neueste Rechtsprechung des Europäischen Gerichtshofs für Menschenrechte zu Art 6 II MRK, NJW 1984, 1264

Kühner, Das Recht auf Zugang zu Gaststätten und das Verbot der Rassendiskriminierung, NJW 1986, 1397

Kunnert, Big Brother in U-Bahn, Bus und Bim, juridikum 2006, 42

Ladeur, Kritik der Abwägung in der Grundrechtsdogmatik. Plädoyer für eine Erneuerung der liberalen Grundrechtstheorie (2004)

Ladislav, Der arbeitsrechtliche Gleichbehandlungsgrundsatz in der österreichischen Rechtsprechung, FS-Schmitz 1 (1967) 143

Lagodny, Die Rechtsstellung des Auszuliefernden in der Bundesrepublik Deutschland (1987)

Larenz, Methodenlehre der Rechtswissenschaft[6] (1991)

Lässig, Das Rechtsschutzsystem der StPO und dessen Effektuierung durch den OGH, ÖJZ 2006, 406

Laurer, Gleichheitssatz und Gleichbehandlung im Betriebspensionsrecht, FS-Rill (1995) 487

Lebitsch, Einige Gedanken zur Neuregelung des Rechts auf persönliche Freiheit, JBl 1992, 430

Lehne, Grundrechte achten und schützen? JBl 1985, 129 und JBl 1986, 341

Leisner, Grundrechte und Privatrecht (1960)

Lendl, Das Entschlagungsrecht wegen drohender Strafverfolgung und die Substituierung der Aussage in der Rechtsprechung des OGH, RZ 1998, 246

Leonhard, Aus der Geschichte des österreichischen Obersten Gerichtshofes, FS-OGH (1950) 163

Liebscher, Glosse zu 25.6.1986, 9 Os 76/85, JBl 1988, 53

Lienbacher, Verwaltungsstrafverfahren – Anklageprinzip – Menschenrechtskonvention, ZfV 1986, 542

Lindner, Theorie der Grundrechtsdogmatik (2005)

Lindner, Der Verfassungsrechtssatz von der Unschuldsvermutung, AöR 133 (2008) 235

Linke, Grundriss des Auslieferungsrechts (1983)

Loebenstein, Die Drittwirkung der Grundrechte im Privatrecht, insbesondere unter dem Blickwinkel der Privatautonomie und des Gleichheitssatzes, FS-Strasser (1983) 759

Loebenstein, Einige Überlegungen zur Funktionsfähigkeit der Gerichtshöfe des öffentlichen Rechts, ÖJZ 1986, 161

Lorz, Interorganrespekt im Verfassungsrecht (2001)

Lukas, Schadenersatz bei Verletzung der Privatsphäre, RZ 2004, 33

Lukasser, Europäische Menschenrechtskonvention und individueller Lebensstil, ÖJZ 1994, 569

Maasburg, Geschichte der Obersten Justizstelle in Wien (1879)

Machacek, Das Recht auf Leben in Österreich, EuGRZ 1983, 453

Mahr, Der Verwendungsanspruch beim „Recht am eigenen Bild", MR 1995, 127

MANN, Normenkontrolle in den USA, JA 1989, 72

MARTINEK/SCHWARZ, Zum arbeitsrechtlichen Gleichbehandlungsgrundsatz, DRdA 1961, 233

MARTINS, Grundrechtsdogmatik im Gewährleistungsstaat: Rationalisierung der Grundrechtsanwendung? DÖV 2007, 456

MATHIASCHITZ, Gleichbehandlungsgrundsatz und Gleichbehandlungsgesetz als Schranken der Ausgestaltungsfreiheit betrieblicher Ruhegeldordnungen, in: Runggaldier/Steindl (Hrsg), Handbuch zur betrieblichen Altersversorgung (1987) 259

MATHIS, Hat der Beschuldigte ein Schweigerecht im österreichischen Strafverfahren? AnwBl 1986, 274

MATSCHER, Schiedsgerichtsbarkeit und EMRK, FS-Nagel (1987) 227

MATSCHER, Probleme der österreichischen Strafrechtspflege im Lichte der neueren Rechtsprechung der Straßburger Konventionsorgane, RZ 1993, 154

MATSCHER, Medienfreiheit- und Persönlichkeitsschutz iSd EMRK, RZ 2001, 238

MATSCHER, Nachholbedarf im österreichischen Strafverfahrensrecht, ÖJZ 2002, 741

MATSCHER, Der Rechtsmittelstaat droht – Urteilsbeschwerde, Die Presse 2004/51/01

MAUCZKA, Die Anwendung der Theorie der Interessenkollisionen auf die „angeborenen Rechte“, FS-ABGB 2 (1911) 231

MAURACH/ZIPF, Strafrecht – Allgemeiner Teil[8] (1992)

MAUNZ, in: Maunz/Dürig (Hrsg), Grundgesetz (Loseblatt-Kommentar) Art 100 GG (Grundwerk)

MAYER H, Der „Rechtserzeugungszusammenhang“ und die sogenannte „Drittwirkung“ der Grundrechte, JBl 1990, 768

MAYER H, Liquiditätsreserve und „Privatautonomie“, ÖBA 1993, 373

MAYER H, Das österreichische Bundes-Verfassungsrecht[4] (2007)

MAYER H, Die österreichischen Höchstgerichte und deren Verhältnis zueinander, JRP 2008, 11

MAYER M, „Ne bis in idem“- Wirkung europäischer Strafentscheidungen (1992)

MAYER-MALY, Privatautonomie und Wirtschaftsverfassung, FS-Franz Korinek (1972) 151

MAYER-MALY, Bewegliches System und Konkretisierung der guten Sitten, in: Bydlinski/Krejci/Schilcher/Steininger (Gesamtred), Das Bewegliche System im geltenden und künftigen Recht (1986) 117

MAYER-MALY, Werte im Pluralismus, JBl 1991, 681

MAYER-MALY, Was leisten die guten Sitten? AcP 194 (1994) 105

MAYR, Schiedsklauseln in Vereinsstatuten, RdW 2007, 331

MAYRHOFER, Die Überprüfung der Tatfrage im Grundrechtsbeschwerdeverfahren, FS-Miklau (2006) 299

MAYRHOFER/STEININGER, Grundrechtsbeschwerdegesetz – Kurzkommentar (1995)

MEDIGOVIC, Der Europäische Haftbefehl in Österreich, JBl 2006, 627

MELONE/ALLAN, The American Legal System (2003)

MERKL, Prolegomena einer Theorie des rechtlichen Stufenbaus, FS-Kelsen (1931, unveränderter Nachdruck 1967) 253

MESSINER, Die Lenkerauskunft und das „fair trial“, ZVR 1985, 290

MESSNER, Zur Weiterentwicklung des Nichtigkeitsgrundes des § 281 Abs 1 Z 8 StPO, ÖJZ 2006, 582

MEYER-LADEWIG, Rechtsbehelfe gegen Verzögerungen im gerichtlichen Verfahren – zum Urteil des EGMR Kudla/Polen, NJW 2001, 2679

MEYER-LADEWIG, Europäische Menschenrechtskonvention[2] (2006)

MOGEL, EU-Richtlinienvorschlag: Urheberrecht in der Informationsgesellschaft, ecolex 2001, 241

Montesquieu, De L'Esprit des Lois (nouvelle édition 1871)

Moos, Richter und Strafrechtsreform, JBl 1996, 345

Moos, Der Außergerichtliche Tatausgleich für Erwachsene als strafrechtlicher Sanktionsersatz, JBl 1997, 337

Moos, Reformbedürftigkeit des strafrechtlichen Entschädigungsgesetzes? RZ 1997, 122

Moritz, Zum Stufenbau nach dem EU-Beitritt, ÖJZ 1999, 781

Morscher, Die Rechtsprechung des österreichischen Verfassungsgerichtshofes zum Fremdengesetz, EuGRZ 1997, 133

Müller E, Der Grundsatz der Waffengleichheit im Strafverfahren, NJW 1976, 1063

Müller, J P, Die Verfassungsgerichtsbarkeit im Gefüge der Staatsfunktionen, VVDStRL 39 (1981) 53

Müller R, Neue Ermittlungsmethoden und das Verbot des Zwanges zur Selbstbelastung, EuGRZ 2002, 546

Müller T, Vererblichkeit vermögenswerter Bestandteile des Persönlichkeitsrechts – Die neueste Rechtsprechung des BGH zum postmortalen Persönlichkeitsrecht, GRUR 2003, 31

Müller F/Christensen, Juristische Methodik 1[10] (2009)

Murschetz, Verwertungsverbote bei Zwangsmaßnahmen gegen den Beschuldigten im amerikanischen und österreichischen Strafprozeß (1999)

Murschetz, Auslieferung und Europäischer Haftbefehl (2007)

Murschetz, Aktuelles zur Auslieferung nach einem Abwesenheitsurteil, JBl 2009, 29

Neisser, Die verfassungsrechtliche Garantie der Kunstfreiheit, ÖJZ 1983, 1

Neuner, Vertragsfreiheit und Gleichbehandlungsgrundsatz, in: Leible/Schlachter (Hrsg), Diskriminierungsschutz durch Privatrecht (2006) 73

Nimmervoll, Zeugnishindernisse im neuen Strafverfahren, ÖJZ 2008, 255, 538

Nipperdey, Grundrechte und Privatrecht (1961)

Noll, Internationale Verfassungsgerichtsbarkeit (1992)

Noll, Justiz und Verfassung: Kontrolle für Kontrolleure, Rechtspanorama, Die Presse 2004/49/01

Noll, Der Musik-Download im Lichte des Dreistufentests, MR 2004, 400

Novak, Zur Drittwirkung der Grundrechte, EuGRZ 1984, 133

Nowakowski, Freiheit, Schuld, Vergeltung, FS-Rittler (1957) 55

Nowakowski, Die Grund- und Menschenrechte in Relation zur strafrichterlichen Gewalt, ÖJZ 1965, 281

Oberhofer, Ausbildungskostenrückersatz und Konkurrenzklausel Neu, ZAS 2006, 152

Oberndorfer, Grundrechte und staatliche Wirtschaftspolitik, ÖJZ 1969, 449

Oeter, „Drittwirkung" der Grundrechte und die Autonomie des Privatrechts, AöR 119 (1994) 529

Öhlinger, Die Grundrechte in Österreich, EuGRZ 1982, 216

Öhlinger, Das Verbot des Zwanges zur Selbstbezichtigung: ein neues Grundrecht in der Rechtsprechung des VfGH, FS-Klecatsky (1990) 193

Öhlinger, Das Recht auf Parteistellung im Strafverfahren, im Besonderen das Recht, nicht gegen sich selbst aussagen zu müssen, in: Machacek/Pahr/Stadler (Hrsg), Grund- und Menschenrechte in Österreich 2 (1992) 767

Öhlinger, Die verfassungsrechtlichen Schranken der Blutabnahme gemäß § 5 Abs 6 StVO, FS-Dittrich (2000) 773

Öhlinger, Verfassungsrecht[8] (2009)

Okresek, Die Organe der Europäischen Menschenrechtskonvention vor neuen Herausforderungen, ÖJZ 1993, 329

OKRESEK, Auswirkungen der EMRK auf das österreichische Strafverfahrensrecht, in: Machacek/Pahr/Stadler (Hrsg), Grund- und Menschenrechte in Österreich 3 (1997) 619

OKRESEK, in: Korinek/Holoubek (Hrsg), Österreichisches Bundesverfassungsrecht, Art 46 EMRK (1. Lfg 1999)

OLECHOWSKI, „Iustitia regnorum fundamentum“ – Ein Beitrag zum Ende der Kabinettsjustiz, RZ 2000, 132

OSSENBÜHL, Öffentliches Recht in der Rechtsprechung des BGH, NJW 2000, 2945

PABST, Der postmortale Persönlichkeitsschutz in der neueren Rechtsprechung des BVerfG, NJW 2002, 999

PAPIER, § 55 – Drittwirkung der Grundrechte, in: Merten/Papier (Hrsg), Handbuch der Grundrechte in Deutschland und Europa 2 (2006)

PAULUS/ZENKER, Grenzen der Privatautonomie, JuS 2001, 1

PERNTHALER, Verfassungsrechtliche Probleme der autonomen Rechtssetzung im Arbeitsrecht, ZÖR 1967, 45

PERNTHALER, Raumordnung und Verfassung 2 (1978)

PERNTHALER, Ungeschriebene Grundrechte und Grundrechtsprinzipien in der österreichischen Rechtsordnung, FS-Öhlinger (2004) 447

PERNTHALER/KATHREIN, Der grundrechtliche Schutz von Ehe und Familie: Art. 8 und 12 EMRK, in: Machacek/Pahr/Stadler (Hrsg), Grund- und Menschenrechte in Österreich 2 (1992) 245

PESTALOZZA, Die echte Verfassungsbeschwerde (2007)

PFERSMANN, Bemerkenswertes aus der SZ 40, ÖJZ 1971, 141

PFERSMANN, Bemerkenswertes aus der SZ 42, ÖJZ 1973, 309

PIETZCKER, Die Rechtsfigur des Grundrechtsverzichts, Der Staat 1978, 527

PILNACEK, Strafrechtliches Entschädigungsgesetz im Spannungsverhältnis zu Art 6 MRK, ÖJZ 2001, 546

PILNACEK, Glosse zu OGH 11.1.2005, 11 Os 126/04, JBl 2005, 531

PISKA, Das Prinzip der festen Geschäftsverteilung in der ordentlichen Gerichtsbarkeit (1995)

PISKA, Bleibt ein Verstoß gegen die Geschäftsverteilung auch weiterhin ohne Sanktion? AnwBl 1996, 826

PISKA, in: Korinek/Holoubek (Hrsg), Österreichisches Bundesverfassungsrecht, Art 87/3 (1. Lfg 1999)

PLATZGUMMER, Strafe, Schuld und Persönlichkeitsadäquanz, FS-Pallin (1989) 319

PLATZGUMMER, Grundzüge des österreichischen Strafverfahrens^8 (1997)

PLATZGUMMER, Herabwürdigung religiöser Lehren, Meinungsfreiheit und Freiheit der Kunst, JBl 1995, 137

POLAKIEWICZ, Die Verpflichtungen der Staaten aus den Urteilen des Europäischen Gerichtshofs für Menschenrechte (1993)

POSCH, Haftung für Demonstrationsschäden aus zivilrechtlicher Sicht, in: Schick/Funk/Posch (Hrsg), Demonstrationsschäden (1989) 59

POSCH, in: Schwimann (Hrsg), Praxiskommentar zum ABGB 5^3 (2006) § 16 ABGB

POSCHER, Grundrechte als Abwehrrechte. Reflexive Regelung rechtlich geordneter Freiheit (2003)

PÖSCHL, Gleichheit vor dem Gesetz (2008)

PÖSCHL, Das Beschwerdeverfahren gegen Entscheidungen des Asylgerichtshofs (Art 144a B-VG), in: Holoubek/Lang (Hrsg), Das verfassungsgerichtliche Verfahren in Steuersachen (2009) 75

PÖSCHL, § 192 – Gleichheitsrechte, in: Merten/Papier (Hrsg), Schäffer (Koord), Handbuch der Grundrechte – Grundrechte in Österreich (2009)

Pöschl/Kahl, Die Intentionalität – ihre Bedeutung und Berechtigung in der Grundrechtsjudikatur, ÖJZ 2001, 41

Prader/Kuprian, Videoüberwachung im wohnrechtlichen Bereich (WEG; MRG; WGG), immolex 2005, 230

Prammer, Die Grundrechtsbeschwerde an den OGH – Eine Bilanz des Jahres 2003, JSt 2005, 41

Prietl, Die ärztliche Schweigepflicht nach dem Tod des Patienten, RdM 1995, 6

Püttner, Die öffentlichen Unternehmen[2] (1985)

Raschauer, Namensrecht (1978)

Raschauer, Anlagenrecht und Nachbarschutz aus verfassungsrechtlicher Sicht, ZfV 1999, 506

Raschauer, Allgemeines Verwaltungsrecht[3] (2009)

Ratz, in: Höpfel/Ratz (Hrsg), Wiener Kommentar zum Strafgesetzbuch[2], Vorbem §§ 28-31a (2. Lfg 1999)

Ratz, Der Tatverdacht im Grundrechtsbeschwerdeverfahren, JBl 2000, 536

Ratz, Beweisverbote und deren Garantie durch die Rechtsprechung des Obersten Gerichtshofes in Strafsachen, RZ 2005, 74, 106

Ratz, Einige Bemerkungen über Beweisanträge. Replik zur Glosse von Bertel in JBl 2004, 598, JBl 2005, 198

Ratz, Grundrechte in der Strafjudikatur des OGH, ÖJZ 2006, 318

Ratz, Zur Bedeutung der Entscheidungen des EGMR in der Praxis des OGH, RZ 2007, 167

Ratz, Replik auf Stuefer-Soyer, ÖJZ 2007, 429

Ratz, in: Fuchs/Ratz (Hrsg), Wiener Kommentar zur Strafprozessordnung, § 281 StPO (72. Lfg 2008)

Rauch, Sind Vorschriften des Arbeitgebers zu Bekleidung, Schmuck, Tätowierungen und Piercings zulässig? ASoK 2006, 327

Rebhahn, Beihilfen- und Subventionsrecht, in: Raschauer (Hrsg), Grundriss des österreichischen Wirtschaftsrechts[3] (2010) 449

Rechberger/Simotta, Grundriss des österreichischen Zivilprozessrechts[8] (2010)

Reindl, Untersuchungshaft und MRK (1997)

Reindl, in: Fuchs/Ratz (Hrsg), Wiener Kommentar zur Strafprozessordnung, Vor § 363a (16. Lfg 2003)

Reindl, Zur Zulässigkeit körperlicher Eingriffe im Strafverfahren, JRP 2007, 87

Reindl-Krauskopf, Die neue Erneuerung des Strafverfahrens – zulässige Analogie oder Rechtsschöpfung? JBl 2008, 130

Reindl-Krauskopf, Erweiterter Grundrechtsschutz im neuen Strafverfahren? 36. Ottensteiner Fortbildungsseminar aus Strafrecht und Kriminologie (2008) 55

Reischauer, in: Rummel (Hrsg), Kommentar zum Allgemeinen bürgerlichen Gesetzbuch 2[3] (2007) § 1330 ABGB

Reiter R, Das Recht zu schweigen und sich nicht selbst beschuldigen zu müssen gemäß Art 6 EMRK („Nemo tenetur se ipsum accusare“), RZ 2010, 103

Reiter S, Grundrechtsschutz durch den OGH, ÖJZ 2007, 139

Resch, Glosse zu OGH 15.12.1992, 9 Ob A 602/92, DRdA 1993, 369

Resch, Glosse zu OGH 9.11.2000, 8 Ob A 30/00w, DRdA 2001, 430

Ress, Wirkung und Beachtung der Urteile und Entscheidungen der Straßburger Konventionsorgane, EuGRZ 1996, 350

Reul, Grundrechte und Vertragsfreiheit im Gesellschaftsrecht, DNotZ 2007, 184

Riedel, Die Habeas Corpus-Akte. 300 Jahre Tradition und Praxis einer britischen Freiheitsgarantie, EuGRZ 1980, 192

RIEDER, Die Erneuerung des Strafverfahrens ohne vorheriges Erkenntnis des EGMR, JBl 2008, 23

RIESENHUBER, Das Verbot der Diskriminierung aufgrund der Rasse oder der ethnischen Herkunft sowie aufgrund des Geschlechts beim Zugang zu und der Versorgung mit Gütern und Dienstleistungen, in: Leible/Schlachter (Hrsg), Diskriminierungsschutz durch Privatrecht (2006) 123

RILL, Demokratie, Rechtsstaat und staatliche Privatwirtschaftsverwaltung, FS-Wenger (1983) 57

RILL, Feststellungsverfahren gem § 54 Abs 2 ASGG verfassungswidrig? RdW 1995, 345

RITTLER, Lehrbuch des österreichischen Strafrechts I – Allgemeiner Teil² (1954)

ROGALL, Der Beschuldigte als Beweismittel gegen sich selbst (1977)

ROSCHER, Vertragsfreiheit als Verfassungsproblem (1974)

ROSENZWEIG, Die Bedeutung der Grundrechte in Österreich, EuGRZ 1978, 467

ROXIN, Nemo tenetur: die Rechtsprechung am Scheideweg, NStZ 1995, 465

ROXIN, Anmerkung zum Urteil des BGH vom 18.11.1999 – 1 StR 221/99, JZ 2000, 369

ROXIN, Strafrecht – Allgemeiner Teil⁴ (2006)

RUEPRECHT/PALLIN, Ausgewählte Fragen zum parlamentarischen Untersuchungsrecht und zum prozessualen Selbstbezichtigungszwang, ÖJZ 1991, 545

RUFFERT, Vorrang der Verfassung und Eigenständigkeit des Privatrechts. Eine verfassungsrechtliche Untersuchung zur Privatrechtswirkung des Grundgesetzes (2001)

RÜFFLER, Analogie: Zulässige Rechtsanwendung oder unzulässige Rechtsfortbildung? JRP 2002, 60

RÜFFLER, Privatrechtliche Probleme der Subventionsgewährung: Der Einfluss des Gleichheitssatzes auf den Rechtsschutz im Subventionsrecht, JBl 2005, 409

RÜFNER, in: Isensee/Kirchhof (Hrsg), Handbuch des Staatsrechts der Bundesrepublik Deutschland², Band V: Allgemeine Grundrechtslehren (1992) § 117

RUMMEL, in: Rummel (Hrsg), Kommentar zum Allgemeinen bürgerlichen Gesetzbuch 1³ (2000) § 861 ABGB

RUNGGALDIER, Möglichkeiten und Grenzen der Verschlechterung betrieblicher Ruhegeldordnungen, in: Runggaldier/Steindl (Hrsg), Handbuch zur betrieblichen Altersversorgung (1987) 157

RUNGGALDIER, Glosse zu OGH 6.9.2000, 9 Ob A 106/00d, DRdA 2001/25, 310

RZEPKA, Zur Fairness im deutschen Strafverfahren (2000)

SAFFERLING, Audiatur et altera pars – die prozessuale Waffengleichheit als Prozessprinzip? – Qui statuit alliquid parte inaudita altera, Aequm liquet statuerit haud aequis fuit, NStZ 2004, 181

SAFFERLING, Verdeckte Ermittler im Strafverfahren – deutsche und europäische Rechtsprechung im Konflikt? NStZ 2006, 75

SALADIN, Grundrechtsprobleme, in: Funk (Hrsg), Die Besorgung öffentlicher Aufgaben durch Privatrechtssubjekte (1981) 59

SALADIN, Grundrechte im Wandel³ (1982)

SAUTNER, Die Vollstreckung eines Europäischen Haftbefehls nach dem Eu-JZG, ÖJZ 2005, 328

SCHADEN, Das Fragerecht des Angeklagten, FS-Rill (1995) 213

SCHÄFFER, Verfassungsinterpretation in Österreich (1971)

SCHÄFFER, § 200 – Grundrechtliche Organisations- und Verfahrensgarantien, in: Merten/Papier (Hrsg), Schäffer (Koord), Handbuch der Grundrechte – Grundrechte in Österreich (2009)

SCHAMBECK, Zur Theorie und Interpretation der Grundrechte in Österreich, in: Machacek/Pahr/Stadler (Hrsg), Grund- und Menschenrechte in Österreich 1 (1991) 83

SCHANTL, Berufsfreiheit, Eigentumsfreiheit und Vertragsfreiheit als die wichtigsten Grundrechte der Wirtschaft, FS-Franz Korinek (1972) 129

SCHAUER, „Justizministerium", in: Mischler/Ulbrich (Hrsg), Österreichisches Staatswörterbuch 3² (1907) 640

SCHERNTHANNER, Die „Tante Jolesch" und der Österreich-Konvent. 8 (selbst) kritische Thesen zum Verfassungskonvent aus richterlicher Sicht, RZ 2005, 154

SCHERZBERG/THIÉE, Die Wiederaufnahme zu Ungunsten des Angeklagten – Ein Plädoyer für Rechtssicherheit und gegen rechtsfreie Räume, ZRP 2008, 80

SCHMID, Grundrechte im strafgerichtlichen Verfahren, RZ 2009, 153

SCHMITT, Der Hüter der Verfassung (1931)

SCHMOLLER, Verlesung früherer Aussagen trotz berechtigter Zeugnisentschlagung? RZ 1987, 192

SCHMOLLER, Erzwungene selbstbelastende Aussagen im Strafprozeß. Zugleich ein Beitrag zu den Beweisverwertungsverboten, JBl 1992, 69

SCHMOLLER, Neu geregelte Beweisverwertungsverbote im StPÄG 1993. Bestandsaufnahme und kritische Anmerkungen, FS-Platzgummer (1995) 283

SCHMOLLER, Beweise, die hypothetisch nicht existieren – Beweisverwertungsverbote im geltenden und künftigen Strafprozess, JRP 2002, 251

SCHNEIDER, Die „offenbar unangemessene" lange Untersuchungshaft, AnwBl 1990, 223

SCHRAMMEL, Glosse zu OGH 16.2.1992, 9 Ob 602 A/92, ZAS 1995, 12

SCHRAMMEL, Aktuelle Fragen des Betriebspension- und Pensionskassenrechts, DRdA 2004, 211

SCHROEDER, Die Rechtsnatur des Grundsatzes „ne bis in idem", JuS 1997, 227

SCHUMACHER, Glosse zu OGH 24.6.2003, 4 Ob 105/03z, ecolex 2004, 547

SCHWAB, StEG – Evolution durch Interpretation, RZ 2001, 162

SCHWABE, Bundesverfassungsgericht und „Drittwirkung" der Grundrechte, AöR 100 (1975) 442

SCHWAIGHOFER, Kritische Gedanken zu den Haftgründen, RZ 1982, 25

SCHWAIGHOFER, Zur Verlesung sicherheitsbehördlicher Vernehmungsprotokolle trotz berechtigter Zeugnisentschlagung – die Konsequenzen des OGH aus dem Fall Unterpertinger, AnwBl 1988, 562

SCHWAIGHOFER, Der Unmittelbarkeitsgrundsatz beim Zeugenbeweis und seine Ausnahmen, ÖJZ 1996, 124

SCHWAIGHOFER, Materielle und formelle Probleme des Sexualstrafrechts, ÖJZ 2003, 528

SCHWAIGHOFER, Überlegungen zur Reichweite des innerstaatlichen „Doppelbestrafungsverbots" nach Art 4 Abs 1 7. ZPMRK, ÖJZ 2005, 173

SCHWAIGHOFER, Fairness und Gerechtigkeit im Strafverfahren, FS-Miklau (2006) 511

SCHWAIGHOFER, Zur Verwendbarkeit kontradiktorischer Zeugenaussagen, ÖJZ 2006, 236

SCHWAIGHOFER, (Untersuchungs)Haft und Verhältnismäßigkeit, FS-Klecatsky (2010) 677

SCHWARZ, Arbeitsrecht und Verfassung, JBl 1971, 395

SCHWARZ/LÖSCHNIGG, Arbeitsrecht¹⁰ (2003)

SCHWEIGHOFER, Kein Eintrittsrecht für Homosexuelle, WoBl 1998, 262

SEIFERT, Postmortaler Schutz des Persönlichkeitsrechts und Schadenersatz – Zugleich ein Streifzug durch die Geschichte des allgemeinen Persönlichkeitsrechts, NJW 1999, 1889

SENECA D J, De ira ad novatum (zitiert nach der Ausgabe Barriera [Hrsg] 1933)

SENFTLEBEN, Grundprobleme des urheberrechtlichen Dreistufentests, GRURInt 2004, 200

SEYFARTH, Der Einfluß des Verfassungsrechts auf zivilrechtliche Ehrschutzklagen, NJW 1999, 1287

SIESS-SCHERZ, Die Bedeutung des Subsidiaritätsprinzips für den Reformprozess des EGMR, in: Karl (Hrsg), Internationale Gerichtshöfe und nationale Rechtsordnung (2005) 83

SIMON, Die verfassungskonforme Gesetzesauslegung. Bericht für die II. Konferenz der Europäischen Verfassungsgerichte, 1974 in Karlsruhe und Baden-Baden, EuGRZ 1974, 85

SOYER, Glosse zu OGH 8.3.1994, 14 Os 30/94, AnwBl 1994/4743, 536

SOYER, Glosse zu OGH 26.1.1994, 13 Os 5/94, AnwBl 1994/4744, 537

SPECHT, Die zwischenstaatliche Geltung des Grundsatzes ne bis in idem (1999)

STARCK, Der Schutz der Grundrechte durch den Verfassungsrat in Frankreich, AöR 113 (1988) 362

STEIN, Ein Meilenstein für das europäische „ne bis in idem", NJW 2003, 1162

STEINER/ANDREEWITCH, Videoüberwachung aus datenschutzrechtlicher Sicht, MR 2006, 80

STEININGER E, Ausgewählte Probleme des Strafprozeßänderungsgesetzes (StPÄG) 1993 aus praktischer Sicht, AnwBl 1994, 77

STEININGER E, Handbuch der Nichtigkeitsgründe im Strafverfahren[5] (2008)

STEININGER H, Grundrechtsschutz im Bereich der ordentlichen Gerichtsbarkeit, FS-Platzgummer (1995) 191

STEININGER H, 150 Jahre Oberster Gerichtshof in Wien, RZ 1998, 262

STELZER, Stand und Perspektiven des Grundrechtsschutzes, FS-Bundesverfassung (1995) 583

STELZER, Das Wesensgehaltsargument und der Grundsatz der Verhältnismäßigkeit (1991)

STERN, Bemerkungen zur Grundrechtsauslegung, FS-Schambeck (1994) 381

STERN, Das Staatsrecht der Bundesrepublik Deutschland III/1 (1988)

STOLZLECHNER, Der Schutz des Privat- und Familienlebens (Art 8 MRK) im Licht der Rechtsprechung des VfGH und der Straßburger Instanzen, ÖJZ 1980, 85

STRASSER, Die Generalprokuratur – ein „unbekanntes Wesen", aber keine „Anklagebehörde", ÖJZ 1999, 884

STREINZ, Die Kompetenzen der EG zur Verwirklichung des Gleichbehandlungsgrundsatzes im Zivilrecht, in: Leible/Schlachter (Hrsg), Diskriminierungsschutz durch Privatrecht (2006) 11

STUCKENBERG, Untersuchungen zur Unschuldsvermutung (1998)

STUEFER/SOYER, Kritik des Grundrechtsschutzes in der Strafjudikatur des OGH, ÖJZ 2007, 139

STURM/KÖRBER, Die Gleichbehandlungspflichten im Arbeitsrecht, in: Mazal/Risak (Hrsg), Das Arbeitsrecht – System und Praxiskommentar (8. Lfg 2006)

STÜRNER, Strafrechtliche Selbstbelastung und verfahrensförmige Wahrheitsermittlung, NJW 1981, 1757

SWOBODA, Fotorechte im Wandel der Zeit(ung), ÖJZ 2002, 636

TEWS, Zur Verlesung von Protokollen in der Hauptverhandlung, AnwBl 1987, 259

THEUER, Wer hat Angst vor dem VfGH? juridikum 2002, 22

THIENEL, Anklageprinzip und Zeugnisentschlagungsrecht (1991)

THIENEL, Anklageprinzip und Verwertung erzwungener selbstbelastender Aussagen im Strafprozeß, JBl 1992, 484

THIENEL/HAUENSCHILD, Verfassungsrechtliches „ne bis in idem" und seine Auswirkung auf das Verhältnis von Justiz- und Verwaltungsstrafverfahren, JBl 2004, 69, 153

THÜSING/VON HOFF, Vertragsabschluss als Folgenbeseitigung: Kontrahierungszwang im zivilrechtlichen Teil des Allgemeinen Gleichbehandlungsgesetzes, NJW 2007, 21

TIEDEMANN, Verfassungsrecht und Strafrecht (1991)

TOMANDL, Schadenersatz wegen „inkorrekter" ärztlicher Honorarordnung? ecolex 1993, 328

TOMANDL, Der VfGH zur Pensionsreform 2000, ZAS 2004, 24

TRECHSEL, Die Garantie der persönlichen Freiheit in der Straßburger Rechtsprechung, EuGRZ 1980, 514

TRECHSEL, Grundrechtsschutz bei der internationalen Zusammenarbeit in Strafsachen, EuGRZ 1987, 69

TRECHSEL, Das verflixte Siebente? – Bemerkungen zum 7. Zusatzprotokoll zur EMRK, FS-Ermacora (1988) 195

TRIFFTERER, Österreichisches Strafrecht, Allgemeiner Teil^2 (1994)

TSCHANNEN, Staatsrecht der Schweizerischen Eidgenossenschaft^2 (2007)

UNTERWADITZER, Zur Frage der „verdeckten Fahndung", ÖJZ 1992, 249

VELTEN, Grundrechtsschutz in Strafsachen durch den VfGH, JSt 2007, 41

VENIER, Zum Grundrecht auf ein gesetzmäßiges Verfahren in Haftsachen. Kritisches zur Rechtsprechung nach dem GRBG, ÖJZ 1994, 798

VENIER, Das Recht der Untersuchungshaft (1999)

VENIER, Einige Bemerkungen zur Überprüfung des Tatverdachts im Grundrechtsbeschwerdeverfahren, JBl 2000, 811

VERREL, Nemo tenetur – Rekonstruktion eines Verfahrensgrundsatzes, NStZ 1997, 361

VERSCHRAEGEN, Neu geboren, Mutter weg, kein Bildnisschutz? MR 2003, 297

VERSCHRAEGEN, Schutz des Lebens und Kenntnis der eigenen Abstammung. Zugleich eine Besprechung des Urteils des EGMR 13.2.2003, Beschw Nr 42.326/98, ÖJZ 2004, 1

VITZTHUM, Annahme nach Ermessen bei Verfassungsbeschwerden? Das writ of certioari-Verfahren des US Supreme Court als ein systemfremdes Entlastungsmodell, JöR 53 (2005) 319

VOGLER, Auslieferungsrecht und Grundgesetz (1970)

VOGLER, Auslieferung bei drohender Todesstrafe – ein Dauerthema, NJW 1994, 1433

VOSPERNIK, Das Verhältnis zwischen Art 13 und Art 6 EMRK – Absorption oder „Apfel und Birne"? ÖJZ 2001, 361

WACKE, Audiatur et altera pars – Zum rechtlichen Gehör im römischen Zivil- und Strafprozeß, FS-Waldstein (1993) 369

WAGNER E, Demonstrationsschäden im Lichte der Judikatur, JAP 1999/2000, 162

WAGNER G, Prozessverträge: Privatautonomie im Verfahrensrecht (1998)

WALTER M, Glosse zu 3.10.2000, 4 Ob 224/04w, MR 2000, 373

WALTER M, Ministerialentwurf einer UrhGNov 2002 – Ausgewählte Aspekte, MR 2002, 217

WALTER M, Glosse zu OGH 12.9.2001, 4 Ob 194/01k, MR 2002, 30

WALTER M, Glosse zu OGH 19.11.2002, 4 Ob 230/02f, MR 2003, 38

WALTER R, Verfassung und Gerichtsbarkeit (1960)

WALTER R, Die Geschäftsverteilung und das Recht auf das Verfahren vor dem gesetzlichen Richter, JBl 1964, 173

WALTER R, ABGB und Verfassung, ÖJZ 1966, 1

WALTER R, Grundrechtsverständnis und Normenkontrolle in Österreich, in: Vogel (Hrsg), Grundrechtsverständnis und Normenkontrolle (1979) 1

WALTER R, Die Gerichtsbarkeit, in: Schambeck (Hrsg), Das österreichische Bundes-Verfassungsgesetz und seine Entwicklung (1980) 443

WALTER R, Die mitteleuropäische Verfassungsgerichtsbarkeit und die Reine Rechtslehre, RZ 1993, 266

WALTER R, Überlegungen zum Problem der Rechtslücke, GS-Ringhofer (1995) 197
WALTER R, Das Problem der Doppelbestrafung in anderer Konstellation, ZVR 1997, 362
WALTER R, Die Funktion der Höchstinstanzen im Rechtsstaat Österreich, RZ 1999, 58
WALTER R/MAYER H/KUCSKO-STADLMAYER, Grundriss des österreichischen Bundesverfassungsrechts[10] (2007)
WALTER R/SCHNORR, Die Grundrechte mit Arbeitsrechtsbeziehung und die Neufassung des österreichischen Grundrechtskataloges (1967)
WALTER R/THIENEL, Die österreichischen Verwaltungsverfahrensgesetze[17] (2008)
WEBER A, Die Verfassungsgerichtsbarkeit in der Bundesrepublik Deutschland, in: Starck/Weber (Hrsg), Verfassungsgerichtsbarkeit in Westeuropa 1[2] (2007) 37
WEBER K, Ist der „Ötzi" ein Denkmal? Kulturgüterschutzrechtliche Aspekte von archäologischen Funden, ÖJZ 1992, 673
WELLESPACHER, Das Naturrecht und das ABGB, FS-ABGB 1 (1911) 173
WENGER, Die öffentliche Unternehmung (1969)
WENGER, Grundriß des österreichischen Wirtschaftsrechts 1 (1989)
WESTERDIEK, Die Straßburger Rechtsprechung zur Unschuldsvermutung bei der Einstellung von Strafverfahren, EuGRZ 1987, 393
WIEDERIN, in: Korinek/Holoubek (Hrsg), Österreichisches Bundesverfassungsrecht, Art 8 EMRK (5. Lfg 2002)
WIEDERIN, § 190 – Schutz der Privatsphäre, in: Merten/Papier (Hrsg), Schäffer (Koord), Handbuch der Grundrechte – Grundrechte in Österreich (2009)
WIESHAIDER, Feldek oder die langen Schatten der Vergangenheit, öarr 2003, 588
WILHELM, Privatrechtliche Probleme der Subvention, in: Wenger (Gesamtred), Förderungsverwaltung (1973) 195
WIMMER/MÜLLER, Wirtschaftsrecht (2007)
WINKLER G, Studien zum Verfassungsrecht (1991)
WINKLER V, Diskriminierungssschutz durch Recht – Anmerkungen zu einer ajuristischen Debatte, juridikum 2003, 188
WOLFF, Die Willensfreiheit und die Grundrechte, JZ 2006, 925
WOLFSGRUBER, 40. Tagung der Österreichischen Gesellschaft für Arbeitsrecht und Sozialrecht, DRdA 2005, 289
WOLTER, Zur Dogmatik und Rangfolge von materiellen Ausschlußgründen, Verfahrenseinstellungen, Absehen und Mildern von Strafe – Strukturen eines ganzheitlichen Straftat-, Strafprozeß- und Strafzumessungssystems, in: Wolter/Freund (Hrsg), Straftat, Strafzumessung und Strafprozeß im gesamten Strafrechtssystem (1996) 1
ZEDER, Strafurteil oder Strafbescheid. Zu den Grenzen zwischen Justizstrafrecht und Verwaltungsstrafe. Bericht über die Veranstaltung am 29.4.2004 im Palais Trautson, NetV 2004, 72
ZEDER, Verbot der Doppelbestrafung (ne bis in idem) in der EU: Fragen, Fragen, Fragen – und einige Antworten, AnwBl 2007, 454
ZELLENBERG, Der grundrechtliche Schutz vor Folter, unmenschlicher oder erniedrigender Strafe oder Behandlung, in: Machacek/Pahr/Stadler (Hrsg), Grund- und Menschenrechte in Österreich 3 (1997) 441
ZEILER, Mehr Freiheit in der Bildberichterstattung? ecolex 1998, 226
ZEILER, Persönlichkeitsschutz (1998)
ZEILER, Recht und Unrecht am eigenen Bild – Fragen des Bildnisschutzes am Beispiel der Kriminalberichterstattung, in: Mayer (Hrsg), Persönlichkeitsschutz und Medienrecht (1999) 23
ZIERL, Die präventive Untersagung von Versammlungen, ZfV 2001, 359

ZITTA, Der Untersuchungsrichter als erkennender Richter? ÖJZ 1986, 552
ZÖCHBAUER, Korrektes Zitat und zivilrechtliche Ehrenbeleidigung, WBl 1999, 258
ZÖLLNER, Regelungsspielräume im Schuldvertragsrecht, AcP 196 (1996) 1
ZÖLLNER, Kontrahierungszwang und Vertragsfreiheit – Negation oder Immanenz? FS-Bydlinski (2002) 517

Stichwortverzeichnis

A

Abwesenheitsurteil 370, 376, *381 ff*
Äquivalenzstörung *92 ff*, 148
Amtsverschwiegenheit s verdeckte Ermittlung, Amtsverschwiegenheit
Anklageeinspruch 238 ff
Anklageprozess 217, 224
Anklageüberschreitung 272 ff
Antidiskriminierungsgesetze 138
April-April-Effekt 81, 125
Arbeitsrecht
–, Ausbildungskosten 94 ff
–, Betriebsvereinbarung 97 ff
 –, Grundrechtsbindung 99 ff
 –, Interessenwahrungspflicht 113 ff
–, Feststellungsverfahren gem § 54 ASGG 14, 117 ff
–, Gleichbehandlungsgebot 107 ff
–, Individualarbeitsrecht 92 ff
–, kollektives Arbeitsrecht 97 ff
–, Kollektivvertrag 97 ff
 –, Grundrechtsbindung 99 ff
 –, Interessenwahrungspflicht 113 ff
–, Konkurrenzklauseln 93 f
Atemluftkontrolle 225
aufgedrängter Grundrechtsschutz s Grundrechte, aufgedrängter Grundrechtsschutz
Auskunftspflichten, gesetzliche 222 ff
Auslieferung 367 ff
Aussagedelikt 220, *226 ff*
Aussageverweigerung *218 ff*, 283 ff

B

Baustellenblockade 194 ff
Beleidigungsschutz
–, Bildnisschutz 174 ff
 –, Prangerwirkung 176 f
–, Ehrenbeleidigung 153 ff, 191 ff
 –, durch wahre Tatsachen 168 ff
 –, juristischer Personen 172 f
Besetzung eines Gerichts, nicht gehörige 318
Bestattungsmodalitäten 69
Betriebsvereinbarung s Arbeitsrecht, Betriebsvereinbarung
Beweisverwertungsverbot 266
–, selbstbelastende Aussagen 229 ff
–, staatliche Tatprovokation 245 ff
Bildnisschutz s Beleidigungsschutz, Bildnisschutz
Blutabnahme, zwangsweise 221, 225 f
Bürgschaftsverträge 147
Bundesgericht (schweizerisches) 412 ff
Bundesverfassungsgericht 29, 70, 182, 199, *408 ff*

C

Conseil constitutionnel 407
constitutional review 405, 407
Croquis 236 ff
culpa in contrahendo 143 ff

D

Deliktsrecht 45, 206
Demonstrationsschäden 194 ff
Dienstlisten 320 ff
Doppelbestrafungsverbot s ne bis in idem
Drittwirkung s Grundrechte, Drittwirkung

E

Ehrenbeleidigung s Beleidigungsschutz, Ehrenbeleidigung
Eigentum 35 f, 102, 105 ff, 188, 195 f
–, Wesensgehalt 106 f, 188
Einsichtsrecht in Krankenakte 68 f
Entlassung, bedingte *259 ff*, 341
Entschädigung, strafrechtliche 262 ff
Erneuerung des Strafverfahrens 15, *359 ff*, 374 f
Europäischer Haftbefehl 368 ff

F

fair comment s Tatsachenbehauptung, Tatsachensubstrat
faires Verfahren 86 ff, *214 ff*, 321, 381 ff
Familienrecht
–, Ehescheidung 86 f
–, Unterhalt 78
–, Vaterschaftsfeststellung 83 ff
feste Geschäftsverteilung 317, 319 ff
Fiskalgeltung s Grundrechte, Fiskalgeltung
Fragerecht des Angeklagten 278 ff
Fremdbestimmung 128, *133 ff*, 149

G

Generalklausel 40, 43, *45 f*, 49, 62, 72 f, 99, 117, 150 f, 204

Gesetzesvorbehalt s Grundrechte, Gesetzesvorbehalt
gesetzlicher Richter 317 ff
Gewährleistungspflichten s Grundrechte, Gewährleistungspflichten
Gleichbehandlungsgebot (arbeitsrechtliches) s Arbeitsrecht, Gleichbehandlungsgebot
Gleichbehandlungsgesetze 138
Gleichgewichtsstörung s Ungleichgewichtslage
Gleichheitssatz *100 ff*, 118, 234, 240, 266 f, 293, 296, 393
–, Härtefälle 111
–, Kontrahierungszwang 131 ff
–, Privatwirtschaftsverwaltung 140 ff
–, Übergangsvorschriften 102, 105
–, Vertrauensschutz 101 ff
–, wohlerworbene Rechte 101 ff
Grundrechte
–, Abwehrrechte *27 ff*, 71 f, 125, 149, 210 f
–, aufgedrängter Grundrechtsschutz 39
–, Drittwirkung *20 ff*, 64, 131, 137 ff, 145, 149, 153, 269
–, und Fiskalgeltung 25 f
–, im kollektiven Arbeitsrecht 99, 102, 117, 120
–, und Privatautonomie 36 f
–, und Schutzpflichten 33 f
–, Fiskalgeltung 23 ff, 137, 141, 145 f
–, Gesetzesvorbehalt 153 ff, 160, 187, 203 f
–, Gewährleistungspflichten 26 ff, 60 ff, 80 ff, 108, 135, 211
–, Grundrechtsfähigkeit 70
–, Grundrechtsschutz vor sich selbst 39
–, Grundrechtsverzicht 37 ff
–, postmortale Geltung 70 f
–, Prinzipien 31 f
–, Rahmenordnung 30
–, Schutzpflichten 26 ff, 37 ff, 60 ff, 79, 125 f, 132, 135, 205 f, 258, 270, 357, 391, s auch Gewährleistungspflichten
–, Wertordnung 31
Grundrechtsbeschwerde 15 f, *324 ff*, 374
–, Aufhebung grundrechtswidriger Beschlüsse 354 ff
–, Ausbau der 419 f
–, Nichtigkeitsgründe, sinngemäße Anwendung 330 ff, 334 ff
–, Substantiierungspflicht 331 ff, *336 ff*
Grundrechtsbindung
–, abgeschwächte 113 ff, 120, 149, 206
–, verstärkte 122 ff, 146 f, 149, 206
Grundrechtsverzicht s Grundrechte, Grundrechtsverzicht
Gute Sitten 73 ff

H

Habeas-Corpus-Act 325
Härtefälle s Gleichheitssatz, Härtefälle
Heck'sche Formel 409
Heilbehandlung 66

I

Idealkonkurrenz 300 ff
Identität der Tat 305 f, 308, 311
Inquisitionsprozess 211
Intimbereich 77 ff
ius cogens, völkerrechtliches 372

J

judicial review 407

K

Karikatur 191 ff
Kollektivvertrag s Arbeitsrecht, Kollektivvertrag
Kommunikationsfreiheit 151 ff
konnexe Straftat 220 f, 228
kontradiktorische Vernehmung 280 ff
Kontrahierungszwang 126 ff
Kreditschädigung 154, 157, 169, 173, 178, 191
Kunstfreiheit 67, 189 ff
–, Kunstbegriff 191 ff

L

Lenkerauskunft 223 ff
Lokalverbot 130, 139

M

Mediengesetz 155, 177 f, *269 ff*
Meinungsfreiheit 151 ff
Menschenwürde *52 f*, 70, 170 f, 191, 216
Monopolstellung 128 ff

N

Namensanonymität s Recht auf Namensanonymität
Namensrecht 50, 56
ne bis in idem 294 ff
–, Sperrwirkung 306, *311 ff*

nemo tenetur 216 ff
Nichtigkeitsbeschwerde 14 f, *213 ff*, 386 ff
–, Formalanforderungen 387 ff
–, Rügepflicht 213, 253 ff
Nichtigkeitsbeschwerde zur Wahrung des Gesetzes *15*, 318, 359, 366
Normprüfung 16, 263, 265, 302 f, *399 ff*

O

Oberste Justizstelle 5
Oberster Gerichtshof
–, Aufgaben 11 ff
–, Bestandsgarantie 9
–, Entstehung 5 ff
–, als oberste Instanz 9 f, 361, 364
–, Spruchkörper 10
Oberster Gerichts- und Cassationshof 6 ff
Österreich-Konvent 405, 417
Operation 66 f

P

pactum de non petendo 86 ff
persönliche Freiheit 317, *324 ff*
Persönlichkeit 48
–, Kernbereich *80 ff*, 148
Persönlichkeitsrecht *46 ff*, *77 ff*, 139 f, 148, *153 ff*, 191 f, 216, 269
–, postmortale Geltung 68 f
politische Debatte 160 f, *166 f*
Privatautonomie *34 ff*, 74, 81, 98, 114, 132 f, 205
–, Vertragsfreiheit 35
Privat- und Familienleben s Recht auf Privat- und Familienleben
Privatwirtschaftsverwaltung 20, 23 ff, 140 ff
Prostitutionsvereinbarung 77, 79
public figures 161, 175

R

Recht am gesprochenen Wort 55 f
Recht auf körperliche Unversehrtheit 50, *65 ff*
Recht auf Leben 50, *66 ff*,
Recht auf Namensanonymität 55 ff
Recht auf Privatbereich und Geheimsphäre 54 ff
Recht auf Privat- und Familienleben 54, *59 ff*, 67, 71, 84 f, 171, 211, 285 f, 384
Rechtfertigungsgrund 67, *151 ff*, 204
Rechtsgestaltung, autonome/heteronome 45, 64, 77, 91, 148 f, 151, 205
Rechtsgrundsätze 46, 75, 88, 92, 145, 148 ff, 206, 230
Rekurs 13
Revision 12
Revisionsrekurs 13

S

Satire 191 ff
Scheinkonkurrenz 302 f, 305, 311
Schiedsgericht *89 ff*, 121
Schlichtungsstellen s Verein, Schlichtungsstellen
Schutzpflichten s Grundrechte, Schutzpflichten
Selbstbestimmung 35, 38, 80 ff, 133 ff
Selbstbezichtigungsverbot s nemo tenetur
Sitzstreik 199, 201 f
Sperrwirkung s ne bis in idem Sperrwirkung
staatliche Tatprovokation *242 ff*, 395
Strafausschließungsgrund 247 ff
Strafbemessung 241, 394 f
–, Haftdauer 341
–, Tatprovokation 244, 247 ff
–, Unschuldsvermutung 258 ff
Strafnachsicht 258, *259 ff*, 341
Strafzweck 209 f
Stufenbau der Rechtsordnung 30, 42, 406
Subsidiarantrag 418 f
Subventionen 141 ff
Super-Revisionsgericht 409, 417
Supreme Court 411 f

T

Tatbegriff
–, materiell-prozessualer 298, 308 ff
–, materiellrechtlicher 298, 309 f
–, prozessualer 298, 309 ff
Tatsachenbehauptung
–, Begriff 155 ff
–, Ehrenbeleidigung durch wahre Tatsachen 168 ff
–, fair comment s Tatsachenbehauptung, Tatsachensubstrat
–, konkludente 158
–, Tatsachensubstrat 159, 167
–, weites Verständnis 163 ff
Tatverdacht, dringender s U-Haft, Haftvoraussetzungen
Telefonanrufe, unerbetene oder anonyme 56

Telefonsex-Verträge 77 ff
Totenpflege 69

U

Übergangsvorschriften s Gleichheitssatz, Übergangsvorschriften
Übermachtstellung, Missbrauch einer *91 ff*, 129, 134 ff, 140 f, 146 ff
U-Haft 259 f, 262 ff, 326 f, *328 ff*
–, Änderung der Haftgründe 348
–, Beschleunigungsgebot s U-Haft, Verhältnismäßigkeit
–, Dauer s U-Haft, Verhältnismäßigkeit
–, gelinderes Mittel 330, 333
–, Haftvoraussetzungen 329 ff
–, Verhältnismäßigkeit 339 ff
unabhängiges und unparteiisches Gericht 251 ff
Ungleichgewichtslage 146 ff, 205 f, s auch Übermachtstellung, Missbrauch einer
–, Arbeitsrecht 91 f, 97
–, Kontrahierungszwang 134, 139 f
–, Vereinsrecht 120, 122, 124 ff
Ungünstigkeitsregel 158, 163 f
Unklarheitenregel s Ungünstigkeitsregel
Unschuldsvermutung 177, 217, *257 ff*
Unzuständigkeit eines Gerichts *318 f*, 347
Urheberrecht 50, 174 ff, *182 ff*
–, Bildzitat 183 f
–, Werknutzung 182 ff
Urteilsbeschwerde 415 ff

V

Vaterschaftsfeststellung s Familienrecht, Vaterschaftsfeststellung
Verbandsantrag s Arbeitsrecht, Feststellungsverfahren gem § 54 ASGG
verdeckte Ermittlung 243 ff, 283 ff, 293 f
–, Amtsverschwiegenheit 284, 293
Verein 120 ff
–, Schlichtungsstellen 121 ff
–, Statuten 120 ff
Verfassungsbeschwerde 408 ff
Verfassungsgerichtsbarkeit 405 ff
–, amerikanisches Modell 407, 411 f
–, institutionalisierte 407
–, österreichisches Modell 406
verfassungskonforme Interpretation *39 ff*, 150, 265, 402 f
Verfolgungshindernis
–, ne bis in idem 307, 313 ff
–, Tatprovokation 244, 247 ff
Vergabewesen 144
Versammlungsfreiheit 193 ff
–, friedliche/unfriedliche Versammlung 195 ff
–, verwaltungsbehördliche Genehmigung 200 ff
Vertragsrecht 37, 45, 76, 205 f
Vertragsfreiheit s Privatautonomie
Vertrauensschutz s Gleichheitssatz, Vertrauensschutz
Videoüberwachung 56 ff

W

Waffengleichheit 233 ff
Wahrungsbeschwerde s Nichtigkeitsbeschwerde zur Wahrung des Gesetzes
Werknutzung s Urheberrecht, Werknutzung
Wertungsexzess 159
Werturteil 156 ff
Wesensgehalt s Eigentum, Wesensgehalt
writ of certiorari 412

Z

Zeuge, anonymer 283 ff
Zeugnisentschlagung s Aussageverweigerung

Forschungen aus Staat und Recht

Begründet von Univ.-Prof. Dr. DDr. h. c. Günther Winkler, seit dem Jahr 2006 fortgeführt von Univ.-Prof. Dr. Bernhard Raschauer im Zusammenwirken mit Univ.-Prof. Dr. DDr. h. c. Günther Winkler und Univ.-Prof. DDr. Christoph Grabenwarter.

1: **Das Verfassungsrecht der österreichischen Bundesländer.** Von Univ.-Prof. DDr. Friedrich Koja. XIV, 389 Seiten. 1967. Vergriffen

2: **Die Weisung.** Eine verfassungs- und verwaltungsrechtliche Studie. Von Univ.-Prof. DDr. Walter Barfuss. VIII, 117 Seiten. 1967. Vergriffen

3: **Die Problematik der Reinen Rechtslehre.** Von Dr. Karl Leiminger. VIII, 102 Seiten. 1967. Vergriffen

4: **Die Entscheidungsbefugnis in der Verwaltungsgerichtsbarkeit.** Eine rechtsvergleichende Studie zum österreichischen und deutschen Recht. Von Univ.-Prof. DDr. Georg Ress. XII, 282 Seiten. 1968. Geheftet € 31,–

5: **Die Fehlerhaftigkeit von Gesetzen und Verordnungen.** Zugleich ein Beitrag zur Gesetzes- und Verordnungskontrolle durch den Verfassungsgerichtshof. Von Univ.-Prof. Dr. Richard Novak. VIII, 218 Seiten. 1967. Geheftet € 23,–

6: **Norm, Recht und Staat.** Überlegungen zu Hans Kelsens Theorie der Reinen Rechtslehre. Von DDr. Raimund Hauser. 7 Abbildungen. VIII, 168 Seiten. 1968. Geheftet € 19,–

7: **Ressortzuständigkeit und Vollzugsklausel.** Eine verfassungs- und verwaltungsrechtliche Untersuchung zur Zuständigkeit der Bundesminister. Von Univ.-Prof. DDr. Walter Barfuss. VIII, 130 Seiten. 1968. Geheftet € 15,–

8: **Die völkerrechtliche Verantwortlichkeit internationaler Organisationen gegenüber Drittstaaten.** Von Univ.-Prof. Dr. Konrad Ginther. VII, 202 Seiten. 1969. Geheftet € 23,–

9: **Der Bundespräsident.** Eine Untersuchung zur Verfassungstheorie und zum österreichischen Verfassungsrecht. Von Univ.-Doz. Dr. Klaus Berchtold. XIV, 354 Seiten. 1969. Geheftet € 38,–

10: **Die öffentliche Unternehmung.** Ein Beitrag zur Lehre von der Wirtschaftsverwaltung und zur Theorie des Wirtschaftsverwaltungsrechts. Von Univ.-Prof. DDr. Karl Wenger. XVII, 673 Seiten. 1969. Vergriffen

11: **Die Identität der Tat.** Der Umfang von Prozeßgegenstand und Sperrwirkung im Strafverfahren. Von Univ.-Prof. Dr. Christian Bertel. X, 208 Seiten. 1970. Geheftet € 24,–

12: **Wertbetrachtung im Recht und ihre Grenzen.** Von Univ.-Prof. Dr. DDr. h. c. Günther Winkler. VIII, 59 Seiten. 1969. Vergriffen

13: **Rechtslogik.** Versuch einer Anwendung moderner Logik auf das juristische Denken. Von Univ.-Prof. DDr. Ota Weinberger. 21 Abbildungen. XVIII, 396 Seiten. 1970. Vergriffen

14: **Umfassende Landesverteidigung.** Eine verfassungsdogmatische und verfassungspolitische Grundlagenuntersuchung für den Bundesstaat Österreich. Von Univ.-Prof. Dr. PETER PERNTHALER. VIII, 172 Seiten. 1970. Vergriffen

15: **Materiales Verfassungsverständnis.** Ein Beitrag zur Theorie der Verfassungsinterpretation. Von Univ.-Prof. Dr. NORBERT WIMMER. VIII, 141 Seiten. 1971. Geheftet € 20,–

16: **Versicherungsaufsichtsrecht.** Eine Studie zum deutschen und zum österreichischen Recht. Von Dipl.-Ing. Dr. HEINZ KRAUS. XVIII, 329 Seiten. 1971. Vergriffen

17: **Gliedstaatsverträge.** Eine Untersuchung nach österreichischem und deutschem Recht. Von Univ.-Prof. Dr. HEINZ PETER RILL. XIX, 711 Seiten. 1972. Geheftet € 79,–

18: **Verfassungsinterpretation in Österreich.** Eine kritische Bestandsaufnahme. Von Univ.-Prof. Dr. HEINZ SCHÄFFER. XI, 228 Seiten. 1971. Geheftet € 30,–

19: **Gemeindeaufsicht.** Von Univ.-Doz. Dr. KLAUS BERCHTOLD. X, 223 Seiten. 1972. Geheftet € 25,–

20: **Vereine als öffentliche Unternehmen.** Voraussetzungen und Folgen organisatorischer Beherrschung öffentlicher Unternehmen durch den Staat; dargestellt am Beispiel der Landesversicherungsanstalten. Von Univ.-Prof. Dr. GERHARDT PLÖCHL. XXIII, 387 Seiten. 1972. Geheftet € 47,–

21: **Parlamentarische Kontrolle im politischen System.** Die Verwaltungsfunktionen des Nationalrates in Recht und Wirklichkeit. Von Univ.-Prof. Dr. PETER GERLICH. XV, 354 Seiten. 1973. Geheftet € 46,–

22: **Handbuch des Gemeinderechts.** Organisation und Aufgaben der Gemeinden Österreichs. Von Univ.-Prof. Dr. HANS NEUHOFER. XVIII, 449 Seiten. 1972. Vergriffen

23: **Der völkerrechtliche Vertrag im staatlichen Recht.** Eine theoretische, dogmatische und vergleichende Untersuchung am Beispiel Österreichs. Von Univ.-Prof. Dr. THEO ÖHLINGER. XV, 397 Seiten. 1973. Geheftet € 53,–

24: **Förderungsverwaltung.** Gesamtredaktion: Univ.-Prof. DDr. KARL WENGER. XVII, 434 Seiten. 1973. Geheftet € 68,–

25: **Ordinale Deontik.** Zusammenhänge zwischen Präferenztheorie, Normlogik und Rechtstheorie. Von Univ.-Prof. Dr. THOMAS CORNIDES. 41 Abbildungen. X, 210 Seiten. 1974. Geheftet € 45,–

26: **Die Zuständigkeit der Verwaltungsbehörden im Vollstreckungsverfahren.** Von Univ.-Prof. DDr. HEINZ MAYER. XII, 120 Seiten. 1974. Geheftet € 20,–

27: **Die internationale Konzession.** Theorie und Praxis der Rechtsinstitute in den internationalen Wirtschaftsbeziehungen. Von Univ.-Prof. Dr. PETER FISCHER. 2 Abbildungen. XXI, 594 Seiten. 1974. Geheftet € 94,–

28: **Der verfahrensfreie Verwaltungsakt.** Die „faktische Amtshandlung" in Praxis und Lehre. Eine Integration von Ordnungsvorstellungen auf dem Gebiete des Verwaltungsaktes. Von Univ.-Prof. Dr. BERND-CHRISTIAN FUNK. XV, 247 Seiten. 1975. Geheftet € 45,–

29: **Repräsentation und Identität.** Demokratie im Konflikt. Ein Beitrag zur modernen Staatsformenlehre. Von Univ.-Prof. Dr. WOLFGANG MANTL. X, 391 Seiten. 1975. Geheftet € 71,–

30: **Die Gehorsamspflicht der Verwaltungsorgane.** Eine verfassungsrechtliche Untersuchung zum Dienstrecht. Gleichzeitig ein Beitrag zur Lehre vom Verwaltungsakt. Von DDr. KARL LENGHEIMER. X, 124 Seiten. 1975. Geheftet € 23,–

31: **Neutralität und Neutralitätspolitik.** Die österreichische Neutralität zwischen Schweizer Muster und sowjetischer Koexistenzdoktrin. Von Univ.-Prof. Dr. KONRAD GINTHER. X, 168 Seiten. 1975. Geheftet € 35,–

32: **Rechtstheorie und Rechtsinformatik.** Voraussetzungen und Möglichkeiten formaler Erkenntnis des Rechts. Gesamtredaktion: Univ.-Prof. Dr. DDr. h. c. GÜNTHER WINKLER. 39 Abbildungen. XVI, 248 Seiten. 1975. Geheftet € 36,–

33: **Die Völkerrechtssubjektivität der Unionsrepubliken der UdSSR.** Von Univ.-Prof. Dr. HENN-JÜRI UIBOPUU. XV, 341 Seiten. 1975. Geheftet € 65,–

34: **Staatsmonopole.** Von Univ.-Prof. DDr. HEINZ MAYER. XVI, 424 Seiten. 1976. Geheftet € 48,–

35: **Logische Verfahren der juristischen Begründung.** Eine Einführung. Von Univ.-Prof. Mag. Dr. ILMAR TAMMELO und Dr. GABRIËL MOENS. VIII, 111 Seiten. 1976. Vergriffen

36: **Rechtsphilosophie und Gesetzgebung.** Überlegungen zu den Grundlagen der modernen Gesetzgebung und Gesetzesanwendung. Gesamtredaktion: Univ.-Prof. DDDr. JOHANN MOKRE und Univ.-Prof. DDr. OTA WEINBERGER. 4 Abbildungen. VII, 199 Seiten. 1976. Geheftet € 46,–

37: **Internationale Konflikte – verbotene und erlaubte Mittel ihrer Austragung.** Versuche einer transdisziplinären Betrachtung der Grundsätze des Gewalt- und Interventionsverbots sowie der friedlichen Streitbeilegung im Lichte der UN-Prinzipiendeklaration 1970 und der modernen Sozialwissenschaften. Von Univ.-Prof. Dr. HANSPETER NEUHOLD. XX, 598 Seiten. 1977. Geheftet € 67,–

38: **Juristische Entscheidung und wissenschaftliche Erkenntnis.** Eine Untersuchung zum Verhältnis von dogmatischer Rechtswissenschaft und rechtswissenschaftlicher Grundlagenforschung. Von Univ.-Prof. DDr. WERNER KRAWIETZ. XXI, 316 Seiten. 1978. Geheftet € 70,–

39: **Grundfragen der Philosophie des Rechts.** Von Univ.-Prof. Dr. VLADIMÍR KUBEŠ. VIII, 87 Seiten. 1977. Geheftet € 19,–

40: **Dauernde Neutralität und europäische Integration.** Von Univ.-Prof. Dr. MICHAEL SCHWEITZER. XVI, 347 Seiten. 1977. Geheftet € 66,–

41: **Politische Planung im parlamentarischen Regierungssystem.** Dargestellt am Beispiel der mittelfristigen Finanzplanung. Von Univ.-Prof. Dr. CHRISTIAN BRÜNNER. XVI, 395 Seiten. 1978. Geheftet € 76,–

42: **Freiheit und Gleichheit.** Die Aktualität im politischen Denken Kants. Von Univ.-Prof. Dr. GERHARD LUF. VII, 197 Seiten. 1978. Geheftet € 41,–

43: **Strukturierungen und Entscheidungen im Rechtsdenken.** Notation, Terminologie und Datenverarbeitung in der Rechtslogik. Gesamtredaktion: Univ.-Prof. Dr. ILMAR TAMMELO und Dr. HELMUT SCHREINER. 6 Abbildungen. VIII, 316 Seiten. 1978. Geheftet € 31,–

44: **Die Staatslehre des Han Fei.** Ein Beitrag zur chinesischen Idee der Staatsräson. Von Univ.-Prof. Dr. GENG WU. X, 108 Seiten. 1978. Geheftet € 26,–

45: **Namensrecht.** Eine systematische Darstellung des geltenden österreichischen und des geltenden deutschen Rechts. Von Univ.-Prof. Dr. BERNHARD RASCHAUER. XIX, 356 Seiten. 1978. Geheftet € 76,–

46: **Orientierungen im öffentlichen Recht.** Ausgewählte Abhandlungen. Von Univ.-Prof. Dr. DDr. h. c. GÜNTHER WINKLER. 2 Abbildungen. VII, 300 Seiten. 1979. Geheftet € 35,–

47: **Die Prüfung von Gesetzen.** Ein Beitrag zur verfassungsgerichtlichen Normenkontrolle. Von Univ.-Prof. Dr. HERBERT HALLER. X, 300 Seiten. 1979. Geheftet € 54,–

48: **Denkweisen der Rechtswissenschaft.** Einführung in die Theorie der rechtswissenschaftlichen Forschung. Von Univ.-Prof. Dr. AULIS AARNIO. XVI, 246 Seiten. 1979. Geheftet € 46,–

49: **Grundrechtsverständnis und Normenkontrolle.** Eine Vergleichung der Rechtslage in Österreich und in Deutschland. Kolloquium zum 70. Geburtstag von H. Spanner. Gesamtredaktion: Univ.-Prof. Dr. KLAUS VOGEL. 1 Porträt. XX, 106 Seiten. 1979. Geheftet € 26,–

50: **Gesetzgebung.** Kritische Überlegungen zur Gesetzgebungslehre und zur Gesetzgebungstechnik. Gesamtredaktion: Univ.-Prof. Dr. DDr. h. c. GÜNTHER WINKLER und Univ.-Prof. Dr. BERND SCHILCHER. IX, 285 Seiten. 1981. Geheftet € 51,–

51: **Der Staat als Träger von Privatrechten.** Von Univ.-Prof. Dr. BRUNO BINDER. XIX, 400 Seiten. 1980. Geheftet € 54,–

52: **Verfassungswirklichkeit in Osteuropa.** Dargestellt am Beispiel der Präsidia der obersten Vertretungsorgane. Von Univ.-Prof. Dr. HANS-GEORG HEINRICH. 2 Abbildungen. XII, 389 Seiten. 1980. Geheftet € 60,–

53: **Perspektiven zur Strafrechtsdogmatik.** Ausgewählte Abhandlungen. Von Univ.-Prof. Dr. FRIEDRICH NOWAKOWSKI. VII, 327 Seiten. 1981. Geheftet € 49,–

54: **Die Vertretung der Gebietskörperschaften im Privatrecht.** Von Univ.-Prof. Dr. GEORG WILHELM. XVI, 295 Seiten. 1981. Geheftet € 55,–

55: **Rundfunkfreiheit.** Öffentlichrechtliche Grundlagen des Rundfunks in Österreich. Von Univ.-Prof. Dr. HEINZ WITTMANN. XVI, 246 Seiten. 1981. Geheftet € 61,–

56: **Das Ermessen im Spannungsfeld von Rechtsanwendung und Kontrolle.** Von Univ.-Prof. Dr. HERBERT HOFER-ZENI. VIII, 179 Seiten. 1981. Geheftet € 39,–

57: **Methodik der Gesetzgebung.** Legistische Richtlinien in Theorie und Praxis. Gesamtredaktion: Univ.-Prof. Dr. THEO ÖHLINGER. 1 Abbildung. XIV, 260 Seiten. 1982. Geheftet € 39,–

58: **Die Rechtspflicht.** Von Univ.-Prof. Dr. Vladimír Kubeš. VIII, 140 Seiten. 1981. Geheftet € 31,–

59: **Mehrdeutigkeit und juristische Auslegung.** Von Univ.-Prof. Dr. Michael Thaler. VII, 187 Seiten. 1982. Geheftet € 44,–

60: **Öffentliche Fonds.** Eine Untersuchung ihrer verfassungs- und verwaltungsrechtlichen Hauptprobleme. Von Univ.-Prof. Dr. Harald Stolzlechner. XVII, 389 Seiten. 1982. Geheftet € 63,–

61: **Der internationale Regionalismus.** Integration und Desintegration von Staatenbeziehungen in weltweiter Verflechtung. Von Univ.-Doz. Dr. Winfried Lang. XIII, 217 Seiten. 1982. Geheftet € 54,–

62: **Rechtsstaat und Planung.** Gesamtredaktion: Dr. Josef Azizi und Univ.-Prof. Dr. Stefan Griller. XII, 124 Seiten. 1982. Geheftet € 27,–

63: **Medienfreiheit und Persönlichkeitsschutz.** Die Freiheit der Medien und ihre Verantwortung im System der Grundrechte. Von Univ.-Prof. Dr. Walter Berka. XIII, 375 Seiten. 1982. Geheftet € 75,–

64: **Grundlagen der juristischen Argumentation.** Von Univ.-Prof. Dr. Aleksander Peczenik. 5 Abbildungen. XIII, 266 Seiten. 1983. Geheftet € 67,–

65: **Evolution des Rechts.** Eine Vorstudie zu den Evolutionsprinzipien des Rechts auf anthropologischer Grundlage. Von Univ.-Prof. Dr. Herbert Zemen, M. C. L. (Columbia). XIII, 135 Seiten. 1983. Geheftet € 31,–

66: **Bereicherung im öffentlichen Recht.** Von Univ.-Prof. Dr. Ferdinand Kerschner. XVI, 158 Seiten. 1983. Geheftet € 38,–

67: **Das Disziplinarrecht der Beamten.** Von Univ.-Prof. Dr. Garbiele Kucsko-Stadlmayer. XVII, 622 Seiten. 1985. Vergriffen

68: **Freiheit und Gleichgewicht im Denken Montesquieus und Burkes.** Ein analytischer Beitrag zur Geschichte der Lehre vom Staat im 18. Jahrhundert. Von Hon.-Prof. DDr. Thomas Chaimowicz. XI, 202 Seiten. 1985. Vergriffen

69: **Rohstoffgewinnung in der Antarktis.** Völkerrechtliche Grundlagen der Nutzung Nichtlebender Ressourcen. Von Dr. Ulrich J. Nussbaum. 1 Abbildung. XIII, 236 Seiten. 1985. Geheftet € 54,–

70: **Theorie der Direktiven und der Normen.** Von Univ.-Prof. Dr. Kazimierz Opałek. VII, 178 Seiten. 1986. Geheftet € 47,–

71: **Die seerechtliche Verteilung von Nutzungsrechten.** Rechte der Binnenstaaten in der ausschließlichen Wirtschaftszone. Von Univ.-Prof. Dr. Gerhard Hafner. XV, 533 Seiten. 1987. Geheftet € 95,–

72: **Der Landeshauptmann.** Historische Entwicklung, Wesen und verfassungsrechtliche Gestalt einer Institution. Von Univ.-Doz. Dr. Wolfgang Pesendorfer. 1 Abbildung. XIV, 243 Seiten. 1986. Geheftet € 58,–

73: **Das Bewegliche System im geltenden und künftigen Recht.** Gesamtredaktion: Univ.-Prof. Dr. Franz Bydlinski, Univ.-Prof. Dr. Heinz Krejci, Univ.-Prof. Dr. Bernd Schilcher und Univ.-Prof. Dr. Viktor Steininger. X, 327 Seiten. 1986. Geheftet € 62,–

74: **Rechtsregeln und Spielregeln.** Eine Abhandlung zur analytischen Rechtstheorie. Von Univ.-Prof. Dr. GREGORIO ROBLES. Aus dem Spanischen übersetzt von Dr. ULRIKE STEINHÄUSL und HEDWIG CIUPKA. IX, 230 Seiten. 1987. Geheftet € 53,–

75: **Rechtslogik und Rechtswirklichkeit.** Eine empirisch-realistische Studie. Von Sen.-Präs. tit. a. o. Univ.-Prof. Hofrat Dr. FRIEDRICH TEZNER. Unveränderter Nachdruck der ersten Auflage 1925. Mit einem Geleitwort von Univ.-Prof. Dr. DDr. h. c. GÜNTHER WINKLER. XI, 194 Seiten. 1986. Geheftet € 45,–

76: **Theorie der Gesetzgebung.** Materiale und formale Bestimmungsgründe der Gesetzgebung in Geschichte und Gegenwart. Von Univ.-Prof. Dr. VLADIMÍR KUBEŠ. XII, 299 Seiten. 1987. Geheftet € 71,–

77: **Die Sicherheitspolizei und ihre Handlungsformen.** Von Dr. WOLFGANG BLUM. XII, 181 Seiten. 1987. Geheftet € 45,–

78/79: **Politische Grundrechte.** Von Univ.-Prof. Dr. MANFRED NOWAK. XXIV, 585 Seiten. 1988. Geheftet € 110,–

80: **Die Rechtspersönlichkeit der Universitäten.** Rechtshistorische, rechtsdogmatische und rechtstheoretische Untersuchungen zur wissenschaftlichen Selbstverwaltung. Von Univ.-Prof. Dr. DDr. h. c. GÜNTHER WINKLER. XVI, 451 Seiten. 1988. Geheftet € 66,–

81: **Reine Rechtslehre im Spiegel ihrer Fortsetzer und Kritiker.** Gesamtredaktion: Univ.-Prof. DDr. OTA WEINBERGER und Univ.-Prof. DDr. WERNER KRAWIETZ. VII, 393 Seiten. 1988. Geheftet € 95,–

82: **Organgewinnung zu Zwecken der Transplantation.** Eine systematische Analyse des geltenden Rechts. Von Univ.-Prof. DDr. CHRISTIAN KOPETZKI. XIV, 294 Seiten. 1988. Geheftet € 46,–

83: **Rechtsphilosophie zwischen Ost und West.** Eine vergleichende Analyse der frühen rechtsphilosophischen Gedanken von John C. H. Wu. Von Dr. MATTHIAS CHRISTIAN. VIII, 220 Seiten. 1988. Geheftet € 55,–

84: **Islam und Friedensvölkerrechtsordnung.** Die dogmatischen Grundlagen der Teilnahme eines islamischen Staates am modernen Völkerrechtssystem am Beispiel Ägyptens. Von Dr. DIETRICH F. R. POHL. XXI, 174 Seiten. 1988. Geheftet € 41,–

85: **Theorie und Methode in der Rechtswissenschaft.** Ausgewählte Abhandlungen. Von Univ.-Prof. Dr. DDr. h. c. GÜNTHER WINKLER. XII, 282 Seiten. 1989. Geheftet € 38,–

86: **Die einstweilige Verfügung im schiedsgerichtlichen Verfahren.** Von Univ.-Doz. Dr. CHRISTIAN HAUSMANINGER. XII, 182 Seiten. 1989. Geheftet € 30,–

87: **Reine Rechtslehre und Strafrechtsdoktrin.** Zur Theorienstruktur in der Rechtswissenschaft am Beispiel der Allgemeinen Strafrechtslehre. Von Dr. RAINER LIPPOLD. XII, 458 Seiten. 1989. Geheftet € 64,–

88: **Die Übertragung von Hoheitsrechten auf zwischenstaatliche Einrichtungen.** Eine Untersuchung zu Art 9 Abs 2 des Bundes-Verfassungsgesetzes. Von Univ.-Prof. Dr. STEFAN GRILLER. XXVIII, 558 Seiten. 1989. Geheftet € 74,–

89: **Entwicklungstendenzen im Verwaltungsverfahrensrecht und in der Verwaltungsgerichtsbarkeit.** Rechtsvergleichende Analysen zum österreichischen und deutschen Recht. Gesamtredaktion: Univ.-Prof. DDr. Georg Ress. V, 333 Seiten. 1990. Geheftet € 58,–

90: **Rechtstheorie und Erkenntnislehre.** Kritische Anmerkungen zum Dilemma von Sein und Sollen in der Reinen Rechtslehre aus geistesgeschichtlicher und erkenntnistheoretischer Sicht. Von Univ.-Prof. Dr. DDr. h. c. Günther Winkler. XXI, 249 Seiten. 1990. Geheftet € 38,–

91: **Gefahrenabwehr im Anlagenrecht.** Von Univ.-Prof. Dr. Benjamin Davy. XXV, 865 Seiten. 1990. Geheftet € 99,–

92: **Rechtswissenschaft als Sozialwissenschaft.** Juristisches Denken und Sozialdynamik des Rechts. Von RA Dr. Karl Georg Wurzel. XI, 223 Seiten. 1991. Geheftet € 38,–

93: **Devisenbewirtschaftung.** Eine verfassungs- und verwaltungsrechtliche Untersuchung unter Berücksichtigung des Völker- und Europarechts. Von Univ.-Doz. DDr. Michael Potacs. XVIII, 566 Seiten. 1991. Geheftet € 64,–

94: **Das Wesensgehaltsargument und der Grundsatz der Verhältnismäßigkeit.** Von Univ.-Prof. Dr. Manfred Stelzer. VIII, 333 Seiten. 1991. Geheftet € 45,–

95: **Studien zum Verfassungsrecht.** Das institutionelle Rechtsdenken in Rechtstheorie und Rechtsdogmatik. Von Univ.-Prof. Dr. DDr. h. c. Günther Winkler. XVIII, 455 Seiten. 1991. Geheftet € 60,–

96: **Jagdrecht.** Von Dr. Helmut Binder. XV, 145 Seiten. 1992. Vergriffen

97: **Ladenschlußrecht.** Von Univ.-Prof. DDr. Christoph Grabenwarter. XV, 236 Seiten. 1992. Geheftet € 39,–

98: **Rechtssystem und Republik.** Über die politische Funktion des systematischen Rechtsdenkens. Von Univ.-Prof. Dr. Alexander Somek. XIV, 622 Seiten. 1992. Geheftet € 59,–

99: **Der Rechtsträger im Verfassungsrecht.** Das Zurechnungssubjekt von Handlungen und Rechtsfolgen in der Amtshaftung und in der Rechnungskontrolle. Von Dr. Wilhelm Klagian. XII, 133 Seiten. 1992. Geheftet € 25,–

100: **Zeit und Recht.** Kritische Anmerkungen zur Zeitgebundenheit des Rechts und des Rechtsdenkens. Von Univ.-Prof. Dr. DDr. h. c. Günther Winkler. XVI, 610 Seiten. 1995. Vergriffen

101: **Der Umweltschutz als Staatsaufgabe.** Möglichkeiten und Grenzen einer verfassungsrechtlichen Verankerung des Umweltschutzes. Von Dr. Doris Hattenberger. XVI, 213 Seiten. 1993. Geheftet € 35,–

102: **Juristisches Verstehen und Entscheiden.** Vom Lebenssachverhalt zur Rechtsentscheidung. Ein Beitrag zur Argumentation im Recht. Von Univ.-Prof. Dr. Marijan Pavčnik. XI, 182 Seiten. 1993. Geheftet € 33,–

103: **Das Vorsorgeprinzip als vorverlagerte Gefahrenabwehr.** Eine rechtsvergleichende Studie zur Reinhaltung der Luft. Von Dr. Matthias Germann. XIV, 263 Seiten. 1993. Geheftet € 42,–

104: **Rechtserfahrung und Reine Rechtslehre.** Gesamtredaktion: Univ.-Prof. Dr. AGOSTINO CARRINO und Univ.-Prof. Dr. DDr. h. c. GÜNTHER WINKLER. VII, 181 Seiten. 1995. Geheftet € 22,–

105: **Rechtswissenschaft und Rechtserfahrung.** Methoden- und erkenntniskritische Gedanken über Hans Kelsens Lehre und das Verwaltungsrecht. Von Univ.-Prof. Dr. DDr. h. c. GÜNTHER WINKLER. IX, 147 Seiten. 1994. Geheftet € 30,–

106: **Berufliche Selbstverwaltung und autonomes Satzungsrecht.** Von Dr. GEORG STILLFRIED. X, 223 Seiten. 1994. Geheftet € 33,–

107: **Öffentliche Nutzungsrechte und Gemeingebrauch.** Von Univ.-Prof. Dr. FRANZ MERLI. XIII, 483 Seiten. 1995. Geheftet € 54,–

108: **Unterbringungsrecht.** Erster Band: Historische Entwicklung und verfassungsrechtliche Grundlagen. Von Univ.-Prof. DDr. CHRISTIAN KOPETZKI. XXXIV, 429 Seiten. 1995.

109: **Unterbringungsrecht.** Zweiter Band: Materielles Recht. Verfahren und Vollzug. Von Univ.-Prof. DDr. CHRISTIAN KOPETZKI. XV, 663 Seiten. 1995.
Band 108 und 109 gemeinsam: Geheftet € 71,–

110: **Rechtswissenschaft und Politik.** Die Freiheit des Menschen in der Ordnung des Rechts. Von Univ.-Prof. Dr. DDr. h. c. GÜNTHER WINKLER. XX, 466 Seiten. 1998. Geheftet € 59,90

111: **Bundesrecht und Landesrecht.** Zugleich ein Beitrag zu Strukturproblemen der bundesstaatlichen Kompetenzverteilung in Österreich und in Deutschland. Von Univ.-Prof. Dr. EWALD WIEDERIN. XXII, 455 Seiten. 1995. Geheftet € 47,–

112: **Wirtschaftslenkung und Verfassung.** Gesetzgebungskompetenz und grundrechtliche Schranken direkter Wirtschaftslenkung. Von Dr. EVA SCHULEV-STEINDL. XVII, 223 Seiten. 1996. Geheftet € 38,–

113: **Über den Begriff der juristischen Person.** Kritische Studien über den Begriff der juristischen Person und über die juristische Persönlichkeit der Behörden insbesondere. Von o. Prof. Dr. EDMUND BERNATZIK. XV, 116 Seiten. 1996. Geheftet € 27,–

114: **Grundrechtliche Gewährleistungspflichten.** Ein Beitrag zu einer allgemeinen Grundrechtsdogmatik. Von Univ.-Prof. Dr. MICHAEL HOLOUBEK. X, 416 Seiten. 1997. Vergriffen

115: **Verfahrensgarantien in der Verwaltungsgerichtsbarkeit.** Eine Studie zu Artikel 6 EMRK auf der Grundlage einer rechtsvergleichenden Untersuchung der Verwaltungsgerichtsbarkeit Frankreichs, Deutschlands und Österreichs. Von Univ.-Prof. DDr. CHRISTOPH GRABENWARTER. XXV, 758 Seiten. 1997. Vergriffen

116: **Über die juristische Methode.** Kritische Studien zur Wissenschaft vom öffentlichen Recht und zur soziologischen Rechtslehre. Von o. Prof. Dr. FELIX STOERK. XXX, 197 Seiten. 1996. Geheftet € 38,–

117: **Der Staatssekretär.** Eine Untersuchung zum Organtypus des politischen Ministergehilfen. Von Univ.-Prof. DDr. BERND WIESER. XVIII, 407 Seiten. 1997. Geheftet € 49,90

118: **Theorie und Methode im Staatsrecht.** Studien zu einem soziologisch fundierten Staatsrechtsdenken. Von Univ.-Prof. Dr. Gustav Seidler. XXVII, 129 Seiten. 1997. Geheftet € 29,90

119: **Der autoritäre Staat.** Ein Versuch über das österreichische Staatsproblem. Von Univ.-Prof. Dr. Erich Voegelin. XXXV, 292 Seiten. 1997. Geheftet € 44,90

120: **Raum und Recht.** Dogmatische und theoretische Perspektiven eines empirisch-rationalen Rechtsdenkens. Von Univ.-Prof. Dr. DDr. h. c. Günther Winkler. X, 314 Seiten. 1999. Geheftet € 39,90

121: **Die Normenordnung.** Staat und Recht in der Lehre Kelsens. Von Univ.-Prof. Dr. Agostino Carrino. XI, 174 Seiten. 1998. Geheftet € 32,–

122: **Vereinsfreiheit.** Eine rechtsdogmatische Untersuchung der Grundfragen des Vereinsrechts. Von Univ.-Ass. Dr. Johannes Bric. XI, 363 Seiten. 1998. Geheftet € 49,90

123: **Die sozialwissenschaftliche Erkenntnis.** Ein Beitrag zur Methodik der Gesellschaftslehre. Von Kabinettschef i.R. tit. o. Universitätsprofessor Dr. Ernst Seidler. LI, 283 Seiten. 1999. Geheftet € 49,90

124: **Rechtsinformatik und Wissensrepräsentation.** Automatische Textanalyse im Völkerrecht und Europarecht. Von Univ.-Prof. Mag. DDr. Erich Schweighofer. XX, 440 Seiten. 1999. Geheftet € 65,–

125: **Das Elektrizitätsrecht.** Die Gesetzgebung als Instrument der staatlichen Wirtschaftspolitik. Von Univ.-Prof. Dr. DDr. h.c. Günther Winkler. XXVII, 214 Seiten. 1999. Geheftet € 44,90

126: **Verfassungsfragen einer Mitgliedschaft zur Europäischen Union.** Ausgewählte Abhandlungen. Von Univ.-Prof. Dr. Theo Öhlinger. XVI, 238 Seiten. 1999. Geheftet € 39,90

127: **Kapitalmarktrecht.** Eine Untersuchung des österreichischen Rechts und des Europäischen Gemeinschaftsrechts. Von Univ.-Doz. Dr. Stefan Weber. XIX, 485 Seiten. 1999. Geheftet € 69,90

128: **Methodenlehre der Sozialwissenschaften.** Von Priv.-Doz. Dr. Felix Kaufmann. LXX, 325 Seiten. 1999. Geheftet € 55,–

129: **Das Intertemporale Privatrecht.** Übergangsfragen bei Gesetzes- und Rechtsprechungsänderungen im Privatrecht. Von Univ.-Ass. Dr. Andreas Vonkilch. XXI, 407 Seiten. 1999. Geheftet € 55,–

130: **Die Rechtswissenschaft als empirische Sozialwissenschaft.** Biographische und methodologische Anmerkungen zur Staatsrechtslehre. Von Univ.-Prof. Dr. DDr. h.c. Günther Winkler. XLIV, 240 Seiten. 1999. Geheftet € 39,90

131: **Ruhe, Ordnung, Sicherheit.** Eine Studie zu den Aufgaben der Polizei in Österreich. Von Univ.-Prof. Dr. Andreas Hauer. XX, 493 Seiten. 2000. Geheftet € 68,–

132: **Rechtsetzung und Entscheidung im Völkerrecht.** English Summary: Law-Making and Decision-Making in International Law. Von Dr. Georg Potyka. X, 133 Seiten. 2000. Geheftet € 28,–

133: **Rechtsaufsicht über Versicherungsunternehmen.** Eingriffsmöglichkeiten der österreichischen Versicherungsbehörde. Von Univ.-Ass. Dr. STEPHAN KORINEK. XXI, 271 Seiten. 2000. Geheftet € 55,–

134: **Grundrechte und Verfassungsgerichtsbarkeit.** Von Univ.-Prof. Dr. KARL KORINEK. X, 348 Seiten. 2000. Geheftet € 65,–

135: **Verfassungsrecht in Liechtenstein.** Demokratie, Parlamentarismus, Rechtsstaat, Gewaltenteilung und politische Freiheit in Liechtenstein aus verfassungsrechtlichen, verfassungsrechtsvergleichenden, verfassungsrechtspolitischen und europarechtlichen Perspektiven. Von Univ.-Prof. Dr. DDr. h.c. GÜNTHER WINKLER. X, 226 Seiten. 2001. Geheftet € 35,20

136: **Rechtstheorie.** Rechtsbegriff – Dynamik – Auslegung. Gesamtredaktion: Univ.-Prof. Dr. STEFAN GRILLER und Univ.-Prof. Dr. HEINZ PETER RILL. XII, 266 Seiten. 2011. Geheftet € 79,95

137: **Das Islamgesetz.** An den Schnittstellen zwischen österreichischer Rechtsgeschichte und österreichischem Staatsrecht. Von Univ.-Ass. Dr. JOHANN BAIR. XV, 176 Seiten. 2002. Geheftet € 39,90

138: **Regulierung der Kommunikationsmärkte unter Konvergenzbedingungen.** Von Univ.-Ass. Dr. DRAGANA DAMJANOVIC. XVI, 219 Seiten. 2002. Geheftet € 39,90

140: **Zweisprachige Ortstafeln und Volksgruppenrechte.** Kritische Anmerkungen zur Entscheidungspraxis des Verfassungsgerichtshofs bei Gesetzesprüfungen von Amts wegen aus den Perspektiven seines Ortstafelerkenntnisses. Von Univ.-Prof. Dr. DDr. h.c. GÜNTHER WINKLER. XI, 104 Seiten. 2002. Geheftet € 19,90

141: **Integrationsverfassungsrecht.** Das österreichische Verfassungsrecht und das Recht der Europäischen Union – Koordination, Kooperation, Konflikt. Von Univ.-Ass. Dr. ROLAND WINKLER. XVI, 213 Seiten. 2003. Geheftet € 34,90

142: **Natura 2000.** Auswirkung und Umsetzung im innerstaatlichen Recht. Von Dr. ERICH PÜRGY. XIV, 398 Seiten. 2005. Geheftet € 78,–

143: **Privater Befehl und Zwang.** Verfassungsrechtliche Bedingungen privater Eingriffsgewalt. Von ao. Univ.-Prof. Dr. BENJAMIN KNEIHS. XIX, 531 Seiten. 2004. Geheftet € 85,–

144: **Der öffentliche Personennahverkehr auf dem Weg zum Wettbewerb.** Zugleich ein Beitrag zur Liberalisierung kommunaler Daseinsvorsorgeleistungen. Von ao. Univ.-Prof. Dr. ARNO KAHL. XXVIII, 555 Seiten. 2005. Geheftet € 85,–

145: **Die Verfassungsreform in Liechtenstein.** Verfassungsrechtliche Studien mit verfassungsrechtsvergleichenden und europarechtlichen Perspektiven. Von Univ.-Prof. Dr. DDr. h.c. GÜNTHER WINKLER. XXIII, 523 Seiten. 2003. Geheftet € 78,–

146: **Der verwaltungsrechtliche Vertrag.** Ein Beitrag zur Handlungsformenlehre. Von Univ.-Ass. Dr. HARALD EBERHARD. XVII, 493 Seiten. 2005. Geheftet € 85,–

147: **Gleichheit vor dem Gesetz.** Von Univ.-Prof. Dr. MAGDALENA PÖSCHL. XXIV, 956 Seiten. 2008. Geheftet € 139,95

148: **Öffentliche Verwaltungskommunikation.** Öffentlichkeitsarbeit, Aufklärung, Empfehlung, Warnung. Von ao. Univ.-Prof. Dr. RUDOLF FEIK. XIX, 478 Seiten. 2007. Geheftet € 99,95

149: **Ausgliederung und öffentlicher Dienst.** Von ao. Univ.-Prof. Dr. GERHARD BAUMGARTNER. XXIII, 578 Seiten. 2006. Geheftet € 118,–

150: **Der Europarat und die Verfassungsautonomie seiner Mitgliedstaaten.** Eine europarechtliche Studie mit Dokumenten und Kommentaren, veranschaulicht durch die Aktionen des Europarates gegen die Verfassungsreform von Liechtenstein. Von Univ.-Prof. Dr. DDr. h.c. GÜNTHER WINKLER. XV, 592 Seiten. 2005. Geheftet € 98,–

151: **Kommunale Daseinsvorsorge.** Strukturen kommunaler Versorgungsleistungen im Rechtsvergleich. Von MMag. Dr. PATRICK SEGALLA. XXVII, 378 Seiten. 2006. Geheftet € 68,–

152: **Die Grundrechte der Europäischen Union.** System und allgemeine Grundrechtslehren. Von ao. Univ.-Prof. Dr. ROLAND WINKLER. XXVI, 596 Seiten. 2006. Geheftet € 105,–

153: **Handbuch Energierecht.** Von Univ.-Prof. Dr. BERNHARD RASCHAUER. XI, 254 Seiten. 2006. Geheftet € 59,–

154: **Eckpunkte der Parteistellung.** Wegweiser für Gesetzgebung und Vollziehung. Von Priv.-Doz. Dr. WOLFGANG WESSELY. XVII, 265 Seiten. 2008. Geheftet € 64,95

155: **Begnadigung und Gegenzeichnung.** Eine praxisorientierte verfassungsrechtliche und staatstheoretische Studie über Staatsakte des Fürsten von Liechtenstein. Von Univ.-Prof. Dr. DDr. h.c. GÜNTHER WINKLER. IX, 105 Seiten. 2005. Geheftet € 24,90

156: **Lebendiges Verfassungsrecht.** Von Univ.-Prof. Dr. RICHARD NOVAK. Gesamtredaktion: Univ.-Prof. DDr. BERND WIESER und Ass.-Prof. Dr. ARMIN STOLZ. VII, 331 Seiten. 2008. Geheftet € 69,95

157: **Die abgekürzten Verfahren im Verwaltungsstrafrecht.** Von Wiss.Mit. Dr. JOHANNA FISCHERLEHNER. XIX, 202 Seiten. 2008. Geheftet € 54,95

158: **Aktuelle Strukturprobleme des europäischen und österreichischen Bankenaufsichtsrechts** – zugleich eine Studie zu ausgewählten Problemkonstellationen des Wirtschaftsaufsichtsrechts. Von Univ.-Prof. Dr. NICOLAS RASCHAUER. XXXI, 930 Seiten. 2010. Geheftet € 169,95

160: **Die Prüfung von Verordnungen und Gesetzen durch den Verfassungsgerichtshof von Amts wegen.** Die Judikatur des Verfassungsgerichtshofs im Spannungsfeld von Recht und Politik. Dokumentation und Kommentar. Von Univ.-Prof. Dr. DDr. h.c. GÜNTHER WINKLER. XVII, 310 Seiten. 2006. Geheftet € 58,–

161: **Die Grundrechte in der Judikatur des Obersten Gerichtshofs.** Von ao. Univ.-Prof. Dr. LAMISS KHAKZADEH-LEILER. XXI, 452 Seiten. 2011. Geheftet € 99,95

162: **Subjektive Rechte.** Eine rechtstheoretische und dogmatische Analyse am Beispiel des Verwaltungsrechts. Von Univ.-Prof. MMag. Dr. EVA SCHULEV-STEINDL, LL.M. (London). XXII, 452 Seiten. 2008. Geheftet € 84,95

164: **Die Beteiligung im Verwaltungsverfahren.** Von MinR Mag. phil. Dr. iur. ALEXANDER BALTHASAR. XX, 285 Seiten. 2010. Geheftet € 79,95

165: **Der religionsrechtliche Status islamischer und islamistischer Gemeinschaften.** Von Dr. BARBARA GARTNER. XVII, 608 Seiten. 2011. Geheftet € 119,95

166: **Das österreichische Regulierungsbehördenmodell.** Eine Untersuchung der verfassungs- und verwaltungsrechtlichen Problemstellungen des zweistufigen Regulators in den Sektoren Telekommunikation, Energie und Schieneninfrastruktur. Von Priv.-Doz. Dr. BERNHARD MÜLLER. XXI, 568 Seiten. 2011. Geheftet € 119,95